KB161527

영광과 좌절의 오백년

조선왕조실록

조선왕조실록

ⓒ이상각 2009

초판 1쇄 발행일 2009년 5월 15일
초판 9쇄 발행일 2017년 4월 21일

지 은 이 이상각

출판책임 박성규
편   집 유예림 · 현미나 · 남은재
디 자 인 조미경 · 김원중
마 케 팅 나다여 · 이광호
경영지원 김은주 · 박소희
제   작 송세언
관   리 구법모 · 엄철용

펴 낸 곳 도서출판 들녘
펴 낸 이 이정원
등록일자 1987년 12월 12일
등록번호 10-156
주   소 경기도 파주시 회동길 198
전   화 마케팅 031-955-7374 편집 031-955-7381
팩시밀리 031-955-7393
홈페이지 www.ddd21.co.kr

I S B N 978-89-7527-829-7(03900)
값은 뒤표지에 있습니다. 잘못된 책은 구입하신 곳에서 바꿔드립니다.

영광과 좌절의 오백년

조선왕조실록

이상각 지음

들녘

'실록'으로 본 조선왕조 500년의 참모습

실록의 편찬은 중국 한나라 때 황제의 일일 언행을 수록한 「기거주(起居注)」에서 비롯되었는데 기록상 후한의 「명제기거주」가 그 시초로 알려지고 있다. 그 후 6세기 무렵 양나라의 주흥사가 「황제실록」을 편찬한 다음부터는 특정 왕조의 제왕들의 사적을 편년체로 기록한 역사서를 통틀어 실록(實錄)이라고 부르게 되었다. 수많은 국가들이 흥망성쇠를 거듭한 중국에서는 여러 차례 실록이 편찬되었지만 대부분 유실되고 한유가 편찬한 당나라의 「순종실록」, 「대명실록」, 「대청역대실록」 등 일부만이 전해지고 있다.

우리나라에서 편찬된 최초의 실록은 고려의 태조 대에서 목종 대까지의 치적을 정리한 7대 실록이다. 그러나 1011년(현종 2년) 거란의 침입으로 소실된 후 황주량, 최충, 윤징고 등이 1034년(덕종 3년)에 복원했다. 그 후 고려는 실록을 계속 편찬했지만 잦은 전란으로 인해 모두 사라지고 말았다. 때문에 오늘날 우리나라에 완전한 형태로 보전되고 있는 것은 「조선왕조실록」뿐이다.

현재 국보 151호로 지정되어 있는 「조선왕조실록」은 조선의 역대 국왕들의 개별적인 실록을 총괄하는 명칭으로 「태조실록」에서 「철종실록」까지 472년 25대 국왕들의 실록 28종을 일컫는다. 그 외에 일제 강점기 조선총독부의 주도로 편찬된 「고종실록」과 「순종실록」은 정사로 인정되지 않는다. 두 실록은 고래로 엄격하게 지켜온 조선의 실록편찬규례를 무시했을 뿐만 아니라 사실에 대한 누락과 왜곡이 도를 넘었고, 일제의 사주를 받은 어용학자들의 식민사관이 개입되어 있기 때문이다.

통상 「조선왕조실록」은 「이조실록」 혹은 「실록」으로 약칭하기도 한다. 그중에는 「연산군일기」나 「광해군일기」처럼 국왕을 격하시킨 책도 있지만, 그 체제나 성격은 다른 실록들과 대동소이하다. 실록은 원칙적으로 한 명의 국왕에 한 종의 실록이 원칙이지만 「선조실록」, 「현종실록」, 「경종실록」처럼 당파간의 이해관계에 따라 수정 또는 개수 실록을 다시 펴내기도 했다.

현재 대한민국에는 정족산본 실록 1,707권 1,187책과 오대산본 27책, 산엽본 등이 서울대 규장각에 소장되어 있으며, 태백산본 실록 1,707권 848책이 국가기록원 부산기록정보센터에 보관되어 있다. 이 실록들은 1997년에 유네스코 세계기록유산(Memory of the World)으로 지정되었다.

「조선왕조실록」은 그 분량의 방대함은 차치하고서라도 조선시대의 정치, 외교, 군사, 제도, 법률, 경제, 산업, 교통, 통신, 사회, 풍속, 천문, 지리, 음양, 과학, 의약, 문학, 음악, 미술, 공예, 학문, 사상, 윤리, 도덕, 종교 등 각 방면의 역사적 사실을 망라하고 있다. 성리학을 국가이념으로 삼았던 조선의 통치문화가 얼마나 정제되어 있는지를 보여주는 증거물이라 할 수 있겠다. 그러므로 이 실록에 담겨 있는 역사는 단순한 왕조사가 아니라 우리 조상들의 삶 그 자체인 것이다.

그동안 「조선왕조실록」은 여러 가지 간편한 형태의 대중서나 학습서로 시중에 선보였지만 대부분 정사에 의존하지 않고 야사에 치우친 바가 많았다. 때문에 확인되지 않은 소문이 엄격한 기준을 거친 정사보다 더 진실로 호도되곤 했다. 그 이면에는 「조선왕조실록」의 완전한 번역이 되어 있지 않아 전문 연구자들조차 그 전반적인 면모를 대하기 힘들었다. 다행히 최근 한국고전번역원과 국사편찬위원회의 노력으로 실록 전질이 번역을 거친 후 공개되어 우리는 영광과 좌절이 아로새겨진 500년 조선사의 참모습을 직시할 수 있게 되었다.

이 책을 쓰면서부터 나는 매일 일산 어귀에서 한강이 임진강을 만나러 가는 소리를 들었다. 파주와 장단의 어부들이 서해에서 만선의 깃발을 드리우고 뱃노래를 부르며 귀환하던 그 수로에는 오늘도 차가운 남북 병사들의 눈빛이 교차하고 있으리라.

2003년 5월, 나는 냉기가 채 가시지 않은 북간도의 하얀 자작나무 숲을 지나 검푸른 두만강 상류 어귀에 발을 디딘 적이 있었다. 그때 건너편 헐벗은 산등성이의 다락밭 아래 웅크리고 있는 사람들을 바라보면서 나도 모르게 가슴속에서 뜨거운 기운이 치밀어 오르는 것을 느꼈다. 그것은 백두산 장백폭포 어름에 켜켜이 쌓여 있던 눈덩이만큼이나 오래도록 우리의 내면에 간직되어 있는 동족애의 발로였을 것이다. 귀로에 가로등 불빛조차 가물가물한 무산시를 지나면서 나는 문득 6진을 개척했던 김종서 장군의 노성이 들려오는 것만 같아 몸을 떨었다.

그렇듯 선조들의 피땀이 아로새겨진 한겨레의 터전이 이민족의 발길에 채이고 짓밟긴 지 어언 100여 년, 이제 「조선왕조실록」은 단지 그분들의 찬란한 영광과 시련의 기록만이 아니라 백두산에서 지리산까지, 두만강에서 낙동강까지 끊어진 혈맥을 잇는 민족의 구침지술이 되어야 하지 않을까 싶다. 새삼 미숙한 내게 500년 조선의 맥박을 되짚게 해준 도서출판 들녘의 이정원 사장님께 감사드리고, 수시로 지친 나를 격려해주었던 여러 친구들에게도 감사드린다. 한편 작업을 핑계로 가정사에 무심했던 남편을 믿음으로 지켜봐준 아내 최미경에게도 지면을 통해 고맙다는 한 마디를 남기고 싶다.

2009년 이상각

들어가는 글
'실록'으로 본 조선왕조 500년의 참모습

제1대 태조

제2대 정종

제3대 태종

제4대 세종

제5대 문종

제6대 단종

제7대 세조

제8대 예종

제9대 성종

제10대 연산군일기

제11대 중종

제12대 인종

제13대 명종

제14대 선조

제15대 광해군

제16대 인조

제17대 효종

제18대 현종

제19대 숙종

제20대 경종

제21대 영조

제22대 정조

제23대 순조

제24대 헌종

제25대 철종

제26대 고종

제27대 순종

주

찾아보기

참고자료

부록
조선 역대 국왕의 즉위 관련 정보
조선 시대 관직 품계
조선 왕실 내·외명부 품계

• 일러두기

○ 실록번역자료는 국사편찬위원회 http://sillok.history.go.kr 자료를 참고했다.

○ 각대 국왕들의 시호와 묘호는 해당 실록의 표기에 따랐다.

○ 연대는 서기로 통일하고 날짜는 실록의 표기에 따라 음력으로 했다.

○ 1896년(고종 36년)부터는 「고종실록」과 「순종실록」의 표기에 따라 양력으로 했다.

○ 원문번역자료는 한국고전번역원 http://www.minchu.or.kr 자료를 주로 참고했다.

○ 국왕별 세계정세 부문은 두산동아의 EnCyber 역사연표를 주로 참고했다.

○ 「조선왕실계보도」는 「조선왕조선원록」과 「선원계보기략」을 주로 참고했다.

제1대 태조
태조강헌대왕실록 太祖康獻大王實錄

태조 시대(1392. 7~1398. 9)의 세계정세

14세기 말, 동북아의 정세는 몹시 어지러웠다. 오랫동안 대륙을 지배했던 원나라가 북쪽으로 쫓겨나고 홍건적의 일파였던 한족 주원장이 1368년 명나라를 건국했다. 이듬해 건국한 티무르제국은 1392년 칩차크한국을 정복했다. 1393년 명나라는 전국의 토지를 측량하고 「대명률」을 정식으로 반포하는 등 신속하게 국가체계를 정립하면서 고려의 멸망과 조선의 건국으로 이어지는 한반도의 정세를 예의주시했다. 유럽에서는 1392년 독일에서 한자동맹이 체결되었고, 오스만터키의 술탄 바야자드 1세가 발칸 지역과 헝가리를 정복했다. 1378~1417년까지는 교회의 대분열시기로 로마와 남프랑스의 아비뇽에서 교황이 양립했다. 1378년 그레고리오 11세가 죽고 우르바노 6세가 교황에 선출되자 추기경단은 이를 인정하지 않고 클레멘스 7세를 선출함으로써 전 유럽의 교회가 양편으로 갈라져 오랫동안 다투었다.

새로운 태양

해동(海東) 육룡(六龍)이 ᄂᆞᄅᆞ샤 일마다 천복(天福)이시니

고성(古聖)이 동부(同符)ᄒᆞ시니

— 「용비어천가」 개국송(開國頌) 해동장(海東章)

1392년 7월 17일, 고려 개성의 수창궁에서 문하시중 이성계가 만조백관의 추대를 받아 왕위에 올랐다. 태조 왕건이 세운 고려의 태양이 34대 474년 만에 저물고 전주 이씨의 새로운 태양이 솟아오르는 순간이었다. 「태조실록」의 첫 장 총서에서는 태조 이성계의 선대 가계에서 시작해 그가 왕위에 오르기 직전까지 개국 이전의 상황을 담고 있다. 고조부인 목조 이안사가 본관인 전주에서 북방으로 이주하는 과정부터 후손인 익조, 도조, 환조의 활약상과 함께 드디어 이성계가 고려의 중앙무대에 진출하여 권력을 쟁취하고 역성혁명에 성공하기까지 파란만장한 역정이 파노라마처럼 펼쳐진다.

고려인 이안사, 원나라에 충성을 맹세하다

'태조강헌지인계운성문신무대왕(太祖康獻至仁啓運聖文神武大王)의 성은 이씨, 이름은 단(旦), 자는 군진(君晉)이다. 예전의 이름은 이성계(李成桂)요, 호는 송헌(松軒)이다. 전주의 대성(大姓)이다. 사공(司功) 이한이 신라에 벼슬하여 태종무열왕의 10대손 군윤(軍尹) 김은의의 딸에게 장가들어 시중(侍中) 이자연을 낳았다. 이자연이 복야(僕射) 이천상을 낳고, 복야가 아간(阿干) 이광희를 낳고, 이광희가 사도(司徒) 삼중대광(三重大匡) 이입전을 낳고, 이입전이 이긍휴를 낳고, 이긍휴가 이염순을 낳고, 이염순이 이승삭을 낳고, 이승삭이 이충경을 낳고, 이충경이 이경영을 낳고, 이경영이 이충민을 낳고, 이충민이 이화를 낳고, 이화가 이진유를 낳고, 이진유가 이궁진을 낳고, 이궁진이 대장군(大將軍) 이용부를 낳고, 이용부가 내시집주(內侍執奏) 이인을 낳고, 이인이 시중(侍中) 문극겸의 딸에게 장가들어 장군(將軍) 이양무를 낳고, 이양무가 상장군(上將軍) 이강제의 딸에게 장가들어 이안사를 낳으니, 이분이 바로 목조이다.'

「태조실록」은 첫머리에 태조 이성계의 가문과 세보를 「성경」의 창세기처럼 자세히 기록해놓은 다음 조선의 뿌리를 이성계의 고조부인 목조 이안사로부터 제기하고 있다.

이안사(李安社)는 고려 의종 때 정중부와 함께 무신정변을 주도했던 이의방의 동생 이인의 손자이다. 이성계의 혈통에는 그처럼 강인한 고려 무인의 유전자가 담겨 있었던 것이다. 1174년(명종 4년)에 이의방이 피살되자 이인은 전주로 낙향했다. 때문에 이안사는 전주를 본향으로 삼게 되었다. 이안사는 젊은 날 호협하고 의리가 있어 많은 이들이 따랐는데, 당시 국법으로 사적인 관계가 금지되어 있던 관기를 사랑했다가 커다란 시련에 봉착하게 된다.

어느 날 이안사는 관기를 두고 전주 객관에 내려온 산성별감과 다툼을 벌였다. 화가 난 산성별감의 항의를 받은 주관은 안렴사와 의논한 다음 이안사를 체포하려 했다. 졸지에 목숨이 위태로워진 그는 가솔을 이끌고 자신을 따르는 170여 가의 사람들과 함께 황급히 강릉도의 삼척현으로 도주했다. 고려 말 해안지역은 왜구들이 수시로 침입하여 안전한 곳이 아니었다. 당시 이안사의 처지가 얼마나 궁핍했는지를 알 수 있다.

가까스로 구명도생에 성공한 이안사는 15척의 배를 만들어 왜구의 공격에 대비했다. 하지만 왜구에 앞서 그를 핍박한 이는 원나라 장수 야굴대왕이었다. 이안사는 야굴대왕의 공격을 피해 인근의 두타산성으로 피신하고 가슴을 쓸어내렸지만 안심하기에는 일렀다. 공교롭게도 전주에서 자신을 궁지에 몰았던 산성별감이 안렴사가 되어 삼척으로 부임해 온다는 소식이 들려온 것이다. 때문에 이안사는 준비해둔 배를 타고 왜구보다 더 무서운 야인들이 가득한 동북면의 의주(덕원) 땅으로 도주해야 했다.

그 당시 오지인 동북면의 정세는 매우 어지러웠다. 수시로 국경을 침입하는 몽고군에 맞서던 동북면병마사 신집평이 주민의 반감을 사자 용진현 출신의 조휘와 정주 출신의 탁청이 그를 살해한 뒤 몽고에 투항했다. 이에 몽고는 화주에 쌍성총관부를 설치하고 조휘를 총관, 탁청을 천호로 삼았다. 그와 함께 의주는 원나라의 개원로(開元路)[1]에 편입되어 산길대왕의 영역이 되었는데 마침 이안사가 그곳으로 들어가게 된 것이었다.

이안사는 의주에 도착하자마자 외부의 공격에 대비하기 위해 진지를 수축하고 유민들을 지켜주었다. 그러자 고려 조정에서는 그를 의주병마사로 제수해 몽고군을 견제 임무를 맡겼다. 그러나 당시 북방의 정세로 볼 때 그 임무는 불가능한 것이었다. 결국 이안사는 김보노 등 1,000여 호를 거느리고 산길대왕에게 항복한 다음 가문의 딸을 바치며 충성을 맹세했다.

그렇게 해서 이안사는 오랜 유랑생활을 접고 개원로 남경의 알동(斡東)에 자리 잡았다. 능력 있는 고려인의 귀순은 당시 원나라에게도 낭보였던 듯하다. 산길대왕의 보고를 받은 원나라 황제는 알동천호소를 세운 다음 이안사에게 남경 지역을 망라한 오천호소의 수천 호와 다루가치[達魯花赤]를 겸하게 했다. 이안사는 이후 승승장구 원나라 헌종 때 이춘, 문대순, 조오, 노가아, 탁청, 상재, 광혁, 장가 등 8개 백호를 관할하고 홀찰백호(扢扎百戶)를 겸했으며, 세조 때는 알동천호가 되어 동북지역에 확고부동한 거점을 마련했다. 이안사의 묘호는 목조(穆祖), 능호는 덕릉(德陵)으로 처음 경흥 남쪽에 있었으나 1410년(태종 10년) 함흥 서북쪽으로 옮겼다.

적도의 기적으로 구사일생한 이행리

1275년 이안사가 죽자 맏아들 이행리(李行里)가 관직을 이어받아 알동천호가 되었다. 13세기 동북아를 일통한 원나라는 여세를 몰아 고려와 함께 일본 정벌을 추진했지만 갑작스런 태풍을 만나 야심을 접어야 했다. 하지만 원나라는 포기하지 않고 1281년 대대적인 2차 일본 정벌[2]을 시도했다. 그때 휘하의 군대를 이끌고 원정군에 합류한 이행리는 합포(合浦)에서 고려의 충렬왕을 만나 아버지 이안사의 원나라 귀순이 본의가 아니었음을 알리고, 자신의 마음속에 고려에 대한 충심이 살아 있음을 고백했다. 이것이 인연이 되어 훗날 손자 이자춘은 공민왕의 쌍성총관부 공격에 내응하게 된다.

그 시기 알동 지역에는 이안사와 이행리의 2대에 걸친 노력으로 많은 고려인들이 몰려들어 농사를 지으며 살았다. 두 사람은 원나라의 세력을 배경으로 여진의 천호와 다루가치들을 회유하면서 안전을 도모했다. 그런데 원의 세력이 급격히 약화되면서 그 지역에 대한 산길대왕의 영향력이 사라지자 여진족은 자신들의 땅에서 고려인들을 축출하려는 생각을 품게 되었다. 그 1차적인 제거 대상이 고려인의 수장 이행리였다. 그들은 사냥을 구실로 분산되어 있던 동족을 규합해 일거에 거사를 벌이려 했다. 실록에서는 당시 이행리가 천운으로 그 위기를 벗어난 경위를 다음과 같이 전한다.

어느 날 이행리가 성을 시찰하고 돌아오다가 물동이를 이고 가는 노파에게 물을 청했다. 노파는 주발을 깨끗이 씻은 다음 물을 떠 바치면서 말했다. "이곳 사람들이 공을 꺼려 하여 군사를 청하러 갔습니다. 어서 피하십시오." 그 말을 듣고 급히 집으로 돌아온 이행리는 가족을 두만강에 있는 적도(赤島)로 보낸 다음 부인과 함께 가양탄을 건너 높은 곳에 올라가 동정을 살폈다. 과연 노파의 말대로 알동의 들판에 여진족이 새까맣게 몰려오고 있었다. 이행리는 말을 달려 적도로 향했는데 북쪽 언덕에 이르렀지만 물을 건너갈 배가 보이지 않았다. 절망한 그가 하늘을 우러르며 탄식하자 기이하게도 갑자기 물이 100여 보가량 줄어들어 강물이 얕아졌다. 이행리 일행이 서둘러 강을 건너오자 물이 다시 불어 적병이 추격하지 못했다.[3]

그 후 이행리는 적도에서 한동안 움막을 짓고 살다가 1290년 인근에 있는 직도, 추도, 초도의 목재로 배 10척을 만들어 의주로 돌아온 뒤 부인 손씨에게 두 아들을 얻었다. 얼마 후 손씨가 죽자 등주 호장 최기열의 딸과 결혼한 다음 등주에 자리 잡았다.

그로부터 몇 년 뒤 그는 아내 최씨와 함께 낙산의 관음굴에서 기도하던 중 현몽을 한 승려에게서 아들을 얻으면 이름을 선래(善來)로 지으라는 말을 들었다. 과연 의주에 돌아온 뒤 아들을 얻자 이름을 선래라고 지었다. 이행리는 1300년 10월, 원나라의 승사랑이 되었고 쌍성 등지에 거주하는 고려 군민을 다스리는 다루가치로 활동하다가 세상을 떠났다. 묘호는 익조(翼祖), 능호는 지릉(智陵)으로 안변 서쪽 서곡현에 있다.

흑룡을 쏘아 죽인 이춘

이춘(李椿)의 아명은 선래(善來), 몽고식 이름은 발안첩목아(孛顏帖木兒)이다. 부친 이행리의 관직을 이어받아 의주의 다루가치로 재임하면서 알동 백호 박광의 딸과 결혼해 두 아들을 얻었다. 맏아들의 이름은 자흥(子興), 몽고식 이름은 탑사불화(塔思不花)이고, 둘째 아들이 바로 이성계의 아버지인 자춘(子春), 오로사불화(吳魯思不花)이다.

부인 박씨가 죽은 뒤 이춘은 화주로 이사한 다음 쌍성총관 조휘의 딸 조씨와 결혼해 두 아들 완자불화(完者不花)와 나해(那海), 그리고 세 딸을 얻었다. 조휘는 1258년 고려의 관리를 죽이고 원나라에 투항한 다음 쌍성총관부 총관이 된 인물이다. 이춘은 그렇듯 정략결혼을 통해 북방에서 기반을 다졌다. 그 후 한동안 안변에 머물던 이춘은 따르는 백성들이 많아지자 목축에 편리한 함주로 거처를 옮겼다.

이춘은 타고난 무장으로 특히 활을 잘 쏘았다.[4] 언젠가 그가 군영의 큰 나무에 까치 두 마리가 앉아 있는 것을 보고 활을 겨누자 사람들은 거리가 백 보나 되니 맞추지 못할 것이라고 생각했다. 하지만 그는 화살 하나로 두 마리를 꿰어내 찬탄을 불러일으켰다. 그런데 기이하게도 커다란 뱀이 나타나 그중에 한 마리를 물어 나무 위에 올려놓았다.[5] 이춘이 백룡의 요청으로 흑룡을 쏘아 죽였다는 신화도 전한다.

어느 날 도조의 꿈에 한 사람이 나타나 애원했다.

"나는 백룡인데 흑룡이 나의 거처를 빼앗으려 하니 제발 도와주십시오."

그 후 백룡은 수차례 이춘에게 현몽하여 날짜와 장소까지 알려주었다. 기이하게 여긴 그가 백룡이 알려준 곳으로 가보니 과연 커다란 연못이 있었는데 안개가 으슥한 가운데 백룡과 흑룡이 한창 싸우고 있었다. 이춘은 화살을 날려 흑룡을 거꾸러뜨리고 돌아왔다. 그날 밤 꿈에 다시 백룡이 나타나 말했다.

"공의 자손에게 큰 경사가 있을 것입니다."

1334년 풍질에 걸린 이춘은 맏아들 탑사불화에게 관직을 넘기려 했지만 부인 조씨가 자신의 아들 완자불화를 내세우는 바람에 뜻을 이루지 못했다. 1342년 7월, 이춘이 죽자 개원로에서는 원칙대로 정실의 아들인 탑사불화에게 관직을 이어받게 했다. 그런데 9월 탑사불화가 갑자기 죽었다. 음모의 냄새가 나는 대목이다.

그때 탑사불화의 아들 교주(咬住)가 어렸으므로 조씨의 아들 나해가 형 완자불화와 함께 선명(宣命)과 인신(印信)을 훔쳐내 도조의 관직을 찬탈하려 했다. 그러자 분개한 오로사불화는 형수 박씨를 설득해 교주를 데리고 개원로로 가서 나해의 횡포를 고발했다.

1343년 원나라 조정에서는 탑사불화의 아들 교주가 아직 어리다는 이유로 오로사불화가 임시로 이춘의 관직을 이어받게 하고, 훗날 교주가 나이가 들면 관직을 전해주도록 했다. 그와 동시에 나해를 차인사에서 체포해 처형해버렸다. 이성계의 아버지 이자춘은 그처럼 이복형제들과의 경쟁에서 승리한 역전의 용사였다. 이춘의 묘호는 도조(度祖), 능호는 의릉(義陵)으로 함흥에 있다.

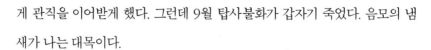

이자춘, 고려에 금의환향하다

이춘의 둘째 아들 오로사불화, 곧 이자춘(李子春)은 이안사로부터 시작된 오랜 가문의 방랑을 끝내고 고려에 금의환향하여 장차 이성계의 승천에 결정적인 기반을 제공한 인물이다. 그 역시 무인의 후예답게 기마술과 궁술에 능통했으며 부친의 관직을 이어받은 뒤 뛰어난 통솔력을 발휘해 지위를 굳게 다졌다. 그는 훗날 형의 아들 교주가 장성하자 약속대로 관직을 건네주려 했지만, 교주가 사양했다.

당시 쌍성 일대는 여진족과 고려 유민들이 뒤섞여 살아가는 중간지대로 원나라와 고려의 통제가 매우 느슨했다. 1355년(공민왕 4년) 원나라는 중서성, 요양성, 정동행중서성의 원주민과 이주민을 구분해 호적을 작성하려는 삼성조마호계(三省照磨戶計)를 획책했다. 이것은 원주민을 우대하고 이주민을 제거하려는 뜻으로 고려 유민의 대표자인 이자춘을 궁지에 몰았다. 그러자 이자춘은 원나라와 결별하고 고려의 공민왕을 선택하는 일대 결단을 내렸다.

마침 고려의 내정에 커다란 변화가 일어났다. 원나라의 공녀로 갔다가 황후가 된 기황후의 오빠 기철이 쌍성의 관리 조소생, 탁도경 등과 결탁해 반역을 꾀한 것이다. 공민왕은 신속하게 기씨 일당을 제거한 다음 밀직부사 유인우에게 반란 수괴들이 남아 있는 쌍성 정벌을 명했다. 하지만 유인우는 원나라의 군대를 두려워해 쌍성 인근에 있는 등주에서 진군을 멈추고 머뭇거렸다. 공민왕은 이자춘에게 시소부윤(試少府尹)에 이어 중현대부(中顯大夫)라는 벼슬을 제수한 뒤 병마판관 정신계를 보내 고려군의 쌍성 정벌을 알리고 내응하도록 명했다. 이자춘은 즉시 군사를 일으켜 유인우와 합세한 다음 일거에 쌍성을 공격했다.

그 결과 고려는 화주, 등주, 정주, 장주, 예주, 고주, 문주, 의주와 선덕진, 원흥진, 영인진, 요덕진, 정변진 등 여러 성과 함주 이북의 합란, 홍헌, 삼살 지역을 빼앗았다. 원나라 고종 때 점령당한 이후 무려 99년만의 고토 회복이었다. 공민왕은 이자춘의 공을 높이 치하하며 대중대부 사복경으로 삼고 개경에 집을 주고 살게 했다.

그때부터 고려의 정식 무장으로서 중앙 무대에 발을 들여놓은 이자춘은 판군기감사로 승진했고, 이어 양광도[6]에 침입한 왜구 방어를 위해 서강병마사에 임명되었다. 얼마 후 고려의 중앙군이자 왕의 직속친위대인 정3품 천우위상장군으로 승진하여 무장으로서 최고의 지위에 올랐다. 제2차 홍건적의 침입이 우려되던 1361년(공민왕 10년)에는 삭방도만호 겸 병마사가 되어 다시금 동북지방을 경영하게 되었다. 이때 이자춘의 독자세력 형성을 경계한 어사대는 그가 원래 동북 출신이라는 이유로 반대했지만, 공민왕은 자신의 뜻을 관철시켰다. 이런 왕의 신임을 바탕으로 이자춘은 호부상서까지 벼슬이 올랐고, 이후 요동에 거주하는 고려인들을 귀환시키는 일로 동분서주하다 46세의 나이로 세상을 떠났다.

이자춘은 원명 교체기에 공민왕의 반원정책과 연대하여 군사적 업적을 쌓아 고려 정계에 이성계 가문의 정치적 위상을 각인시킨 최대 공로자였다. 그가 마련해준 확고부동한 기반 위에서 이성계는 조선 왕조를 창업했던 것이다. 이자춘의 죽음과 관련하여 「연려실기술」에는 다음과 같은 설화가 실려 있다.

> 이자춘이 죽은 뒤 이성계는 함흥에서 장지를 구했지만 길지를 얻지 못했다. 그러던 어느 날 길가에 스승과 제자로 보이는 두 승려가 동산을 가리키며 대화를 나누었다.
>
> "이곳에 왕이 나올 땅이 있는데 알겠느냐?"
>
> "산이 세 갈래로 내려온 것 중 가운데 낙맥인 짧은 산기슭이 정혈인 것 같습니다."
>
> "너는 잘 알지 못하는구나. 사람이 두 손을 쓰되 오른손이 긴요한 것처럼 오른편 산기슭이 진혈이다."
>
> 그 이야기를 종에게 전해들은 이성계는 급히 말을 타고 쫓아가 함관령 아래서 두 승려를 만난 다음 간절히 청해 그 장지를 얻었다.

「오산설림」에 따르면 두 승려 중에 스승이 나옹화상이고 제자가 무학대사라 했다. 이자춘의 묘호는 환조(桓祖), 능호는 정릉(定陵)으로 함흥 동쪽 귀주동에 있다.

이성계 신화의 시작, 황산 전투

이성계는 1335년(충숙왕 4년) 10월 11일, 화령부에서 태어났다. 어렸을 때부터 무예와 지략이 출중했던 그는 부친과 함께 전장에 나가 명성을 떨쳤다. 1356년 단오절에 이자춘을 따라 개경에 들어간 22세의 청년 이성계는 공민왕이 친림한 격구대회에서 놀라운 기마술을 선보이기도 했다. 그 시절 이성계는 자신만만한 웅재였다. 「동인시화(東人詩話)」에는 그의 원대한 포부가 담긴 시 한 수가 실려 있다.

넝쿨을 잡아당기며 푸른 봉우리에 올라가니

암자 하나 흰 구름 가운데 우뚝 솟아 있네.

눈에 들어오는 곳을 모두 우리 땅으로 한다면

초나라 월나라 있는 강남인들 용납하지 못하리오.[7]

1361년 이성계는 사망한 부친의 관직을 이어받아 통의대부 금오위상장군 동북면상만호가 되어 9월에 일어난 독로강만호 박의의 반란을 진압했고, 1362년(공민왕 11년) 정월에는 홍건적에게 빼앗긴 개경 수복전투에 가병 2,000명을 이끌고 참전해 도성을 탈환했다. 그해 2월, 원나라의 심양행성 승상 나하추가 삼살과 홀면으로 침입했다. 도지휘사 정휘가 가로막았지만 일패도지하자 공민왕은 이성계를 동북면병마사로 임명해 대적하게 했다. 그해 7월에 또다시 나하추가 다시 군사 수만 명을 거느리고 홍원 땅으로 들어오자 이성계는 덕산에서 나하추 군과 맞서 대승을 거두고 적을 달단동으로 밀어붙였다.

그때 이성계는 개인적인 무예뿐만 아니라 뛰어난 병법을 통해 자신의 능력을 유감없이 발휘했다. 그는 요지에 복병을 설치한 다음 군대를 셋으로 나누어 좌군은 성곶, 우군은 도련포로 진군하게 하고 자신은 중군을 거느리고 송두로 나가 함흥 들판에서 나하추와 정면으로 맞섰다. 그는 맨 앞으로 나서 싸우다 짐짓 패한 척하여 나하추의 군대를 유인한 다음 좌우의 복병을 몰아쳐 맹공을 가해 적을 궤멸시켰다. 본래 나하추는 환조 이자춘과 친교가 있어 그 아들 이성계의 소문을 들었지만 믿지 않고 있었다. 그러나 실제로 싸워보고는 감탄을 금치 못했다. 당시 진중에 있던 나하추의 부인은 계속 퇴각을 종용했고, 나하추의 누이는 이성계의 용맹에 반했다는 기록도 있다.

1363년(공민왕 12년) 원나라의 기황후는 충선왕의 셋째 아들 덕흥군 왕혜를 고려 국왕으로 임명한 다음 최유에게 요양성의 군사 1만 명을 주어 고려를 정벌하게 했다. 그들이 이듬해 정월 의주를 점령하고 선주를 거점으로 남하하려 하자 공민왕은 최영과 이성계를 파견했다. 당시 백전불패의 용장으로 자신만만했던 이성계는 전장에 도착하자마자 패전한 장수들을 질책했다. 그러자 화가 난 장수들은 출전을 거부하며 이성계에게 혼자 나가서 공을 세우라며 비웃었다. 그렇듯 집단 따돌림을 당한 이성계는 친병들과 함께 고군분투하여 수주의 달천에서 최유의 군대를 물리쳤지만, 군대 내부에서 깊은 소외감을 느꼈다. 그때부터 이성계는 자신의 무용을 자랑하지 않고 겸손하게 행동하여 내외의 신망을 쌓아갔다.

그해 2월, 이성계의 외사촌인 삼선과 삼개가 난을 일으켰다. 두 사람은 삼해양(길주)의 다루가치 김방패와 도조의 딸 사이에서 태어났는데 여진족과 어울리며 용력을 과시했다. 그들은 이성계가 서북면에서 활동하는 틈을 타 군대를 모아 함주를 공격해 함락시킨 다음 화주 이북지역을 점령했다. 그러자 이성계는 한방신, 김귀와 함께 삼면에서 군대를 몰아쳐 화주와 함주를 수복하고 삼선과 삼개를 여진 땅으로 쫓아냈다. 공민왕은 크게 기뻐하며 그를 밀직부사로 삼고 단성양절익대공신(端誠亮節翊戴功臣)의 칭호를 내렸다.

1370년(공민왕 20년) 요동에 있던 동녕부 정벌은 이성계의 출세 과정에서 빠질 수 없는 전공이다. 1369년 기철의 아들 기새인첩목아는 동녕부를 점거하고 김백안 등과 함께 고려를 공격하려 했다. 공민왕은 이성계를 동북면 원수로 삼고 지용수와 양백연을 서북면 원수로 삼아 이들을 정벌하게 했다. 이듬해 정월 이성계는 기병 5,000명, 보병 1만 명을 거느리고 황초령을 넘어 압록강을 건너갔다. 그때 동녕부 동지 오로첩목아(이원경)는 우라산성으로 옮겨 방어태세를 갖추었다가 이성계가 야둔촌에 이르자 300여 호를 거느리고 항복해왔다. 그때 추장 고안위는 항복하지 않고 버티다가 이성계가 70여 차례 화살을 쏘아 병사들을 명중시키자 겁에 질려 도망쳤다. 그해 12월, 이성계는 나장탑에 이르러 요성과 이틀거리에 다다르자 군대의 짐을 남겨두고 7일치 양식만 가지고 행군했다.

드디어 동녕부에 도착한 이성계는 기병 3,000명을 동원해 성을 급습했다. 당시 요성의 장수 처명은 끝까지 저항하다가 이성계의 무위를 이겨내지 못하고 항복했다. 그 전투에서 이성계는 김백안을 사로잡았지만 기새인첩목아는 놓치고 말았다. 이성계는 각 지역에 그를 수배하는 방문을 붙인 다음 군량 부족을 이유로 철수했다. 도망친 기새인첩목아의 구원 요청을 받은 나하추가 급히 출동했다가 고려군의 군영에 변소와 마구간이 만들어진 것을 보고 군대가 정비되었으리라 판단하고 물러갔다.

동녕부 정벌은 비록 요동 지역의 점령으로 이어지지 않았지만, 고려를 노리던 기철의 잔당을 궤멸시키고 원나라에 대한 고려의 확고부동한 의지를 보여준 쾌거였다. 공민왕은 그 공을 크게 치하하여 37세의 이성계를 지문하부사에 임명하고 조정으로 불러들였다. 그때 문신 이색이 문하성에 들어왔다. 훗날 고려의 존망을 놓고 대결했던 두 사람의 정계입문이 동시에 이루어진 것이다.

그 후에도 이성계는 탁월한 군사 지휘관으로서 눈부신 업적을 쌓았다. 우왕 대에 벌어진 수많은 왜구와의 전투에서 그는 한 차례도 패배한 적이 없었다. 그 가운데 황산 전투는 이성계의 신화를 이룩하는 기폭제가 되었다. 당시 왜구는 병선 500척, 병사 2만여 명의 대군을 이끌고 고려를 침입했다. 군대의 규모로 보자면 국가 간의 존망이 걸린 전쟁이나 마찬가지였다. 개전 초기 고려군은 왜구의 막강한 전력에 밀려 연전연패를 거듭했다. 하지만 이성계는 분전 끝에 지리산 기슭에서 적장 아기바투를 죽이고 왜구를 궤멸시켰다. 황산 전투의 승리에 감격한 노장 최영은 이성계의 손을 부여잡고 눈물을 흘리며 이렇게 말했다.

"삼한의 생사가 이 한 번의 싸움에 달려 있었소. 이제부터 공이 아니라면 누구를 믿을 수 있겠소."

겸양의 미덕 속에 감춘 대권야망

이성계는 매우 인간적인 지휘관이었다. 평소 군영에서 엄격한 군율을 강조하면서도 병사들을 다정하게 대해주었고, 전투가 임박하면 자신의 뛰어난 궁술로 부대의 사기를 끌어올렸다. 게다가 뛰어난 인물이라면 적장이라도 함부로 죽이지 않고 품에 안았다. 경원의 공주에 침입했던 원나라 장군 조무, 여진 족 장군 처명, 원의 동녕부 동지 이원경, 여진 천호 이지란 등이 모두 그의 인품에 반해 귀순한 장수들이었다.

그는 늘 자신을 굽히고 공을 양보하여 겸손한 장수라는 평판을 받았다. 이는 과거 최유와 싸울 때 겪었던 집단 따돌림에서 배운 교훈이었다. 이성계는 신돈의 개혁을 발판으로 중앙무대에 진출한 이색의 제자 정몽주, 정도전, 권근, 조준 등과 교유할 수 있었다. 그중에서 정몽주와는 매우 특별한 관계를 맺었다. 그는 삼선·삼개의 난과 황산 전투에 이성계의 조전원수로서 참전했던 것이다. 또 상하 간에 신망이 높았던 최영은 그의 든든한 후원자 노릇을 해주었다. 훗날 사돈 지윤의 역모사건과 사돈 정창군 왕요 옹립사건에서도 무사할 수 있었던 것은 그와 같은 폭넓은 인간관계 덕분이었다. 또 경처로 맞이했던 정계의 실력자 강윤성의 딸 강씨의 가문도 그를 지켜주었던 중요한 배경이었다.

이성계는 또 자식들의 정략결혼을 통해 가문의 역량을 키워나갔다. 장남 이방우는 찬성사 지윤의 딸과 혼인했고, 넷째 이방간은 대학자 민지의 손자이자 민상정의 아들인 민선의 딸과 혼인했다. 다섯째 이방원은 예문관 대학사 민제의 딸과 혼인했으며, 일곱째 이방번이 신종의 후예인 왕우의 딸과 혼인함으로써 왕족과도 인연을 맺었다. 그렇지만 이성계의 집안은 여전히 무장 가문으로 학문을 중시하는 개경의 주류층과는 일정한 거리가 있었다. 때문에 1383년(우왕 9년) 이색의 문하에서 공부하던 이방원이 문과에 급제하자 이성계는 감격의 눈물을 흘렸다.

그 무렵 고려는 국왕들의 연이은 실정과 관리들의 부정부패가 거듭되면서 망조의 조짐을 보이고 있었다. 그리하여 새로운 세상을 꿈꾸는 민초들의 바람은 '목자득국(木子得國)'이라는 풍설을 낳았다. 그 중심에 이성계가 있었다. 그럴수록 이성계는 몸을 깊이 낮추었다. 경거망동했다가는 언제 어떻게 거꾸러질지 알 수 없는 시절이었다. 하지만 그는 은밀히 진덕수의 「대학연의」를 읽으며 승천을 꿈꾸었다. 서산대사가 남긴 「설봉산석왕사기(雪峯山釋王寺記)」의 기록을 보면 당시 이성계의 내심이 무엇이었는지를 알 수 있다.

어느 날 이성계는 신비한 꿈을 꾸고 나서 설봉산 토굴에서 수도하고 있던

무학대사를 찾아가 해몽을 청했다.

"꿈속에서 하늘에서 꽃이 떨어지고, 또 어느 집 헛간에 들어가 서까래 세 개

를 짊어지고 나오다가 거울 깨지는 소리에 잠이 깼습니다."

그러자 무학대사는 이렇게 답했다.

"서까래 세 개는 '왕(王)' 자를 뜻하고, 꽃이 떨어지니 열매가 맺힐 것이요,

거울이 깨졌으니 어찌 소리가 나지 않겠습니까."

035

이는 분명히 새로운 왕조창업을 암시하는 내용이다. 훗날 그 예언이 이루어지자 이성계는 그곳에 석왕사를 창건했다고 한다.[8] 이 이야기는 어디까지나 설화로 받아들여야겠지만, 실제로 1377년(우왕 3년) 동북면 도원수였던 이성계는 폐허가 된 청주 광적사의 대장경과 불상 등을 배로 옮겨 석왕사에 안치하고 왕과 국가의 안녕을 기원했다는 기록이 있다. 그해는 바로 사돈 지윤이 이인임과 최영에게 죽임을 당하고 이성계 자신의 신변도 위태로웠던 시기이다. 위기에 직면하면 반발하고 변화를 시도하는 것이 인간의 본성이라면 이성계 역시 그 무렵 자신을 지키기 위한 모종의 전략을 구상하고 있었음이 분명하다.

개혁 넘어 개벽을 꿈꾼 정도전

이성계는 중앙무대에 진출한 뒤 정쟁보다는 군사적인 업적을 통해 자신의 입지를 구축했다. 청년 시절 북방에서의 활약과 중년기 여진, 왜구 토벌은 그를 고려의 수호신장으로 자리매김하기에 충분했다. 하지만 문관 중심의 고려 조정에서 그는 여전히 뛰어난 무장에 불과했다. 때문에 당대의 권력자인 이인임이나 최영은 그에 대해 경계심을 특별히 보이지 않았다. 이색이나 정몽주 등 성리학자들도 정통 군인으로서 겸손하며 인간적인 이성계에게 호감을 품고

있었다. 하지만 이성계는 그와 같은 현실에 만족할 수 없었다. 젊은 시절부터 내면에 품고 있던 야망이 난세를 맞아 꿈틀거리기 시작했던 것이다. 어느 날 그런 이성계의 웅지를 꿰뚫어보고 혈혈단신 찾아온 이가 있었다. 바로 당대 최고의 혁명가이며 사상가인 정도전이었다.

정도전은 경북 봉화 출신으로 청백리 정운경의 아들이다. 뛰어난 두뇌에 정의감까지 갖추었던 그는 일찍이 이색의 문하에 들어가 성리학을 배웠고 조정에 들어가 공민왕의 총애를 받았다. 그렇지만 신분상의 흠결로 인해 당대의 권력자들과 동료들에게 수많은 차별과 멸시를 받았다. 「태조실록」에는 정도전의 출신이 다음과 같이 묘사되어 있다.

'세족 우현보의 일족에 김전이 있었다. 그는 일찍이 중이 되어 자신의 종인 수이의 아내와 몰래 정을 통해 딸 하나를 낳았다. 뒤에 김전은 환속한 다음 수이를 내쫓고 그의 아내를 빼앗아 자신의 처로 삼았다. 그는 딸을 벼슬하지 않은 선비 우연에게 시집보내고 노비와 땅을 주었다. 우연은 딸을 하나 낳아 정운경에게 시집보냈다. 훗날 정운경은 벼슬이 형부상서에 올랐다. 정운경은 아들 셋을 두었는데, 정도전이 그 맏아들이다.'

이와 같은 가문의 굴레는 정도전의 정치 역정 내내 심각한 장애물로 작용했다. 정도전이 정계에서 도드라질 때마다 우현보는 끊임없이 그의 출신성분을 따졌고, 역성혁명이 가시화되자 정몽주 등 명망 높은 신료들마저 정도전을 공격하기 위한 수단으로 삼았던 것이다.

어릴 때부터 총명했던 그는 이색의 문하에서 정몽주, 이숭인, 이존오, 김구용 등 당대의 후기지수들과 함께 공부했다. 그 후 1360년(공민왕 9년) 19세 때 성균시에 합격하고 부인 최씨와 결혼한 정도전은 1362년(공민왕 11년) 진사시에 급제한 뒤 충주의 사록, 전교주부 등을 거쳐 1365년 통례문지후가 되었다가 신돈이 약진하자 벼슬을 버리고 고향으로 내려왔다.

이듬해 부친 정운경과 어머니 우씨가 사망하자 삼년상을 치른 그는 1371년 공민왕이 신돈을 죽이고 조정을 일신하면서 정7품 성균박사로 다시 벼슬길에 올랐다. 1374년 9월 공민왕이 비명에 죽고 우왕이 즉위하자 이인임, 염흥방, 임견미 등 세족이 정권을 잡았다. 이로써 공민왕의 개혁정책은 완전히 무위로 돌아가고 백성들은 도탄에 빠져들었다. 이듬해 초 북원의 사자가 고려에 오자 임견미 등 친원파 대신들은 평소 반원 성향을 드러내던 정도전에게 영접을 명했다. 그러자 정도전은 과감히 그 명을 거절하고 귀양길에 올랐다.

당시 34세였던 정도전은 유배지 나주목 회진현 소재동의 천민들이 사는 부곡에 살면서 민초들의 삶을 경험했다. 집주인 황연과 마을 사람들은 불행한 처지에 빠진 선비를 측은하게 여기고 술과 안주를 가져와 위로했다. 따뜻한 민심을 접한 정도전은 정치의 궁극적인 목표는 이런 백성들을 행복하게 해주는 일이라는 것을 깨달았다. 2년 뒤 유배는 풀렸지만 복직이 허락되지 않자 정도전은 한양의 삼각산에 삼봉재를 짓고 자신의 개혁사상을 전파하고 후계자 양성에 전념했다. 하지만 그를 따르는 무리가 늘어나자 당국의 압력을 받은 집주인이 집을 철거해버렸다. 그리하여 정도전은 부평과 김포 등지를 전전해야 했다. 희망이 보이지 않았다. 그렇지만 정도전은 절망하지 않았다. 오히려 부조리한 현실을 타파하고 새로운 세상을 만들어야겠다는 야망으로 불타올랐다.

1383년 가을, 47세의 정도전은 동북면도지휘사로 함주 막사에 머물러 있던 이성계를 찾아갔다. 고려 말, 개혁을 넘어 혁명을 꿈꾸던 정도전 등 신진성리학자 세력과 이성계로 대표되는 신흥무장세력의 첫 만남이었다. 당시 이색이나 정몽주 등 개혁적인 성리학자들은 현실개혁 차원에서 새로운 출구를 모색하고 있었지만, 정도전은 그들이 상상조차 못했던 개벽을 향해 나아가고 있었던 것이다. 정도전은 이성계의 군대가 잘 정비되어 있고, 백성을 아끼는 모습에 깊은 감명을 받았다. 과연 이성계는 자신의 야망을 이루어줄 수 있는 큰 그릇이 틀림없었다. 그날 정도전은 병영의 정자 옆에 있던 늙은 소나무에 다음과 같은 시를 새겼다.

아득히 오랜 세월에 한 그루 소나무

몇 만 겹의 푸른 산에서 자랐는가.

언제나 즐거운 마음으로 다시 볼 수 있으려나.

인간사 잠깐이면 옛 자취 되는 것을.[10]

이성계의 호가 송헌(松軒)이었으므로, 정도전은 소나무를 매개로 그의 가치를 일깨워주고 역사를 도모하자고 암시했던 것이다. 그 후 정도전은 여러 차례 이성계를 찾아가 그를 정치적으로 각성시킨 다음 조정으로 복귀했다. 호랑이를 잡기 위해서는 호랑이굴에 들어가야 했던 것이다.

1385년(우왕 10년), 정도전은 전의부령으로 정몽주와 함께 명나라에 사신으로 다녀온 뒤 이듬해 종3품직인 성균좨주로 승진해 왕의 교서를 짓는 지제교가 되었고, 외직인 남양 부사를 거친 다음 수문하시중 이성계의 추천으로 성균관 대사성이 되었다.

무진정변, 개혁의 시작

1388년(우왕 14년)부터 1392년까지 5년은 고려 역사상 최악의 시기였다. 그 사이 세 명의 왕이 폐위되고 그중 두 명이 죽었으며 급기야 국체를 타성바지에게 빼앗겼던 것이다. 그 혼란의 단초는 공민왕 사후 14년 동안 권력을 독점해온 이인임의 실각과 임견미, 염흥방의 죽음이었다.

1387년(우왕 13년) 8월, 이인임이 노병을 이유로 벼슬에서 물러나자 우왕은 쇠약했던 왕권 확립의 호기로 삼았다. 그는 조정에 외척들을 대거 등용하고 부패관리 김봉, 김중기 등 8명을 처형하는 한편 군신 간에 신망이 높았던 최영과 손잡고 일대 쇄신을 도모했다.

그해 12월, 우왕은 모든 창고와 궁사에 속한 전민을 침탈한 자는 명부를 갖추어 아뢰라는 유시를 내렸다. 하지만 기득권에 매몰된 신하들은 콧방귀도 뀌

지 않았다. 이에 우왕은 남의 노비와 땅을 빼앗은 장인 신아의 아들 신효온과 사위 박보녕을 유배형에 처하고, 함부로 역마를 타고 돌아다닌 유인길을 참수하는 등 자신이 먼저 모범을 보였다. 그럼에도 신하들은 꿈쩍도 하지 않았고, 최영 역시 우왕의 행보를 지켜보고만 있었다. 한데 그런 돌부처 최영을 벌떡 일으킨 사건이 일어났다. 조반의 옥사였다.

고려 말, 권신과 가노들의 횡포는 고위관리 출신들이라도 아랑곳하지 않았다. 백주(白州)에 살고 있던 전 밀직부사 조반은 염흥방의 가노 이광에게 땅을 빼앗긴 뒤 주인 염흥방에게 애걸해 돌려받은 일이 있었다. 그런데 이광이 다시 그 땅을 빼앗아가자 조반은 더 이상 참지 못하고 이광을 죽인 다음 집을 불살라버렸다. 그 소식을 들은 염흥방은 왕명을 앞세워 조반과 그의 가족을 반역죄로 체포한 다음 심하게 고문했다. 하지만 조반은 굴하지 않고 거세게 저항했다.

"대여섯 명의 탐욕스런 재상이 사방에 종을 풀어 남의 땅과 노비를 빼앗고 백성을 학대하니 이것이 큰 도적이다. 내가 이광을 벤 것은 오직 국가를 돕고 도적을 제거하려 한 것인데 어찌 모반이란 말인가?"

그 말에 화가 난 염흥방이 조반을 죽이려 했지만 좌사의대부 김약채가 간신히 말렸다. 조반의 옥사는 조정에 큰 파장을 불러일으켰지만 염흥방의 세도가 막강했기에 아무도 문제를 제기하지 못했다. 하지만 이인임이 물러나면서 상황이 바뀌었다.

1388년(우왕 14년) 1월 5일, 우왕과 손잡은 최영은 조반과 그 가족을 석방한 다음 급거 염흥방을 체포해 순군옥에 가두었다. 이어서 임견미와 도길부까지 체포했다. 우왕은 권신들의 반격에 대비해 이성계에게 숙위를 명했다. 그때부터 최영의 친위쿠데타는 신속하고 잔인하게 진행되었다. 1월 10일부터 18일까지 이성림과 반익순 등 염흥방과 임견미 추종세력 50여 명을 처형하고 가산을 몰수했으며, 안무사를 전국에 파견해 1,000여 명에 이르는 잔당을 모조리 제거했다. 가족은 물론이고 갓난아이도 가리지 않았다. 죄인에게는 어떤 정상도 참작하지 않는다는 최영의 원칙주의가 낳은 비극이었다.

최영은 일찍이 제주도에서 원나라 목동들의 난을 정벌할 때 백성들의 우마를 잡아먹은 휘하 병사를 참수하고 팔을 끊어 효시했던 적도 있었다. 국사에는 사사로운 정리를 개입시키지 않는다는 것이 그의 신조였다. 이번에도 마찬가지였다. 권신들과 관련된 사람들은 이유여하를 막론하고 철저하게 연좌하여 목을 베었다. 그로 인해 서경윤으로 선정을 펼치던 이인임의 종손 이존성과 청렴했던 염흥방의 매제 이직도 죽임을 당했다. 당시 2인자로 부상한 이성계가 주모자 외에 억울한 죽음을 막아보려 했지만, 최영은 의견을 들으려 하지도 않았다. 때문에 이성계는 최영과 자신의 거리를 곱씹을 수밖에 없었다.

공민왕 이래 정사를 농단하던 권신들을 일거에 처단한 무진정변을 통해 최영은 일약 최고 권력자의 위치에 올라섰다. 하지만 그는 이인임을 살려둠으로써 자신의 한계를 드러냈다. 최영은 이인임이 계책을 결정하고 대국을 섬겨 국가를 안정시켰으니 공이 허물을 덮을 만하다는 명분을 내세웠다. 그러자 사람들은 최영 역시 이인임의 일파라며 비웃었다.

정변 이후 최영의 서녀를 영비(寧妃)로 맞아들여 안전판을 확보한 우왕은 갑자기 탕자로 돌변해 권신들에게서 빼앗은 재산을 음주가무에 탕진했으며, 거리에서 말을 달리며 개와 닭을 쏘고 자신의 군사적 재능과 용기를 자랑했다.

한편 조정에는 최영 휘하의 문달한, 송광미, 안소, 인원보 등과 함께 이색, 안종원, 성석린 등 성리학자들이 두루 기용되었다. 또 전국에 찰방을 파견해 권신들에게 빼앗겼던 토지들을 주인에게 모두 돌려주었다. 1월에는 신돈의 개혁 정책 이후 와해되었던 전민변정도감을 다시 설치한 다음 임견미 일족이 탈점한 전민을 조사하고, 각 도에 안무사를 파견해 권신들의 가신과 노비를 처형했다.

이 무진정변을 계기로 이성계는 정치무대에 본격적으로 등장했다. 그렇지만 이성계는 최영의 명망이나 영향력에 비견될 수 없었고, 그의 발언도 좀처럼 채택되지 않았다. 당시 최영은 그를 뛰어난 장수로 인정했을 뿐 정치적 동반자로는 보지 않았던 것이다.

전진이냐 후진이냐, 전쟁과 혁명 사이

14세기 말, 동북아의 정세는 폭풍 그 자체였다. 대륙의 주인은 한족인 주원장에 의에 명나라로 바뀌었고, 힘을 잃은 원나라는 북쪽으로 쫓겨났다. 오랫동안 원나라 치하에서 시달려온 고려는 북방에서 신흥대국 명나라의 새로운 위협에 직면하게 되었다.

1388년, 명나라는 고려에 단교를 선언하고 원나라가 다스리던 북방영토를 점령하겠다고 통보했다. 중원을 석권한 여세를 몰아 운남 정벌에 성공한 명나라는 다음 차례로 고려를 노리고 있었던 것이다. 1387년(우왕 13년), 요동의 실력자 나하추가 명나라에 항복함으로써 양국 간에 완충지대도 사라져버렸다. 그 무렵 명나라는 고려의 사신 장자온을 억류하는가 하면 뒤이어 파견한 장방평, 정몽주, 조임 등의 입경을 불허했다. 그와 함께 요동 지역을 주시하던 고려의 정보망에 명나라 간첩들의 움직임이 무수히 포착되었다. 이는 군사작전의 분명한 전조였다.

심각한 북방정세의 변화에 긴장한 우왕과 최영은 조세 중 절반을 군량으로 전환하는 한편 한양산성을 수축하고 전함을 수리하게 했다. 또 백성들의 호적을 작성해 동원병력을 파악하는 등 수비태세에 박차를 가했다. 그해 2월, 명나라는 철령[11] 이북의 개원로 지역을 자국 영토에 귀속시키겠다고 선언했다. 그러자 고려의 중신들은 명나라의 일방적 조치에 분개하면서도 무력보다는 외교를 통해 해결방법을 찾으려 했다. 그렇지만 우왕과 최영은 강경한 태도로 명나라에 대한 선제공격을 결정했다. 그 과정에서 요동 정벌에 반대한 이자송을 임견미의 도당이라는 죄명으로 처형해버렸다.

이윽고 명나라의 철령위 설치가 본격화되자 우왕은 전국에 징집령을 내리고 관리들에게 원나라의 관복을 착용케 하는 등 반명정책을 노골적으로 드러냈다. 3월 26일, 최영과 함께 서해도 순시에 나선 우왕은 4월 1일, 개경과 평양의 중간에 있는 봉주에 도착한 다음 이성계를 불러 요동 정벌에 대한 구체적인 의견을 물었다. 이때 이성계는 처음으로 요동 정벌이 불가함을 상주했다.

첫째, 작은 나라가 큰 나라를 치는 것은 옳지 않다.

둘째, 여름에 군사를 일으킴은 옳지 않다.

셋째, 왜구들에게 빈틈을 보이게 된다.

넷째, 장마철이라 활에 입힌 아교가 풀어지고 전염병이 번질 우려가 있다.

이른바 이성계의 4불가론으로 알려진 이 요동 정벌 반대의견은 첫째 사대론 외에는 모두 무장으로서 전문적인 견해를 피력한 것이었다. 하지만 우왕이 들은 체도 하지 않자 이성계는 한발 물러서 가을까지 출병을 연기해달라고 요청했다. 군대를 움직이는 일은 쉽지만 보급이 끊기면 싸워보지도 못하고 전멸당하기 쉽다는 이유였다. 그가 공민왕 대에 동녕부를 정벌하고 급히 철수한 것도 보급문제 때문이었다. 하지만 우왕은 처형된 이자송을 들먹이며 이성계를 강력하게 압박했다. 더 이상의 반론이 무의미하다는 사실을 알게 된 이성계는 입을 다물었다.

그때부터 요동 정벌 계획은 매우 신속하게 진행되었다. 최영을 팔도도통사, 조민수를 좌군도통사, 이성계를 우군도통사로 임명하고 총 5만 명의 병력이 소집되었다. 그런데 예상치 못한 일이 일어났다. 그때까지 자신만만하게 요동 정벌을 추진하던 우왕이 자신의 안전을 이유로 최영의 출전을 만류했던 것이다. 우왕은 과거 최영이 제주도 목동들의 난을 진압하러 갔을 때 공민왕이 시해되었던 일을 상기하고 두려워했다. 조정 내에 기반이 든든하지 못했던 국왕으로서 가엾은 정황이었다.

최영은 고심했다. 자신이 정벌군을 지휘하지 못한다면 5만 명의 대군은 태도가 불명확한 이성계의 수중에 들어가게 된다. 마음만 먹으면 천하를 뒤집을 수 있는 병력이었다. 그러나 사위인 우왕의 간절한 요청을 외면할 수 없었다. 최영은 궁여지책으로 이인임 계열인 좌군도통사 조민수에게 이성계를 견제하라고 부탁한 다음 이성계의 아들 이방우와 이방과, 이성계의 심복 이지란의 아들 이화상을 인질로 개경에 잡아두었다. 그 무렵 도성에서는 다음과 같은 미묘한 노래가 퍼지고 있었다.

> 서경성 밖에는 불빛이요.
>
> 안주성 밖에는 연기로세.
>
> 그 사이를 왕래하는 이원수여.
>
> 원컨대 백성들을 구제하소서.[12]

1388년 4월 19일, 드디어 요동 정벌군이 평양을 출발했다. 정벌군은 이성계의 무거운 마음만큼이나 느린 속도로 진군해 5월 7일이 되어서야 압록강에 다다랐다. 이윽고 정벌군이 위화도에 상륙해 도강을 준비하는데 그날부터 일대에 폭우가 쏟아지기 시작했다. 이성계는 일주일 동안 비가 멎기를 기다리다가 마침내 조정에 회군을 청하는 장계를 올렸다. 회군의 이유는 이미 설파했던 4불가론이 핵심이었다. 그러나 우왕은 환관 김완을 보내 도강을 재촉했다. 드디어 정벌이냐 회군이냐, 양자택일의 순간이 왔다. 고심하던 이성계는 좌군도통사 조민수를 설득한 다음 회군을 선포했다. 국왕에 대한 장수의 명령 불복, 그것은 곧 반역이었다. 말머리를 개경으로 돌리면서 이성계는 장병들에게 다음과 같이 선언했다.

"왕에게 친히 화복을 진술하고, 왕 옆에 있는 악을 제거하여 생령들을 편안하게 하겠다."

곧 우왕에게 자신이 직접 회군의 정당성을 알리고, 부당한 정벌을 종용한 최영을 희생양으로 삼겠다는 뜻이었다. 그는 잡아두었던 환관 김완을 풀어주고 우왕에게 최영을 처벌하라는 편지를 보낸 다음 개경으로 진군하기 시작했다. 요동 정벌군의 회군은 출발했을 때와 마찬가지로 매우 느렸다. 백성들의 동요를 염려한 것이었다.

이성계의 회군 소식은 금세 고려 경내에 파다하게 퍼졌다. 그와 함께 이방우와 이방과, 이화상 세 사람은 개경을 탈출했고, 이방원은 포천에 있던 어머니 한씨와 계모 강씨를 급히 피신시켰다. 그러자 의주에 머물러 있던 우왕과 최영은 서둘러 개경으로 돌아와 수비태세를 갖추었다. 위화도 회군으로 고려는 급거 내전상태에 돌입했던 것이다. 그때 동북면에서 여진족 1,000여 명이 이성계를 지원하기 위해 달려왔다.[13]

6월 3일 요동 정벌군이 개경에 들어오면서 양측은 일촉즉발의 긴장감이 감돌았다.[14] 개경 근교에 군대를 주둔시킨 이성계는 우왕에게 글을 올려 최영을 죽이라고 종용했다. 그러나 우왕은 오히려 설장수를 보내 군대해산을 명했다. 더 이상 타협이 불가능하다는 것을 알게 된 이성계는 드디어 칼을 뽑아 들었다. 이윽고 조민수가 선의문, 이성계가 숭인문으로 공격을 개시했다. 초전에 조민수가 검은 큰 기를 세우고 영의교 쪽으로 밀어붙이다 최영의 군사에게 격퇴당했다. 그런데 이성계가 황룡기를 앞세우고 선죽교에서부터 남산 방향으로 맹공을 취하자 수비군이 맥없이 무너졌다.

사세가 기울자 최영은 우왕을 모시고 궁궐의 화원으로 대피했다. 이성계는 화원을 수백 겹으로 포위하고 군사들을 시켜 최영을 내놓으라고 소리치게 했다. 하지만 최영이 나오지 않자 군사들이 화원을 부수고 들어갔다. 곽충보가 전정으로 들어가니 최영은 우왕에게 두 번 절하고 순순히 끌려나왔다. 이성계는 최영에게 이렇게 말했다.

"오늘의 일은 나의 본뜻이 아니오. 그러나 요동을 치려는 계획은 대의를 거스르는 일일 뿐만 아니라 나라가 편안하지 못할 것이므로 부득불 이렇게 된 것이오. 잘 가시오, 잘 가시오."

이성계는 곧 최영을 고봉현에 귀양 보내고 그의 휘하 장수와 신료들을 모조리 유배형에 처했다. 최영은 그해 12월에 처형되었다. 그렇듯 성공리에 회군 절차를 매듭지은 이성계는 두 도통사와 36명의 원수들과 함께 우왕을 배알한 다음 성문 밖으로 군사를 돌렸다.

이튿날인 6월 4일, 회군파 장군들은 궁궐 옆에 있던 흥국사에 모여 사후조치를 의논했다. 그 결과 고려 조정에서 명나라의 연호를 사용하고 명나라식 의관을 착용하기로 결정했다. 또 조민수가 좌시중, 이성계가 우시중, 조준이

첨서밀직사사 겸 대사헌에 임명되고, 삭직되었던 모든 장군들의 직위가 복구되었다.

그날 밤 자포자기 상태에 빠진 우왕이 환관 80여 명을 무장시켜 회군파의 핵심장수인 이성계, 조민수, 변안령의 집을 습격했다. 하지만 그때까지 장수들이 집에 돌아가지 않고 숙영지에 머물고 있었으므로 우왕의 거사는 무위에 그쳤다. 다음 날 그 사실을 알게 된 회군파 장수들은 우왕을 폐위시키고 강화도에 가두었다.

드디어 명실상부한 고려 최고의 실력자로 부상한 이성계는 차기 국왕옹립 문제로 조민수와 갈등을 빚었다. 이성계는 정창군 왕요를 내세웠지만 조민수는 우왕의 아들인 세자 창을 내세웠다. 창왕은 이인임의 친족인 이림의 딸 근비의 소생이었고, 조민수는 이인임의 후원을 받아 성장한 인물이었다. 당시 이성계는 우왕이 신돈의 후예라는 입장을 취했으므로 조민수와 의견이 일치될 수 없었다.

이 분쟁은 명유 이색이 조민수와 합세해 세자 창을 보위에 올리는 것으로 귀결되었다. 그 일로 조민수는 이성계를 추종하는 개혁파 신료들의 제거대상 1호가 되었다. 그해 7월 조민수는 부정부패 혐의로 대사헌 조준의 탄핵을 받아 조정에서 쫓겨났다. 애당초 그는 이성계의 적수가 될 수 없는 인물이었다. 그리하여 고려 조정은 실권자 이성계와 그를 추종하는 신진개혁파들의 독무대가 되어버렸다.

강력한 개혁으로 국가체질을 개선하다

위화도 회군과 최영의 유배, 창왕의 등극, 조민수의 제거 등 숨 가쁘게 이어진 정국의 변화는 이성계를 버팀목으로 삼은 신진 개혁파들의 득세로 이어지면서 고려사회에 엄청난 개혁의 바람을 몰고 왔다. 개혁파의 중심인물인 정몽주, 정도전, 조준, 유영경 등은 수백 년 동안 지배층이 누리던 특권을 백성들에게 모조리 돌려주고자 했다. 그런 만큼 다양한 반대세력들의 저항은 필연이었다.

우선 이색으로 대표되는 보수 지식계층과 전통적인 권문세족, 또 이림과 우현보 등의 외척세력, 그 외에 반이성계파 무장세력이 왕을 중심으로 연합하여 개혁을 교묘히 가로막고 나섰다. 개혁파는 언론기관과 감찰기관, 군대를 단계별로 이용하기로 결정했다. 대간은 명분논쟁에 나서고, 사헌부는 적극적인 개혁의 추진세력으로, 그도 저도 안 될 때는 군대를 최후의 무기로 사용하겠다는 뜻이었다.

개혁의 전면에는 대사헌 조준이 나섰다. 엄격한 원칙주의자였던 조준은 정도전, 남은 등과 교유하면서 병든 고려를 뜯어 고쳐야 한다는 당위성에 공감하고 이성계를 적극적으로 추종하게 된 인물이었다. 1388년 7월, 창왕이 즉위하자마자 조준은 장문의 개혁상소를 올렸다. 그 핵심은 전제와 지방정치의 개혁이었다.

전제개혁은 고려의 가장 절실하면서도 실질적인 개혁과제였다. 권문세족의 겸병과 조세 체계의 혼란은 극에 달한 상태였다. 남의 토지와 노비를 빼앗는 것은 일상적인 일이었다. 당시 조정에는 병사들에게 지급할 토지도 없고, 재상에게 제대로 지급할 녹봉조차 없었다. 권문세족은 오직 자신들의 배를 불리는 데 혈안이 되어 있었다. 억울한 백성들이 관아에 몰려들고 토지분쟁이 폭주하여 행정기능이 마비될 지경이었다. 이런 폐습을 단절시키기 위해 조준은 기존 권문세력의 재산권을 완전히 부정하고 전답을 몰수한 다음 국역에 따라 재분배하고자 했다.

"백성이 사전의 세금을 낼 때 남에게 빌려서도 능히 충당하지 못하며, 처자식을 팔아도 빌린 것을 능히 갚을 수 없고, 부모가 굶주리고 추위에 떨어도 봉양할 수 없으니 원통하게 부르짖는 소리가 위로 하늘에 사무쳐 화기를 해쳐서 물난리와 가뭄을 부릅니다. 그리하여 호구가 텅 비고, 왜구가 깊이 들어와 천리에 시신이 널려 있어도 막을 자가 없습니다."

조준의 탄식처럼 당시 고려는 백성들을 보호하는 국가기능을 잃은 지 오래였다. 보수적인 지식인들도 위기의식을 느끼고 개혁파의 극단적인 정책에 일정부분 동조하지 않을 수 없었다. 그러나 개혁파가 시도하는 공전제를 불법 소유권 침해로 단정했다. 이색은 국역의 봉사 여부에 따라 토지를 분배한다면 관리가 되지 않은 지식인 집단은 존폐의 위기를 맞을 것이라며 반대했다. 하지만 그의 본심은 개혁파의 궁극적인 목표를 의심하고 그들의 약진을 막아서려는 것이었다. 그러자 외척세력과 무장 변안열, 신진 유신 가운데 권근과 유백유가 그를 지지하고 나섰다.

그 와중에 우왕 복위를 기도한 김저·정득후 사건이 일어나 우왕과 창왕이 처형되고 공양왕이 즉위했다. 그때부터 개혁파의 전제개혁은 급물살을 타기 시작했다. 개경 시내에서 공사의 토지문서를 불사르고 지방의 토지지급을 확정했으며 관리들의 녹봉을 결정했다. 또 과전법을 제정하여 획기적인 전제개혁을 마무리했다. 이를 통해 개혁파는 국가재정을 확충하고 관료체계를 정비했으며 민생안정과 국방체제의 기초를 확고하게 다졌다.

조준은 지방행정개혁에도 전력을 기울였다. 대대적인 숙정을 통해 자질이 떨어지는 지방관을 축출하고 수준 높은 과거급제자를 지방관으로 임명해 행정의 효율성을 높였다. 호적을 정비하고 급여를 정상화했으며 황무지를 개간하는 백성에게 부역과 세금을 20년간 면제해주었다. 그 외에도 국정합의기관인 도당의 인원을 줄이고 대신의 처벌은 예를 갖추어 시행하며 연좌법을 폐지하는 등 공공의 이익에 부합되는 다양한 개혁에 박차를 가했다.

군정의 개혁도 이어졌다. 1390년 4월, 도당은 무과 설치 건의 33명을 선발해 무관으로 채용했다. 또 병역의무자들에게 정당한 보수를 지불했다. 이는 그때까지 권문세족이 가지고 있던 군대의 지휘권을 환수하기 위한 조치였다. 1391년 1월에는 삼군부를 설치해 군통수권을 일원화시켰다. 그렇듯 군대의 체제를 정비하면서 고려는 종래 수비 일변도였던 왜구에 대해 공격적인 정책을 취할 수 있었다. 1389년 2월, 경상도원수 박위가 왜구의 소굴인 대마도를 정벌[15]할 수 있었던 것도 이런 개혁 과정의 부산물이었다.

기실 고려는 대규모 전쟁도 수행할 만한 잠재력이 충분한 국가였지만 정치적 혼란과 지배층의 무능이 오랫동안 계속되면서 그 능력을 발휘하지 못했다. 개혁파는 그렇게 잠들어 있던 고려의 저력을 이끌어내어 자신들의 진가를 증명해 보였다. 하지만 그들의 최종 목표는 고려의 개혁이 아니라 새로운 국가 질서의 창조였다. 때문에 보수세력은 그들의 활약을 마냥 경이롭게 바라보고 있을 수만은 없었다. 바야흐로 고려의 충신과 조선의 창업공신 사이에 최후의 한판 승부가 다가오고 있었다.

고려와 새 나라, 누구를 위한 개혁인가

고려의 새로운 권력자로 등장한 이성계는 명나라를 상대로 외교적인 시험을 치르게 되었다. 명나라에서 설치한 철령위 문제와 요동 정벌 시도에 대한 해명이 필요했고, 우왕 폐위 문제도 납득시켜야만 했다. 또 내정에서 사사건건 개혁의 발목을 잡고 늘어지는 대학자 이색에 대한 처리도 시급했다. 이색은 개혁파 성리학자들의 스승이면서 내외의 신망을 한몸에 받고 있는 석학인지라 섣부른 조치는 역풍을 불러올 위험이 있었다.

첫 번째 철령위 문제는 1388년 6월, 사신 박의중이 명나라에서 돌아오면서 자연스럽게 풀렸다. 명나라에서는 고려를 비난하면서도 철령위 문제를 재고하겠다고 알려왔던 것이다. 이로써 고려와 명나라 사이에 드리웠던 전운이 말끔히 사라졌다. 그것은 명나라에 호의적인 이성계에 대한 화답이었다. 두 번째 요동 정벌의 책임 역시 최영의 숙청으로 깨끗이 매듭지었다.

세 번째 우왕의 폐위 문제는 10월 이색과 이숭인이 창왕의 등극을 추인받기 위해 사신을 자청하면서 미묘하게 풀렸다. 이색은 자신이 자리를 비운 사이에 이성계가 왕위를 찬탈할까 우려해 동행을 요구했다. 노학자의 기개에 이성계는 감탄하면서 다섯째 아들 이방원을 동행시키는 것으로 무마했다. 그렇게 해서 명나라와의 외교 문제는 모두 수습되었지만, 이색에 대한 조치는 전혀 진척이 되지 않았다.

1389년, 이색은 이성계의 묵인하에 각각 자신과 이림과 이성계로 대표되는 반개혁파, 왕실, 개혁파의 연립내각을 구성하는 데 성공했다. 그러자 창왕은 세 사람에게 칼을 차고 신을 신은 채 전상에 오르고 친견할 때 이름을 부르지 않는 특별대우를 취했다. 이색에게 사부, 이림에게 원구, 이성계에게는 원훈의 역할이 주어졌다. 그 결과 이성계는 자신의 정치적 위상이 일정부분 격하되었지만 개의치 않았다.

그와 같은 대타협은 막후에서 정몽주가 이색을 지원했기에 가능한 것이었다. 당시 정몽주는 정적들에게 이성계파로 분류되어 있었다. 때문에 1390년 12월, 우왕을 복위하려다 발각되어 처형된 김종연의 첫 번째 제거대상에 정몽주도 포함되었던 것이다. 그 무렵 정몽주는 개국을 꿈꾸는 개혁파의 리더인 이성계와 고려를 보전하려는 스승 이색의 대립을 지켜보면서 갈등하고 있었다. 그런 상황에서 그는 이성계를 설득해 정도전으로 상징되는 고강도 개혁안을 저지하고 자신의 저강도 개혁안을 관철시켰던 것이다. 하지만 이는 개혁파들에게 더욱 강경한 행동을 촉발시켰다.

정도전과 조준 등은 이색의 수제자이자 이인임의 인척인 이숭인을 공격하여 이색을 축출하려 했지만 이성계의 소극적인 태도 때문에 본격적인 공세를 미루고 있었다. 그러던 중 명나라에서 낭보가 날아들었다. 홍무제 주원장이 사신 윤승순에게 폐위된 우왕이나 새로 등극한 창왕이 왕씨가 아니라며 친조를 거부했던 것이다. 명나라의 명확한 태도 표명으로 불안하게 유지되던 연립정권의 존재 이유가 깨끗이 사라졌다. 이제 정통성을 잃어버린 창왕은 권좌에서 물러나야 했고, 외척들은 끈 떨어진 연이 되었다. 남은 것은 이색 일파뿐이었는데, 그들 역시 창왕을 옹립했다는 뚜렷한 전과가 있었다.

이것이야말로 급진 개혁파가 오매불망 기다리던 상황이었다. 힘을 얻은 개혁파는 그동안 미루었던 이숭인에 대한 공격을 재개해 그를 유배형에 처했다. 이숭인은 정도전과 가까웠고 당대 최고의 지식인이자 문장가로 외교문서를 작성하는 등 높은 명성을 얻고 있었지만, 자신을 지키기에는 역부족이었다. 갑작스런 상황변화에 아연실색한 이색은 결국 사직상소를 올리고 조정을 떠

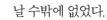

날 수밖에 없었다.

1389년 11월, 최영의 생질 김저와 일족인 정득후가 이성계를 암살하고 우왕을 복위하려 했다가 발각되었다. 그들은 변안열, 우현보, 우인열, 왕안덕, 우홍수, 곽충보 등과 함께 모의하고 팔관회에 열리는 날 거사하려 했지만 곽충보의 밀고로 무산된 것이다. 이 사건을 계기로 정지, 이거인, 이을진 등 27명이 숙청되었다. 대부분이 반이성계파 무장들이었다. 개혁파 신료들은 김저 사건을 빌미로 강화도에 있던 우왕을 멀리 강릉으로 이배시켜버렸다.

드디어 조정 내에 정적들을 일소한 개혁파는 흥국사에 모여 이후의 국정 방향을 논의했다. 참석자는 이성계를 비롯해 정도전, 조준, 심덕부, 지용기, 설장수, 성석린, 박위, 정몽주 등 아홉 명이었다. 이른바 흥국사 9공신들은 그 자리에서 폐가입진(廢假立眞), 곧 '거짓 임금을 폐하고 진짜 임금을 세운다'라는 명분을 정립했다. 그들은 곧 외척 이림과 아들 이귀를 숙청한 다음 창왕을 폐위하고 이성계의 뜻에 따라 45세의 정창군 왕요를 고려의 제34대 공양왕으로 추대했다.

그때부터 개혁파는 마음 놓고 개혁안을 밀어붙였다. 전국의 토지조사사업과 함께 새로운 토지대장을 작성했다. 1391년 1월 과전법을 실시했고, 그해 9월 개경 거리에서 옛 토지대장을 불태웠다. 이런 정책으로 구세력은 경제적 기반을 상실하고 신진세력들은 공신전과 녹봉 등을 통해 경제적 기반을 마련했다. 이제 개혁파의 남은 과제는 그들의 리더인 이성계에게 옥새를 전해 주는 일뿐이었다.

한데 그 과정에서 무기력해 보였던 공양왕이 만만치 않은 장애물로 등장했다. 그는 이색과 조민수를 죽이라는 개혁파의 종용에도 불구하고 이색 부자와 이숭인, 권근, 하륜 등을 유배시키는 선에서 마무리했다. 그러나 우왕과 창왕의 처형에 대해서는 조금도 망설이지 않았다. 어차피 그 책임은 이성계의 몫이었기 때문이었다.

1390년 5월, 명나라에서 귀국한 왕방과 조반의 고변으로 윤이·이초 사건이 일어났다. 이성계의 정적이었던 윤이와 이초가 명나라 조정에 가서 고려 국왕

왕요는 종실이 아니고 이성계의 친척인 데다 이성계는 이인임의 아들이라면서, 이색과 이숭인의 이름으로 군대를 요청했다는 것이었다. 그리하여 조정이 술렁거렸지만 공양왕은 유언비어라는 이유로 관련자들에 대한 대간의 탄핵을 받아들이지 않았다. 그런데 관련자 명단에 들어 있던 김종연이 겁에 질려 도망치자 소문이 사실로 바뀌어 우현보 등 11명이 하옥되었다. 하지만 그 사건은 워낙 근거가 없었으므로 공양왕은 정몽주의 요청에 따라 그들을 사면해주었다. 이 윤이·이초 사건은 그 후 조선 왕실을 200년 동안 골치 썩이게 했던 종계변무(宗系辨誣)[16]의 단초가 되었다.

한 차례의 태풍이 스쳐간 뒤 공양왕은 이색을 판문하부사에 임명해 조정에 복귀시키는 한편 김저 사건에 연루되었던 변안열과 왕안덕도 조정에 불러들였다. 개혁파는 크게 반발하여 곧바로 이색과 아들 이종학을 파면하고 귀양지에 있던 조민수를 서인으로 강등시켰으며 권근을 유배형에 처했다. 또 홍영통, 우현보, 왕안덕, 우인열, 정희계 등을 비롯한 외척과 반개혁파 지식인들을 모조리 쫓아냈다.

공양왕은 애써 결집시킨 자신의 세력이 무너지자 단식투쟁까지 하며 저항했다. 그는 허수아비 국왕노릇을 하다가 내팽개쳐지고 싶지 않았던 것이다. 그 후 공양왕은 원상 석방, 대간들의 직접 건의 폐지, 문묘 배향, 전함 순시 명령을 내리는 등 적극적으로 왕권을 행사하려 했다. 이런 그의 일방적인 행보를 개혁파 대간들이 막아서자 왕릉 참배를 명목으로 예성강에 가서 전함을 순시한 다음 개혁파 윤소종을 추방하기까지 했다. 그러자 이성계가 병을 핑계로 사직해버렸다. 이는 여차하면 정국을 뒤엎겠다는 경고나 다름없었다. 화들짝 놀란 공양왕은 환관을 이성계에게 보내 사과하고, 흥국사 9공신에게 교서를 내려 입에 발린 칭송을 늘어놓았다. 아무리 몸부림을 쳐도 그는 이성계의 허수아비일 수밖에 없었다.

충신과 개국공신, 최후의 승자

그 무렵 정신적으로 방황하던 정몽주는 자신의 신념에 따라 이성계파에서 이색파로 정치적 개종을 단행했다. 젊어서부터 이성계와의 인연도 각별했고 홍국사 9공신의 일원으로 정도전과 친구사이였던 그의 변심은 궁극적으로 역성혁명을 지향하던 개혁파의 행보를 저지하고 고려의 국체를 지켜내기 위한 것이었다.

이윽고 정몽주는 조정에서 강력한 발언권을 행사하며 이성계의 대변자 격인 언관들을 쫓아내고 그 자리에 반개혁파 신료들을 배치했다. 또 군사적 영향력을 가지고 있던 심덕부를 축출한 다음 반개혁파 무장들을 규합해 광범위한 반이성계 네트워크를 만들어냈다. 하지만 그때까지도 고려의 군권은 중군총제사 배극렴, 좌군총제사좌 조준, 우군총제사 정도전 3인방이 확고하게 장악하고 있었으므로 무력으로 이성계를 제압한다는 것은 불가능했다. 그가 믿는 것은 오로지 온건론자인 이성계의 방심뿐이었다.

당시 이성계는 오랜 정쟁에 지친 나머지 정계 은퇴를 심각하게 고려하고 있었다. 그러자 정도전이 그의 대망을 일깨우면서 목적을 이루지 못하면 모두가 목숨을 잃을 것이라고 경고했다. 하지만 이성계가 정몽주의 활동을 방관하면서 개혁파가 수세에 몰리자 정도전은 1391년 5월, 장문의 상소를 올려 공양왕을 공개적으로 비판하고 이색과 우현보를 탄핵했다. 위화도 회군 이래 처음으로 정도전이 정쟁의 전면에 나선 것이었다. 정몽주는 거꾸로 정도전이 아직 공표되지 않은 사헌부의 우현보 탄핵사실을 누설했다는 구실로 강력하게 맞받아쳤다. 당시 그는 정도전의 가문까지 문제 삼으며 그의 죄상을 공박했다. 정몽주는 이성계의 두뇌인 정도전을 제거해야만 고려를 지켜낼 수 있다고 확신했던 것이다.

이 막다른 골목의 일전은 이해할 수 없는 이성계의 침묵 속에 정몽주의 승리로 귀결되었다. 정도전은 공신녹권을 박탈당하고 귀양길에 올랐으며 두 아들도 벼슬을 빼앗기고 폐서인되었다. 기세가 오른 정몽주는 유배지에 있던 이색, 이숭인, 우현보, 심덕부, 이종학 등을 불러들였다. 순식간에 개혁파와 반개혁파의 힘이 균형을 이루었다. 그와 같은 정몽주의 조치는 이성계가 결코 무력으로 왕권을 찬탈하려 하지 않을 것이라는 확신이 있었기 때문에 가능했다.

그런 가운데 뜻하지 않은 낭보가 들려왔다. 중국에서 돌아오는 세자 석(奭)을 출영하기 위해 황주에 갔던 이성계가 해주에서 사냥을 하다 낙마하여 위독한 지경에 빠졌던 것이다. 명장으로 이름 높던 그가 말에서 떨어졌다는 것 역시 기이한 일이었다. 어쨌든 정몽주는 그 기회를 틈타 대간을 부추겨 개혁파의 선봉장이었던 조준, 남은, 윤소종, 남재, 조박 등을 탄핵하여 유배형에 처했다. 이제 그들을 제거하기만 하면 이성계의 야망은 완전히 수포로 돌아갈 것이었다.

하지만 이성계에 대한 정몽주의 도전은 거기까지가 한계였다. 이성계의 휘하에는 기린아 이방원이 있었다. 당시 모친 한씨의 묘소에서 시묘살이를 하고 있던 이방원은 측근에게서 조정의 급박한 상황을 전해 듣고 이성계가 머물던 벽란도로 달려갔다. 그곳에서 이방원은 정몽주의 음모를 고한 뒤 이성계를 개경으로 데려갔다.

이성계의 귀환 소식에 놀란 정몽주는 공양왕에게 유배자들을 신속히 처형하라고 간청했다. 그러나 공양왕은 사태가 어떻게 변할지 몰라 결정을 차일피일 미루었다. 그 와중에 이방원은 정적 정몽주의 처단을 이성계에게 건의했다. 그가 살아 있는 한 평화적인 정권교체는 불가능하다고 판단했기 때문이었다. 그러나 이성계는 "죽고 사는 것은 명이 있으니, 다만 마땅히 순하게 받을 뿐이다"라며 이방원에게 삼년상이나 제대로 마치라고 종용했다. 이성계의 허락을 받지 못한 이방원이 숭교리 옛집으로 돌아와 시름에 잠겨 있자 광흥창사 정착이 결심을 재촉했다.

"백성들의 이해가 이 시각에 결정이 납니다. 왕후와 장상이 어찌 따로 종자가 있겠습니까."

결국 이방원은 정몽주 척살을 결심하고 형 이방과, 매제 이제와 함께 방법을 논의했다. 그 과정에서 이성계의 의제 이두란까지 끌어들이려 했지만 그는 주군의 뜻을 거스를 수 없다는 이유로 거절했다. 하는 수 없이 이방원은 조영규, 조영무, 거려, 이부 등 자신의 심복들만으로 도평의사사에 쳐들어가 정몽주를 죽이기로 방침을 정했다. 그런데 함께 모의했던 변중량이 정몽주에게 달려가 이방원의 계획을 밀고했다.

정몽주는 비로소 자신의 모든 노력이 수포로 돌아갔음을 깨달았다. 이성계 일파가 무력을 동원한다면 고려 경내에서 대항할 세력은 아무도 없었기 때문이다. 그것이 과연 이성계 본인의 뜻인가. 그날 정몽주는 대담하게도 말을 타고 이성계의 집으로 문병을 갔다. 병석에 누워 있던 이성계는 아무런 사실도 모른 채 정몽주와 기꺼운 대화를 나누었다.

이윽고 정몽주가 집을 나가자 이방원은 조영규에게 길가에서 그를 죽이라고 명했다. 정몽주는 판개성부사 유원의 상가에 들러 한동안 머무르다 집으로 돌아가고 있었다. 그가 선죽교를 지날 때 조영규가 달려가 말을 쳐 그를 떨어뜨리고 거려 등이 칼로 베어 죽였다. 충신의 피가 선죽교에 붉게 물들었다. 그 순간 정몽주는 충렬의 화신이 되었고, 이방원은 고려의 멸망과 조선의 건국을 최종적으로 결정한 인물이 되었다.

정몽주의 죽음과 함께 반 이성계파의 모든 저항은 끝났다. 이튿날 이성계는 황희석을 공양왕에게 보내 그동안 개혁파들을 공격했던 신료들을 벌하라고 요구했다. 그리하여 이색을 비롯해 이숭인, 우현보, 이종학 등 반대파들이 줄줄이 귀양길에 올랐다. 반면 이성계의 오랜 방관 속에 유배지에서 입술을 깨물던 정도전 이하 모든 공신들이 조정에 금의환향했다.

1392년 7월 12일, 공양왕은 이성계에게 대대로 서로의 자손들을 해치지 않는 동맹을 맺자고 제의했다가 대신들의 비웃음만 샀다. 이제는 그가 떠나야 할 시간이었다. 공양왕이 계속 머뭇거리자 그날 밤 배극렴, 조준 등 신료들은 왕대비 안씨의 교지를 받아내 강제로 폐위시켰다. 그날 이후 4일 동안 고려에는 왕이 없었다. 공양왕은 그 후 원주, 간성, 삼척 등지를 전전하다 2년 후인 1394년 처형되었다.

7월 16일, 왕대비에게서 옥새를 받아든 신료들은 이성계의 집으로 몰려가 즉위를 청했다. 형식적으로 몇 차례의 사양과 권유가 오간 뒤 마침내 이성계가 즉위를 수락했다. 새로운 힘과 새로운 사상을 대표하는 이성계와 정도전이 손을 맞잡은 지 9년 만의 일이었다.

500년의 새 아침을 열다

불휘 기픈 즈남군 보른매 아니 뮐씨 곶 됴코 여름하느니,

시미 기픈 므른 ♀무래 아니 그츨 씨 내히 이러 바른래 가느니.

_「용비어천가」 2장 개국송(開國頌) 근심장(根深章)

새 술은 새 부대에, 한양천도

1392년 7월 17일(홍무 25년), 태조 이성계의 즉위와 함께 조선(朝鮮)의 500년 역사가 시작되었다. 태조는 즉위할 때에도 겸양의 의미로 용상 옆에 서서 하례를 받았고 조회를 할 때에도 반드시 선 채로 있었다. 그러다 8월 11일에 이르러서야 신하들의 간청으로 용상에 앉았다.

태조는 즉위하고 나서 성계(成桂)란 이름을 '단(旦)'으로 고쳤고, 정도전이 군진(君晉)이라는 자를 지어 바쳤다. 왕의 이름은 어휘(御諱)라 하여 조정이나 민간의 문서에서는 사용할 수 없으므로 편의를 위해 외자로 고친 것이다. 그와 함께 태조는 국정에 관한 강령 17개조를 발표하는 등 민심수습책을 취했다.

새로운 국가의 창업 이후 가장 시급한 것은 국호의 제정이었다. 이성계는 중추원사 조림을 명나라에 파견해 역성혁명의 과정을 설명한 다음 조선(朝鮮)과 화령(和寧)[17]이라는 두 개의 국호를 제시하고 재가를 요청했다. 조선

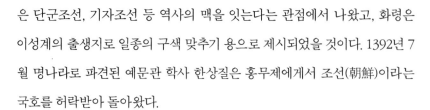

은 단군조선, 기자조선 등 역사의 맥을 잇는다는 관점에서 나왔고, 화령은 이성계의 출생지로 일종의 구색 맞추기 용으로 제시되었을 것이다. 1392년 7월 명나라로 파견된 예문관 학사 한상질은 홍무제에게서 조선(朝鮮)이라는 국호를 허락받아 돌아왔다.

다음 과제는 새로운 도읍지의 선정이었다. 개성은 왕씨 고려의 도읍으로 지기가 쇠했으므로 민심을 일신하고 왕조의 흥성을 위해 도읍을 옮겨야 한다는 신하들의 상소에 따라 태조는 권중화에게 새 도읍지를 물색하게 했다. 그리하여 초기에 계룡산 지역에 왕성 건립을 시작했지만 지역이 협소하고 교통이 불편하다는 하륜의 주장이 받아들여져 공사가 중단되었다.[18]

그 뒤로 조정에서는 한양 천도론이 대세를 이루었다. 유관이 '정도론(定都論)'을 올려 송도와 형세, 토지, 도로, 수로 등이 비슷한 한양이 도읍의 적지임을 강조했고, 하륜과 무학대사도 한양을 적극 추천했다. 일찍이 신라의 고승 도선은 한양이 전국 산수의 정기가 모두 모이는 곳이므로 반드시 왕성이 들어설 것이고, 그 주인은 이씨라는 예언을 남긴 적이 있었다. 그 결과 도읍은 한양으로 확정되었지만 궁궐의 위치에 대해 각자의 의견이 갈렸다.

하륜은 지금의 연희동 일대인 모악산 아래를 주장했지만 국면이 작고 형세가 협소해 논의에서 제외되었다. 무학은 인왕산을 진산으로 삼고 백악과 남산을 좌우에 배치해야 한다고 주장했다. 이에 정도전은 옛날부터 제왕은 남쪽을 향해 앉아야지 동향을 해서는 안 된다며 북악산 아래 터 잡을 것을 주장했다. 무학은 화산인 관악이 정면으로 바라보이는 곳에 궁을 지으면 그 화기로 인해 우환이 끊이지 않을 것이라며 반대했다. 하지만 정도전은 관악의 화기는 한강이 막아낼 수 있다고 주장했다. 이처럼 신도 한양의 지형지세를 놓고 벌어진 신료들의 풍수지리 논쟁은 결국 실세 정도전의 의견이 채택됨으로써 종료되었다.

무학대사는 1392년(태조 1년) 10월 9일, 태조에게 왕사로 임명받았지만 도전적인 성리학자들의 집중 견제를 받았다. 1392년 10월 11일의 실록기사를 보면 생일을 맞은 태조가 시좌궁(時坐宮)으로 돌아와 중 200명을 궁중에서 공양하고, 왕사 자초(自超), 즉 무학대사를 청하여 강비와 함께 설법을 들었는데 그가 능히 종지를 해설하지 못해 승려들 가운데 탄식하는 이가 있었다고 기록되어 있다. 실록에는 또 태종 이방원이 무학대사에 대해 매우 부정적으로 표현한 구절이 실려 있다. '지난날에 자초는 사람들이 모두 숭앙했으나 끝내 득도한 경험이 없었다. 이와 같은 무리를 나는 노상의 행인과 같이 본다. 만약 지공(指空)[19]과 같은 승려라면 어찌 존경하여 섬기지 않을 수 있겠는가?'

이와 같은 내외의 편견을 의식해서인지 무학대사는 도읍지를 물색하면서 자신의 의견보다는 신료들의 의견을 따라 결정하라고 태조에게 주청하는 등 몸을 사렸다. 궁궐 건립 장소를 선정하는 과정에서도 이런 분위기가 크게 작용했을 것으로 보인다.

1394년 10월 28일, 태조는 개성에서 한양[20]으로 도읍을 옮겼다. 그때부터 한양은 정종 때 잠깐 동안의 개성 천도기간을 제외하고는 500년 동안 조선의 도읍으로 자리 잡았다. 그해 8월, 신도궁궐조성도감이 설치되었고 12월부터 본격적으로 한양에 궁궐공사가 시작되어 이듬해 9월 무렵, 종묘를 비롯해 여러 궁전들이 속속 형체를 드러냈다. 태조는 정도전에게 새로 지은 궁궐과 여러 전각의 이름을 짓도록 명했다.

정도전은 새 궁을 경복궁(景福宮)이라 이름 짓고, 왕이 잠자는 연침을 강녕전(康寧殿), 동소침을 연생전(延生殿), 서소침을 경성전(慶成殿)이라 했다. 연침 남쪽에 있는 전을 사정전(思政殿)이라 하고, 또 그 남쪽에 있는 정전을 근정전(勤政殿)이라 했으며, 그 문을 근정문(勤政門), 동서의 두 문을 각각 융문문(隆文門), 융무문(隆武門)이라 하고 오문(吾門)을 정문(正門)이라 했다. 궁궐의 사방에 있는 문의 이름도 지었다. 남쪽에 있는 정문을 광화문(光化門), 북쪽에 있는 문을 신무문(神武門), 동쪽에 있는 문을 건춘문(建春門), 서쪽에 있는 문을 영추문(迎秋門)이라 했다.

궁궐이 완공되자 평양백 조준의 지휘로 도성 공사도 이어졌다. 1396년(태조 5년) 정월부터 서북면 안주 이남의 백성 11만 9,000명이 징발되어 일을 시작했다가 2월 그믐에 해산했다. 또 8월에 강릉도, 경상도, 전라도의 백성 7만 9,000명이 징발되어 9월까지 일을 했다. 이렇게 해서 완성된 도성의 둘레는 총 9,975보에 달했다.

도성에는 8개의 문이 있었는데 정남쪽에 있는 문을 숭례문(崇禮門) 속칭 남대문, 정북쪽에 있는 문을 숙청문(肅淸門), 정동쪽에 있는 문을 흥인문(興仁門) 속칭 동대문, 정서쪽에 있는 문을 돈의문(敦義門) 속칭 신문, 동북쪽에 있는 문을 혜화문(惠化門) 속칭 동소문, 서북쪽에 있는 문을 창의문(彰義門), 동남쪽에 있는 문을 광희문(光熙門) 속칭 남소문, 서남쪽에 있는 문을 소의문(昭義門) 속칭 서소문이라고 불렀다. 그 외에 시신을 밖으로 내보내는 수구문(水口門)도 있었다.

신권 중심의 중앙집권체제

조선의 개국은 정도전의 역성혁명론의 실천이었고, 성리학자들이 꿈꾸던 유교적 왕도정치의 실험무대였다. 새 나라 조선의 체제정비에 나선 정도전은 재상이 최고 실권자가 되는 권력과 직분이 분화된 합리적인 관료체제를 구상했다. 그것은 곧 신권이 중심이 되는 중앙집권체제였다. 그는 1392년(태조 1년) 7월 28일, 문무백관의 관제를 확정짓고 1394년(태조 3년)에는 「조선경국전」을 편찬하여 새로운 법제도의 기틀을 닦은 다음 「경제문감」을 저술해 재상, 대간, 수령, 무관의 직책을 확립했다. 그는 또 「경제문감별집」을 저술해 제왕교육에도 관심을 기울였고, 「불씨잡변」을 통해 숭유억불 정책을 구체적으로 천명했다.

건국 초기 조선의 관제는 대부분 고려 말기의 제도를 차용했지만 이후 여러 차례 조정을 거쳐 성종 때 「경국대전」으로 법제화되었다. 관리들은 문반과 무반의 양반으로 구성되었고, 18등급으로 나누었다. 이를 다시 조정에서 왕과 함께 정책을 논의하거나 주요관서의 책임자가 될 수 있는 당상관과 실무를 담당하는 당하관으로 구분했다.

　조선의 중앙행정조직은 국정을 총괄하는 의정부와 왕의 명령을 집행하는 이조·호조·예조·병조·형조·공조의 육조가 편성되었는데, 이는 고려의 6부 기능이 강화된 것이었다. 육조의 판서는 지금의 장관급, 참판은 차관급이었다. 승정원은 현재의 청와대 비서실 격으로 왕명을 출납했으며, 그 밖에 백성의 죄를 다스리는 포도청, 국가의 큰 죄인을 다스리는 의금부, 서울의 행정과 치안을 담당하는 한성부, 역사서 편찬과 보관을 담당하는 춘추관(春秋館), 최고교육기관인 성균관 등이 있었다. 이들 행정기관을 견제하는 기구로 사헌부, 사간원, 홍문관의 삼사가 있었다.

　지방행정조직은 전국을 경기도, 충청도, 경상도, 전라도, 황해도, 강원도, 함길도, 평안도 등 8도로 나누고 현재의 도지사격인 관찰사가 행정, 군사 및 사법권을 행사했다. 그 밑에 부, 목, 군, 현을 두어 부윤, 목사, 군수, 현령, 현감이 지방수령으로서 직접 백성을 다스렸다. 지방관들의 임기는 관찰사가 360일, 수령이 1,800일로 제한되어 있었는데 대체로 정년이 보장되었다. 이들은 자기 출신 지역에는 임명될 수 없는 상피제가 적용되었다. 한편 고려의 유향소(留鄉所)[21] 후신으로 향청을 두어 좌수와 별감이 수령을 보좌해 풍속을 바로잡고 향리를 규찰했으며, 경재소 제도를 통해 이를 감독했다.

명나라의 신생국 길들이기

　건국 초기 조선은 명나라와 표전문제로 뜻하지 않은 외교적인 갈등을 겪게 된다. 표전(表箋)이란 조선에서 명나라 황제에게 보내는 문서인데 세 차례나 물의를 일으켜 양국 관계에 찬물을 끼얹었다. 이는 명나라가 신생국 조선을 초기에 입맛대로 길들이겠다는 의도에서 발생한 외교분쟁이었다.

　첫 번째 표전문제는 1396년(태조 5년) 2월에 발생했다. 명나라 예부에서는 조선(朝鮮)이란 국호를 결정해준 데 대한 사은표전(謝恩表箋) 속에 명나라를 모욕하는 구절이 있다고 하여 하정사 유구와 정신의를 억류하고 책임 자인 정도전을 명나라에 보내라고 요구했던 것이다. 이에 조선은 1396년 정도전이 현재 병을 앓고 있고, 찬문자가 아니라며 거절하고, 대신 김약항을 보내 조선의 성음, 언어가 중국과 다르고 학문이 천박해 표전체제를 알지 못해 문제가 발생한 것이라고 해명했다. 그리고 먼저 보낸 표전 중 정조표문(正朝表文)은 정탁, 또 하동궁전문(賀東宮箋文)은 김약항이 썼으나 정탁이 현재 병을 앓아 후자만을 보냈다고 밝혔다.

그해 3월 계품사 정총이 명나라에 가서 조선 국왕의 고명(誥命)과 인장(印章)을 청하면서 두 번째 표전문제가 발생했다. 명나라는 그 주청문 속에 은나라 주왕의 포악한 정사를 인용한 부분을 트집 잡아 정총을 억류하고 찬문자와 교정자를 압송하라고 요구했다. 명나라는 또 그들이 억류한 조선사신의 처자식을 각 관청에 예속시키라고 생떼를 썼다.

6월이 되자 명나라는 다시 사신을 보내 제1차 표전문제의 당사자인 정도전과 정탁을 명나라로 보내라고 강경하게 요구했다. 하지만 태조는 자칫 목숨을 잃을지도 모르는 사지에 정도전을 보낼 수는 없었다. 그리하여 권근과 정탁, 교정자인 노인도를 먼저 보내고 한성윤 하륜을 재차 파견해 명나라를 설득하려 했다. 명나라는 김약항, 정총, 권근, 노인도를 억류한 뒤 나중에 권근만 귀환시켰다.

세 번째 표전문제는 1397년에 일어났다. 광주 목사 유호가 천추사로 명나라에 갔다가 표전문제를 빌미로 억류당한 것이다. 격분한 조선은 정도전을 중심으로 요동 정벌을 계획하기에 이른다. 하지만 이듬해 명나라에서 홍무제 주원장이 죽고 혜제가 즉위했으며, 조선에서는 시비의 당사자인 정도전이 제1차 왕자의 난으로 목숨을 잃음으로써 양국 간의 불화는 자연스럽게 해소되었다.

대권을 두고 벌인 왕자들의 칼부림

조선 개국 당시 태조 이성계의 나이는 황혼에 가까운 57세였다. 새 나라의 체제가 갖추어지고 조정이 안정되자 필연적으로 후계자 문제가 대두되었다. 태조에게는 신의왕후 한씨에게서 여섯 명의 아들, 신덕황후에게서 두 명의 아들을 얻었다. 그들 가운데 태조가 누구를 후계자로 삼느냐에 따라 수많은 사람들의 미래가 달려 있었다. 어느 날 태조는 정도전과 배극렴, 조준을 불러 후사를 물었다. 배극렴은 나이와 공로를 감안해야 한다고 말했다.

"시국이 평온할 때는 적자를 세우고, 세상이 어지러울 때는 먼저 공 있는 자를 세워야 합니다."

그것은 분명 신의왕후 소생의 다섯째 아들 이방원을 염두에 둔 발언이었다. 그렇지만 태조는 신덕왕후 강씨를 의식해 그녀의 소생으로 후사를 삼겠다는 뜻을 밝혔다. 국왕의 의지가 분명하자 공신들은 평판이 좋지 않은 이방번보다는 온후한 성품의 이방석을 추천했다.

1392년 8월 20일, 11세의 이방석이 왕세자로 책봉되었다. 그러자 이방원을 비롯한 한씨 소생의 왕자들은 몹시 분개했다. 이방원은 태조에게 달려가 형 이방우의 세자책봉을 주청했지만 받아들여지지 않았다. 당시 장남 이방우는 39세, 이방원은 26세였다. 특히 이방원은 정몽주를 살해해 개국 반대세력을 분쇄하여 이성계를 등극시킨 주역이었지만, 개국 이후 그에게 주어진 것은 전라도 지역의 절제사라는 보잘것없는 직함이었다. 그는 또 강비와 공신들의 배척으로 군권을 상실하고 개국공신으로 책록되지도 못했다. 이처럼 공신들은 한씨 소생 왕자들에 대한 압박을 강화하여 왕권에 대한 도전을 차단했다.

그때까지 태조가 강건했으므로 이방원은 은인자중하며 때를 기다렸다. 그로부터 4년 뒤인 1396년(태조 5년) 8월 13일, 신덕왕후 강씨가 세상을 떠나자 정도전은 한씨 소생의 왕자들에 대한 감시를 강화했다. 특히 문무를 겸비한 이방원에 대한 그의 견제는 매우 강력했다.

1398년, 운명의 무인년이 밝았다. 정도전은 표전문제와 조공문제 등으로 명나라와의 갈등이 심화되자 요동 정벌이란 극단적인 대책을 내놓았다. 그는 우선 공신들이 거느리고 있는 사병을 혁파하여 병력을 한데 모으고자 했다. 이런 대책에는 시위패로 불리는 왕자들의 사병을 제거함으로써 세자 방석의 후계구도를 명확히 하려는 목적도 있었다. 하지만 그의 상대는 영민하기 이를 데 없는 이방원이었다.

그 무렵 태조가 병석에 눕고 공신들의 압박이 심해지자 이방원은 정변을 통해 빼앗겼던 자신의 몫을 되돌려 받기로 결심했다. 그의 뜻에 따라 모사 하륜이 작전을 짜고 이숙번과 조영규, 처남 민무구와 민무질 등이 군사를 동원하기로 약속했다. 그는 정도전, 남은, 심효생 등이 태조의 병세를 빌미로 왕자들을 궁중에 불러들인 다음 일거에 살육하려 한다는 대의명분을 내세웠다. 그 소식을 들은 심복 박은이 춘천에서 지방군을 이끌고 달려왔다.

8월 25일 밤, 드디어 이방원은 거사를 감행했다. 군호는 '산성(山城)'이었다. 정도전은 소동에 있던 남은의 첩의 집에서 술을 마시다가 기습을 당했다. 깜짝 놀란 그는 근처에 있는 전 판사 민부의 집으로 피했지만 주인의 밀고로 사로잡힌 뒤 참살당했다. 이어서 남은과 심효생, 박위, 남지, 유만수 등이 차례차례 죽임을 당했다. 또한 이방석은 대궐에서 끌려나간 뒤 서문 밖에서 죽었고 이방번은 양화도 부근에서 죽임을 당했다.

한밤의 무자비한 참극이 막을 내리자 이튿날 아침 변중량, 노석주 등이 태조를 찾아가 영안대군 이방과를 세자로 책봉하라고 종용했다. 병석에 누워 있던 태조는 난데없는 변란 소식을 듣고 충격에 쌓여 이렇게 중얼거렸다.

"어떤 물건이 목구멍 사이에 있는 듯한데 내려가지 않는구나."

상심한 태조는 9월, 둘째 아들 영안대군 이방과에게 미련 없이 왕위를 물려주고 상왕으로 물러났다. 애당초 하륜과 이거이는 이방원을 추대하려 했으나 주변의 이목을 의식해 잠시 옥좌를 영안대군에게 맡긴 것이었다. 때문에 정종은 허울만 임금이었을 뿐 모든 실권은 이방원의 손아귀에 쥐어져 있었다. 정종이 즉위하자 이방원은 정안대군으로 봉해지고 의흥삼군부 우군절제사와 판상서사사 겸 정사공신 1등으로 논정되었고, 개국공신 1등으로 추록되었다. 정치적 실권을 장악한 이방원은 병권집중과 중앙집권체제의 강화를 위한 제도개혁을 추진했다. 그는 사병을 혁파하려는 정도전의 정책에 위협을 느껴 거사를 일으켰지만, 자신이 권력의 정점에 오르자 똑같은 정책을 시행하지 않을 수 없었다.

그 후 태조는 깊은 한을 삭히며 하릴없이 개경과 한양을 오갔다. 노쇠하고 권력에서 밀려난 그가 할 수 있는 일이라곤 먼저 떠난 강비의 극락왕생을 빌고, 정변으로 남편 이제를 잃은 강비 소생의 딸 정순공주를 살리기 위해 비구니로 만드는 것뿐이었다. 1402년, 안변에서 일어난 강비의 친척 조사의의 반란을 지원했지만 수포로 돌아가자 힘없이 개경으로 돌아와야 했다.

1408년(태종 8년) 5월 24일, 태조 이성계는 창덕궁 별전에서 74세의 나이로 파란만장한 생을 접었다. 그의 시호[22]는 강헌지인계운응천조통광훈영명성문신무정의광덕대왕(康獻至仁啓運應天肇統廣勳永命聖文神武正義光德大王), 묘호[23]는 태조(太祖)이다. 1897년 고종황제가 태조고황제(太祖高皇帝)로 추존했다. 능호는 건원릉(建元陵)으로 경기도 구리시 인창동에 있다.

제1대 태조 가계도

목조 이안사(고조부) ———— 효공왕후 이씨

익조 이행리(증조부) ———— 정숙왕후 최씨

도조 이 춘(조부) ———— 경순왕후 박씨

환조 이자춘(부) ———— 의혜왕후 최씨

제1대 태조(太祖)

1335년 출생, 1408년 사망(74세)
재위 6년 2개월(1392. 7-1398. 9)
태조고황제 추존

신의왕후 한씨　진안대군 이방우　　　　정안대군 이방원(제3대 태종)

익안대군 이방과(제2대 정종)　덕안대군 이방연

익안대군 이방의　　　　경신공주

회안대군 이방간　　　　경선공주

신덕왕후 강씨　무안대군 이방번

의안대군 이방석(폐세자)

경순공주

화의옹주 김씨　숙신옹주(신숙옹주)

성비 원씨

후궁(무명)　의녕옹주

정경궁주 유씨

태조의 가족사

태조 이성계는 네 명의 아내에게서 8남 5녀를 얻었다. 신의왕후 한씨가 6남 2녀, 신덕왕후 강씨가 2남 1녀, 화의옹주 김씨가 1녀, 천인 출신의 후궁이 1녀를 낳았다. 화의옹주 김씨는 본래 김해의 관비 칠점선이었는데 태조의 딸을 낳은 덕분에 후궁의 반열에 올랐다.

정비 신의왕후 한씨의 본관은 안변으로 증영문하부사 한경의 딸이다. 그녀는 어린 시절 이성계와 결혼해 영흥에서 살았는데, 이성계가 강윤성의 딸과 정식 혼례를 통해 아내로 맞이한 뒤 그녀를 총애하면서 매우 불행하게 살았다. 그 일을 한스럽게 여긴 태종은 등극 이후 철저히 처첩과 적서를 구분하는 등 신분질서를 확립했다. 한씨는 조선 창업 1년 전인 1391년 55세의 나이로 세상을 떠났다. 시호는 절비(節妃), 능호는 제릉(齊陵)으로 개성시 판문군 상도리에 있으며, 1398년 정종 즉위 후 신의왕후로 추존되었다.

태조의 실질적인 정비 신덕왕후 강씨의 본관은 곡산으로 고려의 권문세가 출신인 판삼사사 강윤성의 딸이다. 이성계는 그녀와 결혼한 뒤 장인의 후광으로 중앙에 진출해 많은 정치가들과 교분을 쌓았다. 강씨는 조선 개국 이후 현비(顯妃)에 책봉되어 막강한 권력을 행사했고, 공신들의 지지를 받아 자기가 낳은 의안대군 방석을 세자로 책봉했다. 그러나 1396년(태조 5년), 그녀가 죽자 은인자중하던 이방원은 정변을 일으켜 이방번과 이방석은 물론 사위 이제까지 죽여버렸다. 그 후 보위에 오른 태종은 그녀를 서모로 격하시키고 정릉(貞陵)을 수차례 옮겼으며 능의 정자각을 헐고 십이지신상 등 석물을 해체해 청계천의 돌다리 공사에 사용하기까지 했다. 200년 뒤인 현종 대에 송시열의 주장으로 신덕왕후 강씨는 정식 왕후로 추존되었고 종묘에 배향되었다.

태조 시대의 주요인물

개국과 개혁의 선봉장, 조준

조준(趙浚)의 본관은 평양(平壤)이고 자는 명중(明仲), 호는 우재(兵齋)·송당(松堂)으로 판도판서 조덕유의 아들이다. 원래 평양 조씨는 이름 없는 집안이었으나, 증조부 소인규가 몽고어를 잘하여 역관으로 활동하다 충선왕의 장인이되면서 귀족가문으로 탈바꿈했다. 조준은 6형제 중 다섯째로 1346년(충목왕 2년)에 태어났다. 형제 중에 아무도 과거에 급제한 사람이 없어 어머니가 늘 한탄하자 자신이 급제하지 않으면 하늘이 벌을 내릴 것이라고 맹세했다.

1371년(공민왕 20년) 조준은 서책을 끼고 수덕궁 앞을 지나가다 우연히 공민왕의 눈에 띄어 배마행수로 임명되었다. 공민왕 말년인 1374년 고대하던 문과에급제한 뒤 강릉도 안렴사가 되어 현지로 가던 도중 정선에서 다음과 같은 시를지었다.

> 내가 장차 동해안 지역을 다스리게 되었으니
>
> 백성들은 눈을 씻고 세상이 맑아지는 것을 기다려라.[24]

이 시에서 조준은 청백한 지방관으로서의 포부를 드러냈는데, 과연 공평무사한 정치를 펼쳐 백성들의 존경을 받았다. 1382년에는 병마도통사 최영의 천거로경상도에 내려가 왜구 토벌에 소극적이던 도순문사를 징벌하고 병마사를 참하여 이름을 떨쳤다. 이때부터 조준은 최영의 사람으로 알려졌다. 그 뒤 밀직제학을 거쳐 도검찰사가 되어 강원도에 침입한 왜구를 축출하여 선위좌명공신이 되었지만 이인임와 임견미 등이 득세하자 벼슬을 버리고 4년 동안 은둔생활을 했다. 당시 그는 윤소종, 허금, 조인옥, 유원정, 정지 등과 사귀면서 이성계와 인연을 맺었다.

이성계는 1388년 위화도 회군 직후 조준을 발탁해 지밀직사사 겸 대사헌으로임명한 다음 개혁의 중책을 맡겼다. 비로소 자신을 알아주는 주군을 만난 조준은 이후 개혁의 선봉장으로 맹활약했다. 그해 7월 처음으로 전제개혁의 필요성을 상소했고, 이듬해 8월과 12월에 잇달아 전제개혁소를 올려 이색과 우현보 등 반개혁파와 대립했다. 그는 관제, 신분, 국방 등 국정 전반에 걸친 개혁을 추진하는 한편 조민수와 이인임 등 권신들을 탄핵하고 창왕 폐위, 공양왕 폐위 등에 앞장섰다. 1389년(공양왕 1년)에는 전제개혁을 단행하고, 1391년에는 성절사로 명나라에 다녀오는 등 개혁작업에 몰두했다. 그러나 1392년 정몽주 일파의 탄핵을 받아 정도전 등과 함께 체포되었다가 정몽주가 죽은 뒤 풀려나 찬성사, 판삼사사가 되었다. 그해 7월에 이성계를 국왕으로 추대하여 개국공신 1등으로 평양백에 피봉되고 문하우시중이 되었다.

개국 이후 조준은 실권이 정도전에게 집중되자 정치적 노선을 바꾸었다. 당시 그는 세자책봉문제가 제기되었을 때 이방석을 지지하는 정도전 일파에 맞서 이방원을 지지하면서 적대관계가 되었다. 그는 이어서 문하좌시중, 오도도통사에 올라 요동 정벌을 계획하던 판삼군부사 정도전과 본격적으로 대립했다.

그 후 조준은 이방원과 더욱 밀착하여 「대학연의」를 건네주며 제왕의 꿈을 다지게 했고, 제1차 왕자의 난이 끝난 뒤 백관들과 함께 태조에게 적장자를 후사로 정할 것을 요청했다. 1400년(정종 2년) 판문하부사로 봉직할 때 사병 혁파 문제로 민무구 형제의 사주를 받은 권진의 탄핵을 받아 한때 투옥되기도 했지만, 그를 전적으로 신뢰했던 이방원의 구명으로 석방되었다. 그해 11월 이방원을 국왕으로 옹립하고 좌정승, 영의정부사가 되었으며, 그의 아들 조대림이 태종의 둘째 딸 경정공주와 혼인해 사돈이 된 다음 평양부원군에 진봉되었다.

조준의 개혁작업 가운데 대표적인 것은 과전법으로, 권문세족의 토지를 몰수하고 토지수조권을 재분배하여 신진사대부들의 경제적 기반을 조성하는 한편 농민의 경작권을 보호했다. 사학에 뛰어났고 경학과 시문에도 능했다. 태종 때 그가 주도하여 간행한 「경제육전」은 훗날 「속육전」, 「육전등록」 등으로 보완되어 성종 때 「경국대전」 편찬의 토대가 되었다. 시호는 문충(文忠)으로 태조의 묘정에 배향되었다.

「태조실록」편찬 및 개수 경위

「태조실록」은 조선의 초대국왕 태조의 재위 7년 동안의 치세를 편년체로 기록한 역사서이다. 총 3책 15권으로 정식 명칭은 「태조강헌대왕실록(太祖康獻大王實錄)」이다. 태조가 1408년(태종 8년) 5월에 승하하자 이듬해인 1409년 8월 28일 태종은 영춘추관사 하륜, 지춘추관사 유관, 동지춘추관사 정이오·변계량에게 「태조실록」을 편찬하게 했다. 1410년(태종 10년) 정월부터 하륜, 유관, 정이오, 변계량이 주관이 되어 춘추관 기주관 조말생·권훈·윤회, 기사관 신장, 외사관 우승범·이심과 함께 실록 편찬에 착수해 1413년(태종 13년) 3월에 15권을 완성했다.

「태조실록」의 완성 이후 내용이 번잡하고 중복이 많다 하여 개수해야 한다는 주장이 끊이지 않았다. 그리하여 1438년(세종 20년) 9월 세종은 변계량이 지은 헌릉의 비문에 1차 왕자의 난(정도전의 난)과 2차 왕자의 난(박포의 난)에 대한 표현이 사실과 다르다는 이유로 비문을 개수하게 했다. 그와 함께 신개, 권제, 안지, 남수문에게 명하여 「태조실록」과 편찬이 완료된 「정종실록」, 「태종실록」도 개수하도록 하여 1442년(세종 24년) 9월에 완료했다. 1448년(세종 30년) 다시 정인지가 증수하고, 문종 원년인 1451년에는 고려의 우왕을 신우(辛禑)로 고치는 간단한 개수가 있었다. 이처럼 「태조실록」은 여러 차례 개수를 거쳤음에도 이 해당사자들이 편찬자로 참여했으므로 정확성이 의심되는 부분이 많다. 특히 정치적 문제였던 우왕과 창왕의 신돈자손설을 정론으로 확정한 것은 조선의 개국을 합리화하기 위한 무리수로 보인다.

세계　국내

1398 제1차 왕자의 난, 정종 즉위

1399 조례상정도감 설치

1400 제2차 왕자의 난,
정종이 이방원에게 선위, 태종 즉위

1399 영국 랭커스터왕조 시작
명나라에서 '정난의 변' 발생

1400 안남에서 진(陳)왕조 멸망, 대우(大虞) 일어남

제2대 정종

공정왕실록 恭靖王實錄

정종 시대(1398. 9~1400. 11)의 세계정세

1399년 중앙아시아에 있던 티무르제국의 7년 원정이 시작되었고, 영국에서는 헨리 4세가 즉위하여 랭커스터 왕조가 시작되었다. 1400년 명나라에서 「삼국지연의」의 저자 나관중이 71세를 일기로 세상을 떠났다.

태종 시대의 징검다리, 정종

1398년 9월 5일, 세자 이방과가 조선의 제2대 국왕으로 즉위했다. 본래 정종의 이름은 방과(芳果)였으나 즉위 후 이름을 경(曔)으로 고쳤다. 자는 광원(光遠)이다. 그는 타고난 무골로 젊었을 때부터 부친 이성계를 따라 여러 차례 왜구 토벌 작전에 나섰다. 1390년 1월에는 공양왕을 옹립한 공으로 추충여절익위공신에 책록되고 밀직부사에 올랐다. 조선이 개국한 후 1392년(태조 1년) 영안군(永安君)에 봉해졌고 의흥삼군부중군절제사로 병권을 거머쥐기도 했지만 정안대군 이방원을 의식해 평생 기를 펴지 못하고 살았다.

1398년 8월 이방원은 1차 왕자의 난을 통해 정도전, 남은, 심효생 등을 척살하고 세자 이방석과 동복형 이방번을 제거한 다음 영안대군 이방과를 세자로 삼으라고 태조를 강박했다. 병석에서 총신들과 두 아들의 부음을 듣고 충격에 빠진 태조는 그해 9월 이방원의 뜻대로 이방과에게 옥새를 넘겨주었다. 애초에 무인정사의 주동자들은 이방원을 세자로 삼고자 했지만 이방원은 세간의 평을 의식해 세력이 부실한 영안대군을 과도기적 인물로 낙점한 것이었다.

"당초 대의를 주창하고 개국하여 오늘에 이르기까지 업적은 모두 정안대군의 공로인데 내가 어찌 세자가 될 수 있겠는가."

영안대군은 당시 이렇게 말하며 거부했지만, 그에게는 이미 결정권이 없었다. 그렇게 떠밀리듯 보위에 오른 정종은 언제 이방원의 칼날에 쓰러질지 몰라 3년이라는 재위 기간 동안 전전긍긍하며 살았다. 때문에 그는 자신에게 정치적 야심이 없음을 증명하기 위해 연회와 격구 등 오락에 탐닉했다. 1399년(정종 1년) 1월 9일, 경연 때 지경연사 조박이 과도한 격구를 삼가라고 상주하자 그는 이렇게 변명했다.

"과인에게 병이 있어 수족이 저리고 아프니, 때때로 격구를 하여 몸을 움직여서 기운을 통하게 하려고 한다."

그러자 조박은 기운을 통하게 하는 놀이라면 그만두라 할 수는 없지만 환관이나 간사한 무리와 어울리지 말라며 은근히 협박하기까지 했다. 당시 이방원은 자신을 위협하는 존재가 있으면 가차 없이 칼을 휘둘렀다. 당시 정종의 입지가 얼마나 좁았는지를 알 수 있는 대목이다.

사병혁파로 권력투쟁의 마침표를 찍다

1399년 3월, 정종은 한양의 지형에 문제가 있다는 조정의 논의에 따라 도읍을 다시 개경으로 옮겼다. 그달에 집현전을 설치했고, 5월에는 태조 때 완성된 「향약제생집성방」을 간행했다. 8월에는 분경금지법을 제정해 관인이 왕족과 외척들에게 의존하는 것을 금지해 귀족의 힘을 약화시켰다. 11월에는 조례상정도감을 설치했다. 이듬해 6월에는 노비변정도감을 설치했다.

정종 시대에 가장 중요한 치적은 사병인 시위패를 혁파하고 군대를 공병체계로 탈바꿈시킨 일이었다. 1400년, 2차 왕자의 난을 통해 세자로 책봉되어 미래를 보장받은 이방원은 강력한 사병혁파 정책을 펼쳤다. 본래 시위패는 고려 공민왕 때 궁궐 숙위와 국방의 임무를 띠고 처음 편성되었는데, 고려 말기에는 권력자들이 원수(元帥) 직책으로 그들을 사병화했다. 이 같은 양상은 조선이 건국 이후에도 계속되어 왕자와 개국공신 등 유력자들 또한 각도 시위패의 절제사로서 사병을 키웠다. 시위패 절제사는 패기(牌記)라고 일컬어지는 시위패의 군적을 직접 관장하고 징발권과 지휘권을 행사했기에 왕권을 위협하는 위험요소일 수밖에 없었다.

1393년(태조 2년) 정도전은 종래의 삼군도총제부를 고쳐 설치한 의흥삼군부의 조직을 통해 각 절제사가 시위패에 대한 지휘권을 행사하도록 했다. 이 개혁안은 진법 훈련으로 뒷받침되었지만 큰 진전을 보지는 못했다. 그 후 이방석이 세자로 책봉되고 정도전 등의 세력이 강화된 1398년경 권력에서 멀어진 여러 왕자와 유력자들의 절제사직을 폐지하여 합치려는 시도로 나타났다. 이러한 분위기를 감지한 이방원과 추종자들은 무장해제의 위협을 느끼고 서둘러 1차 왕자의 난을 일으켰던 것이다.

그렇지만 이방원은 자신이 세자가 되자 여전히 권력에 암적인 존재였던 사병을 본격적으로 혁파하기 시작했다. 1399년(정종 1년) 종실 8명만이 시위패를 나누어 관장하게 했다가, 1400년 절제사 제도를 폐지하고 그들이 거느리던 군사의 군적을 중추원과 의흥삼군부를 통합하여 만든 삼군부에 보내면서 왕실에 직속되어 있던 시위패도 삼군부로 이속되었다. 이와 같은 사병혁파는 건국 초기의 권력투쟁을 마감하는 중요한 조치였고, 조선의 군사제도가 제자리를 잡게 되어 정치 안정과 중앙집권화를 촉진하는 계기가 되었다.

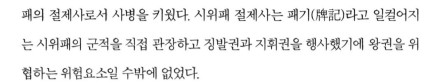

불안한 국왕의 현명한 처신

당대의 흉흉한 분위기 속에서 정종이 정사에 손을 놓았던 만큼, 실록에는 그의 치적보다는 궁궐에서 부엉이이나 올빼미가 울고 여우가 출몰하는 등의 기묘한 사건이 많이 기록되어 있다. 정종 치세의 불안정성을 강조하여 양위가 필연이었음을 강조하기 위한 복선으로 보인다. 그래서인지 「정종실록」에는 몇 가지 재미있는 기사가 눈에 뜨인다.

1399년(정종 1년) 5월 16일, 정종은 동지경연사 이첨에게 일찍이 여진족이 선물한 이리를 키우는 데 비용이 많이 든다며 들에 풀어주라고 명했다.

"이 짐승은 먼 곳 사람이 바친 것이므로 궁중에서 길렀는데, 먹는 것이 한 달에 닭 60여 마리를 소비하니, 어찌 유용한 물건으로 무용한 짐승을 기를 수 있겠는가. 무인지경에 내보내서 그 본성대로 살게 하겠다."

또 그해 5월 20일에는 경상도 고성현에 천구성이 떨어져 바닷물이 솟아 올랐는데 붉기가 피와 같다는 내용도 있다. 그것은 유성이 떨어졌다는 뜻으로 군주에게 불리한 내용이 아닐 수 없다.

7월 15일에는 경상도 계림 안강현에 사는 이고란 자의 집에서 종 만월이가 한번에 아들 세쌍둥이를 낳고, 말이 망아지 두 마리를 낳는 기묘한 일이 벌어졌다. 또 함양에서도 화척 매읍금의 아내가 세쌍둥이를 낳았다. 정종이 기이하게 여기고 서운관에 옛 전고를 찾아보게 하니 다음과 같이 아뢰었다.

"한꺼번에 세 아들을 낳는 것은 태평세월을 주장한다고 했고, 어떤 데에는 3년이 지나지 않아서 외국이 침략한다는 말도 있습니다."

이와 같은 괴변 역시 모두가 정종의 조기 퇴위를 독촉하는 내용이 분명하다. 과연 1년도 지나지 않아 이방원은 2차 왕자의 난을 통해 확고부동하게 대세를 휘어잡았다.

1400년(정종 2년) 11월 11일, 상왕 이성계의 70회 생일에 나라에서 대사면령을 내렸다. 사면자 중에는 역적으로 참살된 정도전과 남은까지 포함되어 있었으니 그 규모를 짐작할 만하다. 나흘 뒤 상왕은 신암사에서 이방석, 이방번, 이제 등의 명복을 비는 제를 올렸는데 주관하던 승려가 갑자기 죽었다. 기분이 나빠진 상왕은 곧바로 환궁하더니 다음 날 새벽, 정종과 세자에게 아무런 말도 없이 한양으로 떠났다.

그 소식을 들은 이방원은 말을 달려 벽제역까지 쫓아가 모시고 돌아가려 했지만 상왕은 듣지 않고 정릉으로 가서 정근법석을 베풀고 옷을 벗어 부처에게 시주한 다음 승려 설오와 함께 오대산과 낙산사로 떠났다. 상왕이 자리를 비우자 정종은 선위를 결심하고 이무와 도승지 박석명에게 선위교서와 옥새를 주어 이방원에게 전했다. 그리하여 몇 차례 형식적인 반려 끝에 이방원은 드디어 염원하던 옥좌에 앉게 되었다.

　퇴위한 정종은 인문공예상왕(仁文恭睿上王)이란 직함을 얻은 뒤 인덕궁에서 20년 동안 노후를 보내다가 1419년(세종 1년) 9월 26일, 63세를 일기로 세상을 떠났다. 시호는 공정온인공용순효(恭靖溫仁恭勇順孝), 묘호는 정종(定宗)이다. 능호는 후릉(厚陵)으로 경기도 개풍군 흥교면 흥교리에 있다.

제2대 정종 가계도

제2대 정종(定宗)
1357년 출생, 1419년 사망(63세)
재위 2년 2개월(1398. 9-1400. 11)

정안왕후 김씨

성빈 지씨 덕천군 이후생   도평군 이말생

숙의 지씨 의평군 이원생   임성군 이호생
선성군 이무생   함양옹주

숙의 기씨 순평군 이군생   무림군 이선생
금평군 이의생   숙신옹주
정석군 이융생   상원옹주

숙의 문씨 종의군 이귀생

숙의 이씨 진남군 이종생

숙의 윤씨 수도군 이덕생   장천군 이보생
임언군 이녹생   인천옹주
석보군 이복생

가의궁주 유씨 불노

후궁(무명) 덕천옹주   전산옹주
고성옹주   함안옹주

시비 기매 지운

정종의 가족사

버림받은 자식들

정종은 정비인 정안왕후 김씨 사이에 자식을 얻지 못했지만 8명의 후궁에게서 15남 8녀를 얻었다. 그 외에도 정종은 즉위 이전 잠저에 있을 때 유씨 부인에게서 아들 불노를 얻었고, 즉위 이후 시비 기매에게 아들 지운을 얻었지만, 둘 다 정치적인 문제 때문에 아들로 인정받지 못했다.

쫓겨난 아들, 불노

가의궁주 유씨는 유분의 셋째 딸로 일찍이 임견미의 사위 반복해에게 시집갔는데 1388년(우왕 14년) 남편이 임견미와 함께 처형되자 당시 실권자로 부상하던 이성계의 차남 이방과에게 시집가서 죽주에 향처로 있었다. 그것은 유씨가 민제의 사위이며 태종의 동서인 조박의 족매였기에 가능했다. 그 후 정종이 즉위하자 조박이 유씨와 그 아들 불노를 궁으로 데려왔다. 그러자 정종은 유씨를 가의궁주로 삼고 불노를 원자라 불렀다. 사실을 알게 된 이방원이 크게 분개하자 정종은 실은 불노가 자신의 아들이 아니라고 변명하며 외방으로 내쫓았다.

1409년(태종 9년) 10월 27일, 태종은 불노가 상왕의 아들이라고 떠벌리며 다닌다는 사간원의 상소를 듣고 그를 공주에 유배했다. 그런 다음 이미 죽은 조박이 과거에 불노를 데려와 불궤를 꾀했다는 이유로 그의 자식들을 옥에 가두었다. 이듬해 1월 의정부와 공신들은 불노가 또 원자를 사칭했다며 죽여 후환을 없애라고 상주했다. 태종은 그가 상왕의 아들이라면 죽일 수 없고, 상왕의 아들이 아니라면 무고하므로 또 죽일 수 없다며 내버려두게 했다. 그 후 불노는 승려가 되어 떠돌다가 죽었다.

아들 아닌 아들, 지운

자신이 정종의 아들을 주장했음에도 태종에게 가까스로 살아남은 불노와는 달리 정종의 시비 기매의 소생 지운은 세종에게 목숨을 잃었다. 1417년(태종 17년) 8월 8일, 환관 정사징이 인덕궁의 시녀 기매와 간통한 죄로 처형되었다. 태종은 기매 또한 죽이려 했으나 상왕이 아들 지운을 낳았다는 이유로 선처를 요청해 살려주었다. 그러나 정종은 기매의 처신이 문란하다는 이유로 지운을 자식으로 여기지 않았다. 그가 승하한 뒤 지운은 머리를 깎고 승려가 되었다. 태종은 그를 불쌍히 여겨 의식을 하사하면서 명했다.

"너는 지금부터 왕자 행세를 그만두고 멀리 도망치는 게 낫겠다."

그 후 1424년(세종 6년) 지운이 공공연히 자신이 정종의 아들이라고 떠벌린다는 말이 들려오자 세종은 체포를 명했다. 4월 23일, 진성 현감 이반이 그를 잡아 의금부에 하옥시켰는데 심문해보니 지운이 아니라 간성장교 심짓금의 자식인 해생이었다. 이에 세종은 그를 기망죄로 처형한 다음 5월 28일, 평산에서 지운을 체포해 6월 7일, 난언죄로 처형했다.

그해 세종은 승려가 되어 있던 정종의 다른 아들을 환속시켜주기도 했다. 일찍이 신덕왕후 소생의 경순공주가 1차 왕자의 난으로 남편을 잃고 비구니가 된 것처럼 정종의 자식들 역시 태종의 서슬이 두려워 승려가 되기도 하고 아예 자식으로 인정받지 못하는 등 비참한 운명을 겪어야 했다.

음란한 아들, 이무생과 이복생

정종과 숙의 지씨 사이에 태어난 서4남인 선성군 이무생은 동생 이복생과 함께 여자 문제로 부끄러운 기록을 남겼다. 1427년(세종 9년) 세종은 이무생을 배천, 이복생을 원주로 부처하고 원윤 이의생을 강화에 거주하게 했다. 그런 다음 의금부 당직관에게 명해 기생들인 자동선, 간설매, 죽간매, 약개춘과 신백정의 딸 보금을 각각 곤장 90대씩 때리고, 기생 매소월은 곤장 80대를 때려 해당 고을에 돌려보내 고된 일을 하게 했으며, 보금은 예빈시에서 일하도록 했다.

이 사건은 이무생이 자동선, 간설매, 죽간매와 간통하고 복생이 약계춘과 보금과 간통한 다음 태종의 상중에 광대를 모아놓고 음주가무를 즐겼기 때문이었다. 그런데 약계춘과 죽간매는 한때 효령대군 이보와 어울렸던 기생이고, 보금은 의성군 이용, 간설매는 봉녕군의 아들과 관계했다. 그런데 이의생이 매소월을 첩으로 삼은 뒤 그녀를 시켜서 다른 기생을 불러들인 것이었다.

그처럼 정종의 형제들이 한 기생을 놓고 간통하는 등 음란한 행위를 한 사실이 밝혀지자 세종은 몹시 언짢아했다. 1439년(세종 21년)에도 이무생은 같은 이유로 문책을 받았지만 반성하는 기색이 없어 1444년(세종 26년) 배천으로 유배되기도 했다. 이무생은 1458년(세조 4년) 기생첩 탁금아를 사랑해 정처를 쫓아냈다가 종부시의 탄핵을 받았다. 세조는 늙은 그를 차마 벌하지 못하고 탁금아만 소속된 읍으로 돌려보냈다.

정종 시대의 주요사건

제2차 왕자의 난

1400년(정종 2년) 정월, 회안대군 이방간이 박포와 함께 제2차 왕자의 난을 일으켰다. 태조의 넷째 아들 이방간은 성격이 과격하고 욕심이 많아 평소 왕위에 미련을 가지고 있었지만 욱일승천하는 이방원의 기세에 눌려 힘을 쓰지 못하고 있었다. 그런데 박포가 그를 찾아와 정변을 부추겼다. 박포는 1차 왕자의 난 당시 정도전이 이방원을 제거하려 한다고 밀고하여 공을 세운 인물이다. 하지만 논공행상에서 일등공신이 되지 못하자 불평을 늘어놓다가 죽주로 귀양을 갔다. 그런 그가 유배지를 벗어나 회안대군에게 접근한 것이었다.

당시 박포는 정안대군 이방원이 보위에 오르기 위해 장차 걸림돌이 되는 이방간을 죽일 것이라고 엄포를 놓았다. 그 말에 흥분한 이방간은 사냥을 핑계로 사병들을 동원한 다음 급거 개경으로 진군했다. 하지만 이미 그의 동태를 주시하고 있던 이방원은 개경 요소에 군대를 배치하고 대응했다. 이윽고 양군은 선죽교와 남산, 묘련사 고개 근처에서 접전을 벌였지만, 사병으로 잘 훈련된 정규군을 이길 수는 없었다. 게다가 반란군으로 낙인찍힌 이방간의 사병들은 백성들의 호응을 얻지 못했다.

자신의 병사들이 지리멸렬 흩어지자 이방간은 홀몸으로 성균관 골짜기를 넘어 도주하다 추격해온 이방원의 군사에 사로잡혔다. 하지만 이방원은 동복형의 목숨을 빼앗을 수 없다는 이유로 그를 토산으로 귀양 보내고, 난을 부추긴 박포를 참수형에 처했다.

이 무모한 형제간의 유혈사태는 역설적으로 이방원에게 등극의 명분을 주었다. 그가 더 이상 권좌 뒤에 머무르면 제2, 제3의 이방간이 언제라도 등장할 수 있다는 결론에 도달했던 것이다. 변란이 수습된 후 하륜과 조준 등은 정종에게 압력을 넣어 이방원을 세제로 책봉케 하고 형식적으로 군권을 위임하는 절차를 밟았다. 그 후 이방간은 태종과 세종의 배려로 58세까지 천명을 누리다 1421년 홍주에서 죽었다.

피를 부를 뻔한 변계량 누이의 무고사건

1399년(정종 1년) 8월 19일, 박원길의 아내 변씨가 여러 가지 사악한 일을 저지른 죄로 주살되었다. 조선이 국시로 내건 유교의 덕목이 아직 민간에 전파되지 않았고, 고려의 풍속이 남아 있던 건국 초기에 부녀자들의 간통은 그다지 세인의 주목을 끌 만한 사건이 아니었다. 그럼에도 변씨 사건이 주목받은 것은 그녀가 조정의 중신이자 대학자인 변계량의 누이였고, 자신의 죄상을 숨기기 위해 역모까지 조작하여 가족은 물론 왕실까지 분란에 빠뜨리려 했기 때문이다.

변계량은 이성계를 도와 조선을 세운 개국원종공신이면서 대제학까지 지낸 인물이다. 이색, 정몽주, 정도전, 권근 같은 당대 최고 학자들 밑에서 두루 공부했던 그는 황희 정승과 더불어 조선 초기 2대 문장가로도 이름을 떨쳤다. 그런 대학자가 시집간 누이의 모함으로 곤경에 처했다. 변계량의 누이 변씨는 본래 박충언과 혼인했는데 남편이 일찍 죽자 집안의 종 포대와 사안, 두 형제와 사통했다. 그러다 박원길에게 재가한 뒤에도 두 사람과 계속 관계를 맺다가 발각되고 말았다. 그러자 변씨는 동생 변계량에게 남편을 무고했다.

"내 남편이 성질이 사나워 함께 해로하기가 어렵다."

그러나 누이의 성정을 익히 알고 있던 변계량은 아무런 조치도 취하지 않았다. 다급해진 변씨는 사통의 상대자인 두 형제 종과 위기를 벗어날 극단적인 모의를 하게 된다. 양반 댁 여주인과 종들의 간음행위가 세상에 알려지면 결과는 죽음뿐이었다. 때문에 변씨는 거짓 역모를 꾸며 남편의 입을 틀어막기로 결심했다. 그녀는 포대를 시켜 이방원의 부하 김귀천에게 노비 4명을 주고 꾀인 다음 남편 박원길과 변계량의 반역행위를 알리게 했다.

"내가 박원길에게 시집가기 전에 이양몽이 중매를 서면서 자신들에게 수백 명의 사병이 있고 그들의 주군인 의안군 이화에게 군사 수천 명이 있으니 어찌 대장군이 되지 않겠느냐고 떠벌렸습니다. 그 후 박원길과 혼인한 뒤 그 이야기를 했더니 박원길 또한 의안공과 마음이 같다고 말했습니다. 분명히 박원길과 변계량이 이양몽, 이양중과 함께 난을 일으킬 것입니다."

김귀천에게서 그와 같은 고변을 진해들은 이방원은 즉시 정종에게 그 사실을 알렸다. 이윽고 왕명을 받은 대장군 심귀령이 박원길과 이양몽 등을 체포해 혹독하게 문초했다. 그러나 아무리 고문을 가해도 박원길의 입에서는 대역죄로 다스릴 만한 자백이 나오지 않았다. 시간이 갈수록 의혹이 증폭되는 가운데 무고를 의심받게 된 변씨 일행이 도망치다가 잡혀왔다. 그러나 변씨는 끝까지 자신의 거짓말을 고집했다.

그녀의 모함을 받은 의안공 이화는 태조의 이복동생으로 정종과 이방원의 숙부였다. 그와 같은 종실의 어른을 역모에 연루시킨 것이다. 국문장에 끌려온 이화 부자는 상황이 어떻게 될지 몰라 통곡할 수밖에 없었다. 모진 고문으로 박원길과 사안은 벌써 숨이 끊어졌다. 심귀령은 증거를 찾기 위해 이양몽을 더욱 옭죄었지만 역모의 단서는 어디에도 없었다. 결국 포대가 고문을 견디지 못하고 모든 일이 자기 형제와 변씨가 꾸민 소설이었음을 자백하고 말았다.

"우리 형제가 마님과 사통했는데, 박원길이 그 일을 알게 되었습니다. 그래서 거짓말을 꾸며 사지에 빠뜨리고자 한 것입니다. 사실은 아무 일도 없었습니다."

그렇게 해서 누명을 벗은 이양몽 등은 모두 석방되었지만 이미 죽은 박원길의 억울함은 어디에도 하소연할 데가 없었다. 결국 변씨와 포대는 참수형에 처해졌다. 한 여자의 치정문제가 왕족 간에 또다시 피를 불러일으킬 뻔했던 기막힌 사건이었다. 2차 왕자의 난이 일어나기 직전에 벌어진 이 변씨의 무고사건은 당시 이방원이 얼마나 반대파에 신경을 곤두세우고 있었는지를 증명해주고 있다.

「정종실록」 편찬 경위

「정종실록」은 조선 제2대 국왕 정종의 재위 2년간의 치세를 편년체로 기록한 역사서이다. 총 1권 6책으로 정식명칭은 「공정왕실록(恭靖王實錄)」이다. 1423년(세종 5년) 12월 24일, 춘추관 지관사 변계량과 윤회가 「태조실록」 편찬의 예를 들어 「공정왕실록」과 「태종실록」 편찬을 건의하자 세종이 허락하고 사초를 모으게 했다. 그러나 이미 정종 시대의 사초는 「태조실록」을 편찬하면서 정리되어 있었으므로 이듬해 3월부터 동부 연희방에 있는 덕흥사에서 편찬을 시작해 2년 뒤인 1426년 8월에 완성했다. 두 실록을 춘추관이 아닌 궁 밖에서 편찬한 것은 실록의 감수를 담당한 변계량이 병약해 집 가까이에 있는 사찰을 이용했기 때문이다.

본래 실록은 임금이 즉위한 날부터 퇴위한 날까지의 사실을 기록하는 것이 원칙인데, 「정종실록」은 원년 정월 1일부터 2년 12월 말일까지로 한정되어 있다. 정종의 즉위년 기사는 「태조실록」에 수록되어 있고 2년 기사에는 태종 즉위년 기사가 포함되어 있다. 이는 「정종실록」과 「태종실록」을 함께 편찬하면서 일어난 일이었다. 정종은 승하한 뒤 묘호를 올리지 않았고, 명나라 황제에게 받은 시호 공정(恭靖)을 칭호로 했으므로 실록의 서명도 「공정왕실록(恭靖王實錄)」이다. 훗날 숙종이 그에게 정종(定宗)이란 묘호를 올리면서 실록도 '정종실록'이라 하고 표제만 바꾸었다. 「정종실록」은 편찬책임자인 변계량이 도중에 사망했으므로 윤회와 신장 두 사람의 이름만 부기되어 있다.

建文叄年辛巳玖月拾伍目委生女子
姉致斗文字戊俗為斗事戊歳妙子
年小妾主是去有兩以今如奠身年持
七十一任為子不斜東卻為看房阿
空上 大故筆目許歸方代執石并以交
易為掘材木亡良奴子山月良所敗道
家為丁身獏貳間前後退元蓋東付舍
壹間元蓋厨舍壹間元蓋庹房食尚草
蓋韋房叄間前後退草蓋樣上庳貳間
草蓋内斜師辞間草蓋西房載間前伏
迎草蓋南斤叄間前退草蓋又樣上草
叄間元蓋合貳拾辞間菩亡支易本又
記并以卦与為孝在等以歌々居住為
亏共後次列為所有去等峽文字內事
意巳用良草宮辨別子孫傳持鎭氏居
住為千事

太上王

국내

세계

· 1402 호패법 실시

· 1405 한양천도

한양에 5부학당 설치

· 1413 「경제육전」 간행

· 1414 경기좌우도를 경기도로 개편 (전국 8도 체제 완성)

· 1416 승려들에게 도첩 지급

1404 명나라와 일본의 통상 시작

1405 명나라, 정화 남해 원정

1413 무함마드 1세 즉위(오스만투르크) 안남, 명나라에 복속

1414 콘스탄츠 공의회, 교회 대분열(시스마) 종결 후스, 이단으로 규정, 화형에 처함

제3대 태종
태종공정대왕실록 太宗恭定大王實錄

태종 시대(1400. 11~1418. 8)의 세계정세

1402년 명나라에서는 영락제가 정변을 통해 혜제를 몰아내고 즉위했으며, 일본과 처음으로 외교관계를 수립했다. 그는 또 북평(北平)을 북경(北京)으로 개칭하고 대대적인 건축공사에 돌입했다. 1405년부터 이슬람교도인 환관 정화의 남해원정이 시작되었고, 그해 몽골의 타타르 부를 정벌했다. 1410년에는 영락제가 친히 타타르 부를 정벌했고, 1414년에는 오이라트 부를 대파했다. 유럽에서는 프라하대학 총장 보헤미아의 후스가 종교개혁을 시도하다가 1412년 파문당한 뒤 이단으로 몰려 화형당했다. 1413년 오스만터키가 재건되었고 무함마드 1세가 제국을 통일했다. 1417년 콘스탄츠공의회에서는 우르바노 6세와 클레멘스 7세를 폐위하고 마르티노 5세를 교황으로 선출하여 대분열시기를 종식시켰다.

창업공신에서 국가경영자가 된 이방원

　조선의 제3대 국왕 태종의 이름은 방원(芳遠), 자는 유덕(遺德)이다. 태조 이성계의 다섯째 아들로 1367년(공민왕 16년) 5월 16일에 함흥부 귀주에서 태어났다. 1400년 11월 13일, 정종의 양위를 받아 개성 수창궁에서 즉위했다. 정비는 원경왕후 민씨로 고려 말의 대학자 민제의 딸이다. 그의 형제들은 모두 부친을 닮아 무인 기질이 강했지만 그는 남달리 학문에 정진해 성균관에서 수학했고, 1383년(우왕 9년) 문과에 급제했다.

　1388년(창왕 1년) 이성계의 역성혁명을 저지하려 애쓰던 이색과 함께 서장관으로 명나라에 다녀왔다. 1392년(공양왕 4년) 3월 이성계의 낙마사건을 계기로 정몽주가 중심이 된 고려의 중신들이 정도전, 남은, 조준 등을 숙청하고 개혁법령을 폐지하는 등 일대 반격을 시도하자 수하를 동원해 선죽교에서 정몽주를 격살하여 정적들의 저항을 잠재웠다.

　그렇듯 조선 창업에 결정적인 공을 세운 태종은 역성혁명의 중심인물로 부상했고, 이후 공양왕을 축출하고 태조가 등극하는 데 앞장섰다. 그러나 정도전과 남은 등 개혁파들은 개국 이후 태종을 개국공신의 반열에서 제외해버렸고, 태조의 계비 강씨 소생의 이방석을 세자로 옹립한 다음, 한씨 소생의 왕자들이 정사에 개입하지 못하도록 강력히 저지했다.

1396년 8월 13일, 신덕왕후 강씨가 세상을 떠나자 정도전 일파는 세자 이방석을 보위하면서 요동 정벌을 빌미로 왕자들의 사병을 해산시켜 정규군대를 강화하려 했다. 위협을 느낀 태종은 태조가 병석에 누워 있는 틈을 타 형제들과 모의한 다음 일거에 정변을 일으켜 정도전, 남은, 심효생 등 정적들을 제거한 뒤 세자 이방석과 동복형 이방번마저 죽였다.

이후 실권을 거머쥐고 개국공신에도 추록된 태종은 태조를 강압해 정종을 즉위시키고 배후에서 정사를 조종했다. 태종은 1400년에 촉발된 2차 왕자의 난에서 승리한 다음 세자로 책봉되었고, 그해 11월 왕위에 올랐다. 당시 오대산으로 행차하고 있던 상왕 태조는 태종의 등극소식을 듣고 이렇게 말했다.

"강명(剛明)한 임금이니 권세가 반드시 아래로 옮기지 않을 것이다."

실록 총서에서는 그해 9월 송도에 있던 추동 잠저에서 그의 등극을 암시하는 징조가 있었다고 기록되어 있다. 새벽에 시녀 김씨가 처마 밑에 있었는데 별이 드문드문한 가운데 크기가 서까래만 하고 찬란한 광채가 빛나는 백룡이 침실 동마루 위에 나타났다가 자욱한 운무를 남기고 사라져버렸다는 것이다.

태종은 실질적인 조선의 창업자라 해도 과언이 아니다. 문관 출신인 그는 무장 출신인 태조가 극력 피하려 했던 유혈사태를 회피하지 않고 중추적인 역할을 맡아 역성혁명의 장애물을 말끔히 걷어냈다. 또 자신의 즉위 과정과 세종에게 보위를 물려주는 과정에서 왕권 확립에 저해될 만한 존재들은 가차 없이 제거했다. 고려의 충신 정몽주와 두문동에 은거했던 유학자들, 창업 동지였던 정도전, 남은, 심효생, 박포, 또 배다른 형제 이방석과 이방번, 처가의 민씨 4형제, 사돈 심온과 심정 등이 모두 그 희생자들이었다.

이런 원죄들의 여파로 태종은 등극하자마자 태상왕 태조가 개입된 조사의의 난을 겪었고, 재위 내내 왕비와 불화했으며, 만년에는 세자의 기행 때문에 숙원이었던 장자상속을 포기해야 했다. 그렇지만 태종은 건국 초기의 혼란을 극복하고 국가 전반에 걸친 체제정비와 광범위한 개혁을 단행하여 세종 대의 정치적 안정과 문화발전의 초석을 쌓았다. 때문에 그의 전제적 강압정치는 오늘날 과보다는 공이 많은 것으로 평가되고 있다.

강력한 왕권을 구축하라

태종은 보위에 오르자 우선 「선원록」[25]을 정비해 비태조계를 왕위계승에서 제외하여 후계체제를 명확히 한 다음 왕권강화를 위한 다양한 정책을 실시했다. 1400년(태종 원년) 8월 현직 관리와 퇴직 관리의 옷을 품계에 따라 달리 하는 등 신분과 관련된 복제 규정이 마련되었다. 그와 함께 장인, 공장, 상인, 하인 등 평민과 천민의 복장을 엄하게 정한 다음 개경 거리에서 우마를 타지 못하게 했다.

1402년(태종 2년) 태종은 의정부의 건의로 억울한 일이 있을 때 백성들이 임금에게 직소할 수 있는 신문고제도를 시행했다. 하지만 이 제도의 본래 목적은 창업 초기 반대세력색출에 있었기에 실제로 백성들이 북을 두드려 국왕에게 억울함을 호소할 수 있는 기회를 잡기란 불가능했다. 이 제도는 양반들의 이권 다툼용으로 전락하면서 효용성을 잃고 후대에 폐지와 설치를 반복하다가 중종 때 완전히 폐지되었다.

그해 8월부터 실시한 호패법은 조세와 군역에 매우 중요한 제도였다. 양반과 양인이 호패를 소지하게 하여 구체적인 호구가 파악되었다. 그중에 양인인지 천인인지 불확실한 자나 양인과 천인 사이에 낳은 자식들을 보충군으로 편입시켰다. 1403년에는 주자소를 설치하여 계미자(癸未字)를 주조했고, 1405년 10월 한양으로 도읍을 옮긴 뒤에는 이궁인 창덕궁을 건립했으며, 인정(人定)[26] 제도를 실시해 야간치안을 확립했다.

태종의 제도개혁 가운데 가장 핵심적인 것은 육조직계제의 시행이었다. 1405년 태종은 의정부의 기능을 대폭 축소하고 이·호·예·병·형·공으로 이루어진 육조 장관들을 정3품에서 정2품 판서로 높였다. 이에 따라 전곡과 군기를 관장하던 사형부와 승추부를 폐지하고 그 사무를 호조와 병조로 이관했고, 좌·우정승이 장악하고 있던 문무관의 인사권을 이조와 병조로 이관시켰다. 또 대언사를 강화해 동부대언을 증설하고 6대언이 육조의 사무를 나누어 관장하도록 했다. 육조의 각 조마다 각각 3개의 속사를 설치하고, 당시까지 존속했던 독립관아 중 의정부, 사헌부, 사간원, 승정원, 한성부 등을 제외한 90여 관아를 그 기능에 따라 육조에 분속시켰다. 그 후 태종은 1414년(태종 14년)에 이르러 완전한 육조직계제의 시행을 선포했다. 그때까지 왕, 의정부, 육조 체제로 운영되던 정사가 왕과 육조직계체제로 전환된 것이다. 이로써 국왕의 권력이 크게 강화되었고 전체적으로 중앙집권체제가 확립되었다.

종교정책으로는 숭유억불(崇儒抑佛)이라는 건국이념에 부응하여 불교와 도참사상을 강력하게 억눌렀다. 1406년(태종 6년) 3월 태종은 선교 양종의 사찰 수를 정하여 전국에 242개만을 유지하게 했다. 또 사찰에 예속된 노비를 공노비로 전환시키고, 처녀로 비구니가 된 여인은 환속시켰으며 연등제, 초파일 제도를 폐지했다.

한편 조선은 개국 당시 두문동 72현과 같은 유학자들을 대거 숙청하여 인적 자원의 부족을 절감하게 되었다. 그로 인해 표전문제처럼 대명외교에 문제점이 자주 노출되고 행정에 난맥상이 드러나자 태종은 교육개혁을 통한 인재 양성을 추진했다. 우선 권근에게 성균관과 오부의 학생들을 맡겨 경학의 수준을 높이고 기술교육을 위해 10학을 설치했다. 더불어 왕세자를 성균관에 입학시켜 학부의 위상을 높여주었다. 고려시대부터 폐단이 많았던 과거제도 역시 대폭 뜯어고쳤다. 공거(公擧)[27], 좌주문생제[28] 등 귀족 위주의 관리등용제도를 혁파하고 능력과 실력 위주로 관리를 등용하는 제도적 장치를 마련하는 데 힘썼다.

태종은 또 고려 말부터 축첩 풍조가 유행하여 사대부들 가운데 천인을 첩으로 맞아들이는 사람이 늘어나자 종모법(從母法)에 따라 첩의 소생을 천인으로 규정하고 한품서용(限品敍用)[29] 규정을 제정하는 등 서얼차대 정책을 강화했다. 1415년(태종 15년)에 이르면 서선의 건의에 따라 '서얼에게는 현직을 금한다'는 규제조항을 신설했다.

또 한 해 2,000여 건에 이를 정도로 심각한 사회문제로 대두됐던 노비제도는 1413년(태종 13년) 9월 노비중분법(奴婢中分法)[30]의 시행으로 해결했다. 그해 태종은 즉위 이후의 개혁사업을 총괄하여 「경제육전」을 재편찬했고 「원집상절」과 「속집상절」 2권을 완성했다. 또 조선 창업을 합리화하기 위해 1414년 정도전이 편찬한 「고려사」를 하륜에게 개찬하도록 하고, 권근과 하륜에게 「삼국사」를 편찬하도록 했다. 1417년에는 서운관에 소장된 각종 비기도참서를 소각하게 하고, 유교를 장려하여 민간에 가례를 보급하는 한편 문묘제도를 정비하고 묘제, 혼제, 장제, 조관복제 등을 성했다. 또 난군과 기자 제사를 중사로 승격하여 토속신앙을 유교 속에 끌어들이려 했다.

냉혈한 군주의 탁월한 결단력

태종은 탁월한 정치력과 결단력을 지닌 명군이었다. 정사를 논할 때 구태의연한 명분이나 인연, 과거의 감정에 얽매이지 않고 현실적이고 합리적인 결론을 내리곤 했다. 태조의 배향공신을 책정할 때 자신의 정적이며 역적으로 규정된 정도전과 남은을 선발하는 냉정함을 보였고, 세종을 위해 자신에게 항거했던 황희를 추천해 중용케 했다. 그는 또 장인 민제의 가문이 외척으로 성장하면서 이들이 양녕대군을 지지하고 그 주위에 수구파가 결집하자 처남들을 과감하게 제거했으며, 양위한 뒤에는 세종의 장인 심온에게 권력이 집중되자 병권남용의 죄를 들어 전격적으로 처형해버리기까지 했다.

1418년(태종 18년) 태종은 자신의 권위에 도전하던 왕세자 이제를 폐하고 충녕대군을 세자로 책봉한 다음 2개월 만에 전격 선위하여 주위를 놀라게 했다. 하지만 그는 선위한 뒤에도 권력을 놓지 않고 대마도 정벌 등 군정과 중요한 정사는 직접 처리하는 등 역동적인 나날을 보내다가 1422년(세종 4년) 연화방 신궁에서 56세를 일기로 세상을 떠났다. 시호는 공정성덕신공문무광효대왕(恭定聖德神功文武光孝大王), 묘호는 태종(太宗)이다. 능호는 헌릉(獻陵)으로 서울시 서초구 내곡동에 있다.

제3대 태종 가계도

제3대 태종(太宗)
1367년 출생, 1422년 사망(56세)
재위 17년 10개월(1400. 11~1418. 8)

원경왕후 민씨 양녕대군 이제(폐세자)   정순공주
효령대군 이보   경정공주
충녕대군 이도(제4대 세종)   경안공주
성녕대군 이종   정선공주

효빈 김씨 경녕군 이비

신빈 신씨 함녕군 이인 근녕군 이농 정정옹주 숙경옹주
온녕군 이정 정신옹주 숙녕옹주 숙정옹주

숙빈 안씨 익녕군 이치

의빈 권씨 정혜옹주

소빈 노씨 숙혜옹주

정빈 고씨 근녕군 이농

명빈 김씨

숙의 최씨 희령군 이타

후궁 최씨 후녕군 이간

후궁 이씨 숙순옹주

후궁 안씨 혜녕군 이지 소숙옹주   경신옹주

후궁 김씨 숙안옹주

후궁(무명) 소선옹주

태종의 가족사

태종은 왕비 외에 11명의 후궁을 통해 12남 17녀를 얻었다. 그중에 원경왕후가 4남 4녀, 신빈 신씨가 3남 6녀를 낳았다.

정비 원경왕후 민씨는 여말선초의 대학자인 여흥부원군 민제의 딸이다. 1365년 여흥에서 대어나 1382년(우왕 8년) 이방원과 결혼했고, 1392년 조선 개국 이후 정녕옹주에 봉해졌다. 1400년 2월 이방원이 세제에 책봉되자 세제빈으로 정빈에 봉해졌고, 그해 11월 이방원이 보위에 오르자 왕비가 되었다. 그녀는 담대한 성품으로 1398년 8월 정도전 세력을 제거할 때 장사와 무기를 지원하기까지 했다.

태종이 즉위한 뒤 왕비에 책봉된 민씨는 남편이 자신을 외면하고 수많은 첩실을 들이자 몹시 분개해 부부간에 다툼이 잦았다. 외척들의 발호를 염려한 태종이 자신의 동생 민무구와 민무질에 등 사가의 형제들을 모두 죽이자 남편을 극렬하게 원망하여 폐출 위기에 놓이기도 했다. 하지만 태종은 세자와 왕자들의 동요를 우려해 그녀를 쫓아내지는 않았다. 그렇듯 숨 막힌 삶을 살았던 원경왕후 민씨는 1420년(세종 2년) 7월 10일, 수강궁 별전에서 56세를 일기로 숨을 거두었다.

태종 시대의 주요사건

태조가 지지한 조사의의 난

1400년(태종 원년) 12월 개경의 수창궁에 불이 나자 태종은 재차 한양 천도를 결심했다. 그때까지 태종에게 앙금이 풀리지 않았던 태조는 1401년(태종 1년) 윤3월, 혼자 한양으로 가서 살다가 금강산 유람을 핑계로 길을 떠났다. 애초에 그는 안변에 자리 잡을 생각이었지만, 길을 가는 도중 가뭄으로 백성들이 굶어죽는 모습을 보고 결심이 약해졌다. 그때 태종의 부탁을 받은 성석린이 모친상 중에도 달려와 귀환을 청하자 태조는 개경과 한양을 오가며 살았다.

당시 태조는 태종에게 토산에 유배 중인 이방간을 한양으로 이배해달라고 요구했다. 태종이 그 요청을 받아들이려 하자 사헌부가 극력 반대해 무산되었다. 화가 난 태조는 잠시 회암사에 머무르다 1402년 호위병인 별시위를 거느리고 동북면으로 떠났다. 그곳에는 죽은 신덕왕후 강씨의 친척인 조사의가 안변 부사로 재임 중이었다. 조사의는 1차 왕자의 난으로 세자 이방석과 이방번이 죽자 분개하여 함흥 주변의 수령들을 규합해 막강한 세력을 형성했다. 그런데 마침 태조가 철령을 넘어 함흥에 다다르자 용기백배하여 공식적으로 반기를 들었다.

태종은 상호군 박순을 파견해 현지 수령들을 설득하려 했지만 죽임을 당하자 무학대사를 태조에게 보내 귀환을 종용했다. 또 대호군 김계지를 보내 반란군을 회유하고, 김옥겸을 조사의에게 보내 현지 실정을 탐지했다. 하지만 조사의의 태도가 완강하자 태종은 조영무, 김영렬, 이천우를 동북면으로 파견해 난을 진압하게 했다.

그 무렵 태조는 서북면의 맹산에 머물렀는데, 시위대 소속 정용수와 신효창이 반란군에 적극 가담한 것으로 보아 그가 조사의의 반란을 지지했음을 알 수 있다. 당시 반란군의 본대는 7,000명으로 여진의 우랑카이족 군사까지 합해 1만을 넘었고, 함흥 일대의 가별치(加別赤)[31]들도 합세하고 있었다.

반란군은 맹산에서 이천우가 이끄는 정벌군을 격파하고 안주 청천강 가에 주둔했다. 그런데 포로가 된 관군 김천우가 황주와 봉주에 정벌군 4만여 명이 진격하고 있다고 말하자 반란군 병사들이 겁을 먹고 뿔뿔이 흩어져 버렸다. 갑작스런 조직의 분열로 궁지에 몰린 조사의는 급히 도망치다가 안변에서 체포되면서 난은 의외로 쉽게 평정되었다. 그러자 태조는 멋쩍은 모습으로 개경으로 돌아왔다. 자식들의 유혈상쟁 때문에 분개했던 늙은 영웅의 초라한 귀환이었다.

태종은 금교역에 천막을 치고 태조를 성대히 맞이했다. 그때 태조가 활을 쏘았다거나 숨겨둔 철편을 버리고 옥새를 태종에게 던져 주었다는 등의 이야기는 상황에 맞지 않는다. 조선 최초의 대규모 군사 반란, 더군다나 태상왕 이성계까지 동조했던 조사의의 난은 그렇듯 큰 여파 없이 수습되었다.

권좌 대신 여색을 선택한 양녕대군

태종은 28세 때인 1394년(태조 3년)에 맏아들 제를 얻었다. 늦게 얻은 아들
인지라 즉위 3년째인 1402년 4월 18일, 서둘러 9세의 이제를 원자로 삼고 지신
사 박석명에게 명하여 성균관에 별도의 학궁을 지어 교육을 시켰다. 유교 이념
에 충실한 국가를 꿈꾸던 태종은 후대에 장자승계 원칙을 확립해 절대왕권을
물려주고 싶었다.

1405년(태종 5년) 9월 한양에 경복궁이 준공되자 10월 한양으로 도읍을 옮
긴 태종은 세자책봉을 서둘렀다. 태종은 이미 1년 전에 대사헌 이원의 건의에 따
라 서연(書筵)³² 제도를 만들어두었다. 드디어 모든 준비가 갖춰지자 태종은 11
세가 된 원자를 세자로 책봉하고, 1406년(태종 6년) 김한로의 딸을 세자빈으로
간택했다.

그 후 태종은 네 차례의 선위파동을 통해 정적들을 제거했다. 1407년 7월에
발생한 민무구 형제의 옥사는 평소 사이가 좋지 않던 중전과의 깊은 갈등을 야
기했다. 당시 태종은 자신의 양위 선언에 아무 의견도 내지 않은 민무구 형제³³
를 협유집권(挾幼執權), 즉 어린 세자를 빌미로 권력을 얻으려 했다는 혐의를
씌워 유배형에 처했다. 이런 부왕의 조치에 놀란 세자는 그때부터 서연을 빼먹
고 밖으로 나돌았다.

1407년 9월, 14세의 세자는 명나라에 가서 영락제³⁴를 배알하고 융숭한 대접
을 받았다. 당시 황제는 세자에게 "나는 네 아비와 같다. 편히 머물다 가도록 해
라"라며 격려해주었다. 그 말에 고무된 탓이었는지 세자는 귀국 이후 점차 방종
해졌다. 1410년(태종 10년) 11월, 17세의 세자는 명나라 사신을 접대하던 기생
봉지련을 궁궐로 데려와 분란을 일으켰고, 오방과 은아리 등과 어울리며 월담을
즐겼다. 세자의 방탕한 행각과 잦은 매사냥이 끝을 보이지 않자 태종은 매사냥
을 부추긴 환관 박유와 유문의를 순금사에 가두는 한편 몰래 동궁에 드나들던
그들의 양자 강민과 한용봉을 멀리 귀양 보냈다.

그해 10월 26일, 세자와 대군들은 누이인 정순공주의 남편 청평군 이백강이
부친 이거이의 삼년상을 마친 것을 위로하기 위해 연회를 마련했다. 효령대군과
충녕대군은 일찍 대궐로 돌아갔지만, 세자는 청평군의 집 대청마루에서 상왕 정

종을 모시던 기생 초궁장과 어울려 빈축을 샀다. 결국 이듬해 1월 세자는 초궁장을 궁 안에 불러들여 사통했다가 발각되었다. 대노한 태종은 초궁장을 대궐 밖으로 내쫓아버렸다.

그처럼 잦은 난행에도 세자에 대한 태종의 기대는 변함이 없었다. 1416년 5월, 태종은 정사에 세자를 참여토록 했다. 군사권과 인사권을 제외한 제반 국정에 대한 현장실습이었다. 태종은 수시로 고전을 인용하며 세자에게 인사의 중요성을 강조했다. 그것은 분명히 후계자 수업이었다. 한데 그 과정에서 태종이 매사에 자신과 충녕을 비교하자 자존심이 상한 세자는 다시 밖으로 나돌았다. 그런 가운데 세자가 선공감의 관리 구종수와 악공 이오방 등과 어울리다 경국지색으로 소문난 전 중추 곽선의 첩 어리를 빼앗아 사통했다는 사실이 드러났다. 실망한 태종은 처음으로 폐세자를 거론했지만, 변계량이 세자를 위해 써준 반성문을 받고 용서해주었다.

1418년(태종 18년) 2월 4일, 넷째 아들 성녕대군이 14세의 나이로 죽었는데, 그날 세자가 궁중에서 활쏘기를 했다는 사실이 알려졌다. 게다가 세자가 어리를 처가인 김한로의 집에 숨겨두고, 아이를 갖게 한 사실까지 밝혀졌다. 분개한 태종은 세자를 비호하던 황희를 유배형에 처한 다음 세자빈 김씨를 친정으로 쫓아내고 세자의 장인 김한로도 죽산으로 귀양 보냈다. 또 동궁의 시종들을 대폭 줄이고 세자가 데려온 여인들을 모조리 궐 밖으로 내쫓았다. 이에 심사가 뒤틀린 세자는 1418년 5월 30일, 환관 박지생을 통해 태종에게 편지를 보냈다.

"전하의 시녀는 그대로 두면서 어찌 제 시녀들은 모두 내보내시는 겁니까. 그녀들의 통곡이 제 마음을 아프게 합니다. 신은 그처럼 정을 떼어버리는 일을 견딜 수가 없습니다. 일찍이 한나라 고조 역시 재물과 색을 즐겨했지만 천하를 평정하지 않았습니까? 반대로 수양제가 어질다고 칭찬했지만 나라를 망친 일도 있습니다."

자신의 잘못을 반성하기는커녕 태종의 여성편력을 들먹이며 따지는 내용이었다. 태종은 더 이상 이제를 세자의 자리에 둘 수 없다고 판단했다. 임금의 뜻을 감지한 삼정승, 육조, 삼군도총제부, 각사의 신하들 모두가 폐세자를 청하자 태종은 이를 즉시 받아들였다. 그와 함께 차기 세자에 대한 논의도 병행되었다. 당시 유정현과 박은 등은 이른바 어진 인물을 후계자로 삼아야 한다는 이른바 택현(擇賢)을 주장하며 셋째인 충녕대군을 세자로 추천했다. 태종은 그 뜻을 받아들여 충녕대군을 세자로 책봉한 다음 폐세자된 이제에게는 양녕대군(讓寧大君)이란 군호를 내리고 경기도 광주로 추방해버렸다.

그해 여름 남쪽지방에 지진이 일어나더니 큰 비가 쏟아졌다. 들판에 물이 닥쳐 목장의 말이 빠져 죽고 논밭이 잠겼다. 7월 27일, 어수선한 가운데 개경에서 한양으로 돌아온 태종은 갑자기 동궁에 옥새를 옮기게 한 다음 건강을 핑계로 전위를 선언했다. 세자가 교체된 지 겨우 두 달밖에 되지 않아 신하들은 태종의 본심을 파악할 수 없어 곤혹스러워했다. 태종은 자신이 상왕으로 군권을 갖고 나라의 큰일은 자신이 처결할 것이라고 선언하여 반대 의견들을 물리쳤다. 그렇듯 태종 말기에 급박하게 진행된 폐세자 사건은 역설적으로 세종의 황금시대의 계기가 되었다.

태종 시대의 주요인물

태종을 옥좌에 앉힌 책사, 하륜

하륜(河崙)의 본관은 진주(晋州), 자는 대림(大臨), 호는 호정(浩亭)이다. 1357년(충목왕 3년) 진주에서 태어났다. 아버지 하윤린은 순흥 부사를 지냈고 종2품 봉익대부에까지 오른 인물이다. 하륜의 외가는 진주 강씨로서 진주의 토착세력이었는데 외삼촌 강회백은 고려 말에 대사헌을 지냈다. 이처럼 하륜의 친가와 외가는 모두 진주의 대토호였다. 어릴 때부터 남달리 영민했던 하륜은 14세에 이미 감시(監試)에 합격하여 정식으로 진주 향교에 입학했고, 그로부터 5년만인 1365년(공민왕 14년)에 갓 19세의 나이로 문과에 급제했다.

그때 과거의 좌주는 이색과 이인복 두 사람이었다. 그러므로 하륜은 좌주문생제에 따라 이색의 문생이 되어 그의 문하였던 정몽주, 박상충, 김구용, 이숭인, 박의중 등과 교유했고, 5년 연하인 권근과도 사귀었다. 이인복은 하륜의 사람됨을 보고 아우 이인미의 딸과 혼인시켜 조카사위로 삼았다.

1368년(공민왕 17년) 하륜은 감찰규정으로 신돈의 문객 양전 부사를 규탄했다가 파직된 뒤 하급벼슬을 전전했다. 42세 때는 최영의 요동 정벌을 반대하다 양주로 유배되었지만 이성계의 위화도 회군 이후 풀려났다. 그는 또 우왕과 김저 일당이 공모한 이성계 암살 모의사건이 발각되었을 때 이색, 이숭인, 권근 등과 함께 우왕 지지파로 분류되어 다시 귀양길에 올라야 했다.

조선 건국 이후 정도전과 남은 등 개국공신의 견제로 한직을 전전하던 그는 풍수지리와 관상학을 공부하면서 중앙 진출의 기회를 노렸다. 1393년(태조 2년) 3월 태조가 계룡산 아래로 천도하려 하자 하륜은 그곳의 형세가 흉하다고 주장하여 공사를 중지시킨 다음 한양의 무악 일대를 길지로 추천했다. 하지만 그의 주장은 실권자 정도전과 조준의 반대로 무산되었다.

그 후 하륜은 권토중래를 모색하고 있던 이방원과 손잡고 파천의 계획을 세우기에 이른다. 이윽고 이방원의 배경으로 중앙정계에 진출한 하륜은 본격적으로 정도전 일파와 대립했다. 1396년(태조 5년) 12월에 예문춘추관 학사가 되고, 1398년(태조 7년) 9월에 정당문학에 임명되었다. 그 사이에 박자안 사건에 연루돼 수원에 유배당했으나 이방원의 구명으로 풀려나 충청도 관찰사에 임명되었다.

1396년 조선과 명나라 사이에 표전 문제가 발생하자 정도전의 명나라 압송문제가 논의되었다. 모든 신하들이 반대했지만, 하륜만이 홀로 찬성하여 정도전의 원한을 샀다. 태조는 정도전 대신 하륜을 명나라에 보내 사건을 무마토록 했다. 하륜은 홍무제에게 표전문 작성 경위를 해명하고 양해를 얻어내어 자신의 존재 가치를 높였다.

얼마 후 정도전 일파가 정안대군 이방원을 집중 견제하다가 마침내 무장해제 시키려 하자 하륜은 이방원에게 선제공격을 부추겼다. 1398년(태조 7년) 7월, 하륜이 충청도 관찰사로 부임하기에 앞서 송별연이 열렸는데 이방원도 그 자리에 참석했다. 연회석에서 여러 번 술잔이 돌았는데 하륜은 술에 취한 척하면서 일부러 상을 뒤엎어 이방원의 옷을 더럽혔다. 화가 난 이방원이 벌떡 자리에서 일어나 밖으로 나가자 뒤를 따라 나간 하륜은 정중하게 사과한 다음 급박해진 상황을 알리고 거사를 재촉했다.

"저는 왕명을 받았으니 곧 임지로 떠나야 합니다. 안산 군수 이숙번이 머지않아 정릉 이장에 동원할 역군들을 거느리고 서울에 도착할 테니 그 사람을 불러서 큰일을 맡기십시오. 저는 이 길로 내려가서 진천에서 대기하고 있겠습니다. 일이 벌어지거든 불러주십시오."

그해 8월 25일, 역군들을 거느리고 상경한 이숙번은 계획대로 먼저 군기감을 점령해 수하들을 무장시킨 뒤 궁궐과 도성을 철통같이 포위했다. 이윽고 남문 밖에 거사의 지휘본부가 마련되었는데 중앙에는 이방원이 앉고 옆에 한 자리를 비워두었다. 그날 급히 상경한 하륜이 바로 그 자리에 앉아서 거사를 직접 지휘하여 정도전 등을 제거했던 것이다. 그 후 하륜은 태종이 즉위하기까지 정적 제거의 선봉역할을 자임했다.

1401년 태종이 등극한 이후 하륜은 승승장구 19년 동안 중앙 정계의 요직을 두루 거치고 네 차례나 정승을 지냈다. 그는 말년에 통진 고양포의 간척지 200여 섬지기를 농장으로 착복하여 대간의 탄핵을 받았으나 태종이 공신이라 하여 묵인해주었을 정도로 깊은 신뢰를 받았다. 태종의 치세 18년 동안 수많은 공신들이 제거되었지만, 그는 한 번도 권력의 중심에서 물러난 적이 없었다. 하륜은 1416년(태종 16년) 11월에 70세의 나이로 함경도의 능침을 돌아보던 중 정평에서 갑자기 죽었다. 시호는 문충(文忠)이다. 그의 부음을 들은 태종은 몹시 슬퍼하며 이렇게 말했다.

"철인의 죽음은 나라의 불행이다. 이제 나라에 큰일이 닥치거나 어려운 문제를 결정해야 할 때 조금도 당황하는 빛 없이 결단하여 나라를 편안한 반석 위에 둘 사람이 누가 있겠는가. 참으로 애석하다."

태종의 영원한 심복, 박은

박은(朴訔)은 태종은 고려 말의 학자인 판전교시사 박상충의 아들로 1370년(공민왕 19년)에 태어났다. 본관은 반남(潘南), 자는 앙지(仰之), 호는 조은(釣隱)이다. 그의 집안은 고려 때부터 문명을 떨쳤는데, 그는 이제현과 함께 「편년강목」을 증수하고 충렬왕, 충선왕, 충숙왕 3조의 실록을 편찬한 이곡의 외손이며, 전법판서 주언방의 사위이다. 그런 가문의 후광 덕에 박은은 판숭복도감사를 받은 뒤, 1385년(우왕 11년) 문과에 2위로 급제하고 권지전교시교감, 후덕부승을 거쳐 1391년(공양왕 3년)에는 통례문 부사, 이듬해에 개성부 소윤이 되었다. 그는 조선이 개국한 뒤 영주에 머물면서 이방원에게 다음과 같은 편지를 보내 충성을 맹세했다.

"공이 저를 보통 사람으로 대접하지 않는데 제가 어찌 보통 사람으로 보답하겠습니까. 지금 공이 임금과 휴척(休戚)을 같이하고 나라와 존망을 함께하니, 제가 죽고 사는 것을 공에게 의탁하는 것이지 총애를 받으려고 아첨하는 것이 아닙니다."

그 후 춘천 군수로 재임하던 박은은 1차 왕자의 난이 발발하자 군사를 이끌고 달려와 이방원의 편에서 싸웠고, 2차 왕자의 난 때에도 마찬가지였다. 1400년 이방원이 세자가 되자 세자좌보덕으로서 그를 보필했고, 이듬해 태종이 즉위하자 형조, 호조, 병조, 이조의 4조 전서를 두루 역임하고, 좌명공신 3등으로 반남군(潘南君)으로 봉해졌다. 그 후 박은은 강원도 도관찰출척사, 한성 부윤, 승추부제학을 역임했고, 1406년 전라도 관찰사로 있을 때 제주도의 동불(銅佛)을 구하러 온 명나라 사신을 잘 구슬러 칭찬을 받았다. 그는 이듬해 진향사로서 명나라에 다녀온 뒤 참지의정부사 겸 사헌부 대사헌에 이어 형조 판서에 임명되는 등 승진을 거듭했다.

1409년 서북면 도순문 찰리사 겸 평양 부윤으로 평양성을 축성했고, 1412년 관향인 반남이 나주에 속하게 되자 금천군에 봉해졌다. 판의용순금사사로 재직할 때는 옥사에서 심문 중에 치는 곤장의 횟수를 한번에 30회로 제한하는 형률을 시행하게 했다. 또 1414년 이조 판서로 봉직할 때는 인사제도를 개선하는 등 태종대의 제도정비에 크게 공헌했다. 1415년(태종 15년)에는 45세의 나이로 우의정에 임명되어 소년 입각의 기록을 세웠다.

「박씨가승」에 따르면 그는 봉록을 모두 나누어 친척집을 구제하는 바람에 몹시 가난했다고 한다. 언젠가 태종이 미복 차림으로 그의 집을 찾았는데 그가 조밥으로 식사를 하다가 재채기가 나와 얼른 나가지 못했다. 태종이 노여워하자 박은은 자신의 밥상을 보여주며 사실대로 고했다. 그러자 태종은 "어찌 재상의 식사가 그리 험한가"라고 탄식하면서 성문 밖 북바위 근처에 있는 전지 몇 묘를

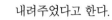

내려주었다고 한다.

박은은 평생 왕권강화를 추구했던 태종의 오른팔로서 악역도 마다하지 않았다. 충녕대군이 왕위에 오른 뒤 태종의 주도로 심온의 옥사가 일어나자 그는 태종의 의중에 따라 심온을 공격하고 치죄하는 데 앞장섰다. 분개한 심온은 자신의 후손들은 박씨와 사돈을 맺지 말라는 유언을 남기기도 했다. 훗날 세종은 박은의 태종에 대한 충성심을 존중하고 보복하지 않았다. 1421년 박은은 좌의정을 사직하고 은퇴한 다음, 이듬해 병사했다.

「태종실록」 편찬 경위

「태종실록」은 조선의 제3대 국왕 태종의 재위 18년 동안의 치세를 편년체로 기록한 역사서이다. 총 16책 36권으로 정식 명칭은 「태종공정대왕실록(太宗恭定大王實錄)」이다. 1419년(세종 1년) 정종이 승하하고, 1422년 태종이 승하하자 1423년 12월 24일, 춘추관지관사 변계량과 윤회의 주청으로 양대 실록편찬이 시작되었다. 1426년 8월에 「정종실록」을 완료하고, 계속 「태종실록」을 편찬하던 중, 1430년 변계량이 사망하자 좌의정 황희와 우의정 맹사성이 감수를 맡아 1년 후인 1431년 3월 17일 「태종실록」 36권을 완성했다. 「태종실록」 편찬에 관계한 춘추관 당상관은 감관사 맹사성·지관사 윤회·동지관사 신장, 당하관 즉 낭청은 기주관 안지·윤형·조서강·이옹, 기사관 안수기·이선제·박시생·오신지·권자홍·장아·어효첨·김문기·강맹경·이종검 등이다.

「태종실록」은 편찬 직후 「태조실록」, 「정종실록」과 함께 충주사고에 봉안했다. 그때까지 실록은 한 벌뿐이었고, 충주사고는 민가가 밀집한 시내에 위치하여 화재의 염려가 있었다. 때문에 세종은 1439년(세종 21년) 사헌부의 건의를 받아들여 전주와 성주에 사고를 설치하고 실록을 세 벌 더 베껴 봉안했다.

제4대 세종

세종장헌대왕실록 世宗莊憲大王實錄

세종 시대(1418. 8 ~1450. 2)의 세계정세

1421년 명나라는 남경에서 북경으로 도읍을 옮기고 몽골 왕자의 항복을 받는 등 국세를 떨쳤다. 하지만 1425년 영락제 사후 선덕제와 정통제로 이어지는 와중에 내분이 극심했고 환관의 세습이 시작되었다. 일본은 조선과 계해약조를 체결한 1443년, 남조의 황족이 궁궐에 난입한 금궐정변이 일어나는 등 정세가 몹시 어지러웠다. 유럽에서도 혼란은 극에 달했다. 1419년 종교개혁의 여파로 신성로마제국에서 후스전쟁이 일어났고, 1422년에는 영국과 프랑스 사이에 전쟁이 일어났다. 1431년에는 오를레앙의 성녀 잔 다르크가 처형되었다. 그 시기에 독일에서는 합스부르크 가문이 독일황제로 선정되었다. 포르투갈에서는 흑인 노예무역을 시작했고 이탈리아에서는 르네상스가 시작되었다.

500년 왕조의 초석을 다진 성군

조선의 제4대 국왕 세종은 태종의 셋째 아들로 1397년(태조 6년) 4월 10일, 한양 준수방 잠저에서 태어났다. 휘는 도(裪), 자는 원정(元正)이다. 왕비는 청천부원군 심온의 딸 소헌왕후이다. 1408년 2월 충녕군에 봉해졌고, 1413년에 충녕대군이 되었으며, 1418년 세자 이제의 폐위가 확정된 다음 세자로 책봉되었다. 그해 8월 10일, 22세의 세자는 태종의 양위를 받아 경복궁 근정전에서 즉위했다.

실록 총서에는 폐세자 이후 백관들이 이제의 맏아들로 세자위를 계승하려 했지만 아버지를 폐하고 아들을 세우는 것은 의리에 맞지 않음을 들어 태종이 충녕대군을 세자로 삼았다는 내용을 앞세우고 있다.

> "충녕은 천성이 총민하고 학문을 게을리 하지 않아, 비록 몹시 춥고 더운 날씨라도 밤을 새워 글을 읽고, 또 정치에 대한 대체를 알아 매양 국가에 큰일이 생기면 의견을 내되 모두 범상한 소견이 의외로 뛰어났다. 또 그의 아들 중에 장차 크게 될 수 있는 자가 있다."

태종은 장천군 이종무에게 명하여 종묘에 세자 교체의 사유를 고한 뒤 대사령을 내리도록 했고, 개성에서 한양으로 돌아온 뒤 8월 초에 이르러 지병을 이유로 경회루에서 지신사 이명덕을 시켜 전위를 선포했다. 여러 신하들이 반대하자 태종은 최한을 통해 대신들에게 주상이 장년이 되기 전까지 상왕으로서 군권을 행사할 것이고, 또한 국가 중대사는 자신이 처결할 것을 분명히 했다. 그러자 박은, 유정현 등 측근 대신들은 내선(內禪)[35]을 통해 나라의 기틀을 다지겠다는 태종의 의중을 알아차리고 더 이상 반대하지 않았다.

과거 태종이 잠저에 있을 때 원경왕후는 태종이 세종을 안고 햇바퀴 가운데 앉아 있는 꿈을 꾸었다. 얼마 지나지 않아 태종이 왕위에 올랐다. 그리고 세종이 또 왕위를 이어받게 되었다. 보위에 오른 세종은 장인 심온을 청천부원군, 장모 안씨를 삼한국대부인, 박신을 의정부 찬성, 박습을 병조 판서, 조말생을 형조 판서로 임명했다.

1418년(세종 원년) 8월 11일, 세종은 근정전에서 반포한 즉위교서에서 '시인발정(施仁發政)', 곧 '어짊으로 나라를 다스리겠다'는 통치이념을 천명했다. 개국 이후 태조부터 태종에 이르기까지 변혁의 물결을 타고 있었다면 이제부터는 덕치를 통해 국가의 안정을 이룩하겠다는 선언이었다. 이후 세종은 31년 6개월 동안 재위하면서 각종 제도를 정비하는 등 정치, 경제, 사회, 문화 전반에 치적을 쌓아 조선 최고의 황금기를 이끌었다.

세종은 태종이 이룩한 육조직계제를 폐지하고 의정부서사제를 확립해 황희, 맹사성, 허조 등 경륜 높은 재상들과 함께 정사를 이끌어 왕권과 신권의 조화를 이루었다. 1420년(세종 2년)에는 집현전을 왕립 학술기관으로 확장하고 유능한 학사들을 선발해 학술연구에 전념케 하여 이상적 유교정치를 구현하는 디딤돌로 삼았다. 말년에는 세자에게 대리청정을 맡긴 다음 1443년 훈민정음을 창제하고, 1446년(세종 28년) 반포하여 우리민족에게 최고의 유산을 남겨주었다. 세종은 재위 내내 조선의 제도를 안정시키고 백성들을 위한 다양한 정책을 실시했는데 한 가지도 졸속으로 시행한 것이 없었다. 때문에 세종 시대의 다양한 업적들은 조선 500년 내내 든든한 기반이 됐다.

과학기술에서도 세종은 적극적인 정책을 펼쳤다. 1442년(세종 24년) 이천,

장영실이 측우기를 제작했고, 궁중에 흠경각을 설치하여 과학기구를 비치했으며 혼천의, 해시계, 물시계 등의 과학기구를 발명했다. 이론천문학자인 정인지, 김담, 이순지는 우리나라 최초의 역법서인 「칠정산 내편」과 「칠정산 외편」을 편찬했다. 또 이순지는 천문, 역법, 의상 등에 관한 지식을 종합한 「제가역상집」을 편찬했다.

경제·사회정책에서도 업적을 남겼다. 1436년(세종 18년) 공법상정소를 설치하고 각 도의 토지를 비옥도에 따라 3등급으로 나누어 세율을 달리하는 안을 실시했다. 그러나 결함이 많아 1443년(세종 25년) 다시 전제상정소를 설치하고 풍흉에 따라 연분 9등법과 토지의 비옥도에 따라 전분 6등법에 따른 수등이척법(隨等異尺法)으로 조세의 공평화를 도모했다. 또 전국의 토지를 20년마다 측량하여 양안을 작성케 했다. 한편 의창, 의료제도, 금부삼복법을 제정했고, 노비의 지위 등을 개선해 사사로운 형벌을 금했다. 궁중음악 진흥에도 커다란 업적을 남겼다. 1425년(세종 7년) 관습도감을 설치하고 박연이 아악(雅樂)[36]을 정리하게 했으며, 악기도감을 설치하여 많은 아악기를 대량으로 생산하고 배포했다.

대외정책으로는 국가의 주권 확립과 영토 확장에 진력했다. 명나라에 대한 처녀 진헌을 폐지하는 한편, 명나라에 보내던 금·은의 조공물을 폐지하고 말과 면포로 대신했다. 여진과의 관계는 강온 양면책을 병용했다. 압록강 유역의 여진은 최윤덕, 이천을 시켜 토벌한 다음 4군을 설치했으며, 두만강 유역은 김종서에게 6진을 개척하도록 하여 북방의 경계를 확실히 했다. 그때부터 우리나라의 국경은 압록강에서 두만강까지 확보되었다.

1419년(세종 1년)에는 이종무에게 대마도를 정벌하게 하고, 이후 대마도주 소오 사다모리(宗貞盛)가 사죄하고 통상을 간청해오자 1426년 삼포(三浦)[37]를 개항했다. 이후 왜인의 출입이 증가하자 1443년 왜인의 출입을 통제하기 위하여 신숙주의 교섭으로 변효문과 소오 사다모리 사이에 계해조약(癸亥條約)을 체결하여 1년 동안에 입항할 수 있는 세견선을 50척, 세사미를 200섬으로 제한하고 허가받은 자만 왕래하도록 무역과 출입을 통제했다.

종교정책에서 세종은 치세 초기에 태종의 정책을 이어받아 억불정책을 강화하여 5교 양종(천태종, 조계종)을 선종(禪宗)과 교종(敎宗)으로 통합하고 전국에 각 18개 사찰만 인정하는 한편 승려들의 경행(經行)을 금지했다. 그러나 세종은 말년에 변심하여 궁중에 내불당을 짓고 승과제도를 실시하고 경행을 인정하는 등 왕실 불교를 장려했다.

1450년(세종 32년) 2월 17일, 세종은 54세를 일기로 막내아들 영응대군의 사저인 동별궁에서 세상을 떠났다. 시호는 장헌영문예무인성명효대왕(莊憲英文睿武仁聖明孝大王), 묘호는 세종(世宗)이다. 능호는 영릉(英陵)으로 경기도 여주군 능서면 왕대리에 있다.

왕권강화를 위한 희생, 심온의 옥사

폐세자에 이은 태종의 신속한 양위로 세종은 세자로 책봉된 지 두 달 만에 국왕이 되었다. 하지만 실질적인 권력은 여전히 상왕 태종이 쥐고 있었다. 뿐만 아니라 태종은 장차 세종의 안정된 통치기반을 갖춰주기 위해 사돈 심온의 거세를 준비하고 있었다. 그 조짐은 강상인의 옥사에서 시작되었다. 세종이 보위에 오른 지 불과 보름 후인 1418년(세종 원년) 8월 25일, 상왕 태종은 궐내의 군사업무를 세종에게만 보고했다는 이유로 병조 참판 강상인과 병조 좌랑 채지지를 유배형에 처했다. 사건은 그것으로 마무리되는 듯했다.

그해 9월 1일, 영의정부사에 임명된 심온이 세종 등극의 고명사신이 되어 명나라로 향했다. 그때 많은 중신들이 그를 전송했다는 소리를 들은 태종은 눈살을 찌푸렸다. 심온은 대사헌, 형조 판서, 호조 판서를 역임하고 한성 판윤, 의정부 참찬, 좌군도총제, 이조 판서를 지내는 등 초고속 승진을 거듭하다 세종의 등극과 함께 44세의 나이로 영의정부사에 오른 입지전적 인물이었다. 그의 아버지 심덕부는 개국공신으로 정종 때 좌의정을 지냈고, 그의 막내아들 심종은 태조의 딸 경선공주와 혼인했으므로 태종과 심온은 처남, 매부 사

이이기도 했다. 그러나 태종은 그가 영민한 데다 국왕의 장인이 되었으니 장차 세종을 쥐고 흔들 것이라고 확신했다.

9월 19일 소헌왕후가 셋째 아들 이용을 낳아 왕실이 경사로 들떠 있었다. 그 와중에도 태종은 측근들과 함께 심온 제거작전에 골몰했다. 11월 3일 태종은 과거 강상인 사건을 재론하면서 그와 심온과의 연관성을 캐내라고 명령했다. 곧 단천에 유배되어 있던 강상인과 고부에 있던 박습, 사천에 있던 채지지, 무장에 있던 이각 등이 한양으로 압송되었다. 이윽고 박은이 나서서 가혹한 국문을 행하자 결국 강상인의 입에서 심온, 이종무, 이원 등의 이름을 터져나왔다. 그러자 태종은 강상인과 심온의 관계만을 집중 추궁하게 했다.

국문을 마친 박은은 심온이 권력을 전횡하여 상왕을 욕보였다고 보고했다. 그 자리에 배석하고 있던 세종은 박은의 말에 논리가 맞지 않음을 지적했지만 태종은 막무가내로 역모라고 우기면서 심온 가문에 대한 일대 숙청을 명했다. 곧 심온의 동생 병조 판서 심정이 잡혀 들어와 가혹한 고문 끝에 참살당했고, 세종의 장모 안씨는 의정부의 여종으로 전락했다. 이어서 11월 25일, 강상인은 공개적으로 거열형에 처해졌으며 박습은 참수되었다.

조선에서 벌어지고 있는 참극을 알 리 없었던 심온은 명나라에서 세종의 고명을 받고 돌아오다가 의주에서 체포되었다. 그로부터 한 달 뒤인 12월 22일, 한양으로 압송된 심온은 가혹한 국문을 당한 뒤 사사되었다. 그 후 유정현과 박은이 역신의 딸인 중전을 폐하라고 주청하자 태종은 평민의 딸도 시집을 가면 본가의 죄에 연좌되지 않는 법이라며 고개를 저었다. 중전의 가문을 멸문시켰으니 장차 외척의 전횡은 없을 것이라는 뜻이었다.

실패로 끝난 대마도 정벌

고려 말기부터 기승을 부리던 왜구의 활동은 조선 초기에도 그 기세가 수그러들지 않았다. 태조는 일본의 막부와 구주 지방의 영주들에게 도움을 요청했지만 별무효과였다. 때문에 조선은 해안과 도서지역의 백성들을 소개시키는 공도정책을 쓸 수밖에 없었다.

태종은 왜구 근절책으로 왜인들의 귀순을 받아들이고 대마도주 소오씨(宗氏)에게는 수직왜인이라 하여 명예 관직을 주어 회유했다. 그리하여 경상도 지방에 2,000여 명의 항왜(降倭)[38]가 거주했다. 태종은 1407년(태종 7년) 무역선인 흥리선을 타고 와 장사하는 흥리왜인들에게 본토의 여행증명서인 노인(路引)을 소지하게 하고 부산포와 내이포에서만 장사할 수 있게 했다. 1418년 대마도주 소오 사다시게(宗貞茂)가 죽자 조위사를 파견해 조문하기까지 했다. 이런 유화책에도 불구하고 대마도를 근거지로 삼은 왜구의 발호는 근절되지 않았다.

1419년(세종 1년) 5월, 왜구들이 50여 척의 배를 타고 비인의 도둔곶에 침입해 병선 7척을 탈취하고 병사들과 민간인들을 죽인 사건이 일어났다. 얼마 지나지 않아 왜선 38척이 또다시 연평곶에 침입했다. 계속되는 왜구의 도발에 분개한 태종은 대마도 정벌을 결심하고 장천군 이종무[39]를 최고지휘관인 삼군 도체찰사 겸 중군 도절제사, 유습을 좌군 도절제사, 이지실을 우군 도절제사로 임명한 다음 총동원령을 내렸다.

이종무 휘하에는 우박·이숙묘·황상, 유습 휘하에는 박초·박실, 이지실 휘하에는 김을화·이순몽이 각각 절제사로 포진했다. 5월 20일, 태종은 영의정 유정현을 삼도 도통사, 의정부 참찬 최윤덕을 삼군 도절제사로 임명해 조정과 원정군의 연락 조정업무를 담당할 전략지휘부를 구성했다. 드디어 전함 227척, 군사 1만 7,285명이 8도에서 속속 거제도 견내량으로 집결했다.

출전에 앞서 유정현은 기밀 유지를 위해 조선의 해안 포구에 머무르고 있는 왜인들을 모조리 잡아들였는데, 경상도 355명, 충청도 203명, 강원도 33명이었다. 6월 1일, 창원 내이포에 당도해 군대를 사열한 삼군 도절제사 최윤덕은 격리수용 중인 왜인 가운데 관가를 협박하고 행패를 부린 자를 가려 21명을 참수해버렸다.

6월 19일, 닻을 올린 조선군은 이튿날 정오 무렵 대마도 두지포 항구에 도착하자마자 왜구들을 공격했다. 기습은 성공적이었다. 왜선 129척을 노획해 조선 수군이 사용할 수 있는 배 20척을 제외하고 모조리 불살라버렸다. 또 가옥 1,939채를 불태웠고 왜구 114명을 죽였으며 21명을 생포했다. 6월 29일 승전보에 접한 태종은 기뻐하면서 태풍을 염려해 지휘관 재량으로 귀환을 명했다. 그날 정벌군은 작전을 계속해 가옥 68호, 배 15척을 불태우고 왜구 9명의 목을 베었다.

하지만 초전의 승리로 방심해 있던 조선군은 지형에 밝은 왜구들의 역습을 받았다. 왜구들은 좌군절제사 박실의 부대를 강악산의 험지로 끌어들인 다음 일시에 맹공을 가해 100여 명의 군사를 사살했던 것이다. 그렇듯 위력을 과시한 대마도주 소오 사다모리(宗貞盛)은 이종무에게 사람을 보내 철군을 권했다. 이종무는 분개했지만 반격을 하기에는 시일이 촉박했다. 언제 태풍이 불어올지 알 수 없었고, 또 노략질 나간 왜구 선단이 돌아오면 피차 대규모 희생이 불가피했기 때문이었다. 결국 7월 3일, 정벌군은 일방적으로 승리를 선언한 다음 거제도로 귀환했다.

대마도 정벌 후에도 왜구들의 노략질은 그치지 않았다. 7월 초 왜구들이 안흥량에 침입해 공선 9척을 빼앗아 달아났고, 수십 척의 선박이 황해도 소청도 근처에 출몰했다. 조정에서는 재차 대마도 정벌론이 대두했지만 지난 원정에서 조선군이 180명이나 전사한 사실이 밝혀지자 잠잠해졌다. 태종은 회유책과 강경책을 병행하기로 마음먹고 대마도주 소오 사다모리에게 편지를 보내 항복을 종용했다. 계속 왜구가 조선 땅을 위협하면 재차 정벌군을 보내 여자와 아이들까지 모두 죽이겠다는 협박도 곁들였다. 소오 사다모리는 항복 조건으로 대마도를 조선 영토에 편입하고 식량을 지원해달라고 응수했다.

결국 태종은 그 제안을 받아들여 1420년(세종 2년) 대마도를 경상도에 예속시키고 일정량의 식량을 지원해주기로 확약했다. 그와 함께 동래의 부산포, 웅천의 내이포, 울산의 염포 세 항구를 개방하고 대마도주에게 인(印)을 내려주어 흥리왜인이나 사신이 들어올 때 증표로 삼도록 했다. 이처럼 군사작전에서 대마도 정벌은 실패한 전쟁이었지만, 이해당사자인 대마도주와의 교섭을 통해 정상적인 교역절차가 이루어졌고 상대적으로 왜구의 노략질이 줄어들었다는 점에서는 절반의 성공이라고 할 수 있었다.

강력한 왕의 고독한 최후

상왕 태종은 재위 18년 동안 피폐해진 국가 재정을 정비하고, 국왕 중심의 정치체제를 확립했으며, 각종 법령을 정비하는 데 심혈을 기울였다. 그럼에도 불구하고 건국공신들과 자신의 즉위에 공을 세운 공신들의 힘을 완전히 잠재울 수는 없었다. 때문에 태종은 자신의 처가는 물론이고 오랫동안 세자 위에 있던 양녕대군과 그의 추종세력, 금상의 처가마저 제거하는 무리수를 두면서까지 후계자에게 안정적인 통치기반을 마련해주었다.

한편 태종은 자신의 왕권을 위협했던 형 이방간은 죽이지 않았다. 아무리 손에 피를 많이 묻혔어도 동복형제를 죽일 만큼 비정한 인물은 아니었던 모양이다. 이런 부친의 뜻에 따라 세종 역시 즉위 이후 이방간을 죽이라는 신하들의 거센 압박을 받았지만 끝까지 살려두었다. 또 원경왕후 민씨를 잃은 이후 힘이 빠져버린 상왕 태종을 모시고 교외에 나가 매사냥을 즐기기도 했다.

세종의 효성에 감복한 태종은 1421년(세종 3년) 제1차 왕자의 난 때 죽은 개국공신 남은과 부마 이제를 태조의 묘에 공신으로 배향하자고 제안해 관철시켰다. 또 성주에서 귀양살이 하고 있던 민무휼의 장인 이직을 한양으로 불러 올렸고, 민씨 형제와 연루되어 귀양 가 있던 동서 노한도 풀어주었다. 2월에는 폐세자를 반대하다 남원에서 귀양살이하고 있던 황희를 사면해 세종을 보필하도록 배려했다.

이와 같은 말년의 조치가 평생 싸늘한 낯으로 살아왔던 태종을 조금은 인간적인 모습으로 기억하게 해주었다. 1422년(세종 4년) 5월 10일, 상왕 태종이 숨을 거두었다. 이는 천하를 질타하던 고독한 영웅의 최후였으며 조선 최고의 황금기를 일궈낸 세종 시대의 개막을 알리는 신호탄이기도 했다.

세종의 싱크탱크 집현전

1420년(세종 2년) 3월 세종은 집현전을 설치하고 정1품 영전사로 박은과 이원, 정2품 대제학으로 유관과 변계량, 종2품 당상관 제학으로 탁신과 이수를 임명했다. 이들은 기존 관직에 부수적으로 겸직하는 겸관이었고, 실제로 집현전은 전임 학사들이 운영했다. 초기에 발탁된 학사로는 정6품 수찬 안지, 정7품 박사인 김돈과 최만리 등이었다. 세종은 그들에게 각종 제도와 정책 연구를 맡겨 장차 국정자문관으로 거듭날 것을 요구했다.

세종은 집현전 학사들을 경연에 불러들여 학문을 제고시키는 한편 자신도 빠짐없이 경연에 참석해 모범을 보였다. 경연의 주요 교재는 「사서대전」, 「오경대전」, 「성리대전」 등 영락3대전과 「자치통감」이었다. 학사들은 또 세자 교육인 서연, 세손 교육소인 강서원의 강론도 담당했다.

세종 대의 집현전은 크게 왕립도서관, 문헌연구, 정책자문 등 세 가지 기능을 수행했는데 가장 먼저 작동했던 것은 왕립도서관 역할이었다. 세종은 그때까지 왕립도서관이었던 보문각, 수문전, 집현전을 집현전으로 일원화시킨 다음 서적들을 한데 모으고 체계화하여 학사들이 찾아보기 쉽게 만들어주었다. 그 후 장서가 늘어나자 1429년(세종 11년) 대궐 서쪽에 집현전 건물을 새로 짓고, 북쪽에 장서각 5칸을 세운 다음 경·사·자·집(經史子集) 4부 분류체계로 도서를 정리했다.

두 번째로 작동한 것은 문헌연구 기능이었다. 조선의 통치이념인 유학을 체계화하기 위해서는 경사(經史)의 연구가 필수적이었다. 경전은 유학의 기초이고, 역사는 사례이기 때문이다. 세종은 학사들의 자질에 따라 전문분야를 정해주고 깊이 있는 공부를 요구했다. 또 학사들 중에 나이가 어린 권채, 신석견, 남수문 등은 따로 벼슬을 주지 않고 대제학 변계량에게 수학하도록 했고, 공기 좋은 산이나 절에서 공부하게 하는 사가독서제도 실시했다. 그리하여 신숙주, 성삼문, 이개, 하위지, 이석형 등은 삼각산 진관사에서 홍응, 서거정, 이

명헌 등은 장의사에서 공부하는 특혜를 받았다.

마지막으로 집현전 학사들은 조정 내의 각 부서에 대한 정책자문기능을 수행했다. 그들은 예문관과 춘추관, 승문원의 고유 업무인 국왕의 명령서를 짓거나 시정의 기록, 사대교린문서 작성에 간여했고, 명나라 사신과 학문을 토론하는 자리에 동원되었으며, 과거의 시관, 외국 사신 접대 등에 이르기까지 전방위적인 활약을 펼쳤다. 이처럼 집현전은 1456년(세조 2년) 단종복위 사건에 관련되어 세조가 폐지할 때까지 초기 조선의 기틀을 잡는 싱크탱크로서의 역할을 성공적으로 수행했다.

왕권과 신권의 조화를 모색하다

태종의 승하 이후 직접 조정을 이끌게 된 세종은 국가의 통치체제를 자신의 체질에 맞게 합리적으로 정비해 나갔다. 우선 태종이 실시했던 육조직계제를 차츰 완화시켜 나가다 1436년(세종 18년) 4월부터 모든 정무를 의정부에서 조정하는 의정부서사제를 시행했다. 의정부서사제는 왕이 직접 판서로부터 업무보고를 받고 명령을 내리는 육조직계제와 달리, 재상들에게 1차 심사권을 주는 제도이다. 즉 육조에서 올라온 사안들 가운데 의정부의 심사를 거친 사안을 왕이 보고받는 형식으로, 세종 대처럼 정치가 안정된 시기에는 왕권과 조화를 이루면서 유교적 이상 정치를 펼 수 있는 제도였다.

세종은 또 종친부, 충훈부, 의빈부 등을 신설하거나 확대 개편하여 특수신분의 고위층을 예우했고, 1430년(세종 12년) 9월에는 특수하급직종을 위한 잡직계를 설치했다. 1436년에는 무산계를 문산계와 같이 정종 18품 30계의 체제로 조직하여 문무반 관품제도를 완비한 다음 이전에는 직책에 따라 지급하던 과전을 관품에 맞추어 지급했다.

관료제도 합리적인 방법으로 운영했다. 그 대표적인 것이 순자법(循資法)과 행수법(行守法)이다. 순자법은 관료들의 경력 이행에 따라 승진시키는 제도로 엽등(獵等)[40]을 막기 위해 고안되었는데 주로 개월법이 사용되었다. 행수법은 관직 임용에서 직급과 관계의 괴리를 해소하기 위해 만든 일종의 공무원 임용규례이다. 그 외에도 고과제도, 포폄제도, 고신서경제도 등 다양한 방법으로 관리들의 급격한 승진을 막았다. 또 과거제를 확장하면서 이전에는 한 사람의 시관으로 운영되던 것을 다시관제로 바꾸었고, 시험과목과 절차 등을 정리하는 한편 급제자들을 우대했다. 그와 함께 고위 관료나 공신의 자녀들에게 벼슬을 주는 음서제는 적용 범위를 대폭 축소해 문무 3품 이상 현직 관료의 아들에게만 음직을 수여했다.

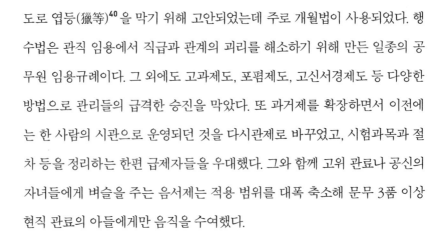

안정된 통치를 위한 신분제 강화

고려시대에도 지배층은 문신과 무신 귀족이었지만 향리나 서리 등 이서층과의 신분상 장벽은 그리 높지 않아서 평민들도 중앙관료로 진출할 수 있는 길이 열려 있었다. 그러나 조선은 국가체제를 정비하면서 신분상의 차별을 명확히 하여 이서층의 중앙진출을 차단하고 양반들의 독점적 지위를 보장해주었다. 그 결과 과거의 지배계층은 양반과 중인으로 양분되었고, 양민층이 크게 늘어났다.

세종 대에 실시된 군현제는 향리들에게 커다란 타격을 주었다. 고려에서는 향리들의 세력에 따라 군현의 크기를 정했지만, 조선에서는 토지와 인구비례에 따른 군현제를 실시했다. 그리하여 향리들은 개편된 군현으로 이동하게 되어 여러 대에 걸쳐 축적되었던 사회·경제적 기반을 잃고 말았다. 그와 함께 금부민고소법(禁部民告訴法)과 수령육기법(守令六期法)이 실시되고 유향소가 부활되어 향리들을 감독하게 되자 그들의 입지는 더욱 좁아졌다.

금부민고소법이란 1420년(세종 2년) 9월 13일, 허조가 입안했는데 부민(部民), 즉 지방의 백성들은 역모나 불법 살인 이외의 죄목으로는 지방관을 고소할 수 없게 만든 법이다. 조선의 대표적인 악법으로 알려져 있는 이 법은 지방관의 권위를 유지시켜주기 위해 만들어졌지만 오히려 지방관의 불법을 방조하는 역효과를 불렀다. 세종은 지방관의 부정은 내관이나 어사의 감찰로 충분히 제어할 수 있다고 판단했지만 이 악법에 따른 폐단이 심해지고 백성들의 원성이 높아지자 1447년(세종 29년) 2월, 결국 금부민고소법을 폐지했다.

수령육기법은 수령구임법(守令久任法)이라고도 하는데, 지방 수령들의 임기를 6년까지 늘린 법이다. 조선시대 수령의 임기는 3년이었지만 평균 재임 기간은 1년 6개월 정도에 불과했다. 외관은 임무가 고되고 감찰이 심해 갖은 사유로 사직하는 경우도 많았고 파직이나 승진, 전보, 상(喪), 병(病), 상피(相避) 등에 따른 이동으로 임기를 지키는 수령은 10% 안팎에 불과했다. 이 때문에 수령이 지방 실정을 파악하지 못해 호구나 전결 등의 조사가 어려웠고 실무를 관장하는 향리세력을 제압하지도 못했다. 수령육기법은 이런 폐단을 막기 위해 제정되었다.

향리들은 또 과거응시 자격이 제한되었고 복색이 구별되었으며 외역전이 몰수되는 등 각종 제한을 받으면서 지방행정의 실무계층으로 정착되었다. 중앙의 서리층도 향리들과 마찬가지로 정규관료로 진출할 수 있는 길이 막히자 중앙행정의 실무계층으로 정착되었다. 그 밖에 의관, 역관, 산관 등 특수 기술직 관원들은 관료 신분을 유지하긴 했지만, 양반 관료집단과 엄격히 차별되는 중인 신분으로 고정되었다.

세종은 양인을 늘리기 위해 노비변증사업, 승려의 환속, 신백정의 양민화 등의 정책을 시행했다. 천인이나 양천이 불명확한 사람을 신양역천으로 규정하고 일정기간의 군복무를 마치면 양인이 될 수 있게 했다. 그리하여 인적, 물적 자원이 풍부해지면서 안정된 통치기반이 마련되었다.

백성의 목소리를 담은 전제와 세제의 개혁

전제는 조세와 직결되는 국가적인 사안이었으므로 전제와 세제의 개혁은 오랜 시간 동안 연구되어 세종 말기에 이르러서야 완성되었다. 1443년(세종 25년) 5월부터 태종은 병을 이유로 왕세자에게 대리청정을 맡겼으므로 실제 이 부문의 개혁을 마무리한 사람은 왕세자 이향이었다. 1443년 11월, 전제상정소가 설치되고 도제조에 진양대군 이유, 제조에 의정부 좌찬성 하연, 호조 판서 박종우, 지중추원사 정인지를 임명되었다.

이듬해인 1444년(세종 26년) 11월, 조정에서는 충청도 청안과 비인, 경상도의 함안과 고령, 전라도의 고산과 광양 등 여섯 고을에 대한 토지조사를 실시했다. 그 결과를 바탕으로 전제상정소에서는 각 도의 토지 품등을 고려의 3등에서 6등으로 나누었고, 각 토지의 1년 수확량, 곡물의 품질에 따라 9등분으로 나누었다. 그동안 세종은 꾸준히 정비사업을 펼쳐 많은 토지를 확보했다. 태종 4년의 통계를 보면 전국의 토지가 92만 결이었는데, 세종 대에는 162만여 결로 늘어났다.

이런 기본 바탕 위에서 전제개혁과 세제개혁이 병행되었다. 당시 조선은 손실답험(損失踏驗)이라는 조세제도를 취하고 있었다. 그것은 관리가 직접 농지를 방문해 농사가 잘되었는지 안 되었는지 여부를 판단해 세금을 매기는 방식이다. 그러나 이 방식은 담당관리의 자의적인 판단에만 의존하여 부정과 불공정 시비를 피해가기 어려웠다. 때문에 세종은 합리적인 세금 징수를 위해 1428년부터 새로운 조세제도인 공법(貢法)을 논의에 올렸다.

공법이란 토지 결당 정해진 액수를 징수하는 방법이다. 이를 시행하기 위해서는 징수자나 납세자 모두가 동의할 수 있는 객관적인 기준이 필요했다. 또 지역 사정이나 토양의 비옥도를 감안하지 않으면 안 된다. 세종은 1430년 3월부터 전제상정소에서 새로 만든 조세제도에 대해 여론조사를 명했다.

"중앙정부의 육조는 물론이고 각 관사와 도성 안의 전·현직 관리, 각 도의 감사, 수령 및 관리부터 여염집 빈민에 이르기까지 모두 가부를 묻도록 하라."

여론조사의 핵심은 모든 농지 1결당 미곡 10두씩 거두는 정액제 조세제도를 찬성하느냐 반대하느냐를 묻는 것이었다. 다섯 달 동안 17만 명 이상의 백성이 참가한 여론조사 결과 찬성 9만 8,000여 명, 반대 7만 4,000여 명이었다. 대략 57퍼센트의 찬성률이었다. 이와 같은 여론조사는 전제군주시대에 상상조차 하기 힘든 일이었다. 세종이 조세개혁에 얼마나 공정성을 확보하려 애썼는지를 보여주는 대목이다. 여론 조사 결과에 따라 세종은 1436년 공법상정소를 설치한 다음 1444년 11월 토지의 비옥도와 풍년, 흉년 등을 모두 고려한 세법을 완성했다. 여론 조사 이후 15년 만의 결실이었다.

　세종의 주도 아래에 만들어진 공법은 그해 충청도와 전라도, 경상도의 6개 현에서 시범 실시되었고, 1450년 전라도, 세조 때인 1461년에는 경기도, 1462년 충청도, 1463년 경상도, 성종 때인 1471년 황해도, 1475년 강원도, 1486년 평안도, 1489년 영안도(함경도)의 순으로 시행되었다. 이 공법에 따른 조세제도는 「경국대전」에 반영되어 조선이 멸망할 때까지 변치 않았다.

17년에 걸친 노력의 결과, 법제 정비

　조선은 통치의 기본방침으로 법치주의를 표방했고, 이는 정도전의 「조선경국전」에 뚜렷이 담겨 있다. 태조 말년에는 조준이 1388년(우왕 14년)부터 시행된 규정과 조례를 모아 「경제육전」을 편찬했다. 1413년에는 하륜이 「경제육전」에서 이두문과 방언을 제거한 「원육전」과 이후 누락되었거나 새롭게 공포된 법령을 모아 「속육전」을 편찬하고 배포했다. 그때부터 「경제육전」과 「속육전」 두 가지가 함께 사용되었는데 시행상 몹시 번거로웠다.

　세종은 1422년(세종 4년) 8월, 법전편찬 기관인 육전수찬색을 만들고 도제조에 성산부원군 이직과 좌의정 이원을 임명했다. 또 맹사성과 허조를 제조로 삼아 유교의 예를 근본이념으로 하면서 삼강오륜의 원칙을 담은 법전을 편찬하라 명했다. 세종은 법전 편찬과정에서 다음과 같은 기본정신을 강조했다.

　첫째, 옛 제도에 비추어 어김이 없는 법이어야 한다. 법이 만고불변의 대원칙에 근거해야 함은 물론이고, 유교의 근본정신에도 들어맞아야 한다는 것이다.

　둘째, 법은 근본적으로 도덕적인 선의를 갖춰야 한다. 법이란 단순한 통치

수단이 아니라 백성의 생활규범이 되어야 한다는 것이다.

셋째, 법은 백성의 믿음과 뜻에 들어맞아야 한다. 백성의 지지를 받지 못하는 법은 있으나마나라는 뜻이다.

넷째, 법을 경솔하게 고치지 않는다. 여기에는 '법을 바꿀 때는 구법에 열 가지 폐단이 있고, 신법에 한 가지 폐단도 없다고 판단된 후에 바꾼다'란 대전제가 있었다.

1428년 11월, 세종은 「속육전」 5책과 「등록」 1권을 개수하여 중앙과 지방 관아에 배포했다. 1430년 3월에는 경연에서 「속육전」을 강론하면서 미흡한 부분을 조목조목 지적했고, 집현전의 학자들에게 '육전진강서'란 검토의견서를 제출토록 했다. 또한 원래 이두로 쓰인 판례를 억지로 한문 투로 고친 하륜의 「원육전」보다 조준이 편찬한 「경제육전」이 편리하다는 점을 지적하고 이듬해 5월에 방언으로 된 「경제육전」을 간행하면서 한문본은 전부 회수하고 사용을 금지시켰다.

1433년 정월, 황희 등이 「신찬경제속육전」을 완성했다. 이 육전을 「정전(正典)」이라 하고, 일시적인 법령을 수집 편찬한 것은 「등록(謄錄)」이라고 했다. 이 법전은 곧 간행되었지만 경연에서 강론하다 보니 또 미비점이 발견되었다. 그리하여 1435년 11월에는 이를 보완해 완전한 법전을 만들었다. 이처럼 세종은 재위 32년 동안 17년에 걸쳐 법전 편찬에 매달렸다. 이렇게 완성된 「속육전」은 훗날 조선왕조 최고의 법전으로 일컬어지는 「경국대전」의 모체가 되었다.

압록강과 두만강까지 영토를 확장하다

세종 대에 두만강과 압록강이 경계가 되는 북방영토의 확정은 민족사에 획기적인 일이었다. 조선 건국 초기 북방의 여진족은 크게 남만주의 건주여진, 동북 흑룡강 유역의 야인여진, 길림성 일대의 해서여진의 세 갈래였다. 건주여진은 압록강 건너 홍경 지역과 파저강 유역의 우랑카이[兀良哈] 부족과 두만강 일대 함경도 회령을 중심으로 한 오도리[斡朶里] 부족, 만주 영고탑 일대의 우디캐[兀狄哈] 부족으로 나누어졌는데, 조선에서는 이들을 통틀어 야인(野人)이라 칭했다.

여진족의 주업은 사냥과 목축이었지만, 종종 조선의 변방을 침입해 곡식과 가축을 약탈하고 백성을 노예로 잡아갔다. 조정에서는 유화책으로 이들에게 곡식, 의복, 소금, 철 등을 주어 회유했고, 귀화하는 자는 시위병에 편입시켜 조선 여인과 혼인도 시켰다. 또 여러 부족장들에게 벼슬을 하사했다. 그러나 여진족은 끊임없이 국경지역에 출몰하여 백성들을 괴롭혔다.

태종은 즉위 초기인 1403년 압록강 서북지역에 있는 강계만호부를 강계부, 1413년에는 갑주만호부를 갑산군으로 승격시켰다. 1416년에는 또 갑산군의 일부를 나누어 여연군을 설치한 다음 함경도에서 평안도로 이관하여 압록강 일대의 경계를 명확히 했다. 그런데 건주여진의 일파인 우랑카이 부족이 추장 이만주(李滿住)를 따라 파저강 유역과 회령 북쪽 두문 지역에 분산되어 살면서 중국 요동 지역과 압록강 유역을 수시로 침범해 노략질을 했다. 그러나 조선군은 여진족 거주지역이 명나라의 영토였기에 함부로 월경하여 정벌할 수 없었다.

1432년(세종 14년) 12월, 이만주가 부하 임할라[林哈拉]를 시켜 야인 400명을 우디캐 부족처럼 위장해 공격해왔다는 사실이 밝혀졌다. 세종은 야인 정벌을 결심하고 좌승지 최치운을 명나라로 보내 황제의 허락을 받아냈다. 이듬해인 1433년(세종 15년) 3월 17일, 평안도 도절제사 최윤덕이 평안도 군대 1만 명, 황해도 군사 5,000명을 이끌고 정벌에 나섰다.

조선의 대군은 그해 4월 10일, 강계부에 집결해 전열을 정비한 다음 군사를 일곱 갈래로 나누어 일제히 공격을 개시했다. 압록강을 건너온 조선군의 갑작스런 총공세에 여진족은 혼비백산 제대로 저항하지도 못하고 궤멸되고 말았다. 당시의 전과를 살펴보면 야인 생포 236명, 사살 183명, 노획한 마소는 총 177마리인데 비해 정벌군의 피해는 사망 4명, 부상 25명이었다. 큰 전과는 아니었지만 일방적인 승리였던 것이다. 이런 징벌에도 불구하고 이만주는 우디캐 부족과 합세하여 또다시 국경을 침범했다. 세종은 1437년(세종 19년) 9월 평안도 병마도절제사 이천에게 8,000명의 군사를 주어 파저강 너머에 있던 여진족의 근거지 우라산성과 오미부를 소탕케 했다.

세종은 두 차례의 야인 정벌을 통해 서북지역을 평정한 다음 여연군 외에 자성군을 설치하고 1436년에는 무창현, 1443년에는 우예군을 설치하여 4군[41]을 완성했다. 이는 압록강 남쪽 조선의 경계를 완전히 확정시킨 쾌거였다.

세종의 묘호에 담긴 4군 6진의 개척

조선은 두 차례에 걸친 야인 정벌로 압록강 유역을 안정시켰지만, 험준한 두만강 유역에 거주하고 있던 우디캐와 오도리 부족의 위협 또한 만만치 않았다. 원래 이 일대는 고려 때 길주 만호부였고, 환조 이자춘이 삭방도 만호겸 병마사로서 군림했던 조선의 상징적인 지역이었다.

1422년 9월 우디캐 부족 100여 명이 경연부 아산과 고랑기를 침입했고, 10월에는 우랑카이 부족 200여 명이 경원부 부회환에 쳐들어왔고, 1424년 5월에는 다시 우디캐 부족 100여 명이 쳐들어왔다가 경원첨절제사 이징옥에게 축출되었다.

세종은 1432년(세종 14년) 7월, 용성 북쪽 100리 지점의 석막에 성을 쌓고 봉화대를 세워 영북진을 설치했다. 영북진은 용성과 북쪽 두만강 중류의 알목하와 분수령으로써 이후 옛 경원부 지역을 수복하는 전초기지가 되었다. 그해 10월, 요동 개원 지방에 있던 여진족 추장 얌무타우[楊木搭兀]는 중국인 포로 130명을 데리고 알목하를 거쳐 우디캐의 근거지인 영고탑으로 이동하고 있었다. 그런데 알목하 지역의 오도리 부족 추장 몽거티무르가 중국인 포로를 빼앗아 명나라에 돌려보내고 건주좌위도독이란 벼슬을 받았다. 이에 앙심을 품은 얌무타우는 10월 19일 우디캐 부족과 합세하여 800여 명의 기병으로 오도리 부족을 급습해 몽거티무르는 물론 그 일족을 남김없이 섬멸해 버렸다.

세종은 오도리 부족의 멸망으로 두만강 중류 연안이 졸지에 무주공산이 되었음을 알고 1433년(세종 15년) 김종서를 함길도 관찰사로 파견해 동북지역 개척의 중임을 맡겼다. 당시 51세의 장년이었던 김종서는 10여 년 동안 경원, 종성, 회령, 경흥, 온성, 부령을 잇는 6진을 완전하게 설치했다. 그리하여 두만강이 경계가 되는 현재의 국경선이 결정된 것이다. 세종은 신설된 6진에 각기 도호부사와 토관들을 두고 남쪽의 백성을 이주시켜 이 지역이 조선의 영토임을 분명히 했다.

4군과 6진의 설치는 군왕 이도가 훗날 세종(世宗)이란 묘호를 얻는 계기가 되었다. 「실록」에 따르면 1450년(문종 즉위년) 3월 13일, 허후와 정인지 등이 문종에게 세종의 묘호를 고치자고 제안했다.

"역대에 세종(世宗)이라고 일컬었던 군주는 중흥이나 창업에 공이 있었는데 대행대왕은 그렇지 않습니다. 그러니 문종(文宗)이라고 고치는 것이 어떻겠습니까?"

그러자 문종이 고개를 저으며 대답했다.

"비록 칭호는 세종이지만, 선왕의 덕행을 누가 모르겠는가. 더구나 북방에서 공훈이 있었으니 세종이라고 칭하는 것이 옳다."

천명을 담은 조선의 개국, 「고려사」개수

자신을 조선의 창업군주로 자처했던 태종은 「고려사」를 통해 조선이 천명에 따라 건국되었음을 증명하려 했다. 개국 초 정도전과 정총이 「고려국사」 37권을 편찬한 것도 그런 이유였다. 그런데 예문관 대제학 이첨이 앞서의 「고려국사」가 고려 멸망의 필연성을 아전인수 격으로 강조했다고 비판하자 태종은 하륜, 남재, 이숙번, 변계량 등에 명해 고려사의 개정을 지시했지만 지지부진한 상태였다.

세종은 즉위 직후 상왕의 재가를 받아 예문관 대제학 유관, 의정부 참찬 변계량을 실무자로 임명해 대대적인 고려사 개편작업에 착수하여 1421년 작업을 완료했다. 하지만 그 내용이 너무 간략하다 하여 집현전의 신장, 김상 직, 어변갑, 정인지, 유상지에게 춘추관의 사관을 겸직케 하고 재개수를 지시 했다. 그리하여 1424년(세종 6년)에 『수교고려사』가 완성되었다.

1431년 세종은 고려사의 일식 기록을 따지면서 다시 개정하라고 명했다. 그리하여 춘추관 사관들은 편년체의 고려사 개정작업을 진행했다. 그런데 1438년(세종 20년)부터 신료들 사이에 고려사의 서술방식에 기전체냐 편년 체냐를 놓고 논란이 벌어졌다. 1449년(세종 31년), 세종은 우찬성 김종서, 이 조 판서 정인지 등에게 최종적으로 고려사 편찬과 개수를 맡겼다. 하지만 이 때도 춘추관에서는 기전체를, 어효첨·김계희는 편년체를 주장하는 등 체제 를 놓고 설전이 벌어졌다. 세종은 우선 자료로써 이용 가치가 높은 기전체를 완성한 다음 편년체 작업을 진행하라고 명했다.

그렇게 해서 기전체 『고려사』 개편 작업이 다시 시작되었지만 개국 초기 의 인물들에 대한 표현문제로 논란이 재연되었다. 결국 기전체로 씌어진 『고 려사』 편찬이 완료된 것은 1451년(문종 1년) 8월로 세가(世家) 46권, 지(志) 39권, 연표(年表) 2권, 열전(列傳) 50권, 목록(目錄) 2권, 합계 139권이었다. 이듬해 2월에는 편년체로 쓰인 『고려사절요』가 완성되었다. 태조에서 문종까 지 5대 50여 년 동안의 노력이 드디어 결실을 보게 된 것이다.

독자적인 조선의 의례를 완성하다

유교를 정치적 이념으로 삼은 조선은 창업 초기부터 예악을 매우 중요시했 다. 예(禮)는 천지의 질서이고 악(樂)은 천지의 마음이므로 한 나라에 예악이 잘 갖추어져야만 백성이 선악의 이치를 깨닫고 바른 생활을 할 수 있다는 것이다. 세종은 이런 「예기」의 정신을 신봉했고, 자신의 시대에 조선의 독자적인 예악을 완비하고자 했다.

유교에서 예악이란 본래 군자(君子)가 대상이었다. 곧 학문을 배우고 익혀 세상을 다스릴 만한 인재들의 덕목이라는 뜻이다. 신생국가인 조선에서는 무엇보다도 궁중예악의 완비가 시급했다. 건국 초기인 태조 때는 고려의 예악을 사용했지만, 자존심 센 태종은 따로 의례상정소를 설치해 독자적인 조선의 의례를 연구하게 했다.

왕조의 의례는 5례로 대표되는데, 곧 제사에 관한 길례(吉禮), 국상이나 국장에 관한 흉례(凶禮), 군대에 관한 군례(軍禮), 외교에 관한 빈례(賓禮), 즉위나 책봉, 국혼 등에 관한 가례(嘉禮)를 말한다. 당시 허조가 길례만 완성했을 뿐 태종 대에는 5례의 완성을 보지 못했고, 그 유업을 세종이 이어받았다.

1444년(세종 26년) 10월, 세종은 첨지중추원사 변효문과 정척, 성균 사예 민원, 집현전 교리 하위지, 박사 서거정, 교서 교감 박원정, 승문원 부정자 윤서 등에게 명하여 의례상정소에서 입안한 의례들을 참고로 오례의 주해를 자세히 정하도록 했다. 그 결과 「오례의주」가 완성되었고, 이는 1474년(성종 5년)에 신숙주와 정척이 편찬한 「국조오례의」의 모태가 되었다.

궁중의식을 집대성한 아악

아악(雅樂)은 궁중의식에 쓰이는 전통음악으로 문묘제례악을 가리킨다. 세종은 박연을 악학별좌로 임명하고 고려에서부터 내려온 아악을 대폭 정비하게 했다. 박연은 고대 주나라에 가까운 아악으로 복원하여 음악의 기초를 확립했다. 당시 세종은 박연, 맹사성, 남급, 정양 등과 함께 채원정의 「율려신서」, 주자의 「의례경전서」, 임우의 「석전악보」 등을 깊이 연구했다. 박연은 당대 음악의 일인자였고, 맹사성 또한 의례와 향악의 전문가였다. 정양은 박연과 악기를 만든 악사이고 남급도 악기 제작 기술자였다.

세종은 또 아악을 정확하게 연주할 악기 제작에 힘썼다. 1423년(세종 5년) 악공들의 연습용으로 금, 슬, 대쟁, 생, 봉소 등의 악기를 만들었고, 이듬해에는 화, 우, 피리, 훈, 지, 아쟁, 가야금, 거문고, 향비파를 만들었다. 또 세종은 박연과 함께 「율려신서」를 바탕으로 석경(石磬) 제조를 시도해 1427년 1틀에 12개의 종이 달린 조선식 석경을 완성했다.

그밖에도 세종은 음의 시가와 박자를 모두 표기할 수 있는 정간보를 직접 고안해냈다. 정간보는 1회 32정간, 또는 16정간으로 나누고 각 칸 속에 율명을 써서 음의 높이를 나타낸다. 또 그 옆줄에 고법, 박법, 가사 등을 적은 총보의 형태를 띠고 있다. 이 정간보는 음이 비교적 단순한 당악이나 아악에는 소용되지 않았지만, 리듬이 복잡한 향악과 고취악에는 필수적이었다. 이 정간보를 이용해 세종은 1447년 6월, 「용비어천가」 가운데 「봉래의」 7곡, 「정대업」 15곡, 「보태평」 11곡, 「발상」 11곡을 직접 작곡하기도 했다.

「칠정산내편」으로 시간 질서를 확립하다

무릇 한 민족이 독자적인 역법을 갖는다는 것은 자신이 사는 공간에 대한 확실한 정보를 터득했을 뿐 아니라 완전한 지배권을 확보했다는 뜻이 된다. 그런데 우리 민족은 고려시대에 이르기까지 한 번도 자주적인 역법을 갖지 못하고 중국의 것을 빌려 썼다. 고구려는 62년 한나라에서 구해온 태초력을 쓰다가 624년에 당나라에서 무인력을 가져다 썼다. 백제는 송나라 원가력을 썼고, 신라는 674년 당나라의 인덕력을 사용했다. 고려 또한 초기에 당나라의 선명력을 쓰면서 송나라의 역법을 참고하다가 충선왕 때 원나라의 수시력을 사용했다. 반원운동을 벌이던 공민왕은 명나라의 대통력을 들여왔다. 이처럼 일관성 없는 중국 역법의 도입으로 나라의 농사나 의례에는 혼란이 많았다.

1432년(세종 14년) 세종은 예문관 제학 정인지, 정초, 정흠지 등에게 명해 고려부터 조선까지 이어온 수시력을 바탕으로 조선의 실정에 맞게 엮도록 했다. 그리하여 10년 동안의 연구 끝에 만들어진 것이 「칠정산내편」이다. 칠정산(七政算)이란 태양과 달, 수성, 금성, 화성, 목성, 토성을 합쳐 '칠정(七政)'의 위치를 계산한다는 뜻이다. 이 역법은 「태음통궤」, 「태양통궤」, 「대통통궤」 등 중국의 역법서적을 바탕으로 나름대로의 창의성을 발휘해서 만들어졌지만, 과거 수시력의 한계를 넘어서지 못했다. 「칠정산내편」은 간단한 서문과 함께 역일, 태양, 태음, 중성, 교식, 오성, 사여성의 7장으로 구성되어 있고, 마지막으로 한양을 기준으로 하여 해 뜨는 시각과 지는 시각의 표가 담겨 있다.

「칠정산외편」으로 민족의 시간을 창조하다

1432년(세종 14년) 세종은 이순지, 김담 등 당대 최고의 천문학자들을 따로 불러 모아 정인지 팀과는 별도로 서역의 회회력[42]이 바탕이 되는 새로운 역법 개발을 명했다. 그 결과 10년 뒤인 1442년(세종 24년) 「칠정산외편」을 완성하여 중국으로부터 완전한 시간의 독립을 이루어냈다. 당대에는 세종의 최고의 치적을 훈민정음보다는 「칠정산외편」을 꼽았다. 세종은 「칠정산외편」 개발 사실을 명나라에 숨기기 위해 내편 팀을 공식화했던 것으로 추측된다.

「칠정산외편」은 태양(太陽), 태음(太陰), 교식(交食), 오성(伍星), 태음오성능범(太陰伍星凌犯)의 5장으로 구성되어 있다. 태양에서는 태양의 운행, 태음에서는 달의 운행, 교식에서는 일식과 월식, 오성에서는 토성, 목성, 화성, 금성, 수성의 운행, 태음오성능범에서는 달과 오성이 별을 가리는 현상에 대하여 다루고 있다. 이것은 「칠정산내편」과 비교해볼 때 우주에 대해 전혀 다른 시각을 보여준다.

「칠정산외편」의 가장 큰 특징은 그 당시까지 중국적 전통에 따라 원주를 365.25도, 1도를 100분, 1분을 100초로 잡았던 것을 그리스 전통에 따라 원주를 360도, 1도를 60분, 1분을 60초로 변경하여 계산했다는 점이다. 그 외에도 평년의 1년은 365일로 하되 128년에 31일의 윤달을 두었고, 태음력의 길이를 354일로 했으며, 30년에 윤일을 11일 더 넣었다. 또 1년의 기점을 동지점이 아니라 춘분점에 두었으며, 황도를 30도씩 12등분했다. 태양은 7월 초에 원지점에, 1월 초에 근지점에 있고, 속도는 원지점 부근에서 더디고 근지점 부근에서 빠르다.

세종은 역법의 독립을 통해 조선이란 나라가 민족의 대표성을 가지고 있음은 물론, 뛰어난 과학 지식을 갖추었음을 자랑했다. 실제로 「질정산외편」은 당시 세계에서 가장 앞선 천문 계산술이었다.

다방면에 걸친 서적 편찬

농업국가인 조선에서 농사의 풍흉은 국가의 운명을 좌우하는 주요한 문제였다. 농업부문에서 태종의 업적을 이어받은 세종은 농법을 연구하고 개량하는 사업에 주력했다. 조선 초기에는 「농상집요」, 「사시찬요」 등 중국의 농서를 사용했다. 하지만 이 책에는 중국 화북 지방의 밭농사 중심의 농법을 담고 있어서 별다른 효과를 거두지 못했다. 세종은 신하들과 수시로 농법에 관해 토론하는 한편, 삼남의 수령들에게 늙은 농부들에게 일일이 농사경험담을 묻고 적어서 조정에 보고하도록 명했다. 이렇게 모인 자료는 농서 편찬의 책임자인 정초에게 전해졌다.

1429년(세종 11년) 5월, 정초가 우리나라 최초의 농서인 「농사직설(農事直設)」을 완성했다. 이 책은 열 장 안팎의 분량으로 농사기술의 기본적인 요건만 간추렸다. 그 내용에 주를 달아 설명했는데도 간결하고 명료하여 농사기술에 관한 과학적인 보고서로는 매우 명료하다는 평가를 받고 있다. 이 책은 세조 때 편찬된 「농가집성(農歌集成)」의 맨 앞부분에 들어가게 된다.

1431년 노중례, 유효통, 박윤덕 등이 「향약채집월령」을 편찬했다. 이 의서는 우리나라에서 산출되는 수백 종류의 약재를 채집하는 요령과 약리작용을 기술한 것이다. 이들은 다시 우리나라 고유의 약재로 방문을 지을 수 있는 의

학서적 편찬에 착수했다. 그리하여 1433년 6월, 전 85권 30책으로 이루어진 「향약집성방(鄕藥集成方)」이 완성되었다.

1443년 세종은 안평대군에게 명해 한방 의학을 총망라해 분류하고 편찬토록 명했다. 이 일에는 집현전 부교리 김예몽, 저작랑 유성원, 사직 민보화 등이 참여했고, 뒤에 직제학 김문·신석조, 부교리 이예, 승문원 교리 김수온, 의관 전순의·최윤·김유지 등이 편집했다. 이때 모은 중국의약서적은 164부로, 중국의 한나라 때 약방에서부터 당, 송, 원, 명 시대의 서적을 망라하고 있었다. 이를 우리나라에서 쓰기 편하게 91문으로 나누어 편찬한 것이 권수 266권, 책수 264책으로 이루어진 「의방유취(醫方類聚)」이다.

세종은 또 법의학에 관심을 기울여 검시법을 정리하게 했다. 그리하여 과학적 수사기법인 「무원록(無寃錄)」의 중요성이 대두되었다. 1419년부터 관원을 뽑는 과시의 율학에 반드시 「무원록」을 넣었고, 1438년부터는 「무원록」에 주를 달아 「신주무원록」을 편찬한 다음 관원들에게 나누어주었다.

한편 세종은 고려조부터 내려온 「효행록」[43]만으로는 백성들의 윤리 기강을 바로잡기 힘들다 여기고 설순에게 좀 더 근본적이고 쉬운 계몽서적을 만들도록 했다. 그리하여 1432년 6월, 집현전에서는 「삼강행실」을 편찬하기에 이른다. 이 책은 글을 모르는 사람도 알아볼 수 있도록 그림을 넣고, 본문 끝에는 원문을 요약한 시구를 넣은 효도 지침서였다. 「삼강행실도」는 효자도, 충신도, 열녀도로 편성되었는데, 핵심은 어디까지나 효에 있었다. 1444년에는 「삼강행실」의 내용을 훈민정음으로 번역해 간행했다.

집현전 엘리트들의 반대를 이겨낸 '우리글자' 창제

조선은 주자학을 국가지도이념으로 개국한 나라이다. 주자학은 소학, 가례, 가묘, 삼년상 등 실천을 중요시하는 유학이다. 그런데 세종 대에 명나라에서 성리학의 백미인 「사서대전」, 「오경대전」, 「성리대전」이 들어오면서 유학의 흐름이 바뀌게 된다. 그 가운데 「성리대전」에 속해 있는 소강절의 「황극경세서」와 채원정의 「율려신서」는 세종의 음운학과 음악에 대한 관심을 불러일으켰다. 소강절은 나라의 풍토가 다르면 그곳에 사는 사람의 발음도 달라지므로 정성(正聲)과 정음(正音)이 있어야 바로잡을 수 있다고 했다. 이 두 가지를 바로잡는 일이야말로 왕도정치의 핵심이라는 것이다.

124

호기심 많은 세종은 의욕적으로 음운학 연구에 뛰어들었다. 때맞춰 명나라에서 「홍무정운」이 들어왔다. 이 책은 1375년(홍무 8년)에 명 태조 주원장의 명으로 각종 방언이 뒤섞인 중국의 음운체계를 통일하기 위해 편찬된 운서였다. 세종과 집현전 학사들은 그 책을 바탕으로 음운을 연구하던 중 조선의 한자음을 중국의 한자음과 일치시키기 위해서 올바른 발음기호, 즉 정음(正音)을 만들어야 한다고 판단하게 되었다.

그때부터 세종은 이틀에 한 번씩 스스로 중국어를 공부하는 한편 이변, 김하 등을 요동에 보내 중국어 교과서 「직해소학」의 발음을 알아오게 했다. 1438년부터는 왕세자 이향도 사흘에 한 번씩 중국어를 배웠다. 그 과정에서 세종은 우리 한자음의 체계가 무질서하다는 것을 깨닫고 그것을 바로잡기 위해 연구를 거듭한 끝에 「동국정운」[44]을 만들었고, 1444년에는 정음을 완성하기에 이른다. 이어서 세종은 성삼문, 신숙주, 조변안 등에게 「홍무정운」에 정음으로 음을 단 「홍무정음역훈」[45]를 편찬하도록 명했다.

1444년(세종 26년) 2월경 세종은 집현전의 소장학자들을 의사청으로 불러들여 중국의 운서인 「고금운회거요」[46]를 정음으로 번역하겠다고 발표했다. 그러자 최만리를 필두로 당대 최고의 두뇌집단인 집현전 학자들이 반대하면서 치열한 논쟁이 시작되었다. 논의의 핵심은 물론 정음, 즉 언문(諺文)에 관한 이견이었다.

세종은 중국의 육조 이후 정립된 음운지식을 바탕으로 만들어낸 언문을 통해 조선의 한자음을 바로잡겠다는 생각이었다. 하지만 최만리 등의 집현전 학자들은 언문이라는 새로운 발음기호에 문제가 있을 뿐만 아니라 운서 번역과 같은 국가적인 사업을 졸속으로 시행해서는 안 된다고 주장했다. 그런데 세종은 한술 더 떠 이 언문을 훈민정음이라는 정식문자로 만들겠다고 선언했다. 이는 우리 겨레의 언어생활을 한문의 틀 속에서 해방시키겠다는 파천황의 결단이었다. 그리하여 세종은 평생 자신의 친위세력이었던 집현전 학자들과 극단적으로 대립했다. 그로부터 3년 뒤인 1446년(세종 28년) 9월, 세종은 훈민정음이 완성되었음을 내외에 공식적으로 발표했다. 그와 함께 친히 글을 지어 훈민정음을 만든 취지와 원리를 뚜렷하게 밝혔다.

> "나라말이 중국과 달라 서로 통하지 아니하므로, 우매한 백성이 말하고 싶은 것이 있어도 끝내 제 뜻을 잘 표현하지 못하는 사람이 많다. 내 이를 딱하게 여겨 새로 스물여덟 자를 만들었으니, 사람들로 하여금 쉽게 익혀 날마다 쓰는 데 편하게 할 따름이다."

이에 발맞춰 예조 판서 정인지를 비롯해 최항, 박팽년, 신숙주, 성삼문, 강희안, 이개, 이선로 등 집현전 소장파 학사들은 이 새로운 문자의 해석과 범례를 짓고 그 줄거리를 서술한 「훈민정음 해례」[47]를 편찬했다. 해례본은 본문인 예의편(例義篇)과 해설인 해례편(解例篇)으로 구성되었다. 혜례에는 제자해, 초성해, 중성해, 종성해, 합자해, 용자례 등이 들어 있다. 이어서 글자를 만든 원리와 글자를 만든 기준, 사용법, 사용례 등이 자세히 설명되어 있다.

그해 10월, 세종은 대간의 죄를 일일이 들어 훈민정음으로 쓴 다음 환관 김득상에게 명해 의금부와 승정원에 보였고, 11월에는 언문청을 설치해 본격적으로 훈민정음 보급에 나섰다. 이듬해 4월에는 관리를 선발할 때 훈민정음 시험을 먼저 치러 통과한 자에게 다른 시험을 치르게 했다. 또 각종 서적의 번역을 주도했다.

세종은 소헌왕후가 승하하자 극락왕생을 빌기 위해 수양대군에게 명하여 「석보상절」을 짓게 하고, 자신은 애통한 마음을 담아 「월인천강지곡」을 지었다. 이 작품들은 모두 국한문 혼용체로 쓰였다. 또 백성을 교화하기 위해 「삼강행실도」와 사서오경 등의 언문 번역을 명해 각각 성종과 선조 대에 완성하게 되었다. 또 조선 건국을 정당화하기 위해 조상들의 위업을 기린 「용비어천가」를 만들었다. 이 노래는 처음에 한문으로 지어졌던 것을 백성에게 널리 읽히기 위해 언문으로 번역한 것이다.

사실 훈민정음은 반포된 이후에도 백성들에게 잘 알려지지 않았다. 당시 편찬된 서적들은 대부분 한자로 편찬되었다. 다만 세종의 마음이 담긴 일부의 서적들만이 훈민정음으로 지어졌고, 백성에게 필요한 농서 능 극히 적은 책들만 언해되어 배포되었다. 이두도 공문서나 일반문서에서 계속 쓰였다. 임금의 교서도 한문으로 작성한 다음 백성에게 알릴 필요가 있으면 대왕대비나 왕대비의 언문교서로 대신했다. 그러기에 조선 말기까지도 한자를 진서(眞書), 훈민정음을 언문(諺文)이라고 했던 것이다.

훈민정음은 갑오개혁 이후 대한제국의 정식 국문으로 제정되었고, 최남선과 주시경 등 선각자들이 한글이란 아름다운 옷으로 갈아입혔다. 이후 수많은 학자들의 손에 개선되고 정리된 한글은 21세기 디지털 시대를 맞아 세계 최고의 실용적인 문자로 인정받고 있다.

건국신화 「용비어천가」

조선의 건국신화 「용비어천가」의 제작은 고려를 계승한 조선 왕조의 정당성을 확보하려는 목적으로 추진되었다. 훈민정음을 완성하기 1년 전인 1442년 3월 1일, 세종은 경상도와 전라도 관찰사에게 명해 과거 태조 이성계가 운봉에서 왜구를 소탕했던 일을 기억하는 노인들을 찾아 군마의 수효나 적을 함락시킨 방법 등을 조사해 보고하라고 일렀다.

그로부터 3년 뒤인 1445년(세종 27년) 4월 권제, 정인지, 안지 등이 총 10권, 125장으로 된 「용비어천가」의 초고를 만들어 바쳤다. 이를 일독한 세종은 집현전의 최항, 박팽년, 신숙주 등에게 명해 초고의 보완을 명했다. 1447년 5월에 이르러 한자와 한글이 섞여 있는 「용비어천가」가 완성되자 세종은

550본을 인쇄해 군신들에게 나누어주었다.

「용비어천가」의 1장은 해동육룡, 곧 목조 이안사부터 태조와 태종에 이르기까지 6대 조상들의 사적을 찬양하고 있다. 또 2장의 샘이 깊은 물, 뿌리 깊은 나무는 그들 여섯 조상의 사적을 가리킨다. 곧 조상들이 이룩한 영광을 후손들은 힘을 합쳐 지켜나가자는 것이 「용비어천가」의 주제인 것이다. 3장부터 109장까지는 과거를 회고하고, 110장에서 124장까지는 후대 왕에 대한 경계를 담았다. 마지막 125장에서는 선조들의 행적과 후대 왕에 대한 당부이다. 때문에 궁중에서 「용비어천가」를 연주할 때는 1장과 2장, 125장을 빠뜨리지 않았다. 「용비어천가」의 악보는 세종이 만들었다.

「용비어천가」를 훈민정음으로 번역하고, 악장으로 연주했다는 사실은 의미심장하다. 세종은 조선 개국과 왕권이 천명을 따른 결과임을 「용비어천가」[48]를 통해 전파하면서, 양수겸장으로 훈민정음까지 널리 알리려 했던 것이다.

제4대 세종 가계도

▬ 제4대 세종(世宗)
1397년 출생, 1450년 사망(54세)
재위 31년 6개월(1418. 8~1450. 2)

소헌왕후 심씨	왕세자 이향(제5대 문종)	금성대군 이유
	수양대군 이유(제7대 세조)	평원대군 이임
	안평대군 이용	영응대군 이염
	임영대군 이구	정소공주
	광평대군 이여	정의공주

영빈 강씨 화의군 이영

신빈 김씨	계양군 이증	영해군 이당
	의창군 이공	담양군 이거
	밀성군 이침	옹주
	익현군 이관	옹주

혜빈 양씨	한남군 이어
	수춘군 이현
	영풍군 이전

귀인 박씨

귀인 최씨

소용 홍씨

숙원 이씨 정안옹주

상침 송씨 정현옹주

사기 차씨 옹주

세종의 가족

세종은 10여 명의 처첩을 거느릴 정도로 매우 정력적인 국왕이었는데, 그중 6명의 부인에게서 18명의 아들과 4명의 딸을 얻었다.

정비 소헌왕후 심씨의 본관은 청송으로 영의정부사 심온의 딸이다. 1408년 충녕군과 가례를 올리고 경숙옹주에 봉해졌고 1417년 삼한국대부인, 이듬해 6월 충녕대군이 왕세자에 책봉되면서 경빈에 봉해졌다. 1418년 세종이 즉위하자 11월 10일 왕후에 책봉되어 공비(恭妃)로 불렸지만, 1432년 중전에 대한 별칭이 폐지되면서 왕비로 칭해졌다. 그녀는 세종과의 금슬이 각별했지만, 외척을 경계했던 상왕 태종의 손에 아버지 심온이 죽고 어머니 안씨와 형제들이 노비가 되는 비극을 겪었다. 당시 조정에서는 그녀에 대한 폐비 논의가 일어났지만 세종이 강력하게 반대하고 태종 역시 척족이 제거된 며느리를 원했으므로 무사할 수 있었다.

태종이 세상을 떠난 뒤 세종은 1426년(세종 8년) 장모 안씨를 천인의 신분에서 풀려나게 했지만 부친의 뜻을 존중해 심온을 복권시키지는 않았다. 훗날 문종은 모후의 한을 풀어주기 위해 심온을 복권시키고 안효공이라는 작위를 내렸다. 성품이 자애로워 뭇 사람들에게 칭송을 받았던 소헌왕후 심씨는 1446년(세종 28년) 3월 4일, 수양대군의 집에서 52세의 나이로 세상을 떠났다.

세종의 후궁들 가운데 특히 사랑을 받은 것은 신빈 김씨로 6남 2녀를 낳았는데 두 딸은 일찍 죽었다. 그녀는 세종이 죽은 뒤 여승이 되었다. 1452년(단종 즉위년) 단종이 머리를 기르라 청했지만 듣지 않았다. 혜빈 양씨는 궁인 출신으로 승은을 입어 후궁이 되었는데 일찍 부모를 잃은 단종을 양육했다. 단종이 즉위한 뒤에는 수양대군을 견제하며 왕을 보위하다 세조가 즉위한 1455년(세조 1년) 가산을 적몰당하고 유배당했다가 11월 죽임을 당했다.

세종의 딸들 가운데 특히 두드러지는 사람은 둘째 딸 정의공주이다. 그녀는 학문에 뛰어나 세종의 훈민정음 창제에 커다란 도움을 주었고, 세조와 함께 불경을 언해하기도 했다. 때문에 세종은 자주 그녀의 집에 가서 휴식을 취하곤 했다. 그런데 부마인 연창위 안맹담이 술을 너무 좋아해 장인 세종의 심사를 들끓게 했다. 세종은 안맹담에게 술을 끊으라고 종용했지만 듣지 않자 그의 친구들을 대궐로 불러들여 협박하기까지 했다.

세종 시대의 주요사건

한성부 대화재

1426년(세종 8년) 2월, 도성 안에 화재가 빈발해 민심이 흉흉해졌다. 한성부로부터 좀도둑들의 소행이라고 보고받은 세종은 파수를 강화시키고 범인을 체포하는 사람에게는 범인의 가산을 상으로 주게 했다. 이튿날 세종은 예정된 강무를 행하기 위해 신하들과 강원도 횡성으로 떠났다.

이틀 뒤인 2월 15일, 한성부 남쪽에 사는 인순부의 종 장룡의 집에서 불이 났는데 마침 거센 서북풍을 타고 삽시간에 민가를 덮쳤다. 경시서 및 북쪽의 행랑 106간과 중부의 인가 1,630호와 남부의 350호와 동부의 190호가 전소하는 대화재가 일어났다. 공식적인 인명 피해는 남자 9명, 여자가 23명이었지만 불길을 빠져나오지 못한 노인과 아이들은 몇 명인지 알 수 없었다. 불길이 대궐 쪽으로 번져오자 소헌왕후는 창고를 잃더라도 종묘와 창덕궁만은 사수하라고 외쳤을 정도로 화재의 규모가 컸다.

세종은 강무를 중단하고 급히 환궁을 서둘렀다. 2월 16일, 세종이 귀경했을 때까지도 화재는 완전히 진압되지 않고 있었다. 그날 전옥서 서쪽에 사는 정연의 집에서 불길이 다시 치솟더니 전옥서와 행랑 8간이 전소되고 열기가 종루 쪽으로 밀려왔다. 대신들과 백성들이 힘겹게 불을 꺼 종루는 지켰지만 종루 동쪽의 인가 200여 호가 전소되었다. 그렇게 이틀 동안 한성부가 아비규환에 빠져 있는 틈을 타 도둑들이 창궐해 백성들은 수많은 재산을 잃었다.

세종은 즉시 예조에 이재민 현황을 파악하게 하고 식량과 의료 지원을 명한 다음 사망자 한 사람 당 쌀 1석과 종이와 거적 등의 물품을 주어 장사에 보탬이 되도록 했다. 또 병조에서는 이재민들에게 재목을 베어주게 하고 내자시에 묵은 장 300석을 나누어주게 한 다음, 화재를 당한 집에 도형이나 유형을 당해 군대에 보충된 자가 있으면 두 달의 휴가를 주어 집을 짓게 했다. 역시 화재를 당한 관리들에게도 7개월간의 휴가를 주어 집안일을 돕게 했다. 호조에서는 불탄 가옥의 보수를 위해 싼값으로 기와를 보급하게 했다.

그와 함께 세종은 서울의 각 행랑에 방화장(防火墻)을 쌓고 도로를 넓혀 사방으로 통하게 하고, 궁성이나 전곡(錢穀)이 있는 각 관청과 가까이 붙어 있는 가옥은 백성들의 피해를 최소화하는 범위 안에서 철거하게 했다. 또 행랑은 10간마다 개인 집은 5간마다 우물 하나씩을 파고, 각 관청 안에는 우물 두 개씩을 파서 물을 저장하게 했다. 종묘와 대궐 종루의 누문(樓門)에는 소방장비를 비치하고 각 관청에도 소방시설을 갖추도록 명했다.

2월 26일, 세종은 의정부와 육조의 대신들과 함께 한성부 대화재와 관련된 대책을 논의했다. 이조 참판 성엄은 최근에 반포된 화폐법[49]을 따르지 않아 가산을 몰수당해 원한을 품은 자들의 소행일 것이라고 추정하고 이들을 체포하자고 건의했다. 영돈령 유정현은 대화재가 무뢰배들이 농업에 힘쓰지 않고 일부러 남의 집에 불을 질러서 도둑질을 하려는 술책이니 직업 없이 무위도식하는 한량들을 잡아 생활비의 출처를 추궁하면 도둑이 근절될 것이라고 말했다. 황희는 화재를 물리치기 위해 기우제를 지내자고 청하기도 했다.

그날 세종은 가장 합리적인 조치로 이조의 건의에 따라 금화도감을 설치하게 했다. 한성부에서 화재는 항상 일어나는 것이 아니니 금화도감에 하천 관리의 임무까지 겸하자고 상주하자 그대로 시행하게 했다. 6월 19일, 세종은 이조의 건의에 따라 성문도감과 금화도감을 수성금화도감(修城禁火都監)으로 병합해 성을 수리하고 화재를 금지하며 하천을 소통시키고 길과 다리를 수리하는 따위의 일을 전적으로 맡게 했다. 이처럼 세종은 한성부의 대화재로 인한 재난을 신속하게 처리했을 뿐만 아니라 여러 부서의 의견을 받아들여 종합적인 재해대책을 수립했던 것이다.

조선 최초의 자유부인, 유감동

1423년(세종 5년) 9월 25일, 실록에는 대사헌 하연이 전 관찰사 이귀산의 아

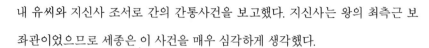

내 유씨와 지신사 조서로 간의 간통사건을 보고했다. 지신사는 왕의 최측근 보좌관이었으므로 세종은 이 사건을 매우 심각하게 생각했다.

이귀산의 아내 유씨와 조서로는 먼 친척이었는데, 유씨가 어릴 때 아버지를 잃고 여승이 되어 조서로의 집에 드나들었다. 유씨는 14세 때 조서로와 사통을 하고 못내 그리워했다. 훗날 유씨가 환속하여 이귀산에게 시집을 가자 조서로가 자주 이귀산의 집을 찾아가 만나곤 했다. 두 사람의 인연을 알지 못했던 이귀산은 조서로를 매우 환대했다. 그야말로 고양이에게 생선을 맡긴 꼴이었다.

세종은 고심 끝에 유씨를 3일 동안 '자녀(姿女)'의 표찰을 달게 하여 저자에 세웠다가 목을 베었고, 조서로는 개국공신의 맏아들이라 하여 형을 면해주었다. 그처럼 세종은 유씨에게 극형을 내렸지만 4년 뒤에 발생해 세상을 떠들썩하게 했던 검한성[50] 유귀수의 딸 유감동(兪甘同) 사건에서는 관련자들에게 매우 가벼운 형벌을 내렸다.

1427년(세종 9년) 9월 16일, 사헌부에서 세종에게 유감동의 음행 사실과 관련자들의 형량을 보고했다. 유감동은 처음에 남편인 현감 최중기의 부임지로 따라갔다가 병을 얻어 요양하러 가다가 김여달에게 강간을 당했다. 그런데 늙은 남편에게 만족을 얻지 못했던 유감동은 김여달을 좋아하게 되었다. 그 후 김여달은 직접 최중기의 집을 드나들면서 유감동과 간통하다가 그것으로도 부족했는지 함께 도망을 쳤다. 그 후 음행이 몸에 밴 유감동은 창기 흉내를 내면서 서울과 지방을 돌면서 수십 명의 남자들과 관계를 맺었다.

당시 유감동과 어울린 남자들은 아전과 장인부터 고위관리들까지 가계가층을 망라했는데 그들끼리 매우 밀접한 관계였음이 드러났다. 이승과 이돈이란 자는 유감동과 간통하는 와중에 그녀의 아버지 집을 뻔뻔스럽게 드나들었고, 이효량은 그녀가 처남의 아내인데도 간통했으며, 권격은 고모부 이효례가 그녀와 관계했다는 것을 알면서도 만났다.

이 어처구니없는 사건을 파헤친 사헌부는 유감동을 극형에 처하라고 요청했다. 그러나 세종은 그녀를 외지로 부처하고 이돈, 효량, 상동, 수생은 공신의 후예이므로 외방에 부처하며, 관련된 관리들을 파면하는 등 전반적으로 경미한 처분을 내렸다. 그러자 사헌부에서 앞서의 유씨 사건과 다른 처분이라며 반발했다.

"이보다 먼저 죄를 범한 사람은 모두 극형을 받았는데, 유감동을 살려준다면 법률의 형평성을 잃을 뿐만 아니라 부녀자들더러 절개를 지키라고 할 수가 없을 것입니다. 우선 곤장을 친 다음 종신토록 변군의 노비로 삼고, 훗날 사면을 당하더라도 방면되지 못하도록 하십시오."

결국 사헌부의 요청을 받아들인 세종은 유감동을 변방의 노비로 삼게 했다. 조선 최초로 여성이 다수 남성들과 관계를 맺었던 유감동 사건은 성종 때 사회문제를 일으켰던 어을우동 사건과 함께 조선시대의 도덕적 강박증을 뿌리 채 뒤흔든 사건이었다.

세종 시대의 주요인물

황금시대의 국정 파트너, 황희

조선의 대표적인 임금이 세종대왕이듯 조선의 대표적인 재상 꼽는다면 단연 황희(黃喜)이다. 그는 육조의 판서를 모두 역임하고 20여 년 동안 정승의 자리에 있으면서 높은 인품과 청렴한 생활태도를 견지하여 오늘날까지 관리들의 귀감이 되고 있다. 하지만 양지가 있으면 음지도 있는 법. 그는 60여 년의 관직생활 중 두 번의 좌천과 세 번의 파직, 한 번의 폐서인, 4년 동안의 귀양살이 등 우여곡절도 많았다.

황희는 1363년 2월 10일, 개성 가조리에서 판강릉대도호부사 황군서의 아들로 태어났다. 자는 구부(懼夫), 호는 방촌(厖村)이다. 그의 부모는 오래 살라는 뜻으로 초명을 수로(壽老)라고 지었다. 그는 두뇌가 매우 뛰어나서 묘지명에 '90세가 되어도 총명이 감퇴하지 않아 조정의 법도와 경사자서들을 촛불처럼 환히 기억했고, 더욱이 산수에 있어서는 제아무리 젊은이라도 감히 공을 따를 수 없었다'라고 기록되어 있다.

1376년(우왕 2년) 음보로 복안궁녹사가 되었고 1383년 사마시, 1385년 진사시에 각각 합격했으며, 1389년 문과에 급제한 뒤 성균관 학록에 제수되었다. 3

년 뒤 고려가 망하고 조선이 개국하면서 태조는 고려조의 모든 신료들에게 이전과 마찬가지로 정무를 보도록 명했다. 하지만 황희는 미련 없이 벼슬을 내던지고 임선미 등 고려의 유신 71명과 함께 두문동에 은거했다. 곧 새 정부에서 조정에 출사하라는 거센 압력이 몰아치자 황희는 평소 존경하던 유학자 이화정을 찾아 금강산으로 피신했다. 그런데 이화정은 오히려 그를 설득했다.

"지금 지네 같은 사람이 없다면 이 땅의 백성은 누굴 믿고 살겠는가?"

조정에 인재가 없어 통치를 잘못하면 괴로운 건 백성이란 뜻이었다. 그 말에 감명을 받은 황희는 산에서 내려왔다. 1394년(태조 3년) 그가 조정에 들어오자 태조는 매우 기뻐하며 성균관 학관으로 제수하고 정7품 세자우정자[51]를 겸임케 했다. 그 후 황희는 1398년부터 1413년까지 문하부우습유, 도평의사사경력, 승정원 지신사, 형조 판서, 대사헌, 예조 판서 등 초고속 승진 퍼레이드를 벌였다. 태종은 그를 몹시 신임해서 '공신은 아니지만 나는 공신으로서 대우했고, 하루라도 접견하지 못하면 반드시 불러서 접견했으며, 하루라도 좌우를 떠나지 못하게 했다'는 기록을 남길 정도였다.

1415년(태종 16년) 그는 이조 판서 재직 중 송사 처리와 관련해 육조에 문책이 내려지면서 파직되었지만, 곧 행랑도감제조에 복위되었고 호조 판서에 올랐다. 1416년에는 방종을 일삼던 왕세자 이제를 옹호하다가 파직되었다가 금세 조정으로 복귀해 공조 판서가 되었다. 1418년(태종 18년) 태종이 폐세자를 결심하자 황희는 또다시 폐출의 불가함을 극간하다가 교하에 유배되었고, 곧 남원부로 옮겨졌다.

세종의 치세가 시작되자 그는 1422년 참찬으로 복직되었고, 1423년에는 예조 판서에 이어 강원도 관찰사가 되어 기근으로 피폐해진 백성들을 구휼했다. 1424년부터 찬성과 대사헌, 이조 판서를 거쳐 우의정이 되었고, 1427년 좌의정이 되었다. 1430년 황희는 국마 1,000여 필을 죽인 일로 사헌부에 구금된 태석균의 선처를 건의했다가 대신이 치죄에 개입함은 부당할 뿐더러 사헌부에 개입하는 관례를 남기게 되므로 엄히 다스려야 한다는 사헌부의 탄핵을 받아 파직되어 파주의 반구정에 은거했다.

1431년 복직된 그는 영의정부사에 오른 뒤 1449년(세종 31년) 87세의 나이로 물러날 때까지 18년 동안 국정을 전담했고, 은퇴한 뒤에도 세종의 자문에 응하는 등 영향력을 발휘했다. 세종의 치적은 모두가 황희의 손을 거친 것이었다. 조선 왕조를 통해 가장 명망 높은 재상으로 칭송 받은 황희는 1452년(문종 2년) 세상을 떠난 뒤 세종 묘에 배향되었고, 순충보조공신남원부원군(純忠補祚功臣 南原府院君)으로 추증되었다. 상주의 옥동서원, 장수의 창계서원에 제향되었고, 파주의 반구정에 영정이 봉안되어 있다. 시호는 익성(翼成), 저서로 「방촌집」이 전한다.

집현전의 터줏대감, 최만리

한글학자 김윤경은 「조선 문자 및 어학사」에서 최만리(崔萬里)의 언문반대상소에 대해 '한글 창제를 반대한 저능아의 발광'이라고 혹평했다. 이러한 평가는 당대의 애국주의와 맞물려 최만리를 반민족주의자에 사대주의자로 낙인 찍어버렸다. 하지만 그러한 주장은 한글전용주의자의 일방적인 편견에 불과하다. 최만리는 집현전의 핵심인물로 세종과 함께 황금시대를 일궈낸 최고의 파트너였기 때문이다.

최만리는 고려 때 해동공자라 칭송받았던 최충의 12대손이며 「보한집」의 저자인 최자의 6대손이다. 그의 외동딸은 덕수 이씨 가문의 이의석에게 출가했는데, 그의 증손자가 바로 율곡이다. 그처럼 최만리는 고려와 조선을 일통하는 대학자의 혈통을 타고났다. 그는 1419년(태종 19년) 4월 증광문과 을과에 합격하여 정9품 정자로 관리생활을 시작한 뒤 이듬해에 집현전의 정7품 박사로 등용되었다.

1427년(세종 9년) 문과에 급제한 그는 교리에서 응교가 되었고, 그해 7월 왕세자 이향이 명나라 황제를 배알하러 갈 때 서장관 겸 검찰관으로 정인지, 김종서와 함께 명나라에 다녀왔다. 그해 8월부터 최만리는 집현전 관리이면서 왕세자의 서연에 나가는 우문학을 오랫동안 겸임했다. 그때 왕세자는 최만리와 박중림이 강의할 때는 스스럼없이 질문도 했지만 다른 관원들이 들어오면 입을 다물곤 했다. 때문에 세종은 1432년 서연관을 겸관이 아닌 녹관으로 바꾸고 최만리를 종3품직 세자좌보덕에 임명했다.

1435년 7월, 최만리는 다시 집현전으로 발령이 났다. 집현전 학사들의 일이나 서연관의 일이 크게 다르지 않으니 별도의 녹관을 둘 필요가 없다는 이조의 건의를 세종이 받아들인 것이었다. 이듬해 4월 최만리는 집현전 직제학으로서 초시의 대독관이 되었다. 1438년 7월에는 집현전의 실질적인 최고책임자인 부제학이 되었고, 이듬해에는 강원도 관찰사로 외직에 나갔다가 1년 뒤 다시 집현전 부제학으로 복귀했다. 이후 1444년 사직할 때까지 그 자리를 지켰다.

최만리가 공직생활 25년을 대부분 집현전에서 근무했다는 사실에서 세종이 그의 학문을 얼마나 높이 평가했는가를 알 수 있다. 5년 동안 집현전을 나와 있을 때도 왕세자의 스승으로 삼은 것을 보면 두 사람은 인간적으로도 매우 가까웠다는 추측이 가능하다. 그러나 세종과 최만리의 관계는 훈민정음을 두고 결정적으로 멀어졌다. 더 이상 세종을 설득할 수 없다고 결론지은 최만리는 미련 없이 벼슬을 박차고 고향으로 돌아갔다. 건강도 좋지 않은 상태에서 신하들의 간언조차 외면하는 세종의 행태는 오랫동안 보여주었던 현군의 모습이 아니었던 것이다.

그 후 세종은 오랫동안 집현전 부제학 자리를 비워두고 그가 돌아오기를 기다렸다. 그런 세종의 마음을 뒤로한 채 최만리는 1445년(세종 27년) 10월 23일, 세상을 떠났다. 그의 부음을 들은 세종은 오랫동안 끼니를 거른 채 슬퍼했다.

천민에서 당하관에 오른 천재발명가, 장영실

장영실은 세종 대 과학분야에서 독보적인 역량을 발휘한 인물이다. 그의 아버지는 원나라 소항주 출신의 기술자였고 어머니는 동래현의 기생이었다. 소년 시절 동래현 관노였던 장영실은 시간이 날 때마다 병장기와 공구를 손질하여 현감에게 성실성을 인정받았고, 차츰 천재적인 소질을 발휘해 한양에까지 이름을 알렸다.

장영실의 이름이 「실록」에 등장하는 것은 1412년으로, 당시 그는 관상감 출신의 남양 부사 윤사웅의 추천으로 궁중에서 기술자로 일하고 있었다. 1421년, 세종은 장영실과 윤사웅을 중국에 파견해 관성대에 설치된 각종 천문기구 작동원리와 제작기술을 익히고 돌아오게 했다. 그런 다음 양각혼의성상도감을 설치하고 천문 관측기구를 제작하게 했다. 1424년(세종 6년) 장영실은 수동 물시계인 경점기(更點器)를 대폭 보완해내어 상의원 별좌[52]라는 벼슬을 얻었다. 그렇듯 실력으로 천민의 너울을 벗어버린 그는 이후 세종의 전폭적인 신뢰와 지원을 받으며 당대의 과학기술 프로젝트에서 핵심적인 역할을 담당했다.

1432년(세종 14년)부터 세종은 농업 생산성을 높이기 위해 천문 관측기구를 제작하는 의표창제(儀表創製)를 시작했다. 우선 천문 관측 관청인 서운관을 확장하고 대형 천문대인 대간의대(大簡儀臺)를 경복궁 안에, 소형 천문대인 소간의대(小簡儀臺)를 북부 광화방 근처에 지었다. 필요한 각종 기구제작에는 공조참판을 역임한 과학자 이천에게 맡겼는데, 여기에 장영실이 참여했음은 물론이다. 그들은 우선 오늘날의 각도기와 비슷한 간의[53]를 만들어 한성의 위도를 새로 측정하는 한편, 그것을 기준으로 각종 기구를 제작했다. 그 과정에서 세종은 장영실을 정5품 무관직인 행사로 승진시켰다. 더욱 힘을 얻은 장영실은 1년 만에 천체의 운행과 그 위치를 측정하는 천문시계 혼천의[54]를 완성했다. 그렇게 바쁜 와중에서도 장영실은 개인적인 창의력을 발휘해 자동 물시계인 자격루를 만들었다.

그의 능력에 감탄한 세종은 정4품 호군을 제수하고 경복궁의 경회루 남쪽에 보루각(報漏閣)을 짓게 한 다음 그 안에 자격루[55]를 설치했다. 이듬해인 1434년 7월 1일, 세종은 자격루를 조선의 표준시계로 선포했다. 5년 뒤인 1438년 그는 더욱 정교한 자동 물시계인 옥루(玉漏)를 만들어냈다. 옥루는 시간을 알려주는 자격루와 천체의 운행을 관측하는 혼천의의 기능이 합쳐진 다목적 시계였다. 이로써 시간은 물론 계절의 변화와 절기에 따라 해야 할 농사일까지 알려주는 기계가 탄생한 것이었다. 세종은 자신의 집무실인 경복궁 천추전 서편에 흠경각을 짓고 옥루를 설치한 다음 수시로 관찰했고, 우승지 김돈에게「흠경각기」를 짓게 했다.

장영실의 손으로 만들어진 과학기기로는 혼천의를 간소화한 대간의와 소간의, 휴대용 해시계인 현주일구와 천평일구, 시간과 함께 남북의 방위도 알려주는 해시계인 앙부일구, 밤낮으로 시간을 잴 수 있도록 만든 천문 관측기구인 일성정시의, 해의 그림자에 따라 절기를 알 수 있게 만든 규표 등이 있다. 이 기구들은

1434년에 완성된 경복궁의 대간의대 안팎에 설치되었다. 대간의대는 높이가 9.5
미터에 이르는 왕립천문대로 당시 세계에서 가장 큰 규모였다.

장영실은 또 수많은 실용기구들을 만들었다. 1434년에 주조한 금속활자인 갑
인자는 조선의 인쇄문화발전에 크게 공헌했다. 또 측우기는 장영실의 회심의 작
품이었다. 1436년 전후 한발과 폭우로 흉년이 거듭되자 세종은 장영실에게 측우
기(測雨器) 개발을 명했다. 그리하여 왕세자 이향과 장영실이 아이디어를 짜낸
끝에 1441년 높이 41.2센티미터, 직경 16.5센티미터 크기의 원통형 쇠그릇을 만
들었다. 이것이 바로 세계 최초의 측우기이다. 이 측우기는 이듬해 높이 30.9센티
미터, 직경 14.1센티미터로 규격이 통일되었다. 측우기는 정밀기기인 만큼 대량
제작이 어려웠기에 장영실은 다시 대중용 측우기인 수표(水標)를 제작해 청계
천의 마전교 서쪽과 한강변에 설치했다. 수표교(水標橋)란 수표가 설치된 다리
를 말한다.

장영실은 이처럼 조선의 과학 발전에 이바지한 공으로 종3품인 대호군까지 승
진했다. 천민의 지위에서 일약 당하관의 지위까지 오른 것이다. 하지만 그의 말년
은 쓸쓸했다. 1442년 세종이 탄 어가(御駕)가 부서지는 큰 사고가 일어났다. 어
가는 장영실이 설계하고 장인 임효돈이 제작한 것이었다. 그 일로 대간의 탄핵을
받은 장영실은 졸지에 죄인의 몸이 되어 곤장 80대를 맞은 뒤 역사의 기록에서
사라졌다.

「세종실록」편찬 경위

「세종실록」은 조선의 제4대 국왕 세종의 재위 31년 7개월 동안의 치세를 편년
체로 기록한 역사서이다. 총 163권 154책으로, 정식 명칭은 「세종장헌대왕실록
(世宗莊憲大王實錄)」이다. 세종이 승하한 지 2년 1개월 뒤인 1452년(문종 2년)
3월 22일부터 편찬하기 시작하여 1454년(단종 2년) 3월에 완성되었다. 실록 편
찬의 총재관은 처음에 황보인, 김종서, 정인지였지만, 1453년 계유정난으로 황보
인, 김종서가 피살되자 정인지 홀로 감수를 담당했다.

세종의 재위기간이 길었던 만큼 사료도 방대했으므로 실무 팀을 육방(六房)으로 나누어 찬수했다. 육방의 책임 찬수관은 처음에 허후, 김조, 박중림, 이계전, 정창손, 신석조 등이었으나 문종 2년 6월에 박중림이 사은사로 명에 파견되자 최항이 대신했다. 편수관으로는 박팽년·어효첨·하위지·성삼문 등 4인, 기주관으로는 신숙주·양성지·이석형·유성원 등 23인, 기사관으로는 김명중·서강·이계전 등 25인과 기타 많은 사자관이 참가했다.

「세종실록」은 그 분량이 방대해서 처음에는 한 벌만 등초(謄抄)하여 춘추관에 두었다가, 1466년(세조 12년) 양성지의 건의에 따라 「문종실록」과 함께 활자로 인쇄하기 시작하여, 1472년(성종 3년)에 완성한 다음 초본은 춘추관에, 3부는 충주·전주·성주에 있는 사고에 각각 봉안했다.

「세종실록」은 다른 왕들의 실록과는 달리 많은 '지(志)'가 첨부되어 있다. 권1부터 권127까지는 다른 실록과 다름이 없지만, 권128부터 권135까지가 「오례」, 권136부터 권147까지가 「악보」, 권148부터 권155까지가 「지리지」, 권156부터 권163까지가 「칠정산내·외편」으로 구성되어 있다. 「오례」는 길, 흉, 군, 빈, 가례에 관한 예식 의주로 성종 때에 완성된 「국조오례의」의 모본인데 정척과 변호문이 찬술했다. 「악보」는 주로 세종 시대에 완성된 아악을 집성한 책으로 유사눌, 정인지, 박연, 정양 등이 편찬했다. 「지리지」는 윤회, 신장 등이 편찬한 「팔도지리지」의 내용을 보다 상세하게 정리한 책이다. 「칠정산내·외편」은 우리나라의 천문, 역법을 집대성한 책이다.

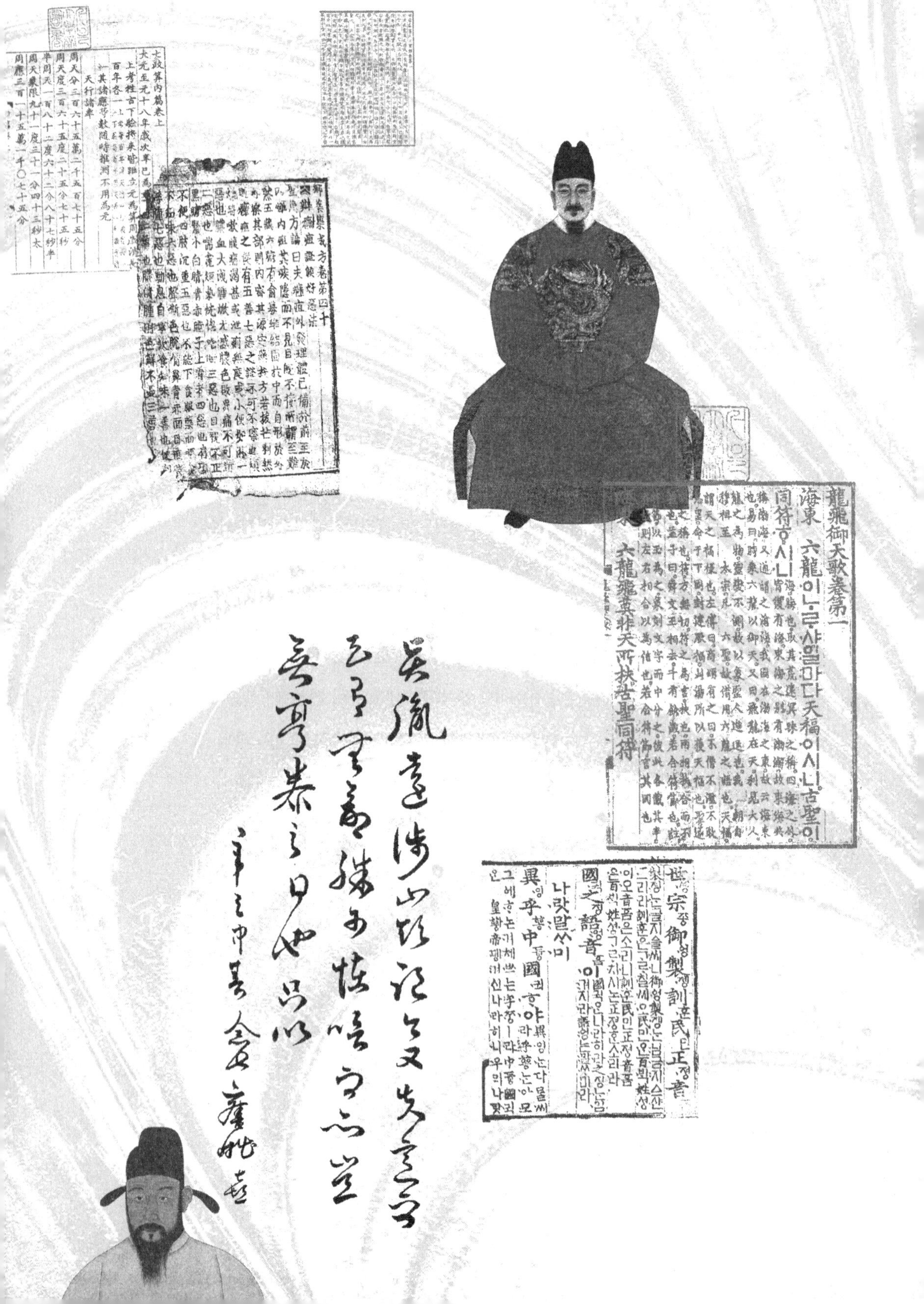

龍飛御天歌卷第一
世宗御製訓民正音

제5대 문종

문종공순대왕실록 文宗恭順大王實錄

문종 시대(1450. 3~1452. 5)의 세계정세

1449년 명나라의 정통제는 동서 몽골 통일에 성공한 오이라트 부의 에센과 싸우다 토목보 전투에서 대패하여 포로가 되었다. 이듬해인 1450년 석방되었으나 이미 동생 경태제가 즉위하여 있었기에 태상황제로서 남궁에 유폐되었다. 1457년 정통제는 경태제가 중병에 걸린 틈을 타 정변을 일으켜 황제로 복귀했다. 유럽에서는 1450년 독일의 시인 하이네가 탄생했으며, 구텐베르크가 활자를 개량해 「구텐베르크 성서」를 출판했다. 구텐베르크와 제자들이 이루어낸 인쇄술의 보급은 종교개혁과 과학혁명을 촉진했다. 1451년 인도에서는 로디왕조가 성립되었고, 1452년 이탈리아에서는 레오나르도 다빈치가 탄생했다.

현군의 짧았던 치세

조선의 제5대 국왕 문종의 이름은 향(珦), 자는 휘지(輝之)이다. 세종의 맏아들로 어머니는 소헌왕후 심씨이다. 정비는 현덕왕후 권씨이다. 1421년 (세종 3년)에 8세 때 왕세자에 책봉된 후 즉위하기까지 그는 29년 동안 왕세자의 역할을 담당했으며 세종이 세상을 떠나기 전 8년 동안 대리청정을 맡았다. 세종의 후반기는 문종의 치세라 해도 과언이 아니다.

세종은 1436년(세종 18년)부터 건강이 악화되자 왕세자에게 서무결재권을 넘겨주려 했지만 신하들의 강력한 반대로 무산되었다. 하는 수 없이 세종은 업무량을 줄이기 위해 태종이 확립한 육조직계제를 포기하고 의정부서사제를 도입하게 된다. 그럼에도 몸이 견디지 못하게 되자 1442년 결국 왕세자 이향에게 대리청정을 하게 했다.

세종은 왕세자가 정무를 보는 데 편리하도록 첨사원을 설치하고 첨사, 동첨사 등의 관원을 두었다. 첨사원은 본래 고려에서 동궁의 서무를 관장하던 첨사부 제도를 본뜬 것이다. 그때부터 세자는 국왕처럼 남쪽을 향해 정좌하여 조회를 받았고 국가 중대사를 제외한 모든 서무를 결제했다.

효성이 지극했던 문종은 1450년 2월 18일, 세종이 죽기 직전까지 동별궁에서 지성을 다해 부왕을 간호했으며 죽은 뒤에는 몹시 애통해하며 끼니를 제대로 들지 못해 몸에 커다란 타격을 입었다. 실록에 따르면 그때까지 문종의 종기가 회복되지 않자 세종이 그에게 "3일 안에는 죽을 조금 먹고, 3일 후에는 밥을 조금 먹어야 병이 나지 않고 생명을 보전할 수 있을 것이다"라는 유언을 남기기까지 했다.

1450년 2월 22일, 문종은 동별궁의 빈전 밖에서 정식절차도 거치지 않고 간단히 즉위예식을 치른 뒤 다시 상복으로 갈아입었는데 너무 울어서 소매가 흥건히 젖었다. 그처럼 문종은 장례행사에 무리를 한 탓에 가뜩이나 약한 몸이 더욱 약해져 재위기간을 대부분 병석에 누워 있어야 했다.

문종은 어린 시절부터 부왕 세종을 닮아 학문을 좋아했다. 특히 천문, 역수, 산술, 서예에 능했다. 성격이 유순하고 자상했으며 거동이 침착하고 판단이 신중해 남에게 비난받는 일이 거의 없었다.

세종 후반기부터 수양대군과 안평대군의 세력이 비대해져 왕권이 매우 위축되었다. 그 때문에 조정의 언관들은 종친들을 겨냥한 탄핵을 일삼으면서 양자 사이가 극도로 악화되었다. 당시 언관들은 문종의 총애를 받으며 영향력이 강화되었는데, 세종 말년에 내불당과 관련된 언관들과 국왕 사이에 긴장 관계는 그런 상황에서 비롯되었던 것이다. 세종과의 힘겨루기에서 패배한 언관들은 문종이 등극하자 억불정책을 강권하고 조정 내에 유교적 분위기를 조성하려고 애썼다.

문종은 즉위하자마자 6품 이상의 신하들에게 윤대를 허용해 언로를 넓혀 주는 정책을 폈다. 또 세종 대부터 추진해왔던 「동국병감」, 「고려사」, 「고려사절요」, 「대학연의주석」 등을 편찬했고, 사회기반을 정착시키고 제도를 확립해 나가는 데 주력했다. 군제개혁에도 힘을 쏟아 총 12사로 분리되어 있던 군제를 5사로 집약시키고 세세한 부분까지 직접 간여했다.

문종은 그렇듯 병약했지만, 적극적으로 정사에 몰두하다 재위 2년 3개월 만인 1452년 5월 14일, 경복궁 천추전에서 39세를 일기로 숨을 거두었다. 시호는 공순흠명인숙광문성효대왕(恭順欽明仁肅光文聖孝大王), 묘호는 문종(文宗)이다. 능호는 현릉(顯陵)으로 경기도 구리시 인창동에 있다.

제5대 문종 가계도

제5대 문종(文宗)
1414년 출생, 1452년 사망(39세)
재위 2년 3개월(1450. 3-1452. 5)

세자빈 휘빈 김씨(폐출)

세자빈 순빈 봉씨(폐출)

현덕왕후 권씨   왕세자 이홍위(제6대 단종) 경혜공주

숙빈 홍씨

숙의 문씨

사칙 양씨   경숙옹주

소용 권씨

소훈 윤씨

궁인 장씨   왕자(조졸)

후궁 정씨   왕자(조졸)

후궁 유씨

후궁 박씨

문종의 가족사

순탄치 못했던 결혼생활

문종은 왕세자 시절 두 명의 세자빈과 헤어졌고, 현덕왕후 권씨가 단종을 출산한 뒤 산고를 이기지 못해 사망하는 아픔을 겪었다.

사랑을 되찾으려다 목숨을 잃은 휘빈 김씨

1427년(세종 9년) 4월, 왕세자 이향은 네 살 많은 김오문의 딸 휘빈 김씨를 세자빈으로 맞이했다. 김씨는 태종의 후궁 명빈의 조카였으므로 왕실과 가까운 여인이었다. 그런데 혼인한 후 2년 동안 아내를 가까이하지 않았다. 그는 어렸을 때부터 가까이하던 모후 소헌황후의 시비 효동이와 덕금이를 사랑했던 것이다. 외로움을 견디다 못한 휘빈 김씨는 세자의 관심을 끌기 위해 시녀 호초의 건의를 받아들여 압승술(壓勝術)을 쓰기로 했다. 압승술이란 남자가 좋아하는 여인의 신을 베어다가 불에 태워서 가루를 만든 다음 술에 타 마시게 하면 이쪽 여자는 사랑을 받게 되고, 저쪽 여자는 멀어져서 배척을 받는다는 사술이었다. 그 말대로 김씨는 효동이와 덕금이의 신을 베어와 비방대로 해보았지만 아무런 효과가 없었다.

호초는 다시 뱀이 교접할 때 흘린 정액을 수건에 묻혀 품에 간직하고 있으면 남자의 사랑을 되돌릴 수 있다고 알려주었다. 김씨가 또 그 비방을 따르자 시녀 순덕이가 호초를 비난하면서 다툼이 벌어져 동궁이 시끄러웠다. 그 때문에 궐내에 김씨의 기이한 행태가 파다하게 퍼졌다. 결국 그 소문을 듣게 된 소헌왕후 심씨는 사태가 심상치 않다고 여기고 세종에게 알렸다. 이윽고 세종은 순덕이를 추궁하여 저간에 일어났던 일들을 모두 파악한 다음 1429년 7월 20일, 휘빈 김씨를 폐서인하여 사가로 돌려보내고, 그녀에게 사술을 부추긴 호초를 사형에 처했다. 휘빈의 아버지 김오문은 치욕과 분노를 참지 못하고 딸을 목 졸라 죽인 뒤 자신도 자결해버렸다.

동성애 염문에 휩싸인 순빈 봉씨

김씨를 쫓아낸 지 3개월 후인 1427년 10월 15일, 세자는 순빈 봉씨를 두 번째 세자빈으로 맞아들였다. 그녀의 부친 봉려는 종6품의 지방현감이었지만 딸이 세자빈이 된 후 종2품 종부시 소윤으로 특진했다. 봉씨는 매우 활달하고 적극적인 성격의 소유자였다. 평소 세자시강원의 사부조차 낯을 가릴 정도로 소심했던 세자는 그런 아내가 버거웠던지 한동안 가까이하지 않았다.

1430년(세종 12년) 세종은 예조의 건의에 따라 왕세자의 후궁제도를 법제화했다. 그리하여 세자의 후궁은 정2품 양제, 정3품 양원, 정4품 승휘, 정5품 소훈 등으로 정해졌다. 그런 다음 권전, 정갑손, 홍심의 딸을 후궁으로 들였다. 세자는 그녀들 가운데 권 승휘와 홍 승휘에게 각별한 사랑을 쏟았다.

그때부터 세자빈 봉씨는 세자를 깊이 원망했는데, 권승휘가 임신과 함께 양원이 되자 질투심이 더욱 커졌다. 봉씨가 가짜 임신 소동까지 벌이자 세자는 동궁을 떠나 종학(宗學)으로 거처를 옮겼다. 그때부터 궁중에 이상한 소문이 돌기 시작했다. 봉씨가 시녀들의 변소에 가서 벽 틈으로 외간 사람을 엿보았으며, 여종에게 남자를 사모하는 노래를 부르게 했다는 것이다. 급기야 그녀가 여종 소쌍과 함께 잔다는 소문까지 나돌았다. 이른바 궁녀들의 동성연애라는 대식(對食)이었다. 소헌왕후에게서 그 사실을 전해들은 세종은 1436년 봉씨를 폐출하고, 1437년 2월 이미 딸을 낳은 권 양원을 세자빈으로 올렸다.

현숙한 왕후의 짧았던 삶

현덕왕후 권씨는 본관이 안동으로 부원군 권전의 딸이다. 홍주 출신으로 1431년(세종 13년) 14세 때 왕세자의 후궁으로 뽑혀 승휘에 책봉되었고 얼마 후 양원이 되었다. 실록에 따르면 권씨는 겸손하고 공손하여 규범과 의례의 법도를 따랐고 마음가짐이 오로지 경계하고 정성스러워 낮이나 밤이나 조심하여 어김이 없었다. 부모 모시기를 기뻐 하며, 항상 아랫사람 거느리기를 온화하고 화목하게 하니 사랑스러운 숙녀가 미쁘게도 좋은 짝이라 했다.

양원 권씨는 1441년(세종 23년) 7월 23일, 원손 홍위를 낳고 나서 산고를 이기지 못해 이튿날 동궁의 자선당에서 24세의 젊은 나이로 숨을 거두었다. 세자는 그렇게 권씨와 사별한 후 1442년부터 대리청정을 행하다가, 1450년 보위에 오른 뒤 권씨의 시호를 현덕왕후로 추존하고 안산의 능호를 소릉으로 승격시켰다. 그 후 문종은 2년 4개월의 치세 동안 중전을 새로 맞이하지 않았다.

현덕왕후는 세조 때 사육신의 단종복위사건으로 폐위되고, 어머니 최씨와 동생 권자신도 죽임을 당했다. 후일 세조는 그녀의 꿈의 꾼 뒤 의경세자가 죽자 그녀의 저주 탓이라 여겨 소릉을 파헤치고 관을 강물 속에 던지는 만행을 저질렀다. 하지만 성종 대와 연산군 대에 사림은 꾸준히 그녀의 복위를 요청했고, 결국 1699년(숙종 25년)에 신원되었다.

「문종실록」 편찬 경위

「문종실록」은 조선의 제5대 국왕 문종의 재위 2년 동안의 치세를 편년체로 기록한 역사서이다. 총 6책 13권으로 정식 명칭은 「문종공순대왕실록(文宗恭順大王實錄)」이다. 「세종실록」이 완성되어갈 즈음 영춘추관사 황보인은 단종에게 「문종실록」의 편찬을 건의했고, 이에 따라 정인지가 총책임자가 되어 편찬을 시작해 1455년(세조 즉위년)에 완성되었다. 1453년(단종 1년) 계유정난으로 황보인과 김종서가 죽은 뒤 수양대군이 실록 감수를 맡았고, 세조가 즉위한 뒤에는 정인지가 맡았다. 그 때문에 「문종실록」 중 일부가 객관성을 의심받게 되었다.

본래 「문종실록」은 2책 13권이었지만 문종 1년 12월과 2년 1월의 두 달치 기사가 수록된 11권이 소실되었다. 이 사실은 1600년(선조 33년) 예문관 대교 권태일이 묘향산 사고에 가서 실록을 점검하면서 밝혀졌다. 표지에는 11권이라 되어 있었지만 실제 내용은 9권이었던 것이다. 이는 인쇄 제본과정의 착오이거나 보관의 실수일 수 있다. 그러나 실록과 같은 중요한 국가적 사업의 결과물에서 오류가 발견되었다는 것은 말이 되지 않는다. 어쩌면 11권에 세조에 대해 불리한 기사가 실려 있었으므로 없애버린 것이 아닐까 의심해볼 수 있는 대목이다.

東國兵鑑卷下

高麗鬄女眞

高麗肅宗七年東女眞來屯定州關外　定州外王
蘭執蘭長詆貞羅弗等因于廣州拷問其由果謀
我也遂卻不遣至九年正月酋長烏雅束奧別部
夫乃老有隙遣公兄之助發兵攻之騎兵來屯關
外王以門下侍郎平章事林幹與女眞戰于定州城外敗
績往備之二月林幹別鴽拓俊京請兵器介烏
蹟死者太半惟中樞院別鴽拓俊京請兵器介烏
於幹入賊陣斬其將一人奉停二人遂與校尉俊
受德蔡各射賊一人殛之賊小卻及回兵賊百騎

老豈側之撮書
金鴨〻舎殘火尚溫
葉不未花又雀
一庭風雨自黄昏
盡殘覽雨不能晴
沙岸草間眠劃鴫
投羊渾馬渴渴濱

국내

1452 정음청 폐지

1453 계유정난
수양대군 정권장악
이징옥의 난

1454 양성지, 「황극치평도」 찬진.

세계

1453 동로마(비잔틴)제국 멸망
오스만투르크, 콘스탄티노플 점령
백년전쟁 종료

1454 로디의 화약 성립(인도)
에센 살해된 후 오이라트 쇠퇴, 타타르 부 흥성

제6대 단종

단종대왕실록 端宗大王實錄

단종 시대(1452. 5~1455. 윤6)의 세계정세

1452년 몽골의 에센이 가한(可汗) 토크토브하를 죽이고 대원천성대가한(大元天聖大可汗)이 되었다. 그러나 1454년 에센이 살해되자 오이라트 부가 쇠퇴하고 타타르 부가 흥성하기 시작했다. 유럽에서는 프랑스가 영국에 대승을 거두면서 백년전쟁이 끝났고, 1453년 오스만터키의 술탄 무함마드 2세가 콘스탄티노플을 함락하여 동로마제국이 멸망했다.

열두 살 소년 임금의 가혹한 운명

원통한 새 한 마리 궁중에서 나온 뒤로

짝 잃은 그림자 하나 푸른 산을 헤매누나.

밤마다 잠을 청하나 잠들 길 바이없고

해마다 쌓인 한 풀려 해도 끝없는 한이로세.

울음소리 새벽 산에 끊어지면 그믐달이 비추고

봄 골짝에 토한 피가 흘러 꽃 붉게 떨어지네.

하늘은 귀 먹어서 저 하소연 못 듣는데

어쩌다 서러운 이 몸 귀만 홀로 밝았는고.[56]

노산군이 유배지인 영월관아의 관풍매죽루에서 지은 시이다. 숙부에게 옥좌를 빼앗기고 낯선 곳에서 기약 없이 유배생활을 해야 했던 비통함이 생생하게 담겨 있다.

조선의 제6대 국왕 단종의 이름은 홍위(弘暐), 1441년(세종 23년) 7월 23일, 태어난 지 하루 만에 어머니 현덕왕후 권씨가 숨지자 세종의 후궁 혜빈 양씨에게 양육되었다. 할아버지 세종은 총명한 장손 홍위를 몹시 사랑하여 1448년(세종 30년) 4월 3일, 왕세손에 책봉하고 성삼문, 박팽년, 이개, 하위지, 유성원, 신숙주 등 집현전의 소장학자들에게 잘 보필해달라고 당부했다. 당시 세종의 건강은 최악이었고 대리청정을 맡긴 왕세자 역시 몸이 허약해 자주 병석에 누웠던 탓에 세손을 배려했던 것이다. 그때부터 왕세손은 강서원에서 성삼문, 박팽년 등 집현전 학자들의 지도를 받았다. 10세 때 세종이 죽고 문종이 즉위하자 세손은 왕세자에 책봉되었고 이개와 유성원에게 학문을 배웠다.

문종이 즉위 2년 만에 세상을 떠나자 단종은 1452년 5월 18일, 경복궁 근정문에서 12세의 어린 나이로 즉위했다. 본래 미성년인 세자가 보위에 오르면 성년에 이를 때까지 대왕대비나 대비에게 섭정을 맡겨야 했지만 당시 왕실에는 섭정을 맡을 어른이 남아 있지 않았다. 게다가 세종의 후궁인 혜빈 양씨나 문종의 후궁인 귀인 홍씨, 사칙 양씨 등에게는 섭정의 자격이 없었으므로 정사는 자연히 고명대신 영의정 황보인과 우의정 김종서에게 맡겨졌다.

당시 두 사람은 단종을 보위하며 황표정사(黃票政事)를 통해 조정을 이끌었다. 황표정사란 인사 대상자의 이름에 황색 점을 찍어 올리면 국왕은 그 위에 형식적으로 점을 찍어 추인하는 방식이었다. 의정부의 권한은 막강해졌고 신하들은 황보인과 김종서의 눈치를 보지 않을 수 없었다. 그렇듯 왕권이 약화되고 신권이 강화되자 수양대군, 안평대군, 금성대군 등 왕족이 반발했고, 성삼문, 신숙주, 박팽년 등 집현전 출신 신료들도 황표정사의 폐단을 거론하면서 의정부의 권한 확대에 우려를 표했다. 실록에는 당시 황보인과 김종서 등이 혜빈 양씨, 환관들과 모의해 궁중에 세력을 펴고 황표정사를 통해 측근들을 요직에 배치해 붕당을 조성했으며 끝내는 종실을 뒤엎고 수양대군에게 위협을 가했다고 기록되어 있다.

그 무렵 수양대군이 어린 단종을 보필한다는 명목으로 조정에 드나들자 김종서와 황보인은 왕자들 가운데 비교적 온건한 안평대군과 손잡고 그를 견제했다. 수양대군은 명나라에 고명 사은사를 자처하여 그들의 경계심을 약화시킨 다음 심복인 권남, 한명회, 홍윤성, 양정 등과 정변을 도모했다.

1453년(단종 1년) 10월 10일, 수양대군은 전격적으로 김종서를 제거하고 황보인, 조극관, 민신 등 조정 중신들을 참살한 계유정난을 일으켰다. 거사에 성공한 뒤 수양대군은 영의정부사, 이조 판서, 병조 판서, 내외병마도통사 등 여러 중직을 겸해 전권과 병권을 독차지하고 좌의정에 정인지, 우의정에 한확을 임명하여 새로운 내각을 구성했다. 이어서 거사에 참여한 공신들을 정부 요직에 배치하고 정권을 장악했다. 또한 안평대군을 붕당의 주역으로 지목해 강화도로 유배한 뒤 사사했고, 그의 아들 이우직을 진도로 귀양 보냈다.

수양대군은 또 안평대군 파로 분류된 함길도 도절제사 이징옥을 박호문으로 전격 교체했다. 하지만 계유정난의 진상을 알게 된 이징옥은 부임해온 신임 절제사 박호문을 죽이고 군사를 모아 난을 일으켰다. 그러나 이징옥은 종성판관 정종과 호군 이행검의 계략에 넘어가 목숨을 잃었다.

1454년 정월, 단종은 송현수의 딸 송씨를 왕비로 맞이했다. 하지만 어린 국왕과 왕비를 지켜줄 신하는 아무도 없었다. 수양대군의 심복들은 수시로 단종을 강압하며 양위를 요구했다. 1455년 윤6월 수양대군은 자신을 적대시하던 금성대군과 혜빈 양씨, 상궁 박씨 등 수많은 종친과 궁인, 신하들을 죄인으로 몰아 유배형에 처했다. 단종은 더 이상 버티지 못하고 환관 전균을 시켜 수양대군에게 양위를 통보했다.

"내가 나이가 어리고 중외의 일을 알지 못하는 탓으로 간사한 무리가 은밀히 발동하고 난을 도모하는 싹이 종식하지 않으니, 이제 대임을 영의정에게 전하여 주려고 한다."

15세의 단종은 3년 2개월 동안 지켜왔던 옥좌를 수양대군에게 넘겨주고 상왕이 되어 수강궁으로 물러났다. 「추강집」에 따르면 단종이 선위할 때 예방승지 성삼문이 옥새를 안고 목 놓아 통곡하자 부복하고 있던 수양대군이 머리를 들어 그를 빤히 쳐다보았다고 한다. 이날 박팽년이 경회루 연못에 빠져 죽으려는데, 성삼문이 임금이 상왕으로 있으니 언젠가는 일을 도모할 수 있다며 말렸다.

조카의 보위를 빼앗은 세조는 1456년(세조 2년) 윤6월, 성삼문, 박팽년, 유성원 등 집현전 유신들과 성승, 유응부 등 무신들이 벌인 상왕복위사건을 빌미로 단종을 노산군으로 강봉한 다음 영월 청령포에 귀양 보냈다. 이듬해 9월 유배 중이던 금성대군이 순흥 부사 이보흠과 함께 상왕복위를 계획하다 관노의 고발로 발각되자 세조는 노산군을 서인으로 강봉했고, 한 달 뒤인 10월에 사사했다. 단종의 나이 17세였다.

그로부터 204년 만인 1698년(숙종 24년) 11월 8일, 숙종은 영의정 유상운 등의 주청을 받아들여 노산군의 시호를 순정안장경순돈효(純定安莊景順敦孝), 묘호를 단종(端宗)으로 추존했다.[57] 또 강원도 영월에 있는 단종의 능호를 장릉(莊陵)이라 하고 종묘에 복위 고유제를 올려 왕위를 복구시켰다. 어린 나이에 남편과 사별하고 쓸쓸히 살다 죽은 단종의 부인 송씨의 시호는 정순(定順), 능호를 사릉(思陵)이라 했다.

제6대 단종 가계도

━ 제6대 단종(端宗)
  1441년 출생, 1457년 사망(17세)
  재위 3년 2개월(1452. 5~1455. 윤6)

┠ 정순왕후 송씨

┖ 숙의 김씨

단종 시대의 주요사건

계유정난

단종이 12세의 어린 나이로 즉위하자 조정은 왕족의 대표인 수양대군파와 문종의 고명을 받드는 고명대신파로 양립되었다. 여기에는 또 수양대군을 견제하는 안평대군과 김종서, 황보인의 권력 독점을 비판석으로 바라보던 집현선 학사 출신 관료들이 작은 축을 이루고 있었다. 당시 단종은 수양대군과 금성대군을 왕족의 대표로 삼아 자신을 보필하게 했다. 금성대군은 성격이 우직하고 욕심이 없어 대신들과 별 마찰이 없었지만, 수양대군은 왕권이 침해되는 상황이 발생하면 목소리를 높였다.

세종 대부터 뛰어난 자질을 발휘하며 정사에 참여했던 수양대군의 적극적인 정치활동은 고명대신들의 경계심을 유발하기에 충분했다. 때문에 김종서와 황보인은 왕족 가운데 상대적으로 온건하고 야심이 적은 안평대군과 접촉하며 수양대군을 견제했다. 안평대군은 과거 김종서와 함께 여진 정벌에 참여한 적이 있었고 학문과 문예에 뛰어나 많은 선비들에게서 존경을 받고 있었다. 이들이 손잡고 자신을 압박해오자 수양대군은 결국 무력으로 권력을 찬탈하겠다는 결심을 하게 된다.

수양대군은 1452년 7월, 집현전에서 「역대병요」를 함께 편찬하던 집현전 교리 권남을 포섭하고 그를 통해 한명회, 홍윤성 등 심복들을 끌어들였다. 그는 또 1452년(단종 즉위년) 9월, 명나라에서 단종의 즉위 인정 고명을 보내오자 이에 감사하는 사은사를 자청해 대신들의 경계망을 벗어났다. 그 과정에서 함께 갔던 신숙주를 포섭하고 명나라에서 돌아온 뒤에는 본격적으로 홍달손, 양정 등 무사들을 끌어들였다. 모든 준비가 갖추어지자 수양대군은 1453년(단종 1년) 10월 10일, 드디어 거사를 단행했다. 실록에는 당시의 상황이 마치 소설처럼 자세히 기록되어 있다.

10월 10일 세조가 새벽에 권남, 한명회, 홍달손을 불러 이렇게 말했다.

"오늘은 요망한 도적을 소탕하여 종사를 편안히 하겠으니 그대들은 약속대로 움직여라. 그들 중에 가장 간사하고 교활한 자는 김종서이다. 그가 먼저 알면 일이 성사되지 않을 터이니 내가 역사를 거느리고 그의 집에 가서 참한 다음 주상에게 아뢰면 나머지는 거칠 것이 없다."

그런 다음 세조는 강곤, 홍윤성, 임자번, 최윤, 안경손, 홍순로, 홍귀동, 민발 등 무사들과 어울려 후원에서 활을 쏘고 술자리를 베풀었다. 이윽고 해자 저물자 세조가 무사들에게 말했다.

"지금 간신 김종서 등이 권세를 희롱하고 정사를 농단하니 백성들의 원망이 하늘에 닿아 있다. 이제 그들은 주상을 무시하고 안평대군과 함께 불궤한 짓을 도모하려 한다. 내가 오늘 이들을 베어 종사를 편안케 할 것이다."

송석손, 유형, 민발 등이 주상에게 먼저 고하고 거사를 치르자며 반대했고, 겁을 집어먹은 몇몇은 북문 밖으로 도망쳤다. 한명회는 이미 모의가 알려졌으니 신속하게 거사를 단행하지 않으면 실패할 것이라고 조언했다. 이윽고 수양대군이 일행을 거느리고 중문으로 나오니 부인 윤씨가 갑옷을 가져다 입혀주었다. 수양대군은 밖에 관복을 받쳐 입고 가동 임어을운과 함께 김종서의 집으로 갔다. 책사 한명회와 권남은 양정, 홍순손, 유서를 뒤따라 보내고 권운, 권경, 한서구, 한명진에게 돈의문 밖 내성에 잠복하도록 했다.

김종서의 집은 그의 아들 김승규가 무장한 채로 윤광은, 신사면 등 무사 30여 명과 함께 지키고 있었다. 김승규는 수양대군을 보자 다가와 예를 올렸다. 수양대군은 일이 있어 김종서를 만나러 왔다고 말했다. 김승규에게 기별을 받은 김종서가 한참 만에 밖으로 나와 안으로 들어오라고 청했다. 수양대군은 굳이 사양하면서 입궐하는 도중 사모뿔이 떨어져 잃어버렸으니 정승의 것을 빌려달라고 부탁했다. 김종서가 자신의 사모뿔을 빼어 주었다.

수양대군은 김종서에게 비밀스런 청이 있다며 윤광은과 신사면을 비켜서게 한 다음, 임어을운에게 미리 준비한 편지를 가져오게 했다. 김종서가 그편지를 달에 비춰보느라 고개를 숙인 순간, 수양대군의 눈짓을 받은 임어을운이 철퇴를 휘둘러 김종서를 쓰러뜨렸다. 깜짝 놀란 김승규가 아버지를 막으며 엎드리자 양정이 칼을 뽑아 사정없이 내리쳤다. 그렇게 목적을 달성한 수양대군은 재빨리 그 집을 빠져나와 돈의문으로 들어가 권언 등에게 굳게 지키도록 했다. 이날 김종서는 수양대군이 왔다는 소식을 듣고 역사들에게 이르기를 일행이 적으면 자신이 만날 것이고 일행이 많으면 활을 쏘라고 일렀는데, 수양대군 일행이 몇 명 되지 않자 방심하여 칼을 벽 사이에 걸어두고 나왔다가 변을 당했다.

수양대군이 김종서의 집으로 떠났을 때 권남은 홍달손을 움직여 승례문과 서소문을 걸어 잠그게 한 다음 갑사 두 사람, 총통위 열 사람을 거느리고 돈의문 밖에서 만일의 사태에 대비하고 있었다. 김종서와 김승규를 죽인 수양대군은 홍달손의 경호하에 궁궐로 들어가 입직승지 최항을 불러내 자초지종을 말하고, 환관 전균에게 상황을 보고하도록 했다.

"김종서 일당이 안평대군과 결탁하여 지방의 장군들과 함께 반역을 도모하고 거사까지 정해 형세가 위급했지만, 역당의 무리인 김연과 한승이 주상 곁에 있어 일찍 아뢸 수가 없었다. 내가 이미 수괴인 김종서 부자를 죽였고, 이제 나머지 잔당을 토벌하려 한다."

그와 함께 수양대군은 자신을 따르는 판중추원사 김효성과 그의 아들 김처의, 병조 판서 이계전 등을 불러 추후 작전을 논의했다. 잠시 후 그는 왕명을 빙자해 황보인, 이양, 조극관, 한확, 허후, 이사철, 정인지, 박중손 등을 불러들였다. 그와 함께 입직하는 내금위 봉석주에게 남문을 지키게 하고, 여러 곳의 별시위갑사, 총통위 등을 배치했다. 또 순졸 수백 명을 가회방 돌다리 가에 배치한 다음 서쪽으로 영응대군 집에서 동쪽으로 서운관 고개까지 삼엄하게 경계했다. 그리고 함귀, 박막동, 수산, 막동 등에게 대궐 안으로 들어오는 신료들의 수행원들을 떼어놓도록 했다.

이윽고 조극관, 황보인, 이양 등이 궁궐에 들어오자 함귀 등이 철퇴로 때려 죽였다. 입궐하지 않은 윤처공, 이명민, 조번, 원구, 김연, 민신 등은 군사를 보내 척살했다. 그런 다음 최사기와 의금부 도사 신선경에게 군사 100명을 주어 안평대군과 그의 아들 이우직을 잡아오게 한 뒤 강화로 귀양 보냈다.

그즈음 김종서는 정신을 차리고 일어나 상처를 싸맨 뒤 여자 복장으로 변장하고 가마에 올라 입궐을 시도했다. 하지만 돈의문, 서소문, 승례문 세 문이 모두 잠겨 있어 들어가지 못하자 어쩔 수 없이 아들 김승벽의 처가에 숨었다. 얼마 후 문지기에게서 보고를 받은 수양대군이 양정과 이흥상을 급파해 김종서를 죽였다.

이처럼 수양대군은 제일 먼저 권력의 핵심이었던 김종서를 공격한 뒤 정적들을 모조리 척살하여 정변을 성공리에 마무리했다. 수양대군은 곧 안평대군을 사사한 뒤 스스로 영의정부사, 영집현전, 내외전, 경연, 춘추, 서운관사, 겸판이병조, 내외병마도통사 등 요직을 독차지해 위세를 과시하면서, 계유정난에 직접 가담하거나 방관했던 신숙주, 정인지, 권남, 한명회, 양정 등 43명을 정난공신으로 봉했다.

당시 성삼문, 정인지, 최항, 신숙주, 하위지 등 집현전 출신 신료들은 수양대군의 거사에 중립을 지켰거나 동조한 측면이 짙었다. 그들은 유교적 왕도정치에 입각해 의정부가 중심이 되는 고명대신들의 비정상적인 세력 확장을 반대하고 있었던 것이다. 그런 까닭에 수양대군은 계유정난 이후 그들을 적대시하지 않고 요직에 임명했다. 당시 수양대군이 잔치를 열자 박팽년은 다음과 같은 시를 지어 축하하기까지 했다.

묘당 깊은 곳에 풍악 소리 구슬프니
만사가 오늘에는 도무지 모를레라.
동풍이 솔솔 불고 버들가지 푸른데
꽃이 핀 밝은 봄날이 길고도 길다.
선왕의 대업은 금궤에 있는 책을 찾아놓고
성주의 큰 은혜는 옥잔에 취하도다.
즐기지 아니하고 어이하랴.
취하고 배부르니 태평성대 노래하세.[58]

수양대군은 매우 기뻐하며 박팽년의 시를 부중에 걸어 두었다. 박팽년을 비롯한 집현전 출신 신료들은 당시 수양대군에게 과거 주나라 때 조카를 보위하며 태평성대를 펼쳤던 주공과 같은 정치를 기대했을 것이다. 하지만 수양대군이 추종세력의 조력으로 단종에게서 왕위를 빼앗자 그들은 완전히 적대적인 태도를 보였다. 고려의 충신 정몽주가 이성계의 쿠데타는 지지했지만, 역성혁명에는 반대했던 것과 마찬가지였다. 그들이 충신불사이군(忠臣不事二君)이라는 유교적 명제에 충실했다는 증거이다.

그 결과 사육신으로 대표되는 집현전 세력들은 세조를 암살하고 단종복위를 시도하다가 발각되어 목숨을 잃었고 김시습, 원호, 이맹전, 조려, 성담수, 남효온 등 생육신들은 평생 야인생활을 하면서 세조의 부도덕한 왕위찬탈에 저항했다. 이들이 사육신과 생육신이라는 명칭으로 불리게 된 것은 사림이 기세를 떨치던 중종 때부터이다.

이징옥의 난

1453년(단종 1년) 10월, 함길도 도절제사 이징옥이 반란을 일으켰다. 그의 아버지는 지중추원사 이전생이다. 어려서부터 무용이 출중하여 호랑이를 산 채로 잡기도 했던 이징옥은 갑사로 근무하다가 1416년(태종 16년) 무관친시에 장원 급제하고 사복시 소윤이 되었다. 1423년(세종 5년) 경원진첨절제사로 김종서와 함께 아산(阿山)에 침입한 여진족을 격퇴했고 이듬해 절제사가 되었다. 그 후 병조 참판을 거쳐 1434년 다시 영북진 절제사가 된 이징옥은 함길도관찰사 김종서와 함께 경원진, 영북진을 설치했다. 1436년 회령 절제사를 거쳐 판회령도호부사가 되어 오랑캐의 추장 후라운[忽剌溫]과 가은독(家隱禿)이 회령을 침입하자 물리쳤다. 1449년 그는 4군 6진의 개척에 기여한 공로로 지중추원사에 임명되었다.

이징옥은 1450년부터 함길도 도절제사로 봉직하고 있었는데, 1452년 계유정난으로 정권을 잡은 수양대군이 그를 파직하고 후임으로 박호문을 임명했다. 처음에 자신의 파직 이유를 알지 못하고 군영을 떠났던 이징옥은 정변 소식을 듣고 한밤중에 돌아와 도진무 이행검과 함께 박호문을 기습했다. 당시 박호문은 큰 돌로 방문을 누르고 문틈으로 활을 쏘며 저항했지만, 이징옥의 부하들이 군영의 지붕으로 올라가 활로 쏘아 죽였다.

이징옥은 휘하 병력을 이끌고 북쪽으로 진군하며 군사를 모았다. 이윽고 종성에 이르자 그는 스스로 '대금황제(大金皇帝)'라고 칭하고 도읍을 오국성(伍國城)으로 정하는 등 새로운 국가 창건을 선언했다. 과거 아구다가 세웠던 여진족의 나라 금(金)의 부활을 미끼로 고령, 오음회 등지에 있던 알타리(斡朶里), 우랑카이[兀良哈] 등 여진족을 규합하려는 뜻이었다.

이때 함길도관찰사 성봉조는 이징옥의 반란 사실을 보고하면서 회령 부사 남우량, 고산도 찰방 여종경, 길주 목사 조완벽 등과 함께 방어태세에 들어갔다. 이징옥은 기세등등하게 북방지역을 활보했지만 세조의 밀명을 받은 종성판관 정종과 호군 이행검의 배신으로 허무하게 끝을 맺고 말았다. 당시 이징옥은 두 사람이 한밤중에 기습해오자 민가에 숨어들었다가 세 아들과 함께 사로잡혀 죽임을 당했다.

오늘날 이징옥의 난은 과거 태종 개인을 겨냥했던 조사의의 난과는 달리 조선 왕조 자체에 대한 최초의 대규모 반란이었고, 중앙정부가 지방 주민을 차별한 것을 이용해 민심을 자극했다는 점, 또 대금황제를 칭하고 여진족과 연합을 도모했다는 점에서 주목받고 있다.

단종 시대의 주요인물

몽유도원경을 꿈꾸었던 안평대군

안평대군 이용(李瑢)은 세종의 셋째 아들로 자는 청지(清之), 호는 비해당(匪懈堂), 시호는 장소공(章昭公)이다. 1418년(태종 18년) 심온의 옥사가 있던 해에 태어났다. 1428년(세종 10년) 안평대군에 봉해졌으며, 1429년 좌부대언 정연의 딸과 결혼했다. 1438년 그는 형제들과 함께 6진이 설치된 함경도에 가서 경계

임무를 맡으면서 야인들을 토벌했다.

1450년 문종이 즉위한 뒤 안평대군은 측근의 문신들을 요직에 앉히는 등 조정의 배후실력자로 등장했다. 특히 단종이 즉위하자 황보인, 김종서 등 고명대신들과 손잡고 수양대군을 견제했다. 1452년 7월, 수양대군은 사은사로 명나라에 다녀온 뒤 황표정사 제도를 폐지하여 안평대군과 고명대신들의 힘을 약화시키려 했다. 그러자 안평대군은 이징옥과 손잡고 함경도 경성에 있는 무기를 서울로 옮기게 한 다음 1453년(단종 1년) 9월, 황표정사를 재차 실시하게 했다. 하지만 그는 다음 달 수양대군이 일으킨 계유정난으로 목숨을 잃었다.

어린 시절을 경복궁에서 보낸 안평대군은 혼인과 함께 궁궐을 나와 인왕산에 저택을 짓고 살았다. 세종은 그의 집에 '비해(匪懈)'[59]라는 당호를 지어주었다. 재주가 뛰어난 그에게 "이른 아침부터 늦은 밤까지 부지런하게 한 사람의 임금만을 섬기라"고 당부한 것이다. 안평대군은 이런 세종의 뜻을 받아들여 자신의 호를 비해당(匪懈堂)으로 자처했다.

그 후 안평대군은 비해당 근처에서 풍취가 아름다운 48경을 찾아내고 문인학자들을 초청해 놀았다. 또 한강가에 담담정(淡淡亭)이라는 별장을 짓고 서적 1만 권과 각종 서화, 골동품을 수집한 다음 선비들과 즐겼다. 당시 안평대군은 안견의 그림 30점, 일본 화승 철관의 그림 4점, 그리고 송나라와 원나라 명품 188점을 소장했다고 한다. 이 별장은 계유정난 직후 신숙주에게 배당되었다.

1447년(세종 29년) 4월 20일, 안평대군은 박팽년과 함께 봉우리가 우뚝한 산 아래를 거닐다가, 복사꽃이 흐드러진 오솔길로 들어섰다. 숲 밖에서 여러 갈래로 갈리며 어디로 가야 할지 몰랐는데, 마침 어떤 사람이 나타나 북쪽으로 휘어져 골짜기에 들어가면 도원(桃源)이라고 알려주었다. 두 사람이 말을 재촉해 몇 굽이 시냇물을 따라 벼랑길을 돌아가자 신선마을이 나타났다. 안평대군과 박팽년은 감탄하며 그 산을 오르내리다가 꿈에서 깨어났다. 안평대군은 그곳이 도연명이 「도화원기(桃花源記)」에서 말한 무릉도원임을 깨닫고 안견에게 꿈 이야기를 해준 다음 그림을 그리게 했다. 그리하여 안견이 사흘 만에 그려서 바친 그림이 바로 「몽유도원도」[60]이다.

얼마 후 안평대군은 인왕산 기슭에서 꿈에 본 도원경을 발견하고 무계정사라는 별장을 지었다. 그런데 실록에서는 그곳이 방룡소흥지지(旁龍所興之地), 곧 장자가 아닌 왕자가 왕위에 오를 터라고 기록되어 있다. 그 때문에 수양대군 일파는 계유정난 당시 안평대군이 무계정사를 지어 왕이 되려 했다며 처형을 주장했다. 결국 안평대군의 문학과 낭만이 깃들었던 무계정사는 허물어졌고 그의 신비로운 꿈이 담긴 「몽유도원도」는 만리타국으로 흘러가버렸다.

「단종실록」 편찬 경위

「단종실록」은 조선의 제6대 국왕 단종의 재위 3년 동안의 치세를 편년체로 기록한 역사서이다. 세조 때 편찬된 원편 14권과 숙종 때 편찬된 부록 1권으로 이루어져 있는데, 부록에는 사후 204년 만에 이루어진 단종 복위 경위가 수록되어 있다. 처음에 실록의 명칭은 「노산군일기(魯山君日記)」였는데 1704년(숙종 30년) 11월, 단종이 복위됨에 따라 「단종대왕실록(端宗大王實錄)」으로 바뀌었다. 「단종실록」의 원편인 「노산군일기」의 말미에는 다른 역대 국왕 실록에 명기되어 있는 편찬 연월일과 편찬자들의 성명, 직위 등이 수록되어 있지 않아 구체적인 편찬 경위는 알 수 없다.

内翰大人文几

文星降

九天鸞觀邈華　騈賓館饒

燕閱宥時驄

雄談屈論及千古若就襄中探

贈我數篇詩高價逮金南熊

度露春雲俊逸飛輕嵐傾

心葵

悍雅軼鞍吾兩世

意到賢電製立就思無三筆下

龍蛇走彩幅掃寒渾郢中興

白雪調古誰能奉不量欲一

和空費情思軍

高陽後學申　叔舟拜

제7대 세조

세조혜장대왕실록 世祖惠莊大王實錄

세조 시대(1455. 윤6~1468. 9)의 세계정세

명나라에서는 상왕 정통제가 복위했지만 대지진과 기근이 일어나고 내정의 혼란이 지속되었다. 1461년 조길상이 아들 조흠과 함께 모반을 도모하다 처형되었다. 1464년 정통제가 죽으면서 궁비의 순장을 금지하는 유언을 남겼다. 일본에서는 에도 성이 축조되었고, 1467년 응인의 난이 일어나면서 전국시대에 돌입했다. 영국에서는 랭커스터 가와 요크 가 사이에 장미전쟁이 발발했고, 오스만투르크가 아테네와 그리스를 침공하여 점령하고 베네치아와 해전을 벌이는 등 활발한 정복활동을 펼쳤다.

찬탈자 세조 시대의 개막

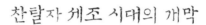

조선의 제7대 국왕 세조의 이름은 유(瑈), 자는 수지(粹之), 1417년(태종 17년)에 경복궁에서 태어났다. 세종의 둘째 아들로 어머니는 소헌왕후 심씨이다. 정비는 영의정부사 윤번의 딸 정희왕후 윤씨이다. 1428년(세종 10년) 11세 때 진평대군이란 군호를 받았고, 1432년 함평대군에 책봉되었다가 그해 7월 진양대군으로, 다시 1445년 수양대군으로 바뀌었다. 그의 군호가 세 차례나 바뀐 것은 세종이 그를 매우 신뢰했다는 증거이다.

일찍이 세종은 유가정치의 이상을 실현하기 위해 왕세자를 위시해 여러 왕자들을 성균관에서 공부하게 했다. 그리하여 수양대군은 자신의 뛰어난 학문적 소질을 계발할 수 있었고 장성한 뒤에는 세종과 문종의 배려로 국정 전반에 참여했다. 세종 말년에 그는 전제상정소의 도제조가 되어 토지제도의 개혁을 맡았고, 승려 신미의 아우인 김수온과 함께 불서 번역을 관장했다. 또 효령대군의 뒤를 이어 종실의 대표인 종부시 제조로 임명되기도 했다. 1452년(문종 2년) 수양대군은 관습도감 도제조에 임명되어 국사 실무를 맡았다. 문종은 수양대군에게 「병요」와 「무경」에 주해와 함께 「음양서」를 바로 잡도록 명하는 등 중요한 국사를 의논했다.

문종이 재위 2년 3개월 만에 세상을 떠나고 12세의 어린 단종이 즉위하자 조정의 권력은 고명대신인 황보인과 김종서 등에게 집중되기 시작했다. 황표정사로 대표되는 신권이 약진하자 수양대군을 비롯한 종친들과 집현전 학사 출신 대신들의 불만은 극에 달했다. 수양대군은 1453년 10월 10일, 계유정난을 일으켜 김종서와 황보인 등 고명대신들을 척살하고 안평대군을 역모 죄로 강화도에 유배시킨 다음 사사했다. 이어 동북지방의 군권을 장악하고 있던 이징옥의 난을 진압한 다음 자신은 영의정이 되고 정인지를 좌의정, 한확을 우의정에 임명하는 등 추종자들을 요직에 임명하여 완전히 권력을 장악했다.

새 정부의 신료들은 수양대군을 추대하기 위해 어린 단종에게 끊임없이 압력을 가했다. 1455년(세조 1년) 윤6월, 금성대군와 혜빈 양씨, 상궁 박씨 등 주변 사람들이 유배형을 받는 등 상황이 악화되자 단종은 수양대군에게 양위하고 말았다. 단종의 나이 15세, 숙부 수양대군의 나이 39세 때의 일이었다.

전제권 강화에 반기를 든 집현전 신료들

즉위 후 세조는 정인지, 이사철, 정창손을 의정부 재상에 임명하고, 즉위에 공을 세운 44명을 좌익공신에 임명했다. 또 대대적인 개편을 통해 측근들을 대거 조정에 포진시켰다. 육조와 승정원은 정난공신들이 차지했는데, 권남과 한명회가 주축이 되는 친위세력과 정인지, 신숙주, 최항이 주축이 되는 집현전 학사 출신들이었다. 전자는 수양대군과 함께 쿠데타를 도모한 세력이고, 후자는 계유정난을 간접 지원하면서 자신들의 정치적 입지를 강화한 일파였다. 그 가운데 핵심인물이랄 수 있는 신숙주는 예조, 한명회는 병조, 조석문은 호조에 봉직하면서 동시에 승정원의 관직을 겸했고, 현직에서 물러난 뒤에는 부원군 자격으로 조정의 정무에 참여했다.

세조의 즉위와 함께 세종 말기부터 정치 참여를 갈망하던 집현전 유신들은 조정에 등용될 수 있었다. 하지만 세조는 왕권의 강화를 도모했고 집현전 출신들은 관료지배체제를 유지하려 했으므로 양측의 대립이 점차 심해졌다.

세조는 1436년(세종 18년)에 부활되었던 의정부서사제를 폐지하고 육조직
계제를 실시했다. 집현전 출신의 유신들은 이와 같은 세조의 전제권 강화에
불만을 품고, 세조의 찬탈을 문제 삼아 그를 퇴위시키고 단종을 복위시키려
했다.

성삼문, 박팽년, 이개, 하위지, 유성원, 유응부 등 전·현직 집현전 출신 신
료들은 1456년(세조 2년) 6월, 창덕궁에서 명의 사신을 향응하는 기회를 이
용해 세조를 시해할 계획을 세웠으나 모의에 참여했던 김질의 배신으로 실
패하고 말았다. 이 사건을 계기로 세조는 대규모 숙청을 단행했고 단종을 노
산군(魯山君)으로 강봉해 영월로 유배시켰다. 이듬해 9월, 금성대군이 순흥
부사 이보흠과 함께 단종 복위를 모의하다 발각되자 노산군을 폐서인했다
가 1457년 10월, 사사했다.

세조는 단종 복위사건을 계기로 집현전과 경연을 폐지하여 군신간의 토
론의 장을 없애버렸다. 집현전의 모든 서적과 자료들은 예문관으로 이송되
었다. 그리하여 국정을 건의하고 규제하던 대간의 기능이 유명무실화되자
반사적으로 왕명을 출납하는 승정원의 기능이 강화되었다.

중앙집권제 확립으로 안정과 질서를 찾다

세조는 보위에 오르자 관제를 간소화해 영의정부사는 영의정, 사간대부
는 대사간, 도관찰출척사는 관찰사, 오위진무소는 오위도총관, 병마도절제
사는 병마절도사로 개칭했다. 또 종래에 현직, 휴직, 정직 관원에게 나누어
주던 과전을 현직 관원에게만 주는 직전제를 실시해 국비를 줄였고, 지방 관
리들의 모반을 방지하기 위해 지방의 병마절도사는 그 지방 출신들을 억제
하고 중앙의 문신들을 내려 보냈다. 이런 중앙문신 위주의 정책은 호족의 불
만을 자아내 함길도 길주에서 이시애의 난이 일어나기도 했다.

그와 같은 상황을 직시한 세조는 적극적으로 인재를 등용했다. 식년시 이

외에도 매년 별시를 시행했고, 1465년에는 '발영(拔英)', '등준시(登俊試)'라는 특별시험을 실시해 친히 문제를 제출하는 등 자신의 주도하에 인재를 선발했다. 이들은 왕권을 밑받침하는 하료집단이 되어 훈신세력을 견제하게 하여 왕권의 안정을 도모했다.

세조는 자신의 등극과정이 불안정했던 만큼 사회 경제적인 면에서 많은 치적을 남기려 애썼다.

군현병합사목(郡縣倂合事目)을 만들어 토지와 인구의 비례에 따라 합리적으로 군현제를 정비했으며 면리법, 오가작통법을 실시해 하부행정기구를 조직화했다. 또한 국가재정을 보충, 확보하기 위해 각종 둔전을 설치하고 공해전(公廨田)을 국용전(國用田)으로 편입했으며 과전법을 직전법으로 바꾸었다.

재정지출의 일원화와 중앙집중제에 병행해 예산제도도 양입위출(量入爲出)에서 계출제입(計出制入) 방식으로 바꾸었다. 특히 국가재정수입 확대의 일환으로 실시된 직전법은 과전의 지급을 현직관리에게만 국한시키는 법제로서 조선 초기부터 일관되게 추진되어 온 과전억제정책의 연장선상에서 이루어진 것이다. 아울러 직전법은 산관(散官)에 대한 군역부과 강화 등 일련의 특권억제정책과 관련해 그들의 경제적 기반을 약화시키는 것이었다. 이처럼 세조는 관료의 특권을 배제하여 관료제도의 합리적 운영과 왕권의 강화를 도모했다.

세조의 왕권강화 정책은 군액증강 정책에서도 집중적으로 나타났다. 호적법, 호패법, 면리법, 오가작통법 등의 호구파악 방법을 실시해 군액증강을 도모했으며 종래의 3정1호(三丁一戶)였던 군호 편성을 2정1보(二丁一保)의 보법(保法)으로 바꾸고 교생들에게 교생낙강정군법(校生落講定軍法)을 적용하여 군역대상자를 대폭 늘렸다. 이러한 보법의 실시와 군역의 평준화로 군액은 약 2배 정도로 늘어났다. 이것을 기초로 기존의 국방체제인 오위체제와 진관체제를 재정비했다.

세조는 불교의 진흥과 불경 출간사업에도 진력했다. 유교가 통치에 필요한 실천윤리라면 불교는 왕실의 안녕과 미래를 보장하는 종교적인 신앙으로 필요했다. 세조는 호국불교에 근거한 민족의식의 고양을 목적으로 원각사를 창건하고 「월인석보」를 간행했으며, 1461년에는 간경도감을 설치해 많은 불경을 국역했다. 본래 세조는 대군 시절부터 불교와 인연이 깊었다. 일찍이 세종의 명으로 「석보상절」을 번역하고 「월인천강지곡」을 지었으며 승려 신미와도 각별했다. 때문에 그는 궐내에 사찰을 두고 승려를 불러들이는 등 불교 융성에 커다란 영향을 끼쳤다.

과거에는 형제를 죽이고 조카의 왕위를 찬탈했으며 마침내 죽이기까지 한 세조의 행동은 유교적 도덕관념에는 도저히 받아들여질 수 없는 패륜이었으므로 그 원죄를 상쇄하기 위해 불교에 집착했다는 견해가 우세했지만, 최근에는 부왕 세종과 형 문종의 잇단 죽음, 그리고 자신이 신병을 앓으면서 자연스럽게 불교에 심취했다는 견해가 유력하다. 세조가 숭유억불의 나라인 조선의 국시를 무시한 군주가 결코 아니었다는 것은 죽기 직전 세자에게 자신의 숭불을 본받을 필요가 없다고 한 말로 증명된다.

세조는 또 역사를 체계화하는 통사 편찬사업에 박차를 가했다. 「국조보감」을 편수해 태조부터 문종에 이르는 4대의 정치를 재조명했으며, 「동국통감」을 편찬해 전대의 역사를 조선 왕조의 입장에서 재조명했다. 또 최항에게 「경제육전」을 정비케 하고 「경국대전」 찬술을 개시했다. 1460년에는 호구동향을 파악하고 호의 규모를 규제하기 위한 법전인 호전(戶典)을 복구했고, 1461년에는 형량을 규정한 형전(刑典)을 개편 완성했다.

그밖에도 「오류록」, 「역학계몽도해」, 「주역구결」, 「대명률강해」, 「금강경언해」, 「동국지도」, 「해동성씨록」 등의 편찬사업을 적극 추진했고, 태조부터 문종까지 왕들이 지은 시를 모은 「어제시문」을 발간했다. '규형', '인지의'로 불리는 토지측량기구를 직접 제작해 15세기 천문학 발달에 크게 이바지했다. 그렇듯 세조는 관제개편과 관리들의 기강 확립을 통해 중앙집권제를 확립하고 민생안정과 유화적인 외교활동을 통해 민간생활의 편리를 꾀했으며 법전편찬과 문화사업으로 사회를 일신시켰다.

평생 추구했던 왕권을 신료들에게 돌려주다

세조(世祖)란 묘호는 통상 왕조 개창 이후 창건자에 준하는 업적을 쌓은 국왕에게 주어진다. 실제로 세조는 사후 신하들에게 태종이나 세종보다 더욱 찬양을 받았다. 그는 유학이라는 일방적인 틀에 얽매지 않고 다양한 방면의 개혁을 완성하여 세종 이후 흔들리던 조선의 뼈대를 튼튼히 다진 명군이었다. 하지만 그의 치세 도중 벌어진 영남 사림의 거두 김종직 파직사건과 사육신의 단종복위사건이 벌어진 탓에 사가들은 세조를 찬탈자의 이미지를 강하게 각인시키고 업적을 고의적으로 깎아내렸다.

세조는 재위 10년에 천문과 풍수, 율려, 의학, 음양, 사학, 시학 등 칠문(七門)을 만든 뒤 어린 문신들을 선발해 전공하게 했다. 사학문에 배속된 김종직은 유학자들이 시학 외에 나머지 잡문을 배울 필요가 없다고 반발했다. 그러자 세조는 김종직을 경박한 인물이라 하여 파직시켜버렸다. 그처럼 세조는 성리학의 교조적인 이념에 함몰되어 있는 사림을 경원시했다. 자유로운 사고방식을 지녔던 그는 실용적인 학문을 장려하면서 신하들과 함께 사서삼경 외에도 한유의 「원도(原道)」, 소동파의 「동파집」 등 다양한 텍스트를 강론했고 불경인 「능엄경」까지도 다루려 했던 것이다.

세조는 재위하는 동안 강력한 왕권을 세우기 위해 조정에서는 강압적인 수단을 많이 동원했지만, 민간에 대해서는 철저하게 위민통치를 지향했다. 전국에 어사를 파견해 백성들의 고통을 살피는 한편 직접 전국을 순행하여 백성들의 고충을 들었고, 순행 도중 수천 명의 백성들에게 글을 받아 처결했으며, 광화문 밖에서 민원을 취합한 뒤 직접 민원인을 만나 처결해주는 탐주법을 만들기까지 했다.

욕망은 작아야 채울 수 있고
일은 간략해야 이룰 수 있다.

하늘을 공경해야 그 하늘을 보전할 수 있고,

백성을 위하여 부지런해야 그 백성이 편안하게 된다.

자그마한 기예에 마음을 쓰지 말고

큰 정사에 정성을 쏟아야 한다.[61]

1457년(세조 3년) 11월 1일, 세조가 후원에서 권남 등과 활을 쏘다가 지은 시이다. 이처럼 세조는 등극 초기부터 자신의 욕심을 경계하고 백성들을 위한 정치를 하고자 다짐했다. 그리하여 재위 14년 동안 펼친 부국강병책을 인정받아 사후 창업자에 버금가는 세조(世祖)라는 묘호를 얻었다. 하지만 중종 이후 사림의 천하가 되어버린 조선에서 그는 흠결 많은 국왕으로 비하되고 말았다.

야사에 따르면 세조는 단종을 죽인 후 죄책감에 시달렸다고 한다. 그 스트레스 때문이었는지 말년에는 단종의 어머니인 현덕왕후를 꿈에서 자주 보았고, 아들 의경세자 역시 현덕왕후의 혼백에 시달리다 죽자 그녀의 무덤을 파헤치기까지 했다. 세조 역시 현덕왕후가 자신에게 침을 뱉는 꿈을 꾸고 나서 피부병에 시달렸다고 한다. 당시 세조는 치료차 오대산 상원사에 갔다가 문수동자를 만나 쾌차했다는 설화를 남기기도 했다.

세조는 죽기 직전에 원상제를 실시하여 평생 추구했던 왕권을 신권에게 돌려주는 아이러니를 연출했다. 원상제란 왕이 지명한 한명회, 신숙주, 구치관 등 공신들이 승정원에 상시 출근해 국왕 대신 주요 국사를 상의해 결정하는 대리서무제였다. 이는 과거 김종서, 황보인, 남지 등이 어린 단종을 보위하며 행했던 황표정사와 대동소이한 것이었다. 파란만장한 삶을 살았던 세조는 1468년 9월 7일, 왕세자에게 왕위를 물려준 다음 이튿날인 9월 8일, 수강궁 정침에서 52세를 일기로 세상을 떠났다.

그의 시호는 혜장승천체도열문영무지덕융공성신명예흠숙인효대왕(惠莊承天體道烈文英武至德隆功聖神明睿欽肅仁孝大王), 묘호는 세조(世祖)이다. 능호는 광릉(光陵)으로 경기도 남양주시 진접읍 부평리에 있다.

제7대 세조 가계도

제7대 세조(世祖)
1417년 출생, 1468년 사망(52세)
재위 13년 3개월(1455. 윤6~1468. 9)

정희왕후 윤씨   의경세자 이장(덕종 추존) ——— 소혜왕후 한씨(수빈)

                                       — 월산대군 이정

                                       — 자을산군 이혈**(제9대 성종)**

            해양대군 이황**(제8대 예종)**

            의숙공주

근빈 박씨   덕원군 이서   창원군 이성

세조의 가족

세조는 2명의 부인 사이에 4남 1녀를 얻었는데 정희왕후가 2남 1녀, 근빈 박씨가 2남을 낳았다.

정비 정희왕후 윤씨는 본관이 파평으로 판중추부사 윤번의 딸이다. 1418년 홍주에서 태어났는데 1428년 수양대군과 결혼한 뒤 낙랑대부인에 봉해졌다가 그가 즉위하자 왕비가 되었다. 그녀는 시할머니 원경왕후 민씨처럼 담대한 성품을 지녔는데, 계유정난 당시 거사를 망설이는 수양대군에게 갑옷을 가져다 입혀주며 격려하기도 했다. 1468년 예종이 보위에 오르자 조선 최초로 섭정을 했고, 그가 요절하자 권신 한명회 등과 손잡고 의경세자의 둘째 아들 자을산군을 보위에 올린 뒤 7년 동안 섭정을 하는 등 여장부로서의 면모를 한껏 발휘했다. 1483년 3월, 66세를 일기로 세상을 떠났다.

세조의 맏아들 의경세자 이장은 1455년 세자에 책봉되고 한확의 딸 한씨를 맞아 월산대군과 자을산군을 얻었다. 예절이 바르고 학문을 좋아했지만 건강이 좋지 않아 20세에 요절하고 말았다. 훗날 자을산군이 왕위에 오른 다음 1471년 덕종으로 추존되었고 부인 한씨는 소혜왕후로 봉해졌다. 그의 장인 한확은 일찍이 딸이 명나라 성조의 후궁으로 여비(麗妃)에 책봉되었고, 누이가 또 선종의 후궁이 된 까닭에 승승장구했는데, 계유정난 때 수양대군을 도와 정난공신이 되었고, 그 후 조정의 실세로 군림했다.

세조 시대의 주요사건

사육신의 단종 복위사건

1455년 윤6월, 단종이 세조에게 양위하고 나서 수강궁에 칩거하자 집현전 출신의 박팽년, 성삼문, 이개, 하위지, 유성원, 김질 등 문신들이 성승과 유응부 등 무신들과 단종의 외숙 권자신 등과 함께 은밀히 단종의 복위를 모의했다. 1456년 정월, 양녕대군 이제와 정인지는 여러 종친들과 백관들을 이끌고 세조에게 나아가 상왕 단종을 궐 밖으로 내쫓으라고 종용했다. 그 소식을 전해들은 신하들은 가슴이 조여들었다.

1456년(세조 2년) 6월, 창덕궁에서 명나라의 사신에 대한 환영연이 예정되었다. 성삼문 등은 그날을 거사일로 정하고 별운검으로 정해진 성승과 유응부가 세조를 살해하고, 상왕 단종을 복위시키려는 계획을 세웠다. 하지만 한명회의 주장으로 별운검이 폐지되고 연회에 세자도 불참한다는 소식을 듣자 거사를 연기했다. 이에 동료 김질이 장인인 정창손에게 거사계획을 알린 다음 함께 세조에게 가서 자초지종을 고해바쳤다. 곧 주모자인 성삼문, 박팽년, 하위지, 이개, 유성원, 유응부 등이 모조리 체포된 다음 능지처사에 처해졌고 가문이 멸문지화를 당했다.

이들이 사육신으로 불리게 된 것은 남효온이 지은 「추강집」의 「육신전」에서 비롯되었다. 이 책에서 남효온은 참혹한 고문을 당하면서도 선비의 기개를 잃지 않았던 사육신의 모습을 생생하게 그려냈다. 일례로 국문장에서 세조가 성삼문에게 자신이 선위를 받을 때는 저지하지 않고 자신에게 충성하다가 왜 이제 와서 배반하느냐고 묻자 성삼문은 이렇게 대답했다.

"그때는 사세가 불가능했다. 그 자리에서 저지하지 못할 바에는 물러가서 한번 죽음이 있을 뿐임을 알지만, 공연히 죽기만 해야 소용이 없겠으므로, 참고 지금까지 이른 것은 뒤에 일을 도모하려 함이었다."

그러면서 성삼문은 세조 옆에 있던 신숙주를 큰 소리로 꾸짖었다.

"옛날에 너와 더불어 같이 집현전에서 숙직할 때 세종께서 원손을 안고 뜰을 거닐면서 말씀하시기를 '나의 천추만세 뒤에 너희가 모름지기 이 아이를 잘 생각하라' 하셨는데 어찌하여 네가 그것을 잊었느냐."

이와 같은 성삼문의 질타에 신숙주가 낯을 붉히자 세조는 그에게 자신의 뒤로 피해 있으라고 명했다. 세조는 성삼문에게 제학 강희안과의 연관성을 물었다. 성삼문은 조금도 흔들림 없이 대답했다.

"강희안은 무고하다. 나리가 선조의 명사들을 다 죽이고 이 사람만 남았는데 우리와 모의하지 않았으니 남겨서 쓰도록 하라. 이 사람은 진실로 어진 인물이다."

세조는 일찍이 충청 감사로 임명했던 박팽년을 아껴 회유하려 했다. 자신이 총애하던 후궁 근빈 박씨는 박팽년의 누이였으므로 그에 대한 미련은 더했다. 하지만 세조는 그가 충청 감사 시절 조정에 보낸 장계에 '신(臣)' 자가 아니라 모조리 '거(巨)' 자로 쓴 것을 알고 입맛을 다셨다. 무인 유응부는 등이 타는 고문을 당하면서 선비들의 고지식함 때문에 실패했음을 한탄했다.

단종복위 운동에 참가했다가 죽임을 당한 사람은 사육신 외에도 김문기, 송석동, 윤영손, 이휘 등 무려 70여 명에 달했다. 현덕왕후 권씨의 어머니 최씨도 아들 권자신과 함께 극형을 받았다. 세조는 죽은 현덕왕후의 부친 권전까지 폐서인하고 무덤지기와 제사를 없애버렸다.

문종의 딸 경혜공주는 부마 정종이 단종 복위사건에 연루되어 광주로 귀양 갔다가 1461년 사사되자 광주에서 유복자 정미수를 낳은 뒤 순천의 관비로 쫓겨났다. 이들 모자는 훗날 성종의 시종노릇까지 해야 했다. 사건이 수습되자 정인지가 세조에게 성삼문의 음모를 알고 있던 상왕을 내쳐야 한다고 종용했다. 결국 그해 7월, 상왕은 노산군으로 강봉되어 영월 서강 청령포에 위리안치되었다.

금성대군의 단종 복위사건

1457년 가을 계유정난의 여파로 순흥에 유배되어 있던 금성대군 이유가 순흥부사 이보흠과 함께 단종복위를 도모했다. 「해동야언」에 따르면 그는 순흥부의 군사들을 모으고 영남 유생들과 함께 단종을 순흥으로 모셔온 다음 조령과 죽령을 막고 거사를 일으키려 했다.

당시 두 사람은 '천자를 끼고 제후에게 명령하니, 누가 감히 좇지 않으랴'라는 격문을 썼는데, 그들을 감시하던 순흥 관노 급창이 벽장 속에 숨어 대화를 엿들은 뒤 금성대군의 시녀를 유혹해 격문을 손에 넣은 다음 서울로 달려갔다. 그런데 풍기 현감이 그에게 격문을 빼앗아 들고 서울에 올라가 역모를 고변했다. 「순흥야사」에는 순흥 부사 이보흠이 먼저 고변했는데 격문을 초한 죄가 발각되어 죽임을 당했다고 기록되어 있다.

이 사건으로 금성대군과 단종의 장인 송현수가 사사되고, 장모 민씨도 교수형에 처해졌다. 또 혜빈 양씨와 그녀의 아들 한남군, 영풍군도 처형되었다. 그와 함께 세조는 반역의 땅 순흥부를 없애고 기천, 영천, 봉화에 나누어 붙였다. 당시 학살당한 순흥 사람들의 피가 죽계의 물을 시뻘겋게 물들었다고 한다. 이제 남은 사람은 노산군뿐이었다.

세조의 측근들은 금성대군의 옥사를 사육신의 단종 복위사건과 연결하여 장차의 후환을 제거할 절호의 기회로 삼았다. 좌찬성 신숙주가 세조에게 제일 먼저 노산군의 처분을 상소했고, 이어서 영의정 정인지, 좌의정 정창손, 이조 판서 한명회 등이 반역자의 주인인 노산군에게 벌을 내리라고 주청했다. 세조는 노산군을 폐서인하고 사태를 매듭지으려 했다. 그런데 양녕대군 이제 등 종친들이 나서서 노산군의 사사를 극력 주장했다.

"전날 간흉의 변에 노산군이 참여하여 종사에 죄를 얻었고, 이유가 군사를 들어 모반하여 장차 노산을 끼고 종사를 위태하게 하려 했으니, 죄악이 차고 넘쳐 천지에 용납할 수 없으니, 대의로 결단하여 전형을 바르게 하소서."

세조가 결단을 미루자 종친부, 의정부, 충훈부, 육조가 모두 들고 일어났다. 특히 임영대군 이구와 정인지의 상소가 가장 격렬했다. 세조는 결국 조정의 압력에 굴복하고 조카 노산군의 사사를 명했다. 「병자록(丙子錄)」에는 단종의 최후가 다음과 같이 기록되어 있다.

> 금부도사 왕방연이 사약을 받들고 영월에 나타나자 단종이 익선관과 곤룡포 차림으로 나와 그에게 온 까닭을 물었다. 금부도사는 차마 대답을 하지 못했다. 그런데 단종을 모시던 통인 하나가 자청하여 활줄에 긴 노끈을 이어서 앉은 좌석 뒤의 창문으로 그 끈을 잡아당겨 단종을 죽였다. 그 통인은 천벌을 받았는지 미처 문 밖으로 나오지 못하고 아홉 구멍에서 피가 흘러 즉사했다.
>
> 그날 뇌우가 크게 일어나 지척에서도 사람과 물건을 분별할 수 없고 맹렬한 바람이 나무를 쓰러뜨리고 검은 안개가 공중에 가득 깔려 밤이 지나도록 걷히지 않았다. 단종의 죽음을 전해들은 호장 엄흥도가 옥거리에 왕래하며 통곡하면서 관을 갖추어 이튿날 아전과 백성들을 거느리고 군 북쪽 5리 되는 동을지(冬乙旨)에 무덤을 만들어서 장사지냈다.

중앙집권제에 반발한 이시애의 난

이시애는 판영흥대도호부사를 지낸 이인화의 아들로 북방에서서 세력을 일구어온 전형적인 토호 출신이었다. 함경도 지방은 북방의 요충지로 여진족이 많이 살고 있었고 고려 말부터 이 지역의 토호들은 이성계 가문과 밀접한 관계였다. 그들은 6진 개척에 적극적으로 참여해 상당한 자치권을 보장받고 있었다. 그런데 조선의 지방세도가 개편되면서 함경도 일대에 대한 중앙의 통제력이 강화되고 토호들의 세력이 축소되고 있었다.

세조가 등극한 뒤 중앙집권체제를 강화하고 양전과 군액확장에 골몰하면서 이 일대 농민들과 토호들의 부담이 커졌다. 또한 이 지역에 파견된 수령과 군관들이 남쪽의 양반 출신으로 가렴주구를 행하면서 많은 원성을 샀다. 특히 국경지대를 방어하기 위해 출동하는 부방(赴防), 서울로 오는 야인들의 영송, 해동청과 은 등 특산물에 대한 수탈이 심했다. 이와 같은 일련의 상황들이 이시애의 난을 가능케 했던 것이다.

이시애는 불만에 쌓인 백성들에게 곧 조정에서 남방의 병선을 보내 해로를 경유하고, 육군은 설한령과 철령을 넘어 일시에 쳐들어와 본도의 군민들을 다 죽일 것이라고 겁을 주었다. 때마침 조정의 병선이 후라토도에 정박한 것을 증거로 고읍동의 백성들을 속이자 이시애의 난에 동조하는 사람이 부지기수였다. 관찰사 오응 역시 그 말을 믿고 각 고을에다 공문을 보내어 백성에게 산으로 오르게 하니 인심이 소란했다.

1467년 5월, 함경도질도사 강효문이 순찰 도중 길주에 도착했다. 그가 깊이 잠들자 시합의 첩의 딸인 기생 산비(山非)에게 문을 열게 하고 수하의 최자치를 들여보내 죽이려 했다. 하지만 강효문이 몸을 피하자 뒤쫓아 가서 때려죽이고 머리를 뜰에 매달았다. 그런 다음 여러 고을의 유향소에 글을 보내 중앙에서 온 관리들을 모두 죽이라고 선동했다.

여러 고을에서 호응하여 평사 권징과 목사 설징신, 판관 박순달, 부령 부사 김익수, 군관 성이건·강석효·이제·최식·김수동·한희·김계남·강홍손 등 경성 이북에 있던 지방관들을 모두 죽였다. 함흥에 있던 신숙주의 아들 관찰사 신면도 목숨을 잃었다. 당시 상황이 매우 험악해 행상이나 승려라도 다른 도에서 온 사람이라면 모조리 죽임을 당했다.

이시애는 또 이극지를 조정에 보내 강효문이 한명회, 신숙주, 노사신, 한계희 등 조정의 중신들과 결탁하여 모반을 일으키려 한다고 보고하여 혼란을 조성했다. 세조는 장계를 믿지 않았지만 5월 19일, 함길도의 최부상이란 자가 신면의 글 두 통을 가져오자 의심이 생긴 그는 구치관과 이침 등에게 명해 신숙주와 한명회를 가두게 했다. 그리하여 신숙주는 아들 신찬·신정·신준·신부 등과 함께 의금부에 갇혔고, 한명회는 종기가 심하다 하여 집 안에 유폐되었다.

이시애는 초기에 세조의 위징이라는 신숙주와 세조의 장자방이라는 한명회를 무력화시키는 데 성공했던 것이다. 하지만 난이 진압된 뒤 세조는 자신의 잘못을 여덟 가지나 사과하며 그들을 위로했고, 이후 두 사람의 권세는 더욱 강건해졌다.

이시애의 반란이 기정사실화되자 조정에서는 종친인 귀성군 이준을 병마도총사, 호조 판서 조석문을 부총사로 임명하고 본격적인 토벌작전에 나섰다. 초기에 반란군은 각처에서 토벌군을 격퇴하는 등 그 기세가 대단했다. 그러나 함경도에 거주하던 이씨 왕실의 일가친척들과 공신들의 친척, 내수사의 서원과 노복 등이 이시애의 군에 대한 상세한 정보를 탐지해 알려오자 점차 상황은 토벌군에게 유리하게 전개되었다. 당시 최후의 전투에서는 어유소의 맹활약상이 펼쳐지는데 그 내용은 실록에 자세히 그려져 있다.

8월 4일 도총사 이준, 진북장군 강순, 절도사 허종, 대장 어유소, 남이 등이 행군해 거산에 이르자 적병 5,000여 명이 마흘현에 웅거하여 기치를 휘날리고 있었다. 이윽고 관군과 반란군이 일대 격전을 벌였는데 반란군이 높은 곳에 있어 매우 유리했다. 그러자 귀성군 이준이 전각을 불면서 총공격을 지시했다. 그와 함께 토벌군이 일제히 공격을 개시하자 반란군은 포를 쏘고 돌을 굴리고 화살을 비 오듯 쏘았다. 양측은 한참을 싸웠지만 승부가 나지 않았는데, 대장 어유소가 천신만고 끝에 반란군의 측면을 돌파하면서 승기를 잡았다.

「동각잡기」에 따르면 반란군이 지세가 높은 점을 이용해 험한 곳을 점령하여 화살을 빗발처럼 내리 쏟았다. 때문에 토벌군이 감히 올라가지 못했다. 그러자 어유소가 몰래 작은 배에다 정예병을 싣고 푸른 옷을 입혀 풀색과 구별하지 못하게 하고 바다 어귀부터 나무를 휘어잡고 벼랑에 기어오른 다음 큰 소리를 지르며 공격했다. 그와 함께 만령 밑에 있던 군사들도 방패로 얼굴을 가리면서 개미 떼처럼 붙어 올라가니 반란군은 버티지 못하고 흩어졌다. 군건했던 방어막이 무너지자 이시애는 급히 도망쳤고, 토벌군은 그 뒤를 추격해 200여 명의 목을 베었다.

거산 전투에서 패한 이시애는 길주로 도망친 다음 이성, 길주의 창고를 불태우고, 곡식을 동네 사람들에 나누어주었다. 그런 다음 야인들에게 사람을 보내 원군을 요청하고 경성 건가퇴에 머물며 장차 용성으로 가서 5진[62]의 군사와 합세하려 했다. 그 무렵 이시애의 처조카인 사용원별좌 허유례가 자기 부친이 이시애 일파에게 억지로 끌려갔다는 소식을 듣고는 급히 경성으로 달려가 이시애의 부인과 그의 심복 황생, 이주, 이운로 등을 설복했다. 그리하여 이시애와 이시합이 방심하고 있을 때 차일 줄을 끊고 장막으로 덮어씌워 두 사람을 생포했다.

8월 12일, 토벌군이 마천령을 넘어 영동역 앞에 진을 치자 이주와 이운로가 이시애와 이시합을 끌고 왔다. 도총사 이준은 즉시 두 사람의 사지를 찢어 죽인 다음 시신을 5진에 보내 엄히 경고하고 도성으로 돌아왔다. 이때의 공으로 허유례는 이등공신 길성군에 봉해졌고, 이운로는 종성군, 어유소는 공조 판서가 되었으며 귀성군 이준은 후일 영의정에까지 올랐다. 그 외에 적개공신 조석문 등 41명을 녹훈했다. 또 반역의 땅 길주는 읍호를 강등당해 길성현이 되었다.

건주위 야인 토벌

세조 즉위 초기 건주위의 추장 이만주는 여러 차례 아들과 아우를 보내 우호적인 태도를 취하다가 갑자기 명나라와 조선에 적대적인 태도를 취했다. 1465년(세조 11년) 가을 동여진 부락에 살고 있는 낭복얼케[浪卜兒哈]가 난을 꾀하다가 잡혀죽었는데, 그 아들 아비차(阿比車)가 무리를 모집하여 조선의 변방을 침략했다. 세조는 군대를 보내 토벌한 다음 명나라에 그 결과를 통보했다. 그러자 명나라는 칙서를 보내 조선의 여진 정벌을 제지했다.

"왕이 법에 의거하여 죄를 주는 것은 다만 왕의 나라 안에서만 행할 수 있을 것이오. 이웃 경지에까지 미쳐서는 안 될 것이다. 이제 왕의 나라 법으로서 이웃

나라 사람에게 주고도 어찌 변방의 사고가 일어나지 않기를 바랄 수 있겠는가."

그렇지만 세조는 여진의 침입이 계속되자 신숙주를 강원·함길도 체찰사로 삼아 파저강의 야인을 정벌하게 했다. 그 무렵 이만주는 요동 지역의 한인 마을들을 공격하는 한편 조선의 의주 지역을 침입해 살상과 약탈을 일삼았지만, 조선은 압록강을 건너오지 말라는 명나라의 경고 때문에 대규모 군사행동을 취하지 못했다. 그런데 그해 1467년(세조 13년) 8월, 명나라에서 군사 5만으로 건주여진을 정벌하기로 계획하고 다음과 같은 황제의 칙서를 가져와 출병을 요청했다.

"건주의 삼위, 동산 등이 당초에 변신으로서 우리 조정의 은혜를 입었는데 요즘 조공한다는 거짓 명분으로 몰래 변방을 쳐들어올 모의를 하기에 내가 깨우쳐 주었으나 더욱 제멋대로 날뛰니 부득이 군사를 내어 토벌을 할 수 밖에 없노라. 왕은 마땅히 요새지를 굳게 닫아 저들이 달아난다 하더라도 숨어들 곳이 없게 하여 사로잡도록 할 것이오. 만일 왕이 군사를 보내어 우리 군사와 멀리서 서로 호응하여 공격한다면 저들에게 항복 받기가 더욱 쉬울 것이오. 왕의 공은 더욱 크고 충성이 더욱 드러날 것이리라."

당시 조선은 여진에 앞서 이시애의 난으로 북방이 크게 혼란스런 상태였다. 그 때문에 세조가 고심하고 있는데 마침 난을 평정했다는 보고가 도착했다. 세조는 우참찬 윤필상을 선위사로 삼아 군무를 지휘하게 하고 강순을 총대장, 어유소를 좌상대장, 남이를 우상대장으로 삼은 뒤 1만의 군사를 이끌고 여진 토벌 작전에 참가하도록 했다. 세조의 밀명을 받은 윤필상은 명나라의 요동군을 기다리지 않고 신속하게 압록강을 건넌 다음 군대를 둘로 나누어 야인 부락을 기습했다. 그해 10월, 강순은 승정원을 통해 다음과 같은 승전보를 전했다.

"신이 군사를 거느리고 9월 26일, 우상대장 남이와 더불어 만포에서부터 파저강으로 들어가 공격하여 이만주와 이고납합, 이두리의 아들 이보라충 등 24명을 참하고, 이만주와 이고납합의 처자와 부녀 24명을 사로잡았으며, 활로 사살하고서 머리를 참하지 않은 것이 175명입니다. 또 중국인 남자 1명, 여자 5명과 병장, 기계, 우마를 얻었고, 가옥과 창고를 불태운 다음 명군을 기다렸지만 소식이 없어 회군했습니다. 좌상대장 어유소는 고사리에서 올미부를 공격하여 21명을 참하고, 활로 사살하고 머리를 참하지 못한 것이 50명이고, 중국 여자 1명과 병장,

기계, 우마를 얻고 가사 97채를 불태웠습니다. 그들 또한 명군을 기다렸으나 만나지 못했습니다."

그때 어유소는 큰 나무 껍질을 벗겨내고 다음과 같은 글을 새겨 두었다.

'조선의 주장 강순과 좌대장 어유소가 건주위 올미부를 쳐서 멸하고 돌아갔다.'

조선군이 건주위를 휩쓸고 지나간 뒤 한참 뒤에 당도한 명나라의 요동군은 어유소가 새겨놓은 글을 발견하고 황제에게 보고했다. 황제는 어유소의 전공을 치하하며 50량과 비단과 견직 각각 네 필씩을 내렸다. 명나라에서는 이때의 여진 정벌을 성화(成化) 3년의 역(役)이라 하고, 조선에서는 정해서정(丁亥西征)이라 한다.

세조 시대의 주요인물

조선 최대 권세를 누린 책사, 한명회

세조 대부터 성종 대에 이르기까지 무소불위의 권력을 누리던 한명회가 한강 남쪽에 압구정(狎鷗亭)을 짓자 수많은 대신과 문사들이 축시를 지어 바치는 등 아첨을 일삼았다. 그러자 많은 사람들이 비웃었는데, 그중에 이윤종이란 선비는 그 압구정에 빗대어 다음과 같이 한명회를 조롱하는 시를 썼다.

> 정자가 있으나 돌아가지 않으니,
> 참으로 이 인간은 갓 씌운 원숭이일세.[63]

한명회는 개국 당시 명나라에 파견되어 조선이란 국호를 확정하고 돌아온 한상질의 손자이며 한기의 아들이다. 자는 자준(子濬), 중추 민대생의 딸과 결혼했다. 그는 1415년 칠삭둥이로 태어났는데 형체가 완전치 않자 온 집안사람들이 멀리했다. 증조부 한상덕은 "이 아이는 우리 가문의 천리마 새끼야"라면서 데려다 길렀다. 한명회는 일찍 부모를 여읜 탓에 불우한 소년시절을 보냈다. 장성하여 과거에 번번이 실패했지만 친구 권남에게 항상 큰소리를 쳤다.

"내가 문장과 도덕은 너에게 양보하겠지만 정사만은 양보할 수 없다."

한명회는 38세 때인 1452년 문음으로 경덕궁직(敬德宮直)을 얻었다. 그 무렵 문종이 승하하고 단종이 보위에 오르자 그는 수양대군을 보위에 올릴 계책을 권남에게 말했다. 권남은 수양대군에게 그를 소개해주었다. 그때부터 한명회는 수양대군의 심복이 되어 모든 모의를 주관했다. 수양대군은 당시 "한명회는 나의 장자방이다"라고 말했는데, 과연 계유정난의 모든 계획은 그의 머리에서 나왔다.

한명회는 세조가 즉위한 뒤 도승지가 되었고, 1457년 이조 판서, 병조 판서를 거쳐 상당군(上黨君)에 봉해졌다. 1459년에는 황해도, 평안도, 함길도, 강원도 4도의 병권과 관할권을 가진 4도체찰사가 되었다. 그렇듯 한명회는 왕명출납권, 인사권, 병권 및 감찰권을 행사하다 1463년 좌의정, 1466년에는 52세의 나이로 일인지하 만인지상의 영의정이 되었다.

그렇듯 무소불위의 권력을 누리던 한명회에게도 위기는 있었다. 1467년 함길도에서 난을 일으킨 이시애가 조정의 혼란을 야기할 목적으로 한명회, 신숙주가 강효문과 함께 반역을 도모했다는 장계를 올렸다. 깜짝 놀란 세조가 서둘러 두 사람을 하옥시킨 다음 조사를 벌였지만 무고임이 밝혀지자 석방했다.

그 후 한명회는 정난공신들과 직간접으로 친인척 관계를 맺으면서 권력기반을 강화했다. 맏딸을 예종 비로 들여보냈고, 둘째딸을 성종 비로 들여보내 2대에 걸친 국구가 되었으며 신숙주, 권남과도 사돈을 맺었다. 예종이 즉위한 뒤 한명회는 신숙주, 구치관 등과 함께 정사를 돌보았고, 1469년(예종 1년)에는 영의정으로 복귀했다. 성종 대에는 병조 판서를 겸임했으며, 노년에는 부원군의 자격으로 정사에 참여했다. 그렇듯 3대에 걸쳐 드높은 권세를 누린 한명회는 1487년 73세를 일기로 세상을 떠났다. 그는 훗날 성종 대의 폐비사건에 연루되어 갑자사화 때 부관참시당하는 낭패를 겪었지만 중종 때 신원되었다. 시호는 충성(忠成)이다.

변절자로 전락한 명신, 신숙주

신숙주는 본관이 고령(高靈)으로, 1417년 6월 전라도 나주에서 공조 참판 신장의 아들로 태어났다. 조부 신포시는 고려의 충신들이 은둔했던 두문동에 들어갔다가 뛰쳐나와 조선 조정에 복무한 인물이다. 신숙주는 일곱 살 때부터 당대의 걸출한 유학자 윤회에게 학문을 배웠다. 16세 때 스승의 아들인 윤경연의 딸과 결혼했다. 1438년 생진과에 합격하고 이듬해 친시문과 을과에 급제하고 23세 때부터 종7품직인 전농 직장으로 관료생활을 시작했는데, 곧 세종의 눈에 띄어 집현전 학사가 되었다. 세종은 신숙주의 학문적 재능을 아꼈고, 신숙주 역시 임금의 기대에 부응해 자신의 재능을 마음껏 펼쳤다.

그는 문장이 뛰어난 데다 예술적 안목까지 갖추어 주변의 부러움을 샀다. 명필로 이름난 안평대군의 그림에 '화기(畵記)'를 적기도 하고, 222축 두루마리 그림을 평했다는 기록이 전한다. 언젠가 중국의 문장가 예겸이 사신으로 오자 세종은 일부러 신숙주와 성삼문을 보내 영접하게 했다. 예겸은 신숙주와 시담을 나눈 뒤 해동의 굴원을 만났다며 기뻐했다고 한다.

그는 7개 국어에 정통한 어학의 귀재였다. 그러므로 불세출의 음운전문가였던 세종의 파트너로서 음운 연구에 몰두했고, 성삼문과 함께 심양에 유배 중이던 명나라의 한림학사 황찬을 무려 13차례나 찾아가 조언을 받았다. 1443년, 27세 때 통신정사인 변효문과 함께 서장관으로 일본에 건너간 신숙주는 7개월 동안 일본 각처를 여행한 뒤 「해동제국기」를 남겼다.

1450년 2월, 세종이 붕어하고 병약한 임금 문종을 거쳐 12세의 단종이 즉위하자 정국은 혼돈에 빠져들었다. 김종서와 황보인이 황표정사로 왕권을 무력화시켰고, 이에 반발하여 수양대군과 안평대군이 정사에 간여했다. 그처럼 불안한 시절 당대의 천재 신숙주를 얻은 사람은 야심가 수양대군이었다. 그는 조정의 이목이 자신에게 집중되자 명나라 고명사신을 자청하고 신숙주를 서장관으로 데려갔다.

수양대군의 넓은 포부와 기개에 감복한 신숙주는 자신의 미래를 그에게 맡겼다. 계유정난으로 정권을 장악한 수양대군은 외직에 나가 있던 신숙주를 소환해 도승지로 삼고 정난공신 2등에 봉했다. 그때부터 신숙주는 단종의 일거수일투

족을 수양에게 보고하여 장차 그가 보위에 오를 수 있도록 도왔다. 또 세조가 등극한 뒤 고령군(高靈君)으로 봉해지고 예문관 대제학으로 임명되면서 그는 성삼문 등 사육신 그룹과 결별하고 독자적인 행보를 걸었다. 이후 그는 대제학, 병조 판서, 판중추원사, 우찬성, 좌찬성을 거쳐 43세인 1459년에 좌의정, 3년 후에는 영의정에 오르는 등 초고속 승진을 거듭했다.

세조가 신숙주를 얼마나 신임했는지는 실록에 잘 나타나 있다. 1462년(세조 8년) 세조는 사냥터에서 활을 쏘다가 영의정 신숙주가 수하들과 함께 활터 밖에 있는 것을 알고 사복장 권반에게 명하여 사슴과 술을 가져다주도록 했다. 그와 함께 세조는 다음과 같은 어제시를 내렸다.

> 지난 기미년 봄에 기운이 산악을 휘둘러,
> 한번 내달아 열 마리 날짐승을 떨어뜨리고
> 바라보며 쏘아 한 마리 사슴을 꿰뚫었네.
> 잡은 것을 어찌 헤아릴 수 있겠는가마는
> 헤아린 것이 예순여덟이었네.
> 홀로 천안(天顔)을 기쁘게 하여
> 장차 평생의 업이라 일컬었는데,
> 어찌 뜻했겠는가? 육사(六師)를 거느리고
> 연기 나는 즐거움을 내려 주실 것을.[64]

이 시는 옛날에 태종이 강무할 때 승지를 불렀지만, 아무도 찾지 못하자 태종이 연기가 나는 곳을 찾아가라고 말했던 일을 회상하며 쓴 것이었다. 당시 승지들은 어가를 세운 곳에서 사냥이 끝나기를 기다리며 고기를 굽고 술을 마시곤 했다. 이 시에서 천안(天顔)은 세종대왕, 육사(六師)는 임금이 거느리는 많은 군사를 뜻한다. 신숙주는 감읍하여 다음과 같은 시로 화답했다.

> 예전 선왕 때에 동산에서 나누어 사냥을 하니,

183

재주와 힘을 다하여 분분히 사슴을 쫓았네.

성상의 무예는 실로 하늘이 주신 것이니

어찌 예순여덟에 그쳤겠습니까?

하늘의 뜻이 도로 부탁할 것이 있어

중흥의 대업을 이룩하게 하시니,

돌아보건대 신은 어떠한 사람이기에

더불어 태평한 즐거움을 누리는 것입니까?[65]

184

세조 사후 예종이 즉위하자 신숙주는 한명회와 함께 원상으로 조정에 참여했고, 예종 사후 정희왕후에게 자을산군을 추천해 정권을 잇게 했다. 성종 즉위 후 다시 영의정이 된 그는 이후 정치적·학문적 영향력을 행사하며 정계에 머무르다 1475년 59세를 일기로 세상을 떠났다. 당대에 신숙주는 대의를 따르는 과단성 있는 인물로 인정받았지만, 16세기 사림파가 사육신과 생육신을 추모하는 분위기가 확산되면서 그는 기회에 능한 변절자로 평가절하되었고 업적은 내팽개쳐졌다.

「세조실록」 편찬 경위

「세조실록」은 조선의 제7대 국왕 세조의 재위 14년 동안의 치세를 편년체로 기록한 역사서이다. 모두 49권 18책으로 정식 명칭은 「세조혜장대왕실록(世祖惠莊大王實錄)」이다. 마지막 2권은 세조대에 제작한 악보(樂譜)를 수록한 것으로, 「세종실록」의 악보와 함께 아악 연구의 귀중한 자료이다. 「세조실록」은 세조가 승하한 이듬해인 1469년(예종 1년) 4월 1일, 춘추관에 실록청을 설치하고 신숙주와 한명회를 영춘추관사, 최항을 감춘추관사, 강희맹·양성지를 지춘추관사, 이승소·김수령·정난종·이영은·이극돈·예승석을 동지춘추관사에 임명하여 편찬하기 시작했다. 처음에 6방으로 나누어서 편찬했으나 그해 11월 예종이 승하하고 성종이 즉위하자 6방을 3방으로 줄이고 편찬을 계속하여 2년 후인 1471년(성종 2년) 12월 15일에 완성했다.

「세조실록」 편찬 과정에서는 실록 편찬 사상 처음으로 불미스런 사건이 일어 났다. 사관 민수의 옥사로 이미 편찬된 실록에 대한 전면적인 수정이 이루어졌 던 것이다. 이때 세조 즉위 과정의 여러 사건들이 미화되고 공신들에 대한 비리 도 누락되었을 것으로 보인다.

世祖惠莊大王實錄卷第一

世祖惠莊承天體道烈文英武至德隆功聖神明睿欽肅
仁孝大王諱瑈字粹之・世宗莊憲大王第二子母昭憲
王后沈氏以永樂丁酉誕于本宮宣德戊申六月丁酉初
封晉平大君後改封咸平又改晉陽又改首陽娶贈領議
政府事尹璠之女即慈聖欽仁景德宣烈明順元淑徽
慎惠懿大王大妃・世祖幼時養于民間艱難情僞備嘗
知之器度夙成五歲誦孝經聞人說弓馬之事心好之常
以弓矢自隨性又好飛得一朝則手未置天資恭儉有禮忠

政府事尹璠之女即慈聖欽仁景德宣烈明順元淑徽
慎惠懿大王大妃・世祖幼時養于民間艱難情僞備嘗
知之器度夙成五歲誦孝經聞人說弓馬之事心好之常
以弓矢自隨性又好飛得一朝則手未置天資恭儉有禮忠
孝友愛好仁力義速小人而不遜觀君子而不私文學射
御하려絶古今至於曆算音律醫卜技藝之事皆盡其妙然
常自晦不欲上人・世宗奇愛之待過異於諸子凡國
大事必委以裁決・己酉九月・世宗講武于平康世
祖射鹿七發皆貫其項○九月・世宗令・世祖與安
平大君瑢臨瀛大君璆學樂琭性好華麗瑢素曉音律故皆

제8대 예종

예종양도대왕실록 睿宗襄悼大王實錄

예종 시대(1468. 9~1469. 11)의 세계정세

1468년 이탈리아의 철학자 니콜로 마키아벨리가 태어났고, 독일에서는 유럽 최초의 금속활자 인쇄업자인 구텐베르크가 사망했다. 당시 로마 교황청에서는 성당건립과 전도활동에 돈이 많이 들자 면죄부를 판매하여 비용을 충당하는 폐단을 일으켜 종교개혁을 부추겼다. 1470년에는 영국의 작가 말로리가 「아더 왕의 죽음」을 완성했다.

예종의 짧은 치세

조선의 제8대 국왕 예종의 이름은 황(晄), 자는 명조(明照), 초자(初字)는 평보(平甫)이다. 1450년(세종 32년) 1월, 세조와 정희왕후 윤씨의 둘째 아들로 태어났다. 세조가 즉위한 뒤 해양대군(海陽大君)에 봉해졌고 1457년(세조 3년) 9월, 형 의경세자 이장이 사망하자 1460년(세조 6년) 왕세자로 책봉되었다. 그해 상당군 한명회의 딸 한씨를 세자빈으로 맞아들였는데, 이듬해 그녀가 인성대군을 낳고 나서 세상을 떠났다. 예종은 1468년(세조 14년) 9월 7일, 세조가 승하하기 하루 전날 선위를 받아 19세의 나이로 수강궁에서 즉위한 다음 청천부원군 한백륜의 딸 한씨를 왕비로 책봉했다.

말년에 병석에 누워 있던 세조는 1466년부터 세자에게 승명대리(承命代理)를 명하여 정사를 돌보게 하여 경험을 쌓게 했지만 즉위 이후 건강이 좋지 않았고, 성년이 되지 않았다는 이유로 모후인 정희왕후 윤씨가 섭정을 맡았다. 정희왕후 윤씨는 원상들과 협력 체제를 구축하여 정사를 매끄럽게 처결했다.

예종이 즉위한 지 보름만인 1468년 9월 21일부터 원상제도[66]가 본격적으로 시행되었다. 그리하여 고령군 신숙주, 상당군 한명회, 능성군 구치관, 좌의정 박원형, 영성군 최항, 인산군 홍윤성, 창녕군 조석문, 우의정 김질, 좌찬성 김국광 등이 원상으로서 날마다 번갈아 승정원에 출근해 정무를 의논했다.

그러나 중요한 사항은 실권자인 한명회, 신숙주, 구치관 세 사람이 처결했다.

당시 예종은 원로중신들의 월권을 어느 정도 견제하려 했던 것으로 보인다. 예종 즉위년 10월 19일, 실록에는 임금이 분경을 행한 자들을 잡아들이고 사헌부 지평을 의금부에 가두게 했다는 기사가 실려 있다. 분경(奔競)이란 벼슬을 얻기 위하여 권세가를 찾아다니며 벌이는 엽관 운동을 말하는데, 당시 국법으로 엄격하게 금지되어 있었다.

왕명을 받은 선전관은 함길도 관찰사 박서창이 보낸 김미를 고령군 신숙주의 집에서, 경상도 관찰사 김겸광이 거느리던 상주의 주산을 우의정 김질의 집에서, 영유의 관노 내은달을 귀성군 이준의 집에서, 양인 김산을 박중선의 집에서, 여인 소비를 성임의 집에서 각각 체포했다. 그런 다음 분경의 만연을 사헌부의 책임으로 돌리고 사헌부 지평 최경지를 의금부에 가두었다. 이에 당황한 신숙주 등이 예종에게 사과하면서 청탁자인 박서창의 허물일 뿐이라고 둘러댔다. 이런 전방위적인 감찰이 원상들의 행보에 어느 정도 제약을 가했을 것이다.

예종 초기 권력은 한명회 등 원상 세력이 쥐고 있었지만 세조 때 이시애의 난을 평정하고 건주위 야인을 토벌하는 과정에서 약관의 나이로 큰 공을 세우고 조정에 진출한 귀성군 이준과 남이 등 소장파 세력의 기세도 만만치 않았다. 때문에 원상들은 남이와 강순의 역모사건을 통해 경쟁자들을 일소하고 장기집권 태세를 갖추었다.

1년 남짓한 재위 기간 동안 예종은 직전수조법(職田收租法)의 제정, 삼포에서 왜인과의 사무역 금지, 각 도와 각 읍의 둔전에 대한 일반 농민의 경작 허용, 「천하도」의 완성, 「무정보감」의 편찬 등의 치적을 남겼다. 1469년 9월, 최항 등이 「경국대전」을 완성했지만 미진한 점을 보완하느라 시간을 끌다가 공을 차기 국왕 성종에게 넘겼다. 병약했던 예종은 1469년 11월 28일, 경복궁 자미당에서 20세의 나이로 세상을 떠났다. 시호는 양도흠문성무의인소효(襄悼欽文聖武懿仁昭孝), 묘호는 예종(睿宗)이다. 능호는 창릉(昌陵)으로 경기도 고양시 신도읍 용두리에 있다.

제8대 예종 가계도

제8대 예종(睿宗)
1450년 출생, 1469년 사망(20세)
재위 1년 2개월(1468. 9-1469. 11)

장순왕후 한씨 인성대군 이분

안순왕후 한씨 제안대군 이견
현숙공주
혜순공주

상궁 기씨(尙宮 奇氏)

예종의 가족

예종은 1460년, 세자 시절 영의정 한명회의 딸 한씨를 세자빈으로 맞아들였다. 그녀는 성종 비 공혜왕후의 친언니이기도 하다. 이듬해 원손 인성대군을 낳고 산후통을 앓다가 17세의 나이로 요절했다. 후일 장순왕후로 추존되었다. 인성대군 역시 기록이 없는 것으로 보아 일찍 죽은 것으로 보인다.

예종은 즉위하자마자 세조의 유명으로 우의정 한백륜의 딸 소훈 한씨를 왕비로 책봉했는데 그녀가 바로 안순왕후이다. 예종은 안순왕후에게서 제안대군과 현숙공주를 얻었다. 예종이 보위에 오른 지 1년 만에 죽자 그녀는 인혜대비에 봉해졌고, 1497년(연산군 3년) 다시 명의대비로 봉해졌다가 이듬해 세상을 떠났다. 그녀의 능호는 창릉으로 예종과 함께 경기도 고양의 서오릉 묘역에 합장되었다.

예종의 둘째 아들 제안대군은 왕위계승서열 1위였지만 의경세자의 둘째 아들 자을산군에게 밀려 보위에 오르지 못했다. 그는 1470년 5세 때 제안대군에 봉해졌고 세종의 일곱째 아들 평원대군의 양자로 입적되었다. 12세 때 사도시정 김수말의 딸과 혼인했지만 어머니 안순왕후가 그녀를 내쫓았으므로 14세 때 다시 박중선의 딸과 혼인했다. 그는 전 부인 김씨를 내내 그리워하다가 1485년(성종 16년) 20세 때 성종의 배려로 그녀를 다시 아내로 맞이할 수 있었다. 그 후 제안대군은 평생 은인자중하며 살다가 60세 때인 1525년(중종 25년) 세상을 떠났다.

예종 시대의 주요사건

남이·강순의 역모사건

짧은 예종의 치세에도 조정을 한바탕 뒤흔든 사건이 있었으니 바로 남이와 강순의 역모사건이다. 이 사건으로 남이를 비롯해 장래가 촉망되는 30여 명의 무인과 관료들이 목숨을 잃고 수많은 가솔이 노비로 전락했다. 이 사건에는 이시애의 난을 평정하면서 등장한 신진세력들의 성장을 조기에 차단하고 권력을 영구 독점하려는 수구세력의 음모가 깔려 있었다.

사건의 핵심인물인 남이는 태종의 넷째 딸 정선공주의 아들로 어린 나이에 무과에 급제한 영재였다. 1467년에 일어난 이시애의 난에서 공을 세워 적개공신 1등에 올랐고, 이어 건주야인을 토벌한 공으로 공조 판서에 제수되었다. 이듬해 그는 오위도총부 도총관을 겸하고 약관의 나이에 병조 판서까지 승차했다.

1468년 세조가 죽자 한명회와 신숙주를 비롯한 훈구대신들은 남이를 노골적으로 견제했다. 평소 남이를 좋아하지 않았던 예종은 조회에서 강희맹과 한계희가 그를 비난하자 병조 판서 직에서 끌어내려 겸사복장으로 임명했다. 남이의 불만은 이만저만이 아니었다.

그 무렵 하늘에 혜성이 나타났다. 왕조시대에 혜성은 불길한 징조로 해석되었기에 군신 모두가 마음이 심란해 했다. 그 때문이었을까. 10월 24일 밤, 병조 참지 유자광이 승지 이극증과 한계순에게 남이의 역모를 고변했다. 그 말을 전해들은 예종은 유자광을 불러 직접 자초지종을 캐물었다. 유자광은 이렇게 말했다.

"예전에 남이는 '세조께서는 우리를 아들처럼 대접했지만 그분이 승하하니 조정의 인심이 바뀌었다. 김국광이나 노사신 같은 간신들이 장난을 하면 우리는 개죽음할 것이다'라고 말한 적이 있습니다. 그런데 오늘 저녁 남이가 제 집에 와서 '혜성이 아직도 사라지지 않았는데 그 빛이 희면 장군이 반역하고 두 해에 큰 병란이 있다'라고 말했습니다. 그러면서 마침내 주상이 창덕궁에서 경복궁으로 옮기는 때를 기다려 거사하겠다고 말했습니다."

과연 유자광의 말대로라면 역모가 분명했다. 예종은 즉시 대궐의 경계를 강화한 다음 사복장 거평군 이복에게 남이를 체포하라고 명했다. 이복은 위사 100여 명과 함께 달려가 도망치려던 남이를 사로잡은 다음 그의 첩 탁문아와 함께 끌고 왔다. 이윽고 야반삼경에 수강궁 후원 별전에서 여러 종친과 신료들이 입시한 가운데 예종은 남이를 직접 심문했다.

남이는 혜성에 대한 대화는 인정했지만, 역모를 꾀하지는 않았다고 버티며 유자광의 무고임을 주장했다. 남이의 첩 탁문아와 남치빈, 이지정 등을 차례로 심문했지만 구체적인 역모의 정황이 드러나지 않았다. 그러자 노회한 한명회는 남이의 노비들을 잡아들여 심문하게 했다. 과연 그 방법은 효과가 있었다. 계집종 막가가 국문장에 배석해 있던 영의정 강순을 지목하며 그가 남이의 집에 자주 드나들었다고 자백했던 것이다. 당황한 강순은 우연히 한두 차례 들렀을 뿐이라고 변명했다. 그 와중에 전 판관 이수붕이 여진 출신의 겸사복 문효량과 남이가 함께 일을 도모했다고 고변했다. 곧 국문장에 끌려온 문효량은 가혹한 고문을 견디지 못하고 역모를 시인하고야 말았다.

"남이가 말하기를 한명회가 어린 임금을 끼고 권세를 부리니 큰일이다. 너는 오랑캐 출신으로 겸사복에 이르렀으니 나라에 은혜를 갚아야 하지 않겠는가 하면서 강순도 이 일을 안다고 했습니다."

문효량은 남이가 예종이 산릉에 나아갈 때를 기다려 한명회를 없애고 영순군, 귀성군까지 죽인 다음 주상을 해하고 임금이 되려 했다고 자백했다. 분개한 예종은 강순을 끌어내 국문장에 앉혔다. 문효량의 자백으로 더 이상 버틸 힘을 잃은 남이는 드디어 역모를 시인하면서 강순과 함께 일을 상의했다고 말했다. 그러자 강순이 남이에게 소리쳤다.

"내가 어찌 너와 더불어 모의했다고 하느냐?"

"영공께서는 나와 같이 죽는 것이 옳소이다. 당신은 이미 정승이 되었고 나이도 늙었으니 죽어도 후회가 없겠지만, 나는 나이가 겨우 스물여섯인데 애석하지 않습니까."

강순의 힐난에 남이는 처량한 목소리로 대꾸했다. 그리하여 강순, 남이, 조경치, 변영수, 변자의, 문효량, 고복로, 오치권, 박자하는 저자에서 능지처참 당한 뒤 7일 동안 효수됐고, 그들과 조금이라도 친분이 있는 사람들은 공신녹권을 몰수당하고 노비가 되거나 변방의 군인으로 끌려갔다. 남이의 어머니는 국상 때 고기를 먹었고, 아들이 대역죄인이며, 천지간에 용납할 수 없는 죄, 즉 모자간에 상피 붙었다는 치욕적인 죄목으로 저자에서 몸이 찢기고 사흘 동안 효수되었다. 남이의 조모인 정선공주의 노비들이 전부 내수사에 회수되었고, 남이의 집은 고변자 유자광의 차지가 되었다.

1469년(예종 1년) 1월, 예종은 신숙주 등 36명을 익대공신(翊戴功臣)으로 봉하고 역신들의 처첩과 자녀를 노비로 하사했다. 그리하여 강순의 아내 중비와 민서의 첩의 딸 말금은 유자광에게, 강순의 첩 월비와 변자의 첩의 딸 변소앙가는 신숙주에게, 남이의 딸 남구을금과 홍형생의 첩 약비는 한명회에게, 남이의 첩 탁문아는 신운에게, 최원의 아내 권비는 귀성군 이준에게, 문효량의 아내 덕이는 박지번에게, 이철주의 아내 효도는 정인지에게, 조영달의 아내 중이가는 정창손에게 내려주었다. 강순과 남이의 역모로 수많은 집안이 풍비박산이 났지만 그 열매는 고스란히 공신들의 몫이 되었던 것이다.

본래 유자광은 서얼 출신으로 이시애의 난에서 공을 세워 등용된 인물이었는데 예종이 즉위 후 남이를 홀대하자 기회를 보아 그를 제거하고 권력을 움켜쥐려 했던 것이다. 임진왜란 이후 사림파는 이 사건을 유자광이 날조한 옥사로 규정했다. 그들은 유자광이야말로 무오사화와 갑자사화의 주동자로 모함에 능한 악적이라고 낙인찍었다. 하지만 남이의 강인한 성정이나 당시 심문기록으로 볼 때 역모를 도모한 것은 사실로 보인다. 「지봉유설」에는 남이가 썼다는 시 한 수가 실려 있는데, 젊은 장수의 담대한 기상을 엿볼 수 있다.

백두산 돌은 칼을 갈아 다 없애고
두만강 물은 말을 먹여 없어졌네.
사나이 스무 살에 나라 평정 못 한다면
후세에 그 누가 대장부라 이르리오.[67]

민수 필화사건

1469년(예종 1년) 예종은 「세조실록」을 편찬하기 위해 실록청을 설치했다. 그와 동시에 세조 대에 사관을 역임한 사람들은 집에 보관하고 있던 가장사초를 실록청에 제출해야 했다. 사관 출신의 민수 역시 관례대로 자신이 작성해놓은 가장사초를 제출했다. 그런데 민수는 사초에서 자신이 비판한 양성지가 실록청의 책임자로 임명된 것을 알고 아연실색했다. 고민하던 그는 실록청 기사관 강치성을 찾아가 이미 제출한 자신의 사초를 돌려달라고 부탁했다. 곤혹스런 입장을 이해한 강치성이 사초를 꺼내주자 민수는 문제가 될 만한 항목을 고친 다음 몰래 실록청에 되돌려놓았다. 그러자 기사관 양수사가 수찬관 이영은에게 그 사실을 보고했다. 당시 사초의 수정이나 이를 알고 신고하지 않은 관리는 극형을 받게 되어 있기 때문이었다. 그렇게 해서 조선 최초로 사초와 관련된 필화사건이 일어났다.

민수가 고친 항목은 여섯 가지로 모두 세조 대의 대신 양성지, 홍윤성, 윤사흔, 김국광, 신숙주, 한명회 등의 전횡과 비리에 관한 내용이었다. 그 가운데 민수가 우려한 것은 양성지에 대한 기사였다. 양성지가 대사헌으로 재직할 때 옥사가 있어 사헌부 관리가 전원 좌천된 일이 있었는데, 당시 최고책임자인 양성지가 책임지고 물러나지 않은 사실을 비판한 것이었다.

'대사헌 양성지는 홀로 구차하게 변명하여[苟容] 그 사건에 관여하지 않았다고 해서 그대로 관직에 있었다.'

민수는 이 기사에서 '구용(苟容)'이란 두 글자를 삭제한 것이다. 그 사실을 알게 된 춘추관은 실록청에 제출된 사관의 사초를 모두 재조사했다. 그 과정에서 원숙강이 자신의 사초에 권남이 큰 저택을 지은 사실을 비판했다가 삭제한 사실이 발각되었다. 당시 친국하던 예종과 원숙강의 대화를 들어보자.

"너는 재상의 허물은 삭제했으면서 임금의 허물을 쓴 연유가 무엇이냐?"

"대신을 거스르면 그 화가 빠르기 때문에 삭제했습니다. ……군주의 일은 의정부와 육조의 「등록」에 실려 있으므로 신이 비록 쓰지 않더라도 자연히 기록에 남습니다. 그러나 재상의 일은 모름지기 사초를 기다린 후에야 알게 되기 때문에 그렇게 했습니다."

이 사건으로 민수는 참형에 처해져야 했지만, 예종의 세자 시절 서연관이었던 인연으로 형량이 감해져 장 100대를 맞고 제주도의 관노가 되었다. 그러나 뒤늦게 사초 삭제 사실이 드러난 원숙강과 강치성은 참형에 처해졌다.

「예종실록」 편찬 경위

「예종실록」은 조선 제8대 국왕 예종의 재위 1년 3개월간의 치세를 편년체로 기록한 역사서이다. 8권 3책으로 정식 명칭은 「예종양도대왕실록(睿宗襄悼大王實錄)」이다. 「예종실록」은 예종이 승하한 다음 해인 1470년(성종 원년) 2월 춘추관에서 왕명을 받고, 1471년 12월 「세조실록」을 완성한 다음 편찬을 시작하여 1472년(성종 3년) 5월에 완성되었다. 그러므로 「예종실록」의 편찬관은 「세조실록」 편찬관과 거의 같다. 「예종실록」은 편찬을 마친 다음 「세종실록」, 「문종실록」, 「세조실록」과 함께 인쇄하여 춘추관과 충주, 전주, 성주의 사고에 봉안했다.

제9대 성종
성종강정대왕실록 成宗康靖大王實錄

성종 시대(1469. 11~1494. 12)의 세계정세

1471년부터 명나라는 만리장성을 수축하고 타타르 부의 침입을 막아냈다. 1483년 일본이 명나라에 동전을 요청하는 등 교역을 강화했지만, 이듬해 교토에서 사일규의 난이 일어나는 등 정세가 어지러웠다. 1485년 영국에서는 장미전쟁이 종식되고 헨리 7세가 즉위하면서 튜더왕조가 시작되었다. 1469년 카스티야 왕국 이사벨 여왕과 아라곤 왕국 페르난도 왕의 혼인으로 에스파냐 왕국이 탄생했다. 1489년 이탈리아에서 발레가 최초로 공연되었고, 레오나르도 다빈치가 온도계를 발명했다. 한편 1487년 포르투갈의 바르톨로뮤 디아스가 희망봉을 발견했고, 1492년에는 콜럼버스가 아메리카 대륙을 발견하는 등 대항해시대가 개막되었다.

어린 임금의 등극과 정희왕후의 섭정

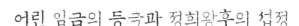

조선의 제9대 국왕 성종의 이름은 혈(娎), 세조의 손자로 의경세자와 소혜왕후 한씨의 둘째 아들이다. 1457년(세조 3년) 7월 30일, 동궁에서 태어났다. 그해 9월, 의경세자가 죽자 세조는 그를 궁중에서 거처하게 했다. 1461년 자산군(者山君)에 봉해졌는데, 뒤에 군호를 자을산군(者乙山君)으로 고쳤다.

실록 총서에 따르면 그가 어렸을 때 형 월산군 이정과 함께 대궐의 처마 밑에서 글을 읽고 있었는데 요란한 천둥소리가 나더니 곁에 있던 어린 환관이 갑자기 벼락을 맞아 죽었다. 곁에 있던 사람들이 모두 놀라 허둥댔는데 자산군은 조금도 두려워하지 않고 평소처럼 행동했다고 한다. 그의 담대한 성품을 말해주는 대목이다. 1469년 11월 28일, 예종이 재위 1년 2개월 만에 세상을 떠나자 정희왕후 윤씨는 한명회와 신숙주 등 원상들과 후사를 논하면서 다음과 같이 전교했다.

"원자는 바야흐로 포대기 속에 있고, 월산군은 본디부터 질병이 있다. 자산군은 비록 나이는 어리지만 세조께서 매양 그 기상과 도량을 일컬으면서 태조에 견주기까지 했으니 그에게 상을 주관하게 하는 것이 어떻겠는가?"

정희왕후와 원상들은 자신들의 정치적 야합이 구설수에 오를 것을 염려했느지 예종이 죽은 당일에 서둘러 즉위식을 치렀다. 국왕 사후 5~7일 후에 즉위식을 거행했던 전례에 비추어 매우 이례적이었다. 그리하여 13세에 불과했던 자을산군이 경복궁 대조전에서 즉위했다. 그 결과 한명회는 사위의 등극을 통해 지속적으로 권력을 유지할 수 있게 되었다. 임금이 어린 관계로 섭정을 맡은 정희왕후 윤씨는 후계경쟁에서 탈락한 제안군과 월산군을 각각 대군으로 격상시키고 월산대군에게 좌리공신 2등을 봉해 위로했다.

세조의 행적이 귀성군을 앗아가다

성종 초기 신숙주, 한명회, 구치관, 최항, 조석문, 홍윤성, 윤자운, 김국광 등이 원상으로 정희왕후를 보필했다. 1469년 12월, 정희왕후는 세조 때 부활한 호패법을 폐지해 원상들의 부의 원천인 노비를 지켜주었다. 이에 보답이라도 하듯 원상들은 왕실 세력의 선두주자인 귀성군 제거작전에 돌입했다.

귀성군 이준은 세종의 넷째 아들 임영대군의 아들로 문무를 겸비해 세조의 총애를 받았고, 이시애의 난이 발생했을 때는 사도병마도총사로 출병하여 난을 진압한 뒤 오위도총부 총관에 임명되었다가 이듬해 영의정으로 특서된 출중한 인물이었다. 그런 까닭에 나이 어린 성종이 등극하자 귀성군은 갑자기 가장 위험한 인물로 지목되었다. 어린 임금과 유능한 숙부의 관계, 그 상황은 단종 즉위 때와 흡사했다. 당시 조정 신료들은 대부분 수양대군의 왕위 찬탈에 직간접적으로 연관된 인사들이었다. 찬탈이 어떤 과정을 거쳐 일어나는지를 익히 알고 있던 그들은 귀성군 축출 음모를 재빨리 실행에 옮겼다.

1470년(성종 1년) 1월 2일, 직산 생원 김윤생이 별시위 윤경의와 함께 전 직장 최세호가 귀성군이 왕위에 오를 만한 인물이라 했다고 고변했다. 1월 7일에는 부평의 노비 석년이 김치운과 박말동이 임금에 대한 불경한 말을 했다고 고변했다. 그는 군인 김치운과 양인 박말동이 귀성군처럼 장년이 된 사람이 임금이 되었다면 산릉의 일이 수월할 것이고 말했다며 관가에 일러바쳤다.

1월 8일, 사헌부 지평 홍빈이 기다렸다는 듯 귀성군 이준이 최세호의 난언에 언급되었다 하여 국문할 것을 청했다. 하지만 귀성군처럼 명망 높은 왕족을 그 정도로는 치죄할 수 없었다.

1월 13일, 드디어 좌찬성 한계미와 서평군 한계희, 우승지 한계순이 본격적으로 귀성군을 탄핵하고 나섰다. 그들은 도총부에서 권맹희가 성종과 월산군의 나이를 따지며 무엇 때문에 형을 버리고 아우를 왕위에 올렸는지 따지며 귀성군을 물망에 올렸고, 앞서 최세호가 임영대군의 친족으로 특별히 관직에 임명한 사람이니 힘써 도모하기 바란다는 말을 했다는 것이었다. 정희왕후는 원상들에게 권맹희를 국문하게 했다. 신숙주는 권맹희를 통해 사실을 밝히는 것은 쉽지만 귀성군 이준이 이미 세조 때 궁중의 나인과 사통한 죄가 있다며 일단 폐서인하고 유배형에 처하라고 상주했다.

그처럼 속이 뻔히 들여다보이는 책동에 정희왕후가 처결을 망설이자 원상들이 일제히 그녀를 압박하면서 임영대군까지 연좌시키려 했다. 1월 14일, 하동군 정인지까지 원상들과 합세하여 귀성군을 탄핵하자 정희왕후는 그를 경상도 영해로 귀양 보내라는 전교를 내릴 수밖에 없었다. 그처럼 억울하게 유배지로 끌려간 귀성군은 1479년(성종 10년) 영해에서 사망하고 말았다.[68] 드디어 목적을 달성한 원상들은 종친들의 관료 등용을 법률로 금지시켜 능력 있는 왕족의 조정 진출을 틀어막았다. 그렇듯 귀성군의 축출은 왕권강화를 위한 국왕의 종친중용정책을 틀어막고 향후 신권이 정치를 주도하는 계기가 되었다.

그 후 정희왕후 윤씨는 별다른 잡음 없이 조정을 이끌었다. 2품 이상의 관원이 도성 밖에 거주하는 것을 금하여 조정 정책결정의 신속성을 도모했으며, 불교의 장례제도인 화장을 금하고 도성 내에 염불소를 폐지해 승려들의 도성 출입을 막았으며. 사대부 집안의 부녀자가 비구니가 되는 것을 하는 등 억불책을 강화했다. 또 외가 6촌 이내의 결혼을 금지하고, 사대부와 평민의 제사에 차별을 두어 4대 명절에 이를 검사했으며, 전국 교생들에게는 의무적으로 삼강행실을 강습케 하는 등 유교정책을 강화했다. 고리대금업을 하던 내수사의 장리소를 560개에서 235개로 줄이고, 각 도에 잠실을 하나씩 설치해 농잠업을 장려했으며 영안도, 평안도, 황해도 등지에 대대적으로 목화밭을 조성하는 등 민생 안정에도 힘을 쏟았다.

사림을 조정으로 끌어들인 성종

1476년(성종 7년) 성종이 성년이 되자 정희왕후는 7년간의 섭정을 거두고 종사를 물려주었다. 비로소 국왕으로서의 권리를 행사하게 된 성종은 적극적으로 정무에 몰입했다. 친정 초기 조정은 유자광 등 훈구대신과 인수대비의 친동생 한치인 등 외척들이 주도권을 놓고 첨예하게 대립하고 있었다. 정파 간의 역학관계에 주목하고 있던 성종은 평소 흠모하던 영남 성리학파의 거두 김종직을 조정에 불러들였다.

당시 선산 부사로 재직하던 김종직의 문하에는 김일손, 김굉필, 정여창, 유호인, 이맹전, 남효온, 조위, 이종준 등 내로라하는 문장가들로 넘쳐났다. 1480년 중반, 이들 신진사림세력이 조정에서 힘을 얻자 상대적으로 훈구세력이 정치 일선에서 밀려나기 시작했다. 그 후 3사(三司)를 중심으로 세력을 구축한 사림은 자신들이 주자학의 정통 계승자임을 자임하면서 요순정치를 이상으로 삼는 도학적 실천을 표방했다. 그들은 유자광과 이극돈으로 대표되는 훈구파를 불의와 타협하여 권세를 잡은 소인배들로 격하시켰다. 훈구파는 사림파를 잘난 체하는 야심가들이라며 배척했다. 이처럼 태생이 전혀 다른 두 세력 사이에 깊은 골이 패어갔다.

1488년(성종 19년) 성종의 후원을 등에 업은 사림파는 세조 말에 혁파된 유향소 제도를 부활시켜 부패로 치닫고 있던 관료제 중심의 농촌사회에 새 바람을 일으켰다. 조선은 개국 이후 농촌사회에서 부의 축적이 이루어지면서 관리들의 부패가 가속화되고 있었다. 유향소는 그런 탐관오리들을 규찰하고 향풍을 바로잡기 위해 조직된 지방자치기구였다. 이때 부활한 유향소 제도는 사림파에게 정치적 기반이 되었고, 그들을 세력화하여 훈구세력을 견제하려던 성종에게도 큰 힘이 되었다.

국가통치 시스템을 완성하라,「경국대전」

조선 왕조의 개국과 함께 정도전은「조선경국전」을 지어 왕조수립과 제도 정비에 크게 기여했다. 그 후 1397년(태조 6년)「경제육전」이 완성되었고, 이 법전을 바탕으로 태종 대에「속육전」이 만들어지고 세종 대까지 지속적으로 보완작업이 이루어졌다. 하지만 국가체제가 더욱 정비되어감에 따라 조직적이고 통일된 법전을 만들 필요성이 커지자 세조는 육전상정소를 설치하고 최항, 김국광, 한계희, 노사신, 강희맹, 임원준, 홍응, 성임, 서거정 등에게 명하여 보다 정밀한 법전을 편찬하게 했다. 1460년(세조 6년)「호전」이 완성되었고, 6년 뒤인 1466년에 드디어 법전 전권이 편찬되었지만 미비한 부분을 수정하느라 시행되지 못했다. 예종 대에 들어서 2차 수정이 완료되었지만, 갑작스런 예종의 죽음으로 또 시행이 연기되었다.

성종 대에 들어와 1471년(성종 2년) 시행하기로 한 3차「신묘대전」, 1474년(성종 5년) 시행하기로 한 4차「갑오대전」이 만들어졌다. 1481년에는 다시 감교청을 설치하고 내용을 폭넓게 수정한 5차「을사대전」을 완성되어 1485년부터 시행되었다. 이「을사대전」이 바로 조선의 대표적인 법전인「경국대전」이다.

조선 왕조은「경국대전」을 완성하고 나서 비로소 합리적으로 국가를 통치할 수 있게 되었다.「경국대전」은 왕조 개창 때부터 시행된 육전체제에 따라 6전으로 구성되었다.「이전」은 궁중을 비롯하여 중앙과 지방의 직제 및 관리의 임면과 사령,「호전」은 재정을 비롯하여 호적·조세·녹봉·통화와 상거래 등,「예전」은 여러 종류의 과거와 관리의 의장·외교·의례·공문서·가족 등,「병전」은 군제와 군사,「형전」은 형벌·재판·노비·상속 등,「공전」은 도로·교량·도량형·산업 등에 대한 규정을 실었다. 그 후 「경국대전」[69]은 조선 왕조 내내 최고법전으로서의 지위를 유지했다. 도중에 법률의 개폐가 끊임없이 계속되고 그것을 반영한 법전이 출현했지만 법전의 기본체제와 이념은 큰 변화 없이 이어졌다.

도학정치의 기틀을 마련하다

사림파와 훈구파가 세력균형을 이루면서 조정이 안정되자 성종은 본격적인 도학정치의 기틀을 잡아나갔다. 그는 우선 성리학 진흥을 위해 불교계에 대한 압박을 강화했다. 1489년 성종은 향시에서 불교를 통해 재앙을 다스려야 한다는 내용의 답안을 작성한 유생을 귀양 보냈고, 1492년에는 도승법을 혁파해 승려를 엄하게 통제했다. 또 전국에 일정한 숫자의 사찰만을 남기고 모두 폐쇄했다. 그와 함께 성종은 경연을 통해 신하들과 적극적으로 학문을 토론했고, 경학이나 강의에만 능한 유생들도 관리로 등용했다.

1475년(성종 6년) 성종은 성균관에 존경각을 지어 경전을 소장케 했고, 양현고에 관심을 가져 학문연구를 후원했다. 그해에는 모후인 인수대비가 「내훈」 3책을 간행해 민간의 부녀자들에게도 성리학적 사고방식을 전파했다. 1484년과 1489년에는 성균관과 향교에 학전과 서적을 나누어주어 관학을 진흥시켰다. 성종은 또 홍문관을 확충하고 용산 두모포에 독서당[70]을 설치해 젊은 관료들에게 휴가를 주어 독서와 저술에 전념케 했다.

이와 같은 국왕의 학술진흥정책은 필연적으로 도서편찬사업을 융성케 했다. 조선 전기의 대표적인 편찬지리지인 노사신의 「동국여지승람」, 신라 초에서 고려 말에 이르는 역사를 집대성한 서거정의 「동국통감」과 「삼국사절요」, 삼국시대 이후 전승된 4,300여 편의 시문을 한데 모은 「동문선」, 강희맹의 「오례의」, 당시까지 의궤와 악보를 총 정리한 성현의 「악학궤범」 등이 이때 모두 간행되었다.

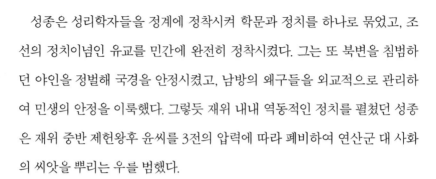

성종은 성리학자들을 정계에 정착시켜 학문과 정치를 하나로 묶었고, 조선의 정치이념인 유교를 민간에 완전히 정착시켰다. 그는 또 북변을 침범하던 야인을 정벌해 국경을 안정시켰고, 남방의 왜구들을 외교적으로 관리하여 민생의 안정을 이룩했다. 그렇듯 재위 내내 역동적인 정치를 펼쳤던 성종은 재위 중반 제헌왕후 윤씨를 3전의 압력에 따라 폐비하여 연산군 대 사화의 씨앗을 뿌리는 우를 범했다.

1494년(성종 25년) 12월 24일, 배꼽 밑에 난 종기로 인해 성종은 38세를 일기로 창덕궁 대조전에서 세상을 떠났다. 시호는 강정인문헌무흠성공효대왕(康靖仁文憲武欽聖恭孝大王), 묘호는 성종(成宗)이다. 능호는 선릉(宣陵)으로 서울 강남구 삼성동에 있다.

제9대 성종 가계도

제9대 성종(成宗)
1457년 출생, 1494년 사망(38세)
재위 25년 1개월(1469. 11~1494. 12)

공혜왕후 한씨

폐비 윤씨(폐 제헌왕후)   왕세자 융(제10대 연산군)

정현왕후 윤씨   진성군 이역(제11대 중종)   신숙공주
                            순숙공주

명빈 김씨   무산군 이종

귀인 정씨   안양군 이항   정혜옹주
               봉안군 이봉

귀인 권씨   전성군 이변

귀인 엄씨   공신옹주

숙의 하씨   계성군 이순

숙의 홍씨   견성군 이돈   경명군 이침   혜숙옹주
               완원군 이수   운천군 이인   정순옹주
               회산군 이염   양원군 이희   정숙옹주
               익양군 이회

숙의 김씨   휘숙옹주   휘정옹주
               경숙옹주

숙용 심씨   이성군 이관   경순옹주
               영산군 이전   숙혜옹주

숙용 권씨   경휘옹주

성종의 가족사

3전의 서슬에 쫓겨난 폐비 윤씨

성종은 정비 공혜왕후를 비롯해 총 12명의 부인에게서 16남 12녀를 얻었다. 한명회의 딸인 공혜왕후 한씨는 17세에 자식 없이 요절했고, 제헌왕후 윤씨가 연산군, 정현왕후 윤씨가 중종을 낳았다.

정비 공혜왕후 한씨는 권신 한명회의 둘째딸이다. 한명회의 첫째 딸은 예종비로 간택되어 두 딸은 자매이자 시숙모와 조카며느리가 된다. 권력 집착이 낳은 기형적인 족보가 아닐 수 없다. 1467년, 12세 때 한 살 어린 자산군과 가례를 올렸고, 자산군이 보위에 오르자 왕비에 책봉되었지만 1474년 17세의 어린 나이로 세상을 떠나자 공혜왕후에 추증되었다.

제1계비 제헌왕후 윤씨는 연산군을 낳고 1479년 폐비되었다.

제2계비 정현왕후 윤씨는 성종의 세 번째 왕비로 중종의 친모이다. 우의정 윤호의 딸로 1473년 성종의 후궁으로 들어와 숙의에 봉해졌고, 1479년 제헌왕후 윤씨가 폐출되자 이듬해 11월 왕비에 책봉되었다. 1497년 자순대비에 봉해졌고, 1530년 68세를 일기로 세상을 떠났다. 소생으로 중종과 신숙공주가 있다. 능호는 선릉으로 서울 강남구 삼성동에 있다.

폐비 윤씨의 비극

성종의 제1계비 제헌왕후 윤씨는 판봉상시사 윤기견의 딸이다. 1473년(성종 4년) 후궁으로 간택되어 숙의에 봉해졌고, 3년 뒤인 1476년(성종 7년) 8월 왕비로 책봉되었다. 그해 그녀는 11월 원자 이융을 낳았고, 2년 후 또 한 아들을 낳았다. 그녀는 여성편력이 심했던 성종 때문에 후궁들을 몹시 질투했다. 1477년 극약인 비상을 숨겨두었다가 발각되어 빈으로 강등될 뻔했지만 성종의 선처로 무마되었다. 그로부터 불과 2년 뒤 그녀는 성종의 얼굴에 손톱자국을 냈다는 이유로 인수대비의 미움을 사서 폐서인되었다.

대신들은 중전 윤씨가 세자의 친모라는 이유로 폐비에 반대했지만 성종은 냉정하게 그녀를 내쫓아버렸다. 1479년(성종 10년) 6월, 성종은 중전을 폐하면서 어머니의 걱정을 덜어드리는 것이 아들의 의무라 강조하고 저간에 행해진 그녀의 죄상을 다음과 같이 밝혔다.

"3월 20일, 권 감찰가인이 엄숙의와 정숙용이 중궁과 원자를 해하려 모의했다는 글 두 통과 약간의 비상, 또 비상 사용법을 적은 책을 상자에 넣어 권숙의의 집에 던져 넣었다. 권숙의가 그것을 보고 놀라 대비전에 바쳤다. 과거 중전은 침전에 쥐구멍이 생기자 책을 만들고 남은 종이로 구멍을 막은 적이 있었는데 그 종이와 권숙의가 바친 상자에서 나온 종이가 똑같았다. 봉보부인에게서 그 종이를 건네받은 대비께서는 중전이 권숙의가 바친 상자 속의 책을 만든 것으로 의심하게 되었다. 당시 중전은 상자 하나를 갖고 다니며 아무도 손대지 못하게 했다. 내가 몰래 그 상자를 열어보니 말린 비상가지가 두 개 들어 있었다. 그러므로 과거 엄숙의와 정숙용을 모함한 일은 중전의 소행임이 분명해졌다."

중신들은 폐비하더라도 윤씨가 세자의 생모이므로 별궁에 안치해야 한다고 주장했지만, 성종은 대비의 뜻이라며 그녀를 누추한 민가에서 친정어머니와 살게 하고 생활비도 주지 않았다. 그해 윤10월, 날씨가 차가워지고 그녀의 거처에 도둑마저 들자 다시 폐비를 별궁에 안치해야 한다는 중신들의 의견이 비등했지만 성종은 들어주지 않았다.

3년 후인 1482년(성종 13년) 여름, 나라에 기근이 들고 물가가 오르자 중신들은 폐비 윤씨가 아사할 것을 우려하여 다시 별궁 안치를 주장했다. 성종은 내시와 궁녀들을 보내 그녀의 동정을 살피게 했다. 하지만 인수대비의 밀명을 받은 내시 안중경은 폐비 윤씨에게 반성의 빛을 찾아볼 수 없다고 성종에게 허위보고를 올렸다. 한편 정희왕후는 다음과 같은 내용의 언문서한을 빈청에 보내 성종의 결단을 독촉했다.

"과거 윤씨가 독을 가지고 첩을 살해하려 했을 뿐만 아니라 어린 원자를 끼고 '내 명이 장수하면 내가 할 일이 있다'고 협박했다. 또 주상에게 '눈을 도려내리라', '흔적을 없애리라', '손목을 절단하리라' 등 험한 말을 했고, 주상이 편치 않을 때 즐거워하는 등 실로 용서받을 수 없는 짓을 했다."

그와 같은 대비전의 압력에 부담을 느낀 성종은 결국 그해 8월 16일, 윤씨에게 사약을 내린 다음 '윤씨지묘'라는 묘비명을 쓰게 하고 장단도호부사에게 제사를 지내게 했다. 또 자신이 죽은 뒤 100년 동안 폐비문제를 거론하지 말라는 유명까지 남겼다.

이 폐비 윤씨 사건의 이면에는 윤씨의 투기나 부부 혹은 고부간의 갈등이라는 내부의 문제보다는 정치적인 요소가 담겨 있다. 일찍이 한명회의 딸 공혜왕후가 죽고 나서 성종의 친정을 둘러싸고 세간에 정희왕후와 한명회에 대한 비난이 비등했다. 그 때문에 정희왕후 윤씨는 평범한 함안 윤씨 가문의 숙의 윤씨를 중전으로 책봉했다. 그런데 원자를 낳은 윤씨가 섣불리 3전의 권위에 도전했다가 결국 치명상을 입은 것이었다.

성종시대의 주요사건

조선의 신분체계를 조롱한 여인, 어을우동

어을우동은 승문원 지사 박윤창의 딸로 종친인 태강수 이동과 혼인해 외명부 품계인 정4품 혜인(惠人)에 봉작된 여인이었다. 그녀는 세종대왕의 둘째 형인 효령대군의 손자며느리이기도 했다. 그런 높은 신분의 여인이 조선시대 최대 스캔들의 주인공이 되었다.

1480년(성종 11년) 10월 18일자 실록에는 어을우동 사건에 대해 자세히 기록되어 있다. 당시 태강수 이동은 아내 어을우동이 은장이와 간통하자 친정으로 내쫓았다. 어을우동의 계집종은 의기소침한 주인을 위로하기 위해 사헌부 관리 오종년을 데려와 간음하게 했다. 그때부터 재미를 붙인 어을우동의 사내사냥이 시작되었다.

그녀는 종친인 방산수 이난의 집 앞을 지나다가 눈이 맞아 간통했는데 두 사람의 정이 도타워지자 이난이 자신의 팔뚝에 그녀의 이름을 새겼다. 또 그녀는 단오절에 도성 서쪽에서 그네 뛰는 놀이를 구경하다가 미혹된 종친 수산수 이기에게 자신이 내금위의 첩이라고 거짓말을 하고 정을 통했다. 전의감 생도 박강창은 노비매매 건으로 어을우동과 의논하다가 정을 통했다.

어을우동의 소문을 들은 이근지는 방산수의 심부름을 사칭하고 그녀를 찾아가 간통했다. 어을우동의 옆집에 살던 내금위 구전은 정원에서 산책하던 어을우동을 보고 담을 뛰어넘어 들어가 간통했다. 그 외에도 어을우동과 어울린 남자들의 면면을 보면 춘양위의 사위 이승언, 학록 홍찬, 서리 감의향, 밀성군의 종 지기비 등 신분이 각양각색이었다. 결국 그와 같은 엽색행각이 드러난 어을우동이 체포되자 옥중에 있던 방산수 이난은 그녀에게 구명책을 알려주었다.

"예전에 유감동이 많은 간부들 덕에 중죄를 모면했으니 너도 사통한 사람들을 많이 끌어대면 살 수 있다."

어을우동은 국문장에서 수많은 간부를 자백했고, 방산수 이난도 어유소, 노공필, 김세적, 김칭, 김휘, 정숙지 등 고관들의 이름을 무수히 끌어냈다. 사건을 접한 성종은 어유소 등 고관들은 증거불충분으로 무죄방면하고 나머지 사람들도 가벼운 형벌을 준 후 풀어주었다. 그러나 사건 당사자인 어을우동의 처분에 대해서 조정 중신들의 견해가 갈렸다. 종실의 부녀요 사족의 아내로서 풍기문란를 저지른 것은 큰 죄이므로 사형에 처해야 한다는 의견과 엄밀한 법을 적용하면 사형을 시킬 수 없다는 의견이 첨예하게 맞섰다. 하지만 성종은 망설임 없이 어을우동에게 사형을 선고했다.

"어을우동처럼 음탕하고 방종한 여인을 죽이지 않는다면 훗날 다른 사람들을 어떻게 징계하겠는가."

지엄한 왕명이 떨어지자 의금부에서는 그녀에게 '남편을 배반하고 도망하여 개가한 죄'를 물어 교부대시(絞不待時), 곧 시간을 기다리지 않고 곧바로 교수형에 처했다. 당시 가부장적인 유교질서가 자리 잡아가던 조선에서는 국왕이나 양반들의 음행에는 관대했지만 여성들의 음행에는 매우 엄격했다. 때문에 어을우동은 정을 통한 수많은 남자들과 달리 혼자만 목숨을 잃었던 것이다.

성종시대의 주요인물

성리학 질서를 꿈꾼 사림의 거두, 김종직

성종시대 사림파의 거두였던 김종직은 조선에 성리학적 정치질서를 확립하려

했던 대학자이다. 그는 정몽주와 길재의 학풍을 이어받은 아버지 김숙자에게 글을 익혀 조선시대 도학의 정맥을 이어받았다. 또 그의 제자 김굉필은 조광조와 같은 걸출한 인물을 배출해 학통을 계승시켰다.

김종직의 본관은 선산(善山)이고 자는 계온(季昷)·효관(孝盥), 호는 점필재(佔畢齋)이다. 아버지에게서 길재와 정몽주의 학통을 계승한 김종직은 1446년(세종 28년) 과거에 응시해 「백룡부(白龍賦)」를 지어 김수온의 주목을 받았으나 낙방했다. 그 뒤 형 김종석 등과 함께 황악산 능여사에 틀어박혀 학문에 열중한 끝에 큰 성취를 이루었다. 1451년(문종 1년) 울진 현령 조계문의 딸이며 자신의 문인인 조위의 누나와 혼인했다.

1453년(단종 1년) 김종직은 진사시에 합격하고, 1459년(세조 5년) 식년문과에 급제하여 승문원권지부정자로 벼슬길에 올랐다. 저작, 박사, 교검, 감찰 등을 역임하다가 1464년 세조의 잡학 편력을 비판했다가 파직되었다. 이듬해 경상도 병마평사로 재기용된 그는 이조 좌랑, 전교서교리, 춘추관기사관 등을 거치며 승승장구하다가 노모 봉양을 구실로 외직을 자청해 함양 군수, 선산 부사 등을 역임했다. 지방관으로 근무하는 동안 그는 주자가례에 따라 관혼상제를 시행하도록 하고, 향음주례와 양노례를 실시하는 등 성리학적 향촌질서를 수립하는 데 주력했다. 김굉필, 정여창, 이승언, 홍유손, 김일손 등 여러 제자들을 기른 것도 그때의 일이다.

1482년 왕의 특명으로 홍문관 응교지제교 겸 경연시강관, 춘추관 편수관에 임명되었으며 직제학을 거쳐 이듬해 동부승지, 우부승지, 좌부승지, 도승지 등 승정원의 여러 벼슬에 올랐다. 이어서 이조 참판, 홍문관 제학, 예문관 제학과 경기도관찰사 겸 개성 유수, 전라도관찰사 겸 전주 부윤, 병조 참판 등을 두루 지냈다. 이 무렵부터 제자들이 본격적으로 벼슬길에 오르면서 사림파를 형성하여 훈구파와 대립하기 시작했다.

김종직은 대의명분을 중시하여 단종을 폐위하고 살해한 세조를 비판했고 신숙주, 정인지 등 공신들을 배척했다. 대간으로 머무를 당시 그는 세조의 부도덕함을 질책하고 공신들을 공격하는 상소를 계속 올려 훈구세력을 자극했다. 그가 쓴 시를 보면 꼿꼿한 선비의 청정한 기품을 엿볼 수 있다.

못나서 분수를 못 지키니 부끄럽고

변방 장수로서 재주 없으니 부끄럽네.

벼슬 기한이 어느 날 다 차서

띠 집에 내 쇠약한 몸을 의지할까.[71]

김종직은 평소 남이의 옥사를 일으킨 유자광을 극히 멸시했다. 함양 군수로 부임했을 때 정자에 유자광의 시가 걸려 있는 것을 보고 떼어내 불태워버리기까지 했다. 그 일로 원한을 품은 유자광은 훗날 이극돈과 함께 무오사화를 일으켜 김종직의 제자들을 대거 숙청했다. 그는 조정에서 제자들과 함께 유향소복립 운동을 전개하면서 정치적 주도권을 쥐었다.

1489년 그는 공조 참판, 형조 판서에 이어 지중추부사에 올랐으나 병으로 물러나기를 청하고 고향 밀양에 돌아가 후학들을 가르치다가 1492년 세상을 떠났다. 그로부터 6년 뒤인 1498년(연산군 4년) 제자 김일손이 사초에 「조의제문(弔義帝文)」을 수록한 것 때문에 부관참시당하고 생전에 지은 많은 저술도 불태워졌지만, 중종이 즉위하자 관작이 회복되었다. 1689년(숙종 15년) 송시열과 김수항의 건의로 영의정에 추증되었다.

「성종실록」 편찬 경위

「성종실록」은 조선의 제9대 국왕 성종의 재위 25년 동안의 치세를 편년체로 기록한 역사서이다. 총 47책 297권으로 정식 명칭은 「성종강정대왕실록(成宗康靖大王實錄)」이다. 「성종실록」의 권수가 조선왕조실록 중에서 가장 많은 것은 제14권(성종 3년 1월)부터 1개월을 1권으로 편성했기 때문이다. 1495년 성종이 세상을 떠나자 연산군의 명으로 실록청이 설치되었고 영의정 신승선이 총책임자로 임명되어 편찬이 시작되었는데, 훗날 성준으로 교체되었다. 실록청 당상은 지관사 6명과 동지관사 9명 등 15명이었고, 낭청은 편수관 27명, 기주관 10명,

기사관 37명으로 총 74명이었다. 「성종실록」 편찬과정에서는 사관 김일손의 사초 때문에 조선 왕조 최대의 필화사건으로 일컬어지는 무오사화가 일어나 수많은 사람들이 목숨을 잃었다.

제10대 연산군
연산군일기 燕山君日記

연산군 시대(1494. 12~1506. 9)의 세계정세

1495년 연산군 즉위 당시 다얀 칸은 요동을 침입하고, 이어 명나라의 산서 지역을 공격했다. 1498년 일본에서는 대지진이 발생해 수만 명이 죽었고, 1500년에는 교토에 대화재가 발생해 2만여 호가 소실되는 등 혼란이 지속되었다. 유럽에서는 스위스가 독일에게서 독립했고, 콜럼버스의 3차 항해, 아메리고 베스푸치의 1차 항해가 시작되었다. 또 바스코 다 가마가 포르투갈 국왕 마누엘 1세의 명을 받아 인도항로를 개척했다. 1497년 이탈리아에서 레오나르도 다 빈치가 <최후의 만찬>을 완성했다. 1504년에는 미켈란젤로가 피렌체 시 공화국의 새로운 헌법과 예술적 우위를 기념할 목적으로 다비드 상을 조각했다.

문학적 재능과 효성을 겸비한 임금

조선의 제10대 국왕 연산군의 이름은 융(㦷), 아명은 무작금(無作金)이다. 성종과 제헌왕후 윤씨의 맏아들이다. 1476년(성종 7년) 11월 7일에 태어나 1483년(성종 14년) 2월 6일 세자로 책봉되었고, 1494년 12월 24일 성종이 승하하자 12월 29일 19세의 나이로 창덕궁 인정전에서 즉위했다.

연산군은 단종 이후 처음으로 궁궐에서 태어난 원자였다. 제헌왕후 윤씨가 폐출되어 서인으로 강등될 무렵 네 살이었던 연산군은 궐 밖에 있던 강희맹의 집에서 살았다. 1482년(성종 13년) 7월, 홍문관 부제학 유연겸이 원자에 대한 교육을 주청하자 성종은 경복궁에서 그를 왕세자로 책봉한 다음 영의정 정창손과 윤필상을 사부로 임명했다.

그때부터 세자는 「소학」을 시작으로 본격적인 제왕수업을 받기 시작했다. 1486년(성종 17년) 11세 때 「논어」의 학습이 끝나자 성종은 서연관들에게 술과 음식을 대접했고, 스승에게는 호피를, 이하 관리에게는 녹피를 하사했다. 1487년 세자는 성균관에 입학했고, 이듬해 2월 6일 병조 판서 신승선의 딸 신씨를 세자빈으로 맞이했다. 그 후 「사기」, 「통감절요」, 「십구사략」, 「춘추」, 「시경」 등 수준 높은 서적들을 독파했다. 그와 같은 학문을 바탕으로 연산군은 실록에 시문을 130편이나 남겼을 만큼 뛰어난 문학적 재능을 과시했다.

그렇듯 10여 년 이상 체계적으로 유교 경전과 사서를 공부한 연산군은 분명 준비된 제왕이었다. 그러나 실록에서는 연산군이 괴팍하고 변덕스런 성품에 학문을 싫어했다고 기록되어 있다. 왕세자 시절 연산군은 부왕 성종은 물론 소혜왕후, 정현왕후, 안순왕후 등 세 명의 대비에게 지극한 효성을 바쳤다. 1494년(성종 25년) 19세의 연산군은 부왕의 병이 깊어지자 시강관 성현에게 서연을 잠시 중단해달라고 청했다.

"주상께서 자주 측간엘 가시니 너무 피로해 계십니다. 공자께서 '실천하고 여력이 있으면 학문을 한다'고 하셨으니 수업을 중단하고 제가 약시중을 들고자 합니다."

연산군은 밤을 지새우며 성종을 극진히 간호했다. 성종이 죽은 뒤에는 오랫동안 슬픔에 빠져 있다가 이듬해 1월 22일에야 처음으로 정사를 보았다. 그럼에도 불구하고 실록에는 그가 성종이 병석에 눕자 기뻐하며 부왕이 아끼던 사슴을 잡아먹었다고 기록되어 있다. 이것이 사실이라면 대비전의 미움을 받아 도저히 즉위할 수 없었을 것이다. 당시 성종에게는 세자 외에도 계성군, 완원군, 안양군, 화산군, 진성군, 봉안군 등 왕자들이 많았기 때문이다. 그러므로 실록에 기록된 연산군의 어린 시절은 폭군으로 만들기 위한 허구일 가능성이 매우 높다.

연산군은 치세 말년에 수많은 연회를 열어 국고를 탕진했는데, 그중에 일부분은 외로운 대비들을 위해 행해졌고 대비들도 답례차 연산군과 측근 신하들에게 연회를 열어주었다. 그만큼 연산군과 대비들은 폐비 윤씨 문제와 관계없이 매우 가까웠다. 1505년(연산군 11년) 8월 28일, 양화문에서 화재가 일어났을 때 연산군은 제일 먼저 대비들의 무사함을 살피고 술과 풍악을 내렸다. 1506년(연산군 12년) 6월 21일에는 연산군은 다음과 같은 어제시를 내려 안순대비의 탄신일에 쓸 술그릇에 새기게 하기도 했다.

화산 봉우리 없어지도록 장수하시고
푸른 강물 마를 때까지 홍복을 누리소서.

정성스런 마음으로 은혜 갚으려 함이니

옥 술잔에 옥 술병을 아우르오.[72]

나는 폐비 윤씨의 아들이다

연산군은 성종 승하 직후부터 대간, 성균관 유생들과의 갈등을 겪었다. 연산군이 안순대비의 뜻을 받들어 전례에 따라 절에서 수륙재를 올리려 하자 사헌부 장령 강백진, 사간원 정언 이의손, 홍문관 부제학 성세명 등이 극력 반대했고, 홍문관 수찬 손주는 수륙재를 올리는 소문 짓기를 거부했다. 그 때문에 영의정 이극돈이 사직을 청하는 등 소란이 일었다. 하지만 연산군은 즉위 당일 승지 송질을 보내 장의사에서 수륙재를 지내게 했다.

그 일로 대간들이 부당함을 아뢰고 성균관 생원 조유형이 극렬하게 반대하자 제를 찬성했던 윤필상, 노사신, 신승선 등이 사직을 청했다. 그러나 연산군은 2재를 진관사에서, 3재를 봉선사에서 행하는 등 뚝심 있게 자식으로서의 도리를 바쳤다. 연산군은 그처럼 신임 국왕을 길들이려는 대간의 공세를 분쇄하고 즉위 초기부터 강인한 모습으로 정치무대에 등장했다. 그 후 연산군은 성종 대의 퇴폐적인 사회분위기를 일소하려 애쓰는 등 큰 무리 없이 국정을 이끌어나갔다.

1495년(연산군 1년) 3월, 연산군은 중신들과 성종의 묘지명 문제를 상의하다가 외조부 윤기견의 이름이 거론되자 상심하며 끼니를 걸렀지만 크게 동요하지는 않았다. 이미 생모 윤씨의 폐비 사건에 대해 알고 있었던 듯하다. 그해 6월 연산군은 전국에 암행어사를 파견해 관료의 기강을 바로잡고 민심을 위로했다. 또 별시문과를 실시해 33인을 급제시키는 등 인재 등용에 힘썼다.

1497년(연산군 3년) 6월, 연산군은 문신의 사가독서를 재개하여 신하들의 학문을 권장했고, 세조 이래 3조의 「국조보감」을 편찬케 하여 후대 왕들의 제왕수업에 귀감이 되도록 했다. 이와 같은 연산군의 선정은 「실록」에 나오는 그의 절구(絶句)에서도 아름답게 묘사되고 있다.

> 여러 어진 이들과 화정에 연회하여
> 꽃과 술을 즐기며 태평을 깨달았네.
> 어찌 다만 은혜 입은 것만 좋아하랴.
> 모두가 충성하여 정성 바치게 하려 함이라.[73]

재위 2년째부터 연산군과 대간으로 상징되는 사림파 신료들의 관계가 본격적으로 벌어지기 시작했다. 1496년(연산군 2년) 연산군이 노사신의 청을 받아 생모인 폐비 윤씨의 신주와 사당을 세우게 하고, 왕비로 추숭하는 의식을 거행하려 하자 대간들은 선왕의 유지를 빌미로 강력하게 반대했다. 특히 대사헌 이육과 대사간 홍석보, 조숙기 등은 성종의 유지를 거론하면서 유교 사상에 입각한 왕도정치를 설파했다. 그해 윤3월 13일, 연산군은 조정에서 다음과 같이 단호하게 소리쳤다.

"내가 환관을 시켜 폐비의 묘를 보고 오라 했더니, 묘가 다 헐었어도 수리 한번 하지 않아 여우와 승냥이들이 해골을 파먹을 지경이라고 한다. 사대부의 묘도 이와 같을 수 없는데, 하물며 천승주의 어머니 능이겠는가. 내 아들된 정으로 차마 들을 수 없으니 날을 받아 장지를 옮기고자 한다. 이에 반대하는 자는 용서하지 않을 것이다."

이는 훗날 정조가 천신만고 끝에 보위에 오른 뒤 반대파인 노론 벽파들의 서슬 앞에서 당당히 자신을 사도세자의 아들이라고 선언하고 지위를 복권시킨 것과 하등 다를 것이 없는 행위였다. 그리하여 성종의 삼년상이 끝난 후인 1497년(연산군 3년) 연산군은 경기도 장단에 있던 생모 윤씨의 묘를 개장하고 동대문 밖으로 이전해 회묘(懷墓)[74]로 격상하여 아들로서의 본분을 다했다. 그 과정에서 대간들의 반대가 이어지자 연산군은 사림에 대해 강한 환멸을 느끼게 되었다. 이런 왕의 기색을 알아챈 훈신들은 사림에게 빼앗겼던 정국의 주도권을 되찾을 기회를 노리게 되었다.

절대왕권의 꿈

연산군 대의 대표적인 사화로 일컬어지는 무오사화와 갑자사화는 강력한 왕권을 지향했던 연산군과 사림을 축출하려던 훈구세력, 앞의 두 세력을 견제하고 통제하려 했던 사림파의 오랜 갈등이 폭발한 사건이다. 성종 대에 세력을 형성한 사림파는 스승 김종직의 영향을 받아 세조의 찬탈을 비난하고 단종의 정통성을 주장하면서, 당시 권력을 얻은 훈구파를 공개적으로 비판했다. 사림의 태도에 연산군은 이를 갈았다. 증조부 세조를 부정하는 것은 곧 자신을 부정하는 것과 다름없기 때문이었다.

1498년(연산군 4년) 7월, 훈구파의 일원인 유자광과 이극돈이 사초에서 김종직의 「조의제문」을 발견하고 연산군에게 보고했다. 드디어 사림이 세조의 정통성을 비하하는 증거를 확보한 연산군은 그동안 자신을 극심하게 압박하던 사림파를 대거 숙청해버렸다.

이어서 연산군은 사림의 근거지인 성균관을 폐쇄한 다음 대과 자격을 박탈하는 정거조치를 내렸다. 그와 함께 분경금지령과 흥학절목 등을 마련했다. 당시 성균관 유생들의 사치가 극심하고 고관들에게 벼슬을 청탁하는 등 문란한 모습을 보였기 때문이다. 또한 지금의 종로2가에 있던 원각사를 지금의 성균관 자리로 이전하고 성균관을 지금의 돈암동 쪽으로 이전시키려 했다.[75]

무오사화 이후 강력한 왕권을 행사할 수 있게 된 연산군은 적극적이고 자유로운 통치행태를 보여주었다. 1499년(연산군 5년) 4월부터 7월까지 여진족이 평안도와 함경도 일대를 어지럽히자 연산군은 이듬해까지 두 지역에 장성을 쌓고 지도를 제작해 적정을 파악하도록 했다. 1500년(연산군 6년)에는 음란한 남녀를 사형에 처한다는 법률을 제정하고, 이듬해 9월에는 원자 이황을 왕세자로 책봉하는 등 후계 문제도 명확히 했다.

1503년(연산군 9년) 11월에는 경복궁과 창덕궁의 담을 높이고 그 밑에 무질서하게 난립했던 인가를 철거했다. 이는 민가의 화재가 궁궐로 번지는 것을 막기 위한 통상적인 화재예방조치였다. 연산군은 또 과거시험에서 대책문 대신 시문으로 인재를 뽑는 파격을 선보였다. 1504년(연산군 10년) 11월 20일에 실시된 과거에서 칠언율시 3수로 합격자를 가리기로 하고 친히 다음과 같은 3개의 시제를 내기도 했다.

> 1. 봄이 한창인 이원에서 고운 음악을 한가로이 완상한다.
>
> 2. 여러 간사한 신하를 제거하고 충신 얻기 목마른 것같이 한다.
>
> 3. 이름만 낚는 자를 모두 베고 순수한 정성을 취하려 한다.[76]

연산군의 이와 같은 조치는 자신이 시를 좋아한 까닭도 있지만 명나라와의 외교 문제와도 관련이 있었다. 1504년(연산군 10년) 그는 전교를 통해 이렇게 말했다.

"인재는 반드시 경술로만 취할 것이 아니다. 문학에 능한 중국 사신이 온다면 「중용」이나 「대학」의 3강령이나 8조목의 격물치지로서 상대함은 불가하니 반드시 시에 능한 자가 맞이해야 나라를 빛나게 할 수 있을 것이다. 시에 능한 사람이 어찌 경술을 모르겠는가."

실제로 이듬해 12월 2일, 조선에 들어온 중국사신이 시를 잘 한다는 말을 들은 연산군은 시문에 뛰어난 신하를 보내 접대하게 했다. 당시 연산군은 그렇듯 낭만적이고도 품격 있는 정치를 행했다. 그런데 무오사화로 사림파를 축출하고 권력을 쟁취한 훈구세력은 점차 국왕을 무시하는 태도를 보였다. 이세좌는 연산군이 베푼 연회에서 술에 취해 곤룡포에 술을 엎지르는 불경죄를 저질렀고, 홍귀달은 손녀가 세자빈에 간택되자 병을 핑계로 입궐시키지 않았다. 분개한 연산군은 이세좌와 홍귀달을 전격 처형하고 그들을 비호한 이극균을 사사했다.

1504년(갑자년) 10월부터 연산군은 훈구파의 국왕에 대한 불경죄를 생모인 폐비 윤씨 사건과 연계하여 윤필상을 비롯해 당시 사건 관련자들을 모조리 숙청했다. 또 사간원과 홍문관을 혁파하고 사헌부의 지평 2원을 없애버리는 등 사림까지 초토화시켰다. 1년여 동안 벌어진 이 갑자사화를 통해 훈구파와 사림파를 일소한 연산군은 임사홍과 신수근, 신수영 등 친위세력으로 조정을 개편하고 철권을 휘두르기 시작했다.

성리학의 경계를 넘어선 아슬아슬한 통치 스타일

1504년(연산군 10년) 12월, 성종의 사위 신수영의 집 마당에서 국왕을 비난하는 언문 익명서[77]가 발견되었다. 그 익명서는 모두 세 장이었는데 그중에 하나는 다음과 같았다.

"의녀 개금·덕금·고온지 등이 함께 모여서 술 마시는데, 개금이 말하기를 '옛 임금은 난시일지라도 이토록 사람을 죽이지는 않았는데 지금 우리 임금은 어떤 임금이기에 신하들을 파리머리 끊듯 죽이는가. 아아! 어느 때나 이를 분별할까?' 했다. 덕금이 말하기를 '그렇다면 반드시 오래가지 못하려니와 무슨 의심이 있으랴' 하여 말하는 것이 심했으나 이루 다 기억할 수는 없다. 이런 계집을 일찍이 징계하여 바로잡지 않았으므로 가는 곳마다 말하는 것이다. 만약 이 글을 던져버리는 자가 있으면 내가 '개금을 감싸려 한다'고 상언하리니, 반드시 화를 입으리라."

익명서를 보고 분개한 연산군은 즉시 개금 등을 잡아들여 국문하게 한 다음, 익명서를 배포한 범인들을 체포하게 했다. 곧 사노비 만동을 비롯해 생원 황순의 종 자비와 황순의 처남 유구 등 관련자들이 체포되어 심문을 받았지만, 주모자를 잡을 수가 없었다. 연산군은 언문 사용을 금지하고 「언문구결」 등 한글 관련서적을 불태우게 했다.

이와 같은 언문 탄압은 알려진 것과는 달리 일시적인 조치였다. 1504년(연산군 10년) 12월 10일, 병조 정랑 조계형에 명하여 언문으로 역서를 번역하게 했고, 이듬해 9월 15일에는 궁인의 제문을 언문으로 번역하여 의녀를 시켜 읽게 했으며, 1506년(연산군 12년) 6월 24일 "대비의 탄일 전문(箋文)을 언문으로 번역하라"는 명을 내렸던 것이다.

1505년(연산군 11년) 1월, 관리들에게 신언패(慎言牌)를 차게 했으며, 9월에는 장악원을 연방원으로 개칭한 다음 관기를 운평(運平)이라 고치고 궁에 불러들인 운평을 흥청(興淸)[78]이라 불렀다. 그로부터 '흥청망청'이란 말이 생겨났다. 또 장악원을 연방원이라 고쳤으며, 이듬해 8월에는 채홍사를 전국에 파견해 청녀(靑女)들을 뽑아 들였다. 한편 나인의 무덤을 여원묘라 칭하고 효사묘를 영혜실로 고쳐 그녀들의 신주를 모시게 했다.[79] 당시 연산군은 자신의 치세가 태평성대라 확신하고 있었다. 그해 10월 10일 연산군은 이렇게 전교했다.

"오랫동안 세상이 태평하고 변경도 걱정이 없다. 오늘처럼 태평한 정치는 없었을 것이다. 편히 놀기도 하고 잔치도 베풀어 마음껏 태평을 누리는 것이 또한 가하지 않겠는가."

이런 확신을 바탕으로 연산군은 나름대로 혁신적인 통치를 시도했다. 민생을 위해 북경에서 나귀를 사와 번식시키게 하는 한편, 민간에 사라능단 직조법을 널리 알리게 했다. 또 사대부들의 장례식에 조상 기간을 하루로 한 달을 갈음하는 이일역월제(以日易月制)를 시행하게 하고, 그 기간에도 육식을 허용하는 획기적인 정책을 펼쳤다. 이는 사대부와 민간의 허례허식을 일소하려는 데 목적이 있었다. 연산군은 왕실에서 먼저 모범을 보이기 위해 할머니 인수대비가 죽은 뒤 그 제도를 시행했던 것이다.

연산군은 압반과 감찰을 시켜 사치풍조와 나태에 빠져 있던 성균관 유생과 사학[80]의 유생을 규찰했고, 또 의정부의 정4품직인 사인(舍人)·검상(檢詳), 이조와 병조의 낭청(郎廳) 등의 관직에 문·무관을 번갈아 임명하게 하여 문관을 우대하던 전례를 혁파했다. 또 1506년(연산군 12년) 8월에는 자신에게 정무를 보고할 때 영의정이라도 존칭을 빼게 했으며, 공자에게 올릴 작헌례를 시행할 때는 그의 직분이 신하라 하여 재배만 하게 했다.

"제사는 성의와 공경에 있고 형식에 있는 것이 아니다. 재배한들 무엇이 해롭겠는가. 형식만을 취하고 성의를 갖지 않으면 병든 몸에 비단옷을 입힌 것

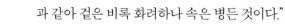

과 같아 겉은 비록 화려하나 속은 병든 것이다.”

그처럼 연산군은 중국에서 유래한 유교의 복잡한 의례를 배격하고 간소하고 실질적인 의례를 권장했다. 때문에 사림파의 정성근과 이자화가 자신의 뜻을 어기고 성종을 위해 삼년상을 치른 사실이 밝혀지자 왕실에 아부하여 이익을 얻으려 했다는 죄목으로 사형에 처했다. 이와 같은 연산군의 조치는 성리학을 근본으로 삼은 조선의 국가 정체성을 파괴하는 행위였으므로 연산군의 최측근들도 반발심을 가졌을 것으로 보인다. 연산군도 그런 조정의 분위기를 어느 정도 눈치 채고 있었던 듯하다. 중종반정 두 달여 전인 1506년(연산군 12년) 7월 17일, 그는 풍류와 색보다는 간신들이 나라를 망쳤다고 말했다.

“예로부터 호걸스런 제왕들은 풍류와 여색에 빠진 자가 많았지만, 나라의 흥망을 좌우하지는 않았다. 비록 덕이 요순보다 낫더라도 임금이 약하고 신하가 강하여 하나도 어진 보필이 없고, 이극균과 같은 무리가 많으면 위태한 나라를 면하기 어려운 법이요, 임금이 비록 풍류와 여색에 빠지더라도 국세가 당당하여 이윤과 부열과 같은 신하가 조정에 가득해도 위태롭지 않고 국가의 복조가 무궁한 것이다. 국가의 안전과 위태는 실로 신하의 충성과 간사 여부에 달려 있는 것이니, 당나라 때의 난리도 풍류나 여색에 연유한 것이 아니다.”

당시 연산군은 왕권에 도전하는 세력을 엄단하겠다는 결심하에 관리들을 유배지로 보내 죄인들을 감시했다. 하지만 등잔 밑이 어두운 법, 자신이 신임하던 대신들이 은밀히 모반을 꾸미고 있다는 것을 알지 못했다.

실록이 만든 희대의 폭군

「연산군일기」 1506년 9월 2일의 마지막 기사에는 중종반정에 앞서 그동안 행했던 연산군의 폭정이 소설처럼 자세히 그려져 있는데, 그 황음무도한 행태는 로마의 폭군 네로나 중국 은나라의 주왕과도 비교가 되지 않을 정도이다.

이 사람이 과거 그처럼 총명하고 효성 깊은 임금이었을까 하는 의심을 잠시 내려놓고 소략한 실록의 기사 속으로 들어가보자.

'수리 도감을 설치해 장인들을 모으고 백성들을 징발해 삼각산 밑 장의사 동에 탕춘정(蕩春亭)을 지었고, 시내를 가로질러 낭원(廊院)을 지었으며, 창덕궁 후원에 높다란 서총대(瑞 臺)를 지었다. 또 이궁을 장의사동과 소격서동에 짓게 했다. 이에 따라 백성들은 축장군, 축성군, 서총정군, 착지군, 이궁조성군, 인양전조성군, 재목작벌군, 유하군 등의 명목으로 부역에 끌려나와 온 고을이 텅 비게 되었고, 서울에서 역사하는 자 중에 주리고 헐벗고 병들어서 죽는 자가 태반이었다. 마을과 거리에 시체가 쌓여 악취를 감당할 수 없었는데, 더러는 굶주리고 지친 나머지 길가에 병들어 쓰러진 자가 아직 숨이 붙어 있지만, 그 근방에 사는 사람들이 시체를 버려두었다는 죄를 입을까 겁내어 서로 끌어다버리므로 죽지 않는 자가 없었다.'

'당시 영응대군의 사위 구수영이 미녀를 구해 바쳐 팔도도관찰사가 되기까지 했다. 이때 후궁 가운데 장소용과 전숙원이 왕의 총애를 받았는데, 출입할 때면 요란하기가 왕비의 행차와 같았다. 또 시녀 및 공·사천과 양가의 딸을 팔도에서 뽑아 들였는데 만 명에 이르렀다. 그들의 급사, 수종과 방비라고 일컫는 자도 그 수와 같았다. 연산군은 이들을 7원 3각에 거처하게 했는데 운평, 계평, 채흥, 속흥, 부화, 흡려 따위의 호칭이 있었다. 또 따로 흥청악을 뽑았는데 악에는 세 과가 있었다. 왕의 사랑을 받지 못하면 지과(地科), 사랑을 받으면 천과(天科), 사랑을 받았으되 흡족하지 못하면 반천과(半天科)라 하고, 그중에서 가장 사랑을 받은 여인으로 숙화, 여원, 한아 등이 있었다. 왕이 그 속에 빠져 오직 날이 부족하게 여기며 흥청 등을 거느리고 금표 안에 달려 나가 사냥을 하거나 술을 마시며 가무하고 황망했다. 성질이 광조하여 한 곳에 오래 머물지 못하고 내달려 동쪽에 있다 서쪽에 있다 하므로 비록 가까이 모시는 나인이라도 그 행방을 헤아리지 못

했다.'

'이때 대비는 경복궁으로 옮겨 거처했는데, 왕은 대비를 위해 경회루 연못에 배를 가져다가 가로 연결하고 그 위에 판자를 깔아 평지처럼 만들고 채붕을 만들었으며, 바다에 있는 삼신산을 상징하여 가운데는 만세산, 왼쪽엔 영충산, 오른쪽엔 진사산을 만들고 그 위에 전우(殿宇), 사관(寺觀), 인물(人物)의 모양을 벌여 놓아 기교를 다했고, 못 가운데 비단을 잘라 꽃을 만들어 줄줄이 심고 용주화함(龍舟 艦)을 띄워 서로 휘황하게 비췄는데, 그 왼쪽 산엔 조정에 있는 선비들의 득의양양한 모양을 만들고 오른쪽엔 귀양 간 사람들의 근심되고 괴로운 모양을 만들었다.'

'또 궁내에 조준방을 두어 매와 개를 무수히 기르므로 먹이는 비용이 걸핏하면 1천을 헤아렸고, 사방의 진기한 새와 기이한 짐승을 모아 두었다. 따로 응군을 두어 내응방에 소속시키고 번갈아 바꾸도록 하여 1만 명이나 되었다. 또 위장을 두어 여러 장수들을 통솔하게 했다. 고완관과 해응관을 두어 매와 개를 몰아 사냥하는 일을 살피도록 했는데 모두 광포하고 방종한 무뢰한들이었다. 왕이 사냥을 하려 하면 대장 이하가 각기 응군을 거느리고 달려오는데 이것을 내산행이라 했다.'

생각도 못한 최측근들의 반역

1506년(연산군 12년), 양대 사화로 파멸 위기에 몰린 사림파의 이장곤을 비롯해 호남과 경상도의 일부 인사들이 정변을 기도하려는 움직임을 보였다. 그러자 연산군의 총애로 권력의 중추에 있던 박원종, 성희안, 유순정 등이 그들보다 먼저 거사를 일으켜 정권을 탈취하고자 모의했다. 그들은 연산군의 매형인 신수근을 끌어들이려 했지만, 거절당하자 서둘러 거사를 단행했다.

1506년 9월 2일, 그들은 훈련원에서 회합한 다음 먼저 왕의 최측근인 신수근, 신수영, 임사홍을 척살한 뒤 대궐을 포위하여 연산군을 사로잡고 옥새를 빼앗았다. 거사에 성공한 반정군은 연산군을 강화도 교동에 유배시킨 뒤 성종의 둘째 아들 진성대군을 국왕으로 옹립했다.[81] 연산군은 교동에 유폐된 지 두 달 만에 의문의 죽임을 당했다. 교동에 있던 연산군의 묘는 부인 신씨의 간청으로 1513년(중종 7년) 서울 방학동으로 이전되었다. 폐비 신씨는 그 후 정청궁에서 쓸쓸히 홀로 살다 33세의 젊은 나이로 세상을 떠났다.

중종반정은 지나친 왕권중심의 패도정치를 지향하던 연산군이 조민벌죄(弔民伐罪), 폭군방벌(暴君放伐)이라는 성리학적 반정논리를 구실 삼은 신료들에게 일방적으로 축출된 사건이었다. 그 결과 반정주체인 훈신들은 권력을 움켜쥐었지만, 명분의 부재와 이후 부도덕한 행태로 중종 대부터 조선의 정계를 지배한 사림파에게 비열한 존재로 규정되었다. 기실 연산군 대의 폭정으로 일컬어지는 모든 정책은 그들의 손에 입안되고 실행된 것이었다. 그럼에도 그들은 자신의 얼굴에 침을 뱉는 격으로 「연산군일기」를 마음껏 주물러 사상 최악의 폭군을 창조해냈다. 연산군 이후 조선의 왕권은 오랫동안 신권을 넘어서지 못했고 강력한 왕권을 지향하는 군주는 광해군처럼 도덕적인 비난을 받으면서 축출당할 수밖에 없었다.

제10대 연산군 가계도

─ 제10대 연산군(燕山君)
1476년 출생, 1506년 사망(31세)
재위 11년 9개월(1494. 12~1506. 9)

폐비 신씨   왕세자 이황(폐세자) 공주 수억
창녕대군 이인(폐대군)

소용 장씨   양평군 이성   옹주 1명
이돈수

숙용 전씨

연산군의 가족사

연산군은 폐비 신씨에게서 2남 1녀, 소용 장씨에게서 2남 1녀를 얻었다. 그 외의 후궁들과 자식들에 대한 구체적인 기록은 찾아볼 수 없다. 중종반정으로 연산군을 폐위시킨 반정공신들은 제일 먼저 세칭 장녹수라 불리는 소용 장씨와 전전비라 불린 숙용 전씨, 숙원 김귀비를 군기시 앞으로 끌고 나가 참수했다. 단지 후궁에 불과한 그녀들을 그토록 잔인하게 처형한 것은 연산군의 비행을 극대화하여 자신들의 행위를 정당화고 민심을 안정시키려는 목적으로 보인다. 연산군에게는 수억이란 딸이 하나 있었는데 일찍이 반정공신 중 한 명인 구수영의 아들 구문경에게 출가해 구엄이란 아들을 낳았다. 구엄은 연산군이 강화 교동으로 유배되었을 때 곁을 지킨 인물이다.

요부로 왜곡된 후궁 장녹수

장녹수는 여종에서 정3품 소용의 지위까지 오르고 국왕의 자식을 셋이나 낳았던 입지전적인 여인이다. 하지만 사가들은 그녀를 연산군의 광태를 부추기고 축재에 골몰했던 요부로 왜곡했다.

장녹수는 1502년(연산 8년) 11월 25일, 실록에 이름을 드러냈다. 기사에 따르면 장녹수는 제안대군의 여종이었는데 어렸을 때 집안이 가난해 몸을 팔아 생활했다. 그러다 제안대군의 남종과 결혼해 아들 하나를 낳은 뒤 가무를 배워 창기가 되었는데 노래를 잘해 입술을 움직이지 않아도 소리가 맑고 청아했다. 그녀는 당시 나이가 30세쯤 되었는데도 16세처럼 어려 보였고, 미인은 아니었지만 교태와 아양을 견줄 여자가 없었다. 마침 제안대군의 집에 놀러왔던 연산군이 그녀에게 반해 궁궐로 데려와 숙원으로 봉했다. 당시 김효손은 장녹수의 형부란 이유로 사정(司正) 벼슬을 얻었고, 많은 사람들이 그녀의 족친을 사칭하며 연산군에게 벼슬을 구걸했다.

장녹수의 악명이 드러나는 것은 갑자사화가 한창이던 1504년(연산군 10년) 즈음이었다. 그해 4월 25일, 장녹수의 집 담에 한 여인이 익명서를 붙인 다음 노비 돌동에게 '이 글은 대궐과 관계있으니 떼어가라'라고 말했다. 당시 이극균, 이

세좌, 윤필상 등을 불경죄로 치죄하던 연산군은 그 이야기를 전해 듣고 자신을 적대시하는 궁인들의 소행이라고 판단했다. 얼마 뒤 범인으로 궁인 전향과 수근비 등이 잡혀오자 연산군은 두 사람을 귀양 보냈다가 능지처참한 뒤 수급을 궁중에 효수했다. 이는 분명히 갑자사화에 관련된 사건인데, 사관은 아름다운 두 여인을 시기한 장녹수의 참소 때문이라고 주장하고 있다. 폭군에게는 간사한 신하와 요사스런 여인이 필수적인데 연산군에게는 장녹수가 바로 그 역할이 주어졌던 것이다.

실록에는 그녀처럼 총애를 받은 전전비나 김귀비 등 여러 후궁들이 보이지만 사관은 오직 장녹수만을 집중 공격하고 있다. 하지만 기록대로라면 나이가 서른이 넘고 자식을 셋이나 낳은 그녀의 정3품 소용이란 품계가 기이할 정도로 낮아 보인다. 어쩌면 장녹수는 중종반정이 낳은 최고의 희생자일지도 모르겠다.

1506년(연산군 12년) 8월 23일, 연산군은 후원에서 풀피리를 분 다음 '인생은 풀잎 이슬과도 같아서, 우리 만날 날이 많지 않구나'[82]라고 말하자 장녹수와 전전비가 감격해 눈물을 머금었다. 그와 같은 낭만적인 분위기를 사관은 연산군이 마치 반정과 같은 불행한 앞날을 예감한 것처럼 묘사했다. 그처럼 승자들은 기록을 통해 패자들의 모든 것을 바꾸어놓았다.

연산군 시대의 주요사건

「조의제문」이 불러온 파국의 비파람, 무오사화

1498년(연산군 4년) 실록청이 개설되고 「성종실록」의 편찬이 시작되었다. 당시 실록청 당상으로 임명된 이극돈은 사초를 점검하던 중 김일손의 사초에서 자신을 공격한 상소문을 발견하고 깜짝 놀랐다. 세조 비 정희왕후 상중에 전라 감사로 있던 이극돈이 근신하지 않고 장흥의 기생과 어울렸다는 내용이었다. 이극돈은 극도로 분개하지 않을 수 없었다.

때마침 유자광은 김일손의 사초에서 김종직의 문집에 있던 「조의제문(弔義帝文)」[83]과 「화술주시(和述酒詩)」를 발견했다. 김일손은 세조의 왕위 찬탈 부당성이 「단종실록」과 「세조실록」에서 왜곡되자 이를 후세에 알릴 목적으로 사초에 스승 김종직의 글을 기재한 것이었다.

「조의제문」은 진나라 때 항우에게 폐위되고 죽은 초나라의 의제(회왕)를 애도하는 글이지만 실은 세조에게 폐위되어 죽은 단종을 애도하는 제문이었다. 「화술주시」는 도연명이 남조의 송나라 무제가 동진의 안제를 죽이고 왕위를 찬탈한 사실을 비난하면서 지은 「술주시」에 화답한 시로 역시 세조를 대상으로 삼고 있었다. 이는 세조의 증손인 연산군의 정통성을 정면으로 훼손하는 대역죄에 해당했다.

유자광은 이를 기화로 사림을 축출하기로 결심하고 이극돈과 함께 사화를 도모했다. 과거 남이의 옥사를 고변해 출셋길에 올랐던 유자광은 일찍이 김종직이 함양 군수로 부임했을 때 자신이 쓴 시를 불태우고, 남이의 옥사에 관련되어 모리배라는 비난을 받은 적이 있었으므로 이극돈과는 동병상련의 처지라 할 수 있었다. 유자광은 즉시 세조의 훈신인 노사신, 윤필상, 한치형을 움직여 중전의 오라비 신수근을 끌어들였다. 과거 사림파로부터 외척으로서 권세를 탐한다고 비난을 받았던 신수근은 즉시 사초의 내용을 연산군에게 보고했다.[84]

즉위 이후 사림파에게 지속적으로 시달려온 연산군은 드디어 정국을 역전시킬 절호의 구실을 잡았다. 연산군은 김종직의 시문을 압수해 빈청 앞뜰에서 불사른 다음 각도의 관사에 써 붙인 그의 친필 현판을 모두 떼어 없애도록 명했다. 또한 함양에 있던 김일손을 체포해 가혹한 고문을 가한 끝에 「조의제문」을 사초에 실은 것이 김종직의 지시에 따른 것이라는 자백을 얻어냈다. 그것으로 역모의 증거는 완벽해졌다.

1498년(연산군 4년) 7월, 연산군은 이미 죽은 김종직의 묘를 파내는 부관참시에 처하는 한편 그의 제자인 김일손, 권오복, 권경유, 이목, 허반 등이 간악한 파당을 이루어 세조대왕을 능멸했다는 이유로 능지처참에 처했다. 또 표연말, 홍한, 정여창, 강경서, 이수공, 정희량, 정승조 등은 불고지죄로 곤장 100대에 3,000리 밖으로 귀양 보냈고, 이종준, 최보, 이원, 이주, 김굉필, 박한주, 임희재, 강백진, 이계명, 강혼 등에게도 김종직의 문도로 붕당을 이루고 국정을 비방했으며 「조의제문」의 삽입을 방조한 혐의로 곤장과 함께 귀양 보내 관청의 봉수대를 짓게 했다. 더불어 어세겸, 이극돈, 유순, 윤효손, 김전 등은 수사관으로서 문제의 사초를 보고하지 않은 죄로 파면되었고, 홍귀달, 조익정, 허침, 안침 등도 같은 죄목으로 좌천되었다.

이 무오년의 사화로 수많은 신진 사림이 죽거나 유배당했고 관련 당사자인 이 극돈까지 파면되는 상황이 연출되었지만, 유자광과 노사신 등 훈척세력은 연산 군의 신임을 받아 징사를 주도하게 되었다. 그렇듯 무오사화는 실록의 시초가 문 제가 되어 사림이 대대적인 피해를 입은 사건이었으므로 사화(士禍)가 아니라 사화(史禍)로 기록되고 있다.

절대왕권이 가한 잔혹한 형벌, 갑자사화

무오사화를 통해 사림파와 일부 훈신세력을 제거한 연산군은 강력한 왕권을 손에 쥐었다. 그 후 1504년(연산군 10년)까지 그는 별다른 오점 없이 자신의 정 치를 펼쳐나갔다. 그런데 그해 3월, 경기 감사로 재직하던 홍귀달이 세자빈 간택 령이 내려진 상황에서 손녀딸의 입궐을 막았다.

대노한 연산군은 평소 김종직에게 동정적이던 그를 불경혐의로 경원에 유배시 켰다. 그 때문에 1503년(연산군 9년) 9월, 인정전에서 열린 양로연에서 연산군 의 용포에 술을 쏟는 실수로 유배되었다가 3개월 만에 풀려났던 예조 판서 이세 좌가 함께 불경죄를 뒤집어쓰고 다시 영월로 귀양 갔다. 연산군은 그들이 군주 를 능멸하는 행위가 심각하다고 보고 15일 후 사약을 내렸다. 이세좌는 사약이 도착하기 전에 먼저 자살하면서 "내가 죽으면 개가 찢어먹지 못하게 하라"라는 유언을 남겨 연산군을 자극했다.

그 말을 전해 듣고 격노한 연산군은 홍귀달을 교수형에 처하고, 조카인 이세 좌를 변호한 좌의정 이극균을 국문한 뒤 사사했다. 연산군은 1504년(연산군 10 년) 3월 24일, 폐비 윤씨를 왕비로서 장사지내고 능호를 회묘(懷墓)에서 회릉 (懷陵)'으로 바꾸었다. 또 그녀의 시호를 제헌(齊獻)으로 추존한 다음「승정원일 기」를 통해 과거 폐비에 관련된 인물들을 조사하게 했다.

그 과정에서 연산군은 폐비 윤씨의 존호에 적극적으로 나섰던 윤필상이 실제 로는 폐비 사건을 주도했던 인물임을 알고 치를 떨었다. 드디어 연산군은 부왕 성종이 자신의 사후 100년 동안 거론하지 말라고 유언했던 폐비 윤씨 문제를 대신들의 불경죄와 연루시켜 전대미문의 옥사를 일으켰다.

실록에 따르면 연산군이 임사홍에게 폐비에 대한 이야기를 듣고 분개하여 갑자사화를 일으켰다고 하지만, 이는 전혀 사실과 다르다. 오히려 임사홍은 사헌부의 공격을 받았다. 1504년 윤4월 26일, 사헌부는 임사홍과 유자광이 이극균과 사귀었다 하여 참수를 주청했다. 하지만 과거 폐비론이 일어났을 때 성종에게 울면서 불가함을 적극 진언한 전력 덕에 임사홍은 죄를 탕감 받았다. 그는 성종 때 현석규와의 불화를 겪은 후 흙비의 여파로 금주령을 선포하는 것에 반대하다가 홍문관과 예문관의 관원들에게 소인배로 몰려 퇴출당했다. 그 후 아들 임숭재가 연산군의 부마[85]가 되어 신원을 요청하는 상소를 올려 조정에 복귀할 수 있었다. 그가 희대의 간신으로 몰린 것은 갑자사화 이후 승승장구하면서 연산군에게 충성을 바쳤기 때문이다.

한편 「연산군일기」에는 윤씨의 비극적인 죽음을 알게 된 연산군이 성종의 두 후궁 엄귀인과 정귀인을 궁중 뜰에서 장살하고 정씨 소생인 안양군 이항과 봉안군 이봉을 귀양 보낸 다음 사사하는 패륜을 저질렀으며, 또 할머니 인수대비를 머리로 들이받아 부상을 입혀 얼마 뒤 숨지게 했다는 등 악의적인 기록이 가득하다. 잠깐 소략한 실록 속으로 들어가 보자.

1504년(연산군 10년) 3월 20일, 왕은 안양군 이항과 봉안군 이봉을 목에 칼을 씌워 옥에 가두라고 전교했다. 또 숙직 승지 두 사람이 당직청에 가서 항과 봉에게 장 80대씩 때려 외방에 부처하게 했다가 창경궁으로 잡아오게 했다. 또 두 사람을 석방하게 했다. 두 사람은 정귀인 소생인데 왕이 밤에 엄씨와 정씨를 대궐 뜰에 결박해 두고 손수 마구 치고 짓밟다가, 항과 봉을 불러 두 사람을 치라 하니 항은 어두워서 누군지 모르고 치고, 봉은 마음속에 어머니임을 알고 차마 장을 대지 못하니 왕이 불쾌하게 여겨 사람을 시켜 마구 치되 갖은 참혹한 짓을 하여 마침내 죽였다. 왕이 손에 장검을 들고 자순왕대비 침전 밖에 서서 큰 소리로 연달아 외치되 '빨리 뜰 아래로 나오라' 소리 지르자 시녀들이 겁에 질려 달아났고 대비는 나오지 않앉다. 그러자 왕비 신씨가 뒤쫓아 가서 힘껏 구원했다. 왕이 항과 봉의 머리털을 움켜잡고 인수대비 침전으로 가 방문을 열고 욕하기를 '이것은 대비께서 사랑하는 손자가 드리는 술잔이니 한번 맛보시오' 하며 항을 독촉하여 잔을 드리게 하니 대비가 부득불 허락했다. 왕이 말하기를 '사랑하는 손자에게 하사하는 것이 없습니까?' 하니 대비가 창졸간에 베 두 필을 가져다주었다. 왕이 말하기를 '대비는 어찌하여 우리 어머니를 죽였습니까?' 하며 불손한 말이 많았다. 뒤에 왕은 내수사를 시켜 엄씨와 정씨의 시신을 가져다 찢어 젓을 담가 산과 들에 흩어버렸다.

이처럼 두서가 없는 기록은 그 소설 같은 내용은 차치하고서라도 사관이 현장에 배석해 있지 않았음을 명확하게 말해준다. 갑자사화가 일어난 그해에도 연산군은 불사를 원하는 인수대비를 위해 성종 대의 억불정책을 되돌리면서 인수대비를 탄핵하는 사간원의 관리들을 모조리 파직시켰다. 그런 그가 갑자기 할머니에게 그렇듯 불경한 짓을 했다는 것은 이해하기 힘들다.

어쨌든 1504년 3월부터 10월까지 7개월에 걸쳐 벌어진 갑자사화는 희생자의 규모나 형벌은 무오사화와 비교할 수 없을 정도로 잔혹하게 진행되었다. 1504년(연산군 10년) 10월, 연산군은 윤씨 폐위와 사사에 찬성했던 윤필상, 한치형, 한명회, 정창손, 어세겸, 심회, 이파, 김승경, 이세좌, 권주, 이극균, 성준을 12간(十二奸)으로 지목하여 극형에 처하게 하고, 그중 이미 죽은 한치형, 한명회, 정창손, 어세겸, 심회, 이파 등은 부관참시하게 했다. 그와 함께 죄인들의 자식들도 모두 죽이고 부인들은 종으로 삼았으며 사위들은 먼 곳으로 귀양 보냈다. 또 연좌되어 사형에 처할 대상자 중에 미리 죽은 자는 모두 시신의 목을 베도록 하고, 동성의 삼종(三從)까지 장형을 집행한 다음 여러 곳으로 나누어 귀양 보냈다.

그 과정에서 연산군은 왕권을 능멸한 이세좌와 윤필상 등에게는 쇄골표풍(碎骨飄風), 곧 뼈를 갈아 바람에 날려버리는 형벌을 가하여 자손들이 제사조차 지내지 못하게 했다. 그와 같은 미증유의 극형은 성리학의 나라 조선에서는 국왕이라도 함부로 행해서는 안 될 역린이었다.

신권의 대반격, 중종반정

연이은 두 차례의 사화를 통해 절대왕권을 확립한 연산군은 잦은 연회와 특은으로 국고를 탕진하고 정적들에 대한 잔혹한 살상을 자행했다. 그와 함께 정례화된 장례 절차를 바꾸고 공자를 무시하는 등 유교질서를 파괴하여 측근들까지 등을 돌리게 만들었다. 연산군은 또 원각사를 없애고 그 자리에 장악원을 개칭한 연방원을 두었으며 채홍사를 전국에 파견해 미녀들을 모으는 한편 불교 선종의 본산인 흥천사를 마구간으로 바꾸었다. 그는 또 사냥을 위해 도성 밖 사방 100리 안에 있는 민가를 철거하고 금표를 세워 백성들의 출입을 금한 뒤 전용 사냥터로 삼았다.

사실 연산군의 불교탄압 조치는 조선의 숭유억불이라는 통치이념으로 볼 때 오히려 찬양받아야 마땅한 일이었다. 또 금표를 통한 사냥터의 민간인 출입은 역대 왕실에서도 통상적으로 시행되던 정책이었다. 태조 때부터 왕실의 사냥은 강무(講武)라 하여 일종의 군사훈련으로 간주되고 있었던 것이다. 하지만 연산군은 금표 침범에 대한 법률을 너무나 엄격하게 적용하여 담당 관리와 백성들이 곤욕을 치렀다.

당시 시중에는 갑자사화로 피해를 입은 사림파의 거사를 촉구하는 벽서가 나돌고 귀양 간 무골 이장곤이 유배지를 탈출하는 등 반정의 기운이 뚜렷했다. 박원종, 성희안, 신윤무 등 연산군의 측근들은 사림의 주도로 반정이 일어나면 자신들의 살아남지 못할 것을 알고 먼저 반정을 시도하기로 결정했다. 일찍이 금표 문제로 파직되었다가 금세 조정에 복귀해 이조 참판에 제수되었던 성희안은 망원정의 연회에서 다시 연산군의 비위를 건드려 종9품 부사용이라는 미관말직으로 좌천된 상태였다.

성희안은 우선 야심가 박원종에게 접근했다. 박원종은 동지중추부사, 한성 부윤 등을 거쳐 경기도 관찰사를 지낸 인물로 당시 연산군에게 홍청 300여 명을 비롯해 노비와 보화 등을 하사받는 등 영화의 극치를 누리고 있었다. 의기투합한 두 사람은 곧 이조 판서 유순정, 신윤무, 장정, 박문영 등을 포섭했다. 유순정은 사간원과 홍문관의 요직을 두루 거치고 사헌부 집의가 되었고 반정 한 달 전 이조 판서에 제수되었을 정도로 연산군의 두터운 신임을 받았던 인물이었다. 신

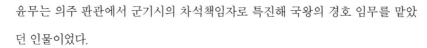

윤무는 의주 판관에서 군기시의 차석책임자로 특진해 국왕의 경호 임무를 맡았던 인물이었다.

거사 직전 박원종은 연산군의 처남이자 진성대군의 장인이었던 당대의 실력자 신수근을 찾아가 누이와 딸 가운데 누가 더 중요하냐고 떠보았다. 신수근은 임금이 포악하기는 하지만 세자가 총명하니 염려할 바가 아니라고 대답했다. 신수근은 그들의 배은망덕한 야합에 동침하기를 기부한 것이다. 때문에 신수근은 반정공신들의 1차 제거대상이 되었다.

234

반정세력은 연산군이 장단의 석벽으로 유람을 계획한 1506년 9월 초를 거사일로 잡았다. 그러나 유람계획이 취소되자 날짜를 연기했는데, 마침 호남에서 귀양살이를 하고 있던 유빈, 이과, 김준손 등이 호남에서, 또 조석기가 경상도에서 군사를 일으켜 진성대군을 옹립하겠다는 격문을 보내오자 서둘러 거사를 단행했다.

9월 2일 밤, 박원종과 성희안, 유순정 등은 군사를 이끌고 훈련원에 모였다. 연산군의 사돈인 구수영은 거사 소식을 듣고 당일 훈련원으로 달려가 합세했다. 반정군이 삼경쯤 창덕궁으로 향하다 하마비동 어귀에 진을 치자 소문을 들은 백성들이 거리로 몰려나왔다. 영의정 유순, 우의정 김수동, 찬성 신준·정미수, 예조 판서 송일, 병조 판서 이손, 호조 판서 이계남, 판중추 박건을 비롯해 연산군의 최측근인 도승지 강혼과 좌승지 한순까지 가담했다. 그렇듯 당시 조정의 핵심신료들 대부분이 모두 반정에 동참한 것이다.

기세가 오른 반정군은 먼저 신윤무에게 연산군의 최측근인 임사홍과 척신 신수영, 신수근 등을 척살하게 한 다음 구수영, 운산군, 덕진군을 진성대군 집에 보내 신변을 보호하고, 윤형로를 경복궁으로 보내 대비에게 거사 사실을 알렸다. 또 무사들을 의금부에 보내 죄수를 석방해 군대에 끌어들였다.

갑작스런 반정 소식에 겁을 먹은 궁궐 내의 장수와 군사, 승지들이 담을 넘어 도망쳤다. 당시 창덕궁에는 첩고[86]나 첩종이 없었으므로 연산군은 무방비 상태로 반정군을 기다릴 수밖에 없었다. 날이 밝자 유자광, 이계남, 김수경, 유경 등이 궐문 밖에 진을 쳤다. 반정군 수뇌들은 경복궁으로 가서 대비에게 연산군의 폐립과 진성대군 옹립을 청했다. 대비는 세자를 즉위시키자고 말했지만 영의정 유순과 강혼 등이 거듭 진성대군을 청해 허락받았다. 이어서 승지 한군과 내관 서경생이 창덕궁으로 가서 실의에 빠진 연산군을 겁박해 옥새를 빼앗았다.

당시 연산군은 믿었던 측근들의 배신에 놀라 아무런 저항도 하지 못했다. 그는 곧 강화도 교동으로 끌려갔고, 세자 이황과 왕자들 역시 여러 고을에 분산되어 유배되었다. 연산군이 총애하던 숙용 장녹수, 숙용 전전비, 숙용 김귀비 등은 군기시 앞으로 끌려가 참형을 당했다. 이튿날 박원종 등은 폐주를 연산군으로 삼고, 세자 이황은 정선, 창녕대군 이성은 제천, 양평군 이인은 수안, 이돈수 등은 우봉으로 귀양 보냈다가 9월 24일 모두 사사하여 반정을 마무리했다.

「연산군일기」 편찬 경위

「연산군일기」는 조선의 제10대 국왕 연산군의 재위 12년 동안의 치세를 편년체로 기록한 역사서이다. 총 17책 63권으로 폐위된 임금의 기록이라 하여 「연산군일기(燕山君日記)」라 명명되었다. 「연산군일기」의 체제는 한 달을 한 권으로 했으나 기사가 적은 달은 여러 달을 합하기도 했는데 예외적으로 왕위에 오른 12월은 기사가 9장에 불과하지만 한 권으로 구성했다.

역대 실록에는 실록의 편찬일과 편찬자의 이름이 수록되어 있지만 「연산군일기」에는 빠져 있다. 사초로 인해 무오사화를 겪었던 사관들의 자구책으로 보인다. 연산군 사망 직후인 1506년(중종 1년) 일기청이 설치되고 편찬책임자로 대제학 김감이 임명되었다. 그런데 김감이 이듬해 박경의 대신암살사건에 연루되어 귀양을 떠나자 실록 편찬이 일시 중단되었다가 1507년(중종 2년) 대제학 신용개가 감춘추관사가 되어 편찬이 재개되었다. 그런데 3개월 뒤에 편찬관 중에 연산군의 은총을 받은 자가 있다 하여 전원 반정공신들로 교체되었다. 새로운 편찬 책임자로는 총재관 성희안, 도청 당상 신용개, 김전, 각 방 당상으로 김봉, 성세명, 조계상 등이 임명되었다. 그리하여 「연산군일기」는 1509년(중종 4년)에 완성된 뒤 실록이 아니라는 이유로 외사고에 봉안되었다.

「연산군일기」는 무오사화로 인한 후유증 및 사관에 대한 연산군의 탄압으로 대다수 자료가 유실되었으므로 그 내용이 간략하다. 또 기록은 앞뒤가 맞지 않는 대목이 너무나 많아서 연구자들은 많은 부분에 창작 가능성을 제기하고 있다. 실록에는 또 연산군의 어제시가 많이 실려 있다. 당시 사관들은 그것이 황음무도의 증거라 여겼겠지만, 오늘날에는 거꾸로 연산군의 품격과 낭만적인 기질을 밝혀주고 있다.

236

국내

세계

- 1510 삼포왜란
- 1512 임신조약 체결
- 1515 을해동활자 주조
- 1517 「여씨향약」간행·반포
- 1518 소격서 혁파
- 1519 기묘사화
- 1527 작서의변
- 1530 「신증동국여지승람」편찬
- 1538 사무역 엄금
- 1543 백운동서원 건립
- 1544 사량진왜란

- 1516 「유토피아」출간
- 1517 종교개혁 발발
- 1519 츠빙글리, 종교개혁 추진
- 1520 루터 3대논문 발표 마젤란 대륙의 남단 마젤란해협 통과
- 1531 피사로, 잉카제국 정복
- 1532 마키아벨리의「군주론」출간
- 1541 칼뱅, 제네바에서 종교개혁
- 1543 포르투갈, 일본에 신무기 총 전래

제11대 중종

중종공희휘문소무흠인성효대왕실록
中宗恭僖徽文昭武欽仁誠孝大王實錄

중종 시대(1506. 9~1544. 11)의 세계정세

조선에서 삼포왜란이 일어났던 1510년경 명나라에서는 유육과 유칠이 하북성에서 농민봉기를 일으켰고 이듬해 화림에서 농민봉기가 일어났다. 또 영왕이 신호와 남강에서 거병했다가 왕수인에게 진압되었다. 양명학의 창시자인 왕수인은 1528년 사망했다. 일본에서는 1543년 포르투갈 인이 다네가 섬에 포착하여 조총을 전래했다.

유럽에서는 르네상스의 기운이 극성에 달했다. 1506년 레오나르도 다빈치가 불후의 대작 <모나리자>를 완성했다. 1512년 미켈란젤로가 시스티나 성당의 벽화를 완성했다. 1516년 토마스 모어의 「유토피아」가 간행되었으며, 「아라비안나이트」가 완성되었다. 종교개혁의 움직임도 가속화되고 있었다. 1517년 독일의 루터가 교황의 면죄부 판매를 공격했고, 이듬해에는 츠빙글리가 종교개혁을 제창했다. 1527년 영국의 헨리 8세가 이혼문제로 로마교황과 대립했고, 1534년 결국 수장령 발표하여 로마교회와 인연을 끊었다. 1532년 이탈리아의 역사가 마키아벨리가 「군주론」을 출간했고, 1541년 스위스의 칼뱅이 제네바에서 종교개혁을 전개했다. 1519년부터 마젤란의 세계일주가 시작되었다.

중종, 개혁을 위해 사람을 선택하다

조선의 제11대 국왕 중종의 이름은 역(懌), 자는 낙천(樂天)이다. 성종의 둘째 아들로 태어났다. 어머니는 정현왕후 윤씨이다. 정비는 신수근의 딸 단경왕후 신씨, 제1계비는 장경왕후 윤씨, 제2계비는 문정왕후 윤씨이다. 1488년 태어나 1494년(성종 25년) 진성대군으로 봉해졌는데, 1506년 9월 2일 박원종, 성희안, 유순정 등이 반정을 일으킨 다음 국왕으로 추대했다. 당시 진성대군은 자신을 찾아온 반정군을 적으로 여겼을 정도로 정치에 관심이 없었다. 하지만 자신의 의사와 관계없이 공신들에게 떠밀리듯 옥좌에 앉았다.

갑자기 보위에 오른 중종의 당면과제는 정변으로 어수선해진 사회 분위기를 바로잡고 조정을 정상화하는 일이었다. 중종은 갑자사화 이후에 귀양 갔거나 투옥된 사람들을 모두 석방하고 죄인들을 사면하여 조정에 불러들였다. 또 홍문관의 기능을 회복시켜 언론을 되살리고 경연을 통해 신하들과 활발한 정책 논쟁을 유도했다. 그 후 중종은 요직을 차지한 공신들의 세력 확장을 막기 위해 문신의 승진과 과거제 등을 엄격하게 시행했다.

그럼에도 불구하고 정변 이후의 정국은 매우 불안정했다. 1508년(중종 2년) 의관 김공저와 서얼 박경, 유생 조광보, 이장길 등이 박원종, 유자광, 노공필 등 반정공신들을 제거하려다 발각되어 죽임을 당했다. 당시 김공저는 박원종이 연산군의 궁녀를 차지하고, 무오사화의 주역인 유자광이 공신으로 책봉된 사실에 분개하여 거사를 도모했다. 그해 8월에는 이과가 중종을 축출하고 성종과 숙의 홍씨 소생의 견성군 이돈을 옹립하려다 발각되어 죽임을 당했다.

이듬해인 1509년(중종 3년) 11월에는 신복의의 옥사가 벌어졌다. 신복의는 자신이 반정에서 중요한 역할을 담당했는데도 공신이 되지 못하자 박원종, 성희안, 유순정 등 소위 반정3대장을 저주했다가 목숨을 잃었다. 1510년(중종 4년) 10월에는 몇몇 종친들이 무사들을 이끌고 대궐을 난입해 정승들을 죽인 다음 국왕을 폐위하고 역시 성종과 숙의 홍씨 소생의 완원군 이수를 옹립하려다가 발각되었다. 1514년(중종 8년)에는 정국공신인 박영문과 신윤무가 성종과 숙용 심씨 소생의 영산군 이전을 옹립하고 무인 출신의 홍경주를 영의정, 신윤무가 좌의정, 박영무가 우의정을 맡는다는 시나리오를 짰다가 기밀이 누설되어 처형되었다.

그처럼 중종의 재위 초기 8년 동안 부도덕한 반정 공신들의 탐욕 때문에 왕권은 실추되고 국정은 난맥상을 드러냈다. 그렇지만 입지가 워낙 미약했던 중종은 공신들의 월권과 탈법을 방치할 수밖에 없었다. 당시 중종은 박원종이 방에 들어오면 자신도 모르게 벌떡 일어서곤 했다고 한다. 그런 상황에서도 사림파의 주축인 대간은 무오사화의 희생자 복위운동에 진력해 1508년(중종 2년) 유자광의 벼슬과 품계를 빼앗고 평해로 귀양을 보내는 데 성공했다. 또 1514년(중종 8년)에는 단종의 모친 현덕왕후 권씨의 소릉을 복원하여 세조의 통치에 정당성이 없다는 결론을 도출하고 정국의 주도권을 잡아나갔다.

1510년(중종 4년)부터 영의정 박원종을 시작으로 유순정과 성희안이 연이어 죽자 반정공신들의 위세가 대폭 수그러들었다. 그러자 사림을 중심으로 개혁을 요구하는 목소리가 높아졌다.[87] 이에 힘을 얻은 중종은 1515년 사림의 대표자격인 김굉필의 제자 조광조를 조정에 불러들였다. 조광조의 기용과 함께 중종의 유교적 도학 정치가 시작되었다.[88]

중종은 조광조의 개혁정책을 받아들여 「여씨향약」[89]을 실시하여 백성들에게 유교적 도덕관을 심어주려 했다. 또 과거를 통한 인재 등용의 한계를 극복하기 위해 천거등용제인 현량과를 실시했다. 점차 사림이 약진하자 훈구세력은 매우 긴장했다. 그러나 조광조는 섣부르게 개혁을 밀어붙이다 역풍을 맞았다. 중종은 소격서[90]의 폐지를 위시하여 모든 정사에 철저하게 도학적인 이념을 대입시키는 조광조에게 염증을 느꼈던 것이다.

240

사림파 훈구의 이전투구, 가열되는 정국 혼란

1519년(기묘년) 조광조는 반정공신 위훈 삭제를 통해 훈구파를 무력화시키려 했다. 그러자 남곤, 심정, 홍경주 등은 은밀히 중종을 찾아가 조광조가 붕당을 만들어 조정의 요직을 독차지하고 임금을 속여 국정을 어지럽게 한다고 비난했다. 중종은 즉시 조광조, 김정, 김식 등 사림파를 조정에서 내쫓아버렸다. 그리하여 사림파가 추구했던 4년 동안의 개혁은 실패로 돌아갔다. 그때부터 조선에서는 훈구파의 전횡이 재개되었고 정치적 혼란이 가속화되었다.

1521년(중종 16년) 심정과 남곤의 일파인 송사련의 신사무옥이 일어나 안당, 권전, 안처겸 등 사림파가 또다시 대거 숙청되었다. 그해 중종은 맏딸 효혜공주를 김안로의 아들 김희에게 시집보내고 김안로를 중용했다. 그때부터 김안로는 승승장구 이조 참판을 거쳐 대사헌, 이조 판서에 이르렀다. 심정과 남곤 등은 1524년 그를 붕당의 죄로 엮어 유배형에 처했다. 이듬해 3월에는 윤세창 등의 역모가 일어났고, 1527년에는 김안로의 아들 김희가 심정, 유자광을 제거하기 위해 일으킨 작서의 변 때문에 경빈 박씨와 복성군이 궁에서 쫓겨났다. 1530년(중종 25년) 조정에 복귀한 김안로는 심정이 경빈 박씨와 결탁했다며 사헌부와 사간원을 동원해 탄핵했다.

1531년(중종 26년) 10월, 종루에 김안로를 비방하는 벽서가 나붙었다. 김안로는 그것이 심정의 아들 심사순의 글씨라고 몰아붙였다. 그 일로 심정, 이항, 김극성, 김섬, 조계상, 이행 등 권세가들이 대거 죽임을 당했다. 김안로는 또 가작인두 사건을 조작해 경빈 박씨와 복성군을 제거하여 완전히 조정을 장악하고 인사를 독점했다.

1534년(중종 30년) 영의정 정광필이 쫓겨나고 외척 윤임, 윤원형·윤원로 형제가 조정에 출사하면서 훈신과 척신 간에 권력투쟁이 시작되었다. 당시 무소불위의 권력을 행사하던 김안로는 홍언필의 아들, 이조 좌랑 홍섬이 허항의 집에서 취중에 자신을 비난했다는 말을 듣고 분개하여 장경왕후의 무덤인 희릉 공사를 빌미로 옥사를 일으켰다. 능묘 조성공사에 관련된 고관대작들이 큰 화를 당했는데 정광필, 황득정, 성담기는 직첩을 빼앗기고 유배형에 처해졌으며 강혼, 남곤, 조윤 등 훈신들도 관직을 박탈당했다.

1537년(중종 31년) 김안로는 자신이 사림을 모함한다고 공격한 윤원로를 유배형에 처했다. 중종은 이와 같은 김안로의 월권이 도를 넘었다 판단하고 은밀히 대사헌 양연에게 밀지를 내려 탄핵을 종용했다. 1537년(중종 31년) 10월 24일, 대사헌 양연을 비롯해 집의 안사언, 장령 한숙 등이 일제히 좌의정 김안로와 영의정 김근사를 탄핵하고 나섰다.

그 일을 기화로 중종은 과거 조광조를 버렸던 것처럼 과감히 김안로를 진도에 귀양 보낸 다음 사사했다. 또 그를 따르던 허항, 채무택, 허흡, 박홍린, 채낙, 이팽수, 정희렴 등을 처형했으며 영의정 김근사를 파직시켰다. 이어 정광필과 홍섬 등을 석방하고 과거 기묘사화로 축출되었던 김안국 등 사림을 조정에 복귀시켜 정국의 안정을 도모했다. 그러나 김안로가 숙청된 뒤 문정왕후의 동생 윤원형이 조정에 들어와 윤임과 경쟁을 벌이는 등 정사는 이미 외척들의 손아귀에 쥐어져 있었다. 중종의 조치는 때를 놓친 지 오래였다.

내우외환에 시달리는 조선

중종의 치세는 정치적 불안정으로 내우외환이 끊이지 않았다. 1510년 제포와 부산포 등지에서는 삼포왜란이 발생해 경상도 해안 일대가 초토화되었다. 조선과 일본의 통교는 중단되었다가 1512년 이시카기 막부의 간청으로 양국 간에 임신조약이 체결되었다. 조선은 대마도에서 보내던 세견선과 세 사미두를 반감하는 동시에 왜인들의 삼포 거주를 금지하고 제포 하나만을 개항했다. 그럼에도 1522년 5월 추자도 왜변, 동래염장 왜변 등이 이어졌고, 1529년 전라도 왜변, 1544년 사량진 왜변이 이어지자 조선은 왜인들의 출입을 완전히 금지해버렸다.

북방의 정세도 심상치 않았다. 1512년, 야인들이 갑산, 창성에 침입해 인마를 살상하고 약탈을 일삼자 조정에서는 4군 지대에 거주하는 야인들의 퇴거를 종용하고 6진 지역에 순변사를 파견하는 동시에 의주산성을 수축했다. 그러나 끊임없는 야인들의 내습으로 만포첨사가 피살되기도 했다. 이처럼 국방에 심각한 위기상황이 노정되자 조정에서는 국왕의 호위를 강화하기 위해 정로위를 설치하고, 외침에 대비한 임시합좌회의 기관으로 비변사를 설치했다. 또 무술을 가르치는 무학과를 설치하고, 편조전과 벽력포 등 신무기 개발에 몰두했다.

한편 중종 대에는 사림의 영향으로 민간에 유교적 도덕윤리를 정착시키려 애썼다. 그에 따라 궁중에서도 도교적 요소가 강한 소격서를 철폐하고, 불교의 도승제도를 폐지했으며, 도성 안에 무당을 단속하고 절을 신축하지 못하게 했다. 「소학」, 「이륜행실」, 「삼강행실도」 등의 도덕을 권장하는 서적을 민간에 배포하고, 성리학을 들여온 안향을 제향한 백운동서원을 세웠다.

문화 분야에서는 1516년 주자도감의 설치와 동활자 주조로 서적의 편찬이 활발하게 이루어졌다. 「경국대전」, 「대전속록」, 「천하여지도」 등 다방면의 문헌이 간행되었고, 최세진, 신용개, 이행 등이 「사성통해」, 「속동문선」, 「신동국여지승람」 등을 편찬한 후 간행했다. 1536년에는 찬집청이 설치되어 민간에서 권선징악이 주제가 되는 이야기를 모으기도 했다. 또 지방의 역사를 기록하기 위해 외사관을 임명했고, 1540년(중종 35년) 역대 실록을 인쇄하여 사고에 보관하게 했다. 말기에는 군적을 개편하고 전라도, 강원도, 평안도 등 3도에 양전(量田)을 실시했다. 또 변방에 진(鎭)을 설치하고 성곽을 보수하게 하는 한편 평안도 여연과 무창 등지의 야인을 추방하는 등 일시적으로 적극적인 국방정책을 추진했다.

경제분야에서는 저화와 동전 사용을 권장하고, 도량형의 통일을 꾀했다. 의복, 음식, 혼인 등에 관련된 사치를 금하고, 신임 관리들에 대한 환영 배례를 금하는 등 민생안정을 위해 노력했다. 1530년부터 서양의 세면포가 들어와 지배층의 의복생활에 큰 변화를 끼쳤다. 또 농업에 관련된 과학기술을 장려해 관천기목륜과 간의혼상이 새로 제작되어 비치되었고, 1534년에는 명나라에 기술자를 보내 이두석, 정청의 조작법과 훈금술을 습득케 했다. 1536년에는 창덕궁 내에 보루각을 설치했고, 1538년에는 천문, 지리 등에 관한 서적을 명나라에서 구입했다.

중종은 재위하는 동안 의욕적으로 수많은 개혁정책을 실시했지만 인재 등용 미숙, 정치력 부족으로 개혁을 중도에 포기하여 이렇다 할 치적을 남기지 못했다. 조선의 국왕 가운데 비교적 긴 38년 2개월 동안 옥좌에 머물렀던 중종은 1544년 11월 24일, 57세를 일기로 환경전 소침에서 세상을 떠났다. 시호는 공희휘문소무흠인성효대왕(恭僖徽文昭武欽仁誠孝大王), 묘호는 중종(中宗)이다. 능호는 정릉(靖陵)으로 서울 강남구 삼성동에 있다.

제11대 중종 가계도

─ 제11대 중종(中宗)
1488년 출생, 1544년 사망(57세)
재위 38년 2개월(1506. 9~1544. 11)

단경왕후 신씨

장경왕후 윤씨 왕세자 이호(제12대 인종)   효혜공주 옥하

문정왕후 윤씨 경원대군 이환(제13대 명종) 경현공주 옥현
의혜공주 옥혜   인순공주(조졸)
효순공주 옥련

경빈 박씨 복성군 이미   혜순옹주 철환   혜정옹주 석환

희빈 홍씨 금원군 이영   봉성군 이완

창빈 안씨 영양군 이거   정신옹주 선환
덕흥군 이초(덕흥대원군 추존) ― 하원군 이정
                          ― 하릉군 이인
                          ― 하성군 이연(제14대 선조)

숙의 홍씨 해안군 이희

숙의 나씨

숙원 이씨 덕양군 이기

숙원 이씨 정순옹주 정환   효정옹주 순환

숙원 김씨 숙정옹주 수환

귀인 한씨

중종의 가족사

정치 역경이 갈라놓은 부부 금슬

중종에게는 총 12명의 부인이 있었는데, 그중 2명의 왕비와 8명의 후궁에게서 9남 11녀를 얻었다. 중종의 조강지처는 중종반정 때 참살당한 신수근의 딸 단경왕후 신씨였는데 반정 성공 이후 후사를 염려한 공신들의 압력으로 폐위되었다.

제1계비 장경왕후 윤씨는 영돈녕부사 윤여필의 딸로 1491년 호방현 사제에서 태어나 고모인 월산대군의 부인에게 양육되었다. 1506년 중종의 후궁으로 숙의에 봉해졌고, 1507년 단경왕후 신씨가 폐위되자 왕비에 책봉되었다. 1515년 세자 인종을 낳았지만, 6일 만에 25세를 일기로 경복궁 별전에서 세상을 떠났다.

제2계비 문정왕후 윤씨는 파평 윤씨 윤지임의 딸이며 명종의 어머니이다. 1517년(중종 12년) 왕비에 책봉되었다. 그녀는 인종 사후 명종이 즉위한 뒤 수렴청정을 하면서 동생 윤원형을 지원했다. 독실한 불교신자로 도첩제를 실시하고 보우를 봉은사 주지로 임명하는 한편 전국에 300여 개의 사찰을 공인해 주었다. 그녀는 1553년(명종 8년) 수렴청정을 거두었지만 윤원형과 함께 계속 정사에 관여하다가 1565년 65세를 일기로 세상을 떠났다. 능호는 태릉으로 서울 공릉동에 있다.

치마바위의 전설

단경왕후 신씨는 1487년 익창부원군 신수근의 딸로 연산군의 아내 신씨의 외질녀이다. 1499년, 12세 때 진성대군과 가례를 올렸는데 두 사람은 매우 금슬이 좋았다. 중종반정이 일어났을 때 군사들이 집으로 몰려오자 진성대군은 연산군이 자신을 죽이려는 줄 알고 자살을 결심했다. 그때 신씨는 밖으로 나가서 말머리가 집 밖으로 향해 있는 것을 보고 군사들이 그를 보호하러 왔음을 알려주었다. 그녀는 진성대군의 등극과 함께 왕비가 되었지만 입궁 8일 만에 폐비되어 궐 밖으로 쫓겨났다.

그 후 신씨는 인왕산 아래 하성위 정현조의 집에 머물며 남편이 있는 경복궁을 바라보기 위해 자주 산에 올랐다. 당시 신씨는 중종에 대한 자신의 그리움을 전하기 위해 궁중에서 입었던 다홍치마를 바위에 깔고 눈물을 흘리다 내려오곤 했다. 중종 역시 신씨를 잊지 못해 자주 경회루에 올라 인왕산 쪽을 응시했다. 그 애틋한 이야기가 세상에 알려지자 사람들은 그 바위를 치마바위라고 불렀다. 부담을 느낀 공신들은 신씨의 거처를 죽동궁으로 옮겨버렸다.

그 후 조광조가 집권하면서 신씨의 복위가 잠시 논의되었지만 기묘사화로 사림파가 몰락하면서 흐지부지되고 말았다. 신씨는 1557년 12월 1일, 50년 동안의 회한을 안고 70세의 나이로 세상을 떠났다. 그녀는 영조 대에 단경왕후로 추존되고 온릉이라는 능호가 내려졌다.

중종 시대의 주요사건

기묘사화

반정을 통해 보위에 오른 중종은 훈신세력 일색인 조정에 조광조를 필두로 신진 사림을 대거 등용하여 조정에 새로운 기풍을 불러일으키려 했다. 조광조는 17세 때부터 2년 동안 회천에서 유배 중이던 김굉필에게 학문을 배웠다. 29세 때인 1510년 사미시에 장원급제하여 진사가 되었고 그해 성균관에 입학했다. 1515년 그는 성균관 유생 200명의 천거와 이조 판서 안당의 추천으로 조지서 사지라는 관직에 임용되었고, 그해 가을 증광문과 을과에 급제 전적, 감찰, 예소 좌랑을 역임했다. 그 과정에서 중종에게 중용된 조광조는 성리학을 정치와 민간 교화의 근본으로 삼아야 한다고 역설했다. 그는 곧 중종의 신임을 배경으로 1517년부터 도학주의에 입각한 개혁정책을 입안하면서 훈구세력 축출에 앞장섰다.

조광조 개혁의 첫걸음은 향약의 실시였다. 향약은 성리학적 이상사회, 즉 중국의 삼대에 걸친 이상사회를 민간 속에 건설하는 것이 목표였다. 향약은 지방의 자치를 설정한 민간규약으로 유학적 도덕관의 실천과 도학적 생활을 몸에 익히도록 하는 데 목적이 있었다. 즉 백성들을 교화시켜 왕도정치의 은혜를 입게 하려는 뜻이었다.

　그는 또 현량과를 통해 조정을 일신하고자 했다. 그는 종래의 과거제가 본질적으로 모순을 지니고 있기에 학업을 모두 시험준비에 한정하는 폐단이 있고, 개인의 인품과 덕행을 판단할 수 없다면서 이를 폐지하고 학문과 덕행이 뛰어난 선비를 천거하는 제도를 통해 인재를 등용해야 한다고 주장했다. 그가 신광한, 이희민, 신용개, 안당 등의 지원으로 추진한 현량과는 훈구파의 반대에도 불구하고 1519년(중종 14년) 전격 시행되었다.

　중종은 중앙에서는 성균관을 비롯한 삼사와 육조에 천거권을 주고, 지방에서는 유향소에서 천거하여 수령과 관찰사를 거쳐 예조에 전보하도록 했다. 그 자격으로는 성품과 기국, 지능, 학식, 행실과 행적, 지조, 생활태도, 현실 대응의식 등 일곱 가지 항목이었다. 이 과정을 거쳐 천거된 사람은 전정에 모여 왕이 입회한 자리에서 시험을 치른 뒤 선발되었다. 당시 120명의 후보자 가운데 급제자는 28명이었다. 이들의 연고지는 경상도 5명, 강원도 1명, 그 외 1명을 제외하고는 모두 기호 지방 출신으로 조광조와 학맥과 인맥이 통하는 신진사림들이었다.

　조광조는 또 전통적인 인습과 구태의연한 제도를 혁파하는 데 전력을 기울였다. 연산군 대에 강화되었던 궁중여악을 폐지하고 내수사의 고리대금업을 금했으며, 주자가례와 삼강행실을 보급하고 이교적 이념이 담긴 기신재와 소격서 등을 없앴으며, 소학 교육을 장려해 유교사회의 질서를 사회 전반에 뿌리 내리려 했다. 하지만 그의 개혁정책은 너무 과격하고 준비 없이 실시되어 곳곳에서 부작용을 일으켰다. 향약은 관에서 철저히 규제하고 강제한 까닭에 민간의 반발을 샀다. 또 향약을 지도하고 이끌 인재가 부족했다. 지방의 자치가 가속화될수록 관리의 통치력이 약화된다는 단점도 노출되었다.

　현량과도 마찬가지였다. 현량과를 통해 등용된 인물이 사림 일색이었기에 훈구대신들은 등용기준이 공평하지 못하다 비난했지만, 조광조는 더욱 강력하게 자신의 주장을 밀고 나가 정적을 양산하는 결과를 낳았다. 조광조는 국왕인 중종에게까지 성리학적 규범에 알맞은 생활을 강요했다. 중종은 차츰 조광조의 고지식한 도학정치에 환멸을 느끼게 되었다.

　중종의 변심을 감지하지 못한 조광조는 1519년 반정공신의 위훈을 삭제하여 본격적으로 훈신을 제거하려 했다. 그의 목표는 성희안과 유자광이었다. 성희안은 반정을 하지도 않았는데 공신으로 책록되었고, 유자광은 척족의 권력과 부귀를 위해 반정했으므로 소인배라는 것이었다. 중종은 반정이라는 태생적 한계를 지니고 있었기에 극력 반대했지만 조광조는 집요하게 설득하려 했다.

반정공신들의 대부분이 자신의 이익과 권력을 위해 거사를 도모했으니 그들을 견제하지 않는다면 조선 조정은 소인배들의 장터기 되고 말 것이라는 논리였다. 조광조는 국가질서를 정상화하기 위해서는 반정공신 2, 3등 중 일부를 3, 4등으로 개정하고 4등 50여 명은 삭제해야 한다고 주장했다. 결국 조광조의 압박에 질린 중종은 76명의 반정공신에 대한 훈작을 삭탈하는 데 동의하고야 말았다.

사림의 공격이 본격화되자 훈신세력들은 강력하게 반발했다. 현실적으로 정치원로 자리에 있던 그들은 경빈 박씨 등 중종의 후궁을 동원해 나라의 인심이 모두 조광조에 돌아갔다며 은근히 그의 역모를 암시했다. 또 궁중에 있는 나뭇잎에 꿀로 '주초위왕(走肖爲王)'이라 쓰고 벌레가 갉아먹게 한 다음 궁녀를 시켜 중종에게 보여주었다. 그렇듯 일련의 사후공작을 마친 다음 홍경주, 남곤, 김전, 이장곤, 고형산, 심정 등 공신들은 중종을 찾아가 조광조가 붕당을 조성하고 국정을 어지럽힌다며 처벌할 것을 요구했다.

1519년(중종 14년) 11월, 드디어 중종은 사림파에 대한 대대적인 추포령을 내렸다. 곧 조광조, 김정, 김구, 김식, 윤자임, 박세희, 박훈 등이 잡혀와 의금부에 하옥되었다. 성균관 유생 1,000여 명이 광화문에 모여 그들의 무죄를 호소했지만 이미 돌아선 임금의 마음은 돌아서지 않았다. 조광조는 능주에 유배되었다가 곧 사사되었고 김정, 기준, 한충, 김식, 김구, 박세의, 박훈, 홍언필, 이자, 유인숙 등 수십 명의 사림이 사형 또는 유배형에 처해졌다. 또 이들을 두둔한 안당, 김안국·김정국 형제들은 파직되었다. 이때가 기묘년이었으므로 기묘사화(己卯士禍), 희생된 주요 사림파 인사들을 기묘명현(己卯名賢)이라 부른다.

신사무옥

1521년(중종 16년) 10월 11일, 관상감 판관 송사련과 학생 정상의 무고로 안

처겸 일파가 처형되는 신사무옥(辛巳誣獄)이 일어났다. 신사무옥의 피바람을
일으킨 송사련은 본래 천인 감정의 아들이었다. 일찍이 사예 안돈후는 늘그막에
아내를 잃고 감정이 자신의 시중을 들게 했다. 1483년 안돈후가 죽은 뒤 그의
아들 안당, 안정, 안총 등이 감정의 손에 길러졌다. 감정은 배천의 갑사인 송자근
쇠와 혼인해 1488년 송사련을 낳았다. 송자근쇠는 안돈후의 맏아들 안인의 소
개로 관상감에 들어갔는데 장성한 송사련은 아버지의 뒤를 좇아 관상감에 들어
간 뒤 1519년 과거에 급제해 관상감 판관이 되었다. 지리학에 능통해 관상감에
서 벼슬을 하고 있던 안당은 자신의 서매를 송사련에게 출가시켰다. 이런 인연으
로 송사련과 안당은 매우 가깝게 지냈다.

그 무렵 기묘사화를 통해 정권을 잡은 심정과 남곤은 조광조 일파를 두둔했
다는 이유로 안처겸, 문근, 유인숙 등을 파직시켰다. 그 과정에서 안처겸이 훈신
들을 비방하자 동생 안처함은 송사련과 함께 그를 부친 안당이 머물던 용인의
농장으로 데려갔다. 안처겸은 또다시 장인의 집에서 이정숙과 권전 등을 만난
뒤 심정, 남곤 등이 권력을 남용하고 있다며 이 무리를 제거해야 나라가 바로 설
것이라고 열변을 토했다. 송사련은 맞장구를 치면서 안처겸의 말에 동조하는 척
했지만, 실은 이를 기화로 오랜 신분의 덫에서 벗어나기로 작정한 것이었다.

1521년(중종 16년) 10월 11일, 송사련은 조카 정상과 함께 안처겸의 어머니
상중에 작성한 「조객록(弔客錄)」과 장사 지낼 때 일을 한 역부들의 명부를 증거
물로 삼아 안당 부자와 이정숙, 권전 등이 역모를 꾸몄다고 고변했다. 중종은 영
의정 정광필, 좌의정 남곤, 지의금 심정, 승지 윤희인·조옥곤 등 훈구파 대신들
을 소집해 안처겸 일파를 체포하게 했다.

곧 혐의자들이 속속 국문장에 끌려왔다. 그들은 역모 혐의를 강력하게 부인
했지만 가혹한 고문을 견딜 수 없었다. 그 결과 안당, 안처겸, 안처근 삼부자가
처형되었고 권전은 국문 도중 장독으로 죽었다. 또 이경숙, 이충건, 이약수, 조광
좌 등 많은 사림파 인사들이 목숨을 잃었다.

송사련은 역모를 고변한 공으로 정3품 절충장군에 제수되고 죄인들에게서
몰수한 전답, 가옥, 노비 등을 하사받아 30여 년간 부귀영화를 누렸다. 그의 맏
아들 송한필과 둘째 아들 송익필은 학문이 뛰어나 이이에게서 함께 성리학을 논

할 만한 사람으로 인정받기까지 했다. 훗날 송익필은 선조 때 서인의 영수 정철의 막후에서 정여립의 난을 빌미로 남인을 일망타진하는 데 앞장섰다. 그 뒤 심정, 남곤의 일파가 몰락하고 사림의 영향력이 커지면서 1566년(명종 21년)에 안당의 손자 안윤의 상소로 안처겸 등이 신원되고 직첩을 돌려받았다. 1575년(선조 8년)에는 안당의 증손 안노의 상소로 신사년의 옥사가 무고임이 밝혀지면서 송사련 일가가 반노(叛奴)로 규정되었다.

작서의 변과 가작인두 사건

기묘사화와 신사무옥 이후 경빈 박씨 등 후궁과 연결된 척신들과 세자 보호를 명분으로 삼은 척신들끼리의 갈등이 첨예화되었다. 그 결과 효혜공주의 시아버지 김안로가 경빈 박씨 세력과 연계된 남곤, 심정, 이항 등의 탄핵을 받아 경기도 풍덕으로 유배되었다. 남곤이 죽자 김안로는 경빈 박씨 세력을 제거하기 위해 아들 김희를 사주해 이른바 작서(灼鼠)의 변(變)을 연출했다.

1527년(중종 22년) 2월 26일, 동궁에 물통의 나뭇조각으로 만든 방서가 함께 불탄 쥐 한 마리가 걸려 있는 것이 발견되어 조정이 발칵 뒤집혔다. 돼지띠인 세자 이호는 전날이 생일이었는데 쥐는 통상 돼지와 비슷한 것으로 간주되었기에 이 사건은 세자에 대한 저주가 분명했다. 곧 의금부를 중심으로 대대적인 수사가 시작되었다. 그 결과 범인으로 지목된 사람은 중종이 총애하던 후궁 경빈 박씨였다. 그녀의 종 범덕이가 동궁 주변을 수차례 오가는 것이 궁인들에게 목격되었고, 그녀의 딸 혜순옹주의 종들이 평소 인형을 만들어 세사를 저주했다는 것이었다. 그리하여 경빈 박씨와 복성군이 유배형에 처해졌다.

1529년(중종 24년) 중종은 세 차례에 걸친 김희의 상소를 받아들여 김안로를 석방했다. 6년 만에 조정에 복귀한 김안로는 허항, 채무택 등과 함께 대간 김근사와 심언광을 움직여 심정, 이항, 김극핍을 신묘삼간(辛卯三奸)으로 몰아 죽였다. 드디어 확고부동한 권력을 쥔 김안로는 마지막으로 유배지에 있는 경빈 박씨와 복성군을 죽여 후환을 없애기로 결정하고 또 다른 음모를 꾸몄다.

1533년(중종 28년) 5월 17일, 이른바 가작인두(假作人頭) 사건이 일어났다. 인규, 송인수, 채세영, 채무택, 서고, 임호신, 홍섬 등 세자시강원 관리들이 서연을 끝내고 나오다 동궁의 빈청에 괴이하게 만들어진 인형이 매달려 있는 것을 발견했다. 인형을 고정시킨 목패에는 세자를 능지처참하고 왕비를 참형에 처해야 한다는 저주와 함께 병조 서리 한충보가 썼다는 글이 씌어 있었다.

대간은 동궁이 잘못되면 이익을 얻을 수 있는 경빈 박씨와 복성군이 의심스럽다고 주장했다. 어쨌든 범인은 한충보에게 원한을 품은 인물이 분명했다. 그리하여 사헌부 서리 김형경이 지목되었는데, 과연 그의 집에서 목패에 썼던 수통이 발견되었다. 결국 이 사건은 수사 결과 경빈 박씨의 사위 홍여의 지시를 받아 사헌부 서리 김형경이 처남 서수견, 노비 강손, 보모 효덕 등과 함께 벌인 저주극으로 밝혀졌다. 하지만 홍여는 끝까지 혐의를 부인하다가 매질을 이기지 못하고 죽었다. 분개한 중종은 그들을 모두 능지처참하고 경빈 박씨와 복성군마저 사사한 다음 혜순옹주와 혜정옹주를 서인으로 강등시켜버렸다.

그렇듯 김안로는 교묘한 방법으로 정적들을 모조리 제거한 다음 희릉 천장사건을 통해 자신을 도운 사림세력마저 일소하고 권력을 독점했다. 훗날 그가 중종에게 버림받아 처단된 뒤 저간에 일어난 작서의 변과 가작인두 사건 등이 모두 그의 공작으로 밝혀졌다. 그 때문에 김안로는 고금에 다시없는 흉신으로 기록되었다.

삼포왜란

조선은 개국 이후 왜구의 침탈을 막기 위해 군사력을 동원한 강경책과 항구를 개방하여 거주하게 하는 온건책을 병용했다. 1407년(태종 7년) 부산포와 내이포, 1426년(세종 8년) 염포를 차례로 개방해 왜관을 설치하고 60여 명에 한해 왜인의 거주를 허락하는 한편 이들에게 제한적인 교역을 허용하고 면세 혜택까지 주었다. 그런데 시간이 지날수록 왜인의 수가 늘어나 세종 말년에 왜관에 거주하는 왜인의 수효가 2,000여 명에 이르렀다. 또 무역량이 늘어나면서 왜인들에 대한 관리가 소홀해지자 대마도주는 삼포에 자치조직을 만들고 왜인들에게 면포로 공물을 거두어가기도 했다.

연산군의 뒤를 이어 등극한 중종은 이전 국왕들이 주었던 왜인들에 대한 각종 혜택을 철회하고 철저하게 세금을 부과했다. 또 규정에 초과된 인원에 대해

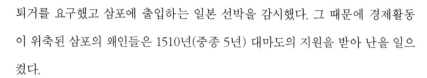

퇴거를 요구했고 삼포에 출입하는 일본 선박을 감시했다. 그 때문에 경제활동이 위축된 삼포의 왜인들은 1510년(중종 5년) 대마도의 지원을 받아 난을 일으켰다.

그해 4월 내이포에 살던 왜인의 수령 오바리시(大趙馬道)와 야스코(奴古守長) 등이 대마도에서 건너온 군사 5,000여 명을 이끌고 난을 일으켰다. 그들은 부신포 첨사 이우증을 살해하고 제포 첨사 김세균을 생포한 뒤 민가에 불을 지르고 약탈하며 수많은 백성들을 살해했다. 깜짝 놀란 조정에서는 황형을 좌도방어사, 유담년을 우도방어사로 삼아 신속하게 진압군을 파견했다. 이 사건은 주모자인 대마도주의 아들 소오 모리히로(宗盛弘)가 죽고 왜인들이 대마도로 도주하면서 종식되었다. 이 해가 경오년(庚吾年)이므로 경오의 난이라고도 부른다.

삼포왜란의 결과 조선인 270여 명이 살상되고 민가 796가구가 소실되었다. 왜인은 295명이 죽고 왜선 5척이 격침되었다. 조정에서는 삼포에 살던 왜인들을 모두 추방한 다음 왜인들의 무덤을 따로 만들어 이후 조선 땅에 들어오는 왜인들에게 경고했다. 얼마 후 양국간의 무역 단절로 경제적 어려움을 겪게 된 일본은 대마도주를 통해 외교 재개를 요청했다. 또 일본 국왕의 명을 받은 대마도주는 1512년(중종 8년) 5월과 윤5월, 두 차례에 걸쳐 삼포왜란 때 난을 일으킨 주모자를 처형하고, 조선인 포로들을 송환했다. 조선은 종래의 강경태도를 일부 누그러뜨리고 일본과 임신약조(壬申約條)를 체결한 다음 내이포에서만 무역을 할 수 있게 했다.

중종 시대의 주요인물

최초의 한글소설 「설공찬전」의 작가, 채수

채수는 성종 대에 호조 참판에 오르고 연산군 대에 예조 참판, 평안도관찰사를 역임한 인물이다. 실록에 따르면 그는 영리하고 기억력이 좋았으며 젊은 날 문예로 이름을 떨쳤는데 늘 술과 시와 음악을 가까이했다고 한다.

채수는 갑자사화 때 목숨을 잃을 뻔했지만 성종에게 폐비의 부당함을 극간했다는 사실이 밝혀져 살아남았다. 그는 평안도관찰사로 재직할 때 살아 있는 담비와 청설모를 잡아 채색 교자에 담아 연산군에게 바친 적이 있었다. 그때 연산군은 "궤에 넣어 달아나는 것을 막으면 될 것이지, 하필이면 교자를 만들되 아로새기고 장식하여 사람들의 이목을 놀라게 하는 것이냐"라고 그를 꾸짖었다. 1506년(연산군 12년) 1월 22일, 연산군은 승지 권균, 강혼, 한순, 윤순, 김준손, 윤장을 명정전 안뜰로 들게 하고 김감, 김수동, 임사홍, 채수, 조계형, 이희보와 대간을 불러서 술을 내렸다. 그때 연산군이 다음과 같은 당나라 왕건의 시를 읊조렸다.

> 옥루는 옆으로 기울어지고 분장은 텅 비니
> 겹겹이 싸인 푸른 산만 고궁을 둘렀구나.
> 무제가 떠난 후 미인은 다 없어지고
> 들꽃에 누른 나비만 봄바람을 차지했네.[91]

연산군은 채수에게 이 시의 느낌이 어떠냐고 물었다. 채수가 매우 아름답다고 대답하자 연산군은 "누가 너를 보고 시를 잘한다고 했느냐" 하면서 밖으로 내쫓아버렸다. 당시 연산군은 당나라 왕건이 시와 여인을 좋아하다 쫓겨난 것을 기억하고 그 시를 읊은 것인데 채수는 그 뜻을 헤아리지 못해 곤욕을 치른 것이었다. 채수는 또 부친상을 치를 때 쇠고기 산적을 먹었다는 이유로 사림파로부터 무례하고 경망스럽다는 평을 받았다.

중종반정이 일어난 뒤 3등공신으로 인천군에 봉해진 채수는 나이를 핑계로 관직을 맡지 않고 고향에 내려가 5년 동안 한가롭게 쉬다가 1515년(중종 10년) 11월 8일, 세상을 떠났다. 「설공찬전」은 그 시기에 쓴 것으로 보인다.

1511년(중종 6년) 9월 5일, 중종은 채수가 지은 「설공찬전(薛公瓚傳)」을 불사르게 하고, 숨기고 내놓지 않는 사람은 요서를 은밀히 감춘 죄목으로 치죄할 것을 명했다.

9월 18일, 대사헌 남곤과 헌납 정충량은 「설공찬전」이 괴이하고 허탄한 말을

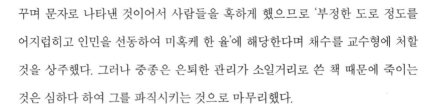

254

꾸며 문자로 나타낸 것이어서 사람들을 혹하게 했으므로 '부정한 도로 정도를 어지럽히고 인민을 선동하여 미혹케 한 율'에 해당한다며 채수를 교수형에 처할 것을 상주했다. 그러나 중종은 은퇴한 관리가 소일거리로 쓴 책 때문에 죽이는 것은 심하다 하여 그를 파직시키는 것으로 마무리했다.

그해 12월 11일, 홍문관 수찬 채소권이 아버지 채수의 억울함을 호소했다. 그가 「설공찬전」을 지은 것은 잘못이지만 옛날에도 실없는 장난거리로 만들어진 「전등신화」, 「태평한화」가 있다는 이유였다. 성희안까지 채수를 변호하고 나서자 중종은 12월 25일 그를 다시 인천군(仁川君)으로 봉했다.

당시 「설공찬전」은 금서로 불태워졌지만, 1997년 한글 필사본이 이문건의 「묵재일기(默齋日記)」 제3책의 이면에 다른 고전소설과 함께 들어 있는 것이 발견되었다. 이 한글본은 후반부가 없어진 채 13쪽까지만 남아 있는데, 허균의 한글 소설 「홍길동전」보다 50여 년이나 앞선 것으로 밝혀졌다. 이 소설은 저승을 빌려 당시의 정치적 상황을 민감하게 반영한 소설로 어숙권의 「패관잡기」에서는 제목이 「설공찬환혼전」, 한글본에는 「설공찬이」로 표기되어 있다. 「설공찬전」의 내용은 다음과 같다.

'순창에 살던 설충란에게는 남매가 있었는데 딸은 혼인하자마자 바로 죽고 아들 설공찬도 장가들기 전에 병들어 죽는다. 딸의 혼령은 설충란의 동생인 설충수의 아들 설공침에게 들어가 병들게 만든다. 설충수가 방술사 김석산을 부르자 혼령은 설공찬을 데려오겠다며 물러간다. 곧 설공찬의 혼령이 사촌동생 설공침에게 들어가 왕래하기 시작한다.

설충수가 다시 김석산을 부르자 설공찬은 설공침을 극도로 괴롭힌다. 설충수가 다시는 그러지 않겠다고 빌자 설공침의 모습을 회복시켜 주고 사촌동생들을 불러오게 한다. 그들이 설공찬에게 저승에 대해 묻자 설공찬은 저승은 순창 바닷가에서 40리 떨어진 곳에 있는 단월국인데 임금은 비사문천왕이라 소개한 뒤 명이 다한 영혼을 불러오는 저승의 심판 모습을 일러준다.

이처럼 「설공찬전」은 주인공 설공찬의 혼령이 전하는 저승 소식이 주요 내용이다. 그중 가장 눈에 띄는 대목은 반역으로 정권을 잡은 사람들은 지옥에 떨어진다는 대목이다. 이승에서 비록 비명에 죽었어도 임금께 충성하여 간하다가 죽은 사람이면 저승에 가서도 좋은 벼슬을 하고, 이승에서 여인이었어도 글을 잘하면 저승에서 소임을 맡아 잘 지낸다는 것이다.

당시 금서로 지정될 정도로 대중적 인기를 끌어 모은 「설공찬전」에서 채수는 그렇듯 중종반정에 가담했던 공신들을 은근히 조롱하여 백성들의 마음을 후련하게 해주었다. 게다가 저승에는 남녀차별이 없다 하여 여성 독자들의 마음까지 사로잡지 않았을까 추측된다.

조선 성리학의 뼈대를 세운 이언적

이언적은 조선 성리학의 선구자이고 영남학파의 창시자로서 김굉필, 정여창, 조광조, 이황과 함께 사림5현으로 광해군 2년에 문묘에 종사된 대학자이다. 그의 본관은 여주(驪州), 자는 복고(復古), 호는 회재(晦齋)·자계옹(紫溪翁)이다. 1491년(성종 22년) 생원 이번과 어머니 경주 손씨 사이에서 태어났다. 그의 초명은 적(迪)이었으나 중종의 명으로 선비 '언(彦)' 자를 더하여 언적(彦迪)이 되었다.

그는 어릴 때 아버지를 잃고 성리학자인 외삼촌 손숙돈의 도움으로 공부했다. 24세 때 문과에 급제한 다음 이조 정랑, 사헌부 장령, 밀양 부사를 거쳐 1530년(중종 25년) 사간으로 봉직하던 중 간신 김안로의 중용을 반대하다가 조정에서 쫓겨났다. 그 후 경주 자옥산에 칩거한 그는 홀로 학문에 전념하여 주희의 주리론적 성리학을 완성하여 사림의 정치 참여에 대한 이론적 토대를 정립했다. 그가 자신의 호를 '회재'라 한 것은 회암(晦菴), 곧 주희의 학문을 따른다는 것을 대변한 것이었다.

이언적의 나이 27세 때 벌어진 조한보와의 태극 논쟁은 그의 사상체계를 가름하는 중대한 계기였다. 그 주제는 과거 주자와 육상산이 다투었던 주렴계의 무극이태극(無極而太極) 문제였다. 조선 성리학 최초의 대논쟁으로 기록된 이 논쟁은 무극태극설에 대해 연구하던 그의 외삼촌 손숙돈과 조한보 사이에서 비롯되었다. 두 사람 사이에 오간 편지를 읽어본 이언적은 '서망재망기당무극태극설후(書忘齋忘機堂無極太極說後)'라는 글을 써서 양자를 모두 논박했다. 그러자 조한보가 이언적에게 답장을 보내면서 1517년에서 1518년까지 2년에 걸쳐 치열한 학술논쟁이 벌어졌던 것이다.

당시 손숙돈과 조한보는 육상산과 도교와 불교의 사상을 끌어들이고 있었다. 손숙돈은 태극의 극(極)을 중(中)의 뜻으로 해석했고, 조한보는 태극을 바로 무극(無極)으로 해석했다. 무극은 태허인데 그 본체는 적멸(寂滅)한 것이므로 무극과 태극을 유무(有無)와 내외(內外)로 나눌 수 없으며, 또 무극이태극은 큰 근본이자 통달한 도로서 나눌 수 없는 한 덩어리이기 때문에 무극과 태극, 유와 무가 간격이 없다는 논지였다. 이에 대해 이언적은 태극 자체가 도의 본체이며 모든 변화의 요점으로 처음부터 무성, 무취, 무영향한 것이니 도교에서 주장하는 무(無)에서 나와 유(有)로 들어가는 것이라든지 불교의 공(空)과는 다르다고 주장했다. 그는 자기 자신의 도덕적 완성 내지 완전한 자아실현을 통해서 타인의 완성을 지도할 수 있고, 천지의 화육을 도와 인격을 세우게 된다고 주장했다.

이와 같은 이언적의 학설이 주목받은 것은 성리학의 공허한 담론에 인도(人道) 및 인사(人事)라는 사회적 관점을 대입시켰다는 점이다. 그는 인간의 마음만이 시비판단의 기준이면서 국가치란의 근원이라 주장하고, 국가경영에 있어서도 통치자의 바른 마음이야말로 나라를 다스리는 일차적 과제라고 설파했다. 곧 이(理)야말로 창조적이고 능동적인 힘을 가진 도덕의 근원이라는 것이다. 그때부터 조선의 성리학은 개인윤리를 사회윤리에 적용시킬 수 있었고, 본래의 관념적인 성격에서 벗어나 강력한 실천철학으로 발전했다.

그 후 조선의 성리학은 빌진을 거듭해 철학적으로 퇴계의 주리파와 율곡의 주기파로 나누어졌고, 지역적으로는 영남학파와 기호학파 두 갈래로 갈라졌다. 그외에 기(氣)가 자생자화하는 자연 변화의 근원임을 강조한 화담 서경덕의 자연주의 철학이 또 하나의 축을 이루었지만 곧 시들었다.

이언적은 1537년(중종 32년) 김안로가 쫓겨난 뒤 종부시첨정이 되었고 홍문관 교리, 응교, 직제학에 올랐다. 지방관인 전주 부윤으로 임명되었을 때 중종에게 「일강십목소(一綱十目疏)」를 올려 하늘의 도리, 곧 천도에 순응하고 백성의 마음, 곧 인심을 바로잡으며 나라의 근본을 배양해야 한다는 왕도정치의 기본이념을 역설했다. 중종은 그를 중앙에 불러들이려 했지만, 기묘사화 이후 혼탁해진 조정에 실망한 그는 노모를 봉양해야 한다는 핑계로 벼슬을 버리고 고향으로 돌아갔다. 그가 남긴 한시에는 당시의 정치현실에 실망하고 산림에 은거하려는 곧은 선비의 비애가 담겨 있다.

> 강에 산 그림자 짙으니 고기는 놀라서 숨고
>
> 산에 부연 기운 가득하니 학도 두려워하네.
>
> 만물이 막히어 모두 허황함에 미혹되니
>
> 사람들은 어찌 동서도 분별하지 못하는가?[92]

중종이 승하한 다음 보위에 오른 인종이 재삼 초빙하여 조정에 복귀한 이언적은 이조, 예조, 형조의 판서를 거쳐 1545년(명종 즉위년)에 좌찬성이 되었다. 그러나 인종이 급서하고 명종이 즉위한 뒤 정권을 잡은 윤원형은 을사사화를 일으킨 다음 그를 추관으로 임명했다. 이언적은 자신의 손으로 곧은 선비들을 벌할 수 없다 하여 과감히 벼슬을 버리고 물러났다. 그 일로 윤원형의 미움을 산 이언적은 1547년(명종 2년) 양재역 벽서사건 때 모함을 받아 강계로 유배되었고, 1553년(명종 8년) 그곳에서 63세의 나이로 세상을 떠났다. 그는 유배지에서도 학문에 몰두해 유교의 핵심 개념인 인(仁)에 대하여 집중 탐구한 「구인록」을 비롯해 「대학장구보유」, 「중용구경연의」, 「봉선잡의」 등 성리학사상 중요한 저술을 남겼다. 1610년(광해군 2)에 문묘에 종사되었고, 경주의 옥산서원에 제향되었다.

「중종실록」 편찬 경위

「중종실록」은 조선의 제11대 국왕 중종의 재위 38년 동안의 치세를 편년체로 기록한 역사서이다. 총 53책 105권으로 정식명칭은 「중종공희휘문소무흠인성효대왕실록(中宗恭僖徽文昭武欽仁誠孝大王實錄)」이다. 「중종실록」은 역대실록의 일반적 원칙인 유년칭원법(踰年稱元法)을 사용하지 않고 「세조실록」처럼 즉위년칭원법(卽位年稱元法)을 사용했다. 중종도 세조처럼 폐위된 임금의 뒤를 이어 즉위했기 때문이다. 「중종실록」은 인종 대에 편찬이 계획되었지만 당시 대윤과 소윤의 정쟁이 극에 달해 있었고 임금이 1년도 재위하지 못했으므로 오랫동안 공전되었다. 이런 사정은 명종 즉위 이후에도 마찬가지다. 그러다 1546년(명종 원년)에 비로소 실록청이 설치되어 「인종실록」과 함께 편찬을 시작해 5년 뒤인 1550년(명종 5년)에 완성되었다. 「중종실록」에 참여한 춘추관의 관원은 모두 139명이었다. 중종 시대에는 사림을 중용해 연산군 대의 각종 폐습을 혁파하고 옛 법도를 복구했던 만큼 사관들의 기록 활동도 활발하게 전개되어 「중종실록」에는 조선 전기 실록 중 가장 많은 1,305편의 사론이 수록되어 있다.

제12대 인종

인종영정헌문의무장숙흠효대왕실록
仁宗榮靖獻文懿武章肅欽孝大王實錄

인종 시대(1544. 11~1545. 7)의 세계정세

인종 즉위 당시 유럽에서는 반 종교개혁운동이 일어났다. 교황 바오로 3세는 신성로마제국 카를 2세의 요구에 따라 1545년부터 1563년까지 18년 동안 이탈리아 북부 트리엔트에서 종교회의를 열었다. 트리엔트 종교회의에서는 라틴어 성서인 「불가타(vulgata)」를 공식성서로 선포하고 성서의 해석은 교회만의 권능임을 선언했다. 또 구원은 신앙과 더불어 선행이 필수라고 강조하는 등 프로테스탄트의 종교개혁에 대한 교회의 입장을 정리했다. 공의회 이후 가톨릭교회는 로욜라가 설립한 예수회를 통해 프로테스탄트의 확장을 막고 가톨릭 신앙을 다시 일으켰다. 이때부터 천주교의 바람이 동북아시아에도 거세게 불어왔다.

조선의 최단명 임금

조선의 제12대 국왕 인종(仁宗)의 이름은 호(峼), 중종과 장경왕후 윤씨의 맏아들이다. 1515년(중종 10년) 2월 25일, 원자로 태어나 1520년(중종 15년) 왕세자로 책봉되었고, 25년간 세자위에 있다가 1544년(중종 39년) 11월 15일에 중종이 승하하자 11월 20일, 창경궁 명정전에서 즉위했다. 재능이 뛰어나고 인품이 높았지만 상중에 너무 슬퍼한 탓에 몸을 상해 이듬해인 1545년 7월 1일, 31세의 젊은 나이로 세상을 떠났다. 재위기간은 7개월 남짓이라 기록할 만한 치적이 없다.

인종은 조선의 국왕 중에 가장 짧은 기간 동안 왕위에 있었지만, 당대에 성군으로 추앙받았다. 세자 시절 지극한 효성과 너그러운 성품, 금욕적인 생활로 전형적인 선비의 면목을 보였기 때문이다. 3세 때부터 글을 읽었고 8세 때인 1522년부터 매일 세 차례씩 성균관에 들어가 글을 읽었다. 그는 동궁 시절 화려한 옷을 입은 궁녀를 쫓아냈으며 여색을 가까이하지 않았다. 평소 정자의 '사물잠(四勿箴)', 범준의 '심잠(心箴)'과 「서경」의 '무일편(無逸篇)', 「시경」의 '칠월장(七月章)' 등 심신의 수양과 정치에 도움이 되는 성현의 격언을 써서 좌우에 두고 늘 마음에 새겼다고 한다.

인종은 즉위하자마자 오랫동안 비어 있던 영의정에 홍언필, 좌의정에 윤인

경, 우의정에 이기, 좌찬성에 성세창, 우찬성에 이언적을 임명해 조정을 정비
했다. 하지만 대간의 상소로 이기는 우의정에 임명되지 않았다. 인사파동 이
후 인종은 다시 영의정에 윤인경, 좌의정에 유관, 우의정에 성세창, 좌찬성에
이언적, 우찬성에 유인숙을 임명했다. 이기는 권신 윤원로와 윤원형 형제에
게 아부해 왕대비였던 문정왕후 윤씨의 추천으로 좌찬성이 되었다. 당시 사
림파에 원함을 품게 된 그는 훗날 을사사화를 획책한다.

　인종은 또 사간원의 건의에 따라 사관이 사초를 쓸 때 자기 이름을 기재
하지 않는 규정을 회복시켰다. 사관들의 직필과 공론을 보장하고 역사를 통
한 권선징악의 기능을 살리기 위한 조치였다. 3월에는 성균관 진사 박근과
여러 대간들이 상소해 중종 때 실각한 조광조의 복직을 청했다. 인종은 아
버지 중종이 조광조가 죄가 없다고 말하기는 했지만 복직시키지 않은 데는
말 못할 이유가 있었을 것이라며 허락하지 않았다. 그러다 자신의 병이 위중
해지자 마침내 조광조를 복권시키고 기묘사화의 희생자들을 신원하려 했
다. 그렇듯 중종 대의 허물을 벗겨내려던 인종의 계획은 1545년 7월 갑자기
세상을 떠나면서 수포로 돌아갔다.

갑작스런 임금의 죽음을 둘러싼 미스터리

　생모 장경왕후 윤씨가 출산 7일 만에 산고로 세상을 떠나자 어린 인종은
문정왕후 윤씨의 손에 양육되었다. 그는 문정왕후에게 효성을 다했지만, 그
녀는 인종을 원수 대하듯 했다. 하지만 인종은 그녀의 태도가 자신의 효심
이 부족한 탓이라고 여겼다. 그가 자식을 두지 않은 것은 이복동생 경원대
군에게 왕위를 물려주기 위해서였다는 설도 있다.

　야사에 따르면 윤씨는 몇 차례 인종을 살해하려 했다고 한다. 즉위하고 나
서 문정왕후가 하사한 떡을 먹고 죽었다는 이야기도 있다. 어느 날 인종이 문
안인사를 가자 문정왕후는 평소와 달리 미소를 띠며 떡을 내놓았다. 아무 의

심 없이 떡을 먹은 인종이 갑자기 시름시름 앓다가 숨을 거두었다는 것이다. 문정왕후의 악독함과 인종의 효성을 대비시키는 일화가 아닐 수 없다.

이와 같은 독살설이 아니더라도 인종은 즉위 초기부터 건강이 몹시 나빠 단명이 예견되었다. 부왕 중종이 세상을 떠났을 때 6일 동안 식음을 전폐하고 5개월 동안 소리를 내어 곡하며 죽을 조금 먹었지만, 소금과 장은 전혀 들지 않아 건강이 극히 악화되었다. 과거 문종이 세종 사후 극도로 애통해 하다가 지병이 악화된 것과 마찬가지였다. 실제로 「인종실록」에는 국왕의 집상(執喪) 관계 기사가 절반을 차지하고 있다. 그 와중에도 인종은 명나라의 사신을 친히 접대하느라 동분서주하면서 병세가 회복될 수 없는 지경에 이르렀다.

1545년 6월 29일, 인종은 아우인 경원대군에게 보위를 넘긴다는 유언을 남기고, 이튿날인 7월 1일, 청연루 아래 소침에서 31세를 일기로 승하했다. 시호는 영정헌문의무장숙흠효(榮靖獻文懿武章肅欽孝)이며 묘호는 인종(仁宗)이다. 능호는 효릉(孝陵)으로 경기도 고양시 덕양구 원당동에 있다.

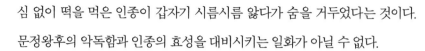

제12대 인종 가계도

─ 제12대 인종(仁宗)
1515년 출생, 1545년 사망(31세)
재위 9개월(1544. 11~1545. 7)

인성왕후 박씨

숙빈 윤씨

귀인 정씨

인종의 가족

인종은 정비 인성왕후 박씨와 숙빈 윤씨, 귀인 정씨 등 두 명의 후궁을 두었지만 자식을 얻지 못했다. 인성왕후 박씨는 금성부원군 박용의 딸로 1524년 11세 때 세자빈에 간택되었고, 1544년 인종 즉위 이후 왕비가 되었지만 슬하에 자녀가 없었다. 인종 사후 32년 동안 홀로 지내다 1577년 64세를 일기로 세상을 떠났다.

숙빈 윤씨는 문정왕후의 오빠인 윤원량의 딸인데 구체적인 기록이 전해지지 않는다. 귀인 정씨는 영일 정씨 정유침의 딸로 서인의 거두였던 송강 정철의 큰 누이이다. 그녀는 성격이 담대하고 차분해서 인종의 사랑을 받았지만 생몰에 대한 기록이 없다. 그녀가 후궁에 간택되어 입궐한 덕에 정철은 어린 시절 궁궐에 출입하며 훗날 명종이 되는 경원대군 이환과 친해질 수 있었다.

「인종실록」 편찬 경위

「인종실록」은 조선의 제12대 국왕 인종의 재위 9개월 동안의 치세를 편년체로 기록한 역사서이다. 총 2책 2권으로 정식 명칭은 「인종영정헌문의무장숙흠효대왕실록(仁宗榮靖獻文懿武章肅欽孝大王實錄)」이다. 조선의 역대 국왕 가운데 재위기간이 가장 짧았던 만큼 실록 역시 1545년(인종 원년) 1월부터 동년 7월 1일까지 만 6개월의 기록에 불과하다.

1546년(명종 원년) 가을 실록청이 설치되고 실록청 총재관에 우의정 정순붕, 실록청 당상에 대제학 신광한 등이 임명되었다. 기묘사화 이후 정순붕이 죄를 얻은 신분이라 총재관을 맡을 수 없다며 사의를 표명하자 명종은 우의정은 종전대로 두고 총재관의 임무만 바꾸도록 했다. 대제학 신광한도 마찬가지 근거를 들어 사임했다. 좌의정 이기를 총재관에 임명했지만, 그 역시 인종 때 여러 차례 논박을 받은 바 있다며 고사했다.

화가 난 명종은 "과거 조광조의 일로 인책 받는다면 누군들 논박 받지 않을 이가 있겠는가"라면서 이기의 사임을 허락하지 않았고, 신광한 역시 유임시켰다. 이런 우여곡절 끝에 「인종실록」은 「중종실록」과 함께 완성되었다.

제13대 명종
명종대왕실록 明宗大王實錄

명종 시대(1545. 7~1567. 6)의 세계정세

1550년 명나라가 타타르제국 알탄 칸의 입공요구를 거절하면서 타타르 군대가 북경까지 진격해 들어온 경술의 변이 일어났다. 1553년에는 포르투갈이 마카오를 점령했다. 1563년에는 척계광이 복건성에서 왜구를 격파했다. 1567년에는 산동과 하남 지역에 대홍수가 일어나 수십만 명이 목숨을 잃었다. 일본은 1560년 막부가 기독교 포교를 허가했고, 1565년 미요사 등이 쇼군 아시카가 유시테루를 살해하고 내란이 일어나 2년 뒤 아시카가 요시이키가 15대 쇼군이 되었다. 일본은 당시 포르투갈 선박이 나가사키 항에 들어오면서 서방과 교류하기 시작했다. 프랑스에서는 구교도·신교도 귀족 간 분쟁이 극심하던 중 1562년 기즈 공 세력이 신교도를 학살하면서 1598년까지 위그노전쟁이 일어났다.

정치 일선에 나선 문정왕후

조선의 제13대 국왕 명종(明宗)의 이름은 환(峘), 자는 대양(對陽)이다. 1534년 중종과 계비 문정왕후 윤씨 사이에서 태어났다. 1539년(중종 34년) 12월 21일, 경원대군에 봉해졌으며 1545년(인종 1년) 7월 1일, 인종이 병사하자 7월 6일, 경복궁 근정전에서 12세의 어린 나이로 즉위했다. 정비는 청릉부원군 심강의 딸 인순왕후 심씨이다.

문정왕후 윤씨는 세 명의 공주를 낳은 뒤 35세의 늦은 나이에 비로소 경원대군을 얻었다. 그렇지만 장경왕후의 소생인 세자 이호가 20세였고 매우 총명했으므로 경원대군의 왕위 계승은 사실상 불가능했다. 그러나 인종이 즉위 6개월 만에 후사 없이 승하하자 그녀는 경원대군을 보위에 올린 다음 수렴청정으로 정권을 장악했다. 당시 45세였던 문정왕후는 중종과 「논어」를 강론할 만큼 유식한 인물이었다. 그녀는 명종이 즉위하자마자 과거 정희왕후의 예에 따라 자신이 섭정을 맡아 국사를 원상과 의논하여 처리하겠다고 선언했다. 이전에도 대비의 섭정은 있었지만 실제로 발을 드리우고 직접 신하들과 정사를 논하는 수렴청정(垂簾聽政)[93]은 문정왕후가 처음이었다.

끊임없는 외척의 권력 다툼

문정왕후의 수렴청정 시대에 조정은 장경왕후의 오빠인 윤임과 문정왕후의 동생인 윤원형이 대결하고 있었다. 윤원형은 1537년(중종 32년) 김안로가 실각한 뒤 등용되었는데 중종 때부터 윤임 일파와 왕위계승권을 둘러싸고 치열한 정쟁을 벌였다. 그리하여 세간에서는 윤임을 대윤, 윤원형을 소윤이라고 불렀다. 인종이 즉위한 뒤 대윤이 득세하여 이언적 등 사림세력을 기용하는 등 기세를 떨쳤지만 명종이 즉위하면서 분위기가 완전히 바뀌었다.

윤원형은 중종 사후 윤임이 중종의 여덟째 아들 봉성군 이완에게 왕위를 옮기려 했으며 인종이 죽었을 때는 성종의 셋째 아들 계성군 이순을 옹립하려 했다는 소문을 퍼뜨렸다. 그리하여 문정왕후는 유관, 유인숙을 사사하고 이들과 손잡았던 사림세력을 숙청했다. 이 사건이 명종 즉위년인 1545년에 일어난 을사사화이다.

그 결과 조정을 장악한 윤원형은 다시 양재역 벽서사건을 일으켜 과거 자신을 탄핵했던 송인수, 윤임 집안과 혼인 관계에 있던 이약수 등을 제거하고, 이언적, 백인걸 등 사림세력 20여 명을 유배시켰다. 그는 또 애첩 정난정을 궁중에 들여보내 문정왕후에게 봉성군을 무고하여 사사시키고 많은 정적들을 축출했다. 그 과정을 통해 조정을 완전히 장악한 윤원형은 자신을 적대시하던 친형 윤원로조차 유배시킨 다음 사사했으며, 정실부인 김씨를 독살하고 애첩 정난정을 정부인으로 삼아 정경부인의 지위에 오르게 했다. 정난정은 윤원형의 권세를 배경으로 도성의 상권에 손을 뻗쳐 엄청난 부를 축적했다. 한성 내에 집이 15채나 되었고, 남의 노비와 전작을 빼앗은 것은 이루 헤아릴 수 없었으며 창고에는 뇌물이 산처럼 쌓였다. 그녀는 또 승려 보우를 문정왕후에게 소개하여 병조 판서에 오르도록 도와주었다. 문정왕후는 선종과 교종을 모두 부활시키고 승과를 열어 불교를 진흥하고 보우를 도선사 주지로 삼았다.

윤원형의 전횡은 명종 친정 이후에도 계속되었다. 명종은 그를 견제하기 위해 명종 비 인순왕후 심씨의 아버지인 심강의 처남 이량을 기용했다. 하지만 이량도 윤원형과 그리 다를 바 없는 인물이었다. 그는 명종의 신임을 배경으로 이감, 신사헌, 권신, 윤백헌 등과 결당하여 세력을 키운 다음 뇌물수수와 독직을 일삼았다.

믿는 도끼에 발등을 찍힌 명종은 그를 한때 평안도 관찰사로 내쫓았지만 윤원형의 권력 독점이 심화되자 1562년 다시 이조 참판에 제수해 조정으로 복귀시켰다. 그 후 예조 판서와 공조 판서를 거쳐 이조 판서에 이른 이량은 사림 출신의 윤근수, 이문형, 박소립, 윤두수 등을 외직으로 추방한 다음 기대승, 허엽, 윤근수 등을 제거하려 했다가 인순왕후의 동생이며 조카인 심의겸의 탄핵으로 삭탈관직되었다.

심의겸은 외척이었지만 권신을 내쫓고 사림을 보호한 인물로 존경을 받았다. 그는 평소 사림세력과 친밀한 관계를 맺고 있었던 만큼 이전의 척신들과는 다른 인물이었다. 그의 조부 심연원은 김안국의 문인으로 사림에 우호적인 인물이었고 부친인 심강도 사림의 보호를 역설한 적이 있었다. 훗날 선배사림으로 불린 이준경과 홍섬 등은 모두 그의 도움으로 관계에 진출한 사류들이었다.

강력한 왕후와 허약한 임금이 야기한 국정혼란

윤원형과 이량 등 권신들의 횡포로 조선의 국정의 난맥상이 이어졌지만, 그 와중에도 문정왕후는 명종을 끊임없이 괴롭혔다. 그녀는 자신의 주장이 관철되지 않으면 명종에게 대놓고 욕을 하거나 심지어 뺨을 때리기까지 했다. 그렇듯 왕권이 끝없이 추락하고 있을 때 관료들은 부정축재에 열을 올렸다. 몇 년 동안 흉년이 계속되자 도적과 유랑민들이 8도에 들끓었다.

이런 사회분위기 속에서 양주의 백정 임꺽정이 무리를 끌어 모아 관군을 괴롭혔다. 임꺽정의 도적 행각은 황해도, 경기도 등 전국 5도에 걸쳐 1559년부터 1562년까지 무려 3년 동안 계속되었다. 백성들에게 그는 의적으로 통했고, 관군은 원망의 대상이 되었다.

내치가 혼란스런 만큼 외정도 엉망이었다. 중종 대에 삼포왜란으로 인한 세견선의 감소로 곤란을 겪고 있던 왜구들은 1555년 70척의 배를 이끌고 전라도 일부를 점령했다. 이른바 을묘왜변이었다. 이 사건은 이준경, 이경석, 남치훈 등의 토벌군이 진압했지만 민간은 막대한 피해를 입었다. 때문에 명종은 중종 대 임시로 설치된 비변사를 상설기구화하고 외침에 대비하는 방안을 마련토록 했다. 이와 같은 혼란의 중심에는 윤원형 일파를 비호하는 문정왕후 윤씨가 있었다. 명종은 그 사실을 잘 알고 있었지만 모후를 어찌할 방도가 없어 그저 세월이 가기만 바랐다. 마침내 1565년 문정왕후가 세상을 떠나자 명종은 즉시 승려 보우와 윤원형 일파를 처단했다. 보우는 유림의 탄핵을 받아 병조 판서에서 쫓겨나고 승직을 박탈당한 뒤 제주도에 유배되었다가 사사되었고, 윤원형은 애첩 정난정과 함께 강음에 유배되었다가 자살했다.

문정왕후와 윤원형 일파가 사라지자 조선의 혼란은 급속도로 잦아들었다. 명종은 백성들을 구휼하고 인재를 고르게 등용하는 등 다양한 선정을 펼쳤다. 하지만 오랫동안 모후에게 시달렸던 탓인지 명종은 2년 뒤 병석에 눕더니 1567년 6월 28일, 경복궁 양심당에서 34세의 나이로 세상을 떠났다. 시호는 공헌헌의소문광숙경효대왕(恭憲獻毅昭文光肅敬孝大王), 묘호는 명종(明宗)이다. 능호는 강릉(康陵)으로 노원구 공릉동에 있다.

제13대 명종 가계도

▬ 제13대 명종(明宗)
1534년 출생, 1567년 사망(34세)
재위 22년(1545. 7~1567. 6)

인순왕후 심씨 순회세자 이부(조졸)

순빈 이씨

명종의 가족

명종은 정비 인순왕후 외에 순빈 이씨, 숙의 신씨, 숙의 정씨 등 여섯 명의 후궁이 있었지만 순회세자 이부 외에 자식을 얻지 못했다. 그러나 순회세자가 13세의 어린 나이로 죽고 나자 후사를 도모하지 못했다.

인순왕후 심씨는 청송 심씨 심강의 딸로 1532년 태어나 14세 때인 1545년 왕비에 책봉되었지만 사나운 시어머니 문정왕후의 서슬에 눌려 죽은 듯이 지내야만 했다. 아들 순회세자를 잃고 더 이상 자식을 얻지 못한 심씨는 명종 사후 어린 선조를 대신해 섭정을 맡았지만, 정사에 관심이 없어 1년 만에 수렴청정을 거두었다. 하지만 그녀의 외숙 이량과 족친 심통원, 친동생 심의겸과 심충겸 등은 조정에서 파벌을 이루어 막강한 권력을 행사했다. 1575년(선조 8년) 1월 2일, 창경궁 통명전에서 44세의 나이로 세상을 떠났다.

명종 시대의 주요사건

을사사화

조선시대 4대 사화 중의 하나로 일컬어지는 을사사화는 1545년(명종 즉위년) 대윤 윤임과 소윤 윤원형의 반목으로 일어났다. 중종 대에 일어난 기묘사화로 사림이 축출된 조정에는 심정과 이항 세력과 김안로 세력이 치열하게 권력을 다투었다. 김안로는 심정에게 패하여 유배를 갔지만, 지지세력과 내통해 심정 일파에 대한 복수를 획책했다. 얼마 후 그는 심정이 유배 중이던 경빈 박씨를 왕비로 책립할 음모를 꾸미고 있다며 무고를 통해 그를 제거하여 정계에 복귀했다. 그 후 김안로는 반대파를 차근차근 몰아내고 허항, 채무택 등과 결탁해 국정을 농단했다. 급기야 김안로는 문정왕후까지 몰아내려다 그녀의 숙부 윤안임의 밀고로 유배형에 처해진 뒤 사사되었다. 김안로가 실각한 다음 정권은 권신에서 척신 계열로 넘어갔다.

중종에게는 세 명의 왕비가 있었다. 정비 신씨는 중종 즉위 직후 폐위되었고,

제1계비 장경왕후 윤씨는 인종을 낳고 7일 만에 죽었다. 그 뒤에 윤지임의 딸이 제2계비로 책봉되었는데, 그녀가 바로 문정왕후 윤씨이다. 문정왕후가 경원군을 낳자 숙부인 윤원로와 윤원형은 경원대군을 세자로 옹립하려 했지만 인종의 외숙 윤임이 이를 제지하면서 양측은 격렬히 대립하게 되었다. 중종이 죽은 뒤 한때 대윤파가 사림과 손을 잡고 득세했지만 인종이 요절한 뒤 명종이 즉위하고 문정왕후가 수렴청정을 시작하면서 조정의 권력은 자연히 소윤에게 기울었다.

소윤파는 윤임 등이 역모를 획책했다고 무고하여 윤임, 유관, 유인숙 등을 비롯해 계림군, 김명윤, 이득응, 이휘, 나숙, 나식, 정희등, 박광우, 곽순, 이중열, 이문건 등을 모조리 처형했다. 이후 약 5년 동안 100여 명의 사림이 죽거나 숙청되었다. 사건을 사화(士禍)라고 하는 것은 일부 사림세력이 윤임 일파에 동조했다가 함께 변을 당했기 때문이다. 윤원형은 이후 양재역 벽서사건을 조작해 정미사화를 일으켜 조정을 완전히 장악하고 문정왕후가 죽을 때까지 20여 년 동안 왕권을 능가하는 권세를 누렸다.

양재역 벽서사건

1545년 을사사화가 일어난 지 2년 뒤 윤원형은 대윤의 잔당과 사림세력을 일소하기 위해 양재역 벽서사건을 정치쟁점화하기에 이른다. 1547년 9월 부제학 정언각과 선전관 이로가 경기도 과천의 양재역에서 '위로는 여왕, 아래로는 간신 이기가 권력을 휘두르니 나라가 곧 망할 것이다'란 익명의 벽서를 발견하고 조정에 보고했다.

윤원형 일파는 이 사건이 대윤 일파에 대한 숙청작업이 미비한 탓이라 여기고 그 잔당을 척결하자고 건의했다. 문정왕후는 명종에게 윤임의 잔당과 정적들을 추포하라고 종용했다. 그리하여 명종은 한때 윤원형을 탄핵한 바 있던 송인수와 윤임의 사돈 이약수를 사사하고 이언적, 정자, 노수신, 정황, 유희춘, 백인걸, 김만상, 권응정, 권응창, 이천계 등 20여명을 유배형에 처했다. 중종의 아들 봉성군 이완도 역모의 빌미가 된다는 이유로 사사되었고, 수많은 인물들이 억울하게 희생당했다.

1565년 문정왕후 사후 소윤 일파가 몰락하자 이들은 모두 신원되었고, 사건

자체도 소윤 일파의 음모로 처리되어 노수신, 유희춘, 백인걸 등이 조정에 복직했다. 양재역 벽서사건은 출처가 분명치 않은 벽보를 윤원형 일파가 정치적 목적으로 이용한 공작정치의 전형이었다.

을묘왜변

을묘왜변 혹은 달량왜변으로 불리는 이 사건은 조선과 일본의 외교관계의 난맥상과 일본 내부의 혼란이 원인이었다. 1510년의 삼포왜란으로 조선은 세견선을 대폭 감축해 일본과의 교역량을 줄였다. 그런데 1544년 사량진왜변이 일어나자 아예 왜인들의 내왕을 금지했다가 1547년 통제가 강화된 정미약조를 체결하여 통교를 재개했다. 그 때문에 왜인들은 불만이 많았는데, 마침 일본 내부에서 전쟁이 심화되어 식량을 구할 길이 묘연해지자 왜구들은 명나라와 조선 해안을 넘나들며 노략질을 할 수밖에 없었다.

1555년(명종 10년) 5월 11일, 대마도 등지의 왜인들이 배 70여 척을 타고 전라도 영암의 달량포와 이포에 상륙하여 무차별 노략질을 감행했다. 가리포 수군첨사 이세린의 급보를 받은 전라도 병마절도사 원적은 장흥 부사 한온, 영암 군수 이덕견 등과 함께 군사를 거느리고 달량포로 달려갔지만 오히려 왜구에게 포위되어 원적과 한온은 항복했다가 피살되고 이덕견만 간신히 탈출했다. 이후 왜구는 5월 하순까지 어란포, 장흥, 강진, 진도 일대를 휘젓다가 다시 영암으로 돌아갔다.

조정에서는 서둘러 금군을 파견하고, 무신과 한량, 공사 노비, 승려 등을 강제로 징발한 다음 호조 판서 이준경을 전라도 도순찰사, 김경석, 남치훈을 좌·우도 방어사로 임명하여 왜구를 토벌하게 했다. 또 삼포 왜인들의 준동을 방지하고 침입한 왜구의 진공을 막도록 경상도와 충청도에도 각각 장수를 파견했다. 토벌군은 전주 부윤 이윤경의 휘하 군사들과 합류해 영암을 공격해 5월 25일, 왜구를 격파했다. 왜구는 도망치면서 6월 27일, 제주도를 습격했지만 제주 목사 김수문의 역습을 받고 퇴각했다.

당시 왜구는 중국과의 교역을 통해 견고한 전함을 만들어 사용하고 총통 제작 기술을 배우고 사용법을 익혀서 전력이 강화되어 있었다. 이에 비해 조선은 군대의 정비가 제대로 되어 있지 않았고, 병력 또한 미미했다. 특히 내정의 문란으로 국방체제인 진관체제(鎭管體制)가 기능을 잃어 군사 지휘체계가 문란했고, 봉수마저 제 구실을 하지 못했다. 때문에 그해 4월 이미 왜구의 도발 기미를 탐지했지만 대비할 수 없었다. 그해 10월 대마도주 소오 요시시게(宗義調)는 조선을 침략했던 왜구들의 목을 잘라 보내 사죄하면서 세견선을 늘려달라고 요청했다. 조정에서는 세견선을 5척으로 확대했지만 왜구의 침입은 좀처럼 줄어들지 않았다. 그때부터 조선은 임시기구였던 비변사를 항시기구로 바꾸어 국경 수비에 만전을 기했다.

명종 시대의 주요인물

조선 성리학의 거봉, 퇴계 이황

이황의 자는 경호(景浩), 호는 퇴계(退溪)·도옹(陶翁)·퇴도(退陶)·청량산인(淸凉山人) 등이며 관향은 진보(眞寶)이다. 1501년(연산군 7년) 11월 25일, 경상북도 안동시 도산면 온혜리에서 태어났다. 아버지는 진사 이식(李植)인데 그의 첫 아내는 의성 김씨로 2남 1녀를 낳고 세상을 떠나자 재취로 들어온 춘천 박씨 사이에서 서린, 의, 해, 증, 황 등 5형제를 얻었다. 이황은 그중 막내이다. 아버지 이식은 이황이 태어난 지 7개월 만에 40세의 나이로 죽었다. 이황의 어머니 박씨는 농사와 누에를 치면서 생계를 이었다. 어머니는 전처소생의 자녀들도 차별하지 않고 사랑을 주었다. 때문에 이황은 훗날 '내게 가장 많은 영향을 주신 분은 어머니'라고 회고했다.

이황은 6세 때 이웃 노인에게 「천자문」을 배웠고, 12세 때 병으로 휴직하고 집에 와 있던 숙부에게 「논어」를 배웠다. 13세와 15세 때에는 형과 사촌 자형을 따라 청량산에 가서 함께 독서할 만큼 성장했고, 16세 때에는 사촌 동생과 친구를 데리고 천등산 봉정사에 들어가 독학하기도 했다. 17세 때 안동 부사로 재임 중이던 숙부가 별세하자 그는 독학으로 학문을 연구했다. 19세 때 「성리대전」의 첫 권 「태극도설」과 마지막 권 「시·찬·함·명·부」의 두 권을 구해 읽고 나서 매

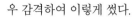

우 감격하여 이렇게 썼다.

'나도 모르는 사이에 기쁨이 솟아나고 눈이 열렸는데, 오래 두고 익숙하게 읽으니 점차 의미를 알게 되어 마치 들어가는 길을 얻은 것 같았다. 비로소 성리학의 체계를 친숙히 알게 되었다.'

이황은 20세 때 용수사에서 침식을 잊고 「주역」을 연구하다가 건강을 해쳐 평생 몸이 좋지 않았다. 21세 때 허씨 부인과 결혼했으며, 23세에 성균관에 유학했고, 27세에 향시, 28세에 진사 회시, 32세에 문과 별시, 33세에 경상도 향시에 합격했다. 34세 때 대과에 급제한 퇴계는 승문원권지부정자로 벼슬을 시작하여 43세 때 종3품직인 성균관 대사성에 이른 이황은 그 후 52세 때까지 세 차례나 귀향과 소환을 반복했다. 그가 제일 오래 재직한 부서는 경적을 관장하고 글을 짓거나 국왕에 대한 자문 역할을 맡은 홍문관이었다.

이황의 가족사는 불행의 연속이었다. 그의 나이 27세에 허씨부인을 잃고, 30세에 권씨 부인과 재혼했는데 37세 때에는 모친상을 당했고, 46세 때 후처 권씨마저 죽었다. 단양 군수로 나가던 해에는 둘째 아들마저 잃는 슬픔을 겪는다.

46세 때 드디어 고향에 돌아온 이황은 양진암을 짓고 호를 퇴계(退溪)라 지었다. 얼마 후 단양 군수와 풍기 군수를 맡아 잠깐 외지를 돌았다. 풍기 군수로 있을 때는 주세붕이 세운 백운동서원을 최초의 사액서원인 소수서원으로 바꾸는 데 큰 역할을 했다. 당시 정세는 외척들의 전횡이 극에 달하고 나라의 형세가 불안했다. 때문에 이황은 단기적인 개혁보다는 학문 연구와 교육을 통해 인간의 올바른 도리를 밝히고자 했다.

50세 이후 그는 고향에 한서암과 계상서당 및 도산서당을 세우고 제자들을 가르치며 성리학 연구와 저술에 몰두했다. 퇴임 이후 성균관 대사성, 홍문관 대제학, 공조 판서, 예조 판서, 우찬성, 판중추부사 등 계속하여 높은 관직을 제수받았지만, 그는 조정에 나가지 않았다. 임금이 극력 청하면 마지못해 잠깐 출사했다가 사퇴하기를 반복했다. 그것은 그의 뜻이 벼슬보다는 학문에 있었기 때문이었다.

이황의 중요한 저술 또한 주로 노년으로 접어드는 50대 이후에 이루어졌다. 그중에 「천명도설」과 「천명도설후서」, 기대승과의 8년여에 걸친 「사단칠정논변」,

「주자서절요」, 「자성록」, 「전습록논변」, 「무진육조소」, 「성학십도」 등은 한국유학 사상사에 중요한 비중을 차지하는 대표적인 저술이다.

이황은 1570년(선조 3년) 11월 초, 병환으로 강의를 그만두고 제자들을 돌려 보냈다. 그 소식을 듣고 조목 등 몇몇 제자들이 찾아와 간병을 했다. 12월 3일, 그는 자식들을 시켜 다른 사람들에게서 빌려온 서적들을 돌려보냈고, 12월 4일, 조카에게 명하여 유서를 쓰게 했다.

유서에서 이황은 자신의 사후 조정에서 내려주는 예장을 사양하고, 비석 대 신 조그마한 돌의 전면에다 '퇴도만은진성이공지묘(退陶晚隱眞城李公之墓)'라 고만 새기고, 그 후면에는 간단하게 고향과 조상의 내력, 뜻함과 행적을 쓰도록 당부했다. 12월 5일, 시신을 염습할 준비를 하게 했고, 12월 7일, 제자 이덕홍에 게 서적을 맡게 했는데, 이튿날인 12월 8일, 숨이 끊어졌다. 향년 70세였다. 일세 의 대유는 이처럼 죽을 때에도 자신을 경계하는 데 한 치의 어긋남이 없었다. 그 의 부음을 들은 선조는 몹시 슬퍼하며 사흘 동안 정사를 폐했다.

실천궁행의 선비정신, 남명 조식

조식은 명종 대 퇴계 이황과 함께 조선 성리학의 큰 스승으로 추앙받는 인물 이다. 본관은 창녕, 자는 건중(健中), 호는 남명(南冥)이다. 1501년(연산군 7년) 경상도 삼가현의 토골에서 태어났다. 아버지는 승문원 판교 조언형, 어머니는 인 주 이씨로 삼가현 지역의 유력한 사족인 충순위 이국의 딸이다.

조식은 어렸을 때 아버지를 따라 상경한 다음 연화방에서 살면서 이윤경, 이 준경 형제와 절친하게 지냈고, 18세 때 북악산 밑의 장의동으로 이사해 성운과 사귀었으며 인근 청풍계에 살던 성수침 형제와 교류했다. 22세 때 생원·진사시 의 초시와 문과의 초시에 합격했으나 회시에 실패했다. 26세 때 부친상을 당해 고향 삼가로 돌아가 삼년상을 치렀다. 25세 때 친구 「성리대전」을 읽다가 원나라 유학자인 허형의 "이윤의 뜻과 안연의 학문을 체득하여 벼슬에 나가면 큰일을 하고 재야에서는 지조를 지킨다"는 글귀를 읽고 나서부터 과거 공부를 접고 성 리학에 깊이 매진했다.

30세 되던 해 조식은 어머니를 모시고 김해 탄동(炭洞)에 있는 처가로 거처를 옮겼다. 그의 장인 충순위 조수는 김해 일대의 부자였다. 조식은 그곳에 산해정(山海亭)을 짓고 독서에 힘썼다. 그의 학문이 세상에 알려지자 1538년(중종 33년) 경상도관찰사 이언적과 대사간 이림의 천거로 헌릉참봉에 제수되었으나 나아가지 않았고, 만나기를 원하는 대학자 이언적의 요구도 간곡히 거절했다. 1545년(명종 1년) 을사사화로 이림, 송인수, 성우, 곽순 등 지인들이 화를 입자 조식은 은둔 결심을 굳혔다. 그해 마침 모친상을 당하자 조식은 삼가로 돌아가 시묘살이를 한 뒤 김해를 떠나 고향인 토골에 계복당과 뇌룡사를 짓고 도학을 강론했다.

1553년, 조식은 조정에서 내린 사도시주부의 관직을 또다시 사양했다. 그러자 퇴계 이황이 처음으로 편지를 보내와 출사를 권하면서 '천리신교(千里神交)'를 맺고자 하며 몇 차례 서찰을 주고받았다. 이듬해 55세의 나이로 단성 현감에 제수되자 그는 유명한 「단성 현감 사직소」를 올려 척신정치의 폐단과 비리를 통렬하게 비판했다.

'대비께서 생각이 깊다 하나 궁중의 한 과부요, 전하는 어린 나이로 선왕의 한 아들일 뿐이니, 천백 가지의 재앙을 어찌 다 감당하며 억만 갈래 민심을 어찌하여 수습하시렵니까?'

이처럼 조식은 격렬한 표현으로 문정왕후의 전횡을 비난하고 국왕 명종에게 훈계했다. 하지만 그는 언관들의 비호로 화를 입지 않았고, 오히려 당대 사림의 기개를 보였다 하여 명성이 드높아졌다. 그 무렵 훗날 대북파의 수장인 정인홍을 비롯해 하응도, 하항, 박제현 등이 문하에 들어왔다. 61세 때인 1561년 조식은 삼가의 토골에서 진주 덕산의 사륜동으로 거처를 옮기고 산천재(山天齋)를 지은 다음 후학들을 양성했다. 이때 정탁, 김효원, 최영경, 김우옹, 이정, 김면, 조원이 문하에 들어왔고, 이어 정구, 최황, 곽재우, 성여신 등이 뒤를 이었다. '산천(山天)'은 「주역」의 대축괘(大蓄卦)로 '하늘이 산 속에 있는 형상으로 군자가 이를 본받아 강건하고 독실하게 스스로를 닦아 날로 자신의 덕을 새롭게 한다'라는 뜻이 담겨 있다. 그 산천재의 기둥 주련에는 다음과 같은 시가 남아 있다.

봄 산 어느 곳엔들 향기로운 풀이 없으랴만

천왕봉을 사랑함은 상제의 거처와 가까워서라네.

빈손으로 돌아와서 무얼 먹고 살려느냐

은하수처럼 맑은 물 십리 간에 넘친다네.[94]

1566년(명종 21년) 문정왕후가 죽고 윤원형이 실각하자 명종은 그에게 상서
원판관의 벼슬을 제수했다. 조식은 66세의 나이에 비로소 상경했지만 명종을
배알한 뒤 곧바로 사직하고 돌아왔다. 이듬해 즉위한 선조 역시 그를 여러 차례
초빙했고, 1569년(선조 2년)에는 정4품인 종친부 전첨의 벼슬을 제수했지만 노
쇠와 질병을 구실로 출사하지 않았다. 하지만 그는 수시로 상소를 올려 조정이
바른 길로 나아가도록 사자후를 토하곤 했다. 68세 때인 1568년에 올린 「무진
봉사(戊辰封事)」에서 그는 유명한 '서리망국론'을 펴면서 서리들의 작폐를 근절
하라고 강력히 주장했다.

그 무렵 조식은 진주 지역의 음부(淫婦)의 옥사와 관련되어 사건의 무마를
요청했던 이정과 절교했지만, 기대승 등 일부 관료들이 그를 음부 집안의 훼가
출향(毁家黜鄉) 사건의 배후인물로 지목하여 곤경에 처했다. 그러나 제자 오건
과 정탁 등의 변호로 무사할 수 있었다. 그런데 당시 이정의 편에 서서 조식의
처신을 비난한 이황의 편지가 알려지면서 퇴계학파와 남명학파 간에 깊은 골이
패였다.

조식은 학문의 근본을 경의(敬義)라 했다. 그리하여 평소 차고 다니는 칼에
'內明者敬 外斷者義(내명자경 외단자의)'[95]라는 글을 새겨넣고 다녔다. 그의 학
문은 현실의 실천을 강조하여 성리학을 중시하면서도 천문, 지리, 의학, 복서, 병
학 등 실생활에 유용한 학문을 외면하지 않았다. 아울러 심신수련의 수단으로
노장사상이 담겨 있는 참동계를 즐겨 읽고 명상에 임하는 등 도교와 선, 양명학
의 특징을 고루 갖추었다.

선조, 광해군 대에 남명학파로 일컬어지는 정인홍, 최영경, 정구 등 그의 제자
들은 퇴계 문인들과 대등할 만큼 영남우도 지역에 널리 분포했고, 중앙정계에서
도 집권세력인 북인의 주축을 이루었다. 그들은 대부분 절개가 뛰어났고 처사적
인 학풍을 지니고 있었는데 지리산을 중심으로 유학을 진흥시키고 문풍을 일으

킨 지역문화의 기수들이었다. 그들은 또 국가가 위기에 처하자 앞다투어 의병에 투신하여 실천궁행의 선비정신을 보여주었다.

그 후 남명학파는 정인홍이 사림5현의 문묘종사 문제로 회퇴변척소(晦退辨斥疏)를 올려 퇴계학파와 정면으로 충돌하고, 이후 그가 독주하면서 남명학파의 한 축이었던 정구가 떨어져 나갔으며, 정온 등이 분립하는 등 내부의 분열을 통해 크게 위축되었고, 마침내 인조반정으로 정인홍이 역적으로 몰려 죽자 본향인 진주 일대에서 명맥을 유지하게 되었다.

조식은 1572년(선조 5년) 2월 8일, 72세를 일기로 세상을 떠났다. 제자들이 사후에 어떤 칭호를 써야 하는지 묻자 그는 "처사(處士)라고 쓰는 것이 옳겠다"라고 말했다. 사후 대사간에 추증되고 1615년(광해군 7년) 영의정으로 증직되었으며 진주의 덕천서원, 김해의 신산서원, 삼가의 용암서원 등에 제향되었다. 저서로는 「남명집」, 「남명학기유편」, 「신명사도」, 「파한잡기」가 있으며 문학작품으로 「남명가」, 「권선지로가」가 전한다.

문정왕후의 힘을 빌려 불교를 중흥시킨 보우

명종 대 숭유억불(崇儒抑佛)이라는 조선의 국시를 딛고 불교를 크게 부흥시킨 승려 보우의 가계는 1509년(중종 4년)에 출생했다는 것 이외에는 알려져 있지 않다. 호는 허응(虛應)·나암(懶庵), 보우(普雨)는 법명이다. 15세에 금강산 마하연암으로 출가하여 승려가 되고 난 뒤 금강산 일대의 장안사와 표훈사 등지에서 6년 동안 용맹정진한 끝에 마음을 자유롭게 할 수 있는 법력을 얻었다.

보우는 「주역」 등 유학에도 뛰어나 당대의 유학자들과도 깊이 교류했는데, 재상 정만종이 그를 문정왕후에게 소개하면서 깊은 인연을 맺게 되었다. 보우는 1548년(명종 3년) 9월 함흥을 떠나 호남으로 내려가는 도중 병을 얻게 되어 경기도 천보산 회암사의 차안당에서 요양을 하다가 봉은사의 주지로 임명되어 그해 12월 부임했다.

문정왕후는 「경국대전」의 금유생상사지법(禁儒生上寺之法)을 적용하여 능침(陵寢)에 침입하여 난동을 부리고 물건을 훔친 유생들 중에서 가장 횡포가 심했던 황언징을 처벌했는데, 그 뒤에는 보우가 있었다. 뿐만 아니라 봉은사와 봉선사에는 방을 붙여 잡인의 출입을 엄금해 유생들의 횡포를 막았다. 유생들의 반발이 이어지면서 이 문제는 조정에까지 비화되었다.

1549년(명종 4년) 9월, 성균관 생원 안사준 등은 요승 보우의 목을 베고 황언징을 풀어달라는 내용의 상소문을 조정에 올렸다. 그러나 문정왕후는 "이유 없이 승려들을 괴롭히고 법당에 난입하여 도둑질하는 행위를 처벌하지 않으면 뒷날의 폐단이 걱정된다"는 이유로 상소를 받아들이지 않았다. 이후 문정왕후와 보우, 그리고 유생들 사이에 치열한 대결상이 전개되었다.

1550년(명종 5년) 12월, 보우는 문정왕후의 힘을 빌려 선교(禪教) 양종을 부활시키라는 비망기를 내리게 했다. 그 결과 이듬해인 1551년 5월 선종과 교종이 부활되어 봉은사가 선종의 본사로, 봉선사가 교종의 본사로 지정되었으며 보우는 판선종사도대선사로 임명되었다. 그의 활약에 따라 그해 11월 도승시(度僧試)가 실시되었고, 승려들의 도첩제도(度牒制度)를 시행했다. 또 1552년 4월, 연산군 대에 폐지되었던 승과제도를 부활시켰다. 그 덕에 승려들의 자질이 향상되어 훗날 휴정, 유정 등과 같은 고승들이 나타나는 계기가 되었다.

이와 같은 불교의 중흥에 반발한 유생들은 선교 양종과 도첩제, 승과제의 폐지를 요구하고, 보우의 처벌을 주장하는 상소를 계속 올렸다. 또 승정원, 홍문관, 예문관, 사헌부 등에서 매일 번갈아 상소했고, 좌의정이 백관을 인솔하여 계를 올리는가 하면 성균관 학생들은 모두 종묘에 고하고 성균관을 비우기까지 했다. 선교 양종을 부활하라는 문정왕후의 비망기가 내려진 뒤 6개월 동안 무려 423건의 상소가 올라왔는데 보우를 죽이라는 내용이 75계나 되었다. 그러나 보우는 이렇게 말하며 꿋꿋하게 불교 진흥책을 밀고 나갔다.

"지금 내가 없으면 후세에 불법이 영원히 끊어질 것이다."

1555년(명종 10년) 9월, 보우는 각종 제도적 장치의 결과 종단이 안정되자 판사직과 봉은사 주지직을 사양하고 춘천의 청평사에 머물렀다. 종단의 일각에서 그가 내놓은 직위를 놓고 다툼이 일어나자 1560년에 다시 선종판사와 봉은사 주지 직책을 맡았다. 그 후 보우는 운부사에서 왕자의 태봉(胎峯)이 있는 산의 나무를 함부로 베어 사원을 증축한 사건으로 판사직을 박탈당하고 봉은사 주지에서도 물러났다.

1565년 4월 보우는 회암사 중창의 대업을 마쳤는데, 그 달에 후원자인 문정왕후가 세상을 떠나면서 위기에 몰렸다. 대비의 장례가 끝나자마자 유생들은 곧바로 보우를 제거하기 위한 공세를 강화했다. 명종은 보우의 승직을 박탈하고 서울 근교의 사찰 출입을 금지했다. 하지만 계속된 유생들의 공격과 조정대신들의 탄핵이 이어지자 그는 한계산 설악사에 칩거했다. 그해 6월 율곡 이이가 「논요승보우소(論妖僧普雨疏)」를 통해 그의 처벌을 청하자 명종은 결국 그에 대한 체포령을 내렸다. 그리하여 1565년 6월경 체포된 보우는 제주도에 유배되었고, 제주목사 변협에게 죽임을 당했다.

오늘날 보우는 조선 왕조의 강력한 억불정책 속에서 불교를 중흥시킨 순교승으로 평가받고 있다. 그는 선교일체론을 주창하여 선과 교를 다른 것으로 보고 있던 당시의 그릇된 불교관을 바로잡았고, 일정설(一正說)을 정리하여 불교와 유교의 융합을 강조했다. 저서로는 「허응당집」 3권과 「나암잡저」 1권, 「수월도량 공화불사여환빈주몽중문답」 1권, 「권념요록」 1권 등이 있다.

백성에겐 의적, 조정에겐 역적이 된 임꺽정

명종의 치세에는 연이은 흉년으로 백성들이 고통을 받았다. 엎친 데 덮친 격으로 척족 윤원형과 이량 등의 발호와 탐관오리들의 학정이 계속되는 가운데 남쪽에서는 왜구들의 폐해 또한 극심했다. 그러자 8도에 유랑민과 도적이 들끓었는데, 그중에 임꺽정의 세력이 가장 컸다.[96] 양주 백정 출신의 임꺽정은 일명 임기정(林巨正) 또는 임거질정(林巨叱正)이라고도 한다.

임꺽정은 초기에 황해도 구월산에 산채를 건설하고 주변 고을을 노략질했는데 매우 날쌔고 용맹스러워서 관군들을 두려워하지 않았다. 그가 아전 출신의 서림을 참모로 삼아 관아를 습격하고 창고를 털어 백성들에게 나눠주는 등 의적 행각을 벌이자 경기도와 황해도 일대의 아전과 백성들이 호응해 큰 세력을 형성했다.

1559년(명종 14년) 임꺽정이 개성 근방에 출몰하자 개성부 포도관 이억근이 군인 20여 명을 데리고 소굴을 습격했지만 오히려 목숨을 잃고 말았다. 기세가 오른 임꺽정 일당은 1660년 8월, 한양에까지 나타났다. 포교들이 그에 대한 정보를 입수하고 장통방에서 공격했지만 임꺽정은 놓치고 그의 아내와 몇몇 졸개만을 체포하는 데 그쳤다. 사로잡힌 임꺽정의 아내는 형조 소속의 종이 되었다. 조정은 임꺽정이 한양에 들어오는 것을 막기 위해 금교역 인근을 철통같이 경계했다. 일개 도적 때문에 군대를 움직여야 할 정도로 조선의 통치체계는 무너져 있었다.

그 후 임꺽정은 봉산을 중심으로 평안도의 성천, 양덕, 맹산과 강원도의 이천 등지에 출몰했다. 그 때문에 황해도로 가는 길이 막히자 조정에서는 임꺽정을 잡기 위해 총동원령을 내렸다. 그러나 임꺽정 일당은 관리의 이름을 사칭하거나 감사의 친척을 가장하면서 관가를 출입해 정보를 알아내는 등 대담하게 활동했다. 그러던 중 12월 숭례문 밖에서 엄가이라는 도둑이 체포되었다. 바로 임꺽정의 참모인 서림이었다.

서림은 임꺽정 일당이 현재 장수원에 모여 있는데, 장차 전옥서를 파괴하고 임꺽정의 아내를 구출하려 한다고 자백했다. 또 일당이 평산 남면에 모여 도적 체포에 공을 세워 영전한 봉산 군수 이흠례를 죽이려 한다는 사실도 털어놓았다. 곧 평산부와 봉산군의 군사 500여 명이 평산 마산리로 출동했다. 하지만 임꺽정 일당은 유리한 고지를 점령하고 관군을 맹공해 부장 연천령을 죽이고 병장기와 우마를 빼앗아 달아났다. 그때부터 임꺽정은 평범한 도둑이 아니라 정부를 전복하려는 역도가 되었다.

명종은 황해도, 평안도, 함경도, 강원도, 경기도에 대장 한 명씩을 정해 책임지고 도둑을 잡게 했다. 그 무렵 서흥 부사 신상보가 도둑 무리의 처자 몇 명을 잡아 서흥 감옥에 가두자 백주에 적당들이 들이닥쳐 옥사를 깨고 처자들을 구출해 갔다. 그해 12월, 황해도에 순경사로 파견된 이사증이 임꺽정을 잡았다는 보고가 올라왔다. 그러나 의금부에서 심문해보니 임꺽정의 형인 가도치였다. 그렇듯 5도의 군졸들이 도둑잡기에 혈안이 되자 관군에게 물자를 대느라 백성들의 허리가 끊어질 지경이었다. 1561년 9월에 평안도관찰사 이량은 의주 목사 이수철이 임꺽정과 한온을 잡았다고 조정에 보고했다. 그러나 이들은 해주 출신의 군사인 윤희정과 윤세공이었다. 의주 목사 이수철이 공을 세우기 위해 거짓 자백을 받아낸 것이다. 그러나 임꺽정의 얼굴을 알고 있던 서림 때문에 그 사실이 들통 나 이수철이 파직되었다.

1660년 10월, 임꺽정은 해주에서 평산으로 들어와 대낮에 민가 30여 호를 불태우고 많은 사람을 죽였다. 조정에서는 황해도 토포사에 남치근, 강원도 토포사에 김세한을 임명하고 개성과 평양의 성내를 샅샅이 뒤졌다. 서울에서는 또 동대문과 남대문 등에 수문장의 수를 늘리고 날짜를 정해 새벽부터 일시에 수색했다. 포졸들은 겁에 질려 달아나는 자들은 무조건 잡아들였고 조금이라도 수상쩍으면 감옥에 가두었다. 그 때문에 서울 장안은 호곡으로 들끓었다.

임꺽정 체포작전 때문에 시장이 폐쇄되었고 관청일도 중단되었다. 조정은 이때 군역을 피하려는 자들이 도둑이 되는 일을 막기 위해 수색을 금하고, 황해도에는 전세 전부를, 평안도에는 전세 절반을 탕감했다. 그럼에도 백성들의 원성이 높아지자 의정부에서는 임꺽정 체포를 평안도와 황해도의 감사와 병사에게 맡기고 토포사를 상경하게 했다.

1562년(명종 17년) 정월, 남치근이 구월산을 포위하고 임꺽정을 궁지에 몰아넣었다. 끈질긴 추격을 받으며 많은 부하를 잃은 임꺽정은 관군 행세를 하면서 군졸의 말을 빼앗아 달아나려 했다. 하지만 그의 얼굴을 알아본 배신자 서림이 정체를 폭로하는 바람에 군관 곽순수와 홍언성에게 생포되고 말았다. 조정에서 그의 이름을 알고 체포작전을 벌인 지 약 3년 만의 일이었다. 임꺽정은 체포된 지 15일 만에 전격 처형되었다. 임꺽정에 대해 「명종실록」의 사관은 이렇게 평했다.

"나라에 선정이 없으면 교화가 밝지 못하다. 재상이 멋대로 욕심을 채우고 수령이 백성을 학대해 살을 깎고 뼈를 발리면 고혈이 다 말라버린다. 수족을 둘 데가 없어도 하소연할 곳이 없다. 굶주림과 추위가 절박해도 아침, 저녁거리가 없어 잠시라도 목숨을 잇고자 해서 도둑이 되었다. 그들이 도둑이 된 것은 왕정의 잘못이지 그들의 죄가 아니다."

「명종실록」 편찬 경위

「명종실록」은 조선의 제13대 국왕 명종의 재위 21년 11개월의 치세를 편년체로 기록한 역사서이다. 34권 34책으로 정식 명칭은 「명종대왕실록(明宗大王實錄)」이다. 「명종실록」의 편찬은 선조 원년 8월 20일 영의정 이준경, 우의정 홍섬이 춘추관에 나와 실록 편찬 인원을 선정하면서 시작되었다. 곧 창덕궁에 실록청이 설치되었고 실록청 총재관으로 홍섬이 임명되었으며 도청당상으로 오겸 등 9명, 도청 낭청으로 김난상 등 4명, 각방 낭청으로 12명이 인선되었다. 당상은 홍문관에, 낭청은 의정부 직방 및 내시부에 출근했다. 그중에 도청 낭청 4명은 종합심사를 맡고 각 방의 낭청 12명이 편찬업무를 도맡았다. 그들은 방을 세 개로 나누어 명종 치세 22년간을 차례로 3년씩 떠서 매 1년분씩 분담해 편찬했는데 1571년(선조 4년)에 완료되었다.

「명종실록」은 세주와 사론이 여타 실록에 비해 엄청나게 많다. 세주는 모두 2,996항목, 사론은 1,449항목에 이른다. 세주는 본문의 기사만으로 미진한 경우에 내용을 보완한 것이고, 사론은 사건이나 인물에 관한 사관이나 실록편찬관의 주관적인 역사평론이다. 「명종실록」은 역대 실록 가운데 가장 보기 쉽게 편찬되었다는 평가를 받고 있다.

1589 정여립 모반사건
1592 임진왜란 발발
한산도대첩
1593 왜군 철수
선조, 한성으로 귀환
1597 정유재란, 약 20만의 왜군 상륙
1598 이순신, 노량해전에서 전사
왜군 철수
1605 유정, 대마도에서 포로
3,000여 명을 데리고 귀국
1608 선조 승하, 영세자 즉위(광해군)

1590 도요토미 히데요시,
일본 통일
1598 앙리 4세, '낭트 칙령 반포
1604 프랑스 동인도회사 설립

제14대 선조
선종소경대왕실록 宣宗昭敬大王實錄

선조 시대(1567.7~1608.2)의 세계정세

1572년 명나라에서는 융경제가 사망하고 만력제가 즉위했다. 1580년 이탈리아 선교사 마테오 리치가 중국에 들어왔고, 1583년 건주여진의 부장 누르하치의 발흥으로 만주 지역을 상실했다. 명은 만력제의 태정으로 인한 조정의 혼란과 임진왜란의 여파로 국세가 크게 위축되었다. 일본에서는 오다 노부나가의 뒤를 이어 정권을 장악한 도요토미 히데요시가 1590년 일본 전역을 통일한 다음 여세를 몰아 조선 침략을 기도했다. 1598년 전란의 와중에 도요토미 히데요시가 죽자 1603년 도쿠가와 이에야스가 토요토미씨를 제압하고 세이이 다이쇼군(征夷大將軍)에 오르면서 중앙집권적 무가정권 에도막부가 형성되었다. 1582년 로마교황 그레고리오 13세는 현재의 태양력인 그레고리력을 발표했다. 1594년 영국의 셰익스피어가 「로미오와 줄리엣」을, 1605년 스페인의 세르반테스가 「돈키호테」를 완성했다. 1598년 프랑스의 앙리 4세는 낭트칙령을 발표해 신교도들의 신앙의 자유를 인정했다.

사림정치시대의 개막

조선의 제14대 국왕 선조의 이름은 연(昖), 초명은 균(鈞)이다. 중종의 후궁 창빈 안씨 소생인 덕흥군 이초의 셋째 아들로 1552년 11월 11일, 인달방에서 태어났다. 1567년 6월 명종이 승하하자 16세의 어린 나이로 경복궁 근정전에서 즉위했다. 정비는 의인왕후 박씨, 계비는 인목왕후 김씨이다.

「선조실록」과 「선조수정실록」 총서에는 공히 명종이 승하 전에 하성군에게 대위를 물려주는 과정이 자세하게 기록되어 있다. 조선 최초로 방계 소생으로 국왕이 된 선조의 정통성을 변호하기 위한 배려로 보인다. 1567년 6월 28일, 명종의 병이 매우 위중했다. 이날 밤중에 대신을 불러들였는데, 영의정 이준경이 대기하고 있다가 들어와 임금의 손을 잡았으나 이미 말을 하지 못했다. 그가 인순왕후에게 후사를 물으니 을축년에 결정한 대로 시행하라고 했다. 을축년인 1565년 명종은 중병에 걸리자 덕흥군의 세 아들 하성군, 하원군, 하릉군 가운데 하성군을 후계자로 삼도록 했던 것이다.

이윽고 명종이 세상을 떠나자 대신들은 세자 행차에 필요한 의장을 갖추어 사저로 가서 하성군을 청했다. 당시 하성군은 모친상 중이라 울면서 사양하다 신하들의 재촉을 거절하지 못하고 궁에 들어와 상주로 거상했다. 후사가 정해지자 이준경이 하성군의 이름을 순회세자의 이름에 따라 '일(日)' 자를 좇아 개명해야 한다고 건의했다. 그리하여 하성군은 경(曔), 연(昖), 요(曜) 세 이름 중에 '연(昖)' 자를 선택했다.

「선조수정실록」 총서에는 선조가 즉위하자마자 영의정 이준경, 우찬성 오겸, 예조 판서 홍섬이 원상이 되어 승정원에서 숙직하면서 업무를 보았다는 기록이 추가되어 있다. 당시 원상들은 어린 왕이 홀로 궁중에 들어와 외로울 것이라며 유모를 궁에 들이려 했지만 승지 심의겸의 반대로 무산되었다.

어린 선조가 즉위하자 관례대로 명종 비 인순왕후 심씨가 수렴청정을 맡았다. 권력에 초연했던 그녀는 겸손한 태도로 조정의 대소사를 반드시 신하들과 상의한 뒤 결정했는데, 선조가 정사에 밝은 것을 보고 8개월 만에 수렴청정을 거두었다. 그때부터 선조는 매일 경연에 나가 학문을 닦고 정사를 토론하면서 성리학에 입각한 왕도정치를 꿈꾸었다.

선조의 시대는 중종 대부터 명종 대까지 이어진 외척·권신 시대의 청산과 함께 시작되었다. 선조는 즉위 이후 현량과를 실시해 기묘사화로 위축되었던 사림을 대거 정계로 불러들였다. 또 성리학의 거두인 이황을 1567년 7월 예조 판서 겸 지경연사로 임명했으며, 을사사화 당시 명현인 71세의 백인걸을 직제학으로 등용했다. 또 권신 윤원형과 이량을 삭훈하는 한편 기묘사화 때 무고하게 죄를 입은 노수신, 유희춘, 김난상 등 10여 명을 중용했다. 사림의 정치 참여가 활발해지자 선조는 조광조를 영의정으로 추존하고 반대파였던 남곤의 관작을 삭탈했다. 이로써 훈구세력이 완전히 사라진 조정은 사림의 독무대가 되었다.

오랜 정쟁을 마감하고 정권을 장악한 사림은 그때부터 자체적인 분열을 시작했다. 과거 명종 대 심의겸의 도움으로 조정에 진출했던 선배사림과 선조 초년에 새롭게 등장한 후배사림 간에 갈등이 시작된 것이다. 후배사림들은 선배사림들이 개혁에 적극적이지 않다는 점을 지적하면서 소인배로 몰아세웠다. 당시 선배사림은 이준경, 심통원, 민기, 홍섬, 홍담, 송순, 김개 등이었고, 후배사림은 이황, 노수신, 유희춘, 김난상, 이이, 정철, 기대승, 심의겸, 이후백, 유성룡, 오건, 김우옹 등이었다.

이준경, 붕당의 조짐을 제기하다

1572년(선조 5년) 7월 7일, 영중추부사 이준경이 죽으면서 선조에게 올린 차자(箚子)**97**가 조정에 일대 파란을 몰고 왔다. 이준경은 윤원형을 몰아낸 뒤에 영의정이 되었고, 명종의 고명을 받들어 선조를 즉위시킨 장본인으로 중종에서 선조까지 네 임금을 섬긴 조정의 원로였다. 그는 도학 하는 선비를 좋아하지 않고 현실순응주의자였기에 후배사림들과 가까워질 수가 없었다. 특히 이황을 '산금야수(山禽野獸)', 즉 '금수처럼 길들이기 어렵다'라고 비하하여 후배사림과 척을 지게 되었다. 이준경은 차자에서 선조에게 붕당의 조짐을 알리며 그 타파책을 강구하라고 조언했다.

"붕당의 사사로움을 깨뜨려야 합니다. 지금 세상 사람들은 잘못이 없고 일에 허물이 없는 이라도 자기네와 한 마디 말이라도 합하지 아니하면 배척해 용납하지 않습니다. 자기들은 행실을 닦지 않고 글 읽기에 힘쓰지 않으면서 거리낌 없이 큰소리치며 당파를 지으면서 그것이 높은 것이라고 허풍을 키우고 있습니다. 따라서 이들이 군자이면 함께 두어 의심하지 마시고, 소인이거든 버려 두어 저희끼리 흘러가게 하심이 좋을 것입니다. 이제야말로 전하께서 공평하게 듣고 공평하게 보아주시어 힘써 이 폐단을 없이 하기에 힘써야 할 때입니다. 그렇지 않으면 나라를 구하기 힘들 것입니다."

이준경의 차자 내용이 알려지자 언관들은 그가 헛된 말로 조정을 어지럽혔다며 일제히 삭탈관직을 주장했다. 당시 중국이나 조선에서는 붕당(朋黨)을 엄격히 금하고, 이를 어길 경우 역모의 죄로 처벌했다. 중종 때 숙청당한 도학자 조광조의 죄목도 붕당이었다. 그리하여 조정이 크게 긴장했다. 이준경이 죽어가면서 염려한 것은 사림의 신구세력 간의 분열이었다. 실제로는 인순왕후의 아우로 척신을 대표하던 심의겸과 사림의 신망을 얻고 있던 이이를 중심으로 붕당이 결성되는 상황이었다. 하지만 심의겸은 이준경이 근거 없는 말로 임금을 현혹시키려 한다고 비판했고, 이이 역시 그가 시기와 질투, 음해의 표본이라며 강력하게 반박했다.

"조정이 청명한 데 어찌 붕당이 있으리오. 사람이 죽으려 할 때에는 그 말이 착한 법인데, 준경은 죽을 때에도 그 말이 악하구나!"

그렇듯 이준경의 차자는 이해당사자들에게서 직접적인 비난을 받았다. 하지만 유성룡이나 홍섬 등은 그의 강직함과 식견을 칭찬하며 노대신의 우국지정에서 나온 염려라고 비호했다. 때문에 선조는 이준경의 죄를 묻지 않았다.

사림의 알력싸움, 을해붕당

과연 이준경의 예견대로 그가 죽은 지 불과 3년 만에 사림은 1575년(선조 8년) 마침내 동인과 서인으로 갈라섰다. 이때가 을해년이므로 을해붕당(乙亥朋黨)이라고 한다. 그 기폭제는 일견 사소해 보이는 이조 정랑[98] 자리를 둘러싼 심의겸과 김효원의 알력에서 비롯되었다. 당시 이조 정랑 오건은 자신의 후임으로 신진 사림의 대표격인 김효원을 추천했다. 그러자 구세력을 대표하는 심의겸이 이의를 제기하고 나섰다. 그는 표면적으로 김효원이 명종 대의 권신 윤원형의 문객이었다는 점을 들고 나왔다.

김효원은 선비 시절 문장으로 이름이 높았고 과거에 장원급제한 뒤 뛰어난 실력과 청백한 성품으로 신진 사림의 추앙을 받고 있던 인물이다. 그는 심의겸의 방해 공작에도 불구하고 1574년(선조 7년)에 이조 정랑이 되었다. 이후 김효원은 깔끔한 일처리와 청렴한 선비들의 등용으로 안팎의 우려를 불식시켰다. 그 와중에 김효원은 심의겸을 비난하면서 반목의 골이 깊어졌다. 얼마 후 문과에 장원급제한 심의겸의 동생 심충겸이 김효원의 후임으로 이조 정랑 자리에 추천되면서 양자 간에 독설이 오갔다.

"전랑이 외척 집안의 물건인가? 어째서 심씨 문중에서만 그 자리를 차지해야 한단 말인가?"

"외척이 원흉의 문객보다는 차라리 낫지 않은가."

김효원이 이중호의 아들 이발을 후임으로 추천하자 심의겸 일파는 그를 소인배로 몰아세웠다. 그 일을 기화로 사림은 심의겸과 김효원을 중심으로 완전히 분열되었다. 당시 김효원의 집이 한양 동쪽의 건천방에 있었고, 심의겸의 집은 서쪽인 정릉동에 있었다. 그리하여 김효원을 따르는 이들에게는 동인(東人), 심의겸을 따르는 이들에게는 서인(西人)이란 명칭이 붙게 되었다.

동인은 대체로 이황과 조식의 문인들로 섦고 학행과 절개가 있는 인물들이었다. 동인의 영수로 추대된 허엽은 서경덕의 제자로 노장파에 속하는 인물이었지만 유성룡, 우성전, 김성일, 남이공, 김우옹, 이발, 이산해, 송응개, 허봉, 이광정, 이원익, 홍가신, 이덕형 등 소장파 인사들이 대부분이었다. 서인은 허엽과 대립하던 박순을 영수로 결집했다. 박순 역시 서경덕의 제자였다. 서인에는 이이와 성혼의 제자들을 주축으로 정철, 신응시, 정엽, 송익필, 조헌, 이귀, 황정욱, 김계휘, 홍성민, 이해수, 윤두수, 윤근수, 이산보 등이 결집했다.

그렇듯 동서 붕당이 가시화되자 율곡 이이는 우의정 노수신에게 심의겸과 김효원을 외직에 보내자고 요청해 양자 간에 대립을 희석시키려 했다. 이에 따라 김효원은 경흥 부사로 심의겸은 개성 유수로 발령받았다. 그러나 김효원에게 노모가 있는 점을 참작하여 노수신은 그를 삼척 부사로, 심의겸은 전주 부윤으로 재발령했다. 그러자 동인측은 이이가 서인을 편든다고 불평하고, 서인측은 노수신이 동인을 편든다고 비난했다. 두 사람이 조정에서 사라진 뒤에도 동인과 서인들은 서로를 원망하면서 치열한 쟁투를 벌였다. 1578년(선조 11년) 서인 윤두수, 윤근수, 윤현이 뇌물수수혐의로 파직되었다. 동인 김성일이 경연에서 진도 군수 이수가 세 사람에게 쌀 수백 석을 뇌물로 바친 사건을 폭로했던 것이다. 이런 사림의 자중지란에 실망한 이이는 벼슬을 내놓고 낙향해버렸다.

계미삼찬

당시 조선에는 수많은 명유들이 있었지만 동서 간의 알력을 조정하려 했던 인물은 율곡 이이 한 사람뿐이었다. 그런데 1579년(선조 12년) 7월, 백인걸이 양자 간의 화해를 요구하는 상소를 올린 일로 이이의 입장이 크게 위축되었다. 그 상소문에는 동인을 비난한 구절이 많았는데 이이가 초고를 수정한 것을 알게 된 동인들은 당론의 조정자가 거꾸로 당론을 격화시켰다며 격렬하게 비난했다. 그럼에도 1581년(선조 14년) 6월, 선조는 이이를 대사헌에 임명해 조정에 다시 불러들였다.

당시 항간에는 상중에 있던 심의겸이 인순대비에게 청하여 조정에 출사하려 한다는 소문이 파다했다. 이에 정인홍이 심의겸을 탄핵하려 하자 이이는 그를 달래 심의겸을 현직에서 파직하는 정도의 상소를 올리도록 했다. 하지만 정인홍은 상소문에서 심의겸이 사류를 규합해 세력을 양성한다는 말을 추가하고 그에게 아부한 인물로 서인의 대표자인 윤두수, 윤근수, 정철 등을 지목했다. 정철은 이이의 두둔에도 불구하고 동인들에게 집중 공격을 당하자 고향으로 내려가버렸다.

그 후에도 이이와 동인의 마찰은 계속되었다. 1583년(선조 16년) 3월, 이이는 선조에게 수시로 독대할 수 있게 해달라고 요청했다가 동인들로부터 비난을 받았으며, 그해 4월에는 유성룡, 이발, 김효원, 김응남을 동인의 괴수로 비판한 경안군 이요를 배후조종했다는 혐의를 받았다.

그해 여름, 여진족 이탕개(尼蕩介)가 침입해 경원부 일대를 점령했다. 병조판서로 재임하던 이이는 온성 부사 신립과 첨사 신상절에게 급히 출전 명령을 내려 난을 제압했다. 그런데 간관들은 이이가 병권을 마음대로 주무르고 임금을 업신여겼다고 비난했다. 당시 이이를 향한 공격은 동인측의 박근원, 송응개, 허봉 등이 주도했는데, 특히 대사간 송응개의 태도가 가장 맹렬했다. 그들은 이이뿐만 아니라 서인의 중진인 박순과 성혼까지 싸잡아 공격했다.

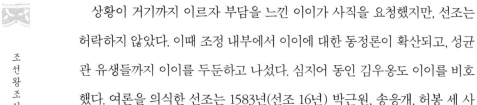

상황이 거기까지 이르자 부담을 느낀 이이가 사직을 요청했지만, 선조는 허락하지 않았다. 이때 조정 내부에서 이이에 대한 동정론이 확산되고, 성균관 유생들까지 이이를 두둔하고 나섰다. 심지어 동인 김우옹도 이이를 비호했다. 여론을 의식한 선조는 1583년(선조 16년) 박근원, 송응개, 허봉 세 사람을 각기 회령, 강계, 갑산으로 유배시키고 사태를 마무리했다. 이 사건을 계미삼찬(癸未三竄)이라 한다. 당시 선조는 다음과 같은 교서를 내렸다.

"간사한 사람들이 벼슬자리에 있어 조정이 편안하지 못하고 법관이 형벌을 바르게 시행하지 못해 국시가 정해지지 못했다. 이에 멀리 추방하는 법을 집행해 후세에 본보기로 삼으려 한다."

계미삼찬 이후 선조는 이이를 이조 판서에, 성혼은 이조 참의에 임명했다. 하지만 극렬한 동서분쟁으로 곤욕을 치른 이이는 이듬해인 1584년(선조 17년) 1월 16일, 세상을 떠났다. 그는 평생 동인과 서인을 조정하려고 애썼지만 교우 관계 때문에 서인의 지지를 받은 반면 동인의 배척을 받았다. 훗날 이이는 서인의 종장으로 추대되었다.

이이가 죽자 선조는 2월에 박근원, 송응개, 허봉을 세 사람을 풀어주었다. 영민했던 그는 동인과 서인 두 당파를 저울질하면서 국왕의 권한을 강화하고자 했던 것이다. 그 후 이발, 백유양 등 중도파 세력이 동인에 가세해 심의겸을 탄핵해 파직시킴으로써 동인이 정권을 잡았다. 그런데 갑작스럽게 터져 나온 정여립의 모반 사건으로 정국이 요동치기 시작했다.

정여립의 난과 기축옥사

정여립은 전라도 진안 출신으로 일찍이 과거에 급제한 뒤 벼슬을 버리고 고향에 돌아와 죽도 선생으로 추앙받았는데, 기백이 높고 언변이 출중한 인물이었다. 당시 그는 이이, 성혼과 교유하면서 서인의 입장을 지지했다. 1584년(선조 17년) 그는 정승 노수신과 동인의 영수 이발의 추천으로 사헌부와 홍문관에 차례로 발탁되었다. 그러던 중 이이가 죽자 그는 이발을 따라 동인으로 전향했다. 그런 다음 과거 공자에 버금가는 성인이라며 극찬했던 이이를 나라를 그르친 소인배라고 맹렬하게 비판했다. 선조는 정여립을 배은망덕한 자라 하여 조정에서 쫓아버렸다. 정여립은 그 후 해주 사람 지함두와 승려 의연·도잠·설청 등과 함께 황해도를 주유한 다음 충청도 계룡산의 임자 없는 암자에 들러 다음과 같은 시 한 수를 지었다.

> 남쪽 나라 두루 다녔더니
>
> 계룡산에서 눈이 처음 밝도다.
>
> 뛰는 말이 채찍에 놀란 형세요
>
> 고개 돌린 용이 조산을 돌아보는 형국이니
>
> 아름다운 기운이 모였고
>
> 상서로운 구름이 나도다.
>
> 무기 양년에 좋은 운수가 열릴 것이니
>
> 태평세월을 이룩하기 무엇이 어려우리요.[99]

그는 또 '목자는 망하고 전읍은 흥한다'[100] 라는 참요를 옥판에 새겨서 의연에게 지리산 석굴 속에 감추어 두라 일렀다. 그런 다음 자신의 추종자들과 함께 산에 갔다가 우연히 그것을 발견한 것처럼 꾸몄다. 그러자 황해도 안악의 교생 변숭복과 박연령은 그를 일컬어 시대가 기다리던 인물이라고 찬양했다. 그는 또 세간에 두 가지 유언비어를 유포하고 다녔다.

"길삼봉, 길삼산 형제가 신병을 거느리고 지리산과 계룡산에 들어간다."

"정팔룡이라는 신비롭고 용맹한 이가 임금이 되는데 곧 군사를 일으킨다."

길삼봉은 천안에서 활약하던 전설적인 화적패 두목이고, 정팔룡은 정여립의 아명이었다. 이 소문은 황해도를 넘어 호남과 전주 지방까지 널리 퍼졌다. 정여립은 그 무렵 진안 죽도에 서실을 지어놓고 전주, 금구, 태인 등 주변 마을의 무사와 노비를 모아 대동계를 조직해놓고 있었다. 이 대동계는 왜구가 전라도 손죽도를 침범했을 때 전주 부윤 남언경의 요청으로 군사를 지원하기도 했다.

1589년(선조 22년) 10월 2일, 선조에게 황해 감사 한준의 비밀장계가 올라왔다. 안악 군수 이축, 재령 군수 박충간, 신천 군수 한응인 등의 역적사건을 고변한 것인데, 정여립의 일당인 안악 사람 조구의 밀고를 알린 것이었다. 정여립이 황해도와 전라도에서 군사를 일으켜 그해 겨울에 서울로 쳐들어와 신립과 병조 판서를 죽인 다음 국왕의 교서를 위조해 지방관들을 죽이거나 파직시키려 한다는 내용이었다. 깜짝 놀란 선조는 정여립의 생질인 예문관 검열 이진길을 빼고 중신회의를 열었다.

당시 조정에서는 이산해가 영의정, 정언신이 우의정, 기타 이발과 백유양 등 동인들이 득세하고 있었다. 그들은 같은 당의 정여립이 꾸몄다는 역모의 진의를 의심했다. 황해도는 수령의 절반이 서인이고, 이이의 제자들이 많은 지방이므로 무고일 가능성이 많았다. 때문에 그들은 정여립을 상경시켜 자초지종을 듣는 것이 좋겠다고 상주했다. 선조는 금부도사 유금을 파견해 정여립을 잡아오게 했다.

조구의 고변 사실을 알게 된 변숭복은 안악에서 금구까지 먼 거리를 사흘 만에 달려가 정여립에게 거사계획이 누설되었음을 알렸다. 정여립은 변숭복과 아들 정옥남을 데리고 급히 진안의 죽도로 달아났다. 진안 현감 민인백이 관군을 이끌고 정여립을 추격했다. 마침내 궁지에 몰린 정여립은 칼을 뽑아 함께 있던 변숭복, 정옥남을 내리치고 스스로 목을 찔러 자결했다. 이때 정옥남은 살아남아 압송되었다. 그렇듯 정여립이 자신의 무고를 증명하지 않고 자결해버리자 그를 변호하던 동인들은 할 말을 잃었다. 자결이란 곧 역모를 인정하는 행동이었기 때문이다.

1589년(선조 22년) 10월 8일, 정여립의 모반사건에 연루된 수많은 인사들이 체포되어 심문을 받았다. 위관은 영의정 유전, 좌의정 이산해, 우의정 정언신, 판의금부사 김귀영이었다. 이때 향리에 있던 서인 정철은 송익필과 성혼의 권유에 따라 급히 상경한 다음 선조에게 차자를 올렸다. 정여립의 일가인 정언신을 위관에서 교체해야 한다고 주장했다. 선조는 정철을 위관으로 임명하고 이 사건의 처리를 위임했다. 당시 서인의 모사꾼 송익필은 정철의 집에 머물며 배후에서 동인들의 처단을 지휘했다.

정철은 27일 정여립과 변승복의 시신을 저자에서 능지처참한 다음 동인 타도작전을 개시했다. 정여립과 공모했다는 죄로 이기, 황언윤, 방의신, 신여성 등이 처형되었고, 임금을 비난한 편지를 쓴 정여립의 조카 이진길은 매를 맞아 죽었다. 11월 2일, 생원 양천회가 정언신, 정언지, 이발, 이길, 백유양 등 동인들을 처단하라는 상소를 올렸다. 정여립의 조카 정집의 공초에서도 이들의 이름이 거론되었다. 그리하여 정언신은 강계, 이발은 종성, 이길은 희천, 백유양은 부령으로 귀양을 갔지만, 한 달 뒤 한양으로 압송되어 가혹한 매질을 당한 끝에 모두 목숨을 잃었다.

그 후 3년 여에 걸쳐 정철은 1,000여 명이 넘는 사람들을 정여립의 역당으로 몰아 처단했다. 그중에는 정여립의 편지 한 장을 받은 남명 조식의 제자 최영경을 길삼봉으로 지목하여 죽이고, 정여립의 집터를 봐주었던 정개청을 반적의 일파라 하여 죽이는 등 많은 인사들을 희생시켰다. 사림이 동인과 서인으로 갈라선 지 불과 15년 만에 벌어진 참극이었다.

남인과 북인, 전면에 등장하다

1590년(선조 23년) 2월, 마무리된 기축옥사 이후 정국은 정철 등 서인이 주도하게 되었고 동인으로는 선조의 신임을 받는 이산해와 유성룡만이 어느 정도 발언권을 행사하고 있었다. 그러던 중 1591년(선조 24년), 정철이 야기한 세자책봉 건이 문제가 되어 서인이 실각하고 동인이 실권을 회복하게 된다. 동인은 정철의 처분 문제를 놓고 내부에서 다투다가 남인과 북인으로 분열되었다.

그해 동인 유성룡은 정철에게 세자책봉을 의논했다. 당시 선조는 정비 의

인왕후 박씨에게는 소생이 없었고, 인빈 김씨가 낳은 신성군을 총애하고 있었다. 두 사람은 영의정 이산해와도 그 문제를 상의하고자 했다. 그런데 이산해는 의도적으로 자리를 피하면서 인빈 김씨의 오빠 김공량에게 정철이 세자책봉을 기화로 신성군 모자를 제거하려 한다고 귀띔했다. 그 말을 전해들은 인빈 김씨는 선조에게 정철의 음모를 고해바쳤다.

선조는 처음에 그 말을 믿지 않았다. 그런데 경연에 나온 정철이 갑자기 세자책봉을 서두르자고 주청하자 몹시 분개했다. 동인측은 정철이 과거 기축옥사에서 최영경을 비롯해 많은 사람들을 무고하게 죽였다고 공격했다. 선조는 '간사한 성혼, 악독한 정철'[101]이라는 말까지 쓰면서 서인들을 축출하고 최영경, 이발, 이길, 정개청 등을 사면하면서 동인들을 조정에 불러들였다.

파직된 정철은 명천, 백유함은 경흥, 유공신은 경원, 이춘영은 삼수로 유배형에 처해졌다.

그런데 재차 권력을 장악한 동인 내부에서 정철의 처리 문제를 놓고 논쟁이 일어났다. 이산해와 정인홍 등 강경파는 기축옥사를 잘못 처리한 정철을 논죄하면서 정철뿐만 아니라 서인 전체를 공격하려 했다. 반면 유성룡, 김성일, 우성전 등 온건파는 처벌의 범위를 최대한 줄여야 한다고 주장했다. 그렇게 해서 동인은 북인(北人)과 남인(南人)으로 갈라졌다.

이 남북 분당의 배경에는 정인홍과 유성룡의 불화, 우성전과 이발의 대립이 있었다. 과거 정여립이 이발을 통해 전랑이 되려 하자 그의 사람됨을 알고 있던 이경중이 극구 반대했다. 그러자 당시 대간이었던 정인홍이 이경중을 탄핵했다. 6년 뒤 정여립의 난이 밝혀진 뒤 유성룡은 이경중의 억울함을 호소했고, 그 결과 정인홍이 벼슬을 내놓아야 했다.

한편 이발은 부친상을 당한 우성전의 집에 문상을 갔을 때 평양 출신의 기생이 상가에 있는 것을 보고 깜짝 놀랐다. 본래 그녀는 우성전의 부친이 함종현령으로 있을 때 평양을 왕래하다가 알게 된 기생이었는데, 사직한 그를 위로하기 위해 평양 감사가 보내준 것이었다. 그 자세한 내막을 알 리 없었던 이발은 우성전이 상례를 어겼다 비난했고, 정인홍이 우성전을 탄핵했던 것이다.

그처럼 동인 내부에서 일어난 사소한 오해가 당파 분열의 계기로 작용했다. 당시 이발의 집이 북악산 아래 있었으므로 그의 당을 북인이라 불렀고, 우성전의 집은 남산 아래 있었으므로 그의 당을 남인이라 불렀다.

북인은 정여립, 최영경, 정인홍 등 화담, 남명의 문인이 많았고, 남인은 유성룡, 김성일, 우성전, 이경중, 허성, 김수, 이광정, 정경세, 김우옹, 이원익, 이덕형, 윤승훈 등 주로 퇴계의 문인들로 이루어졌다. 이덕형은 본래 남인이었지만 북인 이산해의 사위였기 때문에 남·북인 진영을 가리지 않고 왕래하다가 북인의 기세가 성해지자 완전히 남인으로 돌아섰다. 당시 북인은 시시비비를 명확히 가리는 등 매우 배타적인 정파였던 반면, 남인은 타 당파의 존재를 긍정적으로 받아들이고 정국의 안정을 위해 화합을 중시하는 정파였다.

첨예한 정쟁이 불러온 전란의 비극

조선 조정이 당쟁에 골몰하고 있을 무렵 동북아의 정세는 급변하고 있었다. 당시 일본에서는 도요토미 히데요시가 전국시대를 종식시켰지만, 지방 제후들의 힘을 완전히 억누르지 못하고 있었다. 그런 상황에서 상인을 앞세운 서양세력이 밀려와 상업도시가 발달하고, 금력을 기반으로 신흥세력이 등장하면서 종래의 봉건적 지배체제가 위협받는 지경에 이르렀다. 도요토미 히데요시는 위협적인 제후들의 힘을 약화시키는 동시에 자신의 야망을 달성하는 수단으로 대외 전쟁을 기획했다. 그 무렵 일본은 오랜 내전을 겪은 터라 각종 전술전략이 발달했고, 조총의 대량생산으로 막강한 전력이 비축되어 있었다. 도요토미 히데요시는 명나라 정벌이라는 대망을 설정하고 그 일환으로 힘을 합치고자 조선에 여러 차례 사신 파견을 요청했다.

선조는 1590년 통신정사에 서인 황윤길, 부사에 동인 김성일, 서장관에 동인 허성을 임명하여 일본으로 파견해 내정을 탐지해오도록 했다. 그런데 이듬해 귀국한 두 사람은 전혀 상반된 보고를 올렸다.

황윤길은 도요토미 히데요시가 지략과 야심이 뛰어난 인물이라 평하며 경계태세를 강화해야 한다고 역설했다. 동인인 허성 역시 황윤길의 의견에 동조했다. 하지만 동인 김성일은 그의 인물됨이 보잘것없고 군대를 보지 못했으므로 걱정할 필요가 없다고 보고했다. 그처럼 서인과 동인들은 외침에 관련된 사안조차 정쟁의 일부로 보았던 것이다. 당시는 동인의 정국이었으므로 선조는 김성일의 의견을 받아늘여 경계태세를 풀고 전국에 성을 쌓는 일도 중단시켰다.

선위사 오억령은 조선에 머무르고 있던 겐소에게 "일본은 다음 해에 조선의 길을 빌려 명나라를 정복할 준비를 하고 있다"는 말을 듣고, 선조에게 일본의 도발이 확실하다고 보고했다가 도리어 파직을 당했다. 또 겐소가 그를 위문하는 황윤길과 김성일 등에게 "명나라가 일본의 입공을 거절한 것을 도요토미가 분개하여 군사를 일으키고 있으니 조선이 일본과 명나라 간에 공로를 열어주면 무사할 것이다"라고 충고했지만, 이 또한 받아들여지지 않았다.

얼마 후 왜인들이 본국으로 송환되면서 왜관이 갑자기 텅 비어버렸다. 위험을 감지한 선조는 급히 김수를 경상 감사, 이광을 전라 감사, 윤선각을 충청 감사로 삼아 무기를 정비하고 산성을 구축하게 했다. 또 신립을 경기도와 황해도, 이일을 충청도와 전라도에 급파해 방어시설을 점검하도록 했지만 이미 때는 늦었다.

1592년(임진년) 4월 13일, 일본은 20만 병력을 아홉 갈래로 나누어 조선을 침략했다. 일본의 선봉대 고니시 부대는 하루 만에 부산포를 점령하고 파죽지세로 북상하여 보름 뒤인 4월 29일, 충주를 장악했다. 그들은 탄금대에서 신립이 이끄는 조선의 주력부대를 격파한 뒤 5월 2일에 한양을 함락시켰다. 믿었던 육군이 궤멸되고 개성과 평양이 차례로 점령당하자 선조는 의주까지 도망쳐야 했다. 그 과정에서 함경도로 모병차 떠났던 임해군과 순화군이 회령에서 전주 출신의 아전 국경인에게 체포되어 일본군에게 넘겨졌다. 그 소식을 들은 선조는 급히 광해군을 세자로 책봉한 다음 분조를 맡기고 명나라에 망명하려 했다. 그러나 신하들의 격렬한 반대로 망명을 포기하고 이덕형을 명나라에 보내 원군을 요청했다.

그 와중에도 서인들은 왜란의 책임을 물어 이산해를 탄핵했고 유성룡을 공격했다. 선조는 이산해를 귀양 보내고 정철과 윤두수를 불러들였다. 선조가 의주에 이르자 윤근수가 홍여순과 이원익을 다시 공격했지만, 성혼이 만류하고 나섰다. 이후 사헌부와 사간원에서 송언신, 이홍로, 임몽정, 유영길 등을 귀양 보내라고 청하자 이홍로는 상소를 올려 윤두수를 꾸짖고 이산해를 두둔하는 등 당쟁은 그칠 줄을 몰랐다.

시간이 지나면서 전쟁의 양상은 차츰 바뀌어갔다. 남쪽 바다에서 이순신이 연승을 거두며 전라도 지역을 지켜냈고, 전국 각처에서 의병들이 봉기해 게릴라전으로 일본군의 배후를 교란시켰다. 또한 명나라에서 이여송의 육군과 진린의 해군을 파병하여 역전의 발판이 마련되었다. 이듬해 조·명연합군이 평양과 한양을 수복하자 일본군은 전군을 남하시켜 서생포에서 웅천까지 왜성을 쌓고 장기전 태세를 갖춘 다음 명나라에 화의를 청했다. 그 와중에도 일본군은 고립된 진주성을 함락시키는 등 군사행동을 늦추지 않았다. 명나라는 심유경을 일본에 보내 강화회담을 진행했다.

1594년(선조 27년) 한양에 돌아온 선조는 유성룡과 김응남, 정탁 등 남인을 재상으로 기용하여 서인 일색의 조정을 견제했다. 그때 중신들은 대의명분을 앞세워 명나라와 일본 간에 화의를 반대했다. 유성룡과 성혼은 백성들의 고통을 종식시키기 위해 화의에 찬성하는 쪽이었다. 전라 감사 이정엄은 화의에 찬동하는 장계를 올려 중신들의 비판을 받았지만, 성혼이 그를 변호했다. 선조는 성혼을 비난하고 관직을 거두었다. 그런데 동인 중에서 김우옹이 성혼만 공격할 뿐이고, 이이첨과 정인홍은 유성룡을 공격했다. 그 때문에 남인과 북인의 관계는 더욱 멀어졌다.

전쟁이 소강상태에 빠지자 서인들은 유성룡의 후원을 받는 전라좌수사 이순신 제거작전에 돌입했다. 마침 왜장 고니시가 전라병사 김응서에게 이중간첩 요시라를 보내 가토 기요마사가 언제 바다를 건너올 것인지를 제보했다. 이순신은 그것이 일본군의 궤계임을 알았지만 출동할 수밖에 없었다. 그러나 가토는 이미 조선에 들어온 지 오래였다. 그렇듯 이순신은 국적 일본군과 정적 북인들, 양쪽의 공격을 받아 벼슬을 빼앗기고 권율의 원수부에서 백의종군하게 되었다.

그 무렵 명나라와 일본의 화의가 깨지면서 1597년 정유재란이 발발했다. 일본이 다시 15만의 병력을 동원해 침략해 왔던 것이다. 개전 초기 이순신의 후임으로 삼도수군통제사에 임명된 원균이 칠천량에서 대패해 조선 수군이 궤멸되었다. 일본군은 사기충천했지만 조·명연합군의 재바른 반격이 이어지자 충청도 땅을 넘어서지 못했고, 부활한 이순신의 무적함대가 일본 수군에 연전연승을 거두었다. 그러다 이듬해인 1598년 8월, 도요토미 히데요시가 병사하자 일본군이 철수했다. 이로써 6년 7개월간의 조일전쟁이 막을 내렸다.

전쟁이 끝난 뒤 의병장을 많이 배출한 북인세력은 강력한 척화정책을 표방하며 정국을 장악했다. 그들은 유성룡과 김성일 등 남인세력이 일본과의 화의를 주장하고 나라를 그르쳤다며 맹렬히 비판해 두 사람을 조정에서 축출했다. 하지만 북인은 잡다한 계열의 인물들이 뒤섞여 있어 남인에 비해 결속력이 미약했다. 이산해가 토정 이지함의 조카이자 제자이고, 이발과 정개청이 화담의 학통과 연결되어 있었으며, 정인홍은 조식의 문인이었다. 또 정인홍의 문인 중 일부만이 북인으로 지목되었을 뿐 나머지는 그저 혈연, 지연, 인척 등으로 맺어진 관계였다. 때문에 북인은 필연적으로 내부 분열상을 노출했다.

대북과 소북의 등장

전란 말기 신진세력의 지지를 받고 있던 북인 김신국과 남이공은 권력 주도층인 이산해와 홍여순 등의 정국운영에 비판적이었다. 1599년(선조 32년) 3월 이조 판서 이기가 홍여순을 대사헌으로 천거하자 이조 정랑 남이공이 극력 반대하고 나섰다. 그리하여 북인은 이산해, 홍여순, 이이첨, 정인홍, 이경전, 김대래, 기자헌, 허균, 홍여순 등의 대북(大北)[102]과 유영경, 남이공, 김신국, 유희분, 박승종 등의 소북(小北)으로 분열되었다. 이들은 얼마 후 영창대군이 태어나면서 광해군파와 영창대군파로 갈려 첨예하게 대립했다.

1602년(선조 35년) 당파 간에 대립이 심화되자 선조는 중도파인 유영경을 등용했다. 선조의 후원으로 유영경은 이조 판서와 우의정을 거쳐 곧 영의정에 이르렀다. 1606년(선조 39년) 선조는 김제남의 딸을 계비로 맞이해 영창대군을 얻었다. 그리하여 광해군의 입지가 매우 좁아졌다. 임진왜란 발발과 동시에 세자로 책봉되었던 광해군은 분조를 운영하며 많은 공을 세워 따르는 사람이 많았다. 경계심이 생긴 선조는 그를 질투하며 문안조차 받지 않고 어린 영창대군에게만 사랑을 쏟아부었다. 이런 선조의 기색을 알아챈 유영경은 장차 광해군을 축출하고 영창대군을 세자로 옹립하려 했다. 당시 광해군은 세자책봉을 정치적으로 이용하던 명나라의 책동 탓에 정식 승인을 받지 못하고 있었다.

1607년(선조 40년) 겨울, 선조는 병세가 악화되자 현직 대신들을 불러들인 뒤 세자에게 양위하는 전교를 내렸다. 영의정 유영경과 좌의정 허욱, 우의정 한응인은 명을 거두어달라고 극력 상소했다. 어린 영창대군이 장성할 때까지 전위를 지연시키려는 뜻이었다. 대북파의 이산해, 이경전, 이이첨 등은 진주에서 정인홍을 불러들여 유영경을 공격하게 했다. 하지만 정인홍의 상소는 선조의 비위를 거슬렸고 대간도 그가 왕과 세자를 이간질한다고 공박했다. 그리하여 곧 정인홍, 이이첨, 이경전 등이 유배형을 받았다. 그러던 차에 선조가 갑자기 승하하고 광해군이 등극하면서 정권은 다시 대북파의 차지가 되었다.

황무지가 되어버린 조선 팔도

7년 동안의 전쟁으로 조선은 황무지가 되어버렸다. 전란 전에 170만결이던 토지가 종전 뒤에는 불과 54만결밖에 남아 있지 않았다. 수많은 인명피해로 인한 노동력의 감소가 주원인이었다. 백성들은 굶주리다 못해 사람을 잡아먹을 정도로 비참한 지경에 빠지면서 전란 중에도 여러 차례 반란이 발생했다.

왜란 초기에는 감사나 수령들의 수탈에 분개한 소요에 불과했고 주로 일본군 점령지에서 발생했지만, 1594년에 충청도에서 일어난 송유진의 난과 1596년에 일어난 이몽학의 난은 직접적으로 왕권을 타도하고 새로운 국가를 건설하겠다는 목표를 내세웠다. 조정에서는 가까스로 난을 진압한 다음, 의병활동을 통해 중망이 높았던 이산겸과 김덕령을 반란에 연루시켜 처형하여 사회에 많은 충격을 던져주었다.

선조는 전란의 와중에 국가재정을 마련하기 위해 납속책을 시행했다. 소정의 곡물이나 돈을 받고 신분상승을 보장해주는 제도였다. 그리하여 향리, 서얼, 천민, 노비 등이 신분을 바꿀 수 있었다. 또 전공을 세우면 면천될 수 있었기에 조선 전기부터 엄격하게 시행되었던 신분제도가 느슨해졌다.

전후 선조는 피해복구와 민심안정에 전력을 쏟았다. 음식과 의복을 절제하여 사치를 배격하고, 농토의 개간과 양식 절약 정책을 펼쳐 피폐해진 민간경제를 바로 세우고자 했다. 또 민간에 애국심을 고취하고 전란 중에 공을 세운 사람들은 신분에 상관없이 공신에 녹훈했다. 그러나 거듭되는 흉년과 인적자원의 부족으로 정책은 성과를 거두지 못했다. 그런 상황에서도 조정 중신들은 당쟁에 빠져 민생을 돌보지 않아 사회 혼란이 심화되었다.

결국 선조는 전란의 상흔을 고스란히 남겨둔 채 1608년 2월 1일, 59세를 일기로 세상을 떠났다. 시호는 소경정륜입극성덕홍렬지성대의격천희운현문의무성예달효대왕(昭敬正倫立極盛德洪烈至誠大義格天熙運顯文毅武聖睿達孝大王), 묘호는 선종(宣宗)이었지만 후에 선조(宣祖)[103]로 개칭되었다. 능호는 목릉(穆陵)으로 경기도 구리시 인창동에 있다.

제14대 선조 가계도

── 제14대 선조(宣祖)
1552년 출생, 1608년 사망(57세)
재위 40년 7개월(1567. 7–1608. 2)

의인왕후 박씨

인목왕후 김씨　영창대군 이의　정명공주

공빈 김씨　임해군 이진　광해군 이혼(제15대 광해군)

인빈 김씨　의안군 이성　정안옹주
　　　　　　　신성군 이후　정휘옹주
　　　　　　　정원군 이부(정원대원군, 원종 추존) ──　인헌왕후 구씨
　　　　　　　의창군 이광　　　　　　　　　　　├ 능양대군 이종(제16대 인조)
　　　　　　　정신옹주　　　　　　　　　　　├ 능창대군 이전
　　　　　　　정혜옹주　　　　　　　　　　　├ 능원대군 이보
　　　　　　　정숙옹주　　　　　　　　　　└ 김씨
　　　　　　　　　　　　　　　　　　　　　├ 능풍군 이명

순빈 김씨　순화군 이보

정빈 민씨　인성군 이공　정인옹주　　정근옹주
　　　　　　　인흥군 이영　정선옹주

정빈 홍씨　경창군 이주　정정옹주

온빈 한씨　흥안군 이제　영선군 이계
　　　　　　　경평군 이능　정화옹주

선조의 가족

선조는 2명의 왕후와 6명의 후궁에게서 14남 11녀를 얻었다.

정비 의인왕후는 몸이 약해 후사를 얻지 못하고 1600년 6월 27일, 황화방 별궁에서 46세로 사망했다. 그 후 1602년 김제남의 딸 인목왕후를 계비로 맞이했다. 19세의 나이로 왕후가 된 인목왕후가 1606년 영창대군을 낳자 선조는 적통에게 왕위를 물려주고자 했다. 이에 영의정 유영경이 세자인 광해군을 폐하고 영창대군을 추대하려 했지만 선조의 급서로 무산되었다.

광해군이 즉위한 뒤 정권을 잡은 대북파는 칠서의 옥을 계기로 영창대군을 사사하고 인목대비를 서궁에 유폐했다. 더불어 인목대비의 아버지 김제남을 역모 혐의로 사사한 후 부관참시했으며, 그의 세 아들이 국문장에서 죽었다. 훗날 서인들의 주동이 된 인조반정이 일어나 광해군이 폐출되자 인목대비는 광해군을 죽이려 했지만 인조의 반대로 실패했다. 그렇듯 한 많은 일생을 살았던 인목대비는 1632년 6월 28일, 49세를 일기로 세상을 떠났다. 금강산 유점사에 그녀가 쓴 「보문경」 일부가 전한다.

선조의 부인들 가운데 가장 깊은 총애를 받았던 공빈 이씨는 1572년(선조 5년) 5월 1일, 광해군을 낳고 산후증으로 세상을 떠났다. 공빈 김씨의 장남 임해군 이진은 초기 후계자 서열 1위였지만 성정이 난폭하고 광증이 있다는 이유로 광해군에게 세자위를 빼앗겼다. 1592년 임진왜란 당시 근왕병을 모집하기 위해 함경도에 파견되었다가 백성들에게 시로잡혀 왜장 가토에게 넘겨지는 군욕을 당하기도 했다. 간신히 석방된 그는 폭음과 난행으로 세월을 보내다 광해군 즉위 후 명나라에서 세자 봉작에 대한 조사가 나오자 대북파의 손에 유배된 뒤 사사되었다.

공빈 이씨 사후 선조는 인빈 김씨를 총애하여 한때 그녀 소생인 신성군을 왕세자로 삼으려 하기도 했다. 그녀의 아들 정원군은 훗날 맏아들 능양군이 인조반정으로 광해군을 축출하고 보위에 오르자 곧 정원대원군으로 추존된 뒤, 인조 때에 다시 원종으로 추존되었다.

선조 시대의 주요사건

종계변무, 200년 조선왕조의 한을 풀다

종계변무란 1394년(태조 3년)부터 선조 때까지 200여 년간 명나라의 실록에 잘못 기록된 태조 이성계의 세계(世系)를 바로 잡아달라고 주청했던 사건이다. 이는 곧 조선 왕실의 정통성이 담보가 된 명나라와의 족보전쟁이었다.

1390년(공양왕 2년) 무진정변 당시 명나라로 도주한 윤이, 이초는 이성계가 옹립한 공양왕이 고려왕실의 후손이 아니라 그의 인척인데 두 사람이 공모하여 명나라를 치려 한다고 모함하고, 이성계는 이인임의 아들이라는 허위사실을 고했다. 명나라에서는 그 내용을 「태조실록」, 「대명회전」에 기록했다.

1394년(태조 3년) 명나라 사신을 통해 그 사실을 알게 된 조선 조정은 경악했다. 이러한 종계문제는 왕조의 합법성에 관계된 치명적인 사항이었으므로 태조는 명나라 사신 황영기의 귀국 편에 변명주문(辨明奏文)을 지어 보내 실록의 수정을 요구했다. 그러나 명나라에서는 아무런 반응도 보이지 않았다. 몸이 단 태종은 1402년(태종 2년) 사은사 임빈을 파견해 재차 수정을 요구했지만, 명나라에서는 「만력회전」 중수본에 변명 사실을 부기하는 데 그쳤다. 그 때문에 종계문제는 200여 년에 걸쳐 양국 간의 외교 현안이 되었다.

1518년(중종 13년) 주청사 이계맹은 명나라에 다녀온 뒤 「대명회전」의 「조선국조」 주에 '이인임과 그의 아들 단(旦)이 홍무 6년에서 28년까지 4명의 왕을 시해했다'고 기록되어 있음을 보고했다. 중종은 남곤, 이자 등을 명나라에 파견해 실록의 개정을 또다시 요구했지만 성과를 거두지 못했다. 그 후 「대명회전」 중찬 소식이 들려올 때마다 조선은 끈질기게 개정을 요청했다. 1529년 유보, 1539년 권벌, 1557년(명종 12년) 조사수, 1563년 김주, 1573년(선조 6년) 이후백·윤근수, 1575년 홍성민 등이 파견되었다.

이와 같은 노력은 선조 대에 들어서 비로소 결실을 맺었다. 1584년(선조 17년) 황정욱이 중찬된 「대명회전」의 수정된 등본을 가지고 돌아왔고, 1587년 유홍이 중수된 「대명회전」 중 조선관계 부분 1질을 받아와 더욱 명확해졌다. 감격한 선조는 친히 종묘사직에 나아가 종계변무 문제가 해결되었음을 고했다.

1589년 윤근수가 명나라에 가서 개정된 「대명회전」 전권을 받아온 것으로 이 문제는 완전히 일단락되었다

임진왜란

1592년(선조 25년)부터 1598년까지 2차에 걸쳐 일본이 조선을 침략했다. 임진년에 일어난 1차 침략을 '임진왜란', 정유년에 일어난 2차 침략을 '정유재란'이라고 한다. 하지만 우리나라에서는 통상 두 전쟁을 통틀어 임진왜란[104] 이라고 칭한다.

당시 조선은 연산군 대에서 명종 대까지 벌어진 4대 사화와 훈구·사림 간의 정쟁으로 중앙 정계의 혼란, 또 선조 즉위 이후 격화된 사림 간의 당쟁으로 정계의 난항이 거듭되면서 중종 때 설치한 비변사가 정상적으로 작동되지 않고 있었다. 그 와중에 이이는 남왜북호(南倭北胡)의 도발에 대비하기 위한 십만양병설(十萬養兵說)을 주장했지만 국가재정이 허약한 상태에서는 공염불에 불과했다. 또 평화시대가 오랫동안 이어지면서 조선의 사회기강은 날로 해이해졌고 유교문화의 영향으로 조정은 문약에 빠져 있었다. 이런 상황에서 발발한 조일전쟁은 조선을 멸망지경으로 몰아붙였다.

전란의 발발

1592년 4월 13일, 나고야(名古屋)에 지휘부를 설치한 도요토미 히데요시는 20여만 명의 대군을 9번대로 나누어 조선 침략을 개시했다. 제1번대는 주장 고니시로 병력 1만 8,700명이며, 제2번대는 주장 가토로 병력 2만 2,800명, 제3번대는 주장 구로다로 병력 1만 1,000명, 제4번대는 주장 모리·시마즈로 병력 1만 4,000명, 제5번대는 주장 후쿠시마로 병력 2만 5,000명, 제6번대는 주장 고바야가와로 병력 1만 5,000명, 제7번대는 주장 모리로 병력 3만 명, 제8번대는 주장 우키다로 병력 1만 명, 제9번대는 주장 하시바로 병력 1만 1,500명이었다.

이상의 병력 15만 8,700명은 일본 육군의 정규 병력이었다. 그밖에 구키, 도토 등이 이끄는 일본수군 9,000명과 구니베가 이끄는 1만 2,000명의 일본군은 전쟁 전후로 바다를 건너와 후방경계에 임했다. 그밖에도 하야가와 등이 부산에서

선박을 관리하는 등 조선땅에 들어온 일본군의 전체 병력은 20만 명에 육박했다. 당시 일본이 국내에서 동원한 총병력은 30만 명으로, 출정 병력을 제외하고 나고야에 약 10만 명이 예비병력으로 머물러 있었다.

고니시의 제1번대는 1592년 4월 14일, 병선 700여 척을 타고 오우라 항(大浦項)을 떠나 한나절 만에 부산에 도착한 다음 그날로 부산포를 공격했다. 갑작스런 일본군의 공격에 부산진첨사 정발은 분전했지만 결국 패하여 전사했다. 고니시 부대는 이어 동래부를 공격해 부사 송상현을 죽인 다음 거침없이 북상해 양산, 밀양, 청도, 대구, 인동, 선산을 거쳐 상주에 이르렀다. 그곳에서 일본군은 순변사 이일이 거느린 조선군을 대파하고 조령으로 향했다.

가토의 제2번대는 나고야를 떠나 대마도에 도착하여 제1번대의 소식을 기다렸다. 그러던 중 고니시 부대가 부산 상륙에 성공했다는 보고를 받고, 19일 조선에 들어와 그 길로 경상좌도를 공략했다. 가토 부대는 장기, 기장을 거쳐서 좌병영 울산을 점령한 다음 경주, 영천, 신령, 의흥, 군위, 비안을 거쳐 문경에서 고니시 부대와 합류한 다음 충주로 들어갔다. 같은 달 구로다의 제3번대는 동래에서 김해로 침입하여 경상우도를 따라 올라와 성주의 무계에서 지례, 금산을 지나 추풍령을 넘어 충청도의 영동으로 나와 청주 방면으로 침입했다. 모리·시마즈의 제4번대는 김해에서 제3번대와 함께 창녕을 점령한 다음 성주, 개령을 거쳐 추풍령 방면으로 향했다. 후쿠시마의 제5번대는 제4번대의 뒤를 따라 부산에 상륙하여 북상했고, 고바야가와의 제6번대와 모리의 제7번대는 후방을 지키며 북상했다. 우키다의 제8번대는 5월 초 부산에 상륙하여 서울이 함락되었다는 보고를 받고 신속하게 북상했다. 하시바의 제9번대는 4월 24일, 이키도에서 후발대로 대기하고 있었다.

신립의 충주 전투

일본의 침략이 조정에 알려진 것은 개전 4일째 되는 날이었다. 경상좌수사 박홍에게서 부산진성 함락의 장계를 받은 선조는 이일을 순변사로 삼아 조령, 충주 방면의 중로를, 성응길을 좌방어사에 임명하여 죽령, 충주 방면의 좌로를, 조경을 우방어사로 삼아 추풍령, 청주, 죽산 방면의 서로를 방어하도록 했다. 또 유극량을 조방장으로 삼아 죽령을 지키게 하고, 변기를 조방장으로 삼아 조령을 방수하게 했으며, 전 강계 부사 변응성을 경주 부윤에 임명하여 임지로 내려 보냈다.

이처럼 조정에서는 전란 발발 후 신속한 조치를 취했지만, 정작 가장 중요한 병력 충원이 제때 이루어지지 않아 난관에 봉착했다. 오랜 태평세월로 나태해진 백성들은 군대 모집에 소극적이었다. 때문에 이일은 출동명령을 받은 지 3일 만에 홀로 떠나야 했다. 조정에서는 신립을 도순변사로 삼아 충주로 파견하고, 좌의정 유성룡을 도체찰사로 삼아 제장을 검독하게 했다.

그때 경상 감사 김수는 주변 고을 수령들에게 명하여 군사를 모으게 한 다음 신립이 오기를 기다렸지만 여러 날이 지나도 당도하지 않았다. 그 와중에 일본군이 닥쳐오자 뿔뿔이 흩어져버렸다. 이에 수령들은 순변사가 있는 상주로 달려갔다. 하지만 목사 김해는 산속에 숨어버리고 판관 권길만이 읍을 지키고 있었다. 얼마 후 순변사 이일이 상주에 도착해 부랴부랴 병력을 끌어 모은 뒤 상주 북천변에서 진을 치고 일본군의 공격에 대비했다. 그러나 제1번대 고니시 부대의 급습으로 대패하자 이일은 단신으로 탈주하여 신립이 있는 충주로 갔다.

신립은 고니시 부대가 조령을 넘어 충주로 들어온다는 소식을 접하고 충청도에서 모은 8,000여 명의 군사를 이끌고 탄금대에서 배수진을 치고 있었다. 4월 26일, 드디어 일본군이 단월역을 따라 조총을 쏘아대며 공격해오자 신립은 기병대를 앞세워 반격을 꾀했다. 그러나 단시일에 끌어모은 엉성한 병력으로는 신무기로 무장한 일본군의 공세를 막아낼 수 없었다. 결국 군사를 모두 잃은 신립은 달천강에 투신자살했고, 이일은 분전 끝에 간신히 사지를 벗어났다.

한양 함락

고니시 부대와 가토 부대는 충주에서 잠시 합류한 뒤 각각 북상을 계속했다. 고니시 부대는 경기도 여주로 나와 강을 건너 양근을 경유, 동로로 빠지고, 가토 부대는 죽산, 용인으로 빠져 한강 남안에 이르렀다. 또한 구로다, 모리 부대가 25일 성주, 지례, 김산을 지나 추풍령을 넘어 충청도 영동으로 나가 청주성을 함락하고 경기도를 빠져나와 서울로 향했다.

일본군이 북상한다는 급보가 계속되자 중신들은 도성을 사수하겠다는 결의에 차 있었다. 그러나 4월 29일 충주의 패전 소식을 접한 선조는 몽진을 결심하고 이원익을 평안도의 도순찰사, 최흥원을 황해도의 도순찰사로 임명했다. 대간과 종실은 종묘사직을 버리지 말라고 애원했지만 소용이 없었다. 중신들은 미래를 알 수 없으니 세자를 세우라고 종용했다. 여론에 몰린 선조는 광해군을 세자로 책봉했다. 드디어 선조는 임해군과 순화군을 함경도와 강원도에 파견해 근왕병을 모으게 한 다음 광해군, 신성군, 정원군 등과 함께 도성을 떠났다. 임금이 한양을 빠져나간 것을 알게 된 한양 백성들은 분개하며 욕설을 퍼부었고, 노비들은 노비문서가 보관되어 있던 장례원과 형조에 불을 질렀다. 경복궁, 창덕궁, 창경궁이 모두 불타버렸다.

이윽고 고니시 부대가 5월 2일, 가토 부대가 3일에 한양으로 들어왔다. 한양을 지키던 김명원과 이양원은 맞서 싸워보지도 못하고 임진강으로 퇴각했다. 개성에 당도한 선조는 도성 함락의 급보를 듣고 다시 평양으로 도망쳤다. 곧이어 임진강 방어선이 무너지고 개성까지 함락되자 선조 일행은 의주로 쫓겨 갔다.

5월 초에 서울에 잠시 머무르던 일본군은 전열을 세 갈래로 나누어 북진을 계속했다. 임진강을 건넌 고니시 부대는 6월에 평양을 점령했다. 함경도로 올라간 가토 부대는 함경도 감사 유영립을 생포했다. 그때 병사 이혼은 반민에게 피살되고, 임해군과 순화군은 아전 국경인 등에게 생포되어 일본군에 넘겨졌다. 황해도로 들어간 구로다 부대는 해주를 본거지로 삼고 여러 고을에서 분탕질을 자행했다. 그러나 6월 이후 8도 전역에서 의병과 승군이 봉기하기 시작했다. 그들은 무능한 관군을 대신하여 일본군을 격파했다. 남해에서 조선 수군이 일본 수군을 제압하면서 전쟁의 양상이 조금씩 바뀌어갔다. 10월에는 일본군이 진주성을 공격해 오자 진주 목사 김시민은 군관민과 합세하여 격전을 치른 끝에 대승을 거두었다.

의병의 등장

임진왜란 초기 관군이 속수무책으로 무너지고, 무고한 백성들이 일본군의 총칼 아래 짓밟히자 전국 각처에서 의병이 일어났다. 의병의 신분은 천민에서 양반까지 천차만별이었지만, 의병장은 대부분 전직 관원이나 문반 출신, 지방의 덕망 높은 유생들이었다. 그들은 근왕정신에 의거한 민족적 저항정신으로 굳게 무장하고 있었다.

당시 거병한 의병장은 곽재우, 고경명, 조헌, 김천일, 김면, 정인홍, 정문부, 이정암, 우성전, 권응수, 변사정, 양산숙, 최경회, 김덕령, 유팽로, 유종개, 이대기, 제말, 홍계남, 손인갑, 조종도, 곽준, 정세아, 이봉, 임계영, 고종후, 박춘무, 김해 등이다.

그중 경상도 의병은 전쟁의 양상을 뒤바꾸었을 정도로 혁혁한 전과를 올렸다. 의령의 곽재우는 낙동강을 오르내리며 일본군과 싸워 의령, 삼가, 합천, 창녕, 영산 등의 여러 고을을 수복했다. 그는 또 전라도로 향하는 일본군을 정암진에서 차단했다. 합천의 정인홍은 의병 3,000여 명을 모아 성주, 합천, 함안 등지를 방어했다.

김면은 조종도, 곽준 등과 거창, 고령 등지에서 의병을 규합하여 공격해오는 일본군을 관군과 함께 지례에서 협격해 격퇴했다. 그 후 무계에서도 승리해 합천 군수로 임명되었다. 경상좌도에서 일어난 권응수는 정세아 등과 함께 영천을 탈환하고 학연, 예천, 문경 등지 전투에서 연전연승했다. 김해는 9월 예안에서 일어나 경상도 북부지방을 지키며 일본군의 전라도 침입을 견제했다.

호남 의병들은 일본군과의 처절한 전투를 통해 깊은 인상을 남겼다. 고경명은 유팽로 등과 의병을 일으켜 담양에서 회맹하고 의병장으로 추대되었다. 그는 전국에 격문을 돌려 근왕병을 모집한 다음 7월 9일 일본군이 금산에 침입하자 정면으로 맞섰다가 아들 고인후와 유팽로, 안영 등과 함께 전사했다. 그해 12월 고경명의 맏아들 종후가 아버지의 원수를 갚기 위하여 의병을 일으킨 뒤 이듬해 6월에 벌어진 2차 진주성 전투에 참가했다가 전사했다. 김천일은 나주에서 의병 수백 명을 모아 선조가 피난한 평안도로 향하다가 강화로 들어갔다. 그곳에서 적 치하에 있던 도성에 결사대를 잠입시켜 백성들에게서 군자금을 얻었으며, 한 강변의 여러 적진지를 급습하여 큰 피해를 주었다.

충청도에서는 조헌이 10여 명의 유생과 함께 공주와 청주 사이를 왕래하며 의병을 모집하여 곽재우와 거의 같은 시기에 옥천에서 봉기했다. 이들은 온양, 정

산, 홍주, 회덕 등에서 의병 1,600여 명을 모은 뒤 승장 영규가 이끄는 승군 500
여 명과 합세하여 청주성을 되찾았다. 그들은 다시 금산에 주둔한 적군을 공격
하려 했지만 약속한 관군이 오지 않자 많은 의병들이 흩어졌다. 결국 남은 700
명의 의병만으로 조헌과 영규는 금산성을 공략하려 했다. 일본군은 이들에게 지
원군이 없는 것을 확인한 뒤 맹렬하게 공격해 전멸시켰다. 하지만 의병들의 필사
적인 저항으로 일본군 역시 많은 피해를 입고 금산에서 물러나 조선은 곡창지대
인 전라도 지역의 안전을 확보할 수 있었다.

경기도에서는 홍계남이 의병을 모아 양성, 안성을 무대로 용맹을 떨쳤다. 또
우성전은 강화, 인천 등지에서 의병을 일으켜 조선왕실의 최후 거점으로 일컬어
지는 강화도를 굳게 지켰다. 황해도에서는 전 이조 참의 이정암이 연안성을 중심
으로 의병활동을 벌였다. 그는 8월 27일부터 9월 2일까지 벌어진 일본군과의 대
결에서 5,000여 명이나 되는 구로다의 병력을 물리치는 개가를 올렸다. 그 덕택
에 강화도와 연안을 통해 의주에 있는 행재소와 연락이 가능해졌다. 함경도에서
는 현직 관원이었던 정문부가 의병을 일으켜 9월 경성을 수복한 뒤 길주와 쌍포
에서 가토 부대를 격파했다. 그 외에 묘향산의 서산대사 휴정이 수천 명의 승려
를 모아 승군을 일으켰고, 호남의 처영, 관동의 사명대사 유정, 해서의 의엄 등이
호응해 일본군의 간담을 서늘하게 했다.

조선 수군의 맹활약

임진왜란 발발 당시 남해에는 경상좌수사 박홍, 경상우수사 원균, 전라좌수
사 이순신, 전라우수사 이억기가 포진하고 있었다. 이들이 지휘하는 조선 수군
의 전함은 모두 250척 정도였다. 그런데 개전 초기 일본군이 공격해온다는 소식
을 들은 경상좌수사 박홍은 휘하의 전선을 모두 침몰시키고 도주해 경상도에는
원균의 전함 4척만이 남았다. 그리하여 조정은 수군과 전함을 온전히 보전하고
있던 전라도 수군에게 남해안 방어를 기대하고 지휘권을 이순신에게 맡겼다.

이순신은 1592년 5월 4일부터 8일 동안 옥포, 합포, 적진포에서 적선 37척을
격파하는 대승을 거두었다. 5월 29일부터 사천, 당포, 당항포, 율포 등지에서 벌
어진 2차 해전에서 이순신은 적선 72척을 침몰시키고 88명의 왜병을 사살했다.

전라우수사 이억기의 함대도 동참했고, 원균이 지휘한 3척을 합쳐 51척의 대함대가 싸웠다. 사천 해전에서는 거북선이 출동해 적의 대오를 분산시키는 등 큰 공을 세웠다.

7월 6일부터 벌어진 3차 출동에서 이순신은 이억기와 함께 전함 90척을 이끌고 노량에서 원균과 합류했다. 이윽고 그는 견내량에 정박 중인 일본 수군의 대선단을 한산도 앞바다로 유인한 다음 학익진을 펼쳐 충각선 7척, 대선 28척, 중선 17척, 소선 7척을 파괴하는 대전과를 올렸다. 살아남은 적선은 겨우 10여 척에 불과했다. 이순신 함대는 여세를 몰아 9일부터 11일 새벽까지 안골포에 정박 중인 적선을 포격해 파괴했다. 이 3차 출동에서는 조선군은 적선 100여 척을 격파하고 일본군 250명의 목을 베는 등 개전 이래 최대의 승전을 거두고 남해의 제해권을 완전히 장악했다.

이순신의 연합함대는 8월 24일부터 네 번째 출동을 개시했다. 조선군은 적선 470여 척이 주둔하고 있던 부산포를 공격해 적선 100여 척을 파괴했다. 당시 일본군은 수군을 육지로 하선시킨 뒤 총포를 쏘면서 맹렬히 대항했다. 이 전투에서 녹도만호 정운을 비롯해 6명이 전사하고 25명이 부상했다. 이때부터 일본군은 해전을 기피하고 육군만으로 전쟁을 수행했다.

이와 같은 수군의 연승은 무엇보다도 이순신의 뛰어난 지휘 능력과 전선의 견고함, 강력한 화포의 성능 때문이었다. 그렇듯 조선 수군이 남해를 제압하고 전국 각처에서 의병들이 일어나면서 일본군은 군량을 비롯한 전쟁물자 수송에 차질을 빚었다. 그 결과 개전 초기부터 일방적으로 밀리던 조선군은 가까스로 반격의 기회를 얻을 수 있었다.

조·명연합군의 공세와 화의 성립

일본군의 쾌속 북상으로 의주까지 내몰린 선조는 연이어 명나라에 사신을 파견해 구원을 요청했다. 당시 명나라는 조선의 국경이 돌파당한 지 며칠 되지 않아 평양성까지 함락되었다는 보고를 받고 두 나라가 짜고 명나라를 공격해오는 것이 아닌지 의심했다. 요동순안어사 이시자는 지휘사 송국신을 파견해 선조의 진위를 확인하는 촌극을 벌이기도 했다. 결국 일본의 단독도발임을 확인한 명나라에서는 파병 여부를 놓고 고심했다. 그러나 병부상서 석성의 강력한 주장으로 파병이 결정되었다.

"조선의 사정은 국내에서 벌어진 것과 마찬가지다. 만일 왜적이 버젓이 조선에 살게 되어 요동을 침범하게 하고 다시 산해관에 미치게 하면 곧 북경이 진동하게 될 것이니, 이것은 바로 배와 가슴에 있는 걱정이거늘 어찌 다른 범상한 사례와 같이 논의할 수 있단 말인가."

명나라는 우선 선발대로 요양부총병 조승훈에게 조선군을 지원하도록 했다. 조승훈은 불과 5,000명의 병력으로 7월 15일, 고니시 부대가 주둔하고 있던 평양성을 공격했다가 대패하고 말았다. 그때까지 증원군을 준비하지 못했던 명나라는 급히 심유경을 고니시 진영에 보내 화의 교섭을 진행시키며 시간을 끌었다. 8월 29일 평양에 간 심유경은 일본군이 평양 이북을 침입하지 않고 명군도 남쪽에서 작전을 펴지 않기로 합의한 다음 11월 14일 돌아왔다.

1592년 9월, 조선 조정은 명나라에서 성절사 유몽정이 가져온 자문(咨文)에 건주여진의 누르하치 병력을 원군으로 보내겠다는 내용이 씌어 있는 것을 보고 깜짝 놀랐다. 윤두수는 누르하치의 군대가 조선에 들어오는 순간 나라가 망할 것이라고 선조에게 경고했다. 심유경이 이이제이(以夷制夷)를 획책한다고 여겼던 것이다. 이런 조야의 반발 때문에 누르하치의 조선 파병은 성사되지 않았다.

그해 12월 명나라는 감숙성 영하에서 반란을 평정하고 돌아온 이여송을 동정제독으로 임명하고 부총병 양원·이여백·장세작 등과 함께 4만 3,000명의 군사를 조선에 파견했다. 그 사이에 조선의 관군과 휴정의 승군이 평양성을 탈환하려 했지만 적진에 있는 심유경 때문에 기회를 잃었다. 이여송의 원정군이 1593년 1월 평양에 도착하자 순변사 이일과 별장 김응서가 관군을 이끌고 합류했고 휴정의 승군도 합세했다. 그리하여 1월 28일, 조·명연합군의 평양탈환작전이 개시되었다.

조·명연합군이 칠성, 보통, 함구의 세 문 쪽으로 맹렬하게 공격하자 고니시 부대는 평양성을 포기하고 구로다 부대와 합류하여 개성을 지나 한양으로 퇴각했다. 기세가 오른 명군이 그 뒤를 뒤쫓자 왜장 고바야가와가 한양 북쪽에 있는 벽제관 남쪽 여석령에 군사를 매복시켰다가 명군을 급습해 대승을 거두었다. 겁을 먹은 명군은 더 이상 진격하지 못하고 개성으로 후퇴했다. 조선군은 재차 공격을 종용했지만, 이여송은 개성에서 꼼짝도 하지 않았다. 얼마 후 함경도의 가토 부대가 양덕과 맹산을 지나 평양을 칠 것이라는 첩보가 들어왔다. 그러자 이여송은 부총병 왕필적을 개성에 남겨두고 조선군을 임진강 이북에 포진하도록 명한 다음 평양으로 퇴각했다. 가토 부대는 평양 전투의 패전 소식을 듣고 서둘러 한양으로 이동했다.

그 무렵 한양 탈환을 위한 조선군의 군사작전이 시작되었다. 선봉장은 권율이었다. 일찍이 광주 목사로 재임하고 있던 권율은 왜란이 발발하자 용인 등지에서 군사를 모아 결사항전을 준비했다. 그러자 전라 감사 이광은 그를 전라도 도절제사로 삼고 호남을 지키게 했다. 7월에 권율은 나주 판관 이복남과 의병장 황박, 김제 군수 정담 등과 함께 진산에서 진을 치고 금산에서 전주로 넘어오는 고바야가와의 제6번대를 막아섰다. 드디어 일본군이 이치로 몰려들자 권율은 동복 현감 황진, 부장 위대기, 공시억 등과 함께 맹렬히 반격해 물리쳤다. 이치 전투의 승리로 조선군은 일본군은 호남 진입을 막을 수 있었다.[105]

그 전공으로 전라 감사에 제수된 권율은 방어사에게 이치를 지키게 한 다음, 처영의 승군과 합세하여 군사 2만 명을 이끌고 북진하기 시작했다. 권율이 수원의 독성에 이르러 진을 치자 오산에 주둔하고 있던 우키다의 제8번대가 공격해 왔다. 하지만 전라 도사 최철견과 변사정, 임희진 등의 의병과 함께 수성전을 펼쳐 물리쳤다. 1593년 2월, 권율은 4,000여 명의 병력을 병사 선거이에게 주어 금천을 지키게 하고 처영의 승군과 함께 양천강을 건너 행주산성에 진을 쳤다. 때맞춰 창의사 김천일이 강화에서 나와 해안에 진을 쳤고, 충청 감사 하욱이 통진에서 응원했다.

조선군의 움직임에 퇴로를 끊길까 염려한 왜장 우키다는 3만의 병력으로 2월 12일 행주산성을 공격해 왔다. 그날 아침부터 벌어진 전투는 정오까지 계속되었다. 일본군은 드디어 긴 나무를 가져다가 다락 같은 모양의 높다란 가마를 만들어 그 위에 총수 수십 명을 싣고 수백 명이 메어 올려 사격하는 작전을 썼다. 부장 조경은 지자포 앞에 큰 칼 두 개를 매달고 적의 가마가 가까이 오기를 기다려 포를 쏘아 반격했다. 전투 도중 조선군 측에 화살 양이 바닥을 드러내 위기에 몰렸지만 때마침 충청수사 정걸이 두 척의 배에 화살을 싣고 와서 계속 싸울 수 있었다. 이 행주 전투에서 승리를 거둔 권율은 일본군의 대대적인 반격을 의식해 행주산성을 버리고 파주산성으로 이동한 다음 도원수 김명원, 부원수 이빈 등과 함께 정세를 관망했다.

그 무렵 일본군은 조선의 의병과 명군의 끈질긴 공격에다 보급의 혼란, 전염병의 창궐로 매우 지쳐 있었다. 결국 일본군은 4월 18일 전군을 남하시킨 다음 서생포에서 웅천 사이에 성을 쌓고 강화회담이 종결되기를 기다렸다. 그 와중에 일본군은 개전 초기 패배했던 진주성을 공격했다. 성민들은 맹렬히 저항했지만 중과부적으로 패하여 의병장 김천일, 경상우병사 최경회, 충청병사 황진 등이 전사하고 수만 명의 백성들이 목숨을 잃었다. 그처럼 조선땅에서 치열한 전투가 벌어지고 있을 때 명나라의 사신 심유경은 오사카에 있는 일본군 본영을 왕래하며 화의교섭을 벌였다. 당시 도요토미 히데요시는 종전을 조건으로 명나라에 다음과 같은 요구사항을 제시했다.

　　첫째, 명나라의 황녀를 일본의 후비로 삼을 것

　　둘째, 양국 간에 무역을 인증하는 감합인(勘合印)을 복구할 것

　　셋째, 조선 8도 중 4도를 할양할 것

　　넷째, 조선 왕자 및 대신 12인을 인질로 삼을 것.

1596년, 도요토미 히데요시는 심유경이 그 제안을 수락하자 조선에 주둔 중인 병력을 철수하고, 생포했던 임해군과 순화군을 돌려보냈다. 하지만 심유경은 일본의 종전 조건이 본국에서 받아들여지지 않을 것이라 예측하고 도요토미 히데요시를 국왕으로 책봉하며 명나라에 조공을 허락한다는 내용의 봉공안을 보내 황제의 재가를 받아냈다. 그에 따라 1596년 명나라는 도요토미를 일본 국왕에 봉한다는 책서와 금인을 전했다. 그러자 도요토미 히데요시는 자신의 요구와는 전혀 다른 명나라의 조치에 분개하면서 재차 조선을 침략하기로 결정했고, 심유경은 본국에서 황제를 속인 죄로 처형되었다.

정유재란

심유경의 농간으로 강화가 무산되자 1597년 정월, 도요토미 히데요시는 가토와 고니시 등에게 1만 5,000여 명의 군사를 주어 조선을 재침했다. 조선에 상륙한 가토 부대는 잠시 기장에 주둔했다가 양산을 거쳐 울산 서생포로 들어갔다. 고니시 부대는 두모포에 상륙하여 부산에 머물렀다. 그해 3월 중순부터 14만 명의 일본군이 조선땅으로 몰려들었다. 지휘관은 구로다, 모리·시마즈, 나베시마, 하시수가, 우키다, 고바야가와, 아사노 등으로 대부분 임진왜란 당시 종군했던 장수들이었다. 수군도 예전처럼 도토, 와키사카, 가토 등이 지휘했다. 일본군은 먼저 동래, 기장, 울산 등 각지를 점거하고, 웅천, 김해, 진주, 사천, 곤양 등지를 휩쓸고 다녔다.

일본이 재침해오자 명나라는 병부상서 형개를 총독, 첨지도어사 양호를 경리 조선군무, 총병관 마귀를 제독으로 삼아 다시 원병을 보냈다. 압록강을 건넌 양호는 평양에 주둔하고, 마귀가 먼저 서울에 들어와 6월에 제장을 나누어 부총병 양원은 남원, 유격 모국기는 성주, 유격 진우충은 전주, 부총병 오유충은 충주에 배치했다.

조선은 체찰사 이원익, 도원수 권율 휘하에 이덕형, 김수 등으로 흥복군을 두어 8도에서 군사를 모았다. 또 명군의 전략에 따라 경상좌병사 성윤문, 방어사 권응수를 경주에 주둔시켜 조령로를 막고, 우병사 김응서는 의령에 주둔하게 하여 부산로를 막았다. 또 전라병사 이복남, 방어사 오응정, 조방장 김경로, 별장 신호, 남원 부시 임현 등은 모두 양원과 함께 남원을 지키게 했다.

그해 4월 조선에 들어온 일본 수군은 거제 칠천량에서 통제사 원균이 지휘하는 조선 수군을 대파했다. 원균을 비롯해 전라우수사 이억기, 충청수사 최호, 조방장 배흥립 등이 전사했다. 이때의 패배로 조선은 이순신이 오랫동안 이룩한 수군 전력을 모조리 잃고 말았다. 수군의 승리에 고무된 도요토미 히데요시는 육군에게 호남과 호서 지역을, 수군에게는 전라도 해안을 공략하게 했다.

7월 28일 우키다가 지휘하는 5만 병력이 하동을 거쳐 구례를 점령하고 일부는 함양을 거쳐 운봉을 점령해 남원을 겨냥했다. 또 모리가 지휘하는 5만의 가토 부대가 전주를 향해 진군했다. 일본군은 8월 14일부터 남원을 총공격해 사흘 만에 함락시켰다. 당시 남원을 지키던 명군 부총병 양원은 겨우 목숨만 건져 도망쳤다. 모리 부대는 전주로 향하던 도중 안음 황석산성에서 안음 현감 곽준의 공격을 받았지만 물리쳤다. 그러자 겁을 먹은 명군 유격 진우충이 성을 버리고 도망쳤다. 전주에 무혈입성한 모리 부대는 우키다 휘하의 고니시 부대와 합류했다.

계속 이어지는 패전소식에 조선 조정은 또다시 흔들렸다. 다시 몽진을 주장하는 신하들까지 나왔다. 하지만 남쪽에서 올라온 명군이 한강을 지키고 경리 양호가 평양에서 한양으로 달려오는 등 수비 태세를 갖추자 선조는 비로소 안도의 한숨을 내쉬었다. 전주에서 합류한 일본군 가운데 모리의 가토군은 전주, 공주를 거쳐 전의, 진천에 이르고, 다시 그 일부인 구로다 부대는 직산으로 진출했다.

양호는 부총병 해생, 우백영 등을 출동시켜 9월 5일 직산 북방의 소사평에서 구로다 부대를 대파하여 일본군의 북상을 저지했다. 그로부터 열흘 뒤 남쪽에서도 승전보가 들려왔다. 다시 통제사로 기용된 이순신이 명량해전에서 일본 수군을 격파하여 일본군의 서진을 봉쇄했던 것이다. 진로가 막힌 일본군은 10월부터 남해안에 집결해 울산에서 순천까지 800리에 이르는 지역에 성을 쌓은 다음 울산에는 가토와 나베시마 부대, 양산에는 우키다와 모리 부대, 사천에는 시마즈 부대, 남해에는 다치바나 부대, 순천에는 고니시 부대가 각각 주둔했다.

당시 남원 전투의 패배로 분개한 명군은 조선에 수군과 육군을 대거 투입했다. 조선군도 전열을 정비했다. 이순신은 진을 고금도로 옮긴 다음 병영을 세우고 난민을 이주시켰다. 7월 들어 명나라 수사제독 진린이 수군 5,000명을 이끌고 고금도에 들어왔다. 이순신은 진린을 설득해 조명 수군의 총지휘권을 양보 받았다.

얼마 후 명군 측에서 양호가 파직되고 천진순무 만세덕이 임명되었다. 그때부터 명군은 전군을 4로로 나누어 남진해 일본군을 압박했다. 마귀가 2만 4,000명의 군사를 이끌고 동로를 따라 진격해 가토 부대를 공격하기로 하자 평안·강원·경상좌도의 방어사가 이에 분속되었다. 동일원은 1만 3,000여 명의 군사로 중로를 따라 시마즈 부대를 공격하기로 하여 경기·황해·경상우도의 방어사가 분속되었다. 유정이 1만 3,000여 명의 군사로 서로를 택하여 일본군을 공격하기로 하여 충청·전라도의 방어사가 이에 분속되었다. 진린은 수군 1만 3,000여 명으로 이순신과 함께 바다를 맡았다.

그런데 전선에 커다란 변화가 일어났다. 8월 18일, 도요토미 히데요시가 병사하자 일본군이 비밀리에 철수를 도모했던 것이다. 9월 중순 순천의 고니시 부대가 철수한다는 정보를 입수한 명나라 제독 유정은 이순신, 진린과 함께 수륙협공작전을 펼쳐 고니시 부대를 괴롭혔다. 그러나 고니시에게 뇌물을 받은 유정은 10월 16일 군사를 뒤로 물렸다. 진린 또한 뇌물을 받고 퇴로를 열어주려 했으나 이순신의 간곡한 설득으로 함께 일본군을 공격하기로 했다.

11월 18일, 고니시 부대를 철수시키기 위해 시마즈가 병선 500여 척을 이끌고 노량으로 들어왔다. 이순신과 진린의 조·명연합수군은 총공격을 감행해 절반 이상의 적함을 침몰시켰다. 일본군은 견디지 못하고 남해 관음포로 들어갔다가 수로가 막힌 것을 알고 다시 빠져나왔다. 조선 수군은 입구를 막고 적함 200여 척을 침몰시켰다. 왜장 시마즈는 겨우 50여 척을 살려 도주했고, 고니시는 격전의 와중에 묘도로 몰래 빠져나갔다. 그러나 이순신은 적의 유탄을 맞아 전사했다.

이 전투를 마지막으로 7년간에 걸친 조일전쟁은 완전히 끝났다. 1599년 1월에 유정, 진린, 마귀, 동일원 등이 진영을 거두고 한양에 돌아오자 4월에 총독 형개가 그들과 함께 본국으로 철수했다. 만세덕과 이승훈, 두잠 등은 2만여 명의 군사와 함께 한양에 주둔하다 이듬해 9월 철수했다.

임진왜란 이후 동북아의 정세

7년여에 걸쳐 일어난 조일전쟁은 15세기 조선, 명, 일본 세 나라의 정세를 요동치게 했다. 조선은 수많은 인명의 손실과 함께 전국의 토지가 황폐화되었고 경제 파탄과 관료 기구의 부패가 가속화되었다. 사회적으로는 군공이나 납속으로 서얼 허통, 향리의 동반직 취임, 병사의 면역, 노비의 방량 등 신분상의 제약이 느슨해졌다. 문화재의 손실도 막심해서 경복궁, 창덕궁, 창경궁을 위시한 많은 건축물과 서적, 미술품 등이 소실되고 약탈되었다. 역대 실록을 보관하고 있던 사고도 대부분 불타고 전주사고만 살아남았다.

전쟁은 자주국방의 기운을 불러일으키기도 했다. 병제의 재편과 무기개량에 착수했으며, 척계광의 「기효신서」를 얻어 병술을 개혁했다. 1594년 훈련도감을 설치하여 삼수병을 두고 무예를 조련했으며, 지방에는 속오군을 두어 교관을 파견하고 무예를 가르쳤다. 신무기로 비격진천뢰와 화차를 발명했고, 항왜를 통해 조총제조법을 익혔다. 전란을 통해 조선 백성들의 애국심이 크게 고양되고 원군을 보내준 명나라에 대한 숭명사상이 굳어진 반면 일본에 대한 적개심은 상대적으로 커졌다. 또 명군의 영향으로 관우 숭배사상이 전파되어 도처에 관제묘가 세워지기도 했다.

일본도 전란으로 민생이 피폐해지고 봉건 제후세력이 급격히 약화되었다. 그리하여 도쿠가와 막부가 쉽게 전국을 평정할 수 있었다. 일본은 조선의 포로들을 송환하지 않고 노역에 동원하거나 외국에 노예로 팔았다. 특히 조선에서 납치한 도공들을 이용해 도자산업을 크게 발전시켰고, 유학자들에게 배운 성리학으로 국가지도이념을 수립했다. 명나라는 대규모의 원병 파견으로 국가재정이 문란해졌고 국력이 크게 약화되었다. 그 틈을 타 건주여진의 누르하치가 세력을 규합하여 후금을 건국했다.

선조 시대의 주요인물

당이 아닌 나라를 편든 큰 스승, 이이

조선의 대학자 이이의 본관은 덕수(德水), 자는 숙헌(叔獻), 호는 율곡(栗谷)·석담(石潭)·우재(愚齋) 등이다. 1536년(중종 31년) 강릉에서 태어났다. 아버지는 증 좌찬성 이원수이며, 어머니는 현모양처의 사표로 추앙받는 사임당 신씨이다. 사임당이 그를 낳던 날 흑룡이 바다에서 집으로 날아 들어와 서리는 꿈을 꾸었다 하여 아명을 현룡(見龍)이라 했다. 지금도 그가 태어난 방은 몽룡실(夢龍室)이라 하여 보존되고 있다.

이이는 8세 때에 파주 율곡리에 있는 화석정에 올라 시를 지을 정도로 문학

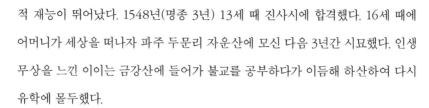

적 재능이 뛰어났다. 1548년(명종 3년) 13세 때 진사시에 합격했다. 16세 때에 어머니가 세상을 떠나자 파주 두문리 자운산에 모신 다음 3년간 시묘했다. 인생 무상을 느낀 이이는 금강산에 들어가 불교를 공부하다가 이듬해 하산하여 다시 유학에 몰두했다.

22세에 성주 목사 노경린의 딸과 혼인한 이이는 23세가 되던 봄에 예안의 도산(陶山)으로 가서 퇴계 이황을 만나 학문을 논했고, 그해 겨울 열린 별시에서 '천도책(天道策)'을 지어 장원급제했다. 그는 전후 아홉 차례의 과거에 모두 장원급제하여 '구도장원공(九度壯元公)'이라는 전설적인 칭호를 얻었다.

1565년(명종 20년) 문정대비의 죽음과 함께 20년간 정사를 전횡하던 윤원형이 실각하자 사림이 정계에 복귀하기 시작했다. 이이는 30세의 호조 좌랑으로 출사 1년째 되는 해였다. 33세(1568년)에 서장관으로 명나라에 다녀온 다음 「명종실록」 편찬에 참여했다. 그해에 19세 때부터 교분을 맺은 성혼과 '지선여중(至善與中)' 및 '안자격치성정지설(顔子格致誠正之說)' 등 주자학의 근본문제들을 논했다. 34세 때 임금에게 「동호문답」을 지어 바쳤다.

이이는 37세 때 파주 율곡리에서 성혼과 다시 이기, 사단칠정, 인심도심 등을 논했다. 39세(1574년)에 우부승지에 임명되었고, 40세 때 주자학의 핵심을 간추린 「성학집요」를 편찬했다. 또 42세에는 아동교육서인 「격몽요결」을, 45세에는 기자의 행적을 정리한 「기자실기」를 편찬했다. 47세에 이조 판서에 임명된 그는 「김시습전」과 「학교모범」을 지었고, 48세 때는 「시무육조」를 올렸는데 여기에서 장차 외적의 침입에 대비한 십만양병을 주청했다. 1575년부터 동서의 분당으로 사림이 분열되고 정쟁이 심각해지자 붕당을 조정하여 정국을 안정시키려 했지만 혼자의 노력으로는 불가능했다.

1583년(선조 16년) 이이는 동인들의 공격으로 성혼과 함께 난처한 처지에 빠졌다. 그러나 선조는 다음과 같이 주자의 인군위당설(人君爲黨說)을 인용하며 이이와 성혼을 적극 지지하면서 그를 극렬하게 비난한 박근원, 송응개, 허봉 세 사람을 귀양 보냈다.

"이이에게 편당을 만든다고 하는데, 이 말로써 나의 뜻을 움직이려 하느냐. 진실로 군자라면 그들끼리 당을 만드는 것이 걱정이 되기는커녕 그 당이 작은 것이 걱정이다. 나도 주희의 말을 본받아 이이와 성혼의 당에 들기를 원한다. 지금 이후로는 나를 이이와 성혼의 당이라고 해도 좋다. 만일 이이와 성혼을 훼방하고 배척하는 자라면 반드시 죄 주고 용서하지 않을 것이다."

이이는 1584년(선조 17년), 49세를 일기로 서울 대사동에서 세상을 떠나 파주 자운산 선영에 안장되었다. 그는 문묘에 배향되었으며 파주의 자운서원, 강릉의 송담서원, 풍덕의 구암서원, 황주의 백록동서원 등 20여개 서원에 제향되었다. 시호는 문성(文成)이다. 「선조실록」에는 간단히 '판서 이이가 졸했다'로 기록되어 있지만, 「선조수정실록」에서는 그의 생애를 자세히 서술한 다음 이렇게 칭송하고 있다.

'이이는 타고난 기품이 매우 고상한데다가 수양을 잘하여 더욱 높은 경지에 나아갔는데, 청명한 기운에 온화한 분위기가 배어나오고 활달하면서도 과감했다. 어떤 사람이든 어떤 상황이든 한결같이 정성되고 신실하게 대했으며, 은총과 사랑을 받거나 오해나 미움을 받아도 털끝만큼도 개의치 않았으므로 어리석거나 지혜 있는 자를 막론하고 마음으로 그에게 귀의하지 않는 자가 없었다.'

이순신, 고난의 생애를 초월한 민족의 수호신

이순신의 본관은 덕수(德水). 자는 여해(汝諧). 아버지는 거사 이정(李貞)이며 어머니는 초계 변씨(草溪卞氏)이다. 1545년(인종 1년) 서울 건천동에서 태어났다. 형제로는 희신, 요신 두 형과 아우 우신이 있다. 그의 5대조인 이변은 영중추부사와 홍문관 대제학을 지냈고, 증조부 이거는 병조 참의에 이르렀다. 그러나 조부 이백록이 기묘사화 때 희생된 후 가세가 기울었다. 그의 본가는 충청남도 아산시 염치면 백암리이지만, 어린 시절에는 서울 건천동에서 자랐다.

이순신은 28세 때 무과인 훈련원별과에 응시했지만 말이 거꾸러지는 바람에 낙마하여 왼발을 다치고 실격했다. 결국 4년 뒤인 1576년(선조 9년) 식년무과에 병과로 급제하여 권지훈련원봉사로 처음 관직에 나갔다. 이어 함경도의 동구비보권관, 발포수군만호를 거쳐 1583년 건원보권관, 훈련원참군을 역임하고, 1586년에는 사복시주부가 되었다.

조산보만호 겸 녹도둔전사의로 있을 때 이순신은 군사의 증원을 요청했지만,

조정에서 들어주지 않았다. 그 와중에 여진족이 침입하자 부득이 피하게 되었다. 조정에서 그 잘못을 문책하자 이순신은 끝까지 정당성을 주장하다가 백의종군에 처해졌다. 그 후 전라도 관찰사 이광에게 발탁되어 전라도의 조방장, 선전관 등이 되었다. 1589년 정읍 현감으로 재직하다가 유성룡의 추천으로 고사리 첨사로 승진했고 이어 만포 첨사, 진도 군수를 거쳐 47세 때 전라좌도수군절도사가 되었다. 그는 곧 일본의 침략을 예견하고 여수에 있던 좌수영에서 전선을 제조하고 군비를 확충했으며 해도에 둔전을 설치하게 해달라고 조정에 요청했다.

이듬해인 1592년 4월 13일, 임진왜란이 발발했다. 이틀 뒤 경상우수사 원균에게서 왜선 350척이 부산에 들어왔다는 급보가 전라좌수영에 전달되었다. 이어 부산과 동래 함락 소식도 당도했다. 당시 부산의 방어를 책임진 경상좌수사 박홍은 겁을 먹고 전선을 불태운 뒤 육지로 도망쳤고, 경상우수사 원균도 일본 수군과 정면대결을 회피했다.

이순신은 즉시 전선을 정비하고 비상사태에 돌입한 뒤 5월 4일 첫 출전을 개시했다. 함대의 규모는 전선 24척, 협선 15척, 포작선 46척, 도합 85척의 대선단이었다. 이틀 뒤 한산도에서 전선 3척과 협선 2척을 끌고 온 경상우수사 원균과 연합함대를 조직한 이순신은 7일 옥포에 정박 중인 왜선에 함포와 불화살을 발사해 26척을 침몰시켰다. 이것이 임진왜란 최초의 해전인 옥포해전이다. 첫 전투에서 대승을 거둔 이순신은 이튿날 고성의 적진포에 정박하고 있던 왜선 13척을 불태웠다.

제1차 출동 후 전력을 보강하고 전선을 정비한 이순신은 원균에게서 왜선 10여 척이 사천, 곤양 등지로 진출했다는 연락을 받고 5월 29일 2차 출동을 개시했다. 노량 앞바다에서 원균과 합류한 그는 사천에서 왜선 12척을 파괴하고 많은 일본군을 죽였다. 이때 이순신은 조총에 왼쪽 어깨를 맞는 부상을 당했고, 군관 나대용도 부상당했다. 이 싸움에서 최초로 출동한 거북선이 위력을 발휘했다. 6월 2일에는 당포에 정박 중인 왜선을 공격해 일본의 수군장 구루시마를 죽였다. 6월 5일에는 전선 25척을 이끌고 온 전라우수사 이억기와가 합세해 당항포에 정박 중이던 왜선 20여 척을 불태웠다. 이처럼 이순신이 연전연승을 거두자 조정에서는 그를 자헌대부에 봉했다.

7월 6일, 이순신은 거제, 가덕 등지에 출몰하는 일본 수군을 격멸하기 해 이억기, 원균과 연합함대를 조직했다. 당시 견내량에는 수군장 와키사카가 이끄는 대선 36척, 중선 24척, 소선 13척이 정박하고 있었다. 그는 견내량이 지형이 좁고 활동이 불편하다는 판단 아래 장소를 한산도로 옮기고자 했다. 이순신이 판옥선 몇 척으로 일본 수군을 공격하자 와키사카는 전군을 이끌고 견내량을 뛰쳐나왔다. 그러자 이순신은 그들을 한산도 앞바다로 유인한 다음 학익진을 펼치고 총통을 쏟아 부었다. 그리하여 일본 수군의 층각선 7척, 대선 28척, 중선 17척, 소선 7척을 격파했다. 이 전투에서 와키사카의 가신 와키사카 사베에, 와타나베를 위시한 용장들이 목숨을 잃었다. 임진왜란 3대첩 중에 하나인 한산대첩이었다.

한산대첩의 공으로 정헌대부에 승계된 이순신은 계속 전진하여 안골포에 당도했다. 안골포에 있던 일본 수군장 구키와 가토는 와키사카의 수군이 전멸했다는 소식을 듣고 안골포에 정박 중이었다. 이순신은 수심이 얕은 탓에 적선을 유인하려 했지만 겁을 먹은 일본 수군이 포구 밖으로 나오지 않자 하루 종일 포를 쏘아 적선을 대부분 파괴했다.

이때의 승리로 조선 수군은 가덕도 서쪽의 제해권을 완전히 장악했다. 드디어 이순신은 왜침의 교두보인 부산포를 공격하기로 결심했다. 전라좌·우도의 전선 74척, 협선 92척은 8월 24일 좌수영을 떠나 가덕도 근해에서 밤을 지냈다. 9월 1일 오전 몰운대를 지나 절영도에 이르렀을 때, 일본 수군의 대선 몇 척이 조선함대를 보고 도주했다. 이순신이 척후선을 부산포에 보내어 적정을 탐지한 결과, 왜선 약 500척이 선창 동쪽 산기슭 해안에 줄지어 정박해 있고 대선 4척이 초량쪽으로 나오고 있었다.

당시 장수들은 요새화된 부산포 깊숙이 들어가는 것을 망설였다. 하지만 이순신이 진격을 재촉하자 우부장 정운 등이 선두에서 돌진했다. 그들은 바다로 나오는 대선 4척을 침몰시킨 다음 왜선 470척을 향해 맹렬히 진격하며 총통을 발사했다. 그러자 전함에 타고 있던 일본 수군과 성에 주둔하고 있던 일본 육군이 모두 산으로 올라가 총통과 화전을 쏘며 반격해 왔다. 이날 조선 수군은 하루 종일 싸워 적선 100여 척을 격파했다. 하지만 이 싸움에서 조선 수군도 녹도만호 정운을 잃었고 30여 명의 전사자가 발생했다.

이후 이순신은 남해안 일대의 일본 수군을 완전히 소탕하고 한산도로 진을 옮겨 본영으로 삼고, 최초로 삼도수군통제사가 되었다. 이듬해 명나라 수군이 지원해오자 죽도로 진을 옮긴 다음 장문포에서 일본군을 격파해 서해로 진출하려던 일본의 의도를 무산시켰다. 명나라와 일본 사이에 강화회담이 진행되자 군사훈련과 군비 확충에 힘을 기울이고 피난민 구휼에 최선을 다했다.

1597년 강화회담의 결렬되어 정유재란이 일어날 즈음 이순신은 원균의 모함과 일본군의 모략으로 옥에 갇히게 되었다. 고니시의 부하인 이중간첩 요시라가 경상우병사 김응서에게 가서 가토가 바다를 건너올 때 수군을 보내 사로잡으라고 은밀히 제보했던 것이다. 이에 조정에서는 이순신에게 그 임무를 맡겼다. 이순신은 그것이 적의 흉계임을 알았지만 부득불 출동하지 않을 수 없었다. 하지만 가토는 이미 수일 전에 서생포로 들어와 있었다. 그러자 조정에서는 이순신에게 가토를 잡지 못한 죄를 물으라는 상소가 이어졌고, 경상우수사 원균도 그를 모함하는 상소를 올렸다.

선조는 이순신을 파직하고 하옥시킨 다음 원균에게 삼도수군통제사의 직을 대신하게 했다. 당시 영남 지방을 순시하던 이원익이 상소를 보내 부당함을 제기했지만 소용이 없었다. 한양에 압송된 이순신은 가혹한 고문을 받으면서도 당당했다. 선조가 이순신에게 조정을 기만하고 임금을 무시한 죄, 적을 토벌하지 않고 나라를 저버린 죄, 다른 사람의 공을 빼앗고 모함한 죄, 방자하여 꺼려함이 없는 죄 등의 수많은 죄명을 뒤집어씌워 그를 죽이려 하자 우의정 정탁이 변호하여 가까스로 목숨을 건졌다.

그 후 이순신은 도원수 권율 막하에 들어가 두 번째 백의종군에 임한다. 그때 어머니가 세상을 떠나자 그는 비통한 마음으로 잠시 성복을 한 다음 남쪽으로 향했다. 7월 이순신을 모함했던 원균은 일본 수군의 유인전술에 빠져 거제의 칠천량에서 전멸당하고 자신도 목숨을 잃었다. 그 결과 이순신이 오랫동안 양성한 무적함대는 깨끗이 사라져버렸다.

원균의 패전소식에 조정은 큰 혼란에 빠졌다. 병조 판서 이항복이 이순신을 통제사로 기용하자고 주장했다. 별다른 대책이 없던 선조는 궁색한 변명으로 그를 위로한 다음 통제사에 임명했다. 남해를 오가며 병선 13척과 군사 120명을 긁어모은 이순신은 조정의 만류에도 불구하고 일본 수군과의 한판 승부를 계획했다. 8월 15일, 이순신은 13척의 전선과 빈약한 병력을 거느리고 명량에서 133척의 일본 함대와 마주쳤다. 이때 그는 을돌목의 급한 물살을 이용해 적선의 발을 묶은 뒤 맹공을 가해 31척의 왜선을 파괴했다. 이순신은 이 명량해전의 승리로 수군 재건의 발판을 마련했다.

명량대첩 이후 조선 수군은 진영을 보화도에서 이듬해 2월 고금도로 옮긴 뒤 백성들을 모아 둔전을 경작시키고 고기와 소금을 팔아 생업을 유지하게 했다. 그러자 흩어졌던 군사들이 돌아오고 난민들이 앞다투어 몰려들었다. 군진의 위용도 과거 한산도에 있던 때보다 훨씬 커졌다. 이순신은 그처럼 단시일 내에 제해권을 회복하고 수군을 재기하는 데 성공했다.

이윽고 일본군은 도요토미 히데요시의 죽음으로 퇴각을 서둘렀다. 1598년 11월 19일, 이순신은 노량에서 고니시 부대를 철수시키기 위해 당도한 500여 척의 적선을 발견하고 명나라 수군제독 진린과 함께 공격에 나섰다. 깜짝 놀란 일본군은 관음포 쪽으로 도망쳤다가 퇴로가 막힌 것을 알고 다시 뛰쳐나왔다. 이순신은 직접 함대를 지휘해 입구를 가로막고 맹공을 가했다. 그리하여 일본군은 수많은 전함을 잃었고 사상자는 부지기수였다. 그날 난전의 와중에 이순신은 적의 유탄을 맞고 세상을 떠났다. 그 와중에도 이순신은 "싸움이 급하니 내가 죽었다는 말을 삼가라"는 유언을 남겼다. 전투가 끝난 뒤 비로소 그의 죽음이 알려지자 병사들과 백성들은 몹시 애통해 했다. 실록에서는 그의 죽음을 이렇게 평가하고 있다.

'그의 단충(丹忠)은 나라를 위하여 몸을 바쳤고, 의를 위하여 목숨을 끊었다. 비록 옛날의 양장이라 한들 이에서 더할 수가 있겠는가. 애석하다. 조정에서 사람을 쓰는 것이 그 마땅함을 모르고, 순신으로 하여금 그 재주를 다 펼치지 못하게 했구나. 병신년, 정유년 사이 통제사를 갈지 않았던들 어찌 한산도의 패몰을 초래하여 양호 지방(충청도, 전라도)이 적의 소굴이 되었겠는가. 그 애석함을 한탄할 뿐이로다.'

이순신의 전사 소식이 전해지자 선조는 관원을 보내 조상하고 우의정에 추증했다. 1604년 선무공신 1등에 녹훈되고 덕풍부원군에 추봉되었으며, 좌의정에 추증되었다. 1793년(정조 17년) 다시 영의정이 더해졌다. 시호는 충무(忠武)이다. 그는 「난중일기」와 우국충정을 담은 시조 등을 남겼다. 묘는 충청남도 아산시 음봉면 어라산에 있으며 왕이 친히 지은 비문과 충신문이 건립되었다. 충무의 충렬사, 순천의 충민사, 아산의 현충사 등에 제향되었다.

「선조실록」, 「선조수정실록」 편찬 경위

「선조실록」은 조선의 제14대 국왕 선조의 재위 41년 동안의 치세를 편년체로 기록한 역사서이다. 총 116책 221권으로 정식 명칭은 「선종소경대왕실록(宣宗昭敬大王實錄)」이다. 실록의 편찬은 1609년(광해군 원년)부터 시작해 1616년(광해군 8년)에 완성되었다. 총 221권 중 즉위년부터 임진왜란 이전까지 25년간의 기사가 26권, 임진왜란 이후 16년간의 기사가 195권이다. 이는 「춘추관일기」, 「승정원일기」, 「각사등록」 등의 자료들이 전란으로 소실되었기 때문이다.

1623년(광해군 15년) 인조반정으로 북인정권이 붕괴되고 서인이 정권을 쥐자 곧 「선조실록」 개정이 대두되었다. 서인들은 「선조실록」에서 같은 서인인 이이, 성혼, 박순, 정철 및 남인 유성룡 등이 부정적으로 기록된 반면 이산해, 이이첨 등 북인에 대한 시비선악이 분명치 않게 묘사되었다고 주장했다. 그러나 여러 사정으로 개정되지 못하다가 1641년(인조 19년) 대제학 이식의 상소로 실록개정이 결정되었다.

이식은 예문관 검열 심세정과 함께 적상산사고에 가서 「선조실록」 중 수정부분을 초출했다. 곧 수정실록청을 설치하고 각장 자료를 수집해 수정작업에 들어갔다. 하지만 1646년(인조 24년) 이식이 파면과 함께 사망하자 수정작업이 중단되었다. 1657년(효종 8년) 우의정 심지원의 요청에 따라 승정원에 수정실록청이 설치되었고, 김육, 윤순지, 이일상, 채유후 등이 그해 9월 「선조수정실록」을 완성했다. 정식 명칭은 「선조소경대왕수정실록」이다. 이 실록은 1년을 1권으로 편찬했으므로 총 8책 42권으로 구성되어 있다.

제15대 광해군
광해군일기 光海君日記

광해군 시대(1608. 2~1623.3)의 세계정세

광해군의 재위기간은 세계적으로 환란의 시대였다. 1611년 명나라에서는 동림당과 비동림당의 당쟁이 격화되었고 환관들의 횡포가 극에 달했다. 1616년 누르하치는 만주에 후금을 건국하고 1619년 사르후 전투에서 조·명연합군을 대파하여 정복에 성큼 다가섰다. 당시 일본에서는 도쿠가와 이에야스의 손자 도쿠가와 이에미쓰가 3대 쇼군이 되었다. 일본은 히라도에 네덜란드 상관을 설치하고 영국과 통상을 허락하는 등 개항을 가속화했다. 1613년 러시아에서는 프로이센의 귀족 코빌라의 후손 미하일이 정권을 장악하고 로마노프 왕조를 출범시켰다. 1609년 이탈리아의 갈릴레이가 천체망원경을 발명했고, 1618년부터 영국과 프랑스 사이에 30년 전쟁이 시작되었다. 1620년 영국의 청교도들이 메이플라워호를 타고 아메리카 대륙에 상륙했다.

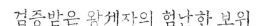 검증받은 왕세자의 험난한 보위

조선의 제15대 국왕 광해군의 이름은 혼(琿), 선조의 둘째 아들이다. 어머니 공빈 김씨는 광해군을 낳고 나서 산후병으로 2년 후인 1577년에 25세의 나이로 세상을 떠났다. 소년 시절 광해군은 친형 임해군이나 배다른 형제들에 비해 총명하여 학문에 힘썼다. 어느 날 선조가 왕자들 앞에 여러 가지 물건들을 늘어놓고 마음대로 고르게 하니 왕자들이 다투어 보물을 골랐는데 유독 광해군만은 붓과 먹을 집어 들어 선조가 기이하게 여겼다.

1587년 13세 때 관례를 치른 광해군은 판윤 유자신의 둘째 딸 유씨와 혼인했다. 유자신은 벼슬이 미미했지만 그의 부친 유잠은 선조 초에 공조 판서와 한성 판윤을 지냈고, 외가인 하동 정씨 집안은 조선 초의 대학자 정인지의 후손이었다.

선조는 아들이 14명이나 있었지만, 정비인 의인왕후 박씨와의 사이에 아들을 얻지 못했다. 선조는 자신이 방계 혈통이었으므로 후계자는 적자를 세우고자 했으나 나이가 마흔이 넘도록 적통이 태어날 기미가 보이지 않았다. 대신들은 국왕 유고시의 혼란을 방지하기 위해 세자책봉을 거론하기 시작했다. 맨 처음 건저문제를 거론하며 광해군을 언급했던 정철은 당시 신성군을 마음에 두고 있던 선조의 분노를 사 유배형에 처해졌고, 서인들은 기축옥사 이래 거머쥐었던 정권을 잃었다. 그 후 공빈 김씨 소생의 맏아들 임해군이 세자 물망에 올랐지만 성격이 포악하고 자질이 부족하다는 이유로 결정이 보류되었다.

1592년(선조 25년) 임진왜란이 발발하자 선조는 우부승지 신집의 건의와 다른 신하들의 요청에 따라 서둘러 광해군을 왕세자로 책봉했다. 광해군의 나이 18세 때의 일이었다. 그때 신성군은 병사한 뒤였으므로 별다른 선택의 여지가 없었다. 선조는 평양을 거쳐 의주로 몽진하는 길에 영변에서 국가비상사태 때 조정을 둘로 나누는 분조를 행하고 세자인 광해군에게 국사를 일부 위임했다. 그때부터 광해군은 차기 국왕으로서의 능력을 유감없이 발휘하여 내외의 우려를 불식시켰다. 무엇보다도 그는 전란의 와중에 백성들에게 조정이 아직 건재하다는 사실을 알려 희망을 안겨주었다. 선조가 도성을 떠난 뒤 조선 전역에 일본군이 들끓고 있는 상황에서 백성들은 조선에 국왕이 있는지조차 의심하고 있었기 때문이다.

1592년 6월 14일, 분조를 이끌고 의주를 출발한 광해군은 12월 말까지 영변, 운산, 회천, 덕천, 맹산, 곡산, 이천, 성천, 은산, 숙천, 안주, 용강, 강서 등 평안도를 시작으로 함경도, 강원도, 황해도 등지를 옮겨 다니며 흩어진 민심을 수습하는 한편 의병 모집과 전투 독려, 군량과 마초의 수집 운반 등 활발한 활동을 벌였다.

그해 7월 광해군은 이천에서 의병장 김천일에게 의병활동을 보고받고 항전을 독려하는 격문을 보내 사기를 고취했다. 또 전 이조 참의 이정암에게 황해도의 연안성을 사수하라는 명을 내렸다. 당시 이정암은 500여 명의 의병으로 5,000명이 넘는 일본군을 격퇴하여 연안성을 지켜냈다. 이와 같은 광해군의 분조 활동은 왜란 초 일본군에게 어이없이 유린되었던 조선이 본격적으로 일본의 침략에 항전하는 계기가 되었다. 광해군은 또 1593년 10월부터 이듬해 8월까지 명군 지휘부의 요청에 따라 남행길에 올라 무군사(撫軍司)라는 조직을 이끌며 충청도와 전라도를 순행하고 민심을 살폈다.

1594년(선조 27년) 선조는 윤근수를 명나라에 파견해 광해군의 세자책봉

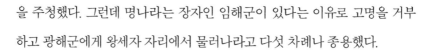

을 주청했다. 그런데 명나라는 장자인 임해군이 있다는 이유로 고명을 거부하고 광해군에게 왕세자 자리에서 물러나라고 다섯 차례나 종용했다.

"광해군은 현명하다. 현명한 사람은 차례를 뛰어넘는 참월한 행위를 하지 않는 법이다."

이와 같은 명나라 예부의 압박은 명나라 황실 내부에서 일어나고 있던 후계자 문제에 기인했다. 당시 명나라의 황제 신종은 정귀비에게 얻은 수상순을 염두에 두고 장자인 주상락의 황태자 책봉을 미루고 있었다. 명나라 예부는 조선의 광해군에 대한 세자책봉을 섣불리 승인해주면 신종이 주상락을 밀어내고 주상순을 황태자로 책봉하는 명분을 줄 것이라고 우려했던 것이다.

그런 상황에서도 광해군은 흔들리지 않고 세자로서의 임무를 다했다. 한양이 수복되자 명나라의 요청으로 설치된 군무사(軍務司)의 업무를 주관했고, 1597년 정유재란이 일어났을 때는 전라도를 순회하며 군대를 모으고 군량을 조달했다. 그리하여 광해군의 차기대권 승계는 당연한 것으로 보였다.

1600년 6월 27일, 선조의 정비인 의인왕후가 46세의 나이로 황화방 별궁에서 숨을 거두었다. 이듬해 10월 예조가 재혼을 권하자 1602년 선조는 51세의 나이로 김제남의 19세 된 딸을 계비로 맞아들였다. 인목왕후는 1603년 정명공주를 낳아 광해군의 가슴을 쓸어내리게 했는데, 3년 뒤인 1606년 1월, 마침내 그녀가 적통의 왕자 영창대군을 낳았다. 선조의 나이 55세, 인목왕후의 나이 23세 때였다.

그때부터 조정 신료들은 영창대군을 후사로 삼을 것을 주장하는 소북(小北)과 광해군을 지지하는 대북(大北)으로 갈라져 치열한 논쟁을 벌였다. 하지만 1607년 3월부터 몸이 쇠약해진 선조가 10월부터 병석에 누웠다. 10월 11일, 선조는 병석에서 비망기를 내려 광해군에게 전위하겠다 밝히고, 여의치 않으면 섭정이라도 하라고 지시했다. 그러나 영의정 유영경 등이 그 내용을 결사적으로 숨기려 했다.

1608년 1월, 전 참판 정인홍이 광해군에게 전위하라는 상소를 올리자 선조는 명나라의 승인을 받지 않은 상태에서 바로 전위하면 문제가 생길 수도 있다며 망설였다. 하지만 자신의 죽음이 임박해지자 선조는 현실적으로 어린 영창대군을 보위에 올린다는 것이 불가능함을 깨닫고 광해군에게 선위교서를 내렸다. 그런데 유영경이 이를 감추었다가 정인홍에게 발각되어 치죄하는 과정에서 선조가 세상을 떠났다. 유영경은 인목대비에게 영창대군으로 후사를 삼고 수렴청정을 하라고 종용했다. 그러나 인목대비는 선조의 유명에 따라 언문교지를 내려 광해군으로 보위를 잇게 했다.

능력 위주의 연립내각을 구성하다

다사다난한 과정을 거쳐 1608년 2월 2일, 34세의 나이로 보위에 오른 광해군은 조정의 기풍을 바로잡고 임진왜란으로 파탄지경에 이른 국가 재정을 확보하는 데 최선을 다했다. 그는 2월 23일, 비망기를 내려 당파 사이의 대립을 없애겠다는 의지를 피력했다.

'하늘이 한 세대의 인재를 내리는 것은 그들로서 한 세대의 임무를 완성하려고 그러는 것이오. 그럼에도 요즘 사대부들은 논의가 갈라져서 명목을 나누고 배척하는 데 거리낌이 없소. 이제부터는 피차를 막론하고 어진 인재만을 거두어 시대의 어려움을 헤쳐 나가야 되겠소.'

그와 함께 광해군은 영의정으로 백성들에게 신망이 높은 남인 이원익을 임명했다. 이항복과 이덕형도 중용하여 즉위 초반에는 이들 세 사람이 번갈아가며 정승 직을 주고받았다. 특히 이항복과 이덕형은 국방과 외교와 관련하여 광해군에게 능력을 인정받았다.

이항복은 선조 대 이래 여러 차례 병조 판서를 지낸 군사업무에 밝았으며, 이덕형은 왜란 초 대동강에서 일본군 장수 겐소와 담판을 벌인 적도 있는 당대 최고의 일본 전문가였다. 북인들은 두 사람의 중용에 불만을 품었지만, 광해군은 국방문제와 같은 국가 대사만큼은 당파를 초월하여 능력 있는 인물에게 맡겨야 한다고 생각했다. 그 때문에 이귀, 김류, 정경세 등 서인과 남인 소장파들이 가까스로 명맥을 유지할 수 있었다.

광해군 대 초반에 권력은 처남 유희분 쪽으로 기울어 있었다. 이이첨은 한때 세를 만회해 보려다가 의주 부윤으로 좌천되기도 했다. 그것은 한 마디로 연립정국이었다. 연배가 지긋한 서인과 남인의 원로들이 정승으로서 광해군을 보좌하고 국정의 전반을 챙기는 데 주력했다면 상대적으로 연소했던 북인들은 주로 인사권이나 언론을 담당하면서 광해군을 보위했다.

그렇듯 대북과 소북 사이에는 미묘한 알력이 있었지만 적어도 1612년(광해군 4년)경까지는 정파 간에 대립은 심각하지 않았다. 광해군이 연립정국의 중심에 서서 신료들 사이의 균형을 잡아주는 역할을 담당했기 때문이다. 정치적으로 열세인 남인이나 서인들은 광해군에게 기대어 북인을 견제하려 했고, 북인들은 남인이나 서인을 군자당이 아니라고 비판하면서 자신들의 우세를 유지하려 했다. 그와 같은 조정의 안정을 바탕으로 광해군은 피폐해진 백성들을 위로하고 무너진 국가기반을 재건하는 데 전력을 다했다.

국왕책봉을 겨냥한 명나라의 집요한 견제

광해군은 즉위하자마자 자신의 등극을 가로막았던 유영경을 사사하여 그동안의 울분을 달랬다. 유영경은 임진왜란이 끝난 뒤 광해군의 선무공신 책봉을 반대했고, 세손의 원손책봉과 혼인을 지연시켰으며, 선조의 전위를 방해한 죗값을 목숨으로 치러야 했다.

1608년 조선에서는 영흥부원군 이호민이 광해군의 즉위 사실을 알리기 위해 명나라로 파견되었다. 그런데 명나라에서는 요동 도사 엄일괴와 만애민을 파견해 광해군의 세자책봉과정에 대해 조사하도록 했다. 광해군은 사신들에게 엄청난 양의 은(銀)을 풀어 회유했다. 두 사람은 임해군을 면담한 뒤 조선 중신들에게 그를 박대하지 말라고 종용한 다음 돌아갔다. 그렇듯 광해군은 뇌물로 노회한 명나라 사신들을 달래야 했다. 그때부터 명나라의 환관들은 조선에서 한몫을 챙기기 위해 너도나도 사신을 자원하는 일이 잦아졌다.

그럼에도 불구하고 임해군이 왕위를 도둑맞았다며 불평불만을 늘어놓자 광해군은 그를 모반죄로 강화도에 귀양 보내고 그를 따르던 고언백, 박명헌, 운원도정 등 100여 명을 처형해버렸다. 그 후 임해군은 1609년(광해군 1년) 5월 3일, 강화도에서 변사체로 발견되었다. 이이첨의 사주를 받은 강화 현감 이직의 소행이었다.

1608년 7월에는 동지사 신설에게서 비밀 장계가 날아들어 조선 조정을 긴장시켰다. 광녕총병 이성량이 황제에게 조선을 정벌하고 군현을 설치해 직할령으로 삼자는 주청을 올렸다는 내용이었다. 또 도어사 조집은 조선에서 형제 사이에 왕권다툼이 벌어지고 있으니 조선을 병합할 좋은 기회라고 황제에게 상주했다. 조선은 이성량이 누르하치와 연계되어 있다고 보고 평안도 지역의 방어태세를 점검하는 등 부산을 떨었다.

이 분란은 명나라의 병과도급사중 송일한과 급사중 사학천의 반대로 무마되었지만 광해군은 놀란 가슴을 쓸어내려야 했다. 이듬해인 1609년 6월, 명나라의 책봉사로 조선에 들어온 태감 유용은 6만 냥의 은화를 챙긴 다음 광해군의 책봉을 허락하는 황제의 칙서를 전해주었다. 그렇듯 광해군은 명나라로부터 정식 국왕으로 인정받기 위해 오랜 시련을 겪어야 했다.

대북파의 집권술책이 민심이반을 불러오다

1611년(광해군 3년), 유림의 오랜 숙원이었던 사림5현의 문묘종사가 이루어졌다. 그런데 조정의 실세인 정인홍이 이언적과 이황의 문묘종사를 반대했다가 사림의 탄핵과 성균관 유생들의 반발을 야기했다. 광해군은 정인홍을 비호하면서 유생들을 금고형에 처하는 등 강력하게 대처했다.

이듬해인 1612년(광해군 4년)에는 김직재의 옥사가 일어났다. 광해군의 등극과 함께 조정에서 밀려난 서인과 소북파는 명나라에 사람을 보내 세자책

334

봉과정을 재심해달라고 요청하는 등 은밀한 책동을 벌였다. 이는 분명 영창 대군이나 능창군을 옹립하기 위한 수순이었다. 그리하여 대북파는 김직재의 옥을 제기하기에 이른다.

황해도 봉산 군수 신률은 병역 회피를 위해 어보와 관인을 위조한 김경립을 체포한 다음 관련자 유팽석을 고문해 김경립이 역모를 계획했다는 자백을 받았다. 이에 재차 김경립을 고문해 역모를 토설하게 했다. 김경립은 8도에 대장과 별장 등을 정해 불시에 한양을 함락시키고 대북파와 광해군을 축출하려 했다고 자백했다. 또 그의 아우 김익진의 입에서 팔도도대장이 김백함이라는 자백까지 받아냈다. 그 여파로 김직재와 김백함 부자, 사위 황보신과 일족이 모조리 체포되어 추국을 받았다. 가혹한 고문을 이기지 못한 김직재는 자신이 역모의 주동자임을 자인하고, 순화군의 양자인 진릉군 이태경을 옹립하려 했다고 자백했다. 당시 연루된 인물로는 연흥부원군 이호민, 전 감사 윤안성, 전 좌랑 송상인, 전 군수 정호선, 전 정언 정호서 등 소북파 인사들이었다. 그리하여 진릉군을 비롯해 김직재, 김백함 부자가 처형당하고 김제, 유열 등 100여 명의 소북파 인사들이 된서리를 맞았다.

1613년에는 칠서의 옥이 발생해 인목대비의 아버지 김제남이 사사되고 영창대군이 폐서인되어 강화도에 위리안치 되었다가 증살되었으며, 선조의 유명을 받았던 일곱 신하들이 삭직되었다. 이는 당시 조령에서 붙잡힌 강도 박응서 등 일곱 명의 서얼들이 김제남과 역모를 꾀했다는 허위진술에 따라 일어난 사건이었다.

1615년에는 신경희의 옥사가 발생했다. 능창군은 정원군의 셋째 아들로 임진왜란 중에 죽은 신성군의 양자로 입적된 인물이었다. 대북파는 그가 신경희 등의 추대를 받아 왕이 되려 했다는 죄목으로 강화도 교동에 위리안치했다. 억울함을 이기지 못한 능창군은 자결하고 말았다. 이 사건으로 신경희가 처형되고 양시우, 김정익, 소문진, 김이, 오충갑 등이 유배형에 처해졌다.

1617년에는 대북파 이이첨과 정인홍 등이 폐모론을 제기하여 인목대비가 서궁에 유폐되었고, 반대하던 이항복, 기자헌, 정홍익 등이 유배형을 당했다.

이와 같은 광해군의 무리수는 영구집권을 노린 대북파의 책동에서 비롯되었다. 그들은 연이은 옥사를 통해 경쟁자들을 모조리 제거했지만 지나친 살상과 군주의 패륜을 부추겨 민심이 광해군에게 등을 돌리는 역효과를 불러왔다.

과감한 개혁과 실리외교

광해군은 임진왜란 이후 혼란에 빠진 백성들을 구제하고 나라를 안정시키기 위해 획기적인 정책을 펼쳤다. 1608년 선혜청을 설치했고, 경기도에 대동법을 실시하여 민간의 세금 부담을 줄여 주었다. 대동법은 왕실이나 관청에 필요한 공물을 백성들에게 현물 대신 쌀로 받아들이는 획기적인 조처였다.

1611년(광해군 3년)에는 양전사업을 통해 경작지를 넓히고 국가재원을 확보했다. 또 왜란 중에 불타버린 창덕궁을 수리하고 종묘를 중건했으며 사고를 비롯하여 여러 관청들을 재건했다. 또 인경궁과 경덕궁[106], 원구단을 짓는 등 왕권을 강화하는 데 힘을 기울였다. 대북정권은 그와 같은 대규모 토목 공사 비용을 충당하기 위해 세금을 올리고 은이나 목재, 석재 등을 바치는 사람에게 관직을 팔았으며, 전국에 조도사를 파견해 돈을 긁어모아 백성들의 원성을 샀다.

광해군은 전란으로 소실된 서적의 간행에도 힘을 기울여 「신증동국여지승람」, 「용비어천가」, 「동국신속삼강행실」 등을 간행했고 「국조보감」, 「선조실록」을 편찬했으며 적상산성에 사고를 설치했다. 이 시대에는 허균의 「홍길동전」, 허준의 「동의보감」 등 획기적인 저술이 양산되었고, 1616년 유구에서 담배가 들어와 민간에 보급되었다.

1608년 8월, 누르하치가 조선을 공격하려 한다는 소문이 나돌아 조선 조야가 긴장했다. 또 1610년 1월에는 허투알라 지역에 조선이 명과 연합하여 건주여진을 토벌할 것이라는 풍문이 돌았다. 광해군은 비변사에 대책 마련을 촉구하고 적극적인 정보수집활동을 펼쳤다. 1611년에는 누르하치 진영에 포로로 억류되어 있었던 하세국에게 6품직 사과(司果)를 제수해 그의 여진어 실력과 견문을 활용했다. 이는 광해군이 임진왜란을 통해 정보의 중요성을 절감했기 때문이었다.

당시 광해군은 누르하치를 노추(老酋), 여진족을 견양(犬羊)으로 부르며 멸시했지만 불필요한 충돌을 피하려 애썼다. 임진왜란의 후유증이 남아 있는 상태에서 또 다른 전란을 맞게 되면 조선은 치명타를 입을 수밖에 없다는 것이 그의 판단이었다. 하지만 광해군은 최악의 경우를 상정해 원거리 무기인 조총과 화포 등 신무기를 확보하는 데 전력을 기울였다.

평지에서는 당시 어느 군대도 누르하치의 막강한 철기(鐵騎)를 이길 수 없었다. 때문에 광해군은 원수의 나라인 일본과 1609년(광해군 1년) 일본송사약조(日本送使約條.기유약조)를 체결하여 국교를 재개하고, 1617년 오윤겸 등을 회답사로 일본에 파견하여 조총, 장검 등을 구입해 오게 했다. 또 병력 확보를 위해 호패법을 실시하고 수시로 무과를 열어 지휘관을 양성했다. 1622년(광해군 14년) 이후에는 모든 무과 합격자들을 변방으로 배치하고, 향리에 은거하고 있던 곽재우를 북병사에 제수하기까지 했다. 또 최후의 보루인 강화도를 정비하는 데도 힘을 기울였다.

1616년(광해군 8년) 드디어 누르하치가 후금(後金)을 건국했다. 과거 아구다가 세웠던 금(金)나라 이래 두 번째로 강력한 여진족의 나라가 등장한 것이다. 광해군은 국방 태세를 정비하고 대포를 주조하는 한편 평양 감사에 박엽, 만포첨사에 정충신을 임명해 후금의 움직임을 예의 주시하도록 했다.

그 무렵 후금은 명나라를 강하게 압박하여 만주 지역을 일통하고 있었다. 수세에 몰린 명나라는 1618년 윤4월 27일, 병부좌시랑 왕가수의 격문을 보내 조선에 원병을 요청했다. 광해군은 후금의 군사력이 막강해 명나라의 원정군이 이길 수 없다 판단하고 파병을 거부했지만, 이이첨을 비롯한 비변사 신료들은 재조지은을 강조하며 적극 파병을 주청했다. 그 무렵 광해군은 폐모 논의와 궁궐 건설 등 내정의 현안들로 골치 아픈 상태에서 거듭된 명의 압력과 신하들의 주청이 이어지자 결국 파병에 동의하고 말았다.

조선군의 사르후 출병, 심하전역

1619년(광해군 11년) 2월, 1만 5,000명의 조선군이 압록강을 건너 심양 부근의 사르후 지역으로 출동했다. 이 전역을 심하전역 혹은 사르후 전투라고 한다. 광해군은 당시 명군이 동북 오지인 허투알라까지 장거리 원정을 나선 것을 알고 피로에 지친 명군 지휘부가 조선군을 적극 이용할 것이라 판단했다. 때문에 광해군은 왕의 통역관인 어전통사를 지냈던 중국통 강홍립을 도원수로 임명한 다음 이렇게 일렀다.

"그대는 조선군의 정예 병력을 이끌고 있으니 명군 지휘부의 명령을 일방적으로 따르지 말고 신중하게 처신하여 패하지 않도록 하라."

이윽고 강홍립이 이끄는 조선군은 군대를 좌우중영으로 나누어 평안도 창성을 출발, 1619년 2월 23일 압록강을 건넜다. 2월 26일 진자두에 다다른 강홍립은 광해군의 지침에도 불구하고 초기에 명군 총사령관 양호의 요구대로 화기수 5,000명을 떼어 명군 우익남로군 사령관 유정 휘하에 배속시켰다. 그 후 명군의 성화에 못 이긴 조선군은 군량이 떨어진 상태에서 강행군을 거듭해 3월 2일 허투알라에서 60리 정도 떨어진 사르후 지역에 도착했다. 초전에 조·명연합군이 600여 명의 후금군과 싸워 물리쳤다.

3월 4일 부차(富車)에 다다른 조선군은 앞서 갔던 명군 본진이 후금군에게 대패했다는 소식을 들었다. 당시 네 개의 부대로 편제되었던 명군이 3월 1일 동시에 허투알라를 향해 출발하기로 약속되어 있었는데, 좌익중로군 두송이 공명심 때문에 일찍 출발했다가 귀영가, 홍타이지, 아민이 이끄는 3만 후금군의 매복에 걸려 궤멸당하고, 뒤이어 마림과 유정 등의 잔여부대도 각개격파 당했던 것이다. 곧 조선군의 좌우영이 후금군의 철기의 공격을 받아 선천 군수 김응하, 운산 군수 이계종, 영유 현령 이유길 등이 전사하고 진영이 와르르 무너졌다. 중영에 있던 강홍립은 더 이상 무모한 싸움을 계속할 수 없다고 판단하고 병사들과 함께 백기를 들었다.

「광해군일기」에는 당시 후금군이 통사를 보내와 항복을 종용했다고 씌어 있고, 「만주실록」에는 강홍립이 먼저 사람을 보내 항복했다고 씌어 있다. 어쨌든 강홍립은 3월 5일 허투알라로 가서 누르하치에게 무릎을 꿇었다. 명청 교체기에 가장 중요한 일전이었던 이 사르후 전투 결과 명군은 10만에 이르는 전사자를 냈지만 후금군은 겨우 200여 명을 잃었을 뿐이었다.

강홍립의 항복소식이 알려지자 조선의 조야는 들끓었다. 강홍립의 처자를 죽이라는 상소가 줄을 이었지만, 광해군은 들은 체도 하지 않았다. 명나라는 강홍립이 고의로 항복했다고 의심하고 서광계를 보내 재징병을 요구했다. 그러자 광해군은 원정군으로 후금군과 싸우다 순절한 김응하를 추모하는 사당을 짓고 시집 「충렬록」을 편찬하는 등 조선군이 당시 전투에서 얼마나 열심히 싸웠는지를 내외에 선전하며 명나라를 달랬다.

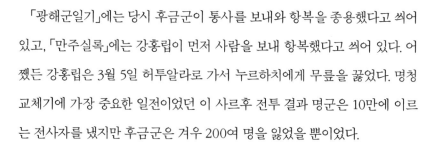

지나친 옥사가 파멸을 불러오다

광해군의 재위 15년 동안 정권을 장악했던 대북파는 자신들의 권력을 유지하기 위해 수많은 옥사를 일으켰다. 때문에 살아남은 정적들은 은인자중하면서 복수의 기회를 노렸다. 급기야 1623년 서인인 김류와 이귀, 김자점 등이 과거에 죽은 능창군의 형 능양군과 손잡고 인조반정을 일으켜 대북파를 제거하고 광해군을 폐위시키는 데 성공했다.

그들의 반정 명분은 광해군이 명나라에 대한 사대를 거부했으며, 형제인 영창대군을 죽이고 계모 인목대비를 폐모하는 등 패륜을 저질렀다는 것이었다. 하루아침에 임금에서 왕자로 강등된 광해군은 강화도에 유폐되었다. 당시 인목대비는 아들 영창대군을 죽이고 친정을 멸문지화시킨 광해군에게 원한을 품고 그를 죽이고자 했지만, 인조의 만류로 분루를 삼켰다.

그 후 광해군을 복위하려는 여러 시도들이 수포로 돌아갔다. 인조는 병자호란이 끝나고 삼전도의 치욕을 겪은 뒤 혹시 모를 청의 광해군 복위를 염려하여 그를 제주도에 이배했다. 광해군은 폭군과 패륜아라는 오명을 뒤집어쓰고 황량한 제주 땅에서 다음과 같은 시를 읊었다.

바람 불어 날리는 비는 성벽 위를 지나고

습하고 더운 기운 백 척 누각을 덮었구나.

창해의 노도처럼 날은 점점 어두워지고

푸른 산의 수심은 싸늘한 가을빛을 닮았네.

돌아가고 싶은 마음 싫어 왕손초를 보려 하나

이 섬은 나그네의 미몽을 번번이 깨우도다.

고국의 존망소식 끊어진 지 오래여서

안개 자욱한 강 쓸쓸히 배 위에 누워 있네.[107]

그 후 광해군은 자신의 복위를 도모했던 아들과 며느리의 자결, 1624년 10월 유배생활에 지친 부인 유씨의 갑작스런 죽음을 지켜보며 쓸쓸한 말년을 보내다 1641년(인조 19년) 7월 1일, 67세를 일기로 세상을 떠났다.

당시 사관은 7월 10일에야 조정에 광해군의 사망소식이 당도했음을 기록하면서 실록에 위 시를 덧붙여 그의 죽음을 애도했다. 묘호는 광해군지묘(光海君之墓)로 경기도 남양주시 진건면 송릉리에 있다.

제15대 광해군 가계도

제15대 광해군(光海君)
1575년 출생, 1641년 사망(67세)
재위 15년 1개월(1608. 2~1623. 3)

문성군부인 유씨(폐비) 왕세자 이질(폐세자)

숙의 윤씨(폐숙의) 옹주(폐옹주)

숙의 허씨

상궁 이씨

상궁 김씨

상궁 최씨

광해군의 가족

광해군은 재위 15년 동안 중전 유씨에게서 세자 이질, 숙의 윤씨에게서 옹주 1명을 얻었고, 숙의 허씨 등 9명의 후궁들에게서는 자식을 얻지 못했다.

광해군은 왕자 시절 유자신의 딸 유씨와 결혼한 뒤 경복궁에서 나와 이현 근처에서 1592년 임진왜란 발발 때까지 그곳에 살았다. 유씨는 자기 주관이 뚜렷하고 당찬 여걸이었다. 그녀는 광해군이 명과 후금 사이에서 줄타기 외교를 벌일 때 남편에게 후금과의 관계를 끊고 명을 도우라는 글을 보내기도 했다. 또 인조 반정이 일어났을 때 창덕궁에 몰려든 반란군을 향해 "오늘의 거사가 대의를 위한 것이오, 아니면 일신의 영달을 위한 것이오?"라고 힐난해 그들을 곤혹스럽게 만들기도 했다. 그녀는 반정공신들에게 광해군과 함께 귀양보내줄 것을 요구했지만 거절당한 뒤 1년 7개월 뒤인 1624년 10월, 48세를 일기로 세상을 떠났다.

광해군 대의 주요사건

사림 5현의 문묘종사

사림5현이란 김굉필, 정여창, 조광조, 이언적, 이황 등 16세기 후반부터 사림파의 학통을 이어받은 명유들이다. 본래 사림의 학통은 동방 이학의 조종으로 불리는 정몽주로부터 길재, 김숙자, 김종직, 김굉필과 정여창, 조광조로 이어졌다. 이 계보는 조광조의 주창과 이황의 추인으로 완성되었다.

조선 왕조는 유학을 통치이념으로 삼은 유교국가였기에 공자를 받든 문묘(文廟)를 두고 주자도 함께 제향했다. 때문에 사림파는 조선의 명유 중에 다섯 명을 문묘에 배향하는 것을 목표로 세웠다. 1570년(선조 3년) 성균관 유생들이 시작한 이 운동은 당파 간에 미묘한 입장 차이로 지지부진하다가 1610년(광해군 2년)에 이르러 결실을 보았다. 그해 6월 1일 광해군이 그 의론을 받아들이고 원로 이원익, 영의정 이덕형, 좌의정 이항복, 우의정 심희수의 동의를 받아 「종사절목」을 만든 다음, 9월 5일 김굉필·조광조·이황을 동쪽에, 정여창·이언적을 서

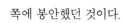

쪽에 봉안했던 것이다.

그런데 이듬해인 1611년(광해군 3년) 3월 남명학파의 선봉장 정인홍이 이황과 이언적이 문묘에 배향된 사실에 대해 강하게 비판하고 나섰다. 그는 퇴계 이황이 자신의 스승 남명 조식과 친구 성운을 노장에 물들었다고 비난했던 사실을 거론하면서, 그가 평생 벼슬을 탐내고 진퇴가 분명하지 않았다고 주장했다. 정인홍의 공격은 주로 이황에게 집중되었다.

342

'이황이 조식과 성운에 대하여 절개요 이단이라고 하여 다시는 돌아보지 아니했는가 하면, 심지어는 시속을 좇아 세력에 붙고 이익을 탐하여 수치가 없으며 시종일관 권간(權姦)의 문객이 되어 맑은 논의에서 버림을 받은 이정과 황준량 같은 약간의 무리를 도학으로 허여하기도 하고 성현으로 기대하기도 하면서 그들과 왕복한 편지가 쌓여 책을 이루었습니다. 어찌 앞서서 나가고 앞서서 숨어서 명리의 마당에서 늙은 자를 하루아침에 도학의 공정과 성현의 사업으로 바랄 수 있겠습니까.'

본래 조식과 이황은 경상도 출신으로 나이도 같았지만, 학문적 성향은 매우 달랐다. 이황은 인(仁)을 숭상하고 학문의 폭이 넓었지만, 조식은 의(義)를 중시하고 높은 기상이 있었다. 두 사람은 서로를 존경했지만, 시간이 지날수록 점차 상대를 의식하게 되었다. 결국 이황은 조식을 일컬어 '거만스러워 중용의 도를 기대하기 어렵고, 노장(老莊)에 물든 병통이 있다'고 충고했고, 조식은 퇴계를 향해 '요새 학자들은 물 뿌리고 비질하는 절차도 모르면서 입으로는 하늘의 이치를 말하며 허명을 훔친다'라고 경계했던 것이다.

그 무렵 조식의 측근인 진사 하종악의 후처가 음행을 저지르는 사건이 발생했다. 조식은 이 사건을 무마하기 위해 친구 이정에게 자문을 구했다. 그런데 이정이 세 번이나 태도를 번복하자 조식은 그가 음부에게 뇌물을 받았다 여기고 절교를 선언했다. 그러자 이정은 이황을 가까이했고, 이후 이황이 이정을 두둔하자 두 사람의 관계는 아주 멀어졌다.

이런 전력을 잘 알고 있던 정인홍은 이미 1604년(선조 37년) 「남명집」을 간행하면서 이정과 함께 그를 비호한 이언적과 이황을 비난한 적이 있었다. 선조 대의 신료들 가운데는 이황의 문인들이 많았고, 임진왜란 당시 의병장으로는 조식의 문인들이 많았다. 이들은 같은 동인이었지만 기축옥사로 남인과 북인으로 갈리고 전란의 와중에 정인홍과 유성룡은 정적이 되었다. 그때부터 양측은 상대방의 스승을 공격하고 깎아내리기에 혈안이 되었다. 그런데 사림5현의 문묘종사는 이황의 승리를 확인하는 결과가 되어버렸다. 이에 정인홍은 찬성 직을 사임한다는 상소를 올리면서 그 부당함을 거론했던 것이다.

이 회퇴변척소(晦退辨斥疏)가 불씨가 되어 퇴계학파와 남명학파 사이에 격렬한 논쟁이 벌어졌다. 퇴계학파가 대부분인 성균관 유생 이목 등 500여 명은 상소를 올려 이언적과 이황을 옹호하고 정인홍의 이름을 유적(儒籍)인「청금록(青衿錄)」에서 삭제해버렸다. 그것은 곧 유림에서 매장을 의미했다. 광해군은 관련된 유생들을 거꾸로 유적에서 삭제하고 금고형에 처하는 등 강경하게 대응하면서 이듬해 정인홍을 우의정에 제수하는 등 대북파에 대한 신뢰를 유지했지만, 문묘종사 문제만은 유야무야 넘겨버렸다. 사림의 분쟁에 끼어들지 않겠다는 광해군의 노련한 정치 행마였다.

이 사건으로 전국의 유림들이 정인홍에게 등을 돌렸고, 이는 남명학파의 내부 분열로 이어졌다. 훗날 인조반정이 일어나 대북파가 몰락하면서 정인홍은 서인들에게 폐모살제의 원흉으로 지목되어 죽임을 당했고 남명학파는 와해지경에 처해버렸다.「광해군일기」의 사관은 사론을 통해 다음과 같이 정인홍에게 비난을 퍼부었다.

'세상이 두 선비를 존숭한 지가 오래되었고 배향을 청한 것이 몇 해째인데 어찌하여 전에는 묵묵히 있다가 지금에 와서 운운하는 것인가. 그의 마음을 헤아려 보건대 임금을 협박한 죄를 면하기 어려울 것이다. 대개 인홍의 사람됨이 편협하고 사나우며 식견이 밝지 못한데 방자하게 함부로 지어내어 다시금 돌아보고 거리끼는 것이 없었으므로 세상에서 이르는 현인군자치고 그의 비방을 입지 않은 사람이 없다. 일찍이 자기편의 무리를 사주하여 상소를 올려 성혼을 헐뜯었고 또 이이를 매우 심하게 비방하더니, 이때에 이르러 다시 두 선비를 이처럼 힘써 공격했다. 저 인홍 같은 자는 사문의 쓸데없는 가라지나 사류를 해치는 좀도둑이 아니고 무엇이겠는가.'

칠서의 옥과 계축옥사

1613년 문경새재에서 상인을 죽이고 수백 냥을 약탈한 강도사건이 발생했다. 범인 일당은 영의정을 지낸 박순의 서자 박응서, 심전의 서자 심우영, 전 목사 서익의 서자 서양갑, 평난공신 박충갑의 서자 박치의, 박유량의 서자 박치인, 전 북병사 이제신의 서자 이경준, 서얼 허홍인 등 권세가문의 서자 일곱 명이었다. 이들은 허균, 이사호, 김장생의 이복동생 김경손 등과 교유하며 스스로를 죽림칠현, 강변칠우로 자처했다.

그들은 광해군이 등극하자 서얼 차별을 없애달라는 상소를 올렸다. 하지만 거부를 당하고 나서 경기도 여주 남한강변에 윤리가 필요 없는 집이라는 뜻의 무륜당(無倫堂)을 지은 뒤, 그곳을 근거지로 전국을 오가며 화적질을 일삼다가 문경새재에서 강도짓을 하기에 이르렀다. 그런데 피살된 상인의 노비 하나가 살아남아 그들을 미행해 근거지를 알아낸 뒤 포도청에 고발하여 모조리 체포되었다.

이 사건에 접한 대북파의 거두 이이첨은 김개, 김창후, 포도대장 한희길, 정항 등과 모의해 서얼 출신 화적패들이 자금을 모아 영창대군을 추대하려 했다는 자백을 받아낸다. 이 자백은 칠서 중 한 사람인 박응서가 광해군에게 비밀상소를 올리는 형태로 이루어졌다. 박응서는 상소문에서 자신들이 1608년 명나라 사신을 죽여 사회혼란을 야기하려 했고, 군자금을 비축해 무사를 모아 거사를 하려 했다. 그 뒤 영창대군을 옹립한 다음 인목대비에게 수렴청정하게 하려 했다는 것이었다.

대북파는 박응서의 자백을 근거로 서양갑을 국문해 인목대비의 아버지 김제남이 역모의 수괴이고 인목대비까지 모의에 가담했다는 자백을 받아냈다. 그리하여 종성판관 정협, 선조에게 인목대비와 영창대군의 안위를 부탁받은 신흠, 박동량 등 일곱 대신, 이정구, 김상용, 황신 등 서인 수십 명이 하옥되었다. 그런데 박동량이 자신의 무죄를 주장하며 대비전에서 1613년, 광해군을 양자로 삼았던 의인왕후의 무덤인 유릉에 무당을 보내 저주한 일을 털어놓아 인목대비를 궁지에 몰아넣었다.

"대비의 처소에 있는 사람들이 선왕의 발병 이유가 돌아가신 의인왕후 박씨에게 있다 하여 수십 명의 요망한 무당과 함께 연달아 유릉에 가서 저주하는 일을 크게 벌였습니다."

이이첨은 유생 이위경에게 영창대군과 인목대비의 처단을 종용하는 상소를 올리게 했다. 이어서 장령 정조와 윤인 등이 폐모론을 지지하고 나섰다. 또 이이첨의 사주를 받은 삼사에서 연일 영창대군을 벌하라고 광해군을 압박했다. 결국 김제남은 1614년 6월 1일 서소문 밖에서 사사되었고, 동시에 영창대군은 서인으로 강등되어 강화도에 위리안치되었다. 이어서 영창대군을 비호했던 영의정 이덕형, 좌의정 이항복 등이 축출되었다. 그러자 이덕형은 시국을 개탄하며 식음을 전폐한 끝에 10월 10일, 세상을 떠났다. 그해 봄 영창대군은 강화도의 작은 골방에서 죽임을 당했다. 강화 부사 정항이 그를 밀실에 가두고 아궁이에 불을 지펴 질식사시켰던 것이다. 계축옥사를 통해 대북파는 서인과 남인세력을 완전히 몰아내고 정권을 독점하게 되었다.

그 후 대북파는 1615년(광해군 7년) 4월 광해군의 거처를 창덕궁으로 옮기게 한 다음 인목대비를 경운궁에 유폐시켰다. 이듬해 1월 경운궁에 임금을 비방하는 익명서가 발견되었다. 기자헌이 박승종을 몰아내고 유희분을 협박해 대비를 맞이한 다음 거사를 할 것이란 내용이었다. 이에 허균은 김개, 이강 등 호남과 영남의 무뢰한들을 모아 유생처럼 꾸미게 하고 인목대비를 폐함과 동시에 기자헌 일당을 처벌하라고 상소했다.

이처럼 폐모론이 기승을 부리자 기자헌은 종친과 외척, 문무백관 등 무려 1,000여 명이 넘는 사람들을 모아 공개토론회인 수의를 열고 가부를 결정하자고 주장했다. 하지만 참석자 대부분이 이이첨의 주장에 동조했으므로, 폐모 반대론자인 기자헌, 이항복, 정홍익, 김덕함 등은 유배형에 처해졌다.

결국 1618년(광해군 10년) 인목대비는 폐서인되어 서궁(경운궁)에 유폐되었고 좌의정 한효순, 공조 판서 이상의, 예조 판서 이이첨 등 17인이 「폐비절목」을 만들어 대비의 특권과 예우를 박탈했다. 하지만 명나라에서 폐서인의 고명이 내려오지 않아 인조반정 때까지 인목대비는 대비의 신분을 유지할 수 있었다. 그후 이이첨은 1622년 12월 강원 감사 백대형을 시켜 이위경 등과 함께 굿을 빙자해 경운궁에 들어가 대비를 시해하려 했으나 영의정 박승종 등이 가로막고 나서는 바람에 실패했다.

인조반정

광해군은 즉위 직후 왕권을 위협하는 임해군을 죽였고, 칠서의 옥을 계기로 계축옥사를 일으켜 영창대군을 죽였으며 신경희의 옥을 통해 능창군을 제거했다. 이어서 인목대비까지 서궁에 유폐하자 서인 일파는 폐모살제(廢母殺弟)라는 명분으로 무력정변을 기도하게 되었다. 1620년(광해군 12년) 이서, 신경진, 구굉, 구인후 등의 무인들이 김류와 손잡고 대북정권을 타도하고 능양군 이종을 옹립할 계책을 세웠다. 그들은 함흥 판관 이귀를 비롯해 그의 아들 이시백, 최명길, 장유, 신경진, 심기원, 김자점 등 수많은 동조자를 포섭했다.

1622년 이귀는 평산 부사, 신경진은 효성령별장으로 있었다. 마침 평산 지방에 호환이 심하자 이귀는 범 사냥하는 군사에게는 경계의 제한을 두지 않는 조치를 청해 광해군에게 허락받은 뒤 군사를 모아 거사하려 했다. 하지만 이 모의가 사전에 누설되자 김자점과 심기원 등이 후궁 김개똥(介屎)에게 뇌물을 바쳐 광해군을 달래게 하여 간신히 무마되었다. 그 여파로 신경진과 구인후가 의심을 받아 외직에 보임되자 그들의 의도는 실패로 돌아가는 듯했다. 그런데 마침 장단 부사로 임명된 이서가 덕진에 산성을 쌓을 것을 조정에 요청해 허락받았다. 그리하여 공식적으로 군대를 모을 수 있게 되었다.

인조반정도 본래 거사 전에 계획이 누설되었다. 이서가 장단에서 군대를 모아 파주에서 이천 부사 이중로와 회합했을 때 이이반이란 자가 이후배와 이후원 형제에게 그 말을 듣고 숙부 이유성에게 고했고, 이유성이 급히 김신국에게 신고했던 것이다. 그리하여 반정 하루 전인 1623년(광해군 15년) 3월 12일, 김신국에게서 보고를 받은 영의정 박승종은 즉시 추국청을 설치하고 이후배를 잡아들인 다음 반도들을 체포하기 위해 광해군의 재가를 요청했다. 그런데 광해군이 막 어수당에서 연회를 벌이려던 참이어서 잠시 처결이 미루어졌다.

이유성의 고변 사실이 알려지자 반정군은 거사를 서둘렀다. 3월 13일 밤, 이귀, 심기원, 최명길, 김자점 등은 병력 700여 명을 이끌고 홍제원에 집결한 다음 김류를 대장으로 삼았다. 능양군도 친병을 거느리고 고양 연서역에 나아가 장단 부사 이서의 병력 700여 명과 합류했다. 반정군은 창의문에서 앞을 막아선 병졸들을 죽이고 창덕궁 앞에 도달했다.

당시 창덕궁에는 비상사태를 알리는 첩고나 첩종이 설치되어 있지 않아 궁궐 안에서는 그 상황을 잘 알지 못했고, 궁을 지키던 훈련대장 이홍립도 이미 반정군에게 포섭되어 맞서 싸우려는 군사들을 제지했다. 이윽고 초관 이항이 돈화문을 열자 반정군이 환호성을 지르며 창덕궁 안으로 진입했다.

거사의 성공을 확신한 능양군이 인정전 층계 위의 호상에 앉자 숙직하던 도승지 이덕형과 보덕 윤지경이 잡혀왔다. 곧 문무백관들이 대궐에 모여들었는데 병조 참판 박정길이 군사를 모아 저항하려다 사로잡혀 참수되었다. 그때 반정군이 광해군을 붙잡기 위해 횃불을 들고 침전을 수색하다 화재가 발생하여 인정전을 제외한 모든 건물이 불타버리고 말았다. 뒤늦게 정변을 알게 된 광해군은 다급히 후원의 문을 통해 탈출한 뒤 안국방에 있는 의관 안국신의 집에 숨어 있다가 하루 만에 붙잡혔다. 왕세자 이질 역시 장의동 민가에 숨었다가 군인들에게 사로잡혔다.

아침이 되자 능양군은 경운궁으로 가서 11년 동안 유폐되어 있던 인목대비 김씨에게 옥새를 바쳤다. 인목대비는 광해군에게 폐립의 교지를 내리고 경운궁 별당에서 능양군을 즉위시켰다. 대비 김씨는 광해군을 처형하려 했으나 인조가 말렸다.

"광해군이 매우 무도하기는 하나 군림했던 사람을 처치해서는 안 된다."

인조는 정변의 마무리작업을 서둘렀다. 우선 광해군을 강화도에 위리안치하는 한편 그가 총애하던 상궁 김개똥을 죽이고, 대북파 이이첨, 한찬남, 정조, 윤인, 이위경과 환관 조귀수를 저자에서 환형(轘刑)에 처했다. 또 평양 감사 박엽과 의주 부윤 정준을 현지에서 참형에 처해 효수했으며 관련자 200여 명을 귀양보냈다. 반정에 공을 세운 서인의 이귀, 김류 등 33명은 세 등급으로 나누어져 정사공신으로 봉해졌다. 그해 4월 3일 대북파의 영수 정인홍이 죽임을 당했고, 대북파의 대부분이 제거되면서 북인은 붕당으로서의 면모를 잃었다. 5월 22일 강화도에 위리안치되었던 폐세자 이질이 탈출을 도모하다 실패하자 사흘 뒤 폐세자빈이 자결했다. 한 달 뒤인 6월 25일 폐세자가 사사되었다.

실로 인조반정은 경쟁세력을 무력으로 제압한 다음 국왕까지 교체한 일종의 성공한 쿠데타였다. 때문에 이 사건은 광해군에게 호의적이었던 명나라의 반감을 불러일으켰지만, 끈질긴 외교적 노력과 가도에 주둔하면서 조선땅에서 수탈을 자행하던 명나라 장수 모문룡의 지지를 받아 가까스로 공인되었다. 그렇지만 인조반정은 명나라의 「희종실록」에 왕위 찬탈로 기록되었고, 공신들은 이를 개수하고자 애썼지만 명나라의 멸망과 함께 무산되고 말았다.

광해군 대의 주요인물

348

불편부당의 명신, 이항복

오늘날 '오성과 한음'의 주인공으로 더 많이 알려진 이항복의 본관은 경주(慶州), 자는 자상(子常), 호는 필운(弼雲)·백사(白沙)·동강(東岡)이다. 고려의 대학자 이제현의 후손으로 아버지는 참찬 이몽량, 어머니는 결성 현감 최윤의 딸이다. 그는 훗날 오성부원군에 봉군되어 이항복이나 백사보다는 오성대감으로 널리 알려졌다.

1556년(명종 11년) 서울에서 태어난 그는 9세 때 아버지를 여의고 어머니 슬하에서 자랐다. 1571년(선조 4년) 어머니를 여의고 삼년상을 마친 이항복은 성균관에 들어가 재능을 드러내 당시 영의정 권철의 아들인 권율의 사위가 되었다. 임진왜란 당시 탄금대에서 전사한 신립은 그의 동서이다. 1580년(선조 13년) 알성 문과에 병과로 급제해 승문원부정자가 되었다. 이듬해 예문관 검열로 재직할 때 선조의 「강목(綱目)」 강연이 있었는데 이덕형 등 5명과 함께 이이의 천거를 받아 한림에 오르고, 내장고의 「강목」 한 질을 하사받은 뒤 옥당에 들어갔다.

1583년 호당을 거친 다음 옥당의 정자, 저작, 박사, 예문관 봉교, 성균관 전적과 사간원의 정언 겸 지제교, 수찬, 이조 좌랑 등을 역임했다. 1589년 예조 정랑 때 발생한 역모사건에 문사낭청으로 친국에 참여해 선조의 두터운 신임을 받았다. 그는 신료 사이에 비난이나 분쟁이 있을 때 삼사에 출입해 시비를 공평히 판단하고 무마하여 칭송을 받았다.

그는 파당을 조성하는 대사간 이발을 공박하다가 비난을 받고 세 차례나 사직하려 했지만 선조는 특명으로 그를 옥당에 머무르게 했다. 그 뒤 응교, 검상, 사인, 전한, 직제학, 우승지를 거쳐 1590년 호조 참의가 되었고, 정여립의 모반사 건을 처리한 공로로 평난공신 3등에 녹훈되었다. 이듬해 정철의 논죄가 있자 사람들이 자신에게 화가 미칠 것을 두려워하여 정철을 찾는 사람이 없었다. 그러나 그는 좌승지의 신분으로 날마다 찾아가 대화하는 등 담대한 면모를 보였다. 그 때문에 이항복은 정철 사건의 처리를 태만히 했다는 공격을 받고 파직되었으나 곧 복직되어 도승지에 발탁되었다.

1592년 임진왜란이 일어나자 왕비를 개성까지 무사히 호위하고, 또 왕자를 평양으로, 선조를 의주까지 호종했다. 그동안 이조 참판으로 오성군에 봉해졌고, 이어 형조 판서로 오위도총부도총관을 겸했다. 곧이어 대사헌 겸 홍문관 제학, 지경연사, 지춘추관사, 동지성균관사, 세자좌부빈객, 병조 판서 겸 주사대장, 이조 판서 겸 홍문관 대제학, 예문관 대제학, 지의금부사 등을 거쳐 의정부 우참찬에 승진되었다. 당시 그는 이덕형과 함께 명나라에 원병을 청할 것을 건의했고 윤승훈을 해로로 호남 지방에 보내 근왕병을 일으켰다.

선조가 의주에 머무르면서 명나라에 원병을 요청하자 명나라의 병부상서 석성은 일본과 조선의 내응을 의심하고 황응량을 조사차 보냈다. 그때 이항복은 일본이 보내온 문서를 보여주어 명나라의 의혹을 풀어주었다. 그 후 광해군이 남도에서 무군사를 운용할 때 대사마로 임명되어 세자를 보필했고, 병조 판서, 이조 판서, 홍문관과 예문관의 대제학을 겸하는 등 요직을 거친 뒤 1598년 우의 정 겸 영경연사, 감춘추관사에 올랐다.

그 뒤 문홍도가 휴전을 주장했다는 이유로 유성룡을 탄핵하자 자신도 휴전에 동조했다며 자진해 사의를 표명하고 병을 구실로 조정에 나오지 않았다. 하지만 선조가 도원수 겸 체찰사에 임명하자 남도 각지를 돌며 민심을 선무, 수습하고 안민방해책(安民防海策) 16조를 지어 올리기도 했다.

1600년 영의정 겸 영경연, 홍문관, 예문관, 춘추관사, 세자사에 임명되고 다음 해 호종1등공신에 녹훈되었다. 1602년 정인홍, 문경호 등이 최영경을 모함하고 살해하려 한 장본인이 성혼이라고 발설하자 삼사에서 성혼을 공격했다. 그러자 이항복은 성혼을 비호하고 나섰다가 정철의 편당으로 몰리자 영의정에서 자

진사퇴했다.

1608년 다시 좌의정 겸 도체찰사에 제수된 그는 광해군이 즉위와 동시에 정권을 잡은 북인이 임해군을 제거하려 하자 극력 반대했고, 사림5현의 문묘배향 문제와 관련해 정인홍의 처벌을 요구했다가 도리어 구금되기까지 했다. 곧이어 북인세력이 김제남 일가를 멸문시키고 영창대군을 살해하자 격렬히 항의했다. 결국 1613년(광해군 5년) 인재 천거를 잘못했다는 구실로 대북파의 공격을 받고 조정에서 물러난 이항복은 서울 근교의 망우리 근처에 동강정사(東岡精舍)를 짓고 동강노인으로 자칭하면서 지냈다. 광해군은 정인홍 일파의 격렬한 파직 처벌의 요구를 누르고 그를 좌의정에서 중추부로 자리만을 옮기게 했다.

1617년 인목대비가 서궁에 유폐되고 폐서인 논의가 일어나자 이항복은 논의 자체를 강력히 반대하다 1618년 삭탈관직당한 뒤 함경도 북청으로 유배되었고, 그곳에서 세상을 떠났다. 그해 8월 고향 포천에 예장되었다. 사후 포천과 북청에 그를 제향한 사당이 세워졌는데, 1659년(효종 10년) 화산서원(花山書院)이라는 사액이 내려졌다. 저술로는 1622년에 간행된 「사례훈몽」 1권과 「주소계의」 각 2권, 「노사영언」 15권과 시문 등이 있다. 시호는 문충(文忠)이다. 이정구는 그를 이렇게 평했다.

"그가 관작에 있는 40년 동안 누구 한 사람 당색에 물들지 않은 사람이 없었지만, 오직 그만이 초연하게 중립을 지켜 공평히 처세했다."

「광해군일기」 편찬 경위

「광해군일기」는 조선의 제15대 국왕 광해군의 재위 15년 동안의 치세를 편년체로 기록한 역사서이다. 총 64책 187권으로 정식명칭은 쫓겨난 국왕의 전례를 따라 「광해군일기」로 명명되었다. 「광해군일기」의 편찬 과정은 그의 사후 11년 뒤에 시작되었다. 그러나 1624년(인조 2년) 이괄의 난으로 궁성이 점령되고 춘추관이 불탔을 때 보관되어 있던 광해군 대의 시정기와 각종 자료들이 소실되어 춘추관은 광해군 대의 사관의 가장사초와 각처에 흩어져 있던 조보, 야사 등을 수집했다.

　그런데 인조반정의 주동자인 서인들은 그 자료를 바탕으로 작성된 시정기가 마음에 들지 않자 수정청을 설치해 시정기 수정작업을 먼저 시작했다. 하지만 수정이 지지부진하고 자신들의 정치적 입장을 정당화하는 데 한계가 있어 있는 그대로 실록을 편찬하기로 결정했다. 그리하여 실록청 대신 찬수청을 설치하고 총재관으로 윤방, 도청당상으로 이정구, 김류, 도청낭청으로 9명을 임명되었다.

　그렇듯 가까스로 시작된「광해군일기」의 편찬은 1627년(인조 5년) 후금의 침입으로 중지되었다. 그때까지 130개월분이 중초본으로 완성되었고 나머지 57개월은 초고 상태로 있었다. 그러다 5년이 흐른 1632년(인조 10년) 편찬 작업이 재개되어 총재관으로 윤방, 도청당상으로 홍서봉, 최명길이 임명되어 이듬해 187개월분이 중초본으로 완성되어「광해군일기」는 10년 11개월 만에 결실을 맺었다.「광해군일기」는 정초본과 중초본의 상태로 사고에 보관되었고, 이후 숙종, 정조, 순조 등 여러 왕대를 걸쳐 인쇄 문제가 제기되었지만 끝내 활자체로 간행되지 못했다.

국내

• 1624 이괄의 난

• 1626 호패법시행
　　　남한산성 쌓고 수어청을 둠

• 1627 후금, 조선침입(정묘호란)
　　　인조, 강화로 피신

• 1628 명나라의 숭정연호 사용

• 1630 무감 설지

• 1633 상평통보 주전

• 1636 후금의 국서 거절
　　　청군 침입(병자호란)

세계

• 1628 영국 의회, 권리청원 제출

• 1633 갈릴레이, 종교재판 회부

• 1636 후금, 국호를 '청'으로 개칭

제16대 인조
인조헌문대왕실록 仁祖憲文大王實錄

인조 시대(1623. 3~1649. 5)의 세계정세

1627년 명나라의 정세는 각처에서 일어난 민란으로 크게 어지러웠다. 그 틈을 타 누르하치의 뒤를 이어 즉위한 후금의 홍타이지가 조선을 정벌해 배후를 안정시킨 뒤 여순을 점령하고 국호를 청(淸)으로 바꾸었다. 그의 뒤를 이은 청 세조는 북경을 함락하여 이자성의 반란군을 산해관에서 격파하고 북경을 수도로 정한 다음 남경까지 함락함으로써 명나라를 멸망시키고 대륙 전역을 차지했다. 유럽에서는 1628년 영국의 제3의회에서 권리청원이 통과되었고, 청교도 혁명이 시작되었다. 1631년 프랑스에서는 최초의 신문인 <가제트 드 프랑스>가 발간되었다. 1637년 네덜란드에서는 프랑스의 철학자 데카르트가 「방법서설」을 간행했다.

고난의 임금, 인조 시대의 개막

조선의 제16대 국왕 인조(仁祖)의 이름은 종(倧), 자는 화백(和伯), 아명은 천윤(天胤)이다. 아버지는 선조의 다섯째 아들인 정원군 이부이고 어머니는 인헌왕후 구씨이다. 정비는 영돈녕부사 한준겸의 딸 인열왕후이고, 계비는 영돈녕부사 조창원의 딸 장렬왕후이다. 1607년(선조 40년)에 능양군에 봉해진 이종은 1615년 신경희의 옥사로 형 능창군이 목숨을 잃자 광해군에게 적개심을 품고 있었다. 그러던 중 1623년(광해군 15년) 3월 13일, 김류, 이귀, 이서, 이괄 등 서인 일파가 자신을 옹립하고 반란을 일으키자 친히 무장하고 창덕궁으로 달려갔다.

반정에 성공하자 그는 서궁에 유폐되어 있던 인목대비의 언문교지를 받아 보위에 올랐다. 당시 인조는 폐주 광해군의 죄목을 36조로 열거하면서 반정의 정당성을 확보하려 했지만, 그것만으로는 민심을 안정시킬 수는 없었다. 백성들은 갑작스런 국왕의 폐위 소식을 듣고 몹시 동요했으며 조직적인 반발 움직임까지 나타났다. 때문에 인조는 백성들에게 명망이 높은 이원익[108]을 비롯해 이수광, 정경세, 이성구, 김세렴, 김식 등 남인 다수를 등용하여 민심을 달랬다. 그러나 조정의 요직은 김류, 이귀, 이서 등 반정공신들이 차지했다.

그렇듯 서인과 남인의 연립내각으로 구성된 새 조정은 12개의 도감을 혁파하고, 죄인들을 사면했으며 각종 토목공사를 중지했다. 또 왕실의 척족이나 권신들의 토지, 세금, 주택 등을 일일이 조사해 회수했고, 내수사와 대방군에 빼앗긴 농민들의 땅을 되돌려주었으며 광해군 때 희생된 영창대군, 임해군, 김제남 등의 관작을 회복시켜주었다.

인조는 반정공신들에 대한 논공행상에서 도감대장 이수일을 내응의 공이 있다 하여 공조 판서로 임명했지만, 결정적인 무력을 제공한 이괄을 2등에 녹공한 다음 한성 판윤에 임명하고 얼마 뒤 도원수 장만 휘하의 부원수겸 평안병사로 임명해 분란의 소지를 제공했다. 이괄은 임지에 부임해 군사를 조련하는 등 북방의 안정에 힘썼지만, 당시 기찰을 강화하던 반정공신들이 그를 의심하고 역모 혐의로 체포하려 하자 1624년(인조 2년) 난을 일으켜 한때 도성을 점령했다. 당시 인조는 공주까지 쫓겨났다가 도원수 장만이 지휘하는 관군이 반란군을 격파하자 한양으로 돌아왔다.

'친명배금'이 부른 돌이킬 수 없는 상처

1621년(광해군 13년) 3월, 후금이 심양과 요양을 점령하자 명나라의 요동도사 모문룡은 패잔병들을 이끌고 조선으로 건너와 난민들을 수습해 세력을 키운 다음 후금의 배후를 위협하고 있었다. 그러자 후금의 아민은 모문룡이 활동하던 의주, 가산, 용천 등지를 습격해 왔다. 궁지에 몰린 모문룡은 조선인 복장으로 간신히 사지를 탈출한 다음 광해군의 권유로 평안도 철산 앞바다에 있는 가도에 들어갔다. 가도는 고려가 몽고의 침략을 받을 때 서북면 병마영이 설치된 곳이었는데, 모문룡은 그곳에 동강진을 설치하고 명과 조선으로부터 식량과 병기들을 모아 후금을 괴롭혔다. 모문룡의 준동은 조선이 겪을 두 차례 호란의 주요 배경이 되었다.

광해군은 외교정책에서 명분보다는 실리를 중시했다. 때문에 중원에서 명나라 세력이 쇠퇴하고 후금이 흥성하자 양쪽을 교묘하게 달래는 중립정책을 실시하여 안전을 확보했다. 그런데 인조반정으로 정권을 잡은 서인들은 임진 왜란 때 원군을 보내준 명나라의 내조지은(來朝之恩)을 앞세워 강력한 친명 배금정책을 실시했다. 명나라는 당시 인조반정을 찬탈이라 인식하고 있었지 만, 수세에 몰리고 있던 후금과의 관계와 모문룡에 대한 경제적 지원을 대가 로 인조의 집권을 승인해주었다.

배후의 동강진 때문에 요서진출에 제약을 받게 된 후금은 조선에 사신을 보내 여러 차례 모문룡의 퇴출을 종용했지만 듣지 않았다. 그러자 후금은 1627년 군사 3만여 명을 동원해 급거 조선을 침입해 의주를 함락시킨 뒤 평 산까지 쳐들어왔다. 깜짝 놀란 인조는 급히 강화도로 몸을 피한 다음 최명 길의 강화 주장을 받아들여 후금과 형제의 의를 약속하는 정묘화약을 맺었 다. 그렇지만 이후에도 조선은 후금을 오랑캐라 멸시하며 적대적인 태도를 버리지 않았다.

1636년 청 태종 홍타이지는 국호를 후금에서 청(淸)으로 바꾸고 황제가 된 다음 조선에 형제관계를 군신관계로 바꾸자고 요구했다. 조선이 반발하자 그 해 12월 청나라는 10만여 명의 군사를 동원해 질풍처럼 한양으로 몰려왔다.

뒤늦게 청군의 침입 사실을 알게 된 인조는 봉림대군과 인평대군, 여러 비 빈들을 강화도에 보낸 뒤 뒤따라가려다 길이 막히자 천혜의 요새인 남한산성 에 들어가 농성했다. 하지만 난공불락이라 여겼던 남한산성의 농성전이 한계 에 봉착하고, 강화도까지 청군에 함락되자 인조는 항복을 결정하고 삼전도 에서 청 태조에게 삼배구고두례를 행했다. 그것은 세 번 큰 절을 올리고 한 번 절할 때마다 세 번씩 머리를 바닥으로 조아리는 오랑캐식 항복예식이었다.

명나라 정복에 앞서 조선을 평정하겠다는 목적을 달성한 청 태종은 소현 세자와 봉림대군을 볼모로 삼고 척화론자인 홍익한, 윤집, 오달제와 함께 10 만 명에 이르는 조선인 포로를 끌고 돌아갔다. 그때부터 조선은 청나라에 공물을 바치는 한편 잡혀간 포로들을 속환시키기 위해 엄청난 재정을 쏟아 부어야 했다. 그로 인해 겨우 임진왜란의 상흔에서 벗어날 조짐을 보였던 조 선의 국가기강과 경제는 완전히 무너졌고 민생은 도탄에 빠졌다.

그 와중에도 조선 조정은 친청파와 배청파로 분화, 대립하여 혼란스러웠다. 특히 서인의 분화는 가속화하여 김자점이 영수가 된 낙당(洛黨)과 원두표가 중심이 된 원당(原黨), 김집·김장생·송시열 등의 산당(山黨), 김육 등의 한당(漢黨)이 형성되었다. 인조 말년 김자점은 외척으로서 친청세력을 규합하여 정권을 장악했고, 이에 반해 산당을 중심으로 반청친명사상과 북벌론이 강화되어 광범위한 여론이 형성되었다.

1645년(인조 24년) 소현세자가 오랜 인질생활을 끝내고 북경에서 돌아왔다. 그는 북경에 머무를 당시 선교사 아담 샬[湯若望]과 사귀고 화포와 천리경, 과학서적, 천주교서적 등을 가져와 조선에 새 바람을 일으키고자 했다. 하지만 소현세자는 귀국한 지 몇 달 지나지 않아 의문의 죽임을 당했다. 이는 인조의 조치라는 설이 세간에 파다했다. 소현세자가 청나라와 호의적인 관계를 맺으면서 자신의 경쟁자로 부상했다는 판단 때문이었다. 그런 이유에서인지 인조는 소현세자의 맏아들 이석철을 외면하고 둘째인 봉림대군을 세자로 책봉했는데, 이는 현종과 숙종 대에 예론의 불씨가 되었다. 이듬해 인조는 소현세자의 빈 강씨를 사사했고, 손자들을 제주도 유배형에 처한 뒤 죽이는 반인륜적인 조치를 거리낌 없이 취했다.

민심을 이반한 지배계층

이괄의 난 이후 반정공신들이 사찰을 강화하자 지방 무관들은 역모로 오해받을까봐 병사들에 대한 훈련도 기피했다. 그 때문에 후금 침입 당시 조선군의 전력은 형편없었다. 1627년(인조 5년) 1월, 정묘호란이 일어났을 때 평안도병마절도사였던 남이홍은 안주성에서 후금군과 싸우다 성이 함락되자 화약에 불을 붙이고 장렬히 자결했다. 그는 죽기 전에 조정에서 군사들을 조련하지 못하게 했다며 절규했다.

당시 반정공신들은 거사 성공 후에 이전의 권력자들의 토지나 노비를 빼앗아 배를 불렀고 반정에 참가했던 군관들을 사병으로 삼아 안전을 도모했다. 그런 분위기 속에서 두 차례의 호란을 겪은 조선에서는 크고 작은 역모가 꼬리를 이었다. 그해 2월 강원도 횡성에서 이인거가 역모를 꾀하다 체포되었다. 그는 반정공신들의 후금정책에 불만을 품고 화친을 주장한 간신들을 제거한 뒤 후금을 토벌하겠다고 큰소리쳤지만 그 규모는 미약했다.

1628년(인조 6년)에는 광해군을 복위하려 했던 유효립 역모사건이 일어났다. 그는 광해군의 처남인 유희견의 아들이었는데, 허유와 함께 거사를 벌여 광해군을 복위시킨 뒤 선조의 일곱째 아들인 인성군 이공에게 전위하게 하고 상왕으로 추대한다는 구체적인 계획까지 세웠다가 발각되어 목숨을 잃었다.

1629년(인조 7년)에는 양경홍 역모사건이 발생했다. 함경도에서 귀양살이하던 군관 양경홍이 새로 일어난 후금의 세력을 업고 조선 조정을 전복하려는 사건이었다. 그는 양계현과 내통하여 후금군을 이끌고 반란을 꾀했으나 함께 유배되었던 진명생의 고변으로 체포되어 관련자인 정운백, 한회, 신상연 등과 함께 처형되었다. 그해에는 또 이충경이 '개국대전'이라는 개혁안을 내놓고 난을 일으켰다. 그는 조선 조정이 백성들의 피를 빨아먹는 포악한 정치를 행하고 있다 비난하고 새로운 시대창조를 부르짖었다가 모조리 죽임을 당했다.

실제로 인조와 반정공신들은 급변하고 있는 동북아시아 정세 파악에 실패했고, 권력보전에만 급급하여 조선사회를 멍들게 했다. 물론 인조시대에 눈에 띄는 치적이 없는 것은 아니었다. 반정으로 등극한 1623년, 인조는 이원익의 건의로 대동법을 강원도에 확대 실시하고, 점차 적용지역을 넓혀 나갔다. 이듬해에는 총융청, 수어청 등 새로이 군영을 설치해 북쪽과 남쪽에 대한 경계를 강화했다. 1634년에는 삼남에 양전을 실시해 토지 수를 늘려 세원을 확보했다. 조정에서는 세종 때부터 제정된 연분구등법을 폐지하고 세금을 줄이는 영정법과 군역의 세납화를 실시했다.

1627년(인조 5년) 네덜란드 출신의 선원 벨테브레가 일본의 나가사키로 향하던 중 제주도에 표착했다. 그는 동료인 히아베르츠와 피에테르츠와 함께 물을 구하려 상륙했다가 관헌에게 붙잡혀 서울로 호송된 다음 훈련도감에 배속되었다. 그 후 벨테브레는 귀화해 '박연(朴淵)'이란 이름을 얻었다. 병자호란이 일어나자 세 사람은 훈련대장 구인후 휘하에서 참전했다가 박연을 제외한 두 사람이 전사했다. 박연은 명나라에서 들여온 홍이포의 제조법과 조작법 등을 조선군에 지도했다. 그는 1653년 제주도에 표착하여 서울로 호송된 네덜란드 선원 하멜에게 조선의 풍속을 가르치기도 했다. 박연은 조선 여인과 결혼해 1남 1녀를 두었고 조선 땅에서 여생을 마쳤다.

359

1633년(인조 11년) 인조는 상평청을 설치해 상평통보를 주조했다. 청인과의 민간무역을 공인해 북관의 회령 및 경원개시, 압록강의 중강개시가 이루어졌다. 1641년에는 군량 조달을 위해 납속사목(納粟事目)을 발표하여 납속자에 대한 서얼허통 및 속죄를 실시했다. 인조 대에는 「황극경세서」, 「동사보편」, 「서연비람」 등의 서적 간행이 활발했고, 학문적으로는 송시열, 송준길, 김육, 김집 등 뛰어난 학자를 배출해 조선후기 성리학의 전성기를 마련하기도 했다.

1649년(인조 27년) 5월 8일, 며칠 전부터 병이 위중해져 창덕궁 대조전에 누워 있던 인조가 의식을 잃었다. 세자가 달려와 자신의 약지를 잘라 입에 피를 흘려넣었지만 깨어나지 않았다. 시호는 헌문열무명숙순효대왕(憲文烈武明肅純孝大王), 묘호는 인조(仁祖)이다. 능호는 장릉(長陵)으로 경기도 파주시 탄현면 갈현리에 있다.

제16대 인조 가계도

┏ **제16대 인조(仁祖)**
　1595년 출생, 1649년 사망(55세)
　재위 26년 2개월(1623. 3~1649. 5)

인렬왕후 한씨　소현세자 이왕 ── 세자빈 강씨(폐빈, 민회빈 추존)
　　　　　　　　　봉림대군 이호(제17대 효종)　용성대군 이곤
　　　　　　　　　인평대군 이요　　　　　　 왕자(조졸)

장렬왕후 조씨

귀인 조씨(폐귀인)　숭선군 이징
　　　　　　　　　　낙선군 이숙
　　　　　　　　　　효명옹주

귀인 장씨

인조의 가족

인조는 2명의 왕비와 3명의 후궁에게서 6남 1녀를 얻었다.

정비 인렬왕후 한씨는 영돈령부사 한준겸의 딸로 1610년 능양군과 결혼해 청성현부인에 봉해졌고 인조반정 이후 왕비에 책봉되었다. 그녀는 소현세자, 봉림대군, 인평대군, 용성대군 등 네 아들을 낳고 1635년(인조 12년) 42세를 일기로 세상을 떠났다.

계비 장렬왕후 조씨는 한원부원군 조창원의 딸로 1638년(인조 16년) 15세의 어린 나이로 왕비가 되었고, 1649년 인조 사후 대비, 1659년 효종 사후 대왕대비가 되었다. 당시 그녀의 상복이 문제가 되어 남인과 서인 간에 치열한 논쟁을 불러일으킨 예송시비가 일어났다. 1688년, 65세를 일기로 세상을 떠났다.

귀인 조씨는 소용 시절부터 소현세자를 매우 미워해 부자 사이를 이간했으며, 소현세자가 학질에 걸리자 의원 이형익을 사주해 독살시켰다는 혐의를 받고 있다. 그녀는 자신의 소생인 효명옹주를 당대의 권신 김자점의 손자 김세룡에게 시집보낸 뒤 정치에 깊이 개입했다. 그 덕에 김자점은 영의정까지 올랐지만 1651년(효종 2년) 장릉지문 사건으로 유배된 뒤 역도로 몰려 아들 김익, 손자 김세룡과 함께 죽임을 당했다. 조씨 역시 국왕저주 사건으로 사약을 받았다.

인조 시대의 주요사건

이괄의 난

1624년(인조 2년) 정월, 반정공신이었던 이괄(李适)이 반란을 일으켰다. 그는 정변 이후 2등공신에 책봉되고 평안병사 겸 부원수로 임명되었다. 당시 북방은 후금의 세력 팽창으로 일촉즉발의 위험지대였으므로 전략에 밝고 통솔력이 있었던 이괄의 부임은 매우 적절한 인사로 평가되고 있다. 때문에 이괄은 논공행상 과정에 불만이 있었음에도 평안도 영변에 출진한 뒤 군사를 조련하고 성책을 보수하는 등 국방력 강화에 힘을 쏟았다.

그런데 반정공신들은 자신들의 거사에 백성들이 동조하지 않자 적대세력 색출에 골몰했다. 1624년 1월 문회, 허통, 이우 등은 인조에게 이괄이 아들 이전, 한명련, 정충신, 기자헌, 현집, 이시언과 함께 변란을 꾀한다고 고변했다. 이 고변은 금세 무고로 밝혀졌지만 공신들은 인조에게 장차의 불안요소인 이괄을 체포해 국문하고 부원수직에서 해임시키라고 종용했다. 그러자 인조는 이괄에 대한 논의를 중단시키고 일단 이전을 체포하라고 명령했다.

이윽고 금부도사와 선전관이 영변으로 출동했다. 전제시대에 국문을 당하면 없던 죄도 만들어지게 마련이었다. 고심하던 이괄은 진영에 들어온 금부도사를 죽이고 반란을 일으켰다. 이괄은 앞서 한양으로 압송 중이던 구성 부사 한명련을 구해내 반란군에 가담시켰다. 한명련은 군사작전에 뛰어난 인물로 이괄의 난에 중추적인 역할을 맡았다.

1월 22일, 이괄은 휘하 병력 1만여 명을 이끌고 항왜병 100여 명을 선봉으로 삼은 다음 영변을 출발했다. 그는 도원수 장만이 주둔하고 있는 평양을 피하고 샛길을 통해 곧장 한양으로 달려갔다. 장만은 이괄의 반란 정보를 입수했지만, 병력의 열세를 절감하고 정면대결을 회피했다. 반란군은 개천, 자산 등지를 거쳐 26일에는 강동의 신창에 주둔하고, 28일에는 삼등을 지나 상원으로 진로를 바꾸었다.

반란군과 토벌군은 황주 신교에서 첫 접전을 벌였다. 이괄은 관군을 대파하고 선봉장 박영서를 죽였지만, 한양에서 아내와 동생 이돈을 능지처참했다는 소식을 듣게 됐다. 분개한 이괄은 신속하게 군대를 한양으로 이동시켰다. 그는 봉산 고읍에서 전탄을 건너 예성강 상류에 있는 마탄에서 관군을 격파하고, 개성을 지나 임진강을 수비하던 관군을 궤멸시켰다. 이처럼 반란군이 파죽지세로 몰려오자 인조는 급히 도성을 버리고 공주로 피난했다. 반정으로 등극한 뒤 처음으로 떠나는 몽진이었다.

2월 11일 무주공산이 된 한양에 입성한 이괄은 경복궁의 옛터에 주둔했다. 조선 역사상 지방에서 반란을 일으켜 도성을 점령한 것은 그때가 처음이었다. 이괄은 곧 선조의 아들 흥안군 이제를 국왕으로 옹립하고, 각처에 방을 붙여 백성들에게 안심하고 생업에 충실하도록 했다. 그렇게 해서 이괄은 두 차례 국왕을 옹립한 인물이 되었다.

그 무렵 도원수 장만의 군사와 각처의 관군이 합세한 다음 안현에 진을 쳤다. 이괄이 군대를 두 갈래로 나누어 포위하고 맹공격을 펼쳤지만 대패하고 말았다. 실의에 빠진 이괄은 한명련과 함께 패잔병을 수습해 수구문으로 빠져나가 삼전 도를 거쳐 광주로 달아났다. 하지만 2월 15일 이괄과 한명련은 이천의 묵방리에 서 부하들의 배반으로 목숨을 잃었다.

당시 공주에 머물던 인조는 행재소에서 이괄의 수급을 본 뒤에야 한양으로 귀환했다. 환도 이후 인조는 장만, 정충신, 남이홍 등 32인을 진무공신으로 봉했 다. 그러나 이괄의 난은 조선사회에 커다란 충격을 안겨주었다. 국왕이 언제든지 도성을 버릴 수 있다는 사실을 알았기 때문이다. 민심은 국왕과 집권층을 외면 하게 되었다. 불안해진 조정에서는 반대세력에 대한 기찰을 더욱 강화했다. 이런 조선의 내정은 후금의 첩자들에게 낱낱이 파악되고 있었다. 또 난중에 살아남 은 한명련의 아들 한윤 등이 후금으로 도피해 조선 정벌을 종용했다. 정묘호란 은 그와 같은 조선의 정정 불안이 불러온 자충수였다.

정묘호란

926년 거란이 발해를 멸망한 뒤 여진족은 만주 각처에 흩어져 살았다. 그 후 거란은 요(遼)나라를 세우고 10세기부터 12세기 초까지 만주와 화북 일대를 경 영하며 남쪽의 송나라와 각축전을 벌였다. 그런 와중에 1115년 여진족 내부에 아구다[阿骨打]라는 영웅이 등장해 여진 부족을 통합하고 금(金)나라를 세웠 다. 아구다는 요를 멸망시키고 한족의 나라 송나라를 양자강 남쪽으로 밀어내 고 흠종과 휘종을 포로로 잡는 등 강력한 무력을 과시했다. 그때부터 한족은 여 진의 존재를 매우 두려워했다. 1234년 원나라를 축출한 명나라가 들어서면서 만주 등지에 거주하는 여진족을 효과적으로 통제하는 방안을 마련했다.

명나라는 여진족을 강하지도 약하지도 않게 만들어 과거 아구다와 같은 패 자의 출현을 방지하는 동시에 그들을 이용해 북원세력을 막아내고자 했다. 전형 적인 이이제이의 계책이었다. 명은 요사 서쪽에 요동 도사를 설치하고 산해관에 서 관전에 이르는 넓은 지역에 변장이라는 담을 쌓은 다음 노아간도사를 설치해 여진족을 다스렸다. 그런데 16세기 후반 명나라의 황제 만력제의 태정과 조선에서 벌어진 임진왜란 때문에 여진족에 대한 통제가 느슨해지자 건주여진에 누르하치라는 영웅이 등장해 여진족을 재차 통합하기에 이른다.

누르하치는 명나라가 조선에 원병을 보내는 등 한눈을 파는 사이 주변 세력에 대한 정복사업에 진력했다. 마침내 1616년(광해군 8년) 후금(後金)을 건국한 누르하치는 본격적으로 명나라에 도전했다. 명나라는 양호를 요동경략으로 삼아 10만 대군으로 후금 토벌에 나서는 한편, 조선에 대해서도 공동 출병을 요구했다. 광해군은 동북아의 정세변화를 예의주시하며 신중한 중립외교를 펼쳤다. 그는 강홍립에게 1만 3,000여 명의 병력을 주어 명군을 돕게 하면서도 상황에 따라 적절히 대응하라고 지시했다. 명군이 사르후 전투에서 대패하고 수세에 몰리자 강홍립은 후금에 항복하고 조선군의 출병이 불가피했음을 해명했다. 그리하여 얼마 뒤 요동 도사 모문룡이 가도에 들어와 진을 설치하고 후금을 괴롭혔지만 조선과 후금 사이에 큰 분쟁은 일어나지 않았다. 그런데 1623년 인조반정 이후 서인들이 집권하면서 상황이 일변했다.

서인들은 광해군 때의 대외정책을 정면으로 부정하고 후금과의 관계를 끊는 한편, 가도의 모문룡을 지원하는 등 친명배금 정책을 추진했다. 후금은 배후가 불안해지고 명나라에 이어 조선과도 경제교류의 길이 막혀 극심한 물자부족에 허덕이게 되었다. 이를 타개할 수 있는 방법은 역시 무력밖에 없었다. 마침 조선에서 이괄의 난이 일어나고 한명련의 아들 한윤 등이 후금으로 도망쳐 와 조선의 불안한 내정을 알려왔다. 그러자 즉위 이전부터 조선에 강경책을 주장했던 청 태종 홍타이지는 1627년(인조 5년) 1월, 아민에게 3만의 병력으로 조선을 침공하게 했다.

곧 압록강을 건너 의주를 점령한 후금군의 주력부대는 의주 부윤 이완과 판관 최몽량 등을 죽인 다음 용천, 선천을 거쳐 안주성 방면으로 남하하고, 일부 병력은 가도의 모문룡을 공격했다. 조선군은 곽산의 능한산성을 비롯하여 곳곳에서 후금군을 저지하려 했으나 실패하고, 가도의 모문룡도 신미도로 패주했다. 후금군의 내습이 알려지자 인조는 장만을 도체찰사로 삼아 적을 막게 하고, 여러 신하를 각지에 파견해 근왕병을 모집했다. 그러나 후금군은 신속하게 남진을 계속해 안주성을 점령하고 평양을 거쳐 황주까지 진출했다. 막강한 후금군의 기세에 놀란 장만은 평산에서 개성으로 후퇴했다.

전세가 불리해지자 인조는 김상용을 유도대장으로 삼아 한양을 지키게 하고 자신은 강화도로 대피했다. 또 소현세자는 전주로 내려갔다. 도성으로 후금군이 몰려오자 김상용은 어고와 병조, 호조, 태창, 선혜청, 경영 등 모든 창고에 불을 지른 뒤 강화로 달아났다. 노량진에 있던 1,000여 석의 양곡 중 여인길이 수 척의 배를 얻어 겨우 200여 석을 건졌을 뿐 나머지는 모두 잃고 말았다.

그 무렵 전국 각처에서 의병이 일어나 후금군의 배후를 괴롭혔는데, 정봉수, 이립 등의 활약이 두드러졌다. 후금군은 고립을 우려해 평산에 머무르며 화의를 종용했다. 당시 장기적인 전쟁수행능력이 없었던 조선은 그 화의를 받아들여 3월 3일, 강화회담을 열었다. 그 결과 후금군은 철군하고 양국은 형제의 관계를 맺으며 조선은 후금과 화약을 맺되 명나라에 적대하지 않는다는 등의 조건이 성립되었다.

그러나 이 화약은 후금이나 조선 양국 공히 불만이었다. 조선은 미개한 종족 여진족의 나라 후금과 맺은 형제지약을 굴욕으로 여겼다. 또 막대한 조공으로 폐해가 심해지자 더욱 후금에 대한 증오심을 키워갔다. 후금 역시 세폐(歲幣)와 개시(開市)로 경제적 이득을 취할 수 있게 되었지만 배후의 암적인 존재인 모문룡 세력을 말살시키지 못했고, 조선의 배금 경향이 고조되는 것을 막지 못했다. 후금은 국력이 강화되자 조선에 다시금 강압적인 태도를 취했다. 이에 조선이 적절히 대응하지 못함으로써 비극적인 병자호란이 발생하게 되었다.

병자호란

병자년에 일어나 정축년에 끝났기 때문에 병정노란(丙丁虜亂)이라 부르기도 하는 이 전쟁은 1636년(인조 14년) 12월 청군이 두 번째로 조선을 정벌하면서 시작되었다.

1627년의 정묘호란으로 후금과 형제의 맹약을 맺은 조선은 중강과 회령의 무역을 통해 많은 물자를 공급해주었다. 하지만 후금은 지속적으로 식량과 병선을 요구하는 등 조선에 대한 압박을 강화했다. 후금은 또 모문룡 일당의 준동을 막는다는 이유로 압록강을 건너와 약탈을 자행해 백성들의 고통은 이루 말할 수 없었다. 후금의 행패에 분개한 조선에서는 화의를 꺾고 군사를 일으켜 공격하자는 여론이 비등했다. 그러나 당시 후금은 만주를 석권하고 만리장성 너머 북경에까지 공격하는 등 막강한 무력을 자랑하고 있었으므로 조선의 힘으로는 당해낼 수 없었다.

급기야 후금은 양국 간에 관계를 형제의 맹약에서 군신의 의로 바꾸자고 강요하면서 황금과 백금 1만 냥, 전마 3,000필 등 종전보다 무리한 세폐와 정병 3만명까지 요구해왔다. 조선이 침묵하는 가운데 후금은 1636년 2월 용골대와 마부대를 파견해 후금 태종의 존호를 조선에 알리는 한편 인조 비 한씨의 죽음에 문상을 했다. 두 사람은 재차 군신의 의를 강요하여 척화파 대신들의 분노를 샀다. 인조 역시 대신들에게 동조해 사신의 접견을 거절하고 국서를 받지 않았다. 조선의 움직임이 심상치 않자 용골대와 마부대는 급히 본국으로 돌아갔다. 그 과정에서 두 사람은 조선 조정이 평안도관찰사에게 내린 밀지를 입수했다. 그 밀지를 통해 조선의 본심을 알게 된 후금은 2차 침략을 결심하게 되었다.

1636년 4월 후금은 나라 이름을 '청(淸)'으로 고치고, 연호를 숭덕(崇德)이라 했으며, 태종은 관온인성황제(貫溫仁聖皇帝)의 칭호를 받았다. 그 자리에서 청 태종 홍타이지는 조선 사신에게 왕자를 인질로 보내 그동안의 잘못을 사죄하지 않으면 대군을 일으켜 조선을 공략하겠다고 협박했다. 청나라의 무리한 요구가 조선 조정에 받아들여질 리 없었다. 청은 마지막으로 그해 11월 조선 사신에게 왕자와 대신 및 척화론을 주창하는 자를 압송하라는 최후통첩을 보냈다. 그 요구가 묵살되자 청 태종은 친히 조선 정벌에 나서기로 결심했다.

1636년 12월 1일, 청 태종은 청군 7만, 몽고군 3만, 한군 2만 등 도합 12만의 대군을 이끌고 심양을 출발했다. 그의 곁에는 예친왕 대선, 예친왕 도르곤, 예친왕 다탁과 패륵 악탁, 호격, 두도 등 정예 장수들이 포진하고 있었다. 12월 9일, 압록강을 건넌 예친왕 다탁은 의주 부윤 임경업이 지키는 백마산성을 우회해 곧바로 한양으로 진격하게 했다. 그리하여 청군은 신속하게 행군해 불과 열흘 만에 한양 땅을 밟았다. 청군의 침략 사실은 12일에서야 조정에 알려졌다. 13일에는 적이 평양까지 진출했다. 놀란 인조는 어찌할 바를 모르고 대신들도 마찬가지였다. 적이 그렇듯 빨리 짓쳐 오리라고는 상상조차 하지 못했던 것이다.

14일에는 청군이 개성을 통과했다는 개성 유수의 보고가 들어왔다. 인조는 급히 판윤 김경징을 검찰사, 부제학 이민구 부사로 임면하고 강화 유수 장신을 주사대장으로 봉해 강화도를 지키게 했다. 또 윤방과 김상용에게 종묘사직의 신주를 받들고 세자빈, 원손, 봉림대군, 인평대군과 함께 강화도로 대피하게 했다. 또 심기원을 유도대장, 호조 참의 남선을 찬획사로 삼았다.

인조도 그날 밤 서울을 빠져 나와 강화도로 향했다. 그러나 청군은 벌써 영서역을 통과했고, 마부대의 기병들이 홍제원에 도착한 다음 양천강을 차단해 강화로 가는 길이 끊겨 있었다. 황망히 도성으로 되돌아온 인조가 갈 곳을 몰라 헤매자 이조 판서 최명길이 홍제원의 청군 진영으로 달려가 술과 고기를 바치며 출병의 이유를 따지면서 시간을 벌었다.

그 틈에 인조는 세자와 신료들과 함께 허둥지둥 남한산성으로 들어갔다. 하지만 남한산성에서 농성하는 것이 불리하다는 영의정 김류의 제안을 받아들여 15일 새벽 강화도로 이동하려 했지만 눈으로 길이 막혀 실패하고 말았다. 하는 수 없이 인조는 훈련대장 신경진에게 동성의 망월대를, 총융사 구굉에게 남성을, 어영대장 이서에게 북성을, 수어사 이시백에게 서성을 지키게 했다. 당시 성 안에는 1만 3,000여 명의 군사가 있었다. 그와 함께 도원수, 부원수와 각 도의 관찰사와 병사에게는 근왕병을 모으도록 하는 한편, 명나라에 위급함을 알려 원병을 청했다. 이때 군량은 양곡 1만 4,300석, 장 220항아리가 있어 겨우 50여 일을 견딜 수 있는 분량이었다.

12월 16일, 청군이 남한산성을 포위하고 경계태세에 들어갔다. 조선군은 12월 18일, 어영부사 원두표가 성 밖으로 나가 순찰중인 적군 6명을 죽였고, 20일에는 훈련대장 신경진의 부대가 출전해 적군 30명을 죽였다. 21일에도 어영대장 이기축이 적군 10명을 또 죽여 군사들의 사기를 끌어올렸다. 하지만 청군은 엄밀히 포위망을 좁히고 더욱 조선군을 압박했다. 청 태종은 이듬해 1월 1일 남한산성 밑 탄천에 20만의 군사를 포진하고 성 동쪽의 망월봉에 올라 조선군의 동태를 살폈다. 포위당한 조선군에게 시간은 우군이 아니었다.

그 무렵 남한산성을 구원하기 위해 몰려온 관군들이 청군에게 궤멸되었다. 충청도관찰사 정세규의 군사는 험천에서 패했고, 경상좌병사 허완과 경상우병사 민영의 군사도 광주 쌍령에서 패배했다. 전라병사 김준룡은 용인 광교산에 이르러 적장 액부양고리(額駙揚古利)를 죽이는 개가를 올렸지만, 곧 역습당해 전 군이 무너졌다. 평안도관찰사 홍명구는 금화에서 전사하고 부원수 신경원이 맹산 철옹에서 사로잡혔으며, 도원수 김자점의 군사가 토산에서 패주하고 강원도관찰사 조정호, 함경남도관찰시 민성휘의 군사도 패배했다. 그리하여 남한산성은 고립무원 상태가 되었다. 그렇게 40여 일이 지나면서 군량이 고갈되고 병사들의 사기가 땅에 떨어지자 강화론이 고개를 들었다.

1637년 1월 3일, 최명길의 강화 제안서를 좌의정 홍서봉과 호조 판서 김신국이 청군 진영에 가져다 바쳤다. 청 태종은 조선 국왕이 친히 나와 항복하고 척화 주모자들을 결박해 보내라고 응수했다. 이는 견딜 수 없는 굴욕이었기에 조선은 응하지 않았다. 그런데 돌연 강화도 함락이라는 청천벽력 같은 소식이 들려왔다.

당시 강화도 수비 책임자인 김경징은 청군이 강화도를 침입하지 못할 것이라 호언장담하면서 경계를 소홀히 했다. 하지만 청군은 1633년 명나라의 수군 장수 공유덕과 경중명를 확보해 해전을 두려워하지 않았다. 당시 청군을 지휘하던 구왕 도르곤은 병선 100여 척을 준비하고 강화도를 함락시키기 위한 만반의 준비를 갖춘 상태였다. 이윽고 청군이 나루터에서 홍이포를 쏘면서 상황을 엿본 뒤에 일시에 해협을 건너오자 당황한 조선군은 지리멸렬 흩어졌다. 겁을 먹은 김경징은 장신의 전선에 올라타고 도망쳤다. 빈궁은 내관 김인에게 원손을 맡겼다. 그들은 원손을 교동을 거쳐 당진으로 대피시켰다. 곧 강화부성이 함락되었고 빈궁과 봉림대군, 인평대군 등이 모두 포로가 되었다. 김상용은 강화성 문루에서 폭약을 터뜨려 장렬히 분사했다.

남한산성에서는 화전 양론이 팽팽하게 맞서고 있었다. 주화론이 우세해지자 김상헌과 정온은 분개한 나머지 자결을 시도하기도 했다. 청군은 강화에서 포로가 된 대군의 편지와 윤방, 한홍일의 장계를 보이며 항복을 종용했다. 최후의 보루인 강화도가 무너졌음을 안 인조는 더 이상의 저항을 포기했다. 조선이 항복의 뜻을 비치자 청나라의 용골대, 마무대는 다음과 같은 항복조건을 제시했다.

첫째, 조선은 청에 대해 신하의 예를 행할 것.

둘째, 명에서 받은 고명책인을 바치고 명과의 교호를 끊으며 조선이 사용
　　　하는 명의 연호를 버릴 것.

셋째, 조선 국왕의 장자와 차자, 그리고 대신의 아들을 볼모로 청에 보낼 것.

넷째, 청이 명을 정벌할 때 조선은 기일을 어기지 말고 원군을 파견할 것.

다섯째, 가도를 공격할 때 조선은 배 50척을 보낼 것.

여섯째, 성절·상삭·동지·중궁천추·태자천추·경·조 사신의 파견은 명
　　　의 구례를 따를 것.

일곱째, 압록강을 건너간 뒤 포로들 중에서 도망자는 되돌려 보낼 것.

여덟째, 내외제신과 혼인을 맺어 화호를 굳게 할 것.

아홉째, 조선은 신구 성곽을 보수하거나 쌓지 말 것.

열 번째, 여진족 우랑카이 인은 마땅히 돌려보낼 것.

열한 번째, 조선은 기묘년(1639년)부터 세폐를 보낼 것.

　조선은 어쩔 수 없이 청나라의 11개 조문을 받아들이고 곧 항복절차를 밟았
다. 1월 30일, 인조는 남색 융의 차림으로 세자와 함께 한강 동편에 있는 삼전도
로 걸어갔다. 그곳에는 아홉 단으로 높이 쌓은 수항단과 크고 작은 황색 장막이
설치되어 있었다. 인조가 도착하여 치러진 배천의식을 통해 청 태종은 조선이
청과 한집안이 되었음을 알렸다. 이윽고 청 태종이 수항단에 오르자 인조는 그
아래에서 무릎을 꿇고 자신의 죄를 고백한 뒤 용서를 빌면서 삼배구고두례를 행
했다. 이어서 강화도에서 끌려온 왕족과 대신들도 똑같은 예를 올렸다. 1637년
2월 2일, 청 태종이 철수할 때 인조는 또다시 삼배구고두례를 행하는 치욕을 당
했다.

　2월 8일에는 소현세자와 봉림대군, 빈궁이 심양으로 떠났다. 세자가 창경궁에
가서 이별을 고하자 인조는 창릉 근처까지 배웅했다. 당시 인조는 도르곤에게
왕자들의 안전을 간곡히 부탁했다.

　병자호란은 비록 한 달 여에 걸친 짧은 기간 동안 발생했지만 그 피해나 충격

은 임진왜란에 버금가는 것이었다. 조선은 이때부터 청나라에 복속되었고, 양국 간에 군신관계는 1895년 청일전쟁 때까지 계속되었다.

청 태종은 철수하면서 4월 패륵 악탁과 명나라의 항장 공유덕에게 명해 가도의 동강진을 정벌하게 했다. 조선은 항복조건에 따라 평안병사 유림, 의주 부윤 임경업을 파견해 협력하게 했다. 당시 임경업은 은밀히 척후장 김여기를 파견해 명나라 제독 심세괴에게 도피하라고 종용했다. 하지만 그는 1만의 군사와 함께 청군과 싸우다 장렬히 죽었다. 모문룡이 설치한 동강진은 17년 만에 완전히 붕괴했다.

전쟁이 끝나자 조선에서는 대대적인 전후 처리작업이 실시되었다. 인조의 굴욕을 야기한 강화도 함락의 책임자들이 문책을 당했다. 강화 유수 겸 주사대장 장신이 싸우다 도주한 죄로 자결을 종용받았다. 강화수비의 총책임자였던 김경징이 참수되었고, 부책임자였던 이민구는 영변에 위리안치되었다. 당시 사력을 다해 싸웠던 충청수사 강진흔도 사사되었다. 이어서 인조는 강화성이 함락될 때 순절한 관료와 선비, 부녀자들에게 벼슬을 추증하거나 정문(旌門)을 내렸다.

얼마 후 청은 인조가 항복의 예를 행한 삼전도에 청 태종의 공덕을 칭송하고 청군의 승전을 기념하는 비석을 세우게 했다. 또 조선이 그동안 쓰던 명나라의 연호 숭정(崇禎)을 버리고 청나라의 연호 숭덕(崇德)을 사용하게 했다.

1641년, 청 태종은 명나라의 금주를 공격하기 위해 조선군의 출병을 요구했다. 그때 조선군의 상장 임경업은 40여 척의 병선을 중도에서 빼돌리고 남은 80여 척의 배만 이끌고 대릉하, 소릉하 하구를 거쳐 개주에 도착했지만 더 이상 나아가지 않고 명·청 양군의 대결을 관망했다. 청 태종은 임경업에게 조선 전함 3척을 명과의 경계선인 등주 앞바다에 척후로 내보내 명군의 움직임을 살피게 하고 조선 수군을 철저히 감시했다. 그렇지만 임경업은 명군과 은밀히 내통해 청군의 동태를 명나라 진영에 보고하고 조선의 파병이 불가피한 것이었음을 알렸다.

이와 같은 임경업의 반청 행위를 알게 된 청 태종은 그를 체포한 다음 조선 조정에 강화조약의 불이행을 엄중히 항의했다. 1641년 조선은 청 태종의 요구로 2,000여 명에 달하는 포수, 기병, 마부 등을 파병했다. 심양에 도착한 조선군은 청 태종의 열병을 받고 5월에 청군과 함께 금주 싸움에 동원되었다. 그러나 조선 군 지휘관 유림은 병을 핑계로 출전하지 않고 명·청 양군의 전투를 관망했다. 그 사실을 알게 된 청나라는 지휘관 교체와 함께 포수 500명의 증원을 요구했다. 조선 정부는 통제사 유정익을 유림의 후임으로 삼고 포수 500명을 추가로 파병 했다. 이와 같은 조선군의 파병은 청의 강압으로 이루어졌기에 전투에 임하는 조선군의 자세는 지극히 소극적이었다.

전후 조선의 가장 심각한 문제는 청군에게 납치된 수십 만 명에 이르는 포로 속환이었다. 청군은 납치한 양민을 전리품으로 보고 돈을 받고 풀어주었다. 속 가는 싼 경우 1인당 25냥 내지 30냥이었지만, 통상 150냥 내지 250냥이었고, 신 분에 따라 1,500냥에 이르기도 했다. 그와 함께 속환된 사대부가의 여인들에 대 한 이혼 문제가 정치·사회 문제로 대두되기도 했다.

인조 시대의 주요인물

선진 조선을 꿈꾼 죄, 소현세자와 강빈

인조의 맏아들 소현세자는 1612(광해군 4년)에 태어났다. 이름은 왕(汪). 어 머니는 인열왕후 한씨이다. 1625년(인조 3년)에 세자에 책봉되었고, 1627년 정 묘호란 때에는 전주로 내려가 남도의 민심을 수습했다. 그해 집권 3년째를 맞은 인조는 가례도감을 설치하고 세자빈으로 남인 윤의립의 딸을 간택하려 했다. 하 지만 서인들은 윤의립이 이괄의 난에 연루된 윤인발과 같은 집안이란 이유로 반 대했다. 하지만 실제 이유는 당파적 이익 차원에서 국혼은 절대로 놓치지 않겠 다는 국혼물실(國婚勿失) 정책 때문이었다.

결국 반정공신들의 힘이 밀린 인조는 서인인 참의 강석기의 딸을 세자빈으로 간택했다. 그 후 소현세자는 세자시강원에서 이원익과 장유의 지도를 받으며 후 계자 수업에 몰두했다. 병자호란 당시 청이 소현세자를 인질로 요청하자 척화파 들은 결사항전을 선언했다. 하지만 소현세자는 인질을 자청하고 아내 강빈, 봉림 대군과 함께 심양으로 가서 9년 동안 머물렀다. 그의 나이 26세 때였다.

새로운 세계의 발견

소현세자를 수행한 사람은 판서 남이웅을 비롯하여 세자시강원의 신하들이었다. 그들은 심양의 남탑 근처에 심양관을 신축하여 장기 억류에 대비했다. 그 때부터 청나라는 소현세자를 통해 조선 문제를 처리하려 했고, 인조 또한 껄끄러운 문제를 그에게 미루었다. 1641년(인조 19년) 청나라가 명나라 정벌을 위해 조선군 파병을 요청하자 인조는 임경업에게 8,000명의 군사를 주고 파견했다. 그러나 임경업이 명군에 공격정보를 누설하고 전투를 회피하자 청나라는 조선 조정을 힐책하면서 척화론자 김상헌을 심양으로 압송해 심문하기까지 했다. 이때 소현세자는 조선인의 희생을 막기 위해 애썼는데, 서인들은 그가 삼전도의 치욕을 잊고 친청적인 성향으로 바뀌었다 판단하고 배척하기 시작했다.

소현세자는 청나라에 있으면서 국제정세에 대한 식견을 쌓았다. 이미 명나라는 농민들의 반란으로 국가체제가 무너진 지 오래였다. 그 가운데 가장 세력이 컸던 역졸 출신 이자성의 반란군이 1644년 3월 북경을 점령하자 왕족과 관리들은 그를 성천자로 받들면서 자결한 숭정제를 저주하며 목숨을 구걸했다. 그렇듯 조선의 사대주의자들이 숭앙하는 명나라는 이미 어디에도 없었다.

그해 4월, 명나라의 유일한 정예군을 거느리고 있던 오삼계는 청군을 치기 위해 산해관으로 출동했다가 이자성이 북경을 함락했다는 소식을 듣고 청나라에 도움을 요청했다. 섭정왕인 구왕 도르곤은 유적 이자성을 멸하고 중국 백성들을 구원한다는 명분으로 오삼계와 합류했다. 당시 도르곤의 원정에 동행했던 소현세자는 오삼계가 청나라에 항복하는 장면을 목격하고 조선의 살 길은 친청정책뿐이라고 확신했다. 하지만 그의 현실론은 고루한 사대주의에 빠져 있던 조선의 국왕이나 관리들에게 전혀 용납될 수 없는 것이었다. 그 무렵 인조는 심양관에 수시로 내관을 보내 정황을 탐지했다. 소현세자가 청나라의 힘을 빌려 자신을 폐위하고 옥좌에 오르지 않을까 의심했던 것이다.

세자빈 강씨의 활약

세자빈 강씨는 남편이 외교에 진력하는 동안 경제문제 해결에 발 벗고 나섰다. 그녀는 국제무역에 뛰어들어 면포, 모피, 종이, 괴화 등을 조선에서 들여와 청나라에 공급하면서 큰돈을 벌어들였다. 1641년(인조 19년)부터는 황무지를 개간하여 이듬해 3,319석의 곡식을 거두었다. 강씨는 그렇게 마련한 자금으로 남탑 거리에서 매매되던 조선인들을 무수히 속환시켰다.

그녀는 또 청나라 조정으로부터 채소밭을 할양받아 사업을 확장했고, 조선의 인삼과 약재 등을 거래하는 사무역에도 뛰어들어 막대한 이득을 남겼다. 이와 같은 강빈의 활약으로 울부짖던 조선인들이 넘쳐나던 심양관 거리가 무역인파로 북적거리게 되었다. 당시 소현세자가 천주교와 서양과학기술로 조선을 변화시킬 꿈을 꾸었다면 강빈은 경제와 무역을 통해 조선을 회생시킬 수 있다는 희망을 품고 있었다.

1643년(인조 21년) 세자빈의 아버지 우의정 강석기가 사망하자 소현세자 부부는 청나라의 허락을 받고 잠시 귀국했다. 하지만 인조는 소현세자를 극히 경계하여 장인의 묘에 성묘조차 하지 못하게 했다.

아담 샬과의 만남

청군은 1644년 4월부터 남진을 시작해 5월 2일 북경에 입성하여 명나라를 멸망시키고 대륙을 장악했다. 그해 9월 청 세조를 따라 다시 북경에 들어간 소현세자는 그곳에서 70일 정도 머무르며 예수회 선교사 아담 샬을 만나 서양문물의 세례를 받았다. 소현세자는 동안문 내 그의 숙소와 남천주당을 찾아가 많은 이야기를 나누었다. 당시 두 사람의 친교에 대해 남천주당의 신부였던 황비묵은 「정교봉포」에서 이렇게 기술했다.

"순치원년(1644년)에 조선의 왕세자는 북경에 볼모로 와서 아담 샬 신부의 명성을 듣고, 때때로 남천주당을 찾아와 천문학 등에 대해서 물었다. 아담 샬 신부도 자주 왕세자 관사를 찾아가 오래 이야기를 나누고 서로 깊이 사귀었다. 아담 샬 신부는 거듭 천주교가 정도임을 말하고, 왕세자도 자못 듣기를 좋아하여 자세히 물었다. 왕세자가 귀국하자 아담 샬 신부는 그가 지은 천문, 산학, 성교정도의 서적과 지구의, 천주상을 보냈다."

소현세자는 아담 샬에게 편지를 보내 이렇게 화답했다.

"귀하가 주신 지구의와 과학에 대한 서적은 정말 반갑고 고마웠습니다. 그중

몇 권을 보았는데 그 속에서 덕행을 실천하는 데 적합한 최상의 교리를 발견했습니다. 천문학에 관한 책은 귀국하면 곧 간행하여 널리 읽히고자 합니다. 이것들은 조선인이 서구과학을 습득하는 데 큰 도움이 될 것입니다. 서로 멀리 떨어진 나라에서 태어나 우리가 이국땅에서 형제와 같이 서로 사랑하게 되었으니 하늘이 우리를 이끌어준 것 같습니다."

딩시 소현세자는 아담 샬이 조선에 친주교가 전파되기를 희망한다고 말하자 신부를 대동하고 귀국하겠다고 말해 그를 놀라게 했다. 실제로 소현세자는 아담 샬이 소개해준 이방송, 장삼외, 유중림, 곡풍등 등 중국인 환관과 궁녀들을 데리고 귀국했다.

귀국과 독살

1644년(인조 22년) 11월 26일, 오랜 인질 생활에서 풀려난 소현세자는 북경을 떠나 1645년(인조 23년) 2월 18일, 한양에 도착했다. 청나라에 억류되어 있는 동안 소현세자는 조선이 우물 안 개구리임을 깨닫고 성리학이 얼마나 낡은 사상인지를 뼈저리게 느꼈다. 그는 그동안 배우고 익힌 선진사상과 서구문물을 통해 조선을 강대국으로 만들 꿈에 부풀어 있었다. 하지만 그를 기다리고 있는 것은 아버지 인조의 가혹한 칼날이었다.

소현세자가 귀국하자 한양은 감격의 도가니에 젖었다. 8년 만에 돌아온 34세의 세자는 백성들의 희망이었기 때문이다. 그러나 51세의 인조는 그런 세자를 불편한 눈으로 바라보았다. 소현세자에 하례하려는 군신들을 막고, 그가 청에서 가져온 물건들에 신경질적인 반응을 보였다. 그런 태도에는 소현세자가 귀국하기 직전에 터진 심기원의 역모도 커다란 영향을 끼쳤다.

1644년 3월, 반정공신 심기원은 두 차례 호란을 야기한 인조에게 지도자의 자격이 없다 판단하고, 민심이 쏠려 있는 소현세자를 옹립하기로 결심했다. 하지만 상황이 여의치 않자 회은군 이덕인을 추대하려고 방향을 바꾸었다. 심기원은 자신의 뜻에 동조하는 권억과 함께 모의해 자객을 모아 인조의 호위관인 구인후를 우선 제거하려 했다. 그런데 자객 황익과 이원로가 구인회에게 사로잡혀 심기원의 거사계획을 낱낱이 털어놓았다. 구인후는 즉시 원로대신인 김류와 협의한 뒤 심기원을 비롯한 동조자들을 모조리 체포했다. 이 사건으로 역당 20여 명이 목숨을 잃었고, 훗날 임경업까지 연루되어 죽임을 당했다. 이런 상황에서 인조가 소현세자에게 좋은 감정을 품을 리가 없었다.

그와 같은 부왕의 냉대 속에 소현세자는 4월 23일 학질에 걸려 병석에 누웠고, 의관 이형익의 침을 맞은 지 나흘만인 26일 창경궁 환경당에서 33세를 일기로 세상을 떠났다. 소현세자의 독살혐의를 받고 있는 의관 이형익은 인조의 총애를 받던 조소용과 관련된 인물로 3개월 전에 특채된 인물이었다. 그러나 인조는 소현세자의 사인을 규명하려 하지 않고 의관의 책임도 묻지 않은 채 서둘러 입관해버렸다.

당시 염습을 지켜보았던 종실 진원군 이세원이 소현세자의 시신을 보고 구혈에서 피가 흘러내리고 피부색깔이 시커멓게 변해 있었다고 주변사람들에게 말했다. 그러자 대사헌 김광현이 왕세자를 돌보던 이형익을 탄핵했다. 김광현의 사위는 강빈의 오빠 강문명이었다. 인조는 이형익에게는 아무 죄도 묻지 않고, 강빈의 친정이 김광현에게 사주했다며 화를 냈다. 당시 궁궐 주변에서는 이형익의 정부인 소용 조씨의 어머니 때문에 화를 면했다는 이야기가 돌았고, 인조가 비밀리에 세자에게 사약을 내려 죽게 했다는 소문까지 퍼졌다. 소현세자의 묘는 처음에는 소현묘라 했으나 고종 때 소경원으로 격상되었다. 경기도 고양시 원당읍에 있다.

"불안한 시기에 어린 임금이 즉위하면 사직이 위태로울 것이다."

인조는 세자의 장례가 끝나자 이렇게 말하면서 둘째 아들 봉림대군을 세자로 봉했다. 그와 함께 세손 이석철을 폐위한 뒤 봉림대군의 아들 이연을 세손으로 봉했다.

강빈의 억울한 최후

소현세자의 죽음 이후 인조는 화살을 강빈에게 돌렸다. 1645년(인조 23년) 인조는 소현세자의 종인 신생을 사주해 저주사건을 일으킨 다음 두 명의 궁녀를 체포했다. 그중 한 사람은 소현세자의 맏아들 이석철의 보모 최상궁이었다. 인조는 그녀들의 혐의를 강빈과 연루시키려 했지만 실패하자 또다시 저주사건을 조작해 강빈의 궁녀들을 잡아들였다. 하지만 심양관 시절부터 강빈의 은혜를 입은 궁녀들은 극심한 고문을 당하면서도 입을 다물고 죽어갔다.

이듬해인 1646년(인조 24년) 1월 3일, 인조는 수라상에 오른 전복구이에 독이 섞여 있다는 핑계로 강빈의 시녀인 정렬, 계일, 애향, 난옥, 향이 등 다섯 명과 소주방 나인 천이, 일녀, 계미 등 세 명을 내옥에 가둔 다음 국왕 시해음모를 자백하라며 고문을 가했다. 그와 함께 강빈을 후원 별당에 가두고 구멍을 뚫어 음식을 넣어주게 한 다음 시녀들의 접근을 차단했으며, 강빈과 말을 나누는 사람은 벌하겠다고 궁중 사람들을 협박했다. 며칠 뒤 인조는 신료들이 모인 자리에서 소현세자가 심양에서 가져와 연못에 넣어 기른 빨간 물고기에 독이 있었더며, 강빈이 그 물고기를 이용해 자신을 독살하려 했다고 말했다.

"세자빈 강씨가 심양에 있을 때 왕위를 바꾸려 도모했고 왕비의 관복인 홍색 적의를 짓게 하고 내전의 칭호를 공공연히 사용했다. 지난해 가을 귀국한 이후 분해하고 불평하며 이미 여러 날 동안 문안도 하지 않았다. 이를 어찌 참을 것인가. 이런 태도로 유추하건대 흉물을 매장하고 나를 독살하려 한 것은 다른 사람이 아니다."

그러나 심양에서부터 강빈과 함께 지냈던 시녀들은 가혹한 고문에 시달리면서도 조작된 각본을 인정하기를 거부했다. 대신들은 인조의 본심이 강씨를 죽이는 데 있음을 알고 그 불가함을 논박했다. 강빈은 서인의 핏줄이었기 때문이다. 그러나 인조는 과거 강빈이 청에서 비단을 많이 가져와 대신들에게 주었으니 무슨 일을 도모하지 못하겠느냐며 대신들을 압박했다. 대사헌 홍무적, 지평 조한영, 헌납 심로, 정언 강호, 부제학 유백증 등 대간들의 상소도 이미 심사가 뒤틀린 인조에게는 마이동풍이었다. 인조는 장차 일어날 역모를 방지하기 위해서라도 강빈을 죽여야 한다고 고집했다.

인조는 2월 29일 우선 강빈의 형제인 강문성과 강문명을 곤장을 쳐서 죽였다. 그리고 3월 15일 드디어 강빈을 사가로 내쫓은 다음 사약을 내렸다. 당시 강빈이 탄 흑색 가마가 선인문을 나가자 남녀노소가 길거리에 모여들어 호곡을 하며 뒤따랐다. 머나먼 타국 땅에서 소현세자와 함께 조선의 번영을 꿈꾸던 강빈은 그렇듯 억울한 죽임을 당한 뒤 남편과 떨어져 강씨 문중의 선산에 묻혔다.

1647년(인조 25년) 4월 25일, 인조는 폐비 윤씨와 연산군의 일을 지적하며 소현세자에게 아들이 셋이나 있으니 큰일이라고 개탄했다. 이제는 무고한 손자들까지 죽일 태세였다. 인조는 강씨가 죽기 전에 '인평대군과 조소용이 자신을 모함했으니 아이들이 장성하면 이를 알리라'는 혈서를 써서 인척과 나인들에게 주었다고 하면서 다시 강빈의 시녀 7명을 내수사 부엌에 가두고 고문을 가했다. 이미 강빈이 죽은 뒤라 허탈해진 시녀들은 인조의 각본대로 자백을 하고 죽어갔다. 그리하여 소현세자의 세 아들은 제주도에 안치되었는데 그중에 첫째 이석철과 둘째 이석린은 1년도 못되어 의문의 죽임을 당하고 셋째 이석견만이 겨우 살아남았다.

숙종 때 송시열을 비롯한 대신들이 상소를 올려 세자빈 강씨에 대한 신원을 요청했다. 1718년(숙종 44년)에 이르러 강빈은 민회빈(愍懷嬪)으로 복위되었고, 그녀의 묘도 민회묘란 칭호를 받았다. 1750년(영조 26년) 영회원으로 개칭되었다.

「인조실록」 편찬 경위

「인조실록」은 조선의 제16대 국왕 인조의 재위 26년 동안의 치세를 편년체로 기록한 역사서이다. 총 50책 50권으로 정식 명칭은 「인조헌문대왕실록(仁祖憲文大王實錄)」이다. 인조는 중종처럼 반정을 통해 즉위한 임금이었기에 유년칭원법을 사용하지 않고 즉위년칭원법을 사용했다. 1650년(효종 1년)에 편찬이 시작되어 3년 후인 1653년(효종 4년)에 완성되었다. 실록청의 총재관은 이경여, 김육 등이었고 도청 당상은 오준 등 5명, 도청 낭청은 홍명아 등 25명이었다. 각 방 당상은 16명, 각 방 낭청은 21명이었다.

淸溪道士人不識上

天下天鶴一隻洞門

深鎖碧窓寒滴露

研朱點周易

清味如何唱佳芳之美饒
兩味如何唱佳芳之美饒
兩味如何唱佳芳之美饒

鳴呼惟吾武朝者雷

電之極其轟轟之

聲不翅驚心焯焯之

光不翅慄目耳震怖矣

邇之際覧此畫等之

啓辭實是藥石之至

言

국내

1652 어영청 설치

1653 네덜란드인 하멜 일행 제주에 표착

1655 「농가집성」 간행

1657 최유지, 천문관측기구 제작

1658 청나라 러시아정벌에 원군 요청(나선정벌)

세계

1651 크롬웰, 항해조례 발표

1653 크롬웰, 잔부의회 해산, 호국경이 됨

1657 에도에 대화재 발생

1659 벨기에 선교사 페르비스트(중국명: 남회인), 중국에 입국선교의 기틀 마련

제17대 효종
효종대왕실록 孝宗大王實錄

효종 시대(1649. 5~1659. 5)의 세계정세

효종이 북벌을 꿈꾸던 17세기 중엽, 청나라의 순치제는 영명왕을 운남에서 미얀마로 내몰아 명나라의 잔존 세력을 대부분 평정했다. 그는 또 명나라의 정치 체제를 계승하고 한인을 등용했으며, 명말의 폐정을 바로잡아 민생을 안정시켜 중국 지배의 기초를 닦았다. 일본에서는 네덜란드에 이어 영국의 상선들이 통상을 요구했다. 그러나 1651년 쇼군 도쿠가와 이에미쓰가 사망하고 1657년 에도에 대화재가 발생해 사망자가 10만여 명에 달하는 등 정세가 어지러웠다. 유럽에서는 1648년 30년 전쟁이 끝나고 유럽 최초의 국제조약인 베스트팔렌조약이 맺어지면서 신성로마제국이 실질적으로 해체되었다. 영국에서는 1653년 크롬웰이 호민관이 되어 독재 정치를 시작했다. 1651년 영국의 철학자 토머스 홉스는 전제군주제를 이상적인 국가체제로 여기면서도 주권의 기초를 국민의 자기보존권에 둔 명저 「리바이어던」을 완성했다.

효종, 북벌을 꿈꾸다

청나라에 인질로 끌려간 20대의 소현세자가 변화하는 세계를 직시하고 희망을 찾았다면 10대에 끌려간 봉림대군은 반대로 절망과 분노의 세월을 보냈다. 서인들의 반정을 통해 보위에 오른 뒤 이괄의 난과 두 차례의 호란을 겪으면서 비정상적인 심리상태에 빠져버린 인조는 맏아들 소현세자를 정적으로 지목하고 그와 가족에게 냉혹한 칼날을 휘둘렀다. 그런 다음 장자승계의 원칙을 무시하고 봉림대군을 후계자로 삼았다. 비정상적인 과정을 통해 보위에 올랐기 때문인지 실록에 기록된 효종의 행장에는 부모에 대한 지극한 효성과 형제간에 우애를 강조하는 내용이 가득하다.

"왕은 태어난 지 4, 5세에 성품과 도량이 활달하여 우뚝하게 거인의 뜻을 지녔다. 놀이를 할 때에도 범상하지 않은 일이 많았고 걸음걸이도 반드시 법도가 있었다. 철 따라 나는 과일을 처음 보면 먼저 반드시 양전께 바친 뒤에야 맛보았으므로 양전이 항상 '우리 집의 효자이다' 라고 했다." (행장)
'청나라 사람들이 산해관을 공격할 때 소현세자를 동행하려 하자 왕이 아문에 극력 말하여 자신이 대신 가게 해달라고 청했는데, 그 말이 너무도 간절하고 측은했기 때문에 청나라 사람들도 감동하여 증지했다. 그 뒤에

도 번번이 자신이 가기를 청했는데 소현세자와 함께 간 경우도 두 번이나
되었다.' (행장)

'세자가 또 대신을 불러 김자점, 이경석, 조경, 김남중, 이후, 서필원, 조사기
등이 들어가 침방 안에 이르렀는데, 울부짖는 소리가 이미 궁중에서 났다.
세자의 왼손가락에 피가 줄줄 흘렀는데, 이는 세자가 손가락을 잘랐으나
대군의 도움으로 뼈가 절단되지는 않은 것이었다.' (실록)

조선의 제17대 국왕 효종의 이름은 호(淏), 자는 정연(靜淵), 호는 죽오(竹
梧)이다. 인조의 둘째 아들로 어머니는 인렬왕후 한씨이다. 1619년 5월 22일,
한성부 향교동의 잠저에서 태어났다. 1626년(인조 4년)에 봉림대군(鳳林大
君)으로 봉해졌다. 왕비는 신풍 부원군 장유의 딸 장씨이다.

1636년 병자호란이 일어나자 그는 아우 인평대군(麟坪大君)과 함께 왕족
을 대동하고 강화도로 피했지만, 구왕 도르곤이 이끄는 청군에게 포로가 되
었다. 이듬해 인조가 청 태종에게 항복하자 소현세자 및 삼학사 등과 함께
청국에 볼모로 잡혀갔다. 당시 19세였던 봉림대군은 청 세종이 산해관을 공
격할 때 형 대신 자신을 보내달라고 간청했고, 서역을 정벌할 때는 자청해 소
현세자와 동행하기도 했다.

1645년 2월, 소현세자가 귀국했을 당시 봉림대군은 청나라에 머물러 있었
다. 그해 4월 소현세자가 급서하자 5월에 귀국한 뒤 9월 27일 세자로 책봉되
었고, 1649년 5월 8일, 인조가 세상을 떠나자 5일 후인 5월 13일 창덕궁 인
정문에서 즉위했다. 효종은 볼모로 잡혀 있는 동안 서쪽으로는 몽고, 남쪽으
로 산해관, 금주위, 송산보까지 나아가 명나라가 패망하는 것을 직접 목도했
고 동쪽으로는 철령위와 개원위 등지를 끌려 다녔다. 이런 이유로 효종은 형
소현세자와는 달리 청나라에 깊은 적개심을 품고 있었다.

실현될 수 없는 이상, 북벌

인조의 뒤를 이어 보위에 오른 효종은 조정의 반청 분위기를 이용해 은밀히 북벌계획을 추진했다. 그는 청나라와 관계를 맺고 조정을 농단하던 김자점 등 친청파를 몰아내고 김상헌, 김집, 송시열, 송준길 등 반청인사들을 중용했다. 특히 효종은 강경척화파였던 송시열의 산당을 중용했다.

송시열은 1649년 효종이 즉위하자마자 세자시강원진선, 사헌부 장령 등으로 조정에 출사해 자신의 정치적 소신이 담긴 「기축봉사(己丑封事)」를 올렸다. 이 글에서 송시열은 명나라를 중화로, 청나라를 오랑캐로 규정하는 존주대의(尊周大義)와 청나라에 당한 수치를 복수하고야 말겠다는 복수설치(復讐雪恥)를 역설하여 북벌계획의 핵심인물로 발탁되었다. 그런데 친청파인 김자점과 역관 정명수, 이형장 등이 효종의 계획을 눈치 채고 청나라에 밀고하여 북벌계획은 장애에 봉착했다. 결국 청나라의 압력을 받은 효종은 송시열을 조정에서 퇴진시키고 친청파들을 중용할 수밖에 없었다.

1651년(효종 2년) 12월 조선에 강경책을 펴던 청나라의 섭정왕 도르곤이 사망하고 일시적으로 정탐활동이 느슨해지자 효종은 조귀인의 옥사를 계기로 김자점 등 친청파에 대한 대대적인 숙청을 감행한 다음 이완, 유혁연, 원두표 등 무장을 중용해 북벌계획을 본격화하기 시작했다.

이듬해인 1652년 어영청이 대폭 개편되고, 금군이 기병화되었다. 1654년(효종 5년) 3월에는 지방군의 핵심인 속오군의 훈련을 강화하기 위해 인조 때 설치되었다가 유명무실해진 영장제도(營將制度)를 되살렸으며, 1655년에는 모든 금군을 내삼청(內三廳)에 통합하고 인원을 1,000명으로 증원하여 내부를 단속한 다음 남한산성을 근거지로 삼아 수어청을 강화하여 한양 외곽의 방비를 튼튼히 했다. 그러나 중앙군인 어영군과 훈련도감군을 증원하려는 시도는 재정 부족으로 실패했다. 1656년에는 남방지대 속오군에 보인(保人)을 지급해 군사훈련에 전념하도록 했다. 효종은 또 서울 외곽지역 방위를 위해 원두표를 강화도로, 이후원을 안홍으로, 이시방을 남한산성으로, 홍명하를 자연도로 보내 성곽을 보수하고 군량을 저장했다. 과거 강화도 함락과 같은 불의의 사태를 방지하기 위한 조치였다.

효종은 1653년 제주도에 표류해온 네덜란드 선원 하멜 일행을 억류해 훈련도감에 배속시킨 다음 조총과 화포 등 신무기의 개량, 보수를 명하고, 필요한 화약을 얻기 위해 염초 생산에 전력을 기울였다. 1654년 청나라의 요청으로 참전한 나선 정벌의 전공에 고무되어 남쪽은 물론 북쪽 국경의 산성을 수리하고 군비를 확충하는 한편 직접 관무재(觀武才)에 참가해 무관들의 군사훈련을 독려했다.

1655년(효종 6년) 8월, 효종은 능마아청(能亇兒廳)을 설치해 무장들이 병법을 익히도록 했으며, 이듬해 정월에는 금군의 군복을 검은 두루마기의 뒤를 터서 짧게 만든 협수단의(夾袖短衣)로 바꾸어 무기 사용의 편의를 도모하는 등 군사력 강화에 갖은 노력을 기울였다. 그러나 피폐해진 조선의 재정형편은 효종의 북벌의지를 뒷받침해주지 못했다. 게다가 당시 청나라는 유능한 황제들의 선정으로 국세가 날로 강화되면서 효종에게 기회를 주지 않았다.

강력한 조선을 염원했던 임금의 갑작스런 죽음

효종은 두 차례에 걸친 호란으로 와해된 조선의 경제질서를 바로잡기 위해 많은 노력을 기울였다. 김육의 건의로 1652년에는 충청도, 1657년에는 전라도 연해안 각 고을에 대동법을 실시해 성과를 거두었다. 또 전세를 1결당 4두로 고정시켜 백성들의 부담을 덜어주었다. 그렇지만 효종은 군비확충에 필요한 동철을 모으기 위해 동전의 유통을 반대하기도 했다. 당시 현실론자였던 김육은 효종을 몰아붙여 상평통보를 주조, 유통시켜 조선의 상거래를 활성화시켰다.

효종 대에는 문화면에서 커다란 진전이 있었다. 1653년 일상생활과 밀접한 관계가 있는 역법을 개정한 것이다. 태음력의 옛 법에 태양력의 원리를 결합시켜 24절기의 시각과 하루 시간을 계산해 제작한 시헌력(時憲曆)을 사용하게 했다. 서적간행사업도 활발하게 이루어졌다. 1654년에는 「인조실록」, 이 듬해에는 「국조보감」이 간행되었고, 공주 목사 신속이 엮은 「농가집성」을 민간에 배포해 농업 생산량을 높이는 데 크게 기여했다. 1656년에는 전쟁으로 흐트러진 백성들의 윤리질서를 바로잡기 위해 소혜왕후가 편찬한 「내훈」과 김정국이 쓴 「경민편」을 간행했고, 이듬해에는 「선조수정실록」을 개편해 간행했다.

1659년(효종 10년) 4월 17일부터 효종의 머리에 작은 종기가 돋았다. 그러나 세자가 더욱 심한 종기를 앓았기에 효종은 자신에게 별로 신경 쓰지 않았다. 그런데 전날 기우제를 지내면서 비를 맞은 뒤 증세가 심해지기 시작했다. 효종은 머물던 대조전으로 의원을 불러 치료했지만 차도가 없었다. 급기야 5월 들어 부기가 점점 심해져 독기가 안구에까지 퍼졌다. 의관 유후성의 권유로 산침을 맞았는데도 효과가 없었다.

5월 4일, 의관 신가귀는 종기의 독을 빼려면 반드시 침을 놓아 나쁜 피를 뽑아내야 나을 수 있다고 주청했다. 효종은 제조 한 사람만 남겨두고 주변을 물리친 다음 침을 맞았다. 그런데 침구멍에서 피가 그치지 않고 솟아나왔다. 기겁을 한 의관들이 청심원과 독삼탕을 올렸지만 아무런 효과가 없었다. 효종도 당황하여 급히 송시열과 송준길, 약방제조를 불렀다. 그러나 세 사람이 도착했을 때 효종의 숨은 끊겨 있었다. 41세의 창창한 나이였다. 시호는 선문장무신성현인대왕(宣文章武神聖顯仁大王), 묘호는 효종(孝宗)이다. 능호는 영릉(寧陵)으로 경기도 여주군 능서면 왕대리에 있다.

제17대 효종 가계도

제17대 효종(孝宗)
1619년 출생, 1659년 사망(41세)
재위 10년(1649. 5~1659. 5)

인선왕후 장씨   왕세자 이연(**제18대 현종**)   숙휘공주
숙신공주   숙정공주
숙안공주   숙경공주
숙명공주

안빈 이씨   숙녕옹주

효종의 가족

효종은 인선왕후 장씨와 후궁 안빈 이씨에게서 1남 7녀를 얻었다. 정비 인선 왕후 장씨는 우의정 장유의 딸로 13세 때인 1630년 봉림대군과 가례를 올리고 풍안부부인에 봉해졌다. 1645년 소현세자가 죽은 뒤 봉림대군이 세자에 책봉되 자 세자빈이 되었고, 1649년 효종이 즉위하자 왕비가 되었다가 효종 사후 3년 뒤인 1662년 효숙대비의 존호를 받았다. 1674년 2월 24일, 경덕궁 회상전에서 세상을 떠났다. 그녀 사후 장렬왕후 조씨의 복상문제로 남인과 서인들 사이에 예송시비가 일어나 남인이 정권을 잡는 계기가 되었다.

효종 시대의 주요사건

귀인 조씨의 저주사건과 김자점의 역모

1651년(효종 2년) 11월 23일, 효종은 소원 조씨의 시비인 겸선의 고발장을 받 고 깜짝 놀랐다. 그것은 인조의 후궁 귀인 조씨가 딸 효명옹주와 결탁해 불상을 만든 다음 효종과 대비, 인평대군을 저주했다는 내용이었다. 곧 귀인 조씨의 비 복들이 잡혀오고 무당 앵무를 비롯해 효명옹주의 여종 영이, 가음춘, 안진, 예 춘, 점향, 가야지, 선례, 막금 등 20여 명이 국문을 받았다. 국문 결과 귀인 조씨 가 저주를 통해 효종을 죽이고 사위 김세룡을 임금으로 추대하려 했다는 사실 이 밝혀졌다.

당시 귀인 조씨는 무당 앵무가 시킨 대로 양진과 가음춘에게 오래된 무덤에서 썩은 관 조각이나 시체에서 흘러나온 즙을 적신 솜, 뼛가루 등을 가져오게 한 뒤 작은 궤짝에 담아 효명옹주에게 전해주었다. 옹주는 그것을 옷소매 속에 감추 고 입궐한 뒤 대전 주변과 인평대군의 집에 뿌렸다. 귀인 조씨는 또 남동생 조성 로에게 죽은 어린아이의 두골과 양손을 구해오게 하고, 또 새끼 고양이와 어린 흰 닭을 죽여 햇볕에 말려 가져오게 했으며, 벼락 맞은 나무와 무덤 위에 나무, 또 생후 7일이 안 된 어린아이에게 입혔던 옷을 구해오게 해 효종과 대비의 처소와 길가에 묻었다.

효명옹주가 인평대군까지 저주한 것은 개인적인 원한 때문이었다. 그녀는 인조의 고명딸로 사랑을 받았는데 과거 올케인 인평대군의 부인과 사소한 자리다툼을 벌인 적이 있었다. 옹주가 김자점의 아들 김세룡에게 시집간 뒤 궁궐에서 잔치가 열렸는데 대군부인은 옹주가 신분이 높아도 자신이 적자의 부인이니 옹주의 오른편에 앉겠다고 주장했고, 옹주는 부왕이 살아 있으니 왕녀의 지위가 더 높다며 왼쪽에 앉으라고 소리쳤다. 그때 인조는 옹주의 손을 들어주었지만, 그 후 두 여인은 서로를 소 닭 보듯 했던 것이다.

마침내 저주에 사용된 물건들과 함께 사건의 전말이 백일하에 드러나자 효종은 12월 14일 효명옹주를 폐서인하고, 귀인 조씨는 폐서인한 다음 사약을 내렸다. 또 그녀의 아들 숭선군 이징과 낙선군 이숙을 강화도 교동에 귀양 보냈다. 신변에 위협을 느낀 귀인 조씨의 사위 이영과 진사 신호 등은 조씨의 사촌오빠인 조인필과 전 영의정 김자점의 역모를 고변했다. 당시 장릉지문 사건으로 광양에 유배 중이던 김자점은 파직되어 가까운 순창에 내려와 살던 조인필과 만나 반역을 모의했다는 것이었다. 효종은 포도대장 이완에게 명하여 김자점과 조인필을 비롯해 김자점의 아들 김련, 김식과 손자 김세룡 등을 체포하게 한 다음 그들을 친히 국문했다.

그 자리에서 가혹한 고문을 견디지 못한 김식은 결국 수원방어사 변사기와 광주방어사 기진흥, 전 절도사 안철, 지사 이형장, 전 현감 이순성, 전 군수 이효성 등과 역모를 꾀해 수원과 광주의 병력으로 서울을 공격해 원두표, 송준길, 송시열 등을 죽이고 숭선군을 옹립하려 했다고 자백했다. 하지만 그들은 거사 전에 변사기가 파직당하고, 기진흥이 체직되었으며 김자점이 광양에 유배되고, 그의 두 아들이 각각 한산 군수와 곡성 현감으로 임명되어 뿔뿔이 흩어졌으므로 거사를 미루고 효명옹주에게 저주를 독려했다는 것이었다.

그 결과 반역의 중심인물인 김자점, 김식, 김세룡, 변사기, 기진흥, 조인필, 안철, 김정, 김세창, 이효성, 이두일, 조성호, 정계립 등과 저주에 동참한 무당 앵무, 귀인 조씨의 여종 덕향, 영이, 덕이, 예충, 업이, 막금, 예일, 가음춘, 앙진, 점향, 이례와 남종 파회, 무웅송, 말금, 귀생, 또 승려 법행, 보상, 자운 등이 처형되거나 유배형에 처해졌다. 이어서 사신을 수행해 중국에 갔던 이형장은 의주에서 체포되어 처형되었다. 그렇듯 즉위 초기에 효종은 친청파의 주역인 김자점을 제거함으로써 송시열 등과 함께 북벌정책을 적극적으로 추진할 수 있었다.

나선 정벌

나신(羅禪)은 러시아 사람들, 즉 러시인(Russian)을 한자음으로 옮긴 것이다. 1561년(효종 2년) 즈음 일단의 러시아인들은 만주 흑룡강 연안에 있는 알바진까지 내려와 모피를 수집하다가 부근에 사는 수렵민들과 분쟁이 일어났다.

이듬해 러시아인들은 우수리 강 하구에 성을 쌓고 송화강 방면까지 활동범위를 넓혔다. 청나라는 영고탑 방면에 주둔하고 있던 군대를 보내 그들을 쫓아내려 했지만 오히려 신식장비로 무장한 러시아군에게 패퇴하고 말았다. 청나라는 1654년 2월 사신 한거원을 조선에 파견해 조총군사 100명을 보내달라고 요구했다. 조선은 영의정 정태화의 의견에 따라 함경도병마우후 변급에게 조총군 100명, 초관과 기고수 50여 명을 이끌고 가서 청군을 지원하게 했다.

그해 4월 회령을 지나 영고탑에 도착한 조선 조총군은 청군과 합류한 뒤 흑룡강으로 출동했다. 20일 왈가(曰可) 지방에서 선박을 이용해 후통강 유역까지 내려간 조선군은 28일 흑룡강을 거슬러 올라오는 러시아군을 발견하고 집중사격을 한 끝에 물리쳤다. 러시아의 잔여 병력은 조선군이 계속 추격해오자 7일 만에 완전히 철수했다. 그렇듯 조선군은 조총수들의 위력을 과시한 다음 6월에 귀국했다.

1658년(효종 9년) 3월 청나라는 또다시 북방에 조선 조총군 파병을 요구했다. 혜산진첨사 신류가 조총군 200명과 초관, 기고수 등 60여 명을 거느리고 제2차 나선 정벌에 나섰다. 5월에 영고탑에 들어가 청나라 군대와 합류한 조선군은 6월 송화강과 흑룡강이 합류하는 지점에서 러시아 군사와 마주쳤다. 러시아군은 전함 10여 척을 동원해 수륙양면으로 맹공을 펼쳐 청군을 옴짝달싹하지 못하게 했다. 그러자 조선군이 불화살을 쏘아 적선을 불태우고 정확한 사격으로 러시아 병사들을 쓰러뜨렸다. 이와 같은 공세에 러시아군은 견디지 못하고 퇴각했다.

이 전투로 흑룡강 방면에서 활동하던 러시아군의 주력이 대부분 섬멸되었는데, 조선군은 전사 8명, 부상 25명의 피해를 입었다. 조선군은 러시아군의 재침을 경계하며 한동안 송화강 방면에 머물다 그해 가을 영고탑을 거쳐 귀환했다. 2차에 걸친 나선 정벌의 성공은 효종이 추진했던 북벌계획의 완성도와 함께 당시 조선 조총군의 사격술과 전술 운용이 매우 뛰어났음을 증명해주었다.

효종 시대의 주요인물

대동법의 아버지, 김육

김육은 조선후기의 실학자로 본관은 청풍(淸風), 자는 백후(伯厚), 호는 잠곡(潛谷)·회정당(晦靜堂)이다. 1605년(선조 38년)에 사마시에 합격해 성균관으로 들어갔다. 조광조와 같이 사사당한 사림파의 거두 김식의 증손자 김육은 1609년(광해군 1년)에 동료 태학생들과 함께 당대의 실력자 정인홍을 비판하고 김굉필, 정여창, 조광조, 이언적, 이황 등 5인을 문묘에 향사할 것을 건의하는 '청종사오현소(請從祀伍賢疏)'를 올렸다. 그 사건으로 문과 응시자격을 박탈당한 그는 경기도 가평 잠곡 청덕동에 회정당을 짓고 학문을 닦으며 호를 잠곡(潛谷)이라 했다.

1623년에 서인의 반정으로 인조가 즉위하자 의금부 도사에 임명되었고, 이듬해 2월 음성 현감으로 재직하다가 증광 문과에 장원으로 급제했다. 그해 10월 정언에 임명되었고, 1633년 9월 외직인 안변도호부사를 거친 다음 예조 참의, 우부승지, 장례원판결사를 거쳐 1638년 6월에 충청도관찰사에 올랐다. 그는 도정에 임하면서 조정에 대동법의 시행을 건의하는 한편, 수차를 보급하고 「구황촬요」, 「벽온방」 등을 간행하는 등 선정을 펼쳤다. 그 후 요직을 거치며 승승장구했지만, 그의 목표는 오로지 대동법의 전국적인 시행에 있었다. 1649년 5월 효종의 즉위와 더불어 대사헌이 되고, 9월에 좌의정 정태화가 모친상으로 사직하자 우의정으로 임명되었다. 그때 김육은 효종에게 강력히 대동법[109]의 실시를 요청했다.

"대동법은 역(役)을 고르게 하여 백성을 편안케 하기 위한 것이니 실로 시대를 구할 수 있는 좋은 계책입니다."

대동법은 지방의 특산물을 납부하는 공납(貢納)을 대체한 법으로서 광해군 때 이원익의 건으로 경기도에서 시범 실시되다가, 인조 때 강원도로 확대됐지만 양반지주들의 반대로 더 이상 실시하지 못했다. 지방의 특산물을 세금으로 바치는 공납은 방납업자들까지 합세해 농민 착취의 수단으로 전락한 지 오래였다. 견디지 못한 농민이 도망가면 가족에게 대신 지우는 족징(族徵), 일가족이 모두 도망가면 이웃에게 지우는 인징(隣徵)으로 비화해 농민들을 괴롭혔다. 때문에 한 마을 사람들이 모두 도망치는 일도 부지기수였다. 대동법이야말로 이런 폐단을 막을 수 있는 최선의 해결책이었다. 대동법은 경기도, 강원도에 이어 정작 농토가 많은 하삼도에까지 확대 실시하기까지는 많은 난관이 있었다. 기득권층인 양반들이 반대하고 나섰다. 당시 효종은 대소신료들에게 대동법에 대해 물었다.

"대동법을 시행하면 대호(大戶)가 원망하고, 시행하지 않으면 소민(小民)이 원망한다고 하는데, 원망하는 대소가 어떠한가?"

신하들은 "소민의 원망이 큽니다"라고 대답했다. 그리하여 효종은 "대소를 참작하여 시행하라"고 답해 소민의 편을 들었지만 실행에는 더 큰 결심이 필요했다. 효종 즉위년 12월, 좌의정 조익은 대동법 시행을 주청하고, 우의정 김육은 "대동법은 지금 모든 조례를 올렸으니, 전하께서 옳다고 여기시면 행하시고 불가하면 신을 죄 주소서"라고 압박했다. 그러나 이미 중신들에게서 수많은 반대 상소에 시달리고 있던 효종은 묵묵부답이었다. 당시 김집 등 대동법 반대세력은 김육의 태도가 방자하다며 엉뚱한 방면으로 포화를 뿜어댔다. 그리하여 효종 초에 집권 서인은 대동법을 두고 당이 갈리기까지 했다. 대동법 실시에 찬성하는 김육, 조익, 신면 등 소수파는 한당(漢黨), 반대하는 이조 판서 김집과 이기조, 송시열 등 다수파는 산당(山黨)이 되었던 것이다. 김육 등이 한강 이북에 살고, 송시열 등이 연산, 회덕 등 산림에 살았기 때문에 붙은 당명이었다.

그런 난관에도 불구하고 김육은 1651년(효종 2년) 영의정에 임명되자 충청도에 대동법을 적용하는 데 성공했다. 이듬해 좌의정으로 물러났다가 1654년(효종 5년) 다시 영의정이 된 그는 대동법을 호남까지 확장하려 했다. 하지만 시행을 얼마 앞둔 1658년(효종 9년) 9월, 김육은 세상을 떠났다. 그의 사망 직후 대동법은 전라도 해읍(海邑)까지 확대 실시되었고, 1662년(현종 3년)에는 전라도 산군(山郡)에도 실시되었다. 1708년(숙종 34년)에 황해도까지 실시되면서 대동법은 전국적인 세법이 됐다. 대동법의 아버지, 김육의 집념이 일궈낸 소중한 결실이었다.

문집으로 「잠곡유고」, 「잠곡별고」, 「잠곡유고보유」, 「잠곡속고」가 전한다. 또 최초의 백과사전인 「유원총보」가 있으며 「구황촬요」, 「벽온방」, 「종덕신편」은 그의 애민정신이 고스란히 표현된 서적이다. 묘소는 경기도 양주 금촌리에 있다. 양근 미원서원, 청풍 봉강서원, 강동 계몽서원, 개성 숭양서원 등에 제향 되었고, 1704년(숙종 30년)에는 가평의 선비들이 건립한 잠곡서원에도 제향 되었다. 시호는 문정(文貞)이다.

간신의 모든 것을 보여준 김자점

김자점의 본관은 안동(安東), 자는 성지(成之), 호는 낙서(洛西). 1588년(선조 21년)에 태어났다. 세조 때 사육신의 단종복위사건을 고변한 김질의 5대손으로 할아버지는 강원도관찰사 김억령, 아버지는 김함이다. 성혼에게 수학하고 음보로 출사해 병조 좌랑에까지 이르렀으나 인목대비의 폐비 논의에 반대하는 등 광해군 때에 대북세력에 맞서다가 정계에서 축출되었다. 앙심을 품은 그는 1622년(광해군 14년)부터 최명길, 심기원, 이귀, 김류, 신경진 등과 함께 반정을 모의했고, 드디어 1623년 3월 반정을 일으켜 광해군을 축출했다.

인조가 즉위한 뒤 김자점은 박홍구, 조정 등 광해군 때의 정승들이 인사권을 행사하려는 것을 막고, 이귀가 주로 인사를 담당할 수 있게 했다. 그 후 호위대장 신경진 휘하의 종사관으로 임명되었다가 호조 좌랑을 거쳐 동부승지로 승진되었으며 같은 해 정사공신 1등에 녹훈되었다. 공신녹훈을 전후해 반정의 두 주역인 김류와 이귀가 서로 대립하자 김류와 손을 잡았다. 1624년(인조 2년) 이괄이 반란을 일으켰을 때, 그는 만일의 사태에 대비해 하옥되어 있던 기자헌 등 40여 명의 인사들을 죽이자고 주장하기도 했다. 1627년 1월 정묘호란이 일어나자 강화도로 인조를 호종했고 순검사, 임진수어사에 임명되었다. 1630년 한성부 판윤을 거쳐 1633년 도원수가 되었다.

1636년 그는 평안도에 파견되어 수비체계를 바꾸는 등 청나라의 도발에 대비하는 임무를 맡았다. 하지만 병자호란이 일어났을 때 도원수의 직책에 있던 그는 적을 막지 못하고 토산에서 크게 패했다. 그 때문에 김자점은 전쟁이 끝난 뒤 도원수로서의 책임을 지고 해도에 유배된 다음 지속적으로 사림들의 비난을 받았다. 그러나 반청론자들에게 염증을 느낀 인조의 배려로 1639년 유배에서 풀려난 뒤 강화 부윤, 호위대장에 임명되었다.

김자점은 그 후 김류의 후원으로 1642년 병조 판서, 1643년 판의금부사를 거쳐 같은 해 우의정 및 어영청도제조에 오르고, 진하 겸 사은사로 중국에 다녀왔다. 1644년 그는 경쟁자인 심기원을 역모 혐의로 제거하여 낙흥부원군에 봉해졌고 1646년 좌의정을 거쳐 영의정에 올랐다.

1645년(인조 14년) 그는 숙원 조씨와 결탁해 소현세자를 죽이는 데 가담했으며, 이듬해에는 세자빈 강씨마저 제거하는 데 앞장섰다. 이어서 인조의 고명딸 효명옹주와 자신의 손자인 김세룡을 혼인시켜 권력을 강화하는 한편 역관 정명수 무리와 결탁해 조정을 좌지우지했다. 1646년에는 청나라에서 포로로 잡혀 있던 임경업이 석방되자 첩자 혐의를 씌워 가혹한 고문을 가해 죽였다.

인조 말년 김자점은 신면 등과 함께 낙당(洛黨)을 규합해 원두표가 중심이 된 원당(原黨)과 대립했다. 1649년 인조가 죽은 뒤 보위에 오른 효종은 김집, 송시열, 권시, 이유태, 김상헌 등 척화파를 조정에 불러들였다. 이들의 거센 공격으로 김자점은 이듬해인 1650년(효종 1년) 홍천에 유배당했다. 김자점은 역관인 이형장을 시켜 청나라에 효종의 북벌정책을 밀고하고, 그 증거로 청나라의 연호를 쓰지 않은 장릉지문(長陵誌文)을 보냈다. 당시 청나라는 즉시 군대와 사신을 파견해 조사했지만 이경석, 이시백, 원두표 등의 활약으로 사건이 무마되고 김자점은 광양으로 유배되었다.

1651년(효종 2년) 12월, 김자점은 아들 김익, 손자 김세룡 등과 함께 역모를 일으켜 원두표, 김집, 송시열, 송준길 등을 제거하고 숭선군을 추대하려 했지만 모의가 사전에 발각되어 처형되었다. 그와 함께 친청파인 김응해, 기진흥, 이파, 심지연, 황헌 등도 파직당하거나 교체되었다. 그는 문과를 거치지 않은 공신으로서 권력에 대한 집착, 후궁들과의 파행적인 유착관계, 매국 행위 등 사림의 명분에 어긋나는 갖가지 죄상으로 인조 이후 오랜 세월 간신의 전형으로 비난받았다.

「효종실록」 편찬 경위

「효종실록」은 조선의 제16대 국왕 효종의 재위 10년 동안의 치세를 편년체로 기록한 역사서이다. 총 22책 21권으로 정식 명칭은 「효종대왕실록(孝宗大王實錄)」이다. 본문 21권 이외에 행장, 지문, 시책문, 애책문 등이 수록된 부록 1책으로 구성되었다. 1660년(헌종 1년) 헌종은 실록청을 설치하고 총재관에 이경석을 임명했다. 도청 당상으로는 홍명하 등 3명, 도청 낭청은 목겸선 등 4명이었다. 각방 당상은 12명, 각방 낭청은 22명이었다. 또한 등록 낭청이 15명 있었다. 등록 낭청은 「효종실록」 편찬에서 처음으로 등장하는 직제인데 각 방의 사료 및 원고를 정사하기 위해 설치된 직제였다. 그해부터 편찬관들은 실록청 사목과 실록찬수범례를 마련하고 본격적으로 편찬작업을 시작해 이듬해인 1661년(현종 2년)에는 인쇄까지 완료했다. 사초 등 관련 자료는 차일암에서 세초하고 같은 해 가을 강화, 태백산, 적상산, 오대산 사고에 봉안했다.

국내

세계

1660 남인, 서인 간의 예론시비 시작

1662 고려조의 능침 봉식

1660 영국 왕정복고
국왕 찰스 2세 즉위

1661 프랑스왕 루이 14세의 친정 실시
청나라 성조 강희제 즉위

1662 청나라 오삼계, 미얀마 침입
영명왕을 죽이고 명나라 세력 소멸

1665 영국과학자 R. 훅, 세포 발견

1667 밀턴, 「실락원」 출간

1671 전국적인 대기근
경기·충청도에서 민란발생

1673 '삼번의 난' 발발, 오삼계 윈난에서 거병

1674 현종 승하
세자 즉위(숙종)
북한산성 수축

제18대 현종

현종순문숙무경인창효대왕실록
顯宗純文肅武敬仁彰孝大王實錄

현종 시대(1659. 5~1674. 8)의 세계정세

1661년 청나라에서는 강희제가 즉위한 뒤 1667년부터 친정을 펼쳤다. 강희제는 1673년 윈난의 평서왕 오삼계, 광둥의 평남왕 상가희, 복건의 정남왕 경계무 등이 일으킨 삼번의 난을 평정하여 내정을 안정시켰다. 유럽에서는 1665년 영국의 물리학자이자 생물학자인 로버트 훅이 처음으로 세포를 발견했다. 그는 현미경으로 코르크나 목탄이 작은 상자 모양의 집합체라는 것을 관찰하고 이 작은 상자에 'cell' 이라는 이름을 붙였다. 1666년에는 보일이 '보일의 법칙' 을 발견했다. 1667년 밀턴이 「실락원」 을 완성했고, 이듬해 네덜란드에서는 조선에서 탈출한 하멜이 「조선표류조난기」 를 간행해 은둔의 나라 조선을 서방세계에 알렸다. 당시 영국과 프랑스는 네덜란드와 해상권 및 식민지 개척권을 놓고 격렬하게 경쟁하고 있었다.

현종, 즉위하자마자 예송시비에 직면하다

조선의 제18대 국왕 현종의 이름은 연(棩), 자는 경직(景直)이다. 효종의 맏아들로 어머니는 인선왕후 장씨이다. 왕비는 영돈녕부사 김우명의 딸 명성왕후 김씨이다. 효종이 청나라의 볼모로 있던 1641년(인조 19년) 2월 4일, 심양에서 태어났다. 1649년(인조 27년) 왕세손에 책봉되었다가 효종이 즉위하자 1651년(효종 2년)에 왕세자로 진봉되었다. 당시 그는 세자시강원에서 송시열과 송준경의 지도를 받았다. 실록에 따르면 현종은 매우 명석했던 것으로 보인다. 그가 「맹자」를 읽을 때 7편을 다 외우도록 글자 하나 틀리지 않자 효종은 놀라고 기뻐했다고 한다.

1659년 5월 4일, 효종이 재위 10년 만에 급서하자 5월 9일, 창덕궁 인정전에서 19세의 나이로 즉위한 현종은 재위 15년 동안 대부분을 예론을 둘러싼 정쟁 속에서 보냈고, 말년에는 대기근으로 피폐해진 민생을 돌보는 데 진력해야 했다.

1662년(현종 3년) 호남 지방에 대동법을 시행되었다. 이는 하삼도 최초의 대동법 실시로 효종 대 김육의 노력이 결실을 거둔 것이었다. 1666년에는 네덜란드 선원 하멜 등 8명이 전라도 좌수영을 탈출했다. 그들은 본국으로 돌아간 뒤 억류생활 14년 동안의 이야기인 「조선표류조난기」와 부록 「조선국기」

를 썼다. 1668년에는 동철활자 10여만 자를 주조해 서적 간행을 지원했으며, 혼천의를 만들어 천문관측과 역법연구를 권장했다. 또 지방관의 상피법을 제정했고, 동성통혼을 금지시켰으며, 효종의 비원이었던 북벌계획을 중단하고 훈련별대를 창설하는 등 내부적인 정비에도 힘을 쏟았다.

현종은 즉위하자마자 예송문제에 직면했다. 기해복제(己亥服制)라 불리는 이 논쟁의 핵심은 효종이 죽고 나서 인조의 계비인 자의대비 조씨가 어떤 상복을 입어야 하는가에 대한 문제였다. 당시 일반사회에서는 주자의 「가례」에 따르는 사례준칙을 따랐다. 그러나 왕가에서는 성종 때 제정된 「오례의」를 따르고 있었다. 그런데 「오례의」에는 효종과 자의대비의 관계와 같은 사례가 없었다. 과거 효종이 인조의 둘째 아들로서 왕위에 올랐고, 인조의 맏아들인 소현세자의 상에 자의대비가 맏아들의 예로 3년 상의 상복을 이미 입은 사례가 있었다. 그러므로 자의대비가 효종의 상을 당해서 어떤 상복을 입어야 하는지가 논쟁의 주제로 등장했던 것이다.

당시 조정에서는 1575년(선조 8년) 동인에게 배척되었다가 인조반정으로 정치계에 되돌아온 서인과, 동인 계열이지만 인조 때 조정에 복귀한 남인이 맞서고 있었다. 두 당파는 별다른 마찰 없이 인조와 효종 대를 지났지만 현종 대에 들어서 예론 문제로 점차 감정이 격해지게 되었다.

송시열과 송준길이 주축이 된 서인측은 효종이 둘째 아들이므로 기년복(朞年服, 1년)을 입어야 한다고 주장했다. 하지만 윤휴와 허목을 주축이 된 남인측은 효종이 둘째 아들이라 해도 왕위를 이어받았으므로 3년 복을 입어야 한다고 주장했다. 논쟁이 장기화되자 서인측의 주장대로 기년복이 조정에서 일단 결정되었다. 그렇지만 예론이 지방으로 번져 그 시비가 더욱 확대되자 1666년 조정에서 기년복의 결정을 재확인하고, 이에 항의하면 이유를 불문하고 엄벌에 처할 것을 포고하기에 이르렀다.

1674년 왕대비가 죽자 다시 자의대비의 복제문제가 재론되면서 예론이 또다시 거론되었다. 즉 서인측의 대공설(9개월 복)과 남인측의 기년설이 대립한 것이다. 그 뒤 이 문제가 기년복으로 정착되면서 서인측의 주장이 좌절되었다.

그리하여 현종 초년에 벌어진 예론도 수정이 불가피해졌고, 이때 서인측이 많이 배척되었다.

현종이 죽고 숙종이 즉위한 뒤에도 정파 간에 예송시비는 계속되어 1679년(숙종 5년), 20년간에 걸친 기해복제 문제를 다시 거론하지 말라는 엄명이 있었다. 형식적으로는 조정에서 다시 거론되지 않았지만, 이후에도 안으로는 많은 시비가 계속되었다. 예론문제는 예의 본질을 중요시하는 서인측의 관념과 예의 가변성을 인정하는 남인측의 관념이 학문적인 논쟁을 넘어서 당쟁의 주제가 된 것이다. 양 당파는 자파의 이론을 극단적으로 사수하려는 태도를 버리지 않아 조정은 예론의 시시비비로 한시도 조용할 날이 없었다.

조선을 파탄에 몰아넣은 경신 대기근

1668년(현종 9년)부터 조선 전역에 전염병이 돌아 병사자가 속출했고, 설상가상으로 1670년(현종 11년)에서 1671년(현종 12년)까지 2년 동안 경신 대기근으로 일컬어지는 대재앙이 전국을 덮쳤다. 연이은 흉작으로 식량이 떨어지자 굶어죽고 유리걸식하는 백성들이 부지기수였다. 면포마저 부족해 겨울에 감옥 안에 있던 죄수들이 모조리 얼어 죽기도 하고 묘를 파헤쳐 수의를 훔쳐 가는 도둑까지 생겨났으며 도처에 도적 떼가 들끓었다. 경기도와 충청도에서는 민란이 일어나기까지 했다.

좌의정 허적은 현종의 재가를 받아 남쪽의 군사훈련을 중지하고 왕족의 저택 신축을 중지하게 한 다음, 진휼청에 강화도의 미곡 3만 석을 가져다 쓰게 했다. 그와 함께 각사의 공물대금을 은포로 주지 말고 쌀로 지급한 다음 풍년이 되면 미곡으로 바꾸어 수량을 채우게 했다. 현종은 또 통영의 곡식을 옮겨 제주의 기민들을 구제하고 각사의 노비들의 신공을 탕감해주었다. 추운 겨울이 다가오자 허적, 정지화의 제안에 따라 의지할 데 없는 백성들에게 동복과 옷감을 나누어주게 했다.

한편 상평청과 진휼청에서는 진휼할 죽을 쑤는 곳을 나누어 설치해 백성들을 구제했다. 아침저녁으로 먹는 사람이 적을 때는 2,000여 명, 많을 때는 4,300여 명이었다. 하지만 지방의 백성들은 굶주림에 지친 나머지 도둑이 되어 사람을 죽이고 재물을 약탈했지만, 식량 자체가 부족했으므로 굶주리기는 마찬가지였다. 특히 피해가 심했던 영호남에 많은 도둑이 창궐했고, 충청도 청주에서는 보름 동안 열네 건의 살인사건이 일어났다.

1671년(현종 12년) 5월 9일, 정지화의 보고에 따르면 강화도와 남한산성에 보관되었던 곡식도 바닥났고, 백관들에게 주는 녹봉도 떨어졌다. 또 영남에서는 역졸들이 거의 다 굶어죽게 되어 국가의 명령조차 전하지 못하게 되었다. 기근의 여파는 서울까지 몰려왔다. 은 8냥으로 겨우 한 섬의 쌀을 구할 수 있었지만, 얼마 후에는 저자에서 쌀이 아예 자취를 감추었다. 사대부 집안에서 귀한 비단옷을 저자에 내놓아도 쌀과 바꾸어주려는 사람이 없었다. 때문에 벼슬이 낮은 신하는 태반이 굶주렸고, 각사의 하급관원들은 매일 굶어 임무를 수행하지 못할 지경이었다.

1672년(현종 13년) 3월 29일의 기사에 따르면 그해 2월 이후에만 4,000여 명의 사망자가 발생했다. 이 국가적인 재난은 1672년(현종 13년)까지 3년 동안 계속되었는데 당시 경상도에서만 굶주린 백성이 33만 명에 달했다. 조정에서는 진휼소를 설치하고 8도의 창고를 열어 백성들을 구휼했지만 역부족이라 아사하는 백성들이 헤아릴 수 없었다. 당시 조선 인구[110] 500만 명 가운데 무려 100여만 명이 2년 동안 기아와 전염병으로 사망했다.

치세 내내 예송에 시달렸던 현종이 2차 예송 때 허적을 비롯한 남인의 손을 들어준 것은 이 전대미문의 대기근을 극복하며 쌓인 신뢰감이 크게 작용했다. 서인은 구체적인 대안 없이 기근의 참화만을 필요 이상으로 과장해서 대책마련에 부심하던 현종에게 신임을 잃었다. 재앙의 시기가 끝난 1673년(현종 14년) 5월 1일, 현종은 다음과 같이 경신대기근을 회고하며 괴로워했다.

"아아, 내가 왕위에 오른 뒤 수재, 한재, 풍재, 상재가 없는 해가 없었다. 경자년과 신축년의 대기근을 만난 뒤 불쌍한 우리 백성들이 참혹하게 오갈 데

없이 죽었던 것은 참으로 말할 수 없다. 지난해 농사도 풍년이 들지 않아 백성들이 채 소생하지 못했다. 그런데 지금 여름이 되었는데도 달포나 비가 오지 않고 간혹 빗발이 있지만 햇볕이 쨍쨍하다. 망종이 이미 지났는데도 파종의 적기를 잃고 있다. 경작을 해야 거두는 것이 자연의 이치인데 파종을 못하니 추수를 어찌 바라겠는가. 말이 여기에 미치니 오장이 불타는 듯하여 차라리 죽고 싶다. 아, 백성은 먹을 것에 의지하고 나라는 백성에 의지하여 존재하는 것인데, 백성에게 먹을 것이 없으면 나라는 무엇을 의지하겠는가."

이처럼 현종은 재위하는 동안 사림의 예송시비에 시달리기만 한 것이 아니라 대기근의 여파로 신음하던 백성들의 참상에 가슴아파하고 적극적으로 위기를 타개하려 애썼던 현군이었다.

1674년(현종 15년) 8월, 현종은 몸을 가누지 못할 정도로 건강이 악화되었다. 이튿날 온몸이 불덩이처럼 달아오르더니 식을 줄을 몰랐다. 의관들이 치료에 부심했지만 백약이 무효였다. 현종은 자신의 용태가 위급한 것을 알고 급히 영의정 허적을 불러들여 세자의 보위를 당부한 다음 혼수상태에 빠졌다.

결국 현종은 1674년 8월 18일, 창덕궁 재려(齋廬)에서 34세의 젊은 나이로 세상을 떠났다. 그는 정비 명성왕후 김씨에게서 왕세자 이순과 명선, 명혜, 명안 등 3명의 공주를 얻었다. 시호는 소휴순문숙무경인창효대왕(昭休純文肅武敬仁彰孝大王), 묘호는 현종(顯宗)이다. 능호는 숭릉(崇陵)으로 경기도 구리시 인창동에 있다.

제18대 현종 가계도

― 제18대 현종(顯宗)
    1641년 출생, 1674년 사망(34세)
    재위 15년 3개월(1659. 5-1674. 8)

  명성왕후 김씨   왕세자 이순(제19대 숙종)   명혜공주
              명선공주   명안공주

현종 시대의 주요사건

예송시비

예송은 17세기에 율곡학파로 대표되는 서인과 퇴계학파로 대표되는 남인이 종법을 사이에 두고 전개한 성리학 이념논쟁으로, 조선 후기 가장 이상적인 정치 형태였던 붕당정치를 대표하는 정치적인 사건이었다. 예송은 조선 후기 왕위 계승을 비롯해 사회구성을 어떻게 할 것인가 하는 문제를 다룬 중요한 이념논쟁이었다.

당시 서인은 계급과 신분에 관계없이 예는 누구나 같아야 한다는 입장을 견지하고 있었으며, 남인은 임금과 백성의 예는 다르므로 얼마든지 변칙적으로 적용될 수도 있다고 주장했다. 이는 필연적으로 성리학 이념과 직접 관련되는 호포법, 노비종모종량법, 궁방전 등의 정책 대결로 비화할 수밖에 없었다. 1차 예송논쟁은 인조가 죽고 효종이 즉위하면서 촉발되었다.

1차 기해예송

1659년 효종이 급서하자 서인과 남인 사이에 효종에 대한 조대비의 복상기간을 3년(만 2년)으로 할 것인가 기년(朞年, 1년)으로 할 것인가에 대한 논쟁이 일어났다. 이 첫 번째 예송 시비를 기해예송이라고 한다.

서인의 정태화, 송시열, 송준길 등은 '장자든 차자든 1년'이라는 「경국대전」에 있는 규정을 내세워 기년상을 주장했다. 조대비는 효종의 모후이니 신하가 될 수 없고, 효종은 조대비에게는 둘째 아들이다. 비록 효종이 왕위를 계승했지만 적자이면서도 장자가 아니므로 기년상이 마땅하다는 것이다.

남인의 허목, 윤선도는 주자의 「가례」를 내세워 삼년상을 주장했다. 본래 부모가 장자에 대해서는 삼년상이고 차자 이하의 아들에게는 기년상이지만, 효종은 왕위를 계승한 인물이므로 장자로 대우해야 한다는 것이었다. 당시 소북파의 윤휴도 누구든지 왕위를 계승하면 어머니도 신하가 되어야 한다는 입장에서 삼년상을 주장했다.

예송 시비는 「가례」에 입각해 종법을 왕이든 사대부, 서민이든 간에 똑같이 적용해야 한다는 수주자학파와 「주례」, 「의례」, 「예기」 등의 고례에 입각해 왕에게는 종법을 따로 적용해야 한다는 탈주자학파 간의 이념논쟁이기도 했다. 하지만 이 시비의 이면에는 효종의 왕위계승이 변칙적인가 아닌가에 대한 당파간의 이견이 노정되어 있었다.

그런데 당시 소현세자의 막내아들 이석견이 살아 있었으므로 서인들의 주장은 자칫 역심으로 오해받을 소지가 있었다. 실제로 윤선도는 종통을 종통과 적통으로 나누어 임금을 천하게 한다는 이종비주(貳宗卑主)의 논리를 내세워 기년상을 주장하는 서인들을 역모로 몰기까지 했다. 하지만 그 주장은 송시열에 대한 모함으로 인정되어 거꾸로 윤선도가 유배형에 처해졌다.

현종은 서인측의 손을 들어주면서 더 이상 이 문제를 논의하면 엄벌에 처하겠다고 경고했다. 그때부터 예송은 단순한 복제문제로 다루어졌다. 결국 1차 예송은 이석견이 갑자기 죽고, 현종의 아들 이순이 왕세자로 책봉되면서 일단락되었다.

2차 갑인예송

1674년(현종 14년) 2월, 효종 비 인선왕후가 세상을 떠났다. 그 때문에 한동안 잠잠하던 조정이 다시 예송문제로 들썩이기 시작했다. 역시 그때까지 살아 있던 조대비의 복상이 문제였다. 「가례」에 따르면 효종 비를 맏며느리로 보면 기년(1년)이요, 둘째며느리로 보면 대공(大功, 9개월)이었다. 「경국대전」에 따르면 맏며느리든 둘째며느리든 모두 기년이었다. 서인 쪽에서는 1차 예송 때처럼 그녀를 둘째며느리로 보고 대공설을 주장했다. 반대로 남인은 맏며느리로 보고 기년을 주장했다.

이때의 예송시비는 서인 내부의 미묘한 갈등이 작용했다. 서인이었던 현종의 장인 김우명과 그의 조카 김석주가 송시열을 제거하고 서인정권의 주도권을 장악하기 위해 남인의 기년설에 동조했던 것이다. 결국 조대비의 복제는 기년상으로 정해졌다.

그 과정에서 현종이 갑자기 승하하고 숙종이 보위에 올랐다. 당시 숙종은 송시열을 비롯한 서인세력을 조정에서 쫓아내고 윤휴, 허목 등 남인에게 정권을 말

겼다. 서인들이 송시열 구명운동을 벌이면서 대공설의 정당성을 부르짖었다. 그
런데 1680년(숙종 6년) 서인을 배신했던 김석주가 남인에게 밀리자 다시 서인과
손잡고 남인세력을 제거한 경신환국으로 예송논쟁은 막을 내렸다. 그렇듯 예송
논쟁 최후의 승자는 서인이었다.

현종시대의 주요인물

사림의 신화가 된 송시열

송시열은 「조선왕조실록」에서 3,000번 이상 이름이 거론되었을 정도로 당쟁
의 중심에 있었던 인물이다. 그는 평생 율곡 이이의 성리학을 계승하고 예학을
발전시킨 김장생과 김집 부자의 학문을 조선의 현실 정치에 실천하려 애썼다.

1607년(선조 40년) 충청도 옥천군 구룡촌 외가에서 태어난 송시열의 본관은
은진(恩津), 아명은 성뢰(聖賚), 자는 영보(英甫), 호는 우암(尤菴)·우재(尤齋)
이다. 26세 때까지 외가에서 살다가 회덕으로 이사해서 세칭 회덕인이라 했다.
8세 때부터 친척 송준길의 집에서 함께 공부하면서 훗날 양송(兩宋)으로 불리
는 교분을 맺었다.

송시열은 1625년(인조 3년) 이덕사의 딸 한산 이씨와 혼인한 뒤 연산의 김장
생에게 성리학과 예학을 배웠고, 1631년 김장생이 죽은 뒤에는 그의 아들 김집
의 문하에서 학업을 마쳤다. 27세 때 생원시에서 '일음일양지위도(一陰一陽之謂
道)'를 논술해 장원급제하여 명성을 얻었고, 2년 뒤인 1635년 봉림대군의 사부
가 되어 깊은 유대를 맺었다. 하지만 병자호란 이후 낙향해 10여 년 동안 학문에
전념했다.

1649년, 효종이 즉위한 뒤 조정에 출사해 북벌계획에 동참했지만 이듬해 2월
김자점 일파가 조선의 북벌동향을 청나라에 밀고하여 송시열과 산당 일파가 조
정에서 물러나게 되었다. 1658년 7월 효종의 간곡한 청으로 찬선에 임명되어 조
정에 나간 송시열은 9월에 이조 판서에 임명되어 북벌계획을 이끌었다. 이듬해 5
월 효종이 급서하고 현종이 즉위하자 조대비 복상문제로 예송시비가 일어났다.

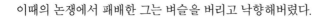
이때의 논쟁에서 패배한 그는 벼슬을 버리고 낙향해버렸다.

그 후 송시열은 화양구곡에 물러나 있으면서도 서인의 수장으로서 왕에게 상소문을 올렸고, 제자들을 통해 정계에 영향력을 행사했다. 그는 붕당정치에서 반대파의 입장도 함께 수용해야 한다는 이이의 온건론보다는 군자와 소인을 명확히 구분해야 한다는 김장생의 강경론을 따랐다. 소중화를 내세워서라도 청나라에 맞서 무너진 조선이 자존심을 회복하고 내부 결속을 다지려 했던 그로서는 어쩔 수 없는 선택이었는지도 모른다. 당시 사림의 여론은 그가 좌우했고 조정 대신들은 매사를 그에게 물어 결정했다. 그러나 1674년 제2차 예송에서 서인 측이 패배하자 송시열은 예를 그르친 죄로 파직, 삭출되었다. 1675년(숙종 1년) 정월 그는 덕원으로 유배되었다가 장기, 거제 등지로 이배되었다.

유배기간 도중 그는 남인들의 가중처벌 주장이 일어나 한때 생명에 위협을 받기도 했지만 1680년 경신환국으로 서인들이 다시 정권을 잡자 유배에서 풀려나 정계에 복귀했다. 그해 10월 영중추부사 겸 영경연사로 임명되었고, 봉조하의 영예를 안았다. 1682년 송시열은 김석주, 김익훈 등 훈척들이 역모를 조작하여 남인들을 일망타진하려고 한 임신삼고변(壬申三告變) 사건에서 김장생의 손자였던 김익훈을 두둔하다가 서인의 젊은 층으로부터 비난을 받았다. 당시 그는 경쟁자 윤휴를 사문난적으로 몰아 제거했다. 이후 송시열과 제자 윤증과의 불화가 심화되자 1683년 서인은 노론과 소론으로 갈라졌다.

1689년 1월 숙의 장씨가 아들(후일의 경종)을 낳자 원자(元子)의 호칭을 부여하는 문제로 기사환국이 일어나 서인이 축출되고 남인이 재집권했다. 그때 송시열은 세자책봉에 반대하는 상소를 올렸다가 숙종의 분노를 사서 제주도에 유배되었고, 그해 6월 서울로 압송되어 오던 도중 정읍에서 사약을 받고 죽었다. 그의 나이 82세 때였다. 1694년 갑술환국으로 다시 서인이 정권을 잡자 복권된 송시열은 그야말로 사림의 신화가 되었다. 그를 제향하는 서원이 도처에 세워졌고, 이듬해 문정(文正)이라는 시호가 내려졌다.

송시열은 시, 부(賦), 책(策), 서(序), 발(跋), 소차(疏箚), 묘문 등 모든 글에 능했다. 특히 비(碑), 갈(碣), 지문(誌文) 등 묘문에 명성이 있어 청탁을 받아 지은 것이 수백 편에 이르렀다. 그중에서도 효종의 영릉지문(寧陵誌文)은 명문으

로 손꼽힌다. 저서로는「주자대전차의」,「주자어류소분」,「이정서분류」,「논맹문
의통고」,「경례의의」,「심경석의」,「찬정소학언해」,「주문초선」,「계녀서」등이
있다. 그의 문집은 1717년(숙종 43년) 왕명에 따라 교서관에서 처음으로 편집,
167권을 철활자로 간행하여「우암집」이라 했다. 이후 1787년(정조 11년)다시 빠
진 글들을 수집, 보완하여 평양감영에서 목판으로 215권 102책을 출간하고「송
자대전」이라 명명했다.

「현종실록」,「현종개수실록」편찬 경위

「현종실록」은 조선의 제18대 국왕 현종의 재위 15년 동안의 치세를 편년체로
기록한 역사서이다. 총 23책 22권으로 정식 명칭은「현종순문숙무경인창효대왕
실록(顯宗純文肅武敬仁彰孝大王實錄)」이다. 1675년(숙종 1년) 영의정 허적을
총재관으로 임명해 편찬을 시작했는데, 1677년(숙종 3년) 실록청 당상과 낭청
의 인원을 늘려 그해에 완성했다. 당시 실록편찬의 주도세력은 남인이었다. 숙종
즉위 초에 일어난 예송논쟁에서 남인이 승리했기 때문이다.

1680년(숙종 6년) 경신환국으로 남인이 축출되자 정권을 잡은 서인들이「현
종실록」개정에 나섰다. 정감은 현종이 총명하고 예지를 지닌 불세출의 인물이
었는데 남인들 때문에 제대로 기록되지 않았다며 실록에 이의를 제기했다. 숙종
은 그 의견을 받아들여 실록개수청 총재관에 김수항을 임명했고 도청 당상과 낭
청을 임명해 개수작업을 진행했다. 그렇게 해서 대대적인 개수작업 끝에 완성된
것이「현종개수실록」이다.「현종개수실록」은 다양한 사료를 활용하여 총 22권
의「현종실록」을 총 28권으로 확대, 편찬할 수 있었다. 이는 당파의 이익에 따른
조치였지만, 실록의 충실도 면에서는 크게 기여했다고 볼 수 있다.

塊處巖山意

德日深全稿非責承此

遠書恭審霜秋

起居珍衛院感且覼無以為喻

時烈攜眷家深入似有兩以其實之

以衰境不堪與人酬酢款款

閑靜繕晝用一垂想

執事為吏為懷超然於名遁云

外雜欲莫效甚萬一票可厚

也惠來四種佳味珍貺云云

餘萬寒

加重不宣

宋時烈

丙午九月十八日

제19대 숙종

숙종현의광륜예성영렬장문헌무경명원효대왕실록
肅宗顯義光倫睿聖英烈章文憲武敬明元孝大王實錄

숙종 시대(1674.8~1720.6)의 세계정세

청나라는 1680년 영국의 동인도회사와 무역을 시작했다. 1682년 고증학의 창시자 고염무가 사
망했다. 그해 강희제는 러시아의 남하를 막기 위해 아이훈성을 수축했고, 이듬해 대만의 정성
공 일파를 토벌했다. 또 1689년에는 러시아와 네르친스크 조약을 체결해 북방의 경계선을 확
정했다. 1716년에는 「강희자전」을 완성했고, 1720년 티베트를 병합했다. 유럽에서는 1675년
영국이 그리니치 천문대를 개설했고, 인도에 캘커타 시를 건설했다. 1696년 네덜란드는 인도의
자바에서 처음으로 커피를 재배했다. 1678년 뉴턴이 만유인력의 법칙을 발견했고, 1705년 영국
의 천문학자 E.핼리는 뉴턴의 이론에 기록되어 있는 24개 혜성의 궤도를 계산해 3개의 혜성이
같은 궤도를 돌고 있음을 증명했다. 라이프니츠와 뉴턴이 미분과 적분을 발견한 것도 이 시기
이다.

환국을 통해 왕권을 강화한 임금, 숙종

조선의 제19대 국왕 숙종의 이름은 순(焞), 자는 명보(明普), 현종의 외아들로 1661년 8월 15일, 경덕궁 회상전에서 태어났다. 어머니는 명성왕후 김씨이다. 정비는 인경왕후 김씨, 제1계비는 인현왕후 민씨, 제2계비는 인원왕후 김씨이다. 1667년 정월 왕세자에 책봉되었고, 1674년 8월 23일, 현종의 뒤를 이어 창덕궁 인정문에서 즉위했다.

숙종 즉위 당시 조정은 예송시비로 당파의 대립이 극에 달하고 있었다. 분란을 직시한 숙종은 치세 내내 교묘한 환국정치를 통하여 왕권을 회복하고 사회를 안정시켰다. 그는 양난 이후 피폐해진 조선의 혼란을 수습하고 민생을 안정시켜 조선의 르네상스로 일컬어지는 영·정조 시대의 디딤돌 역할을 한 임금으로 평가된다. 1714년(숙종 40년) 3월 9일, 기우제[111] 끝에 비가 내리자 해창위 오태주에게 내린 숙종의 어제시에는 태평성대를 이끄는 군왕의 자부심이 알알이 배어 있다.

> 단비가 때를 알고 밤에도 그치지 않으니
>
> 천지의 혜택 만물이 모두 입누나.
>
> 병중인들 백성의 일 어이 잊으랴.

불과 15세의 어린 나이였지만, 수렴청정의 절차 없이 친정에 임한 숙종은 제일 먼저 현종 때 완전히 마무리 짓지 못한 예송논쟁에 직면했다. 인선왕후의 상이 끝나지 않았던 터라 송시열을 위시한 서인들이 다시 복장문제를 들고 나왔던 것이다. 이에 대하여 남인인 영남학파의 진주 유생들이 송시열의 예론에 반대하는 상소를 올리자 서인인 기호학파의 지지세력인 성균관 유생들이 또 남인의 주장에 반대하는 상소를 올렸다. 숙종은 과거 현종의 뜻에 따라 남인의 손을 들어주면서 송시열을 유배형에 처해버렸다. 그 결과 서인의 세력이 대폭 약화되고 남인이 조정을 장악했다. 이후 숙종은 모후인 명성왕후 김씨의 사촌동생 김석주를 기용해 남인세력의 팽창을 견제했다.

김석주는 서인이었지만 당파의 주도권을 잡기 위해 남인과 손을 잡았다. 그러나 송시열이 물러나면서 서인의 세력이 대폭 약화되자 그는 다시 서인과 손을 잡고 남인을 배척했다. 그는 1680년 3월에 일어난 허적의 유악사건으로 서인들이 병권을 잡자 허견의 역모로 일컬어지는 삼복의 변을 일으켜 남인의 영수 허적을 비롯한 남인 대부분을 정계에서 축출하는 데 성공했다. 이를 경신환국, 혹은 경신대출척이라고 한다.

서인들은 다시 조정에 진출했지만, 1689년 1월 숙종이 총애하던 소의 장씨가 낳은 왕자 이윤의 원자 책봉문제가 빌미가 되어 다시 남인들에게 정권을 내주게 된다. 당시 서인들은 정비인 민씨가 아직 젊었기 때문에 원자 정호는 시기상조라고 반대했다. 숙종은 이를 무시하고 이윤을 원자로 삼은 뒤 소의 장씨를 희빈으로 승격시켰다. 이에 송시열이 극구 반대하자 분노한 숙종은 서인들을 대거 숙청한 뒤 유배 중인 송시열을 사사했다. 이 일로 중전 민씨가 폐출되고 희빈 장씨가 중전, 원자 이윤이 세자에 책봉되었다. 이후 민암, 이의징 등 남인이 등용되면서 정국은 남인이 주도하기 시작했다. 이를 기사환국이라 한다.

1694년 노론의 김춘택과 소론의 한중혁 등이 폐비된 민씨 복위운동을 전개하자 남인들은 서인들을 완전히 제거할 수 있는 기회라 여기고 관련자들을 대거 하옥시켰다. 숙종은 오히려 남인들을 숙청한 다음 소론을 대거 등용했다. 또한 중전 장씨를 희빈으로 강등시키고 폐비 민씨를 복위시켰다. 이를 갑술환국이라 한다.

그 후 중전에 복귀한 민씨는 1701년 원인 모를 질병을 앓다가 35세의 나이로 세상을 떠났고, 장희빈은 무녀를 동원해 그녀를 저주하다가 발각된 무고의 옥으로 사사되었다. 그로 인해 조정에서 밀려난 남인은 다시는 재기하지 못했고, 정국은 서인에서 분열된 노론과 소론의 권력다툼으로 이어졌다.

1711년에는 윤선거와 유계가 함께 쓰고 윤증이 증보한 「가례원류」에 대해 윤선거의 아들 윤증과 유계의 손자 유상기의 저자논쟁이 벌어졌다. 당시 유상기가 이 책의 저자를 유계 단독으로 표시해 숙종에게 바친 것이다. 그러자 윤증이 유상기를 비방했고, 유상기 또한 반론을 제기하며 윤증을 비난했다. 이들의 집안싸움은 곧 소론과 노론의 정쟁으로 비화되었고, 결국 윤증이 벼슬을 버리고 낙향하여 노론의 승리로 끝났다. 그리하여 1716년부터 조정은 완전히 노론의 독무대가 되었다.

숙종의 시대는 조정을 뒤흔든 큰 당쟁 외에도 정파 간에 주도권을 잡기 위한 수많은 논쟁이 줄을 이었다. 복제에서 송시열의 예론에 대한 시시비비를 다투던 고묘논란(告廟論難), 김석주, 김만기, 민정중 등 외척세력의 권력장악과 정탐정치에 대한 사류의 공격에서 비롯된 임술삼고변(壬戌三告變) 공방, 존명의리와 북벌론의 허실을 둘러싼 명분 논쟁, 민씨의 폐출에서 비롯된 군신간의 충돌, 송시열과 윤증의 대립으로 야기된 회니시비(懷尼是非), 왕세자와 연잉군을 각각 지지하던 소론과 노론의 대결이 줄을 이었다.

그처럼 정쟁이 극심했던 만큼 당파간의 분열상도 극에 다다랐다. 남인이 청남(淸南)·탁남(濁南)으로, 서인이 노론·소론으로, 노론이 다시 화당(花黨)·낙당(駱黨)·파당(坡黨)으로 분립하는 등 당파 내부에서 이합집산이 거듭되었다. 그 와중에 윤휴, 허적, 이원정, 송시열, 김수항, 박태보 등 당대의 명사들이 목숨을 잃었다. 숙종은 이런 당파들의 논쟁과 분열을 이용해 국왕이

자의로 정계를 개편할 수 있는 용사출척권(用捨黜陟權)을 행사하여 중종 이래 쇠미했던 왕권을 강화했다.

전후 붕괴된 사회체제를 재정비하다

숙종은 임진왜란 이후 붕괴된 사회체제를 복구하고 조선을 정상화시키는데 전력을 기울였다. 경제분야에서는 광해군 대에 시작된 대동법의 적용 범위를 전국으로 확대했다. 이어서 광해군 대에 황해 개량으로 시작된 양전사업을 강원도와 삼남 지방까지 확대 실시했다.

숙종은 또 백성들의 상업활동을 지원하기 위해 화폐 주조사업을 본격화했다. 그리하여 총 여섯 차례에 걸쳐 상평청, 호조, 공조 및 훈련도감, 총융청의 군영과 개성부, 평안·전라·경상감영에서 상평통보를 주조, 통용하게 했다. 이와 같은 경제시책은 조선 후기의 상업발달과 사회 경제적 발전에 커다란 영향을 끼쳤다.

국방과 군역에도 다양한 조처가 취해졌다. 숙종 즉위 초에 집권한 남인은 허적, 윤휴 등 이른바 온건한 탁남(濁南)이 주동이 되어 북벌론을 다시 제기했다. 이를 위해 도체찰사라는 새로운 군정기관을 부활시키고, 그 본진으로서 1676년, 개성 부근의 대흥산성을 축조했다. 또한 1만 8,000여 명의 무과 합격자를 뽑아 군사훈련을 강화하는 등 군비확장에 박차를 가했다. 평안도 용강의 황룡산성과 강화도의 48개 돈대도 이 무렵에 축조되었다. 이와 같은 국방력의 강화는 숙종이 즉위한 해인 1674년 청나라에서 일어난 오삼계의 반란이 구실이었지만 기실 남인 정권의 권력기반을 다지려는 의도가 숨어 있었다.

1712년 숙종은 영의정 이유의 건의에 따라 북한산성을 대대적으로 개축하여 남한산성과 더불어 서울 수비의 양대 거점으로 삼았다. 또 효종 대에 설치되었던 훈련별대와 정초청을 통합하여 금위영을 신설하여 5군영체제를 확

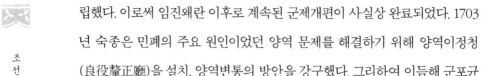

립했다. 이로써 임진왜란 이후로 계속된 군제개편이 사실상 완료되었다. 1703년 숙종은 민폐의 주요 원인이었던 양역 문제를 해결하기 위해 양역이정청(良役釐正廳)을 설치, 양역변통의 방안을 강구했다. 그리하여 이듬해 군포균역절목을 마련하여 1필에서 3, 4필까지 심한 차이를 보이는 양정(良丁) 1인의 군포 부담을 일률적으로 2필로 균일화했다.

숙종은 영도문제에도 커다란 관심을 기울였다. 일찍이 폐진시켰던 4군 지역에 무창, 자성 2진을 설치하여 고토 회복에 나섰다. 조선인들의 압록강 연변 출입이 잦아지자 청나라와 국경분쟁이 일어났다. 1712년 조선과 청은 협상 끝에 함경 감사 이선부에게 명하여 백두산 정상에 정계비를 세워 양국 간의 국경을 확실히 정했다. 숙종은 일본과의 외교에도 적극적이었다. 1682년과 1711년 두 차례에 걸쳐 통신사를 파견하여 막부와 교섭해 왜관무역에 필요한 왜은의 사용조례를 확정하는 한편 울릉도의 영유권을 보장받았다.

당시 조선에서는 정치적으로 명분의리론이 성행하여 대보단이 세워지고, 사육신이 복관되었다. 또 노산군을 복위시켜 단종으로 묘호를 올리고, 인조에게 폐서인되었던 소현세자빈 강씨를 복위시켜 민회빈으로 올렸다. 이런 분위기 속에 300여 개소의 서원이 건립되고 131개소의 서원이 사액되는 남설 현상이 일어났다. 또「선원계보」,「대명집례」,「열조수교」,「북관지」등이 편찬되었으며「대전속록」,「신증동국여지승람」,「신전자초방」등이 간행되었다.

그렇듯 전후 조선을 안정시키고 왕권을 강화시키는 데 비상한 능력을 발휘했던 숙종은 재위 46년째인 1720년 6월 8일, 경덕궁 융복전에서 60세의 나이로 세상을 떠났다. 시호는 현의광륜예성영렬장문헌무경명원효대왕(顯義光倫睿聖英烈章文憲武敬明元孝大王), 묘호는 숙종(肅宗)이다. 능호는 명릉(明陵)으로 경기도 고양시 신도읍 용두리 소재 서오릉에 있다.

제19대 숙종 가계도

제19대 숙종(肅宗)

1661년 출생, 1720년 사망(60세)
재위 45년 10개월(1674. 8-1720. 6)

인경왕후 김씨 공주 2명(조졸)

인현왕후 민씨

인원왕후 김씨

옥산부대빈 장씨(장희빈) 왕세자 이윤(제20대 경종)

왕자 성수(조졸)

숙빈 최씨(육상궁) 왕자 영수(조졸)

연잉군 이금(제21대 영조)

왕자 1명(조졸)

명빈 박씨 연령군 이훤

영빈 김씨

귀인 김씨

소의 유씨

숙종의 가족

숙종은 인경왕후 김씨를 비롯한 3명의 왕비와 6명의 후궁에게서 6남 5녀를 얻었다. 정비 인경왕후 김씨는 김장생의 4대손인 광성부원군 김만기의 딸로 1670년 10세 때 세자빈에 간택되었고, 이듬해 3월 왕세자빈에 책봉되었다. 1674년 숙종이 즉위하자 왕비가 되었는데, 1680년 10월 천연두가 발병하여 8일 만에 경덕궁에서 세상을 떠났다. 당시 숙종은 약방도제조 영의정 김수항의 건의에 따라 편전을 창덕궁으로 이어했다. 그녀는 3명의 딸을 낳았지만 모두 일찍 죽었다.

제1계비 인현왕후 민씨는 여양부원군 민유중의 딸로 1681년 가례를 올리고 중전이 되었는데, 예의가 바르고 자애로워 백성들의 추앙을 받았다. 그러나 자식을 낳지 못하고 기사환국으로 송시열이 사사되면서 왕의 미움을 받아 폐출되었다. 이후 갑술옥사가 벌어진 뒤 복위되었다가 1701년 35세의 나이로 세상을 떠났다. 한 궁녀가 그녀를 주인공으로 쓴 「인현왕후전」이 전한다.

제2계비 인원황후 김씨는 경은부원군 김주신의 딸로 1701년 인현왕후가 죽자 간택되어 1702년 왕비가 되었다. 1711년 천연두를 앓았지만 살아남았고, 1720년 숙종 사후 왕대비, 1724년 경종 사후 대왕대비에 올랐다. 1757년 세상을 떠나 숙종과 인현왕후가 잠들어 있는 명릉에 묻혔다.

희빈 장씨의 이름은 본래 옥정으로 역관 장현의 종질녀인데 장렬왕후의 동생 조사석과 숙종의 종친인 동평군 이항의 주선으로 궁녀가 되었다. 그 후 장렬왕후의 상궁으로 있다가 숙종에게 총애를 받아 1686년 숙원, 1688년 소의가 되었고, 1689년 원자 이윤이 왕세자에 책봉되자 빈으로 승격되었다. 인현왕후가 폐출되자 중전이 되었지만, 1694년 인현왕후가 복귀하자 다시 빈으로 강등되었다. 1701년 희빈 장씨는 인현왕후를 저주한 일이 발각되어 43세의 나이로 사사되었다.

숙빈 최씨는 궁녀들의 잡일을 해주는 천한 무수리 출신이었는데 우연히 숙종의 눈에 들어 승은을 입고 숙빈에 봉해졌다. 성품이 차분하고 겸손하여 희빈 장씨에게 지친 숙종의 총애를 받았다. 1718년 3월 9일, 세상을 떠났다. 훗날 경종의 뒤를 이어 보위에 오른 아들 영조는 그녀의 묘를 소령원으로 격상시켰다.

숙종 시대의 주요사건

경신환국

경신환국은 1680년(숙종 6년) 남인 일파가 조정에서 대거 축출된 사건으로 경신대출척(庚申大黜陟)이라고도 한다. 숙종은 치세 내내 환국정치를 통해 왕권을 강화했는데 경신환국은 그 첫 행보라고 할 수 있다.

남인은 1674년(현종 15년)에 일어난 2차 예송인 갑인예송의 승리를 기화로 서인을 축출하고 조정을 장악했다. 그해 즉위한 숙종은 서인의 계속되는 예송시비를 종식시키고 남인의 손을 들어주었지만, 남인세력의 팽창을 막기 위해 모후 명성왕후 김씨의 족질인 서인 김석주를 요직에 기용했다. 과거 서인 내부의 주도권을 잡기 위해 남인과 결탁했던 김석주는 서인의 세력이 상상 외로 급격히 약화되어 목적을 이루지 못하자 다시금 남인을 견제하고 있었다. 그런데 몇 년 뒤 의외의 사건을 계기로 남인은 순식간에 몰락하고 만다.

1680년(숙종 6년) 3월 남인의 영수인 영의정 허적이 할아버지 허잠의 시호(諡號)를 맞이하는 잔칫날 군부에 있던 유악(油幄)[113]을 무단 사용하는 사건이 벌어졌다. 그날 숙종은 비가 내리자 시종에게 명해 유악을 허적의 집에 가져다 주라고 명했다. 그런데 이미 허적이 유악을 가져다 사용하고 있다는 말을 듣고 크게 노했다. 숙종은 즉시 비상시에 국왕이 신하를 소집하는 패초(牌招)를 사용해 남인들이 장악하고 있던 군권을 전격적으로 서인들에게 넘겨버렸다. 어영대장 김석주를 제외하고 군부는 훈련대장에 김만기, 총융사에 신여철, 수어사에 김익훈 등 서인 일색이 되어버렸다.

이 사건으로 남인에 대한 국왕의 태도가 확실해지자 정원로가 이른바 '삼복의 변(三福之變)'을 고변했다. 허적의 서자 허견이 인조의 손자이며 인평대군의 세 아들인 복창군, 복선군, 복평군과 함께 역모를 도모했다는 내용이었다. 이들은 숙종이 즉위 초기 병환이 잦자 왕위를 넘보았고, 최근에는 도체찰사부 소속

이천 둔군(屯軍)의 특별훈련이 수차례 시행되었다는 것이었다. 그리하여 갑자기 도체찰사부 문제가 역모의 핵심 쟁점으로 등장했다.

도체찰사부는 효종 대까지 잦은 전란과 군비의 필요성으로 상설되었다가 현종 대에 폐지되었다. 그러다 숙종 초에 청나라에서 정성공과 오삼계가 반란을 일으키자 북벌계획의 일환으로 군비를 강화해야 한다는 윤휴, 허적 등의 주청에 따라 1676년(숙종 2년) 정월에 다시 설치되었다. 당시 도체찰사부는 영의정을 도체찰사로 하는 일종의 전시사령부로서 새로 수축한 대흥산성을 본진으로 삼고 있었다. 도체찰사에게는 훈련도감과 어영청 등 일부 중앙군영을 제외하고 외방 8도의 전 군영을 통제할 수 있는 막강한 권한이 주어져 있었다. 서인들은 허견이 도체찰사부의 핵심전력인 대흥산성의 군대를 동원해 역모를 꾸몄다고 주장한 것이었다.

허견의 역모혐의가 이처럼 민감한 도체찰사부 군사의 동원문제로 비화하자 파장은 남인 전체에 미쳤다. 허견과 세 명의 종친뿐만 아니라 허적, 윤휴, 유혁연, 이원정, 오정위 등 남인계의 중진들이 대거 연루되어 죽거나 유배형에 처해졌고, 심지어 역모를 고변한 정원로까지 공모자로 낙인찍혀 처형되었다. 이 사건 이후 도체찰사부가 혁파되었고, 대흥산성은 김석주가 관리하게 되었다.

기사환국

기사환국은 소의 장씨의 소생을 원자로 책봉하는 문제 때문에 서인이 축출되고 인현왕후 민씨가 폐비됨으로써 남인이 정권을 재차 장악한 사건이다.

숙종의 정비는 원래 노론 김만기의 딸 인경왕후 김씨였다. 하지만 1680년 그녀가 죽자 숙종은 노론 민유중의 딸 인현왕후 민씨를 계비로 맞이했다. 그런데 민씨가 여러 해가 지나도록 원자를 낳지 못하자 숙종은 후궁 장씨를 가까이하게 되었다. 후궁 장씨는 역관 장현의 종질녀로 어머니의 정부였던 조사석과 종친인 동평군 이항의 주선으로 궁녀가 된 뒤 숙종의 눈에 띄어 승은을 입었다. 1686년(숙종 12년) 장씨는 숙원, 1688년(숙종 19년) 소의로 승진한 뒤 10월 27일 아들 이윤을 낳았다.

이듬해인 1689년(숙종 15년), 숙종은 소의 장씨의 소생 이윤을 인현왕후의 양자로 삼아 원자로 정호하려 했다. 영의정 김수홍을 비롯한 서인들은 중전의 나이가 아직 젊으므로 적자의 생산을 기다려야 한다며 반대하고 나섰다. 태어난 지 두 달밖에 안 된 후궁의 소생을 원자로 삼는 것은 섣부른 결정이라는 것이었다. 하지만 숙종은 나라의 형세가 외롭고 위태로우므로 종사의 대계를 늦출 수 없다며 이윤을 원자로 봉하고 종묘사직에 이를 고했다. 그런 다음 1월 15일, 원자의 생모인 소의 장씨를 희빈으로 승격시키고 서인들의 입을 막기 위해 남인들을 대거 등용했다.

이처럼 국왕이 후계문제를 독단적으로 처리하자 노론의 영수 송시열은 송나라 철종의 예를 들며 원자의 정호가 부당하다는 상소를 올렸다. 숙종은 이미 종묘사직에 고한 일을 따지고 드는 것은 국왕을 능멸하는 처사라며 분개했다. 이런 숙종의 반응에 고무된 남인 이현기, 남치훈, 윤빈 등은 서인을 축출시킬 절호의 기회임을 알고 송시열을 논박하는 상소를 올렸다. 결국 송시열은 제주도에 유배되었다가 정읍으로 이배된 뒤 사약을 받았다. 그와 함께 김수홍과 김수항 등 중신들이 파직되어 서인이 조정에서 세력을 잃은 반면 권대운, 김덕원, 목래선, 여성제 등 남인세력이 약진했다.

당시 숙종은 이 사건의 배후에 중전 민씨가 개입되어 있다고 판단하고 폐비론을 상정하기에 이른다. 희빈 장씨의 세력과 은밀히 연합한 남인들은 민씨를 폐위하는 데 적극 찬성했다. 노론은 이에 대항하여 오두인 등 86인의 이름으로 반대상소를 올렸다. 숙종은 그들을 모조리 귀양 보낸 다음, 그해 5월 중전 민씨를 폐위하고, 희빈 장씨를 중전으로 삼았다. 또 원자 이윤을 세자에 책봉하여 명실상부한 자신의 후계자임을 선언했다. 이후 정국은 민암, 이의징 등 남인이 주도하게 되었다.

갑술환국

갑술환국은 인현왕후 민씨의 복위 문제와 관련해 남인들이 대거 축출되고 다시 서인이 정권을 장악한 사건이다.

1689년(숙종 15년) 민씨를 쫓아내고 중전이 된 장씨는 이후 궐내에서 무소불위의 방자한 행동을 일삼았다. 또 누이를 배경으로 총융사에 오른 오빠 장희재는 멋대로 권세를 부려 세간의 조롱을 받았다. 숙종은 이런 중전 장씨의 처신에 매우 실망하고, 반대로 사려 깊고 온후했던 민씨를 폐출한 일을 후회했다. 중전 장씨에 대한 애정이 식은 숙종은 마침 연잉군을 출산한 무수리 출신의 숙빈 최씨를 가까이했다.

1694년(숙종 20년) 노론의 김춘택과 소론의 한중혁 등이 연합해 은밀히 폐비 민씨의 복위를 꾀했다. 당시 한중혁은 중전 장씨의 오빠인 장희재와 동평군 이항에게 뇌물을 바쳐 회유하여 일단 폐비 민씨를 별궁에 들이는 방안을 모색했다. 그와 함께 숙빈 최씨로 하여금 중전 장씨의 투기와 남인들의 횡포를 숙종에게 고하게 했다.

그와 같은 노론의 동태를 예의주시하고 있던 민암과 이의징은 서인세력의 일소 기회로 판단하고 폐비복위운동 관련자들을 모조리 체포해 하옥한 다음 이들을 제거하려 했다. 그런데 숙종은 거꾸로 권력남용과 무고한 폐비를 모함했다는 명목으로 민암과 이의징을 처형해버렸다. 이어 남인의 중진인 권대운, 목내선, 김덕원, 민종도 등도 유배형에 처했다. 그런 다음 과거 민씨를 비호했던 소론의 남구만, 박세채, 윤지완 등을 조정에 불러들이고 죽은 민정중, 김익훈 등의 관작을 돌려주었다. 이어서 숙종은 중전 장씨를 희빈으로 강등하고 기사환국으로 사사된 송시열과 김수항을 복권했다.

무고의 옥

갑술환국 이후 조정은 노론과 소론으로 분열되어 있던 서인이 주도했다. 그때부터 희빈 장씨는 절치부심하며 중전으로 복귀하기 위해 음모를 꾸몄다. 그러던 중 그녀의 오빠 장희재가 인현왕후를 음해한 편지가 발견되어 위기에 몰렸다. 다행히 소론의 남구만이 세자를 생각해야 한다고 숙종에게 간언하여 사태를 모면할 수 있었다. 1701년 인현왕후 민씨가 원인 모를 질병을 앓다가 35세의 나이로 세상을 떠났다.

그 후 얼마 지나지 않아 희빈 장씨의 거처인 취선당 서쪽에서 민씨를 저주하기 위한 신당이 발견되었다. 분개한 숙종은 그녀에게 사약을 내리고 장희재와 궁녀, 무녀 등을 모조리 사형에 처했다. 또 세자를 빌미로 희빈 장씨를 비호했던 소론의 남구만, 유상운, 최석정 등을 대거 숙청하여 노론이 정국을 장악하게 되었다. 이때의 사건은 무녀가 관련되었으므로 무고(巫蠱)의 옥(獄)이라고 한다.

당시 희빈 장씨에게 질려버린 숙종은 향후 빈(嬪)을 후비(后妃)로 승격시키지 못하도록 법률로 못 박은 다음 은밀히 세자 교체를 도모했다. 어머니가 비명에 죽은 뒤 세자 이윤의 정신상태가 온전하지 않았을 뿐더러 성종 때 폐비 윤씨의 사사 이후 즉위한 연산군의 전례가 고려되었을 것이다.

1716년 병신처분으로 소론을 배척하고 노론을 중용한 숙종은 1717년(숙종 43년) 좌의정이며 노론의 영수였던 이이명과의 밀약인 정유독대를 통해 세자의 다병무자(多病無子)를 이유로 연잉군을 후사로 정할 것을 부탁한 뒤 세자에게 대리청정을 명했다. 소론은 세자의 흠을 잡아 폐세자를 도모하려 한다면서 격렬하게 반대했다. 그리하여 양측이 치열한 논쟁을 벌이던 와중에 숙종이 승하함으로써 경종이 등극하게 되었다.

숙종 시대의 주요인물

울릉도와 독도를 지킨 민간외교관, 안용복

안용복은 숙종 대에 살던 동해안의 어부로 울릉도 해역이 조선 영토임을 일본 막부에게서 공인받았던 민간 외교관이었다. 그는 동래부 출신이었는데 젊었을 때 수군에 입대하여 능로군(能櫓軍)으로 복무하면서 왜관에 자주 출입해 일본말을 잘했다. 1693년(숙종 19년) 군대에서 나온 그는 울산의 어민 40여 명과 함께 을릉도에서 고기잡이를 하던 중 수역을 침입한 일본 어민과 다투다가 박어둔과 함께 일본으로 끌려갔다. 안용복은 자신을 심문하던 호키 주[伯耆州] 태수에게 울릉도가 조선 땅임을 당당하게 주장하고 타국 백성을 불법적으로 체포한 일본의 처사를 강력하게 항의했다. 그의 기개에 탄복한 일본관리들은 막부로부터 울릉도가 조선 영토임을 확인하는 서계를 받아 건네주었다.

그때 대마도주는 나가사키(長崎)에서 귀국길에 오른 안용복을 체포한 다음 서계를 빼앗아 위조하여 울릉도를 일본 영토에 편입시키려는 음모를 꾸몄다. 그해 9월, 대마도주는 귤진중(橘眞重)을 동래부로 보내 안용복을 송환하면서 위조한 서계를 예조에 보냈다. 거기에는 일본 영토인 죽도 해역에서 조선 어민의 어로를 금지해달라는 내용이 들어 있었다. 예조에서는 죽도가 울릉도임을 알지 못하고 교리 홍중하를 동래 왜관에 보내 다음과 같은 서계를 건네주었다.

"조선에서는 어민을 단속해 먼 바다에 나가지 못하게 하는데 비록 우리나라의 울릉도일지라도 왕래를 금하고 있다. 그런데 조선백성이 귀국의 죽도에 들어갔다 하니 엄히 징계해야 마땅하다. 형률에 의거하여 죄를 묻도록 하라."

귤진중은 서계에 '우리나라의 울릉(鬱陵)'이란 말을 빼고 죽도(竹島)라고만 해달라고 고집을 부리며 보름 동안 버티다가 목적을 이루지 못하고 돌아갔다. 당시 숙종은 공도정책을 어긴 안용복과 박어둔에게 2년 동안의 유배형을 선고했다. 얼마 뒤 승지 김만귀가 숙종에게 이 일을 문제 삼았다.

"강원도에서 울릉도는 매우 가까워 마치 남해의 월출산에서 제주를 보는 것보다 더욱 분명합니다. 마땅히 진을 세워 외침에 대비해야 합니다. 지난번에 어부들을 귀양 보낸 것은 심한 처사입니다."

또 남구만과 신여철이 울릉도를 방치하면 강릉과 삼척 지방이 위협을 받을 것이라고 상주하자 숙종은 전일 일본에 보낸 서계를 돌려받으라고 명했다. 그런데 이듬해인 1694년 8월 대마도주가 먼저 조선에 서계를 반환하면서 울릉도라는 말을 빼고 다시 작성해달라고 요청했다. 영의정 남구만과 우의정 윤지완은 접위관을 동래로 보내 울릉도를 죽도로 칭하고 일본의 영토로 만들려는 대마도주의 흉계를 책망했다. 사신은 대경실색하여 잘못을 사과하고 돌아갔다. 숙종은 곧 장한상을 삼척첨사로 삼아 울릉도에 사람이 살 수 있는지, 왜구의 거주 흔적이 있는지를 조사하게 했다. 이때 장한상은 울릉도에 가서 보리를 심어두고 돌아왔다.

1696년(숙종 21년) 봄, 유배에서 풀려난 안용복은 다시 유일부, 유봉석, 이인석, 김성길, 김순립과 승려 뇌헌, 승담, 연습, 영률, 단책 등과 함께 일본 호키 주에 가서 태수에게 자신을 울릉우산양도감세관(鬱陵于山兩島監稅官)이라 자칭하며 지난번 일본이 자신에게 행한 몰지각한 처사에 대한 사과와 함께, 과거 조선 영토인 울릉도에 침범한 일본 어부들의 처벌을 강력히 요구했다. 이어서 안용복 일행은 에도로 가서 관백에게 이인성이 작성한 상소문까지 올렸다. 그의 기세에 눌린 막부에서는 결국 울릉도가 조선의 영토임을 확인한 다음 15명의 일본 어부들을 처벌했다. 드디어 목적을 달성하고 양양으로 돌아온 안용복은 강원 감사 심평에게 일본내왕 사실을 알리고 자수했다. 놀란 심평은 급히 조정에 알리고 그들을 서울로 압송했다.

　좌의정 윤지선은 안용복 문제를 다루며 대마도주가 울릉도를 죽도라 칭하고 조선 조정을 속이려 한 정황이 들어났고, 일본막부와 조선조정 사이에서 농간을 부린 정상이 드러난 것은 쾌사이지만 안용복이 평범한 어부로서 금령을 어기고 타국과의 외교 분쟁을 야기한 죄는 사형에 해당한다고 주장했고, 영의정 유상운을 비롯해 많은 신료들이 동조했다. 하지만 지사 신여철은 안용복은 국가에서 못해낸 일을 해냈으므로 공로와 죄가 덮을 만하다고 변호했다. 결국 영부사 남구만이 중신들을 설득해 안용복은 유배형으로 낮춰졌다. 이듬해인 1697년 대마도주는 자신들의 과오를 인정하고 울릉도를 조선 영토로 인정한다는 막부의 정식 통지문을 보내왔다. 그 뒤 안용복의 처분에 대한 기록은 실록에 전하지 않는다.

「숙종실록」, 「숙종실록보궐정오」 편찬 경위

　「숙종실록」은 조선의 제19대 국왕 숙종의 재위 46년 동안의 치세를 편년체로 기록한 역사서이다. 총 73책 65권으로 정식 명칭은 「숙종현의광륜예성영렬장문헌무경명원효대왕실록(肅宗顯義光倫睿聖英烈章文憲武敬明元孝大王實錄)」이다. 1720년(경종 즉위년)부터 편찬에 착수해 8년만인 1728년(영조 4년)에 완성되었다. 숙종의 재위기간이 46년이고 사료의 분량이 많았으며 편찬 도중 소론과 노론의 정쟁이 격화되어 정권이 자주 바뀌면서 실록청 책임자가 여러 차례 변경되었기 때문이다.

　처음 실록의 편찬을 시작했을 때는 노론의 김창집이 실록청 총재관으로 임명되어 도청 및 각방의 당상과 낭청을 선임했다. 그런데 이듬해인 1721년(경종 원년) 신임사화가 일어나 노론이 실각하자 소론의 조태구가 실록청 총재관으로 임명되고 도청 및 각방 당상, 낭청도 대부분 소론측 인물로 바뀌었다. 1723년(경종 3년) 조태구가 총재관을 사임하자 최석항이 총재관이 되었고, 그 후 이광좌가 총재관이 된다.

경종 사후 영조가 즉위한 1725년에는 또다시 노론 정권이 성립되어 총재관직은 정호, 이관명, 민진원으로 이어졌다. 이런 우여곡절 끝에 「숙종실록」은 결국 노론 주도로 완성되었다. 그런데 1727년(영조 3년) 인쇄가 마무리될 무렵 정미환국이 일어나 노론이 실각하고 소론 정권이 들어섰다. 당시 소론 정권은 「숙종실록」의 개정을 추진했지만 대대적인 개수가 불가능했다. 그리하여 실록보궐청을 설치한 다음 빠진 기사를 추가하고 왜곡된 부분을 바로잡는다는 뜻의 보궐정오(補闕正誤)를 「숙종실록」의 권말에 추가했다.

제20대 경종

경종덕문익무순인선효대왕실록
景宗德文翼武純仁宣孝大王實錄

경종 시대(1720.6~1724.8)의 세계정세

청나라는 1722년 옹정제가 즉위하면서 탐관오리를 척결하는 등 안정된 통치체제에 돌입했다. 또 기독교 선교사를 마카오로 추방하여 외세의 침입에 따른 백성들의 동요를 막았다. 일본에서는 종교서적 외 서양서적의 수입을 허가하는 한편 상인과 부녀자의 화려한 의복착용을 금지했다. 유럽에서는 러시아의 표트르 대제가 페르시아를 침공해 흑해 진출을 노렸다.

힘없는 세자를 향한 압력, 대리청정

조선의 제20대 국왕 경종의 이름은 윤(昀), 자는 휘서(輝瑞). 숙종의 맏아들로 어머니는 희빈 장씨이다. 정비는 심호의 딸 단의왕후 심씨, 계비는 어유구의 딸 선의왕후 어씨이다. 1688(숙종 14년) 10월 27일에 태어나 1720년 6월 13일, 33세의 나이로 경덕궁 자정문에서 즉위했다.

경종의 원자 정호와 세자책봉과정은 당쟁으로 얼룩졌다. 1689년(숙종 15년) 1월 15일, 왕자 이윤이 원자로 정호되자 노론인 영수 송시열이 시기상조론을 주장했다가 숙종의 미움을 받아 사사되었다. 이듬해인 1690년 원자가 세자로 책봉되자 생모 소의 장씨는 희빈이 되었고, 인현왕후 민씨가 폐출되면서 희빈 장씨가 중전으로 책봉되었다. 하지만 1694년 갑술환국으로 인현왕후가 복위되고 중전 장씨는 다시 희빈으로 끌어내려졌다. 그 후 1701년 무고의 옥으로 희빈 장씨가 사사되면서 14세에 불과한 세자의 입지가 몹시 궁색하게 되었다.

노론은 자신들이 제거한 희빈 장씨의 아들이 차기 국왕이 되게 할 수는 없었다. 숙종도 마찬가지였다. 세자가 보위에 오르면 생모의 복수를 꾀하지 않으리라는 보장이 없었기 때문이었다. 다행히 빌미는 있었다. 희빈 장씨가 죽은 뒤 세자는 자주 앓아누웠고, 그 때문인지 자식도 없었다. 1717년(숙종 43

년) 숙종은 은밀히 노론의 영수 이이명과 만나 연잉군을 후계자로 삼기로 합의했다. 그리하여 숙종은 몸이 약한 세자에게 대리청정을 명했다. 그것은 세자의 무기력함을 빌미 삼아 폐세자로 만들기 위한 음모였다. 그 내막을 알아챈 소론이 격렬히 반발하면서 대리청정 논의가 매듭지어지지 않은 상태에서 숙종이 세상을 떠났다.

이처럼 경종은 천신만고 끝에 보위에 올랐지만, 정사를 제대로 보지 못할 정도로 건강이 좋지 않았다. 1721년(경종 1년), 조정에서 다수를 점하고 있던 노론의 영의정 김창집과 좌의정 이건명 등은 경종을 압박해 연잉군의 세제 책봉을 도모했다. 소론의 우의정 조태구, 사간 유봉휘 등은 시기상조론을 들고 나와 노론의 계책을 무산시켰다. 하지만 경종은 그해 8월 대비 김씨의 동의를 얻어 연잉군을 세제로 책봉했다. 이에 고무된 노론은 10월 조성복의 상소를 통해 세제의 대리청정을 주장했다. 그러자 경종은 대리청정을 허락했지만 소론의 거센 반대에 부딪혀 곧 명을 거두었고, 이후에도 여러 차례 번의를 거듭했다. 당시 소론은 왕권을 위협하는 연잉군을 제거하려 했지만 경종은 하나뿐인 이복동생을 적극적으로 보호했다. 그 와중에 경종의 병은 점점 깊어져 갔다.

신임사화를 통한 소론의 집권

경종의 치세에는 1721년(경종 1년)과 1722년(경종 2년), 세자책봉을 둘러싸고 두 차례의 옥사가 벌어져 연잉군을 지지하는 노론이 커다란 타격을 입었다. 그 옥사가 신축년과 임인년 두 해에 걸쳐 일어났으므로 신임사화(申壬士禍)라고 한다.

1421년 12월, 허약한 경종을 대신해 세제 연잉군이 정무를 대리하게 되자 소론의 김일경은 대리청정 상소를 올린 조성복과 이이명, 김창집, 이건명, 조태채 등 이른바 노론 4대신이 왕권교체를 기도하고 있다며 상소를 올렸다. 경종은 이들을 파직하고 유배형에 처했지만, 연잉군을 치죄하라는 소론의 주장은 들어주지 않았다. 이 사건으로 소론은 조정에서 노론에 우세를 점할 수 있게 되었다.

1722년 3월, 노론 일파가 경종을 시해하려 했다는 남인 목호룡의 고변사건이 일어났다. 사천 출신의 서얼 목호룡은 어렸을 때부터 풍수지리를 배운 지관이었는데 한때 노론인 김용택, 이천기 등과 함께 연잉군을 옹호했던 인물이었다. 그런 그가 1722년(경종 2년) 소론 강경파인 김일경의 사주를 받아 노론이 경종을 시해하려는 역모에 자신도 가담했다고 고변했던 것이다.

목호룡이 주장한 역모의 내용은 허무맹랑하기 그지없었다. 그는 노론이 3급수의 방법으로 경종을 죽이거나 쫓아낸 다음 이이명을 왕으로 추대하려 했다고 주장했다. 그가 말한 3급수란 자객을 시켜 죽이는 대급수, 독약을 사용해 죽이는 소급수, 숙종의 유언을 빙자해 경종을 쫓아내는 평지수였다. 이 고변의 공으로 목호룡은 부사공신 3등으로 동성군에 봉해지고 동지중추부사에 올랐다.

목호룡을 통해 구체적인 역모가 수면 위로 떠오르자 경종은 국청을 열고 목호룡이 역적이라고 지적한 정인중, 김용택, 이천기, 백망, 심상길, 이희지, 김성행 등 60여 명을 잡아들여 자초지종을 따졌다. 백망은 심문을 당하면서 이 사건은 왕세제 연잉군을 모함하려는 명백한 조작극이라고 주장했지만, 남인들로 이루어진 심문관들은 그 말을 묵살했다. 그 결과 이천기, 이희지, 심상길, 정인중, 김용택, 백망, 장세상, 홍의인 등과 앞서 왕세제를 세운 소위 건저 4대신 이이명, 김창집, 이건명, 조태채 등이 모조리 사형을 당했다. 노론의 요인들이 한꺼번에 참화를 당한 것이다.

이 신임사화는 훗날 영조가 등극하면서 신임의리론으로 발전되어 노론세력에 발목이 잡히는 가장 큰 빌미로 작용하게 된다. 그렇듯 두 차례의 사화를 통해 경쟁세력을 일소한 소론은 김수구, 황욱 등의 상소에 따라 1717년 관작을 추탈당한 소론의 영수 윤증과 그의 아버지 윤선거의 관직과 시호를 회복시켰다.

무력한 임금의 짧고 허망한 치세

경종은 질병으로 인한 짧은 치세와 가열된 당쟁 탓에 뚜렷한 치적을 남기지 못했다. 1722년 각 도의 연분사목을 개정해 전세율을 낮추었으며, 삼남 지방의 양전사업에 민원이 제기되자 이를 시정했다. 1723년 긴급한 일이 있어 왕이 중신을 부를 때 발급하는 명소통부(命召通符)를 개조했으며, 화재 진압에 사용되는 서양의 수총기(水銃器)를 모방해 제작하게 했다. 관상감에서는 서양의 문진종(問辰鐘)을 제작하게 하고, 독도가 조선의 영토라고 기록된 남구만의 「약천집」이 간행되었다. 1724년에는 서원에 급여한 전결의 환수를 의논했다.

경종은 세자 때부터 신변상으로나 정치상으로 갖은 수난과 곤욕을 겪었던 가련한 왕이었다. 신권의 약진으로 그는 연산군처럼 생모의 죽음에 관련된 어떤 행동도 취할 수 없었고 자식도 없는 불행한 삶을 살았다. 재위 4년 2개월만인 1724년 8월 25일, 경종은 37세의 나이로 창경궁 환취정에서 세상을 떠났다. 시호는 덕문익무순인선효대왕(德文翼武純仁宣孝大王), 묘호는 경종(景宗)이다. 능호는 의릉(懿陵)으로 서울시 성북구 석관동에 있다.

경종 독살설의 진위

신임사화를 통해 노론 일파를 제거한 소론의 화살은 세제 연잉군을 향해 겨누어졌다. 소론의 김일경은 경종의 용태가 나날이 나빠지자 경종 비 선의왕후 어씨와 손잡고 연잉군을 폐출한 다음 밀풍군의 아들 이관석을 옹립하려는 음모를 꾸몄다. 그런데 갑자기 경종이 세상을 떠나 계획은 무산되고 말았다.

경종이 급서하자 「임인옥안」에 역적으로 등재되어 있을 정도로 궁지에 몰려 있던 연잉군과 노론이 결탁해 임금을 독살했다는 소문이 퍼졌다. 그 증거

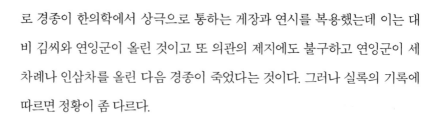
로 경종이 한의학에서 상극으로 통하는 게장과 연시를 복용했는데 이는 대비 김씨와 연잉군이 올린 것이고 또 의관의 제지에도 불구하고 연잉군이 세 차례나 인삼차를 올린 다음 경종이 죽었다는 것이다. 그러나 실록의 기록에 따르면 정황이 좀 다르다.

1724년(경종 4년), 경종은 7월 말부터 심해진 병환이 8월 초에 매우 위중해지자 거처를 창경궁 환취정으로 옮겼다. 주요 증상은 한열증으로 열이 심하게 나면서 한기가 몰려드는 것이었다. 8월 20일부터는 배와 가슴이 조이는 듯 아파왔다. 이튿날 의원들은 한방에서 상극으로 통하는 게장과 생감을 먹은 탓인 듯싶다며 두시탕과 곽향정기산을 올렸지만 이튿날까지 복통이 멎지 않았고 설사도 심해졌다. 23일에 경종의 의식이 오락가락하자 의관들은 인삼과 좁쌀로 끓인 인삼속미음을 올렸다. 24일에는 한기를 삭히기 위해 인삼차를 올렸다. 그러므로 인삼차는 연잉군이 맨 처음 올린 것이 아니었다.

당시 경종의 곁에는 의관과 연잉군뿐만 아니라 약방도제조인 소론의 이광좌와 제조인 이조 등이 앉아 있었다. 그들이 허약해진 경종에게 미음을 권했지만 왕은 고개를 젓다가 연잉군이 재촉하자 미음을 먹었다. 그처럼 경종은 세제 연잉군을 신뢰했던 것이다. 하지만 경종이 자주 의식을 잃자 의관 이공윤은 인삼차 진어를 반대하고 계지마황탕으로 설사를 그치게 하려 했지만 증세는 더욱 악화되었다. 급기야 임금의 목숨이 경각에 이르자 연잉군은 비상수단으로 인삼과 부자를 올리게 했다. 그것을 가져다준 사람은 다름 아닌 이광좌였다. 이공윤이 다시 인삼차 복용을 반대하자 연잉군이 그를 꾸짖었다.

"사람이란 본시 자기의 의견을 세울 곳이 있긴 하나, 지금이 어떤 때인데 꼭 자기의 의견을 세우려고 인삼 약제를 쓰지 못하도록 하는가?"

그렇게 해서 인삼차를 마신 경종은 잠깐 동안 눈빛이 안정되고 콧등이 따스해졌다. 연잉군의 처방은 독이 아니라 약이었던 셈이다. 하지만 이경이 되자 경종은 의식을 잃었고, 이광좌가 다시 인삼차를 올렸지만 결국 숨이 끊어지고 말았다. 이광좌는 세제인 연잉군의 후사를 기정사실화하고, 그의 명을 받들어 함원부원군 어유귀에게 대궐을 지키게 했다.

그렇듯 실록에 비추어 보면 영조의 경종 독살설은 신빙성이 떨어진다. 더군다나 「경종실록」은 소론측 대신들이 편찬한 것이 아닌가. 그럼에도 불구하고 경종 독살설이 세간에 널리 퍼졌다. 이는 영조의 즉위로 노론의 약진이 예상되자 실세 위기에 처한 소론이 벌인 정치공세일 가능성이 높아 보인다. 영조는 1755년(영조 31년) 「천의소감」의 저술을 맡은 신하들에게 그때의 일을 다음과 같이 해명했다.

"그때 황형(皇兄)에게 게장을 진어한 것은 동궁이 아니라 수라간이었다. 그 후 닷새 만에 황형이 승하하자 무식한 나인이 지나치게 진어했다는 소문이 퍼졌다. 지금 분명히 말하지 않으면 이것이 어찌 사람의 자식 된 도리이고 아우 된 도리이겠는가."

하지만 영조는 경종 독살설 때문에 재위 내내 곤욕을 치렀다. 실록에는 영조가 능행에 나섰을 때 군사 이천해란 자가 어가를 가로막고 욕설을 퍼부었다는 기사가 나온다. 영조는 사관에게 그 말을 싣지 못하게 하여 '차마 들을 수 없는 말[不忍之言]'로만 기록되었다. 이인좌의 난이 일어났을 때도 반란군의 명분은 억울하게 죽은 경종의 복수였다. 그렇듯 소론 강경파와 남인들은 영조의 치세 내내 경종 독살설을 제기했고, 노론은 이를 무마하기 위해 더욱 강경한 탄압을 시도했다. 그러나 영조는 탕평책을 통해 이들의 분쟁을 효과적으로 조율하면서 태평성세를 이끌었다.

제20대 경종 가계도

── 제20대 경종(景宗)
   1688년 출생, 1724년 사망(37세)
   재위 4년 2개월(1720. 6~1724. 8)

   단의왕후 심씨

   선의왕후 어씨

「경종실록」, 「경종수정실록」 편찬 경위

「경종실록」은 조선의 제20대 국왕 경종의 재위 4년 동안의 치세를 편년체로 기록한 역사서이다. 총 7책 15권으로 정식명칭은 「경종덕문익무순인선효대왕실록(景宗德文翼武純仁宣孝大王實錄)」이다. 실록은 1726년(영조 2년)부터 편찬을 시작해 1732년(영조 8년)에 완성했다. 실록청 총재관은 소론인 좌의정 이집, 우의정 조문명이고 도총당상은 대제학 이덕수, 부제학 서문명이었다.

이처럼 「경종실록」의 편찬 담당자가 소론 측 인사였으므로 노론에 불리한 기사가 많았다. 때문에 1778년(정조 2년) 「영조실록」 편찬이 시작되자 노론의 이사렴, 유당 등은 「경종실록」에 과거 신임사화에 잘못된 기사가 많다고 지적하고 정조에게 개정을 요구했다. 그리하여 「경종수정실록」이 1781년(정조 5년)에 완성되었다. 총 3책 5권으로 이루어진 「경종수정실록」은 노론의 입장에서 편찬되었으므로 「경종실록」에 있던 노론에 불리한 기사는 삭제되었고 소론에 불리한 기사가 많이 담겨 있다.

제21대 영조

영종지행순덕영모의열장의홍륜광인돈희체천건극성광
신화대성광운개태기영요명순철건건곤녕익문선무희경현효대왕실록
英宗至行純德英謀毅烈章義弘倫光仁敦禧體天建極聖功神化大成
廣運開泰基永堯明舜哲乾健坤寧翼文宣武熙敬顯孝大王實錄

영조 시대(1724.8~1776.3)의 세계정세

청나라는 1725년부터 「고금도서집성」을 시작으로 「대청회전」, 「대청율령」, 「대청일통지」, 「속문헌통고」 등 일련의 문화 사업을 완결했다. 1735년 즉위한 청의 제6대 황제 건륭제는 1759년 투르키스탄을 정복하는 등 10여 차례에 이르는 대외원정을 단행했다. 그 무렵 영국과 프랑스는 인도에서 식민지 쟁탈전을 벌이고 있었다. 미국에서는 1775년 보스턴 차사건 이후 영국의 중상주의정책과 가혹한 식민지 지배에서 벗어나고자 13주가 협력하여 정부를 수립한 다음 조지 워싱턴을 군사령관으로 임명하여 독립전쟁을 시작했다. 과학분야에서도 괄목할 만한 진전이 있었다. 1749년 프랭클린이 피뢰침을 발명했고, 1769년 영국 기계기술자 와트는 뉴커먼 배수기관 모형을 수리하던 중 열효율 연구에 몰두해 최초로 증기기관 특허를 받았다. 한편 스위프트의 「걸리버 여행기」, 루소의 「사회계약론」, 몽테스키외의 「법의 정신」, 디드로의 「백과전서」 등이 모두 이 시기에 나왔다.

왕세제 연잉군의 힘겨운 등극

조선의 제21대 국왕 영조의 이름은 금(昑), 자는 광숙(光叔), 호는 양성헌
(養性軒)이다. 숙종의 둘째 아들로 1694년(숙종 20년) 9월 13일, 창덕궁 보
경당에서 태어났다. 어머니는 무수리 출신의 화경숙빈 최씨, 정비는 정성왕
후 서씨, 계비는 정순왕후 김씨이다. 1724년 8월 30일, 경종의 뒤를 이어 31
세의 나이로 창덕궁 인정문에서 즉위했다.

영조는 1699년(숙종 25년) 연잉군(延礽君)에 봉해졌으나 어머니의 미천
한 출신 탓에 노론의 유력자 김창집의 조카인 숙종의 후궁 영빈 김씨의 양
자로 입적했다. 이와 같은 인연으로 그는 숙종 말년에 노론의 각별한 지지와
보호를 받았다.

경종이 즉위한 뒤 노론은 숙종과 이이명의 정유독대에 따라 연잉군에 대
한 후계작업에 돌입했다. 정언 이정소가 연잉군을 세제로 책봉하라는 상소를
올리자 영의정 김창집, 좌의정 이건명, 영중추부사 이이명, 판중추부사 조태
채 등 노론 4대신도 병약한 경종에게 후계구도를 명확히 하라고 요구했다. 이
들의 공세는 필연적으로 소론의 반발을 불러왔고, 경종의 정비 선의왕후 어씨
는 소현세자의 후손인 밀풍군 이탄의 아들 이관석을 양자를 들여 후사를 이
으려 했다. 그러자 왕실의 최고 어른인 숙종의 계비 인원왕후 김씨가 삼종혈

맥(三宗血脈)으로 후사를 이으라는 숙종의 유시를 내세웠다. 삼종혈맥이란 효종, 현종, 숙종에 걸치는 3대의 혈통을 이르는데, 당시 그 조건에 부합하는 인물은 오로지 연잉군 한 사람뿐이었다. 결국 삼종혈맥 논리에 굴복한 소론은 연잉군의 왕세제 책봉에 동의할 수밖에 없었다.

1차 목적이 달성되자 노론은 경종이 병환으로 정무를 제대로 수행할 수 없으므로 건강이 정상화될 때까지 세제가 대리청정을 하게 해달라고 요구했다. 더 이상 물러설 곳이 없어진 소론은 국왕에 대한 불충이라며 강하게 반발해 노론의 공세를 물리쳤다. 이어서 김일경 등 소론 강경파들은 노론이 역심을 품고 있다며 일대 반격에 나섰다. 경종은 노론 4대신을 비롯한 노론 세력을 조정에서 축출하고 소론을 중용했다.

소론은 이듬해 남인 목호룡의 고변을 내세운 노론의 역모를 조장하여 일대 옥사를 일으켰다. 임인삼수옥(壬寅三手獄)으로 통칭되는 이 사건으로 노론 4대신을 위시해 무려 170여 명에 달하는 노론계 신료들이 역적으로 몰려 사형을 당하거나 유배형에 처해졌다. 연잉군은 처남 서덕수를 비롯해 인척인 백망과 정인중 등이 역모를 자백한 뒤 처형되고, 그 자신이 피의자의 공초에 올라 있는 등 궁지에 몰려 있었다. 게다가 김일경의 사주를 받은 환관 박상검과 문유도가 그의 대궐 출입을 저지하고 나섰다.

그런 사면초가의 상황에서도 연잉군에게는 다행히 경종이란 강력한 버팀막이 있었다. 어릴 때부터 연잉군에게 정이 깊었던 경종은 그를 제거하라는 소론의 주청을 들은 척도 하지 않았던 것이다. 이에 힘을 얻은 연잉군은 자신을 감시하던 환관과 궁녀들을 제거했다. 또 동궁 소속의 김동필, 조현명, 송인명, 박문수 등이 엄중하게 그를 보위했다. 결국 1724년 8월 25일, 경종이 승하하고 자신에게 대보가 주어지자 연잉군은 비로소 안도의 한숨을 내쉬었다.

탕평책의 자초지종

지난한 과정을 거쳐 보위에 오른 영조는 제일성으로 붕당의 타파를 선언했다. 그는 왕세제 책봉과 대리청정 과정에서 빚어진 당쟁으로 생명의 위협까지 받았던 만큼 당파를 초월한 탕평 정치만이 조선을 정상화시킬 수 있다고 믿었다. 영조는 초기 내각에 소론인 이광좌를 영의정, 조태억을 좌의정, 유봉휘를 우의정으로 삼아 노론을 중용할 것이라는 소론의 경계심을 풀어주었다. 하지만 영조는 임인년에 자신을 궁지에 몰아넣었던 소론 강경파 김일경과 삼수옥의 고변자 목호룡을 처형해버렸다. 그렇듯 영조는 소론에게 당근과 채찍을 병용하여 감정에 치우치지 않고 이성적으로 왕권을 행사하겠다는 뜻을 보여주었다.

즉위 초의 정세가 어느 정도 안정되자 영조는 자신을 지지하는 노론 인사들을 조정으로 불러들인 다음 과거 신임옥사에서 죽거나 처벌된 노론 4대신과 신료들을 신원하고 복권시켰다. 이를 을사처분(乙巳處分) 혹은 을사환국(乙巳換局)이라고 한다.

그런데 을사처분으로 조정에 들어온 정호와 민진원 등 노론 강경파들은 영조에게 소론에 대한 보복을 요구했다. 그 때문에 탕평 정국을 구상하던 영조의 뜻과 달리 정국은 노론과 소론의 격심한 당쟁을 불러왔다. 영조는 1727년(영조 3년) 노론 신료들을 축출하고 이광좌를 중심으로 소론 내각을 출범시킨 다음 경종 연간에 있었던 세제책봉문제나 대리청정문제를 거론하면 역모로 다스리겠다고 선언했다. 이를 정미환국(丁未換局)이라고 한다.

영조의 노력에도 소론 강경파들의 영조와 노론에 대한 적개심은 식지 않았다. 이인좌의 난이 그 대표적인 사건이었다. 애초에 이광좌 등 소론 온건파들은 영조의 등극을 용인하는 입장이었다. 하지만 김일경을 위시한 소론 강경파들은 영조의 정통성을 인정하지 않았다. 그리하여 김일경이 처형되고 을사환국으로 노론정권이 들어서자 정변을 일으켜 영조를 축출하려 했다.

1728년(영조 4년) 3월, 소론 강경파들은 숙종 대 갑술환국으로 정계를 떠나 있던 남인 일부와 손잡고 이인좌의 난을 일으켰다. 그런데 이 반란은 아이러니하게도 정미환국으로 집권한 이광좌와 오명항 등 소론정권에게 진압되었다.

그처럼 당쟁이 국왕을 끌어내리려는 정변으로 비화하는 기막힌 현실을 목도한 영조는 과거 숙종의 환국정치 형태로 붕당의 폐해를 조율하는 것보다는 조정에서 양자를 공평하게 대우하는 탕평책을 활용하기로 결심했다. 탕평책은 일찍이 조문명, 조현명, 송인명 등이 주장했는데 구체적인 방법으로는 분등설(分等說), 양치양해(兩治兩解), 쌍거호대(雙擧互對) 등이 있었다.

분등설은 노·소론간의 골고루 관직을 배분하여 양측이 모두 벼슬길에 나올 수 있는 명분을 제공한다는 것이다. 양치양해는 노·소론 중에 어느 한 쪽을 벌해야 할 일이 있으면 반드시 다른 쪽의 죄를 찾아 함께 벌하여 공평성을 유지한다는 것이었다. 또 쌍거호대란 노·소론 간에 서로를 견제할 수 있도록 관직을 배려하는 인사정책이었다.

1729년(영조 5년)부터 영조는 탕평책을 적극적으로 시행했다. 노·소론의 시비가 상반되는 경종 대의 신임옥사를 절충하는 기유처분(己酉處分)을 내리고, 노론 홍치중을 영의정으로 임명한 다음 소론 이태좌를 좌의정을 임명했다. 또 이조 판서에 노론 김재로를 임명한 다음 참판에 소론 송인명, 참의에 소론 서종옥, 전랑에 노론 신만을 임명했다. 그렇듯 영조는 쌍거호대를 통해 노·소론을 망라한 연립정권이 구성하여 탕평정국을 실현시켰다.

탕평책을 통해 왕권을 안정시킨 영조는 1740년(영조 16년) 경신처분(庚申處分)을 통해 노론 4대신을 완전히 신원하고 신임옥사가 소론과격파가 조작한 무옥(誣獄)임을 선언했다. 그리고 이를 대내외에 천명하는 신유대훈(辛酉大訓)을 반포하여 자신의 왕위계승의 정통성을 노론과 소론, 백성들에게 공식적으로 추인받았다. 한편 경신처분으로 청음 김상헌의 후손인 김수항, 김창집, 김제겸, 김성행 등 안동 김씨 가문의 4대가 명부조(命不祧)[114]의 특전을 입어 조선 왕조 500년사에 유일무이한 일묘사충(一廟四忠)의 영예를 얻었다.

그 후 영조는 탕평책을 쌍거호대에서 유재시용(有才是用)의 인사정책으로 확대시켜 노·소론은 물론 그동안 소외되었던 남·북인까지 조정에 끌어들였다. 그리하여 오광운, 채제공 등의 남인과 남태제, 임개 등 북인이 등용되었다. 노론의 명분으로 시행된 이 탕평의 시기에 영조는 이조낭관의 통청권을 혁파하고 균역법을 실시했으며, 서원 철폐와 노비신공의 반감, 군비와 군제의 정비 등의 업적을 쌓았다.

1755년(영조 31년) 1월에 일어난 나주괘서사건으로 촉발된 윤지 일당의 을해옥사는 탕평 정국 내에서 활동하고 있던 소론 인사들을 궁지로 내몰았다. 연이은 소론 계열의 역모로 파멸의 위기에 처한 소론은 스스로 과거 신임옥사 때 자파의 조태구, 이광좌 등이 영조에 불충했다는 상소를 올려 생존을 도모했다. 노론은 그때의 승리로 공식화된 자파의 신임의리(辛壬義理)를 향후 장기 집권의 명분으로 삼았다.

이처럼 영조의 탕평책은 치세 중기까지 성공적으로 시행되었지만, 후기에 들어서면서 집권세력 내부의 분열로 금이 가게 된다. 그 계기는 1749년(영조 25년)부터 대리청정을 하고 있던 왕세자 이선을 둘러싼 분쟁이었다. 그 무렵 노론의 김상로와 홍계희 등은 세자가 신임의리에 투철하지 못하다고 불만을 품고 있었다. 이에 홍봉한, 홍익한 등 외척 세력이 세자를 보호하면서 갈등이 일어났다. 당시 정성왕후 서씨가 죽고 나서 계비로 맞이한 정순왕후 김씨의 친정아버지 김한구를 중심으로 또 하나의 척신세력이 등장해 그 분열상에 가세했다. 그런 가운데 또 소론과 남인 일파가 은밀히 약진을 꾀했다.

1762년(영조 38년) 영조가 사도세자를 뒤주에 가두어 죽인 임오화변(壬午禍變)은 이런 정치적 갈등 속에 일어났다. 국왕이 친 혈육이며 국본인 세자를 친히 사사하는 비극이 벌어지고 있는데 목숨을 걸고 세자를 보위하려는 중신들이 없었다는 것은 당파의 이익이 국왕에 대한 충성심보다 우선하고 있었음을 말해준다.

이런 분위기 속에 영조는 외로움을 느끼고 홍봉한과 김한구라는 두 갈래

척신 세력에게 의존하기 시작했다. 그에 따라 각 당파의 신료들은 이해관계에 따라 그들과 이합집산하는 형국으로 변해갔다. 영조 말기에는 왕세손 이산을 등에 업은 홍봉한 세력이 우세했지만, 외척에 비판적인 관료들이 청명당[115]을 형성해 그들을 견제하고, 김한구의 척신계마저 가담했다. 조정은 다시 세손을 보호하려는 세력과 모해하려는 세력으로 갈라져 암투가 극에 달했다. 그러나 고령의 영조는 홍인한 등의 방해를 물리치고 왕세손의 대리청정을 성사시켜 후계문제를 명확히 해주었다.

조선의 중흥을 도모한 현군의 치적

영조는 52년이라는 긴 세월 동안 재위하면서 뛰어난 정치력을 발휘하여 당쟁을 진정시키고 백성들을 위해 다양한 치적을 쌓았다. 그는 우선 형법을 개정해 백성이 억울하게 피해를 입지 않도록 했다.

1725년 영조는 압슬형을 폐지하고, 사형을 받지 않고 죽은 자에게는 형을 가하는 추형(追刑)을 금지했다. 또 1729년 지방관들에게 사형수를 세 차례 심문하는 삼복법(三覆法)을 엄격히 시행하도록 명했다. 1774년 양반 가문의 사적인 형벌을 엄금하고, 형벌의 남용과 문신을 새기는 경자(鯨刺) 등 가혹한 형벌을 폐지했다. 또 유명무실한 신문고제도를 부활시켰지만 운용에 문제가 있어 혁파와 부활을 반복했다.

영조가 가장 역점을 둔 정책은 경제분야였다. 1725년 각 도에 저수지와 제방을 수축해 가뭄에 대비하게 했고, 1729년에는 기준 이상의 궁전 및 둔전에 세금을 부과하게 했다. 또 탈세 방지를 위해 오가작통법과 이정법(里定法)을 철저하게 관리했다. 1760년에는 준천사(濬川司)를 설치한 다음 한양 주민 15만 명과 역부 5만 명을 동원해 2개월간에 걸쳐 개천(介川, 청계천) 준설작업을 벌여 한양의 골칫거리였던 하수처리 문제를 해결하고 서민들의 민생을 지원했다.

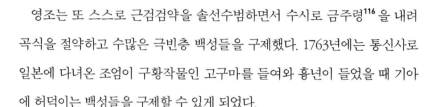

영조는 또 스스로 근검검약을 솔선수범하면서 수시로 금주령[116]을 내려 곡식을 절약하고 수많은 극빈층 백성들을 구제했다. 1763년에는 통신사로 일본에 다녀온 조엄이 구황작물인 고구마를 들여와 흉년이 들었을 때 기아에 허덕이는 백성들을 구제할 수 있게 되었다.

영조의 경제정책 중에 가장 높은 평가를 받는 것은 균역법(均役法)의 시행이었다. 영조는 1750년 친히 홍화문에 나가 한양 백성들에게 양역개정에 대한 여론을 수렴하면서 균역법 시행에 대한 의지를 보여주었다. 그리하여 양역의 부담을 공평하게 1필역(一疋役)으로 균일화하여 양역민의 부담을 크게 줄여주었다. 그로 인해 부족한 재정은 지주층의 토지세에 결전(結錢)을 덧붙여 해결했다. 또 일부 양역민에게 선무군관(選武軍官)이란 명칭을 부여하여 군관포를 징수했고, 그동안 국세에 포함되지 않던 어염세와 은여결세 등을 국고에 편입시켰다. 그는 또 각 도에 은결을 면밀히 조사하고 환곡분류법을 엄수하게 하는 등 환곡에 따른 폐단을 방지하려 애썼다.

한편 영조는 1730년 천민들의 신분을 명확히 하기 위해 공사천법(公私賤法)을 마련해 양인 아내의 소생은 어머니를 따라 모두 양인이 되게 했다. 이듬해에는 남자는 아버지, 여자는 어머니를 따르게 하여 양역을 늘렸다. 또 1772년 서자의 관리등용을 허용하는 서얼통청법을 제정하여 서얼들의 오랜 숙원을 풀어주었다.

1741년 영조는 붕당의 근거지인 서원과 사우의 사적인 건립을 금지하고, 이를 어긴 170여 개소의 서원과 사우를 철거하는 강수를 두었다. 그러자 숙종 때까지 매년 10여 개소씩 늘어나던 서원과 사우의 설립이 일시에 그쳤다. 1772년에는 과거에서 탕평과를 시행했고, 동색금혼패(同色禁婚牌)를 집집마다 대문에 걸어두게 하여 당색끼리의 결집을 경고했다.

군사부문에 대한 치적도 특기할 만하다. 1725년(영조 2년) 주화의 주조를 금지하고 무기를 만들게 했다. 1729년에는 숙종 때 김만기가 만든 화차(火車)를 고치게 했으며, 이듬해 수어청에 명하여 조총을 만들게 했다. 1755년에는 임금의 친위대인 금군을 정비해 용호영으로 독립시켰고, 전라좌수사

전운상이 만든 해골선을 통영 및 각 도의 수영에서 만들도록 하여 해군력을 강화시켰다. 북방의 군사력 강화에도 진력해 1727년 북관군병에게 조총훈련을 시행했으며, 1733년에는 평양중성을 구축하게 했고, 1744년에는 비상시 도성인 강화도의 외성을 다시 쌓았다.

영조 시대에는 문화 방면에 비약적인 발전이 있었다. 1729년 영조는 「감란록」을 신하들에게 나누어주었고, 이듬해에는 「숙묘보감」을 편찬하게 했다. 1732년에는 이황의 학문을 정리한 「퇴도언행록」을 간행하여 올리게 했다. 1736년에는 「경국대전」을 고쳐 쓰고, 여성들을 위해서 「여사서」를 언문으로 번역해 간행했다. 1742년에 「천문도」, 「오충륜도」를 모사하게 했고, 이듬해에는 균역법의 전형인 「양역실총」을 배포했다. 1754년 「소학훈의」, 「속오례의」를 편찬했고, 「경국대전」에서 제도를 바꾼 것을 반영해 「속대전」을 만들었다. 1748년에는 관리들의 필독서 「무원록」, 1754년에는 영조 자신의 왕위 정통성을 천명하는 「천의소감」을 써서 내외에 배포했다. 1770년에는 우리나라 최초의 백과사전인 「동국문헌비고」를 만들어 「증보문헌비고」의 뼈대를 만들었다. 다양한 실학 관련 서적들도 활발하게 간행되었다. 1765년 북학과 홍대용의 「연행록」, 1769년에는 실학의 선구자 유형원의 「반계수록」, 1770년에는 신경준의 「도로고」가 편찬되었다.

호학군주였던 영조는 직접 여러 권의 책을 직접 찬술하기도 했다. 「악학궤범」의 서문과 스스로를 되돌아본 「어제자성편」을 지었고, 1754년에는 무신들을 위해 「위장필람」을 저술해 나누어주었다. 또한 「어제경세문답」, 「어제경세편」, 「백행원」, 「어제소학지남」, 「팔순유곤록」, 「어제조손동보」, 「어제효제권유문」 등을 썼다.

현군의 최후

영조는 즉위 이전 어머니의 비천한 신분 때문에 심적 갈등과 경종의 독살 혐의, 심지어 숙종의 친아들이 아니라는 유언비어에 시달렸고, 등극한 뒤에는 국왕으로서의 존재까지 부정하는 이인좌의 난을 겪었다. 그처럼 지난한 역경 속에서도 영조는 지혜로운 통치력을 발휘해 군주로서의 위상을 확립했으며, 탕평책을 통해 정국안정을 바탕으로 민생을 돌보았고 각 방면에 걸쳐 부흥기를 마련한 현군이었다.

> 사람들아 가을 비바람 이상하다 하지 마오,
>
> 일십당에 물고기가 용으로 변신했네.[117]

이 시는 1767년(영조 48년) 9월 18일, 영조가 문묘에 작헌례를 올리고 춘당대에서 과거를 실시하여 급제한 김인서를 선전관으로 임명한 다음 궁에 돌아온 뒤, 다음 날 내린 어제시이다. 그가 얼마나 인재를 아꼈는지를 보여주는 증거이기도 하다.

평생 당파의 모진 폭풍우와 싸우면서도 조선의 중흥을 도모했던 영조는 조선의 역대 국왕 가운데 가장 긴 52년의 재위기록을 남기고 1776년 3월 5일, 83세의 나이로 경희궁 집경당에서 세상을 떠났다. 시호는 지행순덕영모의열장의홍륜광인돈희체천건극성광신화대성광운개태기영요명순철건건곤녕익문선무희경현효대왕(至行純德英謀毅烈章義弘倫光仁敦禧體天建極聖功神化大成廣運開泰基永堯明舜哲乾健坤寧翼文宣武熙敬顯孝大王), 묘호는 영종(英宗)이다. 1890년(고종 27년)에 묘호를 영조(英祖)로 고쳤다. 능호는 원릉(元陵)으로 경기도 양주에 있다.

제21대 영조 가계도

제21대 영조(英祖)

1694년 출생, 1776년 사망(83세)
재위 51년 7개월(1724. 8~1776. 3)

정성왕후 서씨

정순왕후 김씨

정빈 이씨(연우궁)　경의군 이행(효장세자, 진종 추존) ─┬─ 효순왕후 조씨
　　　　　　　　　　　　　　　　　　　　　　　　　왕세손 이산(양자)

　　　　　　　화순옹주　옹주(조졸)

영빈 이씨(선희궁)　왕세자 이선 ──┬── 헌경왕후 홍씨(혜경궁)
　　　　　　　　　(사도세자, 장조 추존)　├─ 의소세손(조졸)
　　　　　　　　　　　　　　　　　　　　├─ 왕세손 이산(**제22대 정조**)
　　　　　　　　　　　　　　　　　　　　├─ 청연공주
　　　　　　　　　　　　　　　　　　　　├─ 청선공주
　　　　　　　　　　　　　　　　　　　　├─ 숙빈 임씨
　　　　　　　　　　　　　　　　　　　　├─ 은언군 이인
　　　　　　　　　　　　　　　　　　　　│　├─ 3남 전계군 이광(전계대원군 추존)
　　　　　　　　　　　　　　　　　　　　│　　├─ 3남 덕완군 이원범(**제25대 철종**)
　　　　　　　　　　　　　　　　　　　　├─ 은신군 이진
　　　　　　　　　　　　　　　　　　　　│　├─ 남연군 이구(양자. 인평대군의 6대손)
　　　　　　　　　　　　　　　　　　　　│　　├─ 흥선대원군 이하응
　　　　　　　　　　　　　　　　　　　　│　　　├─ 차남 익성군 이재황(**제26대 고종**)
　　　　　　　　　　　　　　　　　　　　└─ 경빈 박씨
　　　　　　　　　　　　　　　　　　　　　├─ 은전군 이찬
　　　　　　　　　　　　　　　　　　　　　├─ 청근옹주

　　　　　　　화평옹주　옹주 3명(조졸)
　　　　　　　화협옹주　화완옹주

귀인 조씨　옹주(조졸)　화유옹주

숙의 문씨(폐숙의)　화녕옹주　화길옹주

영조의 가족

영조는 6명의 부인에게서 2남 7녀를 얻었다. 정비 정성왕후 서씨와 계비 정순왕후 김씨는 적자를 생산하지 못했고 정빈 이씨가 효장세자, 영빈 이씨가 사도세자를 낳았다.

정비 정성왕후 서씨는 달성부원군 서종제의 딸로. 1704년 13세의 나이로 연잉군과 가례를 올려 달성군부인에 봉해졌고 1721년 세제빈이 되었다. 1724년 영조 즉위 후 왕비가 되었지만 자식을 낳지 못하고 1757년 2월 15일, 창덕궁 관리합에서 66세를 일기로 세상을 떠났다.

계비 정순왕후 김씨는 오흥부원군 김한구의 딸로 여주에서 태어났다. 1759년 15세의 나이로 66세의 영조와 가례를 올리고 왕비가 되었다. 그녀는 영빈 이씨 소생의 왕세자 이선을 미워해 노론 정파와 합세하여 그를 공격해 제거했다. 그녀는 또 왕세손 이산을 몰아내려 했지만 영조의 비호 때문에 실패했고, 정조 즉위 후에는 오빠 김귀주가 죽임을 당하자 깊은 원한을 품었다. 그리하여 정조 사후 순조가 어린 나이로 즉위하자 수렴청정하면서 신유사옥을 일으켜 정조가 보호하던 남인들을 정계에서 축출하고 천주교를 탄압하는 등 철권을 휘두르다 1805년 1월 12일, 창덕궁 경복전에서 61세를 일기로 세상을 떠났다.

정빈 이씨 소생의 맏아들 효장세자 이행은 1719년 태어나 1724년 경의군에 봉해지고 이듬해 왕세자에 책봉되었지만, 1728년 열 살의 어린 나이로 병사했다. 훗날 정조가 그의 양자가 되어 즉위한 뒤 진종으로 추존되었다. 정빈 이씨 소생의 딸 화순옹주는 사랑하는 남편 김한신이 죽자 스스로 곡기를 끊고 죽으려 해 영조가 직접 말리기도 했지만 14일 만에 자살한 절부였다.

영빈 이씨는 효장세자가 죽은 지 7년 뒤인 1735년(영조 11년) 사도세자 이선을 낳았다. 영조는 그녀는 물론 그녀 소생의 딸 화평옹주와 화완옹주를 매우 총애했다. 그러나 영빈 이씨는 아들 사도세자의 비행을 영조에게 고해바쳐 비정한 어머니라는 오명을 남겼다. 그녀는 사도세자가 뒤주에서 비명에 죽은 지 2년 후인 1764년(영조 40년) 7월 26일, 세상을 떠났다.

영빈 이씨 소생이며 사도세자의 여동생인 화완옹주는 남편 정치달이 요절한 뒤 정후겸을 양자로 삼아 참판 벼슬까지 올렸다. 정치적 야망이 컸던 그녀는 영조의 총애를 미끼로 홍인한, 윤태연과 함께 세손을 괴롭혔으며 정조가 등극한 뒤에는 은전군을 옹립하려는 홍계능 일당의 역모에 배후로 암약했다. 정조는 보위에 오른 뒤 정후겸을 사사했지만, 화완옹주만은 영조의 사랑이 각별했다 하여 서인으로 강등하고 강화도에 귀양 보냈다. 영조 말년에 총애 받았던 숙의 문씨는 동생 문성국과 공모해 영조에게 사도세자를 무고했으며, 화완옹주와 정후겸과 함께 정조를 죽이려 모사를 꾸몄다가 정조 등극 후 유배형에 처해졌다.

영조 시대의 주요사건

이인좌의 난

1728년(영조 4년) 3월 15일, 정권에서 배제된 소론과 남인의 과격파가 연합해 무력으로 정권탈취를 기도한 반란사건이 벌어졌다. 이 반란은 이인좌가 중심이 되었기 때문에 이인좌의 난이라고 하며, 무신년에 일어났기 때문에 무신난이라고도 한다.

영조가 즉위한 뒤 자신들의 정치적 지위를 위협받게 된 소론 강경파 박필현, 이유익, 심유현 등은 갑술환국 이후 정권에서 배제된 남인들을 포섭한 다음 소현세자의 증손인 밀풍군 이탄을 옹립해 영조를 축출하고자 했다. 그들의 경종 독살설과 영조가 숙종의 친아들이 아니라는 명분을 내세워 역모를 정당화하고 민심을 호도했다.

1725년(영조 1년)부터 박필현 등은 동조 세력을 규합했는데, 서울에서는 이하, 양명하, 윤덕유 등이, 지방에서는 안음의 정준유, 은진의 나만치, 여주의 조덕규, 이천의 임서호, 안성의 정세윤, 진위에 이호, 충주의 민원보, 청주의 이인좌와 신천영, 상주의 김홍수, 과천의 이일좌 등이 속속 반란에 가담했다. 그들은 또 현직 평양병사 이사성과 금군별장 남태징 등과 은밀히 내통하면서 경종의 임종을 지켜본 심유현이 연잉군의 독살을 목격했다는 유언비어를 퍼뜨렸다. 이후 전국 각처에서 흉서와 괘서사건이 빈발하기 시작했다. 그들은 또 집안의 장정과 노비,

심지어 명화적까지 반란군에 끌어들였다.

1727년(영조 3년) 정미환국으로 온건파 소론 인사들이 조정에 대폭 기용되자 그들은 더 이상 동조자를 찾기 힘들었고, 3월 14일 봉조하 최규서의 고변, 양성인 김중만의 고변 등으로 역모가 사전에 노출되었다. 역모가 발고되자 영조는 즉시 도성문을 폐쇄한 다음 도성 밖의 관군들을 동원해 수도 방어를 강화했다. 그와 함께 병조 판서 오명항을 사로도순무사, 박찬신을 도순무중군, 바문수를 종사관으로 삼아 반적들을 토벌하게 했다.

그 소식을 들은 소론 강경파들은 서둘러 거사를 단행했다. 1728년(영조 4년) 3월 15일, 이인좌가 이끄는 반란군이 청주성을 공격해 충청병사 이봉상과 영장 남연년, 군관 홍림 등을 살해하고 청주 일대를 장악했다. 그들은 권서봉을 목사, 신천영을 병사로 삼고 주변 고을에 격문을 보내 병마를 모집하는 한편 창고를 풀어 백성들에게 관곡을 나누어주며 민심을 끌어들였다. 당시 이인좌를 대원수로 하는 반란군은 군문에 경종을 위한 복수의 깃발을 세우고, 경종의 위패를 설치해 조석으로 곡배하면서 자신들의 거사가 선왕에 대한 충성심에서 비롯되었음을 과시했다. 반란군은 곧 청주를 떠나 목천, 청안, 진천을 거쳐 안성, 죽산으로 향했다.

충청도에서 일어난 이 반란에 영남과 호남에서도 많은 소론파 인사들이 호응했다. 영남에서는 3월 20일, 정온의 4대손인 정희량이 조상묘의 이장을 구실로 장정들을 모집한 뒤 이인좌의 동생 이웅보와 함께 안음의 고현창에서 봉기했다. 그는 안음 현감과 거창 현감을 위협해 두 지역을 장악한 다음 합천에 있는 인척 조성좌의 도움을 받아 합천과 함양을 석권했다. 이들은 장차 충청도의 반군과 합류해 서울로 진군하고자 했다. 이때 조정의 명을 받은 경상 감사 황선은 성주 목사 이보혁을 우방장으로, 초계 군수 정양빈을 좌방장으로 삼아 주변의 관군을 총동원해 영남의 반란군을 토벌하는 데 성공했다.

호남에서는 태인 현감 박필현이 무장에 유배 중인 박필몽 등과 합세하여 군사를 모으려 했다. 하지만 그들의 음모가 사전에 발각되어 박필몽이 상주에서 체포된 후 참형에 처해졌다. 박필현 역시 고부군 흥덕을 거쳐 죽도에 도피해 있다가 체포되어 죽임을 당했다.

북상하던 반군의 본진은 3월 24일, 안성과 죽산에서 신속하게 출동한 관군에게 궤멸되었고 이인좌, 권서봉, 목함경 등이 생포되었다. 청주성을 지키던 신천영역시 창의사 박민웅 등과 상당성에서 접전을 벌이다 패배했다. 그리하여 4월 초순 오명항이 이끄는 토벌군이 청주를 거쳐 추풍령을 넘었을 때는 영남의 반군도대부분 소탕된 후였다. 그렇듯 반군은 모두 평정한 관군은 거창에서 회군해 4월 19일 개선했다.

이 사건으로 소론은 당파 내부에 심각한 타격을 입었다. 난을 획책한 사람들도 소론이고, 난을 평정한 사람들도 소론이었기 때문이다. 궁지에 몰린 소론은자구책으로 노론의 신임의리를 인정하기에 이른다. 조정은 노론의 독무대가 되었고, 이후 노론이 척신들과 연결되어 분열을 거듭하여 탕평정국이 깨짐과 동시에 영조 말년의 정국혼란으로 이어졌다.

나주괘서사건

1755년(영조 31년), 을해년에 소론 일파가 노론을 제거할 목적으로 일으킨 역모를 일으켰다. 이 사건을 을해옥사 혹은 윤지의 난이라고 부른다. 영조 즉위 이후 김일경의 옥사로 수많은 소론 인사들이 처형되었을 때 훈련대장 윤취상도 고문으로 죽었다. 아들 윤지도 연좌되어 제주도에 유배되었다가 나주로 이배되었다. 그로부터 20년 동안 절치부심하며 복수의 기회를 노리던 윤지는 아들 윤광철과 함께 나주 목사 이하징, 이효식, 박찬신 등 경향 각지의 소론 인사들을 규합하고 주변의 한량들을 끌어들여 거사를 도모하려 했다.

1755년 1월, 나주 객사에 영조와 노론을 비방하는 괘서가 발견되어 조정이 발칵 뒤집혔다. 윤지 일당이 거사 직전에 시중의 혼란을 조성하기 위해 시도한 것이었다. 하지만 역모는 사전에 발각되어 윤지가 전라 감사 조운규에게 체포되었다. 서울로 압송된 윤지는 영조의 친국을 받은 뒤 2월에 처형되었고, 역모에 참여했던 박찬신, 조동정, 조동하, 김윤 등 많은 소론 인사들이 죽임을 당했으며 이광사, 윤득구 등은 유배형에 처해졌다.

그해 5월, 역당 김일경 등을 토벌한 기념으로 벌어진 토역경과정시(討逆慶科庭試)에서 답안지를 변조한 윤지의 추종자 심정연이 붙잡혀 처형되었다. 이어 춘천에서 윤혜, 김도성, 신치운 등이 주모한 역모사건이 발각되었다. 이처럼 연이은 소론 계열 인사의 역모로 소론은 재기불능의 타격을 입었다. 영조는 「천의소감」을 통해 이 사건의 시말을 자세히 밝힌 다음 명분을 획득한 노론을 중심으로 소극적인 탕평정국을 이끌어갔다.

임오화변

1762년(영조 38년) 5월, 노론과 소론의 치열한 정쟁과정에서 왕세자 이선이 아버지 영조에게 죽임을 당하는 비극적인 사건이 벌어졌다. 왕세자 이선은 이복형인 효장세자가 요절한 뒤 1735년 영빈 이씨 소생으로 태어났다. 영조의 각별한 사랑으로 2세 때 왕세자에 책봉되었고, 10세 때 혼인해 별궁에 거처했다.

그는 5세 때 「효경」을 외웠을 정도로 영특했고 효성이 지극해 영조의 신임을 받았다. 그리하여 1749년(영조 25년) 연로한 영조는 15세가 된 세자에게 대리청정을 맡겼다. 그런데 세자가 노론의 신임의리에 대해 비판적인 태도를 보이자 노론의 김상로와 홍계희 등이 경계심을 품고 수시로 그를 헐뜯었다. 또 가문이 노론 계열이었던 영조의 계비 정순왕후 김씨와 숙의 문씨 등이 수시로 세자를 깎아내렸다. 당시 영조는 총애하던 화평옹주를 잃은 뒤 실의에 빠져 있다가 사방에서 들려오는 동궁에 대한 무고에 격분해 세자를 불러 자주 꾸짖었다.

실록에 따르면 이때부터 세자는 격간도동(膈間挑動)이라는 정신질환에 걸려 양제 임씨를 때려 죽였고, 여승을 궁에 데려오는 등 난행과 광태를 일삼았다고 기록되어 있다. 그러자 영조는 세자를 조정에서 쫓아내버렸다. 고립무원의 신세가 되어버린 세자는 평양을 은밀히 오가더니, 1761년 초에는 무려 석 달 동안 관서 지방을 순행하고 돌아왔다. 그 일은 소론인 평안 감사 이종성이 스스로 영조에게 고해바치면서 알려졌다. 대노한 영조는 비롯해 파직하고 세자의 순행에 관여한 사람들을 모조리 파직시켜버렸다. 그 와중에 1762년(영조 38년) 5월 22일, 나경언의 고변 사건이 일어났다. 정순왕후의 생부 김한구, 홍계희, 윤급 등이 액정별감 나상언의 형 나경언을 꼬드겨 10조목에 걸쳐 세자의 비행을 형조에 고변하게 했던 것이다. 당시의 정황을 기록한 실록을 잠깐 살펴보자.

나경언이 형조에 글을 올리자 참의 이해중이 그 내용을 영의정 홍봉한에게 알린 다음 영조에게 고했다. 영조는 "변란이 팔꿈치와 겨드랑이에 있게 되었구나" 하면서 경기 감사 홍계희에게 즉시 성문과 대궐문을 닫게 한 다음 국청을 설치했다. 이윽고 나경언이 내놓은 흉서를 읽은 영조는 "내가 이런 변이 있을 줄 알았다" 하면서 홍봉한에게 보여주었다. 그러자 홍봉한이 울면서 말했다.

"신이 청컨대 먼저 죽고자 합니다."

영조는 이어서 그 글을 윤동도에게 보여준 다음 신료들에게 말했다.

"오늘날 조정에서 사모를 쓰고, 띠를 맨 자는 모두 죄인 중에 죄인이다. 나경언이 이런 글을 올려서 나로 하여금 세자의 과실을 알게 했는데, 여러 신하 가운데는 이런 일을 나에게 고한 자가 한 사람도 없었으니 나경언에 비해 부끄럼이 없겠는가?"

영조는 홍봉한의 청대로 나경언의 흉서를 불태운 다음 세자를 불렀다. 세자가 급히 달려와 홍화문 앞에서 죄를 청했다. 영조는 나경언에게 말했다.

"네가 나라를 위해 이처럼 진달했으니 그 정성은 가상하다. 그러나 처음 올린 글에 떠도는 말을 만들어 사람을 악역(惡逆)의 죄과로 모함했고, 또 '변란이 호흡 사이에 있다'는 등의 말로 임금을 놀라게 하여 궐문을 호위하게 하고 도성이 들끓게 했으니, 이후 불쾌한 무리가 다시 네 버릇을 본받게 될 것이다."

장을 네 대 치게 한 다음 물었다.

"네 글 가운데 서(徐), 김(金), 이(李) 세 사람은 누구인가?"

"서는 서명응이요, 김은 김유성이고 이는 누구인지 모릅니다."

나경언에 대한 심문을 마친 영조는 세자를 불러들여 격한 어조로 책망했다.

"네가 왕손의 어미[118]를 때려죽이고, 여승을 궁으로 들였으며, 서로에 행역하고, 북성으로 나가 유람했는데, 이것이 어찌 세자로서 행할 일이냐? 사모를 쓴 자들은 모두 나를 속였으니 나경언이 없었더라면 내가 어찌 알았겠는가? 왕손의 어미를 네가 처음에 매우 사랑하여 우물에 빠진 듯하더니 어찌

하여 마침내 죽였느냐? 그 사람이 아주 강직했으니 반드시 네 행실과 일을 간하다가 이로 말미암아서 죽임을 당했을 것이다. 또 장래에 여승의 아들을 반드시 왕손이라고 일컬어 데리고 들어와 문안할 것이다. 이렇게 하고도 나라가 망하지 않겠는가?"

세자가 억울함을 호소하며 나경언과 대질심문을 청하자 영조는 혀를 찼다.

"이 역시 나라를 망칠 말이다. 대리청정하는 세자가 어찌 죄인과 얼굴을 맞댈 수 있겠느냐. 차라리 발광하는 편이 낫겠다. 물러나라."

세자가 물러나 금천교 위에서 대죄하자 홍봉한은 "대조(大朝)께 충성하는 자는 소조(小朝)에도 충성하는 것입니다"라며 나경언을 처형하라고 상주했다. 영조는 그에게 장 몇 대를 더 치고 풀어주려 했지만 신하들은 동궁을 무고한 혐의가 크다며 그의 처분을 종용했다. 하는 수 없이 영조는 나경언을 처형하도록 명했다.

실록의 기록대로라면 세자는 서명응, 김유성 등과 함께 은밀히 정변을 모의했고, 그 무렵 군사를 일으키려 했다는 사실을 알 수 있다. 세자는 나경언의 고변이 무고임을 극력 주장했지만 의심이 극에 달한 영조는 사실을 밝힐 기회를 주지 않았다. 더불어 고변자 나경언은 목호룡처럼 일신의 영달을 꾀했다가 자기 신세를 망쳐버렸다.

궁지에 몰린 세자는 그날부터 5월 13일까지 세자는 시민당 뜰에서 영조의 처분을 기다렸다. 그 사이 영조는 홍화문으로 가서 시전 상인들에게 세자가 진 빚을 갚아주었다. 이는 그가 이미 세자를 죽이기로 마음먹었다는 뜻이다. 드디어 5월 13일 영조는 대궐의 경계를 엄히 한 다음 세자를 휘령전으로 불러 자결을 명했다.

영조는 군사들로 하여금 대궐 밖을 향해 칼을 들고 삼엄한 경계망을 펼치도록 했다. 당장 어떤 일이 벌어질지 몰라 매우 긴장하고 있었음을 알 수 있다. 영조의 재촉을 받은 세자가 칼을 받아 자결하려 했지만 세자익위사의 관리들이 달려들어 만류했다. 영조는 동궁의 신료들을 쫓아낸 다음 사관 임덕제마저 내보냈다.

세자가 두려움에 용서를 청하자 영조는 이미 영빈 이씨가 세자에 대한 소문을 고했다며 화를 풀지 않았다. 그렇듯 어머니에게서 버림 받은 세자는 이미 살아 있는 목숨이 아니었다. 이윽고 영조가 그를 뒤주에 가두라고 명하자 세손이 급히 들어와 울면서 아버지를 용서해 달라고 빌었지만 곧 끌려 나갔다. 그날부터 세자는 뒤주 속에 갇혀 죽음을 기다리는 신세가 되었다.

이튿날 영조는 세자의 환관 박필수와 비구니 가승 등 5명을 죽이고 세자의 처분에 항의한 한림 윤숙을 유배형에 처했으며 세자익위사의 관리들을 전원 파직하는 등 강경책을 늦추지 않았다. 8일 뒤인 5월 21일, 세자가 숨을 거두자 영조는 폐서인했던 세자의 위를 복작하고 '애달프게 여긴다'는 뜻의 사도(思悼)라는 시호를 내렸다. 또한 세자빈 홍씨에게는 빈궁의 칭호를 거두고 혜빈(惠嬪)이라는 칭호를 내렸다.

무더운 영조 38년 윤5월의 비극은 그렇게 마무리되었다. 실록에 비추어 보면 세자는 소론 일파와 손잡고 정변을 꾀한 것이 사실인 듯하다. 영조는 사도세자를 희생양으로 삼아 조정의 풍파를 잠재우고자 했던 것이다. 하지만 국왕이 왕세자를 직접 죽인 이 전대미문의 사건은 정조 대에 또 다른 당쟁의 구실이 되어 조선 조정을 뒤흔들었다. 비극적인 죽임을 당한 사도세자는 아들 정조가 즉위한 뒤 장헌세자(莊獻世子)로 추존되었고, 1899년에 다시 장조(莊祖)로 올려졌다. 임오화변으로 명명된 이 사건은 탕평책으로 당쟁을 조율하여 조선 후기 정국을 안정시켰던 영조의 치세에 커다란 흠결로 남았다.

영조 시대의 주요인물

사후 100년 만에 빛을 본 실학의 선구자, 유형원

실학의 선구자 유형원은 저서 「반계수록」을 통해 부민, 부국을 위한 획기적인 제도개혁을 주창하여 조선 후기 실학자들의 모범이 된 인물이다. 그는 광해군과 현종 대의 인물이지만 사후 97년이 지난 영조 대에 이르러 빛을 발하게 되었다. 1770년(영조 46년) 영조는 「반계수록」의 초고를 직접 읽어본 다음 크게 칭찬하며 경상도관찰사 겸 대구도호부사 이미에게 명하여 인쇄하고 세상에 널리 반포하도록 하여 그의 이름이 세상에 알려졌다.

유형원의 본관은 문화(文化), 자는 덕부(德夫), 호는 반계(磻溪)로 임진왜란 뒤 사회가 극도로 어지럽고 양반 사회의 모순이 노정되어 가던 17세기 초에 한성 외가에서 출생했다. 그는 사대부 집안의 후예였지만, 2세 때 아버지 유흠이 유몽인의 옥사에 연루되어 28세의 나이로 죽자 외가에서 살면서 외삼촌 이원진과 고모부 김세렴에게 학문을 배웠다. 이원진은 이익의 당숙으로 하멜 표류사건 당시 제주 목사에 재직했던 인물이고, 김세렴은 함경도와 평안도의 감사를 역임했고 대사헌을 지낸 고명한 외교관이었다. 이런 스승들 덕분에 유형원은 남달리 국제적인 감각을 갖게 되었다.

15세가 되던 1636년(인조 14년) 병자호란이 일어나자 그는 가족과 함께 강원도 원주로 피난했고, 이듬해에는 양평, 또 이듬해에는 여주 백양동 등을 전전했다. 23세 때인 1644년 조모상, 27세 때인 1648년 모친상을 당했는데 탈상하면서 두 차례 과거에 응시했으나 모두 낙방했다. 30세 때인 1651년 조부상을 당한 뒤 2년 복상을 마친 유형원은 32세의 젊은 나이로 전라도 부안군 보안면 우반동에 은거하여 20년간 여생을 보내다가 1673년에 세상을 떠났다. 그의 호인 반계(磻溪)는 우반동의 계곡일 것으로 짐작된다. 유형원은 그곳에서 필생의 역작인 「반계수록」 26권을 완성했다. 이 책은 국가체제의 전반적인 개혁방안을 제시한 일종의 정책론집이라고 할 수 있다.

이 책의 주 내용은 첫째 토지제도개혁을 연구한 전제(田制), 둘째 재정과 상공업을 다룬 전제후록(田制後錄), 셋째 향약·교육·고시를 다룬 교선지제(教選之制), 넷째 관료제도의 운용을 다룬 임관지제(任官之制), 다섯째 정부기구에 대해 고찰한 직관지제(職官之制), 여섯째 관리들의 보수에 대해 연구한 녹제(祿制), 일곱째 군사제도의 운용을 다룬 병제(兵制), 여덟째 축성·병기·교통·통신과 관련된 병제후록(兵制後錄), 아홉째 의례·언어·기타, 열째 부록으로 제방제도를 연구한 군현제(郡縣制) 등이다. 그는 이 책에서 경자유전(耕者有田)의 원칙과 균전제를 강하게 주장했다. 토지제도를 개혁하여 농민들에게 최소한의 경작지를 분배하고 자영농민을 육성하면 민생이 안정되고 국가 경제가 바로잡힌다는 것이었다.

그 밖에도 부병제(府兵制), 즉 병농일치의 군사제도를 주장했다. 이와 같은 균전제와 부병제는 중국의 수나라와 당나라에서 중시한 제도였다. 그는 또 국가 재정을 확립시키기 위해 세제와 녹봉제의 정비도 주장했다. 세제는 조(租)와 공물(貢物)을 합쳐 경세(經稅)라는 이름으로 불러야 하며, 경세는 수확량의 20분의 1로 해야 한다는 것이다. 더불어 과거제의 폐지와 공거제(貢擧制) 실시, 신분제 및 직업 세습제의 개혁, 학제와 관료제의 개선 등 다방면에 걸쳐서 국운을 건 과감한 실천도 강조했다. 이와 같은 제도 개혁이 이루어지면 천덕(天德)과 왕도(王道)가 일치되어 이상국가가 실현될 수 있다는 것이었다. 유형원의 학설은 실제로 실행되지는 않았지만, 투철한 개혁의지의 발현으로 재야 지식인과 소장파 학자들의 교과서가 되었다.

「영조실록」 편찬 경위

「영조실록」은 조선의 제21대 국왕 영조의 재위 52년 동안의 치세를 편년체로 기록한 역사서이다. 총 83책 127권으로 정식 명칭은 「영종지행순덕영모의열장의홍륜광인돈희체천건극성광신화대성광운개태기영요명순철건건곤녕익문선무희경현효대왕실록(英宗至行純德英謀毅烈章義弘倫光仁敦禧體天建極聖功神化大成廣運開泰基永堯明舜哲乾健坤寧翼文宣武熙敬顯孝大王實錄)」이다.

이처럼 본래의 묘호는 영종(英宗)이었는데 1889년(고종 26년) 고종이 영조(英祖)로 추존하면서 「영종실록」 역시 「영조실록」으로 개칭되었다. 「영조실록」은 1778년(정조 2년)부터 편찬에 착수해 1781년(정조 5년)에 완성되었다. 실록청 총재관은 김상철, 서명응, 이은, 이휘지, 정존겸 등이 역임했고, 도청 당상은 이휘지 등 17명, 각방 당상은 정민시 등 27명, 도청 낭청은 19명, 각 방 낭청은 58명, 등록 낭청은 36명, 분판 낭청은 30명이었다.

국내

1779 내각검서관 설치

1780 「문헌비고」의 수정 착수

1785 해시계 간평일귀, 혼개일구 등 제작

1786 검서에의 규정 확정

세계

1776 A.스미스의 「국부론」출간, 미국, 영국에 독립선언

1781 중국 간쑤에서 이슬람교도의 난 발생

1783 베르사유조약과 파리조약 체결

1785 카트라이트, 역직기 발명

제22대 정조
정종문성무열성인장효대왕실록
正宗文成武烈聖仁莊孝大王實錄實錄

정종 시대(1776. 3~1800. 6)의 세계정세

정조가 즉위한 1776년은 영국의 아담 스미스가 「국부론」을 간행했고, 미국이 영국으로부터 독립을 선언한 역사적인 해이다. 이듬해 미국은 대륙회의에서 연합규약을 가결하고 국호를 아메리카로 정했다. 프랑스가 독립을 제일 먼저 승인했고, 영국은 1783년 파리조약을 체결하여 독립을 승인했다. 1784년 미국과 처음으로 통상을 시작한 청나라는 1796년부터 호북에서 발생한 백련교도의 난으로 혼란을 겪었다. 영국에서는 1785년 카트라이트가 방직기를 발명했고, 프랑스에서는 1789년 대혁명이 일어난 뒤 인권선언이 발표되었으며, 루이 16세와 왕비 마리 앙투아네트가 처형되었다. 1796년에는 청나라의 건륭제가 사망했고, 그해 프랑스에서는 나폴레옹이 집권했다.

이상적인 학자군주의 탄생

조선시대에 국왕의 말을 '교(敎)'라고 표현했다. 그처럼 성리학을 국가통치이념으로 삼은 조선에서 국왕은 통치자일 뿐만 아니라 큰 스승이 되어야 했지만 그것은 불가능한 이상론이었다. 개국 400여 년 만에 드디어 그 이상론에 부합하는 학자군주가 탄생했으니, 그가 바로 정조였다. 정조는 재위하는 동안 뛰어난 학문과 현실감각을 바탕으로 역사상 유례를 찾아볼 수 없는 개혁정책을 펼쳤다. 그가 추구했던 조선의 변화는 실로 18세기 세계사의 흐름과 궤적을 같이했다. 정조는 노론 벽파와 남인, 소론을 망라한 수구, 보수, 개혁론자들의 공론에 때론 정면으로 맞서고 때론 막후에서 설득하는 등 다양한 방법으로 조율하면서 자신만의 독특한 통치 빛깔을 그려냈다.

나에게 용순검이 있으니

번쩍이는 칼날 길이가 삼 척이로세.

황금으로 갈고리를 만들고

녹련으로 칼끝을 만들었네.

문득 괴이한 빛을 내뿜더니

두우를 서로 다투며 쳐다보도다.

바다에서는 커다란 고래를 베고

물에서는 큰 이리를 잡을 수 있네.

북녘으로 풍진의 빛을 돌아보니

연산은 아득히 멀기만 한데

장사가 한번 탄식을 하니

수놓은 칼집에 가을 서리가 맺히도다.[119]

정조가 노론 벽파와 척신들의 공세로 사면초가에 몰려 있던 왕세손 시절에 지은 시 「보검행(寶劍行)」이다. '연산(燕山)'이란 중국 하북성 북쪽에 있는 연산산맥 일대를 가리킨다. 장차 보위에 올라 원대한 이상을 실현해나가겠다는 포부가 실로 당당하다. 일찍이 청년 이성계가 노래했던 초나라, 월나라 지역을 뛰어넘어 그는 중국의 중심부까지 시선을 두고 있는 것이다.

정조는 어린 시절 당쟁으로 아버지 사도세자를 잃은 뒤 그를 배척하는 수많은 궁인, 신료들의 표적이 되었다. 영조의 배려로 보위에 오른 뒤에도 수많은 암살 음모에 직면했고, 그 때문에 이복동생 은신군을 죽여야 하는 고통을 겪었다. 재위 중반에는 총애했던 의빈 성씨와 맏아들 문효세자가 의문의 죽임을 당하기까지 했다. 하지만 정조는 그와 같은 정신적 충격을 이겨내고 적대자들을 뛰어난 학문과 정치력으로 굴복시켰다.

탕평책을 계승하여 치열한 당쟁을 조정하다

조선의 제22대 국왕 정조의 이름은 산(祘), 자는 형운(亨運), 호는 홍재(弘齋)이다. 1752년 9월 22일 영조의 둘째 아들 사도세자와 혜경궁 홍씨의 아들로 태어났다. 정비는 청원부원군 김시묵의 딸 효의왕후 김씨이다. 실록에는 그의 탄생과 원손 정호과정이 이렇게 기록되어 있다.

"장헌세자가 신룡이 구슬을 안고 침실로 들어오는 꿈을 꾼 다음 손수 꿈속

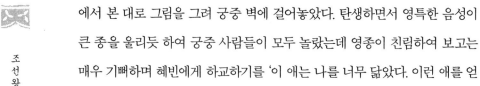

456

에서 본 대로 그림을 그려 궁중 벽에 걸어놓았다. 탄생하면서 영특한 음성이 큰 종을 울리듯 하여 궁중 사람들이 모두 놀랐는데 영종이 친림하여 보고는 매우 기뻐하며 혜빈에게 하교하기를 '이 애는 나를 너무 닮았다. 이런 애를 얻었으니 종사에 근심이 없겠다' 하며 즉시 원손(元孫)으로 삼았다."

1754년(영조 30년) 가을, 세 살이 된 원손을 위해 보양청이 설치되었고, 1759년(영조 35년) 2월, 8세 때 세손으로 책봉되었다. 1762년(영조 38년) 2월에 좌참찬 김시묵의 딸 김씨를 맞아 가례를 치렀다. 그해 5월 사도세자가 비명에 죽고 나서 두 달 뒤인 7월 세손궁이 동궁으로 바뀌고 세자시강원과 세자익위사가 설치되어 세손은 명실상부한 왕위계승서열 1위가 되었다. 1775년(영조 51년) 12월 노병이 깊어진 영조를 대신해 대리청정을 맡았고, 이듬해 영조가 승하하자 1776년 3월 10일, 경희궁 숭정문에서 25세의 나이로 보위에 올랐다.

"나는 사도세자의 아들이다."

정조는 즉위일성으로 이렇게 선언하면서 어머니 혜빈을 혜경궁으로 높이는 한편, 양주 배봉산에 있던 사도세자의 묘소인 수은묘(垂恩墓)를 영우원(永祐園)으로 격상하고 사당을 경모궁(慶慕宮)으로 높였다. 그와 함께 자신의 등극을 방해한 홍인한, 정후겸, 윤양로 등을 사사하고 그 무리 70여 명을 처벌하면서 「명의록」을 지어 그들의 죄상을 명백하게 밝혔다.

당시 노론벽파는 '죄인지자 불위군왕(罪人之子不爲君王)'[120] 이라는 팔자흉언과 '죄인지자불가승통 태조자손하인불가(罪人之子不可承統 太祖子孫何人不可)'[121] 라는 십육자흉언을 세간에 유포시키며 정조를 왕위에서 끌어내리려 했다. 하지만 정조는 이와 같은 노론 벽파의 저항을 효과적으로 분쇄하면서 자신의 시대를 개척해 나갔다.

그는 영조의 탕평책을 이어받아 편전에 '탕탕평평실(蕩蕩平平室)'이라는 편액을 달아두고 탕평의지를 굳게 다졌다. 하지만 조정 대신들은 노론의 당론을 고수하는 벽파(僻派)와 정조의 정치노선에 찬성하는 남인과 소론, 일부 노론이 시파(時派)로 갈라져 치열한 암투를 벌였다.

문화군주의 혁신적인 통치방식

정조는 즉위와 동시에 본궁을 경희궁에서 창덕궁으로 옮기고 규장각을 설치한 다음 본각인 주합루(宙合樓)와 부속건물을 지어 문치를 예비했다. 그후 수차례 암살위기를 겪은 정조는 홍국영을 도승지 겸 숙위소 대장으로 임명하고 그의 누이를 원빈으로 삼는 등 총애했다. 하지만 그가 무모한 세도정치를 펼치자 1779년(정조 3년) 9월 전격 퇴진시키고 친정체제를 구축했다.

1777년(정조 1년), 정조는 왕정의 중요 분야를 민산(民産), 인재(人才), 융정(戎政), 재용(財用) 등 4개 분야로 크게 나누어 개혁에 관한 출사표를 대신들에게 제시했다. 이듬해부터 정조는 본격적으로 애민정신에 의거한 개혁정책을 시행하기 시작했다.

우선 도망친 노비를 잡는 노비추쇄도감을 혁파하고, 암행어사를 통한 지방관들의 감찰을 강화했다. 정조는 또 직접 궁궐 밖으로 나가 백성들에게 직접 민원을 듣는 한편, 상언과 격쟁의 신분차별조항을 철폐해 누구나 억울한 일이 있으면 국왕에게 직접 호소할 수 있게 했다.

형법의 개정도 서둘렀다. 백성들이 부당한 형벌의 피해를 입지 않도록 지방관아의 형구 실태를 조사해 시정하고「흠휼전칙」에 그 기준을 정했다. 또 사형수에 대한 처리는 열 번 이상 확인하게 하고, 죄인의 심리 기록을 반드시「심리록」에 남기도록 했다. 1785년(정조 9년)에는 역대 법전들을 모아「대전통편」을 편찬했다.

1781년(정조 5년)부터 정조는 규장각 제도를 대폭 보완해 정사의 중심기구로 삼았다. 각신들을 요직에 기용하고 문신들의 재교육제도인 초계문신제도를 실시했으며, 검서관 제도를 신설한 다음 박지원의 제자인 이덕무, 유득공, 박제가, 서이수 등 서얼들을 등용했다. 규장각에서는 대대적인 저술 사업을 벌여 근 150종의 새로운 책들이 나왔다. 문장에 관한 책으로「사원영화」,「시악화성」,「팔자백선」등 다수, 경학에 관한 것으로「경서정문」,「역학계몽

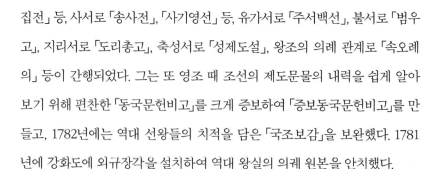

집전」 등, 사서로 「송사전」, 「사기영선」 등, 유가서로 「주서백선」, 불서로 「범우고」, 지리서로 「도리총고」, 축성서로 「성제도설」, 왕조의 의례 관계로 「속오례의」 등이 간행되었다. 그는 또 영조 때 조선의 제도문물의 내력을 쉽게 알아보기 위해 편찬한 「동국문헌비고」를 크게 증보하여 「증보동국문헌비고」를 만들고, 1782년에는 역대 선왕들의 치적을 담은 「국조보감」을 보완했다. 1781년에 강화도에 외규장각을 설치하여 역대 왕실의 의궤 원본을 안치했다.

정조는 1782년(정조 6년) 훈련도감의 정예무사 30명을 뽑아 명정전의 호위를 맡긴 다음 3년 뒤인 1785년 무사 20명을 보충해 장용위라는 새로운 부대를 편성했다. 장용위는 해마다 인원을 늘려 마침내 친위부대인 장용영[122]으로 확대 개편되었다. 장용영의 실무책임자로 병방을 두고 임금이 직접 군사동원이나 배치를 명할 수 있게 했다. 1788년(정조 12년)부터 장용영 군사들은 진위, 양성, 용인, 광주, 양주, 고양 등지에 분산 배치되어 서울과 수원의 외곽 경비를 맡았다.

그 후 장용영은 정조의 수원 화성 계획과 맞물리면서 몸집을 불려나갔다. 정조는 1789년 수원부를 화성으로 승격시키고 수원 부사를 정2품관인 유수(留守)로 두 단계나 올리면서 장용외사를 겸임토록 했다. 또 병방을 장용대장으로 승격시켜 어영대장과 동급으로 만들었다. 그때부터 장용영은 실질적인 부대편성을 시작해 10여 년 만에 완전한 조직을 갖추었는데, 군사수는 기병, 보병, 잡군을 포함해 5,000명이 넘었다.

그렇듯 장용영을 통해 무력 기반을 갖춘 정조는 선전관 강시제도를 실시해 군사 지휘관의 정예화를 꾀하고, 규장각에 명해 「이충무공전서」, 「임충민공실기」, 「양대사마실기」 등을 편찬하게 하여 무장들에게 자부심을 심어주었다. 1787년에는 무장 이유경에게 「병학지남(兵學指南)」을 수정, 보완토록 한다음 한글번역본을 곁들여 장용영에서 간행하게 하고 훈련도감과 남한산성, 강화도 등지에서도 출간토록 했다. 정조는 또 이덕무와 박제가에게 과거 사도세자가 편찬을 시도했던 「무예도보통지」를 완성하게 한 다음 한글로 번역해 한문을 모르는 하급군졸들도 쉽게 익히도록 배려했다. 이 책은 전략전술을 다룬 병서와는 달리 전투기술이 중심이 된 실전교육용 교재로 우리나라 무예의 집대성이었다.

또한 규장각 각신들에게 국왕의 중요한 정사를 매일 기록하게 하여 「일성록」이라는 새로운 형태의 실록을 만들게 했다. 이 책은 당대에 볼 수 없게 되어 있는 왕조실록과는 달리 언제라도 국왕이 주요사건들을 쉽게 찾아 참고할 수 있는 책으로 고종 대까지 정례화되었다. 또 경연에서 행한 국왕의 발언을 기록하게 하여 「일득록」으로 편집했다.

정조의 문화통치는 지배계층뿐만 아니라 중인과 서민에게도 두루 영향을 미쳤다. 그는 조선 왕조 전기에 만들어진 「삼강행실도」와 「이륜행실도」를 합쳐 「오륜행실도」를 편찬한 다음 널리 배포해 백성들에게 충효사상을 전파하고, 향촌질서 유지에 필요한 각종 의례들을 종합 정리한 「향례합편」을 펴냈다. 정조는 또 문화의 저변확산을 꾀해 중인 이하 계층의 위항문학을 적극적으로 지원했다. 그때부터 중인 이하 계층의 위항인들이 옥계시사를 결성하고 공동시집인 「풍요속선」을 발간하는 등 중인문화가 획기적으로 발전했다.

정조는 도시로 모여든 이농인구가 중소상인으로 자리 잡아가자 1791년 신해통공을 통해 시전 상인들의 특권을 없애 주어 공평한 상업의 기회를 제공했다. 또한 북학과 서학이라는 새로운 기풍을 적극 받아들여 조선의 발전에 디딤돌로 삼고자 했다. 학문적으로 신하들을 압도했던 정조는 정학을 바탕으로 벽파들의 서학에 대한 우려를 분쇄하기까지 했다. 제사를 폐하고 신주를 불태웠던 진산사건으로 조정에 일대파란이 일어났을 때도 정조는 정학(正學)을 신장하면 사학(邪學)은 저절로 사라진다며 소극적인 천주교 탄압책을 실시했을 뿐이다. 이는 측근세력인 남인을 보호하려는 뜻도 있었지만, 무엇보다도 다양한 사상의 유입을 통해 조선의 고루한 사대풍조를 일신시키려는 의지의 결과였다.

그런데 노론 벽파가 서학을 빌미로 이가환, 정약용 등 남인들을 거세게 공격하자 정조는 천주교 서적의 출판을 금지하면서 거꾸로 노론의 신진들로 구성된 북학파 신료들을 압박했다. 당시 김조순, 남공철 등은 규장각에서 패관

소설을 읽다 적발되고 공문서에 유행하는 문체를 쓴 적이 있었다. 정조는 그들의 잘못을 추궁하며 규장각에서 내쫓은 다음 신료들에게 정학에 의거한 정통고문으로의 회귀를 요구했다. 이어서 패관소설과 잡서 등의 수입을 금지하고 주자와 당송팔대가, 두보 등의 문집을 간행하게 했다. 이 문체반정으로 남인을 향한 노론 벽파의 공세가 일시적으로 중지되었다. 그 때문에 정조는 문학의 새로운 조류를 차단했다는 비난을 받았시만 상대적으로 남인들을 보호하고 노론 신료들에게 자신의 학문적인 우위를 과시하는 성과를 얻었다. 당시 김조순은 뛰어난 문장의 반성문을 제출하여 정조의 신임을 얻었다.

정조는 조선시대 27명의 국왕 가운데 유일하게 180권 100책 10갑에 달하는 개인문집 「홍재전서」를 남긴 인물이다. 그와 같은 지적 우위를 바탕으로 정조는 자신을 임금이자 스승인 군사(君師)로 자부했고, 1797년 「만천명월주인옹자서(萬川明月主人翁自序)」를 통해 백성을 만천에 비유하고 그 위에 하나씩 담겨 비치는 명월을 자신에 비유하여 백성들과 호흡하는 군주임을 선언했다.

'달은 하나요, 물의 흐름은 일만 개나 된다. 물은 이 세상 사람들이요 달은 태극이니, 그 태극은 바로 나다.'

탕평과 화합의 절정체, 신도시 화성

정조는 즉위하자마자 공식적으로 사도세자의 추승을 선언했다. 그것은 아무리 절차적 문제가 있다 하더라도 유교사상의 효(孝)에 부합되는 것이었으므로 적대적인 노론 벽파도 감히 반대하지 못했다. 1789년(정조 13년) 정조는 사도세자의 시호를 장헌(莊獻)으로 추존하고 영우원을 천하명당으로 알려진 수원 화산으로 이장해 현륭원(顯隆園)이라 칭했다. 얼마 후 그는 다시 능호를 융릉(隆陵)으로 올리고 용주사를 세워 원찰로 삼았다. 당시 도화서 화원 김홍도는 명나라에 가서 새로운 도화기법을 익힌 다음 용주사 대웅전의 후불탱화[123]를 그렸다.

또한 현륭원이 있는 수원에 자립형 신도시 건설을 추진했다. 신도시는 노론, 소론, 남인을 망라한 모든 조정 신료들의 협력과 백성들의 전폭적인 참여 속에 진행되었다. 서울에서는 남인 정승 채제공이 총리대신으로 사업전체를 총괄했고, 수원에서는 소론의 조심태가 사업을 감독했으며, 비변사의 노론 서유린과 소론 정민시 등이 재정을 지원했다. 또 남인 정약용과 소론의 서유구, 노론의 홍원섭 등 많은 실학자들이 창안한 신기술이 적용되었다. 김종수와 심환지 같은 노론 벽파의 핵심당원들도 화성행궁의 상량문을 지어 화성 건설에 일부분 발을 걸쳤다. 이처럼 수원 화성에는 정조의 탕평과 화합의 정신이 한데 뭉쳐 있었다.

1793년(정조 17년) 정조는 수원부의 명칭을 화성(華城)으로 고쳤다. 화성이란 「장자」천지편에 나오는 '화인축성(華人祝聖)'[124]에서 따왔다. 그와 함께 화성을 유수부로 승격시켜 개성이나 강화, 광주 등 조선의 중요한 행정·군사도시와 동격으로 만들었다. 이듬해인 1794년부터 시작된 화성 축성공사는 정약용의 「성설」을 바탕으로 설계되고, 「기기도설」에 나오는 거중기를 이용해 벽돌을 옮기는 등 당시로서는 초현대식 장비를 이용해 진행되었다.

화성축성공사가 완결되자 정조는 1795년(정조 19년) 혜경궁 홍씨의 회갑연을 현륭원이 있는 화성에서 열기로 결정했다. 그리하여 한강에 배다리가 놓이고 서울에서 수원까지 이어지는 대규모 원행이 벌어졌다.[125] 원행의 추진상황은 「정리의궤통편」으로 기록되었고, 행사의 전 과정은 김홍도 등 도화서 화원들이 세밀하게 묘사하여 오늘날까지 전해지고 있다. 정조는 화성에서 장용영 군사들을 동원해 대규모 군사훈련을 벌여 강력한 왕권을 과시했다.

최근 연구결과에 따르면 정조는 수원을 상업의 중심지로 삼고, 장용영의 무력을 바탕으로 과거 태종의 예처럼 왕세자가 성인이 되는 갑자년에 왕위를 물려주고 내선(內禪)을 통해 정국을 일신시키려는 계획을 품고 있었다. 하지만 그는 어렸을 때부터 지녀온 화증으로 불치병에 시달리다 돌연 세상을 떠났고, 갑자년의 꿈은 물거품이 되었다. 그의 뒤를 이어 순조가 보위에 오르자 섭정을 맡은 정순왕후가 화성에 대한 모든 지원을 혁파하고 장용영을 해체시키는 등 정조의 업적을 완전히 지워버렸던 것이다.

실패한 오희연교, 개혁의 좌초

1800년(정조 24년) 2월 2일, 정조는 아들 이공을 왕세자를 책봉한 다음 시파인 김조순의 딸을 세자빈으로 간택했다. 그렇게 후계구도를 명확히 해놓은 정조는 자신이 원하는 구도로 조정을 재편하기로 결심하고 그동안의 인사원칙이었던 호대법[126]을 파기하는 개각을 단행했다.

그해 5월 12일, 정조는 소론의 영수인 우의정 이시수의 동생 이만수를 이조 판서에 임명하고 서용보를 예조 판서, 이경일을 공조 판서, 이은모를 대사간, 조진관을 선혜청 제조, 이인수를 삼도수군통제사, 민광승을 경상우도 병마절도사로 삼는 등 대대적인 인사를 실시했다. 그렇듯 인사정책을 좌우하는 이조가 소론에게 돌아가자 노론 벽파 신료들이 집단으로 반발했다. 영조대에 초토화되었던 소론의 회생이 가시화되었기 때문이었다.

특히 시찬 김이재는 이만수의 사직상소를 트집 잡아 강경한 태도로 정조를 비난했다. 정조는 즉시 김이재를 귀양 보내라고 명한 다음 소론의 윤광안을 이조 참의에 임명하여 이조를 완전히 소론의 독무대로 만들어버렸다. 그러자 장령 권한위가 천주교를 비판하면서 우회적으로 정조가 총애하는 남인세력의 등용을 막고 나섰다. 분개한 정조는 5월 29일 자신의 인사정책에 가장 강력하게 저항한 김이재를 언양으로 귀양 보낸 다음 이른바 오회연교라는 극단적인 교시를 발표했다.

오회연교(伍晦筵教)란 1800년(정조 24년) 5월 그믐, 정조가 즉위 이래 자신의 인사방침 등 정치적 입장을 재천명하면서 신료들의 추종을 종용하는 단호한 교설을 말한다. 당시 등에 돋아 오른 종기가 악화되어 신음하던 정조는 내의원 제조 이시수 등 중신들을 한자리에 불러 모았다. 그는 김이재에 대한 귀양을 철회해달라는 중신들의 요청에 이렇게 응답했다.

"김이재는 의리가 아니라 당파의 이익을 위해 큰소리를 친 것이라 용서할 수 없다. 나는 부족한 사람이지만 그동안 나라를 다스리면서 규범을 제대로 지키고 공평한 인사정책을 단행했다. 기해년 이후 채제공과 김종수, 윤시동 같은 인물을 8년 주기로 정승자리에 앉힌 것은 우연이기는 하지만 실은 의리를 따랐기 때문이다. 하지만 이제는 지위고하를 막론하고 참으로 선을 사모하고 지향하는 자를 믿고 쓸 것이다. 내가 세상을 다스리는 기준은 솔교(率敎)[127]에 있다. 모든 일에서 지극히 옳은 것이 의리인 것은 예나 지금이나 다를 것이 없다. 그런데 어떤 별종들은 내가 최근 누군가의 비위를 맞춘다고 비아냥거리며 죄를 뒤집어씌우려 하니 개탄스럽다."

이 말은 노론 벽파가 세력을 믿고 자신에게 충성하는 남인을 공격하는 행위를 지적한 것이었다. 정조는 말을 계속했다.

"을묘년 이후 나는 세도를 깊이 염려한 끝에 교속(矯俗)[128]이란 두 글자를 끄집어냈다. 야박하게 말하고 싶지 않았기 때문에 속(俗)이란 글자 하나로 말했지만, 예전에 나를 모해하려 한 자들이 바로 속이다. 그러니 나의 교속이란 말은 형벌보다 엄한 것이다. 김이재의 상소는 명목상 이조 판서 한 사람을 논박한 것이지만, 사실은 내 원칙인 교속에 저항한 것이다. 의리의 반대는 곧 속습(俗習)이니 이를 바로잡기 위해서는 나막신을 신고 압록강 얼음판을 건너가는 것처럼 조심스럽게 나를 따라야 할 것이다."

정조는 그렇듯 강한 어조로 노론 측의 의도를 공박하고, 이제는 당파에 연연하는 습속을 버리고 자신의 뜻을 따르라고 중신들에게 강요했다. 이렇게 그는 강화된 왕권을 바탕으로 그동안 의리를 따졌던 노론처럼 자신도 의리를 무기로 조정을 개혁해 나가겠다는 뜻이었다.

정조의 발언을 정리해본다면 과거에는 남인 채제공에서 소론 윤시동, 노론 김종수 순으로 재상을 임명했으니 다음 차례는 곧 남인 이가환이나 정약용 차례라는 뜻이고, 이에 반발하는 자들은 용서하지 않겠다는 것이었다. 김이재에 대한 조치는 그런 정조의 출사표였던 것이다.

463

464

이와 같은 정조의 갑작스런 도발은 자신의 권력을 확신하지 않으면 불가능한 일이었다. 그런데 의외의 상황이 벌어졌다. 노론 벽파 쪽의 신료들은 물론이고 자신의 편이라 여겼던 초계문신 출신의 신료들까지 합세해 침묵시위를 펼쳤던 것이다. 믿었던 측근들의 외면에 정조는 커다란 상처를 입었다.

자신의 극적인 선택이 신료들에게 외면당하자 정조는 심한 무력감과 피로감을 느낀 나머지 이만수의 이조 판서 임명을 철회하고 말았다. 비참한 패배였다. 오회연교 이후에도 정조는 솔교와 교속의 명분을 내세워 집요하게 신하들을 압박했지만, 초계문신 출신의 이서구가 나서서 정조에게 노론의 신임의리를 지킬 것과 사림정치를 재확인해달라고 요구했다. 그와 같은 정세의 변화는 그러잖아도 좋지 않았던 정조의 건강에 심각한 타격을 입혔다. 최근 공개된 어찰에 따르면 1년 전인 1799년(정조 23년) 7월부터 정조는 건강이 좋지 않았다.

"온몸이 뜨거운 기운이 상승하여 등이 뜸을 뜨는 듯 뜨거우며, 눈은 횃불같이 시뻘겋고 숨을 가쁘게 쉴 뿐이다. 시력은 현기증이 심하여 역시 책상에서 힘을 쏟을 수 없으니 더욱 고통을 참지 못하게 한다."

정조는 내외의 동요를 의식해 그 사실을 숨기고 정사를 돌보았지만 말기에 이르러 조정의 분란으로 스트레스가 심해지자 병은 더욱 악화되었다. 자신의 죽고 나면 그동안 추진하던 수많은 사업이 수포로 돌아갈 것이 분명해지자 정조는 수시로 현륭원과 경모궁을 찾아가 눈물을 쏟았지만 상황을 역전시킬 방법은 묘연했다.

고심에 고심을 거듭하던 정조는 1800년(정조 24년) 6월 14일, 영춘헌으로 김조순을 불러들였다. 그는 대대로 서울에 살던 안동 김씨의 후손으로 문체반정 이후 정조의 신임을 받은 인물이었다. 그의 딸은 이미 몇 달 전 세자빈에 간택되어 최종절차를 남겨둔 상태였다. 장차 국왕의 장인으로 예정된 김조순에게 정조는 자신이 죽은 뒤에 세자를 보위해달라고 당부했다. 그 세부내용은 훗날 안동 김씨의 세도정치가 확고부동하게 자리 잡은 뒤 「영춘옥음기(迎春玉音記)」라는 비밀기록으로 공개되었다.

여기에서 정조는 기존의 정국에서 느낀 괴리감을 설명하면서 외척세도의 새로운 정국운영방침을 개진했다. 즉위 초 표방했던 우현좌척의 개혁적 정국운영원칙, 곧 외척을 배제하고 사림을 우대하여 등용한다는 인사원칙이 실패했음을 인정하고, 이제는 외척들이 적극적으로 정사에 개입해 노론 벽파의 일당 독재를 저지하라는 뜻이었다. 집권 내내 노론 대신들과 은밀한 막후교섭을 통해 탕평을 유지해 왔던 정조의 이와 같은 변심은 자신의 생명이 목전에 달려 있음을 의식한 결과였다.

1800년(정조 24년) 6월 28일, 정조는 결국 병을 이기지 못하고 창경궁 영춘헌에서 49세를 일기로 세상을 떠났다. 의술에도 뛰어났던 정조가 의관들의 도움을 받아 경옥고에 연훈방이라는 극약처방을 써보았지만 소용이 없었다. 그날 햇빛이 흔들리고 삼각산이 울었다. 양주와 장단 고을에서는 잘 자라던 벼 포기가 갑자기 하얗게 말라죽었다. 얼마 뒤 국왕의 승하소식이 알려지자 마을 노인들이 탄식했다.

"아아, 벼들이 성군의 죽음을 먼저 알고 상복을 입었구나."

정조는 사후 유언에 따라 사도세자의 묘소인 융릉 동쪽 언덕에 묻혔다가 1821년 효의왕후가 죽자 융릉 서쪽 언덕에 합장되어 오늘날의 건릉(健陵)이 되었다. 시호는 문성무열성인장효대왕(文成武烈聖仁莊孝大王), 묘호는 정종(正宗)이다. 대한제국이 성립된 후 고종황제가 정조선황제(正祖宣皇帝)로 추존하였다.

제22대 정조 가계도

제22대 정조(正祖)
1752년 출생, 1800년 사망(49세)
재위 24년 3개월(1776. 3-1800. 6)
정조선황제 추존

효의왕후 김씨

원빈 홍씨 양자 상계군 이담(은언군의 장남)

화빈 윤씨

의빈 성씨 왕세자 이향(문효세자) 옹주(조졸)

수빈 박씨(가순궁) 왕세자 이공(제23대 순조) 숙선옹주

정조의 가족

정조는 효의왕후 김씨 외에 의빈 성씨 등 4명의 후궁에게서 2남 2녀를 얻었다. 의빈 성씨가 문효세자, 수빈 박씨가 왕세자 이공과 숙선옹주, 화빈 윤씨가 옹주를 낳았다.

효의왕후 김씨는 좌참찬 김시묵의 딸로 1762년 10세 때 정조와 가례를 올렸으며 1776년 왕비가 되었다. 효성이 지극해 시어머니 혜경궁 홍씨를 지극하게 모셨는데 환갑이 넘어서도 홍씨의 약시중을 들었다. 그녀는 남편을 적대시하던 화완옹주에게도 다정하게 대했다. 하지만 몸이 약해 자식을 낳지 못하고 1821년(순조 21년) 3월 9일, 69세를 일기로 세상을 떠났다. 정조와 함께 화성의 건릉에 안장되었다.

원빈 홍씨는 홍낙춘의 딸로 정조가 신임하던 홍국영의 누이동생이다. 그녀는 1778년(정조 2년) 6월 후궁으로 들어와 원빈이란 작호를 받았다. 그러나 몸이 허약했던 그녀는 이듬해 5월 7일, 세상을 떠났다. 당시 홍국영은 그녀의 독살을 의심해 효의왕후 김씨의 시녀들을 사사로이 잡아 매질하는 등 월권을 행사하다 정조의 미움을 샀다.

의빈 성씨는 1782년 9월 7일, 문효세자 이향을 낳아 소용이 되었고 1784년 8월, 아들이 세자로 책봉되면서 의빈이 되었다. 하지만 문효세자가 1786년 5월 21일, 창덕궁 별당에서 5세의 어린 나이로 죽고, 그녀 역시 의문의 죽임을 당했다. 모자는 나란히 효창원에 묻혔는데, 훗날 고양시 원당의 서삼릉 묘역으로 함께 이장되었다.

수빈 박씨는 1787년 17세의 나이로 후궁이 되었는데, 1790년 원자 이공을 낳자 궁을 따로 얻어 가순궁이라 불렸다. 1822년 12월 26일 창덕궁 보경당에서 53세로 숨을 거두고 양주 배봉산 기슭의 휘경원에 묻혔다.

정조 시대의 주요사건

삼대역모사건

1777년(정조 1년)에 발생한 이 역모는 살해, 저주, 추대의 세 과정으로 진행되었다. 때문에 세 가지 사건으로 구분하기도 하지만 본질적으로는 하나의 사건으로 보인다. 왜냐하면 이 역모가 모두 노론의 핵심인물이었던 홍계희 집안에서 비롯되었기 때문이다.

정조는 즉위하자마자 홍계희의 아들 홍술해, 홍지해, 승지 홍상간 등을 유배형에 처했다. 이에 손자 홍상범이 분개하면서 거사를 은밀히 도모했다. 홍상범은 궁궐 경호를 맡고 있던 호위군관 강용휘를 끌어들이고, 천민 출신 장사 전흥문을 돈과 여자로 매수했다. 뒤이어 강용휘의 조카인 별감 강계창과 그의 딸인 나인 강월혜를 끌어들이고 대궐을 공격할 20명의 무사들도 모았다. 거사계획은 치밀했다. 전흥문과 강용휘가 강계창과 월혜의 안내로 대궐에 들어가 혼란을 조성하면 홍상범과 무사들이 일거에 침전을 들이쳐 정조를 제거하기로 했던 것이다.

그해 7월 28일, 정무를 마친 정조는 경희궁 존현각에서 밤늦게까지 책을 읽었다. 전흥문과 강용휘는 작전대로 삼엄한 경계가 펼쳐져 있는 궁궐 안으로 잠입했다. 두 사람은 곧 존현각 지붕 위에 올라가 기왓장을 제치고 모래를 집어던지는 등 소리를 내어 정조를 밖으로 끌어내려 했다. 하지만 그 소리를 듣고 호위병들이 몰려오자 급히 빠져나왔다. 8월 11일 전흥문과 강용휘가 재차 경추문 북쪽 담장을 넘어오려다 번을 서던 수포군에게 사로잡혔다. 곧 홍국영의 주도로 대대적인 범인색출작업이 벌어져 주모자인 홍상범을 비롯해 강계창, 전흥문, 월혜, 고수애, 복빙 등 무사와 궁인들 수십 명이 체포되었다.

이들을 국문하는 과정에서 또 하나의 역모가 밝혀졌다. 새로운 역모의 주모자는 홍술해의 처 효임이었다. 그녀는 일족과 마찬가지로 정조와 홍국영에게 원한을 품고 주문과 굿을 통해 두 사람을 저주해 죽이려 했다. 효임의 청부를 받은 무당 점방은 여러 군데의 우물물과 함께 홍국영 집의 우물물을 모아 홍술해 집의 우물에 부어 홍국영의 기를 빼앗는 의식을 벌였다. 그 과정에서 점방은 두 개의 제웅에 홍국영의 이름을 붙이고 화살을 꽂은 다음 하나는 땅에 묻고 하나는 하늘에 집어 던지며 '이것이 죽은 사람의 법이다'라는 저주문도 읊었다. 그녀는 또 남편 김홍조를 시켜 급살의 부적을 홍국영의 집 앞에 묻어두게 했다. 당시 홍상범의 역모가 진행 중이었으므로 효임의 행동은 주술적인 뒷받침을 했던 것으로 보인다.

이 두 가지 역모사건 뒤에 또 하나의 역모가 파헤쳐졌다. 홍계능과 홍상길이 주도한 은전군 추대사건이었다. 그들은 구체적으로 정조를 죽인 다음 은전군 이찬을 옹립하려는 계획을 꾸몄다. 이 사건에 홍계능의 아들 홍신해, 조카 홍이해, 홍경해의 아들 홍상격, 홍계능의 제자인 전 승지 이택징, 전 참판 민홍섭 등이 동조했고, 혜경궁 홍씨의 친동생인 전 승지 홍낙임이 가담했으며 고모인 화완옹주까지 연루되었다.

당시 정조는 이복동생 은전군의 목숨만은 살려주려 했지만 역적에게 추대된 왕족을 살려주는 법은 없었다. 결국 정조는 은전군을 자결시킨 다음 역모의 주동자들을 모조리 사형에 처했지만, 화완옹주만은 강화도 교동에 귀양 보냈다. 할아버지 영조가 생전에 사랑했다는 것이 이유였다. 그와 같은 일련의 역모로 신변에 불안해진 정조는 궐내에 경호를 담당하는 숙위소를 설치하고 홍국영을 숙위대장으로 임명했다. 그때부터 대신들은 궁궐을 출입할 때는 숙위소의 검열을 거쳐야 했으므로 홍국영의 위세가 드높아졌다. 당시 정조의 심경은 「춘저록」에 수록된 어제시로 미루어 짐작할 수 있다.

호랑이 같은 무부들이 예기를 축적하여
단에 올라 북을 두드리니 서로 무예를 겨루누나.
넓은 마당에서 해마다 상을 두루 받았거니
너희에게 분부컨대 숙위를 삼가서 잘해다오.[129]

규장각 설립

정조는 즉위식을 치른 바로 다음 날부터 역대 제왕들의 글과 초상화, 유품을 보관하는 왕실도서관 건립을 명했다. 그해 9월에 건물이 완성되자 정조는 규장각[130]이라 이름 지었다. 당시 정조는 왕안석의 개혁정치, 명·청의 전각제도, 세종대의 집현전 등 다양한 사료를 연구한 끝에 친위세력을 길러내기 위한 전당으로 규장각을 구상했던 것이다.

규장각 내각의 중심건물인 주합루(宙合樓)는 창덕궁 인정전 뒤의 금원에 자리 잡았다. 남쪽에 중국 서적을 보관하던 열고관(閱古觀), 북쪽에 우리나라 책을 보관하는 서고(西庫)를 두었다. 서쪽에는 서책이 벌레나 습기에 파손되지 않도록 바람에 쐬고 햇볕에 말리는 서향각(書香閣)을 지었다. 주합루 남서쪽에는 선왕들의 책을 모신 봉모당(奉謨堂)이 있었다.

이문원(摛文院)은 본래 임금의 초상화와 옥책 등의 유물을 보관하던 곳인데, 정조는 창덕궁 금호문 안에 새로 건물을 짓고 이문지원(摛文之院)이라는 글씨를 친히 써서 현판에 새겨 걸게 했다. 이 건물을 규장각 소속으로 만들어 각신과 검서의 근무처로 삼았다. 이문원은 정조가 왕릉이나 종묘에 참배한 뒤 잠을 자는 재실 역할도 담당했다. 그러다 이문원이 좁다는 이유로 이문원 옆에 대유재(大酉齋)와 소유재(小酉齋)를 지어 검서 전용숙소로 내렸다. 한편 규장각 외각을 강화도에 짓고 역대 임금과 관련된 문서와 서적, 초상화 등을 보관하게 했다. 1866년(고종 23년)에 프랑스 함대가 침입하여 수많은 도서를 약탈해간 바로 그 외규장각이다.

정조는 치세 초기 규장각을 직접 관리, 운영하면서 서서히 조직과 기능을 늘려갔다. 규장각의 초기 직제는 책임자로 제학 2명, 부책임자인 직제학 2명, 직각 1명, 대교 1명 등 총 6명으로 정했다. 그런 다음 9월 들어 제학으로 노론의 황경원, 소론의 이복원, 직제학은 노론의 홍국영과 남인 유언호를 뽑았고, 그 후에 남인 채제공, 노론 김종수 등을 추가했다. 정조는 그처럼 다양한 정파의 인재를 선발해 자신의 친위세력으로 삼으려 했다. 1779년(정조 3년)에는 서얼 출신으로 높은 학식과 능력을 갖추었지만 벼슬길에 나서지 못하는 인물들을 등용하기 위해 검서관 직제를 신설하고 이덕무, 유득공, 박제가, 서이수 등 4명을 검서관으로 임명했다.

1781년(정조 5년)에 이르러 규장각은 조직과 기능을 완전하게 갖추었다. 규장각을 내각(內閣)과 외각(外閣)으로 나누고 내각에는 기존의 각신 외에 실무책임자인 직각과 대교 1명씩을 전임으로 삼고 그 아래 검서관 4명과 영첨 2명을 두고, 직제학 이하 영첨까지를 각료(閣僚)라고 불렀다. 잡직으로는 서리를 비롯해 수직군사와 노비 등을 합해 70여 명 등을 채용했다. 총 105명에 이르는 이 인원은 홍문관의 정원 84명보다 훨씬 많았다.

규장각은 임금의 글인 어제(御製), 임금의 초상화인 어진(御眞) 등을 봉안하는 기능이 첫 번째였고, 각종 서적의 수집과 편찬도 도맡았다. 설립 초에 연경에서 5,000여 권의 장서 구입을 시작으로 1만여 권이 넘는 「고금도서집성」을 비롯해 7만여 권의 중국서적을 모았다. 또 규장각에서 편찬된 서적으로는 정조의 개인문집인 「홍재전서」, 국왕의 일기를 국가의 공식기록으로 문서화한 「일성록」, 혜경궁 홍씨의 회갑연을 기록한 「원행을묘정리의궤」 등과 함께 정조가 세손 시절 대리청정을 둘러싸고 일어났던 권력투쟁을 정리한 「명의록」, 선조부터 숙종 대까지의 당쟁의 근원을 밝힌 「황극편」, 1,100여 건의 재판 판례를 기록한 「심리록」, 법전인 「대전통편」 등 이루 헤아릴 수 없을 정도였다.

규장각 각신들은 학문과 출판에 종사하면서 정조를 보위해 실질적으로 조정을 이끌었다. 그들은 아침저녁으로 임금을 배알했고, 임금이 정사를 논하는 자리에 언제나 참석할 수 있었으며, 관리들의 부정을 적발해 탄핵하는 권한도 주어졌다. 이는 조정의 청요직인 사헌부, 사간원, 홍문관, 예문관의 기능을 모두 합한 것이었다. 인사권이 당파와 문벌에 좌우되고 과거에서 부정이 일상적이던 시대에 실력만으로 발탁된 각신들의 자부심은 대단했다. 그래서 평소에도 규장각 직함을 다른 벼슬에 우선해 내세웠고, 죽어서 명정이나 지방을 쓸 때는 규장각 관직만 올리곤 했다.

친위세력 강화를 위한 초계문신제도

규장각을 통해 당색에 좌우되지 않는 친위조직을 만들겠다는 정조의 의지는 1781년 초계문신제도의 공포로 현실화되었다. 이것은 문신들의 재교육제도로서 형식적인 과거제도를 통해 등용된 관리들의 업무능력을 신장시키고 부정부패를 방지하겠다는 명분으로 실행되었다. 하지만 이는 근본적으로 친위세력 강화를 위한 방책이었다.

"인재의 배양이 근본을 잃어 문풍이 부진하고 과거에만 매달려 급제하고 나면 문관들이 다시 공부하지 않으니 개탄스러운 일이다. ……문신을 선발하여 기간을 정하고 선발의 폭을 넓혀 매월 경전과 사기를 가르친 후 시험으로써 근면하고 태만함을 고찰해 상벌에 반영하면 문풍을 진작하는 데도 도움이 될 것이다."

초계문신은 37세 이하의 중간관료들을 의정부에서 선발하여 3년 동안 규장각에서 특별교육을 실시하는 제도로, 현재 전해지는 「초계문신제명록」에는 초계문신들의 이름과 본관이 자세히 기록되어 있다. 그해 2월 서정수, 이시수, 서용보 등 20명이 첫 초계문신으로 선발되었다. 정조는 그들에게 업무를 보지 않아도 승진을 보장하는 등 규장각신에 비견되는 특별대우를 해주었다. 그런 대신 수업은 매우 강도가 높았다.

초계문신들은 사서삼경과 사서를 익히고 논책, 시부, 공거문 등 30가지 이상의 문체작법을 배웠다. 또 한 달에 두 차례씩 강론을 하는 시강(試講)이라는 구술시험과 시제(試製)라는 일종의 논술시험을 치러야 했다. 정조는 시강의 조목과 시제의 제목을 직접 냈고 종종 참관하여 무게감을 더해주었다. 이 두 시험에서 3회 연속 수석하면 승진, 3회 연속 꼴찌에게는 벌을 주었다. 정조는 초계문신들에게 자유로운 경전 해석과 활발한 학문 토론을 권장했다. 주입식 교육 방식에 익숙해 있던 당시 학문 풍토에서는 획기적인 일이었다.

그렇듯 정조는 초계문신의 주군이자 스승으로서 군사(君師)의 역할을 담당했다. 정조 자신이 뛰어난 학자가 아니라면 도저히 불가능한 일이었다. 정조 치세 19년 동안 배출된 초계문신은 138명이었다. 과연 그들은 정조의 기대에 부응해 개혁의 전위대 역할을 했고, 정조 사후에는 정계의 중추세력으로 활약했다.

정조 시대의 주요인물

세도정치의 선구자, 홍국영

홍국영은 세손 때부터 정조를 보위하며 초기 개혁을 이끈 공신 중에 공신이다. 성격이 호방했던 그는 어렸을 때부터 친구들과 어울려 기방에 들락거리기를 밥 먹듯이 했다. 집안에서는 홍국영을 몹시 창피하게 생각했는데, 숙부 홍낙빈은 면전에서 심한 질책을 하기도 했다. 사대부 가문의 일원으로서 학문에 몰두하지 않고 게으름 피우는 것만으로도 커다란 허물이 되던 시대였다. 더구나 유서 깊은 풍산 홍씨 일문으로 왕가와도 밀접한 인연을 맺고 있던 그의 세속적인 행각은 친척들의 눈살을 찌푸리게 하기에 충분하고도 남았다.

홍국영의 6대조는 선조의 딸로 영창대군의 친누이인 정명공주의 남편 영안위 홍주원이다. 당시 권력의 중추에 서 있던 홍봉한, 홍인한과도 10촌간이었다. 게다가 경주 김씨인 김민주의 어머니가 홍국영의 5촌 종고모였다. 김민주는 정순왕후와 8촌, 순조 초기 노론 벽파의 권력자 김관주와 4촌지간이다. 그렇게 복잡한 족보를 정리하면 홍국영은 영조, 혜경궁 홍씨, 정순왕후 김씨 등과 모두 인척관계였고 정조와도 12촌간이었다.

홍국영은 1748년(영조 24년)에 서울에서 출생했는데 아명은 덕로(德老), 본관은 풍산(豊山)으로 도성 밖 서강에서 살았다. 1772년 가을, 25세의 젊은 나이로 과거에 급제하자마자 사관인 예문관원에 임명되었으며 동궁을 보좌하는 춘방(春坊), 즉 세자시강원의 사서를 겸직했다. 그때부터 홍국영은 세손을 보호하기 위해 전심전력을 기울였다.

그는 우여곡절 끝에 권좌에 오른 정조가 자신을 승지로 임명하자 김종수와 정이환 등 노론 청명당 계열 인사들을 움직여 탕평당 계열의 홍인한, 정후겸, 홍계능 세력을 제거했다. 이어서 정조의 외가인 홍봉한 집안을 무차별 공격했고, 홍봉한과 경쟁하던 김귀주와 힘을 합쳤다가 이용가치가 떨어지자 그를 탄핵하여 흑산도로 귀양 보냈다.

이후 막강한 권력을 쥔 홍국영은 우선 노론의 주장인 '의리'를 확고히 하는 데 전력을 다했다. 정조가 즉위한 해는 과거 숙종이 노론의 정신적 지주인 송시열의 의리가 옳다고 선언한 병신처분 60주년이었다. 이때를 기화로 홍국영은 송시열을 효종의 위패 옆에 배향하도록 주청했으며, 정조에게서 노론의 신임의리가 옳다는 의견을 이끌어냈다.

그는 또 자신에게 우호적인 노론의 산림, 곧 재야학자들 가운데 충청도의 송

덕상, 송환억과 경기도의 김종후 등을 조정에 불러들였다. 이들의 후원으로 홍
국영은 자신의 세력을 강화하고 통청권, 즉 이조 낭관이 스스로 후임자를 추천
하고 당하관의 천거를 장악하는 제도를 복구시켰다. 이는 일찍이 영조가 탕평책
에 방해가 된다 하여 폐지했던 제도였다. 정조 즉위년 5월 홍국영은 송시열의 정
적이었던 윤선거, 윤증 부자의 관직을 빼앗아 소론에 대한 탄압국면을 조성했
다. 그의 세도에 눌린 소론계 선비 이승호와 서명 등은 노론의 산림에게 학문을
배우거나 전향하기까지 했다.

이윽고 노론의 영수임을 자임한 홍국영은 인조 이래 서인의 강령이었던 국혼
물실의 원칙을 좇아 1778년에 누이동생을 정조의 후궁으로 들여보냈다.[131] 그
후 홍국영은 수어사, 훈련대장 등 5개 군영의 대장을 거쳤고, 1777년 초 숙위소
를 설치한 다음 도승지 겸 숙위대장으로 대장패와 전령패를 가지고 궁궐 안에
머물며 군사를 지휘했다. 얼마 뒤에는 오영도총숙위 겸 훈련대장에 임명되어 군
권까지 장악했다.

정조는 즉위 초기 홍국영의 공으로 권좌를 지켰지만 그가 적극적으로 추진하
던 노론 일당독재의 정국에는 동의하지 않았다. 하지만 미약한 초기 왕권을 안
정시키기 위해 정조는 홍국영을 방패막이로 규장각과 초계문신제도의 정착에
진력했다.

1779년 5월, 몸이 약했던 원빈이 시름시름 앓다가 세상을 떠났다. 홍국영은
효의왕후 김씨를 의심하여 중궁의 나인들을 잡아다 고문했다. 그러자 정순왕후,
혜경궁, 효의왕후 등 내명부에서 크게 반발하면서 정조에게 홍국영의 전횡을 항
의했다. 본래 원빈(元嬪)은 후궁으로는 사용할 수 없는 '원(元)'이라는 글자를
사용했다. 또 홍국영이 은언군의 아들 상계군 담을 원빈의 양자로 삼아 완풍군
(完豊君)이라는 작호를 주었는데, 완(完)은 전주 이씨, 풍(豊)은 풍산 홍씨를 뜻
했다. 본래 왕실에서는 작호에 모계의 관향을 사용한 경우가 없을 뿐만 아니라,
정조의 후계자라는 암시까지 담겨 있었던 것이다.

얼마 후 홍국영은 노론계 산림인 송환억과 송덕상 등을 움직여 국세가 외롭고
고단하므로 안정적인 조치를 취하라는 상소를 올리게 했다. 즉 세자책봉을 종
용한 것이었다. 이와 같은 홍국영의 행각을 더 이상 방치할 수 없다고 판단한 정

조는 결국 그를 내치기로 결정했다.

1779년(정조 3년) 9월 26일, 그를 불러 은퇴상소를 종용했다. 홍국영으로서는 청천벽력 같은 일이었지만 정조의 결심은 확고부동했다. 드디어 홍국영은 흑두봉조하란 허울 좋은 칭찬을 받으며 조정에서 퇴출되었고, 그의 권력기반이었던 숙위소도 폐지되었다. 이어서 그를 추종하던 송덕상, 김종후, 김상철과 그의 백부 홍낙순까지 쫓겨나자 조정에서 홍국영의 자취는 완전히 지워졌다. 그 후 홍국영은 도성 안에 들어오지 못하는 방귀전리(放歸田里)의 형을 받았고 재산까지 몰수당했다. 그렇듯 최고 권력자에서 하루아침에 죄인으로 전락한 홍국영은 방황하며 술에 취해 지내다가 강릉에서 병을 얻어 죽고 말았다.

정조 개혁의 선봉장, 번암 채제공

채제공은 강력한 탕평책을 주장했던 영조 대의 학자 오광운의 제자였다. 스승의 영향을 받아 강직한 성품을 지녔던 그는 사도세자가 세자 자리에서 쫓겨날 때 부당함을 상주했으며, 임오년 뒤주사건이 벌어졌을 때도 목숨을 걸고 막아섰다. 때문에 영조는 왕세손 이산에게 그를 추천하며 "진실로 나의 사심 없는 신하요 나의 충신이다"라고 칭찬했다. 그때부터 정조와 한솥밥을 먹게 된 채제공은 노론세력의 거센 방어망을 뚫고 개혁의 교두보를 마련했다.

> 몸은 서남노소국을 벗어났고
>
> 이름은 이예호병 반열을 뛰어넘었다.[132]

「번암집」에 실려 있는 이 시에는 정치적으로 서인, 남인, 노론, 소론 등의 당파에 연연하지 않고, 조정에서 이조, 예조, 호조, 병조 등과 같은 구획을 뛰어넘어 탕평을 완성하고야 말겠다는 채제공의 굳은 결의가 담겨 있다.

채제공의 본관은 평강(平康), 호는 번암(樊巖)으로 1720년(숙종 46년) 충남 청양에서 태어났다. 그의 가문은 남인 계열로서 인조 때의 충신으로 대제학을 지낸 채유후가 있고, 수찬을 지낸 채명윤과 대사간 채팽윤이 유명하다. 할아버지 채성윤은 한성 부윤, 아버지 채응일은 진사시에 1등을 한 뒤 단성과 비안 고을 수령을 지냈다. 채제공은 늘 채(蔡)씨가 나라의 저명한 성씨임을 자랑하면서 자손들에게 가문의 전통을 이어나가려면 사람을 사람 되게 하는 효도와 공손한 태도를 견지해야 한다고 가르쳤다.

채제공은 정조 재위기간에 5년 동안 독상(獨相)으로 활약했다. 영의정, 좌의정, 우의정이 삼상(三相)인데 그 자리에 홀로 있었다는 뜻이다. 그것은 정조 통치 후반기에 친위체제를 강화하기 위한 방편이기도 했지만, 그만큼 조정에 중임을 맡길 만한 중량감 있는 인물이 드물었기 때문이다. 그렇듯 독상으로 활약한 인물은 세종 때 황희, 선조 때 노수신, 현종 때 김수홍 정도였다.

역대 조선 왕조에서 영남 출신의 남인으로 정승을 맡은 사람은 노수신, 정탁, 유성룡, 유후조 등 손에 꼽을 정도이다. 채제공의 역량이 어떠했는지를 객관적으로 평가할 수 있는 증거이다. 노론의 일당이 조정을 장악했던 당시에 남인이라는 박약한 세력기반을 가지고 그토록 오랫동안 동료 정승의 보좌 없이 업무를 수행했다는 것은 국왕의 전폭적인 지지와 신뢰도 중요하지만 정적들의 용인이 없이는 불가능했다.

실제로 채제공은 위에 인용한 시구처럼 정파를 넘나들며 합리적인 조정과 화해를 통해 운신의 폭을 넓혔고 개혁의 선봉에 섰던 실학자들의 후원자 겸 방패막이가 되어주었다. 그는 전통적인 농업국가인 조선에서도 변화하는 시대 조류에 따라 상업을 활성화시켜야 한다는 실학자들의 견해를 수긍하고 1791년(정조 15년) 2월, 신해통공을 실시하는 데 주도적인 역할을 했다. 그 결과 양반 지주들과 야합하며 성장했던 시전상인들의 폐쇄적이고 독점적인 유통구조가 무너졌다.

그는 또 1792년, 만인소를 통하여 사도세자의 신원을 요청하는 영남 선비들의 주장에 적극 동조했다. 이듬해인 1793년에 영의정에 임명되자 채제공은 사직 상소문을 통해 사도세자를 재평가하여 새로운 정치원칙을 정립하자는 임오의리를 주장하여 정국을 요동치게 만들었다. 당시 노론 벽파는 정조가 죄인의 자식이라는 개념에서 한 발짝도 물러나지 않았고, 정조 역시 재위 중에는 사도세자의 일을 거론하지 말라는 영조의 유훈을 저버릴 수 없는 처지였다. 채제공은 바로 그런 한계를 뛰어넘을 것을 주문한 것이다.

위기감을 느낀 노론이 신임의리를 내세워 저항하자 정조는 채제공과 협의한 뒤 영조가 남긴 금등(金縢)¹³³ 문서를 공개했다. 그것은 영조가 사도세자를 죽이고 나서 몹시 애통해 하며 쓴 글이었다. 금등이 공개되면서 남인의 임오의리는 노론의 신임의리와 같은 무게를 얻어 사도세자에 관련된 분쟁을 가라앉힐 수 있었다. 이후 채제공은 노구를 이끌고 정조의 뜻을 받들어 개혁에 박차를 가하는 한편 수원 화성 건설에 매진했다.

그는 수원을 근대적인 대도시로 만들기 위해 대상인들의 투자를 권장했고, 저수지를 만들어 농업을 활성화시켰으며 사통팔달하는 교통의 중심지로 키우려 했다. 또 국가적으로는 인삼 재배를 권장하고, 은화와 인삼의 통용을 주장하여 국내 물자유통과 공무역을 활성화시켰다. 그 정책 때문에 직접적인 피해를 입게 된 노론의 실세들은 채제공을 축출하기 위해 갖은 책동을 벌였지만, 정조는 꿋꿋하게 그를 지켜주었다. 1798년(정조 22년) 정계에서 은퇴한 채제공은 이듬해 1월 18일, 80세를 일기로 세상을 떠났다. 정조는 몹시 애달파하면서 이렇게 말했다.

'남들은 번암에 대해 모르지만 나는 잘 안다. 그는 불세출의 인물이다.'

조선의 문장, 박지원

「열하일기」로 통칭되는 실학자 박지원은 1737년(영조 13년)에 서울에서 태어났다. 본관은 반남(潘南), 자는 중미(仲美), 호는 연암(燕巖)이다. 그의 가문은 노론의 명문이었지만, 할아버지나 조부가 청렴한 인물이라 몹시 가난했다. 16세 때 할아버지가 죽자 1752년 이보천의 딸과 결혼한 뒤 그의 처삼촌 홍문관 교리 이양천에게 글을 배웠다. 그는 문재가 뛰어나 18세 무렵 「광문자전」을 지었다. 1757년에는 「민옹전」을 지었고, 1767년까지 「방경각외전」에 실려 있는 9편의 단편소설을 지었다. 이 시기 양반사회에 대한 비판이 극히 날카로웠으나, 사회적 모순은 대체로 추상적으로 파악하고 있었다.

그는 1767년 아버지가 별세한 뒤 장지 문제로 관리 한 사람이 관직에서 물러난 것을 알고 자책하며 과거에 뜻을 거두었다. 1768년 서울의 백탑 부근으로 이사했는데 주변에 이덕무, 이서구, 서상수, 유금, 유득공 등이 모여 살았고, 박제가, 이희경 등도 그의 집에 자주 출입했다. 당시 많은 신진기예의 청년 인재들이 그의 문하에서 지도를 받고 새로운 문풍과 학풍을 이룩했는데, 그것이 바로 북학파 실학이었다.

30세 무렵 「연행기」의 주인공 홍대용에게 자극받은 박지원은 1780년(정조 4년) 강희제의 고희연에 사은사로 임명된 삼종형 박명원의 수행원으로 청나라에 갔다. 그는 연경에서 온갖 신문물을 구경하고 청나라 관리들과 학자들을 만나 역사, 문학, 철학, 문물에 대해 깊은 대화를 나누었다. 또 외국인 묘지에 가서 마테오리치와 선교사 무덤 70기를 살피고 아담 샬의 기념비를 살펴보면서 천주교에 대해 알아보았다. 그 과정에서 서경덕의 「화담집」이 사고전서에 포함되었다는 것, 허준의 「동의보감」이 연경에서 간행되었다는 사실도 알게 되었다. 긴 여정을 끝내고 귀국한 그는 조선의 정치, 경제, 사회, 문화 전반을 점검하면서 신랄하게 개혁을 부르짖었다.

"중화와 오랑캐의 차이는 잘나고 못난 데 있지, 역사와 지역의 문제가 아니다. 다만 문화의 차이일 뿐이다. 오랑캐도 중화가 될 수 있고, 중화도 오랑캐가 될 수 있다. 그러므로 중국이 천하의 중심이란 생각은 버려야 한다."

박지원의 열린 사고방식은 노론의 신진기예들과 훗날 연암학파로 불리는 규장각 각신, 초계문신, 검서관들에게 폭넓게 영향을 끼쳤다. 영조 말기 정국의 주체였던 외척들의 횡포에 분개하던 노론의 후기지수들 가운데 유언호, 윤시동, 남유용, 조돈, 심이지, 홍낙성, 김치인, 김종수 등이 모여 청명당이란 비밀결사를 결성했다. 당시 정파적으로 노론이었던 박지원은 청명당 소속인 홍낙성과 함께 홍국영의 전횡을 비판하는 대화를 나누었다가 그의 공격을 받게 되자 황해도 금천에 있는 연암(燕巖)이란 산골짜기로 이사해 한동안 거처했다. 연암이란 호는 그렇게 해서 얻은 것이다.

규장각을 통해 정계에서 맹활약했던 박지원의 제자들은 이서구를 제외하고는 대부분 시파에 속했다. 서얼이었던 이덕무, 박제가, 유득공 등은 규장각의 검서관으로서 정조를 지근거리에서 보좌했고, 노론의 차세대 지도자들이었던 이서구, 남공철, 김조순 등은 규장각의 각신을 역임했다. 소론의 서유구, 이상황도 박지원의 문하였다. 이들 가운데 남공철, 서유구, 이상황, 김조순, 김매순, 심상규 등은 초계문신으로서 정조의 친위세력으로 성장했다.

　정조 시대는 정학, 서학, 북학의 대결장이었다. 정조가 정학인 주자학의 스승이라 자임했다면 이가환은 서학의 선두주자였고 박지원은 북학의 대부였다. 당시 정학은 성리학을 중심으로 학문의 고유성을 강조하는 중화주의가 바탕이 됐고, 서학은 서양의 우수한 과학문명을 바탕으로 탈중화주의를 표방했다. 그리고 북학은 속학으로 폄하되면서도 백성에게 직접적으로 이익을 가져다주는 실용적인 학문이었다.

　정조는 이와 같은 학문의 백가쟁명에 긍정적인 입장을 취했지만, 그로 인해 파생되는 각 정파의 정치적 충돌은 골칫거리가 아닐 수 없었다. 특히 개혁의 일꾼으로 정조를 보위하던 남인들이 보인 서학에 대한 관심은 노론 벽파가 공세를 펼칠 수 있는 좋은 빌미가 되고 있었다. 노론 벽파는 조상의 신주를 불태우고 제사를 폐한 진산사건이 터지자 서학에 몰입되어 있던 남인 제거에 총력을 기울였다. 정조는 학문적인 입장에서 그들을 비호했지만, 벽파의 공세는 만만치 않았다. 결국 정조는 문체반정이란 묘수를 통해 북학을 서학과 같은 시각에서 비판했는데, 그 과정에서 박지원은 자연스럽게 북학파의 지도자로 인정받았다.

　그는 만년에 정조의 배려로 벼슬길에 올라 자신의 학문을 실험해볼 수 있는 기회를 얻었다. 1786년 선공감감역, 1789년 평시서주부, 1790년 의금부 도사, 제릉령을 거쳐 1791년에는 한성부 판관, 안의 현감, 1796년 제용감 주부, 의금부 도사·의릉령, 1797년에는 면천 군수를 지냈고, 1800년 양양 부사에 임명되었는데 1801년 봄에 사직했다. 그 후 건강이 악화된 박지원은 1805년 10월 20일, 69세를 일기로 세상을 떠났다.

절망을 희망으로 바꾼 천재, 정약용

　다산 정약용은 정조와 비교할 때 학문적인 재능이나 성과에서 조금도 뒤지지 않는 면모를 발휘했을 뿐만 아니라 도탄에 빠진 조선을 일으켜야 한다는 개혁의 당위성에 있어서도 일치된 생각을 지니고 있었다. 때문에 두 사람은 정치적으로 거대한 노론 벽파를 상대하면서 일관성 있는 행보를 견지했다.

　정약용의 본관은 나주(羅州), 자는 미용(美鏞), 송보(頌甫), 호는 다산(茶

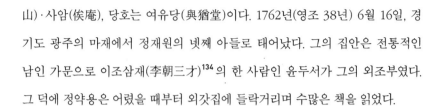

山)·사암(俟庵), 당호는 여유당(與猶堂)이다. 1762년(영조 38년) 6월 16일, 경기도 광주의 마재에서 정재원의 넷째 아들로 태어났다. 그의 집안은 전통적인 남인 가문으로 이조삼재(李朝三才)[134]의 한 사람인 윤두서가 그의 외조부였다. 그 덕에 정약용은 어렸을 때부터 외갓집에 들락거리며 수많은 책을 읽었다.

1776년, 정조가 탕평책의 일환으로 남인들을 조정에 기용하면서 아버지 정재원을 호조 좌랑에 임명했다. 이때 정재원은 공정하고 성실한 자세로 정사에 임해 어린 정약용에게 관리의 전형을 보여주었다. 정약용은 16세 때 당대의 천재로 이름을 떨치던 이가환, 매부 이승훈과 함께 성호 이익의 글을 읽으며 실학에 눈뜨게 되었고, 이벽[135]을 통해 서학을 만나게 되었다.

주자학이 최고의 학문으로 숭앙되던 시대에 실학이나 서학은 그야말로 혁명적인 사고였다. 당시 조선의 선각자들은 혁명적인 경향을 띤 중국의 새로운 사상을 받아들여 정체되어 있던 조선사회를 변화시키고 비틀어진 현실을 바로잡으려 했다. 정약용은 그 변화의 바람을 유연하게 받아들였다.

1783년 여름, 정약용은 진사시에 급제한 뒤 성균관 유생으로서 임금인 정조와 처음으로 대면했다. 정조의 나이 33세, 정약용은 22세 때의 일이었다. 당시 정조가 성균관 유생들을 상대로 과제를 내자 정약용이 혁신적인 답안을 제출하여 임금의 시선을 끌었다. 그렇지만 정약용은 그 후 네 차례의 과거에서 모두 낙방했다. 그것은 정약용의 집안이 남인의 영수 채제공 집안과 사돈관계[136]였기 때문이었다. 오랜 침묵 끝에 정약용은 1789년(정조 13년) 3월에 실시된 식년시에 2등으로 급제했다. 1등에서 밀려난 것도 앞서와 같은 이유였다. 정약용은 곧 초계문신으로 선발되었고, 첫 해 규장각에서 치른 시험에서 다섯 차례나 장원을 차지했다.

1785년경부터 정약용은 서학에 심취해 권철신, 이가환, 정약전, 권일신, 이벽 등과 함께 여주의 주어사와 한강가의 천진암 등지를 돌며 천주교 교리를 공부했다. 그러던 어느 날 정약용은 명례방에 있는 역관 김범우의 집에서 천주교 집회에 참석했다가 발각되었지만, 정조의 배려로 풀려났다. 명례방 사건 이후에도 정약용은 이승훈과 함께 성균관 아래 반촌에 방을 얻은 다음 서학에 몰두했다. 그런데 하루는 친구 이기경이 놀러왔다가 그들의 책을 훔쳐보고는 깜짝 놀라 조정에 고발했다. 이를 반회(泮會)사건이라고 한다.

이 사건을 계기로 천주교 금지령이 내려졌다. 동시에 남인을 주요 대상으로 삼고 천주교를 공격하는 공서파가 등장했다. 당시 노론 벽파는 정조가 이가환, 이승훈, 정약용 등 남인들을 총애하자 천주교 문제를 물고 늘어져 그들의 요직 진출을 사전에 차단하려 했다. 사태의 심각성을 직감한 정조는 1년 뒤 청나라로부터 천주교 책자의 유입을 금하고 국내에 반입된 관련서적을 찾아 불태우게 했다. 그럼에도 남인들에 대한 벽파의 공세는 시들 줄을 몰랐다. 1790년 정약용이 또다시 천주교 문제로 공격당하자 정조는 그를 해미에 유배했다가 열흘 만에 풀어주었다.

1789년(정조 13년) 겨울, 정약용은 정조의 명에 따라 배다리를 설계했다. 정조는 그것을 바탕으로 1790년 주교사를 신설해 설계도를 보완하고 기술수준을 끌어올렸다. 그 와중에 박제가와 함께 종두법을 연구했으며 노안(老眼)이 오는 이유를 찾아내기도 했다. 2년 뒤인 1792년(정조 16년) 부친상으로 마재 집에 내려와 있던 정약용에게 정조는 수원 화성의 설계를 맡겼다. 과연 그는 정조의 기대에 부응하여 혁신적인 설계도를 완성했을 뿐 아니라 공사비용과 기간을 줄이기 위해 유형거와 거중기 등을 발명해 엽전 4만 냥 이상을 절약할 수 있도록 했고, 임금노동자인 모군(募軍)만으로 공사를 마무리할 수 있게 했다.

1794년(정조 18년) 정약용은 경기도 암행어사에 제수되어 연천 지방을 감찰했다. 그 무렵 경기도 관찰사 서용보의 문객 하나가 마재에서 문제를 일으켰다. 그는 풍수설을 내세우며 명륜당을 헐어내고 향교를 다른 곳으로 옮기게 한 다음 그 땅을 서용보에게 바쳤다. 한편에서는 서용보가 환곡을 통해 폭리를 취한다는 소문이 돌았다. 정약용은 서용보와 문객의 죄상을 낱낱이 조사해 정조에게 보고했다. 그 일로 파직된 서용보는 평생 정약용을 적대시 했다.

1795년 7월, 주문모 신부와 관련해 천주교 문제가 조정에서 불거지자 정약용이 또다시 공서파로부터 천주교도라는 공격을 받았다. 정조는 그를 충청도 금정찰방으로 좌천시켰다. 1796년에 중앙무대에 복귀한 정약용은 규장각에서 유득공, 이가환, 이만수, 박제가 등 여러 실학자들과 함께 정조를 보위했다. 그 와중에 '자명소(自明疏)'라는 일종의 반성문을 써서 자신이 오래전에 천주교에서 발을 뺐음을 증명했다. 하지만 공서파의 모함이 계속되자 정조는 그를 황해도 곡산 부사로 내려 보냈다.

처음으로 지방관이 된 정약용은 의욕적으로 지방행정에 임했다. 농민들을 괴롭히던 제도를 모조리 고치거나 폐기하고 억울한 송사결과를 발굴해 시정하는 등 혁신적인 선정을 펼쳤다. 그 와중에도 천연두 치료방법 연구에 몰두해 「마과회통」을 펴냈다. 이와 같은 정약용의 치적을 높이 산 정조는 그를 정3품 형조 참의에 임명했다. 정약용의 일생에서 제일 높은 벼슬이었다.

1798년(정조 22년) 7월, 37세의 정약용은 벼슬을 내놓았고, 2년 뒤인 1800년 가족과 함께 고향 마재로 돌아갔다. 그곳에서 조정으로 복귀할 날을 기다렸지만 돌아온 것은 청천벽력과 같은 정조의 부음이었다. 그와 함께 영광의 시대는 저물고 지독한 핍박과 유배의 세월이 시작되었다. 어린 순조가 즉위하며 정권을 잡은 벽파는 신유사옥을 획책해 남인에 대한 숙청에 나섰다. 그리하여 정약용은 경상도 장기, 둘째형 정약전은 흑산도로 유배되었지만, 셋째형 정약종과 이가환은 옥중에서 숨졌다. 얼마 후 「황사영백서」를 계기로 홍희운과 이기경 등이 정약용을 죽이려 했지만 황해도 감사 정일환의 비호로 겨우 목숨을 건졌다.

전라도 강진으로 유배된 정약용은 다산초당에 머물며 저술에 몰두했다. 「아방강역고」에서 조선 영토의 경계와 내력을 밝혔고, 「요동론」에서는 대륙을 향한 원대한 상상력을 발휘했다. 그는 또 국가경영에 관련된 모든 제도, 법규에 대한 준칙을 정리한 「경세유표」, 지방의 목민관으로서 백성 다스리는 요령과 교훈이 될 만한 내용을 정리한 「목민심서」, 형벌과 옥사에 대한 주의와 규범을 제시한 「흠흠신서」 등 수많은 명저를 생산해내면서 자신의 능력을 유감없이 발휘했다.

57세인 1818년(순조 18년) 9월 14일, 무려 18년 동안의 유배생활을 마친 정약용은 고향 마재에 머물며 75세의 나이로 숨을 거둘 때까지 학문에 대한 정열과 현실개혁에 대한 의욕을 버리지 않았다. 1910년(순종 4년) 규장각 제학에 추증되었다. 시호는 문도(文度)이다. 훗날 위당 정인보는 그의 업적에 대해 이렇게 칭송했다.

'선생 한 사람에 대한 고구는 곧 조선사의 연구요, 조선 심혼의 명예 내지 전조선 성쇠존망에 대한 연구이다.'

「정조실록」편찬 경위

「정조실록」은 조선의 제22대 국왕 정조의 재위 24년 동안의 치세를 편년체로 기록한 역사서이다. 총 56책 54권으로 정식 명칭은「정종문성무열성인장효대왕실록(正宗文成武烈聖仁莊孝大王實錄)」이다. 실록 편찬 당시 묘호는 정종(正宗)이었지만, 1889년(광무 3년) 정조(正祖)로 추존되면서 실록의 명칭도「정조실록」으로 바뀌었다.

「정조실록」에는 부록에는 정순왕후 김씨가 내린 행록과 혜경궁이 내린 행록 외에 시책문, 애책문, 비문, 묘지문, 시장, 행장이 실려 있고, 부록 속편에는 천릉비문, 천릉지문이 실려 있다. 실록은 1800년(순조 즉위년)부터 시작해 1805년(순조 5년)에 완성되었다. 총재관은 이병모, 이시수, 서용보, 서매수 등 4명이었고 도청당상은 이만수, 김조순이었다. 각방 당상은 김재찬 등 20명, 교정당상은 남공철 등 9명, 교수당상은 서미수 등 2명, 낭청은 94명이었다.

奉和
趙敬菴
歸舟暫泊 百花梯 話別白鐘境轉
微半橫圖書瀟源 去黃驪江上牒
蓮地
相思何似 別袂鶺 詩札寫飛意惜
安滿紙丁寧皆雜 海為識影柚
三峽

洞籠散士

重輪燭
雲中
蚯蠖藩拋隊
南遙見識
門映翠花
菩枇禪猻

1816 이란의 카자르 군대, 아프가니스탄 침공

1817 성남지방에 대홍수
감정희 신라 진흥왕의 북한산순수비 발견

1818 정약용, 「목민심서」 완성

1819 싱가포르, 영국의 영토가 됨

1821 그리스-투르크에게 독립전쟁 시작

1821 평양에 괴질 유행, 10여만 명 사망
국가재정 궁핍

1822 호적법을 강화
인삼밀수출 엄금

1823 미국 먼로 대통령, '먼로주의' 선언

1827 전라도, 경상도 각지에서 천주교도
탄압사건 발생(정해교난)

1828 성남지방에 병충해 극심

1834 순조 승하, 왕세손 즉위(헌종),
대왕대비(순조의 비)가 수렴청정

1835 모스, 유선 전신기 발명

제23대 순조

순종연덕현도경인순희문안무정헌경성효대왕실록
純宗淵德顯道景仁純禧文安武靖憲敬成孝大王實錄

순조 시대(1800. 7~1834. 11)의 세계정세

1804년 백련교도의 난을 진압한 청나라는 1811년 서양인들의 내지 거주 및 기독교 포교를 금하고 아편 반입을 금지하는 등 외세의 침입에 강력하게 대항했다. 일본 역시 오사카에서 기독교 용의자를 처형하는 등 동북아 제국에 종교 탄압의 바람이 불었다. 그 무렵 유럽은 전화에 휩싸여 있었다. 1804년 12월 프랑스에서는 나폴레옹이 황제에 즉위하여 개인의 자유와 소유권의 불가침성을 확인한 「나폴레옹법전」을 제정했다. 나폴레옹은 유럽의 맹주로 활약하다 러시아 원정에서 실패하고 엘바 섬에 유배되었다. 1815년 엘바 섬을 탈출한 나폴레옹은 워털루 전투에서 영국의 웰링턴 장군에게 패하여 세인트헬레나 섬에 유배되었다. 미국에서는 먼로 대통령이 취임한 뒤 스페인과의 조약으로 플로리다를 병합했다. 당시 유럽에는 산업혁명이 몰아닥쳐 자본주의 상공업체제가 가속화되어 노동자들이 위기에 몰렸다. 1804년 영국의 기술자 트레비식이 세계 최초의 증기기관차를 발명했고, 1825년 스티븐슨이 개량형 기관차 로커모션호 작동에 성공하여 철도수송시대가 개막되었다.

수렴청정이 몰고 온 치열한 당쟁

조선의 제23대 국왕 순조(純祖)의 이름은 공(玜), 자는 공보(公寶), 호는 순재(純齋)이다. 정조의 둘째 아들로 어머니는 박준원의 딸 수빈 박씨이다. 1790년(정조 14년) 6월 18일 창경궁 집복헌에서 태어났다. 당시 정조는 의빈 성씨 소생의 문효세자가 죽은 뒤 후사를 염려했는데, 아버지 사도세자의 묘를 화성에 이장하고 난 이듬해 순조를 얻자 크게 기뻐하며 그날로 효의왕후의 아들로 삼고 원자로 정호했다. 1800년(정조 24년) 2월 2일, 왕세자에 책봉되었고 그해 6월 정조가 승하하자 7월 4일 창덕궁 인정문에서 11세의 어린 나이로 보위에 올랐다.

순조가 즉위하자 영조의 계비이며 대왕대비인 정순왕후 김씨가 수렴청정을 시작했다. 정순왕후는 영의정에 심환지, 좌의정에 이시수, 우의정에 서용보를 임명한 다음 사촌오빠 김관주를 조정에 불러들여 벽파 정권을 수립했다. 1801년(순조 1년) 1월 10일, 정순왕후는 천주교 금지령을 내리고 오가작통법을 통해 천주교도들을 색출하도록 했다. 성종 대부터 시작된 오가작통법은 본래 범죄자 검거, 세금 징수, 부역 동원 등을 위해 다섯 가구를 한 통으로 묶던 호적제도였는데, 이때부터 천주교도 색출 방법으로 악용되어 수만 명의 무고한 백성들이 희생되었다.

정순왕후의 천주교 탄압 이면에는 유교윤리를 받든다는 명분 외에 정적인 시파와 남인들을 제거하기 위한 흉계가 있었다. 그리하여 정조의 이복동생 은언군 이인을 비롯해 이가환, 권철신, 이승훈, 정약종, 정약전, 정약용 등 무려 200여 명이 사형 혹은 유배형에 처해졌다.

정순왕후와 노론 벽파는 이 신유사옥을 통해 완전한 벽파 정권을 수립했지만, 1802년(순조 2년) 10월 영안부원군 김조순의 딸을 순조의 비로 책봉하여 벽파 몰락의 단초를 제공했다. 원래 김조순의 딸은 1995년(정조 24년) 초간택, 재간택을 거쳤지만 정조의 급서로 삼간택을 치르지 못해 세자빈도 아니고 왕비도 아닌 어정쩡한 상태에 머물러 있었다. 그런데 순조 즉위 후 실력자인 김관주, 권유 등이 간택을 백지화시키려 하자 김조순은 정순왕후를 회유해 삼간택을 통과시켰던 것이다.

1801년(순조 1년) 1월 28일, 정순왕후의 윤음을 통해 정조 대에 추진되었던 공노비 해방이 공식화되었다. 이 윤음은 어린 순조의 이름으로 발표되었고 공노비대장이 돈화문 밖에서 소각되었다. 이로써 내시노비는 양인의 신분이 되었다. 2월 24일에는 지방의 각 고을에 보관되어 있던 노비대장을 비롯해 내탕고 소장의 노비대장까지 모두 소각되었다. 공노비 혁파의 본질은 노비를 양인으로 만들어 국가의 양역에 편입시켜 재정을 확충하겠다는 뜻이었지만, 지배층에서 자발적으로 신분차별을 철폐했다는 점에서 매우 획기적인 사건이었다.

1804년(순조 4년) 12월, 정순왕후가 수렴청정을 거두자 비로소 순조의 친정이 시작되었다. 그렇지만 조정의 실세인 노론의 압력으로 천주교 탄압은 계속되었다. 1815년에는 경상도, 충청도, 강원도의 천주교도들을 잡아 죽였다. 이를 을해박해(乙亥迫害)라 한다. 1827년에도 또 충청도, 전라도에서 천주교도에게 혹독한 탄압을 가했다.

1805년(순조 5년) 정순왕후가 세상을 떠나자 김조순을 비롯한 시파의 대대적인 반격이 시작되었다. 이듬해인 1806년(순조 6년) 벽파인 우의정 김달순이 순조에게 노론의 신임의리를 각성시키려 하자 김조순을 비롯해 수빈 박씨의 친정 반남 박씨, 풍양 조씨 조득영까지 가세해 김달순을 탄핵했다. 그를 기화로 시파는 이전에 왕비의 삼간택을 방해한 김관주를 귀양 보내는 한편 이미 죽은 김귀주와 심환지 등을 역모로 다스렸다. 당시 김이영은 노론의 '16자 흉언'을 거론하며 잔여 벽파세력을 일망타진했다. 이 병인경화를 통해 정조 사후 5년 동안 무소불위의 권력을 누리던 벽파가 완전히 몰락했다.

세도정치, 국가의 암운을 드리우다

병인경화로 김조순은 확고한 권력을 틀어쥐었지만 일체의 벼슬을 거부하고 어린 사위 순조를 보필했다. 그러나 벽파가 물러난 자리에 들어선 것은 김이익, 김이도, 김희순, 김달순, 김명순 등 온통 안동 김씨들뿐이었다. 그들은 곧 조정의 요직을 차지한 뒤 가문의 이익을 위해 국정을 농단하고 전횡을 일삼았다. 이른바 세도정치[137]의 시작이었다.

당시 안동 김씨는 풍양 조씨, 남양 홍씨, 나주 박씨, 여흥 민씨, 동래 정씨 등 시파의 가문들과 연합해 권력을 유지했는데, 효명세자가 대리청정할 때 잠시 풍양 조씨에게 권력을 빼앗겼지만, 효명세자 사후 헌종이 즉위하자 순원왕후 김씨가 수렴청정을 하면서 다시 정권을 잡았다. 그 후 안동 김씨는 고종의 즉위와 함께 대원군이 등장할 때까지 60여 년간 국정을 전횡했다.

안동 김씨 일문의 세도정치로 인해 조선은 영·정조 시대에 쌓아두었던 안정과 발전의 기틀이 일시에 무너져내렸다. 인사제도의 기본인 과거제도가 문란해지는 등 정치기강에 금이 가자 상대적으로 수령들의 탐학과 수탈이 고개를 들면서 민생이 도탄에 빠져들었다. 또한 민간에 각종 비기와 참설이 유행하는 등 사회 혼란은 극에 다다랐다. 그리하여 세도정권 초기부터 전국 각지에서 위정자들에 대항하는 민란이 발생했는데, 그 정점이 1811년(순조 11년)에 일어난 홍경래의 난이었다.

평안도 용강 출신의 홍경래는 서북인 차별대우와 세도정권의 가렴주구

혁파, 정도령의 출현 등을 내세워 몰락 양반과 유랑지식인, 서민지주층의 재력을 동원해 반란을 일으킨 뒤 평안도 일대를 점령하고 관군과 대결했다. 그들은 이씨 왕조를 부정하고 새로운 정치체제를 꿈꾸었다. 이 반란은 이듬해 4월 반란군의 근거지인 정주성이 함락되면서 막을 내렸다.

민란은 그 후에도 계속되어 1813년 제주도의 토호 양제해의 난, 1815년 용인의 이응길의 난이 연이어 발생했다. 1817년에는 유칠재·홍찬모 등의 흉서사건, 1819년에는 액예와 원예의 작당 모반사건, 1826년에는 청주에서 괘서사건이 이어졌다. 천재지변도 잇달아 순조 재위 34년 중 19년에 걸쳐 수해가 일어났고, 1821년에는 충청도에 전염병이 크게 번져 10만여 명의 백성들이 목숨을 잃었다.

순조는 안동 김씨 세도정권을 견제하기 위해 풍은부원군 조만영의 딸 조씨를 세자빈으로 삼은 다음 1827년 효명세자에게 대리청정을 명했다. 그 때문에 외척 풍양 조씨의 세도정권이 등장했다. 효명세자는 당시 적극적으로 인재를 등용하고 형옥을 신중히 하는 등 백성들을 위한 정책구현에 노력했다. 그러나 효명세자는 순조의 변심과 신하들의 강력한 저항에 부딪혀 고심하다가 1830년 갑자기 세상을 떠났다.

그해 6월 순조는 손자 이환을 왕세손으로 책봉해 후사로 삼았다. 1832년 (순조 32년) 3월 「황명실록」을 대보단에 봉안하고, 7월에는 영건된 경회궁으로 거처를 옮겼다. 순조 대에는 이양선이 수시로 출몰해 민심을 어지럽혔다. 1816년(순조 16년) 7월 영국의 리라 호가 나타나 선원들이 충청도에 상륙했다가 물러갔고, 1832년에는 영국 상선 아머스트 호가 또 서해안에 나타나기도 했다.

순조 시대에는 궁방과 관아에 예속되어 있던 공노비의 혁파, 서얼유통 등의 획기적인 민생조치가 있었지만, 세도정치의 폐해를 극복하지는 못했다. 아버지 정조를 닮아 학문을 좋아했던 순조는 정조의 문집인 「정조어정홍재전서」를 간행하는 한편 「양현전심록」, 「사부수권」, 「대학유의」, 「서운관지」, 「동문휘고」 등의 서적을 출판하도록 했다. 자신도 20권 20책에 달하는 개인문집

「순재고」를 남겼다.

1834년(순조 34년) 11월 13일, 순조는 재위 35년 만에 경희궁 회상전에서 45세의 나이로 세상을 떠났다. 시호는 연덕현도경인순희문안무정헌경성효대왕(淵德顯道景仁純禧文安武靖憲敬成孝大王), 묘호는 순조(純祖)이다. 능호는 인릉(仁陵)으로 서울 서초구 내곡동에 있다.

제23대 순조 가계도

┏ 제23대 순조(純祖)
1790년 출생, 1834년 사망(46세)
재위 34년 4개월(1800. 7~1834. 11)
순조숙황제 추존

순원왕후 김씨 왕세자 이영(효명세자. 익종, 문조익황제 추존) ─┬─ **신정왕후 조씨**
　　　　　　　　　　　　　　　　　　　　　　　　　　왕세손 이환(제24대 헌종)

　　　　　　왕자(조졸) 복온공주
　　　　　　명온공주 덕온공주

┗ 숙의 박씨 영온옹주

순조의 가족

순조는 순원왕후 김씨에게서 2남 3녀, 숙의 박씨에게서 1녀를 얻었다.

순원왕후 김씨는 영안부원군 김조순의 딸로 1802년(순조 2년) 10월 왕비로 책봉되었다. 그녀는 아버지 김조순, 오빠 김좌근으로 이어지는 안동김씨 세도정 치를 이끈 주역이었다. 1834년 순조가 죽자 그녀는 경쟁자인 조대비에 앞서 원 상에 권돈인을 지명하고 은언군의 손자 이원범을 지목해 즉위시켰다. 그와 함께 김문근의 딸을 왕비로 책봉하여 안동 김씨 세도정권을 지속시켰다. 1857년 8월 4일, 창덕궁에서 세상을 떠났다.

순조 시대의 주요사건

신유박해

1785년(정조 9년) 서울의 명례방에 있는 역관 김범우의 집에서 권일신, 이가 환, 이승훈, 정약용 등이 서학 책과 예수상 등을 놓고 미사를 드리다가 형조의 포졸들에게 체포되었다. 형조 판서 김화진이 그들을 훈계 방면한 다음 불온한 집회장소를 제공했다는 혐의로 중인인 김범우만 가두었다. 결국 김범우는 심한 고문 후유증으로 유배지에서 사망했다. 이것이 을사추조적발사건, 세칭 명례방 집회사건이다. 이는 남인들이 서학에 깊이 관련되어 있다는 명백한 증거가 되어 노론 벽파의 공격을 받는 주요한 계기가 되었다.

당시 노론 벽파를 견제하던 정조는 정약용과 이가환 등 남인들을 보호하기 위해 사건을 무마시켰다. 당시 정조는 서학을 종교가 아니라 학문적인 입장에 서 바라보고 있었으므로 유학을 진흥하면 자연스레 서학숭배 풍조가 사라질 것 이라고 주장했다. 이 명례방 집회 사건 이후 정약용은 서학에서 발을 뺐지만 노 론 벽파는 그가 천주교도임을 주장하며 핍박을 멈추지 않았다. 1794년 말 중국 인 신부 주문모가 들어와 조직적인 포교활동을 시작하면서 조선의 천주교는 확 대를 거듭해 1800년경 교인이 1만 명에 육박했다. 그와 함께 천주교를 공격하는 조정 내 공서파의 공세도 강화되었다.

1800년 정조가 승하하고 순조가 즉위하며 권력을 쥐게 된 정순왕후 김씨는 벽파와 공모하여 시파와 신서파를 일소하기 위해 천주교 박해를 계획했다. 벽파는 천주교를 부모나 임금도 몰라보는 망국의 종교라고 규정하고 조선에서 천주교도들을 말살할 것을 건의했다. 1801년(순조 1년) 정순왕후는 언문교지를 통해 천주교 박해령을 선포하면서 오가작통법을 엄히 사용할 것을 명했다. 곧 전국에 대대적인 천주교도 색출작업이 벌어졌다. 그리하여 300여 명의 순교자가 발생했는데, 특히 주문모 신부는 자신 때문에 벌어질 신도들의 피해를 막기 위해 3월 15일 스스로 의금부에 나타나 취조를 받은 뒤 새남터에서 목숨을 잃었다.

이어서 초기 교회의 지도자인 이승훈, 정약종, 최창현, 강완숙, 최필공, 홍교만, 김건순, 홍낙민 등이 체포된 뒤 서소문 밖에서 참수되었으며 내포교회의 사도로 불리던 이존창은 공주에서, 전주교회의 지도적 교인이던 유항검, 유관검 형제는 전주에서 순교했다. 권철신, 이가환은 옥사했으며 정약전, 정약용 형제는 유배당했다. 당시 은언군의 부인 송씨와 며느리 신씨도 주문모 신부에게 영세를 받은 천주교도라 하여 사사되었다. 이를 빌미로 정순왕후는 평소 눈엣가시처럼 여기던 은언군까지 제거했다.[138]

1801년 9월 황사영이 조선의 천주교 탄압 내용을 비단에 1만 3,311자로 적어 중국에 있는 구베아 신부에게 전달하려다 발각되어 대역부도죄로 능지처참되었다. 이 백서(帛書)에서 황사영은 조선을 청나라의 한 성으로 편입시킬 것과 서양의 배 수백 척과 5, 6만 병력의 군대를 보내라고 요청하는 내용이 담겨 있어 큰 파문을 일으켰다. 어떤 이유로든 외세를 불러들여 자기 나라를 공격하려는 것은 용서받지 못할 행동이었다. 때문에 그의 처숙인 정약용도 「자찬묘지명」에서 황사영을 역적으로 표현했다. 이 사건으로 말미암아 천주교도 100여 명이 처형되고 400여 명이 유배되었는데, 그 과정에서 또 무고한 백성들이 오가작통법의 희생자가 되었다.

신유박해는 한국천주교회에 가해진 최초의 대대적인 박해였다. 당시 겨우 목숨을 건진 교도들은 위험을 피하여 경기도의 야산지대나 강원도나 충청도의 산간지방, 태백산맥, 소백산맥의 심산유곡에 숨어 천주교 신앙의 전국적 확산을 촉진했다. 종래 지식인 중심의 조선천주교회가 신유박해를 전후하여 서민사회로 뿌리를 내리게 된 점도 특기할 만한 현상이었다.

홍경래의 난

1811년(순조 11년) 일어난 홍경래의 난은 그해 12월부터 이듬해 4월까지 약 5개월에 걸쳐 평안도 일대를 무정부상태로 몰아넣은 대규모 농민반란이었다. 평안도 농민전쟁이라고도 한다. 이 반란은 조선 후기 봉건사회의 모순이 심화되고 신분질서가 무너져가는 시점에서 현실의 부조리한 상황을 무너뜨리고 새로운 세계를 건설하겠다는 목적으로 무려 10년에 걸쳐 계획되었다.

홍경래의 난은 조선의 사회 변화가 주요 원인이었다. 17~18세기 조선사회는 이앙법과 이모작으로 대표되는 농업생산성의 증가와 상품화폐경제의 발달로 서민지주와 경영형 부농이 탄생했지만, 그 여파로 수많은 농민들이 유민이 되거나 임금노동자로 전락했다. 전업화한 수공업자들과 상인들의 활동이 활발해지면서 부를 통한 신분의 전환이 이어져 몰락양반도 늘어났다. 이와 같은 사회 경제적 변화는 봉건사회의 해체를 촉진했는데, 19세기 들어 당쟁이 끝나고 안동 김씨의 일당 독재가 성립되면서 삼정의 문란, 특권상인과 지방상인 간의 대립 등 부조리가 심화되었다.

이와 같은 정세 속에서 서북의 몰락양반 홍경래와 이서층이 손잡고 「정감록」의 예언을 이념으로 삼아 반란을 기도했다. 그들은 농민층 분해과정에서 새롭게 성장한 부농, 서민지주층과 상인층의 물력 및 조직력을 흡수해 막강한 세력을 형성했다. 당시 서북지방은 수령들의 수탈과 조정의 서북인에 대한 차별정책이 있어 극심한 반감을 갖고 있었다.

홍경래는 이러한 농민들의 저항심을 한데 묶어 대규모 항쟁을 유도할 수 있었다. 그는 제일 먼저 우군칙, 이희저, 김창시 등과 함께 반란군을 조직화했다. 우군칙은 홍삼 밀무역과 금광업에 종사하여 부를 축적한 서얼 출신으로, 평안도 각지역의 군교, 향임층과 연계를 강화하여 이들을 끌어들이고 봉기군 조직을 담당했다. 이희저는 역노 출신이었지만 집안이 부유하여 무과에 급제한 신향(新鄕)

으로 군수품, 군자금 조달을 맡았다. 김창시는 곽산의 유력한 토호로 의주, 곽산의 상인들과 연계하여 상업에 종사했는데 운산의 광산노동자를 봉기에 참여시키는 역할을 맡았다.

그 밖에도 반란군에는 의주에서 개성에 이르는 지역의 부호 및 대상, 역사, 유랑민들이 대거 참여했다. 그들은 가산의 다복동에서 광산 노동자를 모집한다는 구실로 유민들을 모아 훈련시켰고, 태천의 김사용, 곽산의 홍총각, 개천의 이제초 등을 지휘관으로 정하고 관청의 아전이나 향임, 하급장교들, 일부 지방관, 중앙의 하급관료들도 포섭했다.

1811년은 1809년에 이어 전국적인 기근이 창궐해 수많은 농민들이 유리걸식하다 죽었고, 민심은 흉흉했다. 그해 12월 18일, 홍경래는 다복동에서 평서대원수(平西大元帥)로 칭하고 1,000여 명의 군사를 일으켜 봉기를 감행했다. 그는 봉기군을 남진군과 북진군, 2대로 나누어 진격했는데, 봉기 10여 일 만에 가산, 정주, 박천, 곽산, 선천, 태천, 철산, 용천 등 청천강 이북의 10개 지역을 장악했고, 평안도 내 군사·행정의 중심지인 안주까지 위협했다.

난이 확산되자 관군은 전열을 정비하고 본격적인 토벌작전을 개시했다. 안주에서 평안도병마절도사 이해우와 목사 조종영이 병사를 모아 박천에서 반란군을 격퇴했고, 이어서 곽산 군수 이영식의 지원을 받아 송림, 곽산 사송야 등에서 연승을 거두었다. 세력이 약화된 반란군은 정주성으로 들어가 농성전을 시작했다.

그 후 정주성에 고립된 농민군은 수적인 면에서나 군비에 있어 몇 배나 우세한 경군, 향군, 민병의 토벌대와 맞서 4개월간 치열한 공방전을 펼쳤다. 주로 박천, 가산 일대의 소농민들로 구성된 농민군의 주력은 관군의 초토화 전술에 분개하여 맹렬히 저항했다. 여기에는 성 밖 농민들의 협조와 홍경래로 대변되는 지휘부의 인간적인 대우도 큰 영향을 끼쳤다. 결국 관군은 4월 19일 땅굴을 파고 들어가 폭약으로 성벽을 폭파해 정주성을 함락시켰다. 관군은 포로 1,983명 중 부녀자를 제외한 1,917명을 참살하는 만행을 저질렀다.

홍경래의 난은 오늘날 당대의 농민층 분해과정에서 성장한 향무 중 부호·경영형 부농, 서민 지주·상인 및 일부 몰락한 양반 지식인 등이 광산 노동자, 유민,

빈농을 동원해 일으킨 반봉건농민전쟁이었다. 이 반란은 뚜렷한 정치적 목적을 갖고 장기간에 걸쳐 거사를 준비한 조직적인 무장봉기였다는 특징이 있다. 실패의 주요 원인으로는 주력부대가 지닌 근본적인 취약성, 즉 지휘부인 부농·상인층과 일반 병졸인 소농·빈민층·임금 노동자층의 대립적인 성격과 이를 극복하기 위한 뚜렷한 이념 제시가 없었다는 점을 들 수 있다.

순조 시대의 주요인물

세도정권에 도전했던 효명세자

1809년(순조 9년) 8월 9일, 순조의 정비 순원왕후 김씨가 창덕궁 대조전에서 적장자를 낳았다. 1661년 명성왕후 김씨가 숙종을 낳은 후, 148년 만에 정비에게 태어난 원자였다. 이른바 숙종에게서 시작된 삼종혈맥의 계통을 이은 것으로 왕실뿐만 아니라 온 나라의 경사였다. 때문에 순조는 삭직된 관리들을 복권시키고 죄인들을 방면하는 조치를 취했다. 효명세자가 태어난 1809년부터 조선은 극심한 가뭄과 기근이 이어졌다. 게다가 세도정권의 부패와 수탈이 이어지자 오갈 데 없는 백성들이 낫과 괭이를 들고 민란을 일으켰다.

1812년(순조 12년) 세자로 책봉된 효명세자는 이듬해부터 본격적으로 서연을 통해 후계자 수업을 받았다. 사부는 영의정 김재찬과 좌의정 한용귀, 좌우빈객은 심상규와 조윤대였다. 시문에 특별한 재능을 보였던 그는 학문에 소홀하지 않기 위해 「만기일력」이란 일기를 만들어 매일 해야 할 일을 과독, 과무, 과저, 과서로 구분하여 기록하는 등 범상치 않은 면모를 보여주었다. 1819년(순조 19년), 부사직 조만영의 딸을 세자빈으로 맞이한 효명세자는 15세 때부터 정사에 흥미를 잃은 부왕을 대신해 정무를 보았다. 세자빈의 할아버지 조엄은 구황작물인 고구마를 우리나라에 보급해 백성들을 구제한 인물이었다.

특기할 만한 사실은 효명세자가 1825년(순조 25년)부터 두 살 연상인 박규수와 죽을 때까지 매우 가깝게 지냈다는 사실이다. 연암 박지원의 손자인 박규수는 효명세자에게 「연암집」을 보여주었고 자신이 지은 「상고도설」 80부를 올리기

도 했다. 효명세자는 자신의 처소인 경우궁 옆에 있는 계동 박규수의 집에 드나
들며 독서와 토론을 즐겼다. 박규수가 실학의 바람을 관료사회에 불어넣었던 조
선 개화파의 지주였다는 점을 감안한다면 효명세자가 보위에 올랐을 때 어떤 정
책을 펼쳤을지 능히 짐작할 수 있겠다.

1827년(순조 27년) 2월 18일, 효명세자는 19세의 나이로 순조의 명을 받아
대리청정에 임했다. 당시 안동 김씨의 세도정치에 싫증이 났던 순조는 과거 영
조 때 왕세손 이산이 대리청정을 행했던 전례에 따라 인사권, 군사권, 형사집행
권 등은 자신이 처결하고 그밖에 일은 세자에게 맡겼다. 부왕의 뜻을 짐작한 효
명세자는 정사에 나서자마자 종묘의 예식 문제를 빌미로 안동 김씨 계열인 전임
이조 판서와 현임 이조 판서를 징계했다. 그런 다음 경연을 정례화하여 신료들과
조정 대소사에 관해 활발한 토론을 벌였다.

대리청정 초기에 전 지평 한식림이 상소를 올려 과거 신임옥사의 원흉 김일경
과 사도세자를 음해했던 목호룡의 신원을 요구했다가 귀양 가는 일이 벌어졌다.
그러나 노론의 유신들이 언관을 동원해 배후 색출을 요구했지만 효명세자는 묵
묵부답으로 당쟁에 끼어들지 않았다. 3월에는 우의정 심상규에 대한 탄핵사건
이 발생했다. 대간의 탄핵 사유는 그가 대리청정세칙을 잘못 만들어 순조에게
불충을 저질렀고 집안이 사치스럽다는 등 억지로 꿰어 맞춘 것이었다. 이는 효명
세자를 견제하고 소론 세력의 정계진입을 차단하려는 의도가 다분했다.

효명세자는 심상규가 정조의 유신인데 경미한 잘못으로 큰 신하를 벌한다는
것은 있을 수 없는 일이라고 완강하게 버텼다. 그러자 삼사에서는 심상규의 주거
를 제한하자는 타협안을 제시했지만, 효명세자는 꿈쩍도 하지 않았다. 이 싸움
은 두 달이 넘게 이어졌다. 결국 부담을 느낀 심상규가 사직상소를 올리자 효명
세자는 마지못해 사직을 허락하고 이존수를 후임으로 임명하면서 사태는 일단
락되었다.

그처럼 대리청정 초기부터 강인한 정치역량을 과시했던 효명세자는 외척들
을 중용해 쇠미해진 왕권의 강화를 노렸다. 우선 병조 판서에 김교근, 훈련대장
에 조만영을 임명했으며, 이조 참판에 사부 김재찬의 조카인 김노를 임명했다.
또 홍기섭, 이인부, 김노경 등을 요직에 기용했다.

그때부터 효명세자는 안동 김씨 세력에 대한 본격적인 공세를 취하기 시작했다. 그는 비상기구에서 권력기구로 변질된 비변사를 견제하기 위해 주좌법을 시행하고, 정사에 태만했다는 이유로 비변사 당상 모두에게 감봉 조치를 내렸다. 그런 다음 김노경, 조종영, 조만영, 홍기섭, 박종훈, 김로, 조인영 등 측근세력들을 비변사 실무담당인 전임 당상으로 배치해 비변사를 장악했다.

이와 같은 효명세자의 강력한 개혁드라이브는 아쉽게도 3년 만에 끝나고 말았다. 1830년(순조 30년) 윤4월 22일, 효명세자는 갑자기 각혈을 하며 앓아누웠는데 백약이 무효였다. 상세가 심상치 않자 5월 5일, 세자 스스로 약을 처방해 복용했지만 소용이 없었다. 결국 5월 6일, 효명세자는 창덕궁 희정당에서 22세의 창창한 나이로 숨을 거두었고, 조선의 미래도 함께 저물었다. 유고로 「경헌집」 6권과 「학석집」을 남겼다. 훗날 아들 헌종이 익종으로 추존했다.

「순조실록」 편찬 경위

「순조실록」은 조선의 제23대 국왕 순조의 재위 34년 동안의 치세를 편년체로 기록한 역사서이다. 총 36책 34권으로 정식명칭은 「순종연덕현도경인순희문안무정헌경성효대왕실록(純宗淵德顯道景仁純禧文安武靖憲敬成孝大王實錄)」이다. 이처럼 원래 묘호는 순종이었지만 1857년(철종 8년) 순조(純祖)로 추존되면서 실록 역시 「순조실록」으로 불리게 되었다. 실록은 본문 34권, 부록 2권으로 이루어져 있는데, 부록에는 「정조실록」과 마찬가지로 행록, 시책문, 애책문, 비문, 지문, 시장, 행장 등이 실려 있다. 1835년(헌종 원년)에 편찬을 시작해 1838년(헌종 4년)에 완성되었다. 실록청 총재관은 이상황·심상규·홍석주·박종훈·이지연 등 5명이었고, 도청 당상은 신재식·조인영, 각방 당상은 24명, 교정 당상·교수 당상은 5명, 각방 낭청은 116명이었다.

국내

세계

• 1835 전국에 전염병 유행
세균박남의 폐를 시정

• 1835 미국에서 모르스 전신기 발명

• 1840 양반의 상민착취 암금
헌종의 친정 시작
풍양 조씨의 세도정치 시작

• 1840 아편전쟁 발발

• 1842 제1차 아프간전쟁 종식
영국과 청나라, 난징조약 체결

• 1844 김정희, 〈세한도〉 완성

• 1845 김대건, 조선인 최초의 신부로 임명

1846 프랑스 군함, 항의서한 전달
김대건, 새남터에서 순교

1847 조선정부, 청나라를 통해
프랑스 측에 답신 전달
(서양과의 첫 외교문서)

1848 아편흡연 엄금
안동김씨의 세도정치 재개

1849 헌종 승하,
은언군 이인의 증손 이원범 즉위(철종)
「농가월령가」, 「승정원일기」 편찬

1848 프랑스, 2월혁명
오스트리아 빈 혁명, 3월 혁명
마르크스, 공산당 선언

제24대 헌종

헌종경문위무명인철효대왕실록
憲宗經文緯武明仁哲孝大王實錄

헌종 시대(1834. 11~1849. 6)의 세계정세

1837년 청나라의 호광총독 임칙서가 광동에서 아편 2만 상자를 몰수, 소각하고 영국 선박의 출입을 금지하자 1840년 영국이 아편전쟁을 일으켰다. 이 전쟁에서 패한 청나라는 영국에게 600만 불을 배상하고 홍콩을 할양하며 광저우, 샤먼, 푸저우, 닝보, 상하이 등 5개 항구를 개항하는 등 굴욕적인 내용의 남경조약을 맺었다. 일본에서는 1842년 엄격한 검약령을 내리는 천보개혁이 실시되었다. 유럽에서는 프랑스의 2월혁명, 오스트리아의 빈 혁명과 3월혁명이 연이어 일어났다. 1843년 영국 런던에서는 경제잡지 <이코노미스트>가 창간되었다. 1848년 독일의 마르크스는 공산당선언을 발표했다. 그는 인간의 역사를 모순과 대립에 기초한 계급투쟁의 역사라 규정하고 노동자계급이 권력을 잡아 스스로를 해방시켜야 한다고 주장했다.

세도정치의 깊은 수렁에 빠진 조선

조선의 제24대 국왕 헌종의 이름은 환(奐), 자는 문응(文應) 호는 원헌(元軒)
이다. 요절한 효명세자의 아들로 1827년 7월 18일, 창경궁 경춘전에서 태어났
다. 어머니는 풍은부원군 조만영의 딸 신정왕후 조씨이다. 1830년(순조 30년)
세손에 책봉되었고, 1834년 11월 18일 경희궁 숭정문에서 즉위했다.

8세의 어린 나이로 보위에 오른 헌종은 정사를 돌볼 수 없었으므로 관례에
따라 대왕대비인 순조 비 순원왕후 김씨가 수렴청정을 시작했다. 순원왕후는 홍
경래의 난 이후 민심 수습과 사회 안정을 위해 서북인에 대한 차별을 철폐하고
관리로 등용할 것을 교시했다. 헌종은 1837년 3월 영흥부원군 김조근의 딸을
왕비로 맞이하고 4년 뒤에 가례를 올렸다. 그런데 효헌황후 김씨가 1843년(헌종
9년) 8월 25일, 16세의 나이로 급서하자 이듬해인 1844년 10월 익풍부원군 홍
재룡의 딸을 계비로 맞이했다.

1841년(헌종 7년) 순원왕후가 수렴청정을 거두자 15세의 헌종은 비로소 친
정을 시작했다. 헌종의 모후 조대비의 부친인 조만영은 어영대장, 훈련대장 등을
역임하며 헌종을 보호하는 한편 그의 동생 조인영과 조카 조병헌, 아들 조병구
등을 요직에 앉혀 풍양 조씨 가문이 안동 김씨 가문을 누르고 정권을 장악했다.
하지만 그들은 정권 유지에만 골몰하여 민생을 도외시하여 사회적 모순을 더욱
격화시켰고, 1846년 실권자 조만영이 죽자 정권은 다시 안동 김씨의 수중으로

넘어갔다.

당시 조선은 국가재정의 기반인 삼정의 문란으로 유랑민이 급증하는 등 난세가 이어졌다. 또한 헌종의 치세 15년 중 9년에 걸쳐 수재가 발생해 백성들의 고통은 끊일 날이 없었다. 게다가 사회불안과 민심 이반으로 두 차례의 역모사건이 일어났다.

등 돌린 민심, 역모를 꾀하다

헌종이 즉위한 지 불과 2년 뒤인 1836년(헌종 2년) 12월 23일, 남응중, 남경중, 남공언이 역모혐의로 사형에 처해졌다. 서울에 살던 남응중은 어지러운 정세를 틈타 충청도 목천현 곡간리로 이주한 뒤 남경중, 문헌주, 남공언 등과 함께 청주성을 점령한 다음 은언군의 손자를 왕으로 추대할 계획을 세웠다. 하지만 이음모는 시흥에 사는 이속 천기영의 고변으로 사전에 발각되었다.

이들은 음모가 탄로 나자 동래 왜관을 통해 일본에 투서를 하고 장차 일본으로 도주하려 했다. 그러나 왜인들은 그를 사로잡아 조선에 넘겼다. 당시 조정에서는 남응중을 능지처참하고 수급을 왜관에 매단 다음 일본 조정에 따로 서계를 보내는 등 법석을 떨었다. 아마도 그가 일본을 자극할 수 있는 내용을 제보했던 것이 아닌가 추측된다. 그 후 조정에서는 그들에게 동조한 최겸호 등 18명을 참수한 뒤 그들을 압송한 관수왜(館守倭)에게 은자 1,000냥을 주었다.

1844년(헌종 10년)에는 안동 김씨 일문 김유근과 김홍근이 은퇴하여 권력에 공백이 생긴 틈을 이용하여 민진용이 역모를 꾸미다 발각되었다. 의원 출신인 민진용은 뛰어난 의술로 이원덕, 박순수, 박시응을 포섭하고 하급무관들을 동지로 규합한 다음 정조의 아우 은언군의 손자 이원경을 왕으로 추대하려 했다. 그러나 이 모의 역시 사전에 발각되어 음모자 모두 죽임을 당하고 이원경은 사사되었다. 이 두 사건은 별다른 정치적 세력도 없는 중인과 몰락양반의 역모였다. 그 시절 왕권과 정치권이 얼마나 민심과 동떨어져 있었는지를 말해주는 상징적 사건이었다.

권력투쟁이 낳은 총체적인 사회위기

헌종의 치세는 순조 대에 이어 천주교도 박해가 지속되었다. 1839년(헌종 5년) 풍양 조씨 일문이 주도한 기해박해가 일어났다. 이때 프랑스인 신부 앵베르, 모방, 샤스탕을 비롯하여 많은 조선의 천주교도들이 희생당했다. 비슷한 시기에 조선 근해에 많은 이양선이 출몰했다. 1845년(헌종 11년)에는 영국 군함 사마랑호가 제주와 서해안 일대를 불법으로 측량하고 돌아갔다. 조정은 청나라를 통해 광동에 있는 영국 영사관에 항의했다.

1846년(헌종 12년)에는 프랑스 제독 세실이 군함 3척을 이끌고 충청도 외연도에 들어와 프랑스 신부의 처형에 항의하는 국서를 전하고 갔다. 그 일로 5월에 체포되었던 조선 최초의 신부 김대건이 새남터에서 전격 처형되었다. 이듬해 조정에서는 청나라를 통해 프랑스에 답신을 보냈는데, 그것이 우리나라가 서양에 보낸 최초의 외교문서가 되었다. 이후에도 수많은 이양선들이 근해에 출몰해 민심이 동요되고 국내적으로 위기 분위기가 조성되었다. 하지만 권력자들은 외세의 위협에 대응하기는커녕 권력투쟁에만 골몰하여 조선을 총체적인 위기 속에 몰아넣었다.

헌종은 너무나 어린 나이에 즉위했고, 친정을 펼친 시기도 짧아 이렇다 할 치적이 눈에 띄지 않는다. 다만 「열성지장」, 「동국사략」, 「문원보불」, 「동국문헌비고」, 「삼조보감」 등을 찬수케 하는 정도였다. 또 민생을 위해 각 도에 제언(堤堰)을 수축하게 했지만, 그 정도로는 처참한 백성들의 삶을 일으키기란 불가능했다. 때문에 헌종은 9년여에 걸친 짧은 친정 기간 동안 세도정치의 너울에 휘말려 무고한 천주교도들을 학살한 야만의 기록만을 남겼다. 한편 그는 예서(隷書)를 잘 썼고, 문장에 뛰어나 「원헌집」 5권을 남겼다.

1849년(헌종 15년) 6월 6일, 헌종은 창덕궁 중희당에서 23세의 젊은 나이로 후사 없이 세상을 떠났다. 시호는 경문위무명인철효대왕(經文緯武明仁哲孝大王), 묘호는 헌종(憲宗)이다. 능호는 경릉(景陵)으로 경기도 구리시 인창동에 있다.

제24대 헌종 가계도

─ 제24대 헌종(憲宗)
1827년 출생, 1849년 사망(23세)
재위 14년 7개월(1834.11-1849. 6)
헌종성황제 추존

효현왕후 김씨

효정왕후 홍씨

경빈 김씨

숙의 김씨   옹주(조졸)

헌종의 가족

헌종은 효현왕후 김씨, 계비 효정왕후 홍씨 외에 2명의 후궁을 두었지만 숙의 김씨가 낳은 딸이 일찍 죽은 뒤로 자식을 얻지 못했다. 안동 김씨 김조근의 딸인 효현왕후는 1837년(헌종 3년) 왕비에 책봉되었지만 1843년(헌종 9년) 8월 25일, 16세의 어린 나이로 세상을 떠났다. 이듬해 헌종은 남양 홍씨 홍재룡의 딸을 왕비로 맞이했다.

헌종 대에는 조대비의 후광으로 풍양 조씨 일문이 세도를 거머쥐었다. 조대비는 12세 때인 1819년 세자빈이 되었는데 남편 효명세자가 1830년 요절해 중전이 되지 못했다. 1834년 아들 헌종이 왕위에 오르면서 효명세자가 익종에 추존되자 그녀는 신정왕후에 책봉되었고 곧바로 왕대비의 신분이 되었다. 1857년 순조 비 순원왕후 김씨가 죽자 대왕대비가 되었고, 철종이 재위 13년 만에 후사 없이 죽자 흥선군의 둘째 아들 이재황을 보위에 올렸다. 1866년까지 수렴청정을 맡았지만 실제 권력은 대원군이 행사했다. 그녀는 1890년 83세를 일기로 세상을 떠났다.

헌종 시대의 주요사건

기해박해

1839년(헌종 5년) 3월, 사학토치령(邪學討治令)으로 시작된 제2차 천주교박해가 그해 10월까지 이어졌다. 역사에 기해박해로 명명된 이 사건은 천주교 배척을 빌미로 시파인 안동 김씨의 세도를 빼앗으려는 벽파 풍양 조씨 일문의 작품이었다.

순조 때 수렴청정을 하던 정순왕후 김씨가 죽은 뒤 시파인 국구 김조순이 정권을 쥐면서 36년간에 걸친 안동 김씨의 세도정치가 시작되었다. 순조는 1827년(순조 27년) 2월 28일, 아들 효명세자에게 대리청정을 맡겼다. 효명세자는 조만영, 조인영 형제와 손잡고 안동 김씨를 견제하여 양 문중 간에 정권다툼이 벌어졌다. 그런데 효명세자가 급서하고 순조마저 승하한 뒤 어린 헌종이 즉위하자 수렴청정을 맡은 순원왕후 김씨를 보필한 사람은 대비의 오빠인 김유근이었다.

김유근은 천주교에 온정적이었고 훗날 유진길의 권유로 세례까지 받은 인물이었다. 때문에 그가 조정에 머무를 때는 천주교에 대한 탄압이 미온적이었다. 하지만 김유근이 은퇴하고 나서 천주교에 적대적이었던 우의정 이지연에게 주도권이 넘어가자 상황이 급변했다. 풍양 조씨 일문의 사주를 받은 이지연은 1839년 3월, 천주교에 대한 가혹한 처분을 요청하는 상소를 올렸던 것이다.

"천주교인은 무부무군(無父無君) 하는 역적이니 근절해야 마땅합니다."

이지연이 원칙론을 주장하자 순원왕후 김씨는 반대할 수가 없었다. 그때부터 서울과 지방에 다시 오가작통법이 강화되었지만, 천주교 요인들이 잡히지 않자 사헌부 집의 정기화가 법률의 시행을 엄격히 하라는 상소를 올렸다. 당시 형조 판서 조병현의 3월 20일자 보고에 따르면 포청에서 형조로 이송된 천주교인은 43명인데 남명혁, 박희순 등 9명 외에는 모두 배교하여 석방되었다. 그 뒤 5월 25일에 대왕대비의 이름으로 천주교도 체포에 전력을 기하라는 명령이 내려졌지만 별다른 진전이 없었고, 오가작통법은 한양에서도 잘 시행되지 않았다. 그런데 김유근이 죽은 뒤 교인을 자처했던 김순성의 밀고로 유진길, 정하상, 조신철 등 조선의 교회를 재건하려던 요인들이 속속 체포되었다. 그동안 유진길은 당상역관이라는 정3품의 벼슬에 김유근과의 친분으로 체포가 미뤄지다가 그제야 체포된 것이었다.

7월 3일에는 수원에 피신해 있던 앵베르 주교가 수사망이 좁혀지자 자수했다. 이후 이지연이 오가작통법을 충청도에 엄히 적용하여 교인들이 고초를 당하자 앵베르 주교는 모방과 샤스탕 두 신부에게 자수를 권고했다. 7월 29일, 홍주에서 손계창에게 자수한 두 신부는 앵베르 주교와 함께 의금부로 이송되어 유진길, 정하상, 조신철 등과 함께 추국을 받았다.

당시 선교사들은 각각 국적과 입국 목적을 명백하게 밝혔다. 그리고 입국 때 의주에서부터 조신철과 정하상의 인도를 받았으며, 서울에 들어와 정하상의 집에서 거처했다는 사실만을 자백하고 그 밖의 물음에 대해서는 일체 입을 열지 않았다. 순원왕후 김씨는 이제 와서 진상을 밝힐 단서도 없으니, 신유년 주문모의 예를 들어 모두 군문으로 출두시켜 효수경중하라고 명했다. 그리하여 세 명의 프랑스인 선교사가 죽임을 당하고 정하상, 유진길, 조신철 역시 모반부도죄로 참형을 받았다. 앞서 6월 10일에는 이광렬과 여자교인 7명이 서소문 밖에서 처형되고, 7월 26일에는 박후재 외 여자교인 5명이 같은 장소에서 참형되었다. 이지연의 후임으로 우의정이 된 조인영은 이전보다 훨씬 많은 천주교도들을 잡아들였다.

그해 10월 18일, 조정에서는 천주교도 체포를 중지한 뒤 조선에서 천주교를 공식적으로 금한다는 내용의 조인영이 지은 「척사윤음」을 대왕대비의 이름으로 전국에 배포했다. 그런 다음 남아 있던 옥중 교인들의 사형집행을 서둘렀다. 11월 24일에는 최창흡 외 6명의 여자교인을 참형에 처했다. 조인영은 참형의 절차가 복잡해 시간을 끌자 절차를 고쳐 많은 교인들을 비밀리에 교수형에 처했다. 그리하여 12월 27일과 28일 양일에 걸쳐 박종원, 이문우 등 10명을 사형에 처하는 것으로 박해를 종결했다.

기해박해의 범위는 전국적이어서 천주교도의 혐의를 받은 사람은 모조리 추적당하고 체포되었다. 하지만 가장 심한 곳은 경기도와 서울 일원으로 순교자가 가장 많았다. 당시의 기록에 따르면 이 지역에서 참수되어 순교한 사람이 54명, 옥중에서 교수형을 받거나 장독, 혹은 질병으로 죽은 사람이 60여 명이었다. 또 배교하여 석방된 사람도 40~50명이었다.

기해박해는 천주교를 근절하기 위한 학살극이었지만 종교를 빌미로 남인 시파를 타도하려 했던 신유박해와는 달리 정치성이 미미했다. 기해년에는 예전처럼 정치적 보복을 받을 만한 인물이 없었고 박해 기간도 신유년에 비해 길지 않았다. 게다가 천주교도 처단을 청하는 상소문도 없었다. 당시 천주교 박해에 열을 올린 것은 풍양 조씨 일문과 그 세력권에 있던 이지연 등 몇몇 중신들에 불과했다. 어쨌든 기해박해를 통해 풍양 조씨는 안동 김씨 일문에게서 조정의 주도권을 빼앗겠다는 목적을 달성했다. 하지만 그 권력은 1849년 헌종이 죽자 물거품처럼 사라졌다.

헌종 시대의 주요인물

실사구시의 표본, 김정희

김정희는 1786년(정조 10년) 6월 3일, 충남 예산에서 태어났다. 본관은 경주(慶州), 자는 원춘(元春), 호는 완당(阮堂)·추사(秋史)·예당(禮堂)·시암(詩庵)·과파(果坡)·노과(老果)·보담재(寶覃齋)·담연재(覃研齋) 등이다. 할아버지는 의정부 우참찬 김이주, 아버지는 이조 판서 김노경, 어머니는 기계 유씨이다. 장남이었던 김정희는 대사헌인 큰아버지 김노영의 양자가 되었다.

김정희는 1809년(순조 9년) 생원이 되었고, 1819년 식년문과에 급제한 후 세자시강원설서, 예문관 검열을 거쳐 1823년 규장각 대교, 충청우도 암행어사와 의정부 검상, 1836년(헌종 2년) 성균관 대사성과 병조 참판을 역임했다. 1830년 생부 김노경이 윤상도의 옥사에 관련되어 고금도에 유배되었다가 순조의 배려로 풀려났는데, 헌종 즉위 후 김정희 자신이 윤상도의 옥사에 연루되어 1840년(헌종 6년)에 제주도로 유배되었다.

1842년 11월 18일, 제주도에 있던 김정희는 병중의 부인 예안 이씨에게 병세를 묻는 편지를 보내고 아내에게서 소식이 오기를 손꼽아 기다린다. 한 달 뒤(1842년 12월 15일) 아내의 죽음을 인편에 들은 김정희는 원통한 마음을 담아 다음과 같은 시를 썼다. 조선시대 도망시(悼亡詩)의 압권으로 꼽힌다.

뉘라서 염라대왕에게 하소연할까.

내세에는 부부가 바꿔 되어서

내가 죽고 그대 살아 천리 밖에서

그대 이 설운 마음 알아주었으면.[139]

김정희는 1848년(헌종 14년) 64세 때 만 9년 만에 유배에서 풀려났으나 1851년(철종 2년)에 헌종의 왕릉 이장 문제로 탄핵을 받아 또다시 2년간 함경도 북청에서 귀양살이를 해야 했다. 그 후 김정희는 과천에 은거하면서 서화와 선학에 몰두하다 1856년(철종 7년) 10월 10일, 세상을 떠났다.

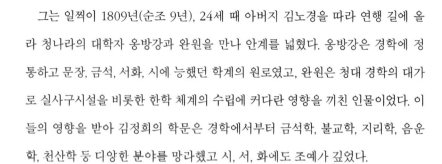

그는 일찍이 1809년(순조 9년), 24세 때 아버지 김노경을 따라 연행 길에 올라 청나라의 대학자 옹방강과 완원을 만나 안계를 넓혔다. 옹방강은 경학에 정통하고 문장, 금석, 서화, 시에 능했던 학계의 원로였고, 완원은 청대 경학의 대가로 실사구시설을 비롯한 한학 체계의 수립에 커다란 영향을 끼친 인물이었다. 이들의 영향을 받아 김정희의 학문은 경학에서부터 금석학, 불교학, 지리학, 음운학, 천산학 등 다양한 분야를 망라했고 시, 서, 화에도 조예가 깊었다.

김정희의 경학은 성현의 도의 본원을 뿌리 깊이 연구해 실현하려는 데 목표를 두고 있다. 따라서 학문 방법은 그 실현의 구체적 내용을 담고 있는 경전에 나타난 사실에서 옳은 것을 찾는 실사구시(實事求是)를 표방하고 있다. 그는 「실사구시설」에서 '사실이 아닌 것을 일삼아 근거가 없는 공소(空疎)한 술수로 방편을 삼고, 옳은 것을 구하지 않으며 선입견을 위주로 학문을 하면 성현의 도에 배치된다'라고 주장했다.

그의 경학관에서 볼 수 있는 점은 한송절충론이다. 성현의 도에 이르는 것이 학문의 목표라면 한학이 갖고 있는 실제성과 옛 학자들이 밝히지 못한 부분을 설명한 송학(宋學)의 논리성을 조화시킬 필요가 있다는 견해였다. 이처럼 그의 경학체계는 옹방강의 논리와 경세치용(經世致用)을 주장한 완원의 학설과 방법론에서 많은 영향을 받았다. 그리하여 김정희는 청나라 학자들에게서 '해동제일의 통유(通儒)'라는 칭송을 받기에 이른다.

김정희가 실학자로서의 면모를 보여준 부분은 금석학이었다. 그는 16세 때 북학파의 대가인 박제가의 제자가 되면서 고증학에 흥미를 갖게 되었다. 그 무렵 연경 학계에서는 고증학이 점차 발전되는 가운데 금석학, 역사학, 음운학, 지리학 등이 경학의 보조적인 위치에서 벗어나 독자적인 영역으로 발전하고 있었다.

김정희는 청나라에 다녀온 뒤 금석 자료의 수집 및 연구에 몰두했다. 앞서 함흥 황초령의 신라 진흥왕순수비에 관하여 연구했던 그는 1817년 조인영과 함께 북한산에 올라가 그때까지 무학대사의 비로 여겨지고 있었던 비석이 진흥왕순수비임을 밝혀냈다. 김정희는 이런 연구 결과를 바탕으로 「금석과안록」과 「진흥이비고」와 같은 저술을 남겼다. 이와 같은 성과는 실사구시를 지향하는 그의 학문방법이 이룩한 쾌거였다.

그는 불교학에 대해서도 조예가 깊었다. 그는 일찍이 연경에서 청나라와 서역의 승려들을 만났고 수많은 불경과 불구를 가져와 마곡사 등 여러 사찰에 나누어준 적이 있었다. 또 말년에 과천 봉은사에 머물며 선지식(善知識)의 대접을 받기도 했다. 그는 당대의 고승인 백파 및 초의와 깊은 교분을 나누며 선(禪)에 대한 논쟁을 벌였다. 이런 인연으로 김정희의 문집에는 「천축고」를 비롯하여 여러 사찰의 상량문과 게구 등이 실려 있다.

서예 분야에서 김정희는 20세 전후에 이미 대가의 반열에 올라 있었다. 연경에서 수많은 진적을 감상하면서 그 깊이가 더해졌다. 원래 그는 명나라 동기창의 서법을 따르고 있었는데, 연행을 다녀온 뒤 농후하고 기골이 강한 옹방강의 서체를 본받게 되었다. 이후 옹방강이 숭상하는 송의 소식과 미불의 서체와 당의 구양순체까지 익혔다. 이처럼 모든 대가들의 장점과 다양한 서체를 집성하여 창안해낸 서법이 바로 추사체(秋史體)이다. 박규수는 추사체에 대해 '신기가 내왕하여 마치 바다와 같고 조수처럼 보인다'라고 격찬했다.

김정희는 시에 대해서는 철저하게 정도를 주장했다. 마찬가지로 그림 역시 기법보다는 심의를 중시하는 문인화풍을 따랐다. 특히 난법(蘭法)은 예서(隷書)에 가깝다 보고 반드시 문자향과 서권기가 있은 연후에야 얻을 수 있다고 주장했다. 이밖에 대나무와 산수(山水)를 고담하고 아름다운 필선으로 표현하여 고상한 기품을 드러냈다. 그의 그림 중에는 국보 180호로 지정되어 있는 〈세한도〉외에 〈모질도〉, 〈부작란〉 등이 유명하다. 그 외에 전각 분야에서도 추사각풍이라는 독특한 분야를 수립하여 자신의 작품에 낙관으로 사용했다. 문집으로 「완당집」, 「완당척독」, 「담연재시고」 등을 남겼다.

조선 최초의 천주교 신부, 김대건

김대건은 1821년 8월 21일, 충남 당진의 솔뫼에서 천주교도였던 아버지 김제준과 어머니 장흥 고씨 사이에 차남으로 태어났다. 그의 아명이 재복(再福)인 것으로 보아 요절한 형이 한 명 있었을 것으로 추측된다. 김대건의 본관은 김해(金海), 족보명은 지식(芝植)이고, 대건(大建)은 관명이며, 세례명은 안드레아이다.

족보에 따르면 그의 가문은 선조 김의직이 충청도 병마절제사, 증조부 김진후가 통정대부로 사대부 집안이다. 증조부 김진후가 50세 때 아들 김제준의 권유로 천주교도가 된 뒤 1791년 신유사옥 때부터 수차례 검거되어 귀양살이를 거듭하다 1814년 충남 해미읍의 옥중에서 순교했다. 그러자 할아버지 김택현이 경기도 안성으로 이사했고, 아버지 김제준이 내포로 거처를 옮겼다가 1839년 기해박해 때 한양 서소문 밖에서 순교했다.

1831년 조선교구 설정에 이어 1836년 파리 외방전교회의 방침에 따라 조선인 성직자 후보를 물색하던 모방 신부는 최양업, 최방제와 함께 김대건을 선발하여 이들을 라틴어 교육과 성직자로서의 기본소양을 가르친 다음 12월 2일 귀국길에 오른 이탈리아인 신부 유방제 편에 마카오로 보냈다.

세 사람은 만주, 내몽골, 중국을 거쳐 8개월 만에 마카오에 도착하여 파리 외방전교회 동양경리부에서 중등과정을 마친 후 철학과 신학 과정을 이수했다. 그 과정에서 1838년 최방제가 병사했다. 1841년 9월 김대건은 아편전쟁을 틈타 중국과 조선에서의 이권을 얻기 위해 파견된 프랑스 군함에 동승해 1842년 양쯔강에 이르렀다. 난징조약의 체결과 함께 프랑스 군함이 철수하자 중국인 교우들의 도움으로 만주를 통해 1842년 12월 압록강을 넘어 평안도에 들어왔다. 그러나 조선 내에서 천주교 탄압이 극심하자 이듬해 1월 만주로 되돌아왔다.

1844년 조선교구 제3대 교구장인 페레올 주교의 명을 받은 김대건은 외국인 신부들과 함께 두만강을 넘어 조선에 잠입했다. 하지만 여전한 천주교 탄압 분위기와 건강 문제로 큰 역할을 하지 못하고 4월 상하이로 철수했다.

그해 8월 김대건은 페레올 주교에게 신품성사를 받아 한국인 최초의 신부가 되었다. 10월에는 배편으로 페레올 주교와 함께 충청도 해안을 통해 조선에 들어온 다음 한양으로 잠입하여 활발한 전교활동을 펼쳤다. 그러나 1846년 6월 만주에 있던 메스트르 신부의 입국을 돕기 위해 해로를 개척하다가 순위도에서 관헌에게 체포되었다. 그 후 옹진 감옥을 거쳐 해주 감옥으로 이송된 김대건은 황해 감사에게 자신이 조선에서 출생하여 마카오에서 천주교 교육을 받고 귀국했다는 사실을 자백했다. 곧 한양으로 압송된 그는 국가의 금령을 어기고 출국한 사실과 조선 최초의 천주교 신부임을 밝혔다. 그는 옥중에서 대신들에게 영국에서 만든 세계지도를 그려 선사하기도 했다.

1846년(헌종 12년) 7월 25일, 김대건에게 사형 판결이 내려졌다. 당시 조정 분위기가 어수선한 상태여서 처형은 뒤로 미루어졌다. 그런데 프랑스 함대가 충청도 홍주 앞바다에 기항한 다음 기해박해 때 처형된 프랑스인 신부 문제를 따지는 문책서를 조정에 보내는 사건이 벌어졌다. 크게 놀란 헌종은 9월 15일 마침내 김대건의 처형을 명했다.

김대건의 처형은 9월 16일, 한강변 새남터에서 집행되었다. 12명의 회자수가 내리치는 칼날 중에 8번째에 가서야 목이 떨어졌다. 순교 직후 김대건의 시신은 새남터 모래톱에 가매장되었다. 40여일 지난 10월 26일, 교인들은 그의 시신을 수습해 경기도 안성군 양성면 미산리 산중에 매장했다. 김대건은 조선 최초의 천주교 신부라는 점뿐만 아니라 열성적 전교 활동과 경건하고 당당한 신앙 태도 때문에 많은 천주교도들의 귀감이 되었다. 1925년 교황 피우스 11세가 그를 복자위에 올렸고, 1984년 5월 6일 교황 요한 바오로 2세가 103인 성인으로 서품했다.

「헌종실록」 편찬 경위

「헌종실록」은 조선의 제24대 국왕 헌종의 재위 15년 동안의 치세를 편년체로 기록한 역사서이다. 총 9책 16권으로 정식명칭은 「헌종경문위무명인철효대왕실록(憲宗經文緯武明仁哲孝大王實錄)」이다. 실록의 편찬은 헌종 사후 6개월 뒤인 1849년(철종 즉위년)에 실록청이 설치되면서 시작되었다. 실록청 총재관은 조인영, 정원용, 권돈인, 김도희, 박희수, 김흥근, 박영원 등 7명, 당상은 조두순 등 26명, 낭청은 권영수 등 88명이다. 1851년(철종 2년) 완성된 「헌종실록」을 인쇄해 각 사고에 보관하고 이듬해인 1852년(철종 3년) 초초와 중초 등을 세초했다.

국내

1851 철종의 친정 시작
러시아 세도정치 제개

1853 춘궁기 전국에 수많은 아사자 발생

1856 기축 무단도살 엄금
「동몽휘고」완간
「동몽휘지」속편 완성

세계

1850 청나라에서 태평천국의 난 발생

1851 푸코 지구자전 입증

1852 프랑스 새 헌법 성립
제2제정 시작

1853 크림전쟁 발발
미국, 러시아, 일본에 통상 요구

1857 인도에서 '세포이의 난' 발생

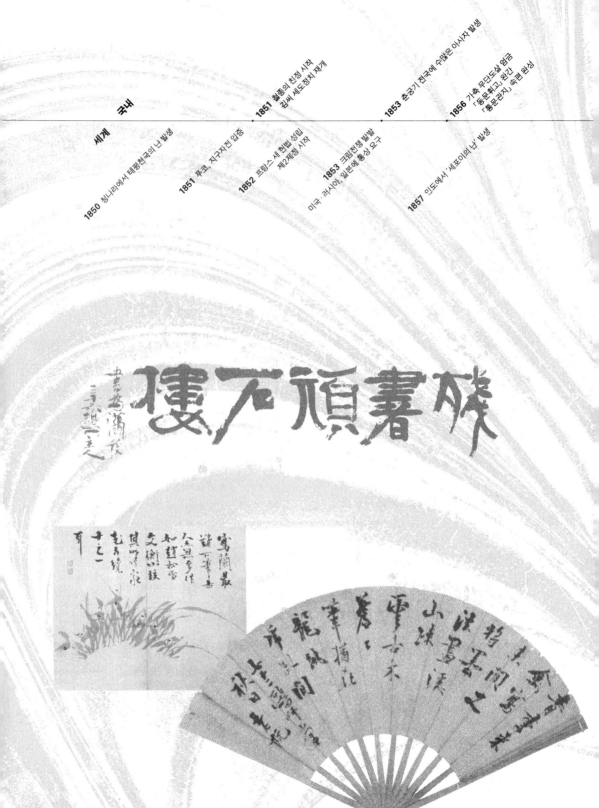

1859 「대명률」, 「대전통편」 등 간행

1860 최제우, 경주에서 동학 창시

1861 김정호, 《대동여지도》 완성·간행

1862 충청·전라·경상도에서 잇단 민란 발생

1863 동학 교조 최제우 체포
홍선군을 대원군으로 봉하고,
대왕대비 조서기 수렴청정 시행

1859 일본, 영국·러시아·프랑스·네덜란드·미국에 무역허용
포르투갈과 수호통상조약 체결

1862 비스마르크, 프로이센 총리 취임

1863 링컨 노예해방 선언

제25대 철종

철종희륜정극수덕순성문현무성헌인영효대왕실록
哲宗熙倫正極粹德純聖文顯武成獻仁英孝大王實錄

철종 시대(1849. 6~1863. 12)의 세계정세

철종 대는 서구열강의 식민지 확보와 이권쟁탈 경쟁 등 제국주의가 횡횡한 시기였다. 1850년 중국에서는 홍수전이 태평천국의 난을 일으켜 남경을 함락했다. 1851년 영국 런던에서 제1회 만국박람회의가 개최되었다. 1853년 미국의 페리 제독은 일본의 에도 만에서 함포사격을 가하여 이듬해 일본을 강제로 개항시켰다. 한편 러시아의 남하를 견제하던 영국과 프랑스가 1854년 러시아에 선전포고를 하고 크림반도에서 러시아군을 격파했다. 그 결과 1856년 파리조약이 체결되어 흑해의 중립화와 각국 군함의 해협 통행금지가 규정되면서 러시아의 남진정책이 좌절되었다. 1860년 미국에서는 링컨이 대통령에 당선되었고, 이듬해부터 남북전쟁이 시작되었다. 1863년 1월 1일, 링컨 대통령은 노예해방을 선언했다. 1862년부터 청나라는 양무운동을 시작하여 파탄지경인 내정과 외세에 억눌린 국가 재건에 진력했다. 1851년 프랑스의 푸코가 진자 운동을 이용해 지구의 자전을 증명했고, 1859년 다윈은 「종의 기원」을 출간했다.

안동 김씨가 낙점한 허수아비, 강화 도령

조선의 제25대 국왕 철종의 이름은 원범(元範)인데 즉위 후 변(昇)으로 고쳤다. 자는 도승(道升), 호는 대용재(大勇齋), 사도세자의 서자인 은언군 이인의 손자로 전계대원군 이광의 셋째 아들이다. 1831년(순조 31년) 경행방 사저에서 태어났다.

1849년 6월 6일, 헌종이 후사 없이 죽자 대왕대비가 된 순원왕후 김씨는 19세의 이원범을 강화도에서 불러들여 6월 8일 덕완군(德完君)으로 봉하고, 6월 9일 창덕궁 희정당에서 관례를 치르게 한 뒤 창덕궁 인정문에서 즉위시켰다. 평범한 촌부 이원범이 사흘 만에 조선의 국왕이 된 것이다. 대왕대비 김씨는 그때 철종을 길들이려는 듯 다음과 같은 전교를 내렸다.

"임금이 비록 극히 존귀하다고는 하지만 본래부터 조정 신하들을 가벼이 여기는 법은 없으니 대신들을 예로써 대하고, 대신들이 아뢰는 데에는 옳지 않은 말이 없을 터이니 정성을 기울여 잘 듣고 마음속에 새겨두기 바라오."

철종의 가계는 실로 파란만장한 역사를 지니고 있다. 그의 할아버지 은언군 이인은 사도세자와 숙빈 임씨 소생으로 1771년(영조 47년) 상인들에게 빚을 지고 갚지 않은 것이 발각되어 은신군과 함께 직산현에 유배되었다가 제주도 대정현으로 위리안치된 후 3년 만에 풀려났다. 1786년 아들 상계군 이담이 모반죄에 연루되자 강화도에 처자와 함께 유배되었다. 1801년(순조 1년) 신유박해 때 부인 송씨와 며느리 신씨가 청나라 신부 주문모에게서 영세 받은 사실이 발각되어 함께 사사되었다. 1844년(헌종 10년)에는 민진용의 반역에 연루되어 첫째손자인 이원경이 사사되었고, 둘째손자 이경응과 셋째손자 이원범은 강화도에 유배되었다. 그렇게 5년이 지난 뒤 강화도령 이원범이 조선의 25대 국왕으로 낙점된 것이었다.

그렇듯 멸문되다시피 한 은언군 이인의 집안에서 차기 국왕을 고른 것은 권력을 고착화하려는 순원왕후 김씨와 안동 김씨 일문의 정략이었다. 때문에 그들은 후왕은 선왕보다 항렬이 아래여야 한다는 왕가의 전통을 무시하고 헌종의 7촌 아저씨뻘인 이원범을 선택한 것이다.

실록의 행장에는 철종이 4세 때 「천자문」을 읽었고, 즉위 이후 「소학」을 공부했다고 기록되어 있다. 그런 철종이 정사를 알 리 없었기에 자연히 대비인 순원왕후 김씨가 수렴청정을 하게 되었다. 1851년(철종 2년) 9월 철종은 안동 김씨 김문근의 딸을 왕비로 맞이했다. 그와 함께 국구 김문근은 철종을 보필한다는 명분으로 정사를 장악했다. 이어서 그의 조카인 김병학이 대제학, 김병국이 훈련대장, 김병기가 좌찬성 등 요직을 차지함으로써 세도정치를 지속시켰다.

전국으로 번지는 민란

즉위 3년 후인 1852년부터 철종은 친정을 시작했지만 실권은 여전히 안동 김씨의 손아귀에 쥐어져 있었다. 이듬해 봄 관서 지방에 기근이 극심하자 철종은 선혜청의 돈 5만 냥과 사역원의 삼포세 6만 냥을 풀어 진휼했다. 또 여름에 가뭄이 심해 백성들이 기아에 허덕이자 물자를 절약하고, 탐관오리의 징벌을 강화했다. 1856년 봄에는 화재를 입은 여주의 민가 약 1,000여 호에 은자와 단목 등을 내려 구휼했다. 또 함흥의 이재민에게 3,000냥, 영남의 수

재민에게 내탕금 2,000냥, 단목 2,000근, 호초 200근을 내려주었다.

　이와 같은 철종의 노력에도 불구하고 세도정권의 폐단으로 인해 전국에서는 삼정의 문란이 극심했다. 삼정이란 전정, 군정, 환곡을 말한다. 전정은 토지세로서 당시에는 토지 1결당 전세 4두 내지 6두로 정해져 있었는데 무려 43종류의 부가세가 붙었다. 그 부가세는 토지의 소유자가 물게 되어 있었지만 전라도와 경상도에서는 소작민들에게 부과되었다. 게다가 지방 아전들이 허복, 방결, 도결 등의 농간을 부려 농민들을 수탈했다. 군정은 균역법의 실시로 군포 부담이 줄었지만, 양반층의 증가와 군역 부담에서 자유로운 양민의 증가로 가난한 농민들의 부담이 집중되었다. 정부에서는 고을의 형세에 따라 차등 부과했으므로 지방관은 목표량을 채우기 위해 죽은 사람에게 군포를 부과하는 백골징포, 어린아이에게 부과하는 황구첨정 등을 동원했다. 환곡은 춘궁기에 양민들에게 이자 없이 곡식을 빌려주었다가 추수기에 갚는 민생구제책이었는데, 관리들이 비싼 이자를 붙이거나 환곡의 양을 속이는 수법으로 농민들을 괴롭혔다.

　삼정의 문란은 지방토호들이 세도정권에 아부하면서 더욱 가속화되었고, 상대적으로 백성들의 고통은 극에 달했다. 하지만 세도정치의 고질적인 부패구조로 조정에서는 효과적인 대응책을 찾아내지 못했다. 그 대가는 전국을 휩쓴 민란으로 나타났다.

　1862년(철종 13년) 2월 4일, 단성현에서 민란의 첫 불길이 타올랐다. 당시 아전들이 환곡을 착복한 것에 분개한 농민들이 전 정언 김인섭의 아버지 김령을 앞세워 단성 현감 임병묵을 서울로 쫓아버렸다. 당시 일어난 민란 가운데 진주민란이 규모가 가장 컸고 여타 민란에 커다란 영향을 끼쳤다.

　진주민란은 경상우병사 백낙신의 탐학과 착취가 직접적인 원인이었다. 그는 지방관들이 축낸 공전과 군포 등을 6만 냥을 백성들에게 징수하려 했다. 분개한 유계춘, 김수만, 이귀재 등이 백성들에게 격문과 통문을 돌리고 2월 18일부터 대대적인 민란을 일으켰다. 농민들은 스스로 초군(樵軍)이라 칭하고 유계춘이 지은 행진가를 부르며 진주성으로 몰려가 부패한 관리 권준범과 김희순을 불태워 죽였다. 봉기군은 6일 동안 23개 면을 휩쓸었고, 120여 호의 토호들의 집이 불탔다. 조정에서는 2월 29일 박규수를 진주안핵사로 파견해 사태를 수습하게 했다. 박규수는 4월 4일 진주 민란의 원인 제공자인 백낙신을 체포해 한양으로 압송해 형신을 가한 뒤 고금도에 유배했다가 다시 제주도로 이배했다.

진주민란은 곧 경상도, 충청도, 전라도, 황해도, 함경도와 경기도 광주까지 무려 37차례에 걸쳐 일어난 임술민란의 계기가 되었다. 전국의 농민들은 관리들의 횡포와 수탈을 막고 삼정의 폐단을 시정하라고 부르짖었다. 또 관아를 습격해 탐관오리들을 처단하고 장부를 불태웠으며 창고를 열고 곡식을 빼앗았다. 이 임술민란으로 살해된 관리가 15명, 부상자 수백 명, 가옥의 파괴와 화재가 1,000여 호, 피해 액수는 100만 냥을 상회했다.

1862년(철종 13년) 5월 26일, 조정에서는 민간의 근본대책을 마련하기 위해 대신들로 구성된 삼정이정청(三政釐整廳)을 설치하고, 5월부터 윤8월까지 4개월 동안 삼정이정절목 41개조를 제정해 반포했다. 그 내용에는 전정과 군정은 민의에 따라 현황을 파악해 시정하고 환곡의 경우 토지세로 전환시키는 등 조세개혁의 원칙이 담겨 있었다. 농민들의 소요는 잦아들었다. 그런데 그해 10월 삼정이정청의 업무가 비변사로 이관되면서 새 정책의 시행이 연기되자 분개한 농민들이 창원, 황주, 청안, 남해 등지에서 봉기했다.

그 와중에 최제우가 동학을 창시해 백성들의 마음을 사로잡자 조정에서는 혹세무민(惑世誣民)의 죄목으로 그를 체포하여 처형해버렸다. 같은 해 7월 오의장 이제두가 김순성과 이긍선 등이 종친 이하전을 옹립하는 반역을 도모했다고 고변했다. 이하전은 완창군 이시인의 아들로 헌종 사후 권돈인이 왕위계승자 후보로 거론하면서 안동 김씨의 비위를 거슬렀다. 철종은 이하전의 죄상이 불명확하다 하여 제주도에 위리안치하는 선에서 마무리하려 했지만 대사헌 홍원섭, 대사간 이교인, 지평 신헌구가 연명으로 그를 죽이라고 종용했다. 그리하여 장래가 촉망되던 이하전은 억울하게 죽임을 당했다. 얼마 후 경평군 이승응도 탐학하다는 이유로 제주도에 유배되었다. 종친들은 언제 자신이 표적이 될지 몰라 전전긍긍했다.

그렇듯 안동 김씨의 세도가 강고한 만큼 철종은 자의적인 어떤 정책도 마음대로 시행할 수가 없었다. 점차 정사에 의욕을 잃은 철종은 주색에 빠져들어 시름을 잊다가 1863년 12월 8일, 재위 14년 만에 창덕궁 대조전에서 세상을 떠났다. 33세의 창창한 나이였다. 시호는 희륜정극수덕순성문현무성헌인영효대왕(熙倫正極粹德純聖文顯武成獻仁英孝大王), 묘호는 철종(哲宗)이다. 능호는 예릉(睿陵)으로 경기도 고양시 원당읍에 있다.

518

제25대 철종 가계도

━ 제25대 철종(哲宗)
1831년 출생, 1863년 사망(33세)
재위 14년 6개월(1849. 6~1863. 12)
철종장황제 추존

철인왕후 김씨　원자(조졸)

귀인 조씨　왕자 2명(조졸)

귀인 이씨

숙의 방씨　옹주 2명(조졸)

숙의 범씨　영혜옹주

숙의 김씨　옹주(조졸)

귀인 박씨　왕자(조졸)

궁인 이씨　왕자, 옹주 각1명(조졸)

궁인 김씨

궁인 박씨　옹주(조졸)

철종의 가족

철종은 철인왕후 김씨 외에 9명의 후궁에게서 많은 자식을 얻었지만 태어나
자마자 모두 죽어 후사를 남기지 못했다. 그중에 겨우 살아남은 숙의 범씨 소생
의 외동딸 영혜옹주마저 금릉위 박영효에게 시집 간 지 석 달 만에 죽었다.

철인왕후 김씨는 영은부원군 김문근의 딸로 대왕대비 순원왕후 김씨의 근친
이었다. 1851년 15세의 나이로 왕비가 되어 1858년 원자를 낳았지만 곧 죽었다.
그녀 덕분에 안동 김씨 일문은 철종 시대에도 세도정치를 지속할 수 있었다. 철
인왕후는 1863년 철종이 승하하고 고종이 즉위하자 왕대비가 되었고, 1878년 5
월 12일 창경궁 양화당에서 42세의 나이로 세상을 떠났다.

철종 시대의 주요사건

농민과 대중의 종교, 동학의 탄생

동학[140]은 보국안민(保國安民)과 광제창생(廣濟蒼生)을 내세운 민족 종교이
다. 동학의 교조 최제우는 몰락양반이었던 한학자 최옥의 서자로 40세 때까지
일정한 직업 없이 명산대찰을 찾아 구도의 방황을 계속했다. 1860년(철종 11년)
4월 5일, 득도한 최제우는 주문을 짓고 강령을 만든 다음 시천주의 새로운 신앙
을 포교하기 시작했다. 동학은 어지러운 사회 분위기에 편승해 많은 신자들을
모았다. 그 무렵 경주 일대에서는 13자 주문인 '시천주조화정영세불망만사지(侍
天主造化定永世不忘萬事知)'를 외는 소리가 집집마다 들렸다고 한다.

창도 당시 최제우는 한울에 대한 공경인 경천(敬天)과 시천주(侍天主) 신앙
을 중심으로 모든 사람이 내 몸에 천주를 모시는 입신으로 군자가 되고, 보국안
민의 주체가 될 수 있다고 설파했다. 2대 교주 최시형은 '사람 섬기기를 한울같
이 한다'는 사인여천(事人如天)의 사상이 호응을 받았고, 3대 교주 손병희는 '사
람이 곧 한울'이라는 '인내천(人乃天)' 사상으로 발전시켰다.

동학은 경주를 비롯하여 영덕, 고성, 영일, 단양 등 경상도 산간지방에 번져 나

가 창도 3년 만에 전국 각처에 접소를 두고, 그 지방의 유지를 접주로 삼아 교세를 늘려 나갔다. 동학의 교세가 날로 커지자 조정에서는 동학도 서학처럼 민심을 현혹시켰다 하여 포교를 금지하고 교조 최제우를 체포한 다음 1864년 대구 감영에서 사형에 처했다.

그런 조정의 탄압에도 불구하고 동학은 2대 교주 최시형 시대에 전라도, 경상도, 충청도, 강원도 등 삼남 각지로 번져, 접포(接包)의 교단조직이 생겼다. 즉 각처에 접소가 있고 접주가 그 우두머리가 되었으며, 지방의 읍 단위에는 대접주를 두었고, 일종의 교구제와 같은 포(包)를 두어 대접주가 포주가 되어 예하의 접주를 감독했다. 포에는 행정기구를 이루는 6임제라 하여 교장, 교수, 도집, 집강, 대정, 중정의 여섯 부서를 두었다. 교단을 총괄하는 중앙기관으로 충주에 법소(法所)를 두었고, 각 지방에 도소(都所)를 두었다.

동학사상에는 유·불·선 3교가 혼재되어 있지만 그것을 아우르는 것은 경천사상과 구제를 위한 염원이었다. 동학은 유교와 불교의 운이 다했음을 선언했지만, 서학에 대해서는 천시를 알고 천명을 받은 도이므로 힘이 막강하다는 것을 인정했다. 그러나 서학에서 신봉하는 기도의 무용성과 조상 숭배의 배격, 제사 부정을 공격하고 죽어서 천당에 간다는 내세관을 비판했다. 하지만 가장 본질적인 비판의 핵심은 천주교가 서양 세력의 침략수단이라는 점이었다.

동학은 조선의 양반사회 해체기에 농민 대중의 종교로 자리 잡았는데, 교조신원운동을 통해 세력을 과시했고, 이후 탐관오리의 혁파, 외세 배척 등 정치사회운동으로 변화했다. 1894년(고종 31년)부터 일어난 동학농민전쟁 시기에는 만민평등의 이념과 교문조직이 기반이 되어 사회개혁운동으로 발전했다. 당시 동학군이 표어로 내세운 '제폭구민, 축멸왜이, 진멸권귀'는 이미 그들이 혁명적인 사회개혁의 중추세력으로 등장했음을 보여준다. 또 개화기에는 단발령 지지세력으로 개화운동의 편에 섰고, 1905년부터는 흥학회 운동을 통해 보성학교와 동덕학교를 설립하기도 했다.

목판에 조선의 천하를 담은 김정호

「대동여지도」의 주인공 김정호는 자는 백원(伯元)·백원(百源)·백온(伯溫)·백지(伯之), 호는 고산자(古山子)이다. 김정호는 오늘날 그 명성에 비해 실록에는 기록이 전무하다. 김정호의 본관은 청도(淸道), 1804년 황해도 토산에서 태어났다. 그는 실학자 최한기와 친교가 깊었는데, 서울 남대문 밖에 있는 만리재 혹은 공덕리에 살았고 딸이 하나 있어 지도의 판각을 도왔다고 한다.

오늘날 김정호의 생애와 후손이 불분명한 것은 가문이 한미할 뿐 아니라 당시 지도제작 분야에 대한 사회적 인식이 미약했기 때문이다. 항간에는 김정호가 「대동여지도」 제작을 위해 30여 년간 전국 각지를 두루 답사했고, 백두산에 17여 회나 올라갔다고 하지만, 당시의 교통사정이나 그의 재정형편으로 볼 때 불가능한 것으로 보인다.

유재건의 「이향견문록」에 따르면 김정호는 어려서부터 여지학(輿地學), 즉 지리학에 열중했으며 여러 지도를 비교 연구해 1834년 「청구도」 상하 2책을 만들었으며, 1861년(철종 12년)에는 혼자의 힘으로 「대동여지도」 22첩을 판각하여 간행했다. 「대동여지도」는 약 16만 2,000분의 1 축척으로 남북은 22단(1단은 120리)으로 나누고, 다시 각 단을 6치6푼의 폭(1폭은 80리)으로 제작되었는데, 열고 닫기 쉬운 절첩식 지도로 10리마다 눈금을 찍어 거리측정이 용이하도록 했다. 지도의 세부내용은 산과 산맥, 하천의 이름과 형상, 그리고 관청, 병영, 성터, 역참, 창고, 목장, 봉수, 능묘, 방리, 고현, 도로 등을 상세히 기록했다. 지도의 기본 자료는 「신증동국여지승람」과 「청구도」이고, 「동국지지」와도 관련이 깊다.

「청구도」는 남북 100리, 동서 70리를 1판으로 했고, 「대동여지도」는 남북 120리, 동서 80리를 1판으로 하고 있어 「청구도」에 비해 산세와 하계망이 훨씬 더 자세하고 사용하기에 편리하다. 위치 설정에서 중강진 부근이 북쪽으로 약간 치우쳐 있고, 울릉도가 남쪽으로 내려온 것을 제외하면 오늘날의 지도와 비교해도 손색이 없다. 김정호는 전국을 지도 한 장으로 만들어 쉽게 볼 수 있는 약 90만 분의 1의 소축척전도인 「대동여지전도」를 목판본으로 간행했다. 우리나라

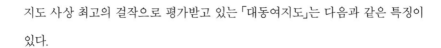
지도 사상 최고의 걸작으로 평가받고 있는 「대동여지도」는 다음과 같은 특징이
있다.

첫째, 목판본이기 때문에 필사과정에서 생기는 오류를 예방하고 대량생산이
가능하다.

둘째, 지도표(地圖標)를 써서 지도의 주기 내용을 간결하게 했다.

셋째, 분합이 자유롭게 22첩으로 만들어 상하를 연결하면 도별지도, 모두 연
결하면 전국도가 되므로 이용하기 쉽고, 접으면 크기가 책만 해서 휴대하기
도 용이하다.

넷째, 전통적인 고지도 제작양식인 배수의 6체론, 방안도법, 평환법을 사용했
고, 지도를 확대하거나 축소할 때 서양의 과학기술을 가미해 정확성을 더했
다.

다섯째, 다른 어느 고지도보다 주기내용이 많아 풍부한 정보량을 담고 있다.

여섯째, 도로에 10리마다 점을 찍어 여행할 때 이정(里程)을 쉽게 알 수 있다.

김정호는 또 「동국여지승람」의 착오를 정정하고, 이를 더욱 보완하기 위해
「청구도」와 「대동여지도」의 자매편으로 전 32권 15책의 「대동지지」를 완성했
다. 이 「대동지지」는 오랜 답사와 고증을 통해 당시의 지지를 집대성한 걸작이
다. 「청구도」의 내용과 「대동지지」의 내용은 서로 보완적인 관계에 있다. 김정호
는 또 최성환과 함께 20권에 달하는 「여도비지」를 편술하여 조선 후기의 지리
지 발달에 커다란 발자취를 남겼다.

야사에는 흥선대원군이 집정할 때 김정호가 「대동여지도」의 인본을 조정에
바쳤는데 그 정밀하고 자세함에 놀란 대신들이 국가 기밀누설을 우려해 판목을
압수, 소각하고 김정호도 옥사했다고 한다. 그러나 「청구도」와 「대동여지도」가
오늘날까지 온전히 전해지고, 목판이 숭실대학교 박물관에 1매, 국립중앙박물
관 수장고에 15매가 보관되어 있는 사실로 보아 판목 소각설은 낭설임이 밝혀
졌다.

「철종실록」 편찬 경위

「철종실록」은 조선의 제25대 국왕 철종의 재위 14년 동안의 치세를 편년체로 기록한 역사서이다. 총 9책 15권으로 정식명칭은 「철종희륜정극수덕순성문현무성헌인영효대왕실록(哲宗熙倫正極粹德純聖文顯武成獻仁英孝大王實錄)」이다. 1864년(고종 원년) 실록청이 설치되자 총재관으로 정원용, 김흥근, 김좌근, 조두순, 이경재, 이유원, 김병학 등 7명이 임명되었고, 각 방 당상은 김병기 등 17명, 교정 당상은 강시영 등 6명, 교수 당상은 김학성 등 4명이었다. 도청 낭청은 이기정 등 6명, 각방 낭청은 홍승억 등 53명, 분판낭청은 홍종학 등 10명이었다. 실록 편찬은 전례에 따라 「시정기」, 「일성록」, 「승정원일기」 등을 기본자료로 사실을 취사선택하여 찬수등본, 즉 초초를 완성하고 초초를 검토해 중초를 작성하고 초초와 중초를 바탕으로 1865년(고종 2년) 전권이 완성되었다.

국내　　• 1864 비변사와 의정부 업무분정　• 1866 미국상선 제너럴셔먼호 사건　• 1867 경복궁의 근정전, 경회루 완공　• 1871 서애서원 47곳 이외 전국 서원 철폐　• 1873 고종, 친정 선포(대원군 실각)　• 1876 일본과 불평등조약(강화도조약)에 조인　• 1882 미국, 영국과 수호통상조약 조인　• 1884 갑신정변　• 1893 동학교도 집회

병인박해

대원군, 청으로 호송

전봉준 최정시정 진정

세계　1864 제1인터내셔널 결성　1866 프로이센-오스트리아 전쟁 발발　1868 일본, 메이지유신 단행　1870 프로이센-프랑스전쟁 발발　1871 독일제국 성립, 빌헬름 1세 즉위　1884 베를린회의, 열강 아프리카분할 협의

전심지사 청성　　수에즈운하 개통　나폴레옹 3세 항복, 국화정 선언(제3공화정)　　　청 ·나라 프랑스가 랜저 조약

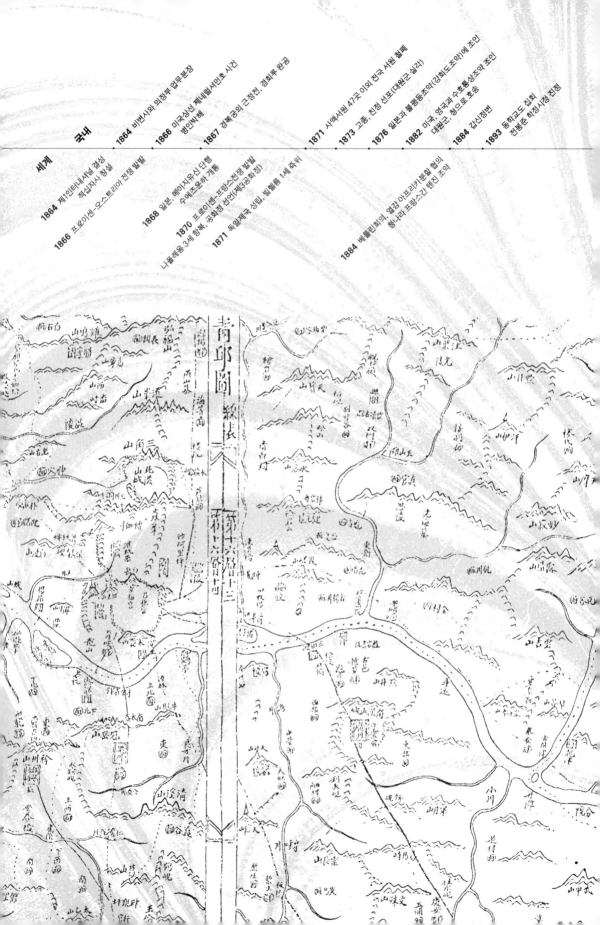

1894 김옥균 암살당함
갑오경장 시작, 과거제도 폐지

1894 청일전쟁 발발

1895 전봉준 시형
군제개혁 단행, 을미사변 발생

1896 제1회 근대올림픽 개최

1896 아관파천
〈독립신문〉 창간

1897 대한제국 성립

1898 캉유웨이, 무술정변(변법자강책) 시도

1898 흥선대원군 사망

1899 제1회 헤이그 국제평화회의 개최

1900 의화단 운동

1901 신식 화폐조례 공포, 혜민원 설치

1901 노벨상 제도 창설

1904 한일의정서 조인
제1차 한일협약

1905 아인슈타인, '특수상대성이론' 발표

1905 제2차 한일협상조약
동학, 천도교로 개칭

1907 국채보상운동
〈대한매일신보〉 창간

제26대 고종
고종태황제실록 高宗太皇帝實錄

고종 시대(1863. 12~1907. 7)의 세계정세

1864년 청나라에서는 남경이 함락되고 홍수전이 자결하면서 태평천국의 난이 종식되었다. 1898년 캉유웨이와 량치차오를 중심으로 무술정변이 일어났다. 1900년에는 화북 지역에서 외세를 배척하는 의화단운동이 일어났다. 1867년 일본은 메이지 천황이 즉위한 뒤 메이지유신을 단행해 국력을 일신시킨 다음, 청일전쟁과 러일전쟁에서 연달아 승리하며 동북아시아의 주도권을 쥐었다. 1869년 미국에서는 최초의 대륙횡단철도가 건설되었고, 이집트에서는 수에즈 운하가 정식으로 개통되었다. 이듬해 유럽에서는 독일제국을 성립시킨 프랑스와 프러시아의 보불전쟁이 시작되었다. 1884년 청나라가 프랑스의 베트남 지배를 인정한 톈진조약이 체결되었다. 1865년 멘델이 유전법칙을 발견했고, 1896년 쿠베르탱이 부활시킨 근대 올림픽이 아테네에서 처음으로 개막되었다. 1901년 스웨덴에서는 노벨상이 제정되었고, 1905년 독일의 아인슈타인이 특수상대성이론을 완성했다.

흥선대원군의 개혁 드라이브

조선의 제26대 국왕 고종의 아명은 명복(命福), 초명은 재황(載晃)이다. 보위에 오른 뒤 경(㷩)[141] 으로 바꾸었다. 자는 성림(聖臨)인데 후에 명부(明夫)로 바꾸었다. 호는 성헌(誠軒)이다. 흥선군 이하응의 둘째 아들로 어머니는 여흥부대부인 민씨이다. 1852년(철종 3년) 7월 25일, 서울 정선방에서 태어났다. 고종은 1863년 12월 13일, 창덕궁 인정전에서 11세의 어린 나이로 즉위한 뒤, 1866년 3월 9일에 여성부원군 민치록의 딸 민씨를 왕비로 맞이했다.

당시 순조, 헌종, 철종 3대에 걸쳐 세도정권을 이끌어온 안동 김씨 문중에서는 유력한 국왕 후보자였던 이하전을 제거하고 자의적으로 후계자를 선택하고자 했다. 흥선군 이하응은 시정잡배들과 어울리면서 그들의 경계망에서 벗어나는 한편 익종 비 조대비와 은밀히 소통하여 후사를 도모했다.

1863년 12월 8일, 철종이 승하하자 조대비는 흥선군의 둘째 아들 이재황을 후계자로 선언했다. 그리하여 12월 12일 관례를 치르고, 익성군에 봉해진 이재황은 이튿날 보위에 올랐다. 고종은 미성년이었으므로 관례에 따라 조대비가 수렴청정을 맡았다. 이는 조대비와 흥선군이 사전에 합의한 조치였지만 국왕의 아버지로서 흥선대원군이 정사에 끼어들자 조대비는 뒷전으로 밀려났다. 홍선대원군은 섭정으로 국정을 총괄하면서 강력한 왕권확립을 위한 개혁정책에 시동을 걸었다.

홍선대원군의 등장은 국제정세에 효과적으로 대응할 수 없었던 세도가문의 정치적 한계상황에서 비롯되었다. 당시 청나라는 1840년 아편전쟁의 패배, 1842년 체결한 난징조약을 계기로 서구 열강의 본격적인 침탈에 시달렸다. 1856년에는 애로우 사건으로 영·불연합군의 공격을 받아 북경이 함락되고 원명원이 불탔으며 황제가 열하로 몽진하는 수난까지 겪었다. 그 후 청나라는 톈진조약, 베이징조약을 통해 외국 공사의 베이징 주재, 주룽 반도의 할양과 개항장 증설, 기독교 포교의 자유를 허용하는 등 제국주의의 사냥감이 되었다.

일본은 1853년 미국의 해군제독 페리가 에도 만에서 함포를 쏘며 통상을 요구하자 이를 받아들여 1854년 화친조약, 1858년에 통상조약을 체결한 뒤 러시아, 네덜란드, 영국, 프랑스와 차례차례 통상조약을 체결하고 문호를 활짝 열었다. 그 후 1868년 조슈 번과 사쓰마 번이 힘을 합쳐 막부를 무너뜨리고 왕정을 복구하면서 출발한 메이지 정부는 개방 정책, 탈아외교를 지향하면서 정치, 경제, 군사, 교육 등 다방면에서 서양의 제도를 받아들였다. 1871년에는 80여 명의 이와쿠라 사절단을 유럽에 파견해 서양의 문물과 제도를 배우고, 서양인 교사와 기술자들을 초빙해 근대적 공장과 군사시설, 학교 등을 세우고 나날이 국력을 키워나가고 있었다.

이에 비해 조선은 18세기 초부터 시작된 노론 정권의 전횡으로 왕실의 권위가 실추되고 국가기강이 무너졌으며 백성들의 삶은 도탄에 빠져 있었다. 위정자들은 청나라가 제국주의 열강들에게 속수무책으로 당하는 것을 보고 위기감을 느꼈지만 자체적인 개혁 동력을 잃은 그들이 상황을 반전시킨다는 것은 불가능했다. 때문에 고종의 등극과 함께 등장한 홍선대원군의 개혁정책을 받아들일 수밖에 없었다.

홍선대원군은 우선 문벌의 권력기관이 된 비변사를 폐지하는 한편 다양한 세력을 조정에 불러들여 정조 이후 사라졌던 탕평책을 부활시켰다. 또 당쟁의 소굴이었던 서원을 철폐하는 초강경 수단으로 기득권계층인 사림을 굴복시켰고, 민란의 원인인 삼정을 개혁하여 성난 민심을 가라앉혔다. 하지만 그 와중에 왕권 강화의 상징인 경복궁 중건과 군비 확장을 위해 실시한 원납전, 당백전 등 무리한 재정정책은 개혁행보에 오점으로 남았다. 한편 대원군은 열강의 침입에 천주교도들이 적극적으로 협력하자 병인박해라는 대대적인 천주교 탄압 정책을 통해 척화의지를 명확히 했다. 이어서 제너럴셔먼호 사건을 필두로 병인양요, 남연군묘 도굴사건, 신미양요로 이어지는 외세의 침략에 대응하기 위해 전국에 척화비를 세우는 등 쇄국정책을 강화했다.

개화파와 수구파, 증폭되는 갈등의 도가니

성년이 된 고종은 아내이자 정치적 동반자인 명성왕후의 도움으로 친정에 나서면서 아버지 흥선대원군과 대립했다. 당시 명성왕후와 대신들은 서원철폐 등으로 대원군에게 적대적이던 유림의 대표 최익현을 앞세워 대원군 하야 공세를 펼쳤다. 그 결과 고종은 1873년 서무친재(庶務親裁)의 명을 내려 흥선대원군에게 주어졌던 섭정의 권한을 환수하고 통치권을 장악했다. 친정을 시작한 고종은 민씨 일문의 척족을 대거 조정에 등용한 다음 획기적인 대외개방정책을 실시했다.

1876년 일본과 강화도조약을 체결해 새로운 국교관계를 수립하고, 청나라의 도움을 받아 미국, 영국, 독일, 러시아 등 구미 열강에게도 문호를 개방했다. 고종은 이어서 관제와 군제를 개혁하는 한편 일본에 신사유람단과 수신사를 파견하고 부산, 원산, 인천 등의 항구를 개항했다. 이와 같은 일련의 개화정책을 통해 일본의 정치 경제적 침탈이 심해지자 국내에서는 위정척사운동[142]이 일어나 개화파와의 대립이 심화되었다. 이항로의 제자 최익현은 1876년 한양에 올라와 도끼를 메고 궁궐 앞에 엎드려 강화를 반대하는 상소문을 올렸다. 고종은 그의 상소문에 패륜의 내용이 있다 하여 최익현을 흑산도로, 그에 동조한 장호근을 독도로 귀양 보냈다.

1881년 황쭌셴의 「조선책략」의 유입을 계기로 이항로를 위시한 위정척사파는 민씨 일문을 공격하면서 개혁개방에 대한 규탄의 목소리를 높였다. 영남 유생 이만손은 1881년 3월 25일, 영남만인소를 올려 김홍집을 규탄했다. 또 강원도 유생 홍재학은 만언척사소를 올려 고종을 비난했다가 능지처참에 처해졌다. 그 무렵 대원군의 비호를 받고 있던 전 형조 참의 안기영 등이 고종의 이복형이며 대원군의 서장자인 이재선을 옹립한 역모가 일어났다. 이 사건을 빌미로 고종은 척사상소운동을 억누르며 첫 위기를 넘긴 다음, 1882년 3월 청나라의 중재로 조·미수호통상조약[143]에 조인하고 연이어 조·영수호통상조약과 조·독수호통상조약을 체결했다.

529

그렇듯 열강들과 수교의 물꼬를 튼 고종은 김옥균, 박영효, 서광범 등 개화파들을 중용하여 개화에 박차를 가했다. 그러던 중 1883년 재기를 꿈꾸던 대원군 세력이 구식군대를 선동해 임오군란이 발생했다. 이 사건으로 고종은 커다란 위기를 맞았지만 조선의 개방을 통해 이익을 취하려던 청나라가 전격적으로 대원군을 납치하면서 상황이 종료되었다.

그 후 고종은 일본과 청나라에 청년들을 보내 신문물을 배우게 하고, 미국에 보빙사로 민영익과 청년 개화파 인사들을 파견하는 등 적극적인 정책을 펼쳤다. 1884년 김옥균을 위시한 강경 개화파들이 일본의 세력에 기대어 정국을 일신하고 개화를 가속화하기 위해 갑신정변을 일으켰다가 사흘 만에 청군에게 진압당하고 일본으로 도주했다. 당시 조선은 임오군란과 갑신정변의 수습과정에서 청군과 일본군을 개입시켜 향후 두 나라 군대가 국내에 진주할 명분을 제공하고 말았다.

고종을 조여오는 일본의 칼날

청나라는 임오군란과 갑신정변을 진압한 후 자국에 대한 열강의 침탈을 만회하려는 반대급부로 조선에 대한 종주권을 회복하려 했다. 그때부터 청나라의 실권자 이홍장이 파견한 위안스카이의 내정간섭이 심화되었다. 일본 또한 두 변란의 피해를 빌미로 배상을 요구하고 각종 경제적 이권침탈에 골몰했다. 궁지에 몰린 고종은 민영익의 제안을 받아들여 1884년 윤 5월 15일, 전격적으로 조·러수호통상조약[144]을 체결하는 한편 영국, 독일, 미국 등 열강들을 끌어들이는 세력균형책[145]으로 일본의 침략 의도를 견제했다.

그 후 한동안 조선에는 평화가 깃들었지만 도성 밖에서는 수령들의 학정이 끊이지 않아 백성들의 원성이 드높았다. 1892년 회령, 종성, 강계, 성천 등지에서 민중봉기가 일어나자 안핵사로 파견된 윤정구가 주모자를 붙잡아 처형해버렸다. 이런 일련의 사건들이 쌓이면서 백성들은 명성왕후와 민씨 일문을 원망했다.

그런 가운데 고부 현감 조병갑의 학정으로 비롯된 고부민란이 대규모 동학농민운동으로 비화되었다. 농민군은 황토현에서 관군을 물리치고 전주성을 점령하는 기세를 떨쳤다. 고종은 홍계훈을 보내 난을 진정시켰지만, 동학농민군의 배후에 대원군 세력이 연계되어 있음을 알고 청나라에 도움을 요청했다. 1894년 6월 청군이 들어오자 톈진조약의 합의에 따라 대규모 일본군 병력이 조선으로 밀려들어왔다.

이미 청군과 일전을 준비하고 있던 일본은 6월 21일 갑자기 경복궁을 점령하고 고종과 명성왕후를 연금시킨 다음 흥선대원군을 집정으로 삼아 친일정권을 수립시켰다. 이틀 뒤 아산만 풍도 앞바다에서 일본 군함이 청나라 군함에 포격을 가하면서 청일전쟁이 발발했다. 이 전쟁에서 승리한 일본은 만주까지 집어삼키려 했지만 프랑스, 독일, 러시아의 삼국간섭으로 한발 물러섰다.

그 후 일본은 병합의 전초단계로 조선에 친일내각을 구성하고 개화를 통해 전통적인 청나라의 종주권을 박탈하려 했다. 그들은 오늘날 갑오경장으로 일컬어지는 개혁을 종용하고, 친일파 박영효의 귀국을 조건으로 고종의 전제권을 돌려주었다. 무력감에 휩싸인 고종은 일본의 요구에 따라 홍범 14조를 제정하여 조선의 자주독립과 내정개혁을 선언할 수밖에 없었다.

이처럼 일본의 조선침탈이 가시화되자 동학농민군은 그해 9월부터 척왜양이의 기치를 높이 내걸고 2차 봉기를 시도했다. 그러나 신식 무기로 무장된 일본 정규군과 관군의 공세에 밀려 공주 전투에서 대패하고 지도자인 전봉준과 김개남 등이 체포되고 말았다. 그 후 일본은 완전히 조정을 장악하고 각종 이권을 탈취하는 한편 남부 곡창지대를 자신들의 식량기지로 삼았다. 그 사이 박영효가 또다시 고종 암살 음모를 꾸미다 발각되어 일본으로 도망쳤다. 고종과 명성왕후는 박정양, 이범진, 이완용 등 친러파 중심으로 조정을 재편하고 러시아 공사 베베르를 끌어들였다. 러시아는 시베리아 철도공사를 보호하기 위해 일본의 조선에 대한 영향력을 무력화시키려는 목적이 있었기에 양측의 협상은 신속하게 진행되었다.

이와 같은 조선의 상황 변화를 예의 주시하던 일본 공사 이노우에는 고종의 지낭 명성왕후를 제거하는 극단적인 전략을 입안하기에 이른다. 곧 이노우에는 퇴임해 일본으로 돌아가 고종 부부를 방심시킨 다음 신임 일본 공사 미우라가 1894년 8월 20일, 전격적으로 일본군과 낭인들을 동원해 명성왕후를 살해하는 폭거를 저질렀다.

일본의 감시를 받으며 경복궁 안에서 연금신세가 되어버린 고종은 정동파 인사들의 도움으로 10월 12일, 미국 공사관으로 탈출을 도모했지만 안경수의 배신으로 실패하고 말았다. 이 춘생문 사건을 기화로 일본은 또다시 김홍집, 어윤중, 유길준 등의 친일내각을 조직한 다음 이듬해인 1895년 9월부터 소위 을미개혁을 시도했다. 친일 정권은 조선의 연호를 건양(建陽)으로 고치고 태양력을 도입했으며 단발령과 종두법 등을 시행했다. 당시 단발령은 조선인들에게 커다란 반발을 불러일으켰다. 그 와중에 은폐되었던 국모시해사건이 세상에 알려지자 조선 전역이 동요했다. 1896년부터 유인석, 이강년, 허위 등이 주도한 을미의병이 전국 각처에서 일어났다.

물거품이 된 대한제국의 꿈

1896년 2월 11일, 고종은 돌연 일본과 친일정권의 감시망을 뚫고 러시아 공사관으로 탈출했다. 춘생문 사건 이후 1년 만의 일이었다. 그와 함께 친일 내각은 무너졌고 김홍집 등 친일대신들은 광화문 앞에서 백성들에게 맞아 죽었다.

고종은 러시아공사관에 머물면서 러시아, 일본, 영국 등 열강들을 조율하는 세력균형책을 펼쳐 조선에 안정을 도모했다. 그러자 독립협회와 국민들은 국가적인 위신 문제와 친러정권의 폐해를 방지하기 위해 고종의 조기환궁과 자주선양을 요구했다. 하지만 고종은 강력한 전제군주제가 바탕이 되는 일대 근대화정책을 구상하고 있었다.

고종은 러시아공사관에 머무르는 동안 한성을 근대화된 도시로 탈바꿈시켰다. 1896년 9월 29일, 고종은 조칙(내부령 제9호)을 내려 근대적인 도시개조사업[146]을 명했다. 이 사업은 한성 판윤 이채연과 총세무사 맥레비 브라운이 시행했다. 그리하여 종래의 경복궁과 운종가 중심의 도로체계 대신 경운궁을 중심이 되는 방사상 도로와 환상 도로 및 그 외접 도로가 개통되었고 대한문 앞에 광장이 마련되었다. 또 탑골공원이 조성되었다.

1897년 2월 20일, 드디어 경운궁으로 환궁한 고종은 그해 10월 대한제국의 수립을 선포하고 황제위에 올라 연호를 광무(光武)로 고쳤다. 이어 1899년 7월, 조선국국제라는 전제헌법을 제정한 다음 원수부를 창설하고 지방군사조직을 진위대로 일원화했으며, 경무청을 황제 직속기관으로 독립시키는 등 적극적으로 조선의 변신을 도모했다. 당시 고종은 구본신참(舊本新參), 곧 옛것을 근본으로 새것을 참고한다는 이념 아래 점진적이고 완충적인 개혁을 추진하여 근대화의 물꼬를 터 나갔다. 이 광무개혁의 추진은 궁내부, 재정지원은 내장원이 맡았다. 특히 내장원경 이용익은 다양한 세원을 마련해 고종의 개혁을 적극적으로 뒷받침했다.

그 와중에 1898년 7월 일본의 사주를 받은 안경수의 역모가 발각되었고, 9월에는 친러정권에서 승승장구하다 독직사건으로 유배된 김홍륙이 고종을 암살하려 한 독차사건이 일어났지만 다행히 무사할 수 있었다. 그 무렵 독립협회가 만민공동회를 통해 정치적 압력을 행사하자 고종은 보부상 중심의 황국협회를 동원해 무력으로 해산시켰다. 그 후 고종은 광무개혁을 실시해 광범위한 분야에서 획기적인 근대화정책을 펼쳐 민생을 안정시키고 열강의 이권침탈을 막았고, 과거 세력균형책의 일환으로 열강에 내밀었던 이권들을 하나둘씩 회수했다.

고종은 또 일본의 침탈에 대비하여 1902년 6월 정보기관 제국익문사를 설치하고, 1903년 5월 육군과 해군의 창설을 준비했다. 1903년 3월 15일, 징병제도 실시를 예정하는 조칙을 내렸으며, 그해 시위대 1만 2,000명의 병력을 갖추고 용산에는 군부 총기제조소도 건립했다. 그러나 갑작스런 동북아시아의 정세 변화는 고종의 근대화 정책을 물거품으로 만들었다.

고종, 망국의 한을 품고 잠들다

고종이 꿈꾸던 대한제국의 찬란한 미래상은 1904년 발발한 러일전쟁으로 순식간에 좌절되었다. 러일전쟁의 와중에 조선을 무력으로 점령한 일본은 고종을 겁박해 한일의정서, 제1차 한일협약 등을 차례로 맺었다. 곧 러시아의 항복으로 기세가 오른 일본은 1905년 11월 9일, 대한제국의 외교권을 박탈하는 을사조약의 체결을 강요했다. 궁지에 몰린 고종은 미국의 지원을 애타게 기대했다. 그러나 당시 미국은 일본과 비밀리에 가쓰라·태프트 협정을 맺고 대한제국에 대한 일본의 지배를 용인하는 대신 필리핀 지배를 보장받은 상태였다.

결국 일본이 을사조약을 빌미로 대한제국에 통감부를 설치하자 고종은 1907년 6월 네덜란드 헤이그에서 개최되는 제2차 만국평화회의에 이상설,

이준, 이위종을 밀사로 파견했다. 그러나 일본과 영국의 방해로 고종의 계획은 실패했다. 그 후 이완용, 송병준 등 친일매국노들의 압력과 군사력을 동원한 일제의 강요를 못 이기고 고종은 1907년 7월 20일, 강제 퇴위당하고 말았다.

일본은 고종의 뒤를 이어 즉위한 순종에게 7월 24일 정미조약을 강요해 고문정치를 차관정치로 바꾸었다. 이어서 8월 1일 군대를 해산시켰고, 1909년 7월에는 '대한제국사법 및 감옥사무 위탁에 관한 각서'에 따라 대한제국의 사법권을 빼앗아갔다. 그해 9월 이토 히로부미가 하얼빈에서 안중근 의사에게 죽임을 당하자 일제는 더 이상 한일합방을 미룰 수 없다고 판단하고 육군대신 출신의 데라우치 마사타케를 신임 통감으로 파견했다. 데라우치는 곧 친일파 이완용과 함께 순종을 겁박해 한일합방을 성사시켰다.

고종은 이태왕으로 불리며 경운궁에 칩거하면서도 상하이에 있던 독립지사 이회영, 이시영 형제와 연락하며 국외 탈출을 도모하는 등 끝까지 재기의 꿈을 버리지 않았다. 하지만 고종은 1919년 1월 21일 덕수궁 함녕전에서 향년 67세의 나이로 갑자기 승하했다. 고종이 독살당했다는 사실이 알려지자 1919년 3월 1일 국장이 거행될 때 전국 각지에서 독립만세운동이 일어났다.

그의 시호는 통천융운조극돈윤정성광의명공대덕요준순휘우모탕경응명립기지화신렬외훈홍업계기선력건행곤정영의홍휴수강문헌무장인익정효황제(統天隆運肇極敦倫正聖光義明功大德堯峻舜徽禹謨湯敬應命立紀至化神烈巍勳洪業啓基宣曆乾行坤定英毅弘休壽康文憲武章仁翼貞孝皇帝), 묘호는 고종(高宗)이다. 능호는 홍릉(洪陵)으로 경기도 남양주시 금곡동에 있다. 저서로 「주연집」이 있다.

제26대 고종 가계도

— 제26대 고종(高宗)

　　1852년 출생, 1919년 사망(67세)
　　재위 43년 7개월(1863. 12~1907. 7)
　　대한제국 고종태황제

명성황후 민씨　원자(출생 4일 만에 졸)

　　　　　　　　황태자 이척(제27대 순종)　　2남 1녀(조졸)

순헌황귀비 엄씨　　영친왕 이은

귀인 이씨(영보당)　완친왕 이선

　　　　　　　　　왕자 1명, 옹주 2명(조졸)

귀인 장씨　의친왕 이강

　　　　　　　황자 이육(조졸)

귀인 이완흥(광화당)

귀인 정씨(보현당)　황자 이우(조졸)

귀인 양씨(복녕당)　덕혜옹주

귀인 이씨(내안당)　옹주(조졸)

상궁 김옥기(삼축당)

상궁 김씨(정화당)

상궁 엄씨　황녀 문용

상궁 서씨

상궁 김충연

고종의 가족사

나라 잃은 왕족들의 고독한 최후

고종황제는 정비인 명성황후 외에 9명의 후궁과 궁녀에게서 9남 4녀를 얻었다. 그러나 명성황후 소생의 순종, 귀인 장씨 소생의 의친왕, 귀비 엄씨 소생의 영친왕, 귀인 양씨 소생의 덕혜옹주 등 3남 1녀 외에는 모두 요절했다.[147]

을미사변으로 명성황후가 고종의 곁을 떠난 뒤 황후 역할을 한 것은 엄비였다. 엄비는 1854년 엄진삼의 장녀로 태어나 8세에 입궁했고, 명성황후의 시위상궁으로 있다가 고종의 승은을 입었다. 이로 인해 명성황후의 노여움을 사서 쫓겨났다가 1895년 8월 을미사변이 발생한 지 5일 만에 고종의 명으로 입궁했다. 1897년 10월 아들 이은을 낳은 뒤 엄귀인에 책봉되었고, 1900년 8월 이은이 영친왕에 봉해지자 순빈으로 올려졌다. 1901년 10월 그녀는 다시 엄귀비로 승격되어 경선궁이란 궁호를 받으면서 사실상 계비가 되었고, 1907년 순종 즉위 후 영친왕이 황태자가 되면서 순원황귀비로 봉해졌다. 엄귀비는 학교 교육에 관심을 두어 1906년 진명여학교를 설립했고, 친정인 엄씨 일가가 세운 명신여학교, 양정학교에 거액을 기부했다. 1911년 장티푸스에 걸려 58세의 나이로 사망했다.

첫째 아들 완화군 이선은 1868년 고종과 상궁 출신의 영보당 이씨 사이에서 태어났다. 흥선대원군은 완화군을 사랑하여 왕세자로 책봉하려 했지만 고종이 중전 민씨를 맞아들인 지 얼마 되지 않은 터라 여론에 밀려 실패하고 말았다. 이후 완화군은 명성왕후의 견제를 받아 사저에 나가 살다가 병에 걸려 1880년 13세의 어린 나이로 세상을 떠났다. 고종이 제위에 오른 뒤 완친왕에 추존되었다.

셋째 아들 의친왕 이강은 고종과 15세인 1891년 의화군에 봉해졌고 1893년 김사준의 딸 덕인당 김씨와 결혼했다. 이듬해 내의원과 사옹원 제조에 임명되었고, 9월에는 일본답례방문특파전권대사로 임명되어 일본에 다녀왔으며 1895년에는 영국, 독일, 러시아, 이탈리아, 프랑스, 오스트리아 등을 차례로 방문했다. 미국 유학길에 오른 1900년 8월 의친왕에 봉해졌고, 1905년 귀국한 뒤 적십자 총재가 되었다. 평소 성격이 활달하고 정의감이 불탔던 그는 1910년 국권 상실

이후 독립투사들과 접촉했으며 1919년 대동단 간부들과 함께 상해로 탈출하다 단동에서 일경에게 붙잡혀 강제 송환되었다. 이후 그는 여러 차례 일본의 도일 강요를 거부했다. 그는 후사가 없었던 순종의 황제 계승서열 1위였지만, 나이가 많아 황태제에 책봉되지는 못했다. 해방 이후 서울에 살다가 1955년 79세를 일기로 세상을 떠났다.

다섯째 아들 영친왕 이은은 1897년 고종과 엄귀비 사이에 태어났다. 1900년 8월 영친왕에 봉해졌고, 11세 때인 1907년 순종이 즉위하면서 황태자에 책봉되었다. 그해 조선통감 이토 히로부미의 압력을 받아 강제로 일본에 끌려갔다. 1910년 국권 상실 이후 순종이 폐위되어 이왕으로 격하되자 영친왕 역시 왕세제로 격하되었다. 일본의 내선일체 정책에 따라 1920년 4월 일본 왕족의 딸 마사코와 결혼해 이진과 이구, 두 아들을 낳았다. 1926년 순종이 승하하자 형식상 왕위계승자였던 그는 이왕으로 불렸으나 귀국하지는 못했다. 그는 일본에서 철저하게 일본식 교육을 받았고 일본 육사와 육군대학을 거쳐 육군중장을 지냈다. 1945년 일본 패망 이후 일본 황족의 특권이 상실되어 재일한국인으로 등록되었고, 1963년 부인 이방자 여사와 함께 귀국한 뒤 1970년 74세를 일기로 세상을 떠났다.

고종은 1907년 영친왕이 일본으로 건너간 뒤 1912년 5월 귀인 양씨에게 얻은 늦둥이 덕혜옹주를 매우 사랑했다. 그녀는 고종 사후 심상소학교에 다니다가 13세 때 강제로 동경유학을 떠난 뒤 조발성 치매라는 희귀병에 걸려 고통을 겪었다. 19세 때인 1930년 대마도 번주의 아들 소오 다케유키(宗武志)와 결혼해 불행한 세월을 보내다가 1953년 이혼하고 1962년 귀국했다. 1989년 77세의 나이로 세상을 떠났다.

고종 시대의 주요사건

병인박해

흥선대원군의 섭정 기간 동안 조선은 강력한 쇄국정책을 실시했다. 이러한 정책에는 열강에 맞서다 북경이 함락되어 온갖 이권을 빼앗기고 있는 청나라나 미국의 무력에 강제 개항된 일본의 전철을 밟을 수 없다는 강력한 의지가 담겨 있었다. 그러나 천주교도들이 대원군의 대외정책에 걸림돌로 작용했다.

19세기 말 천주교는 조정의 박해가 거듭되었지만, 꾸준히 교세를 키워 1864년 무렵에는 신도가 무려 2만 3,000명이나 되었다. 신도 중에는 남종삼, 홍봉주, 이신규 등 관리와 양반계층도 있었지만 이선이, 김애기, 박조이 등 하인이나 청상과부 등 하층민들이 절대다수를 차지하고 있었다. 게다가 흥선대원군의 아내인 부대부인 민씨, 고종의 유모인 박 마르따, 운현궁의 하인 이연식 등도 천주교도였다. 당시 외국인 선교사와 천주교도들은 조선을 침탈하기 위한 서양세력의 첨병으로 활동하고 있었다. 프랑스의 베르누 신부와 다블레 신부는 조선말에 능통했고 풍속에도 밝아 선교를 하면서 조선 정세를 본국에 보고하는 등 간첩활동을 벌였다. 이때 개신교[148] 역시 조선에 선교사를 파견해 은밀하게 교세를 넓혀가고 있었다. 개신교 선교사들은 주로 상인들과 함께 움직였는데, 천주교도들은 개신교를 분열시키는 종교라는 뜻의 열교(裂敎)라 부르며 배척했다.

그 무렵 흥선대원군은 유럽의 강국 러시아의 행보에 신경을 곤두세우고 있었다. 영국의 견제로 대마도에서 철수한 러시아는 끊임없이 조선에 통상을 요구해 왔다. 미약한 조선의 국력으로는 그들을 막아낼 능력이 없었다. 대원군의 근심을 알아차린 중국의 천주교 선교사들은 남종삼을 통해 프랑스나 영국과의 동맹을 주선하여 러시아를 견제하자는 정치적 흥정을 시도해왔다. 하지만 그것이 열강의 침탈 수단임을 알고 있던 대원군은 망설일 수밖에 없었다.

1865년, 서원철폐와 경복궁 공사로 나라 안이 시끄러웠다. 그러던 중 동지사 이흥민이 북경에서 청나라 군대가 서양 사람들을 모두 죽이고 있다는 오보를 전해왔다. 곧이어 천주교를 사교로 배척하던 유럽에서 천주교도를 발본색원해 척화의지를 분명히 하라고 요구했다. 이듬해 1월에는 영의정 조두순과 좌의정 김병학 등이 같은 요구를 해왔다. 대원군은 더 이상 천주교 문제를 미루어두면 자신의 위치가 흔들릴 것이라 판단하고 단안을 내렸다.

1866년 정월, 천주교도들을 체포하라는 흥선대원군의 명이 떨어졌다. 곧 베르누 신부를 비롯한 9명의 프랑스 사제와 홍봉주, 남종삼 등 천주교도들이 속속 체포되었다. 겨우 프랑스 신부 두 명만이 살아남아 상해로 빠져나갔을 뿐이었다. 이 병인박해(丙寅迫害)로 서울에서만 200여 명이 처형되었다. 가장 큰 피해를 입은 곳은 황해도 옹진, 풍천, 장연 등지와 홍성, 해미 등 충청도의 내포 주변 고을이었다. 「천주교사」에는 당시 8,000여 명, 「매천야록」에서는 무려 2만여 명이 목숨을 잃은 것으로 기록되어 있다.

을미사변, 국모 시해사건

1894년, 조선의 정국은 바람 잘 날이 없었다. 동학농민전쟁 발발, 일본군의 경복궁 점령, 청일전쟁, 김홍집 내각 출범, 갑오개혁, 을미개혁 등이 숨 가쁘게 이어졌다. 일본은 청일전쟁의 승리와 동학군 토벌 등을 통해 조선을 완전히 장악한 다음 철도와 전신사업 등 이권을 빼앗고, 막대한 차관을 통해 조선의 경제를 좌지우지했으며 남부 곡창지대를 일본의 식량기지로 삼았다.

고종은 일본의 엄청난 무력에 절망하고 그들에게 부화뇌동하는 친일정부의 행각에 참담했다. 그 사이 친일내각의 내부대신 박영효가 고종 부부 암살음모를 꾸미다 발각되자 일본으로 도망치는 사건까지 벌어졌다. 만일 일본과 친일인사들이 노골적으로 손잡는다면 죽음은 시간문제였다. 다행히 일본공사 이노우에는 자신의 요구를 고종이 선선히 들어주자 아직 이용가치가 있다고 믿고 있었다.

그런 절망적인 상황에서 고종에게 힘을 주는 사람은 오직 명성왕후[149], 한 사람뿐이었다. 그녀는 청일전쟁에서 승리한 일본이 삼국간섭에 굴복해 랴오둥 지역에서 물러나자 조선이 살아남는 길은 러시아와 손을 잡는 방법밖에 없다고 조언했다. 그리하여 고종과 명성왕후는 틈만 나면 친러파인 이범진과 이완용을 궁으로 불러들여 밀담을 나누었고, 러시아공사 베베르 부부를 초대하여 일본의 손아귀에서 조선을 보호해달라고 간청했다. 베베르는 자국의 국세를 과시하며 고종을 안심시켰다. 하지만 그는 당시 이노우에에게서 조선을 분할 통치하자는 제의를 받고 손익을 저울질하고 있었다. 그런 사실을 알지 못했던 고종은 용기백배하여 김홍집 내각을 몰아내고 박정양[150], 이범진, 이완용 등 정동파를 중심으로 내각을 구성했다.

고종 부부가 러시아공사 베베르와 가까이 지내고 친러파 중심으로 개각을 단행하자 이노우에는 더 이상 온건한 방법으로는 고종을 제어할 수 없다고 여기고 극약처방을 준비했다. 고종의 두뇌인 명성왕후를 살해하여 그가 더 이상 다른 뜻을 품지 못하게 하려는 것이었다.

박은식의 「한국통사」에 따르면 당시 일본은 삼국간섭으로 야기된 수세를 만회하기 위해 세 개의 칼을 들고 대외정책에 임했다. 그 계획은 첫째 조신의 명성왕후 살해, 둘째 러시아 황태자 살해, 셋째 청나라 전권대신 이홍장 살해였다. 이노우에는 그중에 첫 번째 칼을 빼어든 것이었다.

그 무렵 고종과 명성왕후는 일본공사의 움직임에 신경을 곤두세우고 있었다. 일본은 두 사람의 경계심을 늦추기 위해 이노우에를 퇴진시키고 육군중장 출신 미우라를 임명했다. 미우라는 조선에 부임하자마자 방에 틀어박혀 불경을 외우는 등 기이한 행동으로 고종 내외를 안심시켰다. 그렇지만 미우라는 은밀히 일본의 대륙낭인 지도자 다케다를 고용해 명성왕후 살해계획을 진행하고 있었다.

다케다가 이끄는 낭인들은 단순한 칼잡이들이 아니라 정치적 야심을 가진 일본의 지식인들이었다. 그들은 아시아의 평화와 조선의 자주를 위한다는 명목으로 소위 '여우사냥'에 참여했던 것이다. 거사 날짜는 8월 20일이었다. 그날 밤 일본공사관 서기관 스기무라 후카시는 낭인들과 함께 출동하면서 운현궁으로 가서 흥선대원군을 억지로 남여에 태워 끌고 나왔다. 훗날 국모 시해의 책임을 대원군에게 떠넘기려는 수작이었다.

이 작전에는 서울 주둔 일본군 수비대, 일부 경찰과 상인들이 힙세했고, 훈련대장 우범선과 이두황도 가세했다. 일본군이 새벽 5시경 경복궁에 나타나자 훈련대 연대장 홍계훈[151]이 막아섰다. 그러나 중과부적으로 홍계훈은 칼에 맞아 목숨을 잃었고, 궁궐을 지키던 시위대 병력들은 뿔뿔이 흩어졌다. 드디어 경복궁에 난입한 일본군과 낭인들은 흥선대원군을 근정전 옆 강령전에 내려놓은 뒤 흩어져 왕비를 찾았다. 그들은 침전에 난입해 놀라 깨어난 고종을 밀치고 태자의 상투를 잡아 흔들다 칼로 쳐서 기절시켰다. 그들에게 조선의 임금이나 태자는 안중에도 없었다.

낭인들은 궁녀들을 추궁해 왕후가 기거하는 옥호루로 달려갔다. 도중에 궁내부 대신 이경직이 막아서자 단칼에 베어버렸다. 이윽고 궁녀들 틈에서 명성왕후를 발견한 낭인들은 일말의 망설임도 없이 칼을 휘둘렀다. 실로 천인공노할 만행이었다. 그들은 명성왕후의 시신을 홑이불에 싸서 옥호루 옆 숲으로 가져가 석유를 뿌린 뒤 태워버렸다. 목적을 달성한 낭인들은 바람처럼 궁궐을 빠져나갔다.

일본인들이 천인공노할 국모시해사건을 벌이는 동안 경복궁은 일본군과 훈련대[152] 군인들의 손에 엄중히 봉쇄되어 있었다. 새벽녘 미우라는 뻔뻔스러운 태도로 고종을 찾아갔다. 그때까지 고종은 진상을 알지 못한 채 공포에 질려 있었다. 얼마 후 고종은 일본인들의 목표가 중전이었음을 알고 눈물을 삼켰다.

미우라는 을미사변 이틀 뒤인 8월 22일, 김홍집 내각을 종용해 왕후를 폐서인한다는 조서를 발표하도록 했다. 친당을 좌우에 포진하여 왕의 총명을 막고 인민을 착취하여 매관매직을 일삼았다는 죄목이었다. 하지만 조서 어디에도 명성왕후의 죽음은 밝히지 않았다. 사건의 진상을 알고 있던 탁지부 대신 심상훈은 서명을 거부했고, 왕세자도 양위하겠다며 저항했다. 반발이 만만치 않자 친일 각료들은 미우라와 협의한 다음 이튿날 왕후를 서인에서 빈으로 승격시켰다.

이 전대미문의 국모 살해사건은 일본의 공작으로 미궁에 빠질 뻔했다. 그러나 사건 당일 경복궁에 머물고 있던 미국인 고문 다이와 러시아인 기사 사바틴의 보고[153]로 진상이 백일하에 드러났다. 며칠 뒤 러시아공사 베베르와 미국공사 앨런을 비롯해 각국의 외교관들은 미우라를 불러 책임을 추궁했다. 미우라는 자신들의 만행을 극구 부인했지만 목격자가 한둘이 아니었으므로 버티는 것도 한계가 있었다. 베베르는 각국 공사들과 협력하여 일본정부에 야만적인 행위에 대한 징벌을 강력하게 요구했다.

일본정부는 하는 수 없이 미우라를 비롯한 관련자 40명을 소환한 다음 형식적인 재판을 거쳐 히로시마 감옥에 가두었다. 하지만 이들은 이듬해 여론이 잠잠해지자 증거불충분이라는 판결로 모두 풀려났다. 당시 메이지 천황은 도쿄에 온 미우라에게 시종을 보내 치하했으며, 명성왕후를 살해한 범인들은 일본 국민들에게 영웅대접을 받았다.[154]

을미사변 이후 고종은 새로 부임한 일본공사 고무라 주타로의 감시 아래 불안한 나날을 보냈다. 사랑하는 아내이자 정치적 동반자를 잃은 그의 마음은 찢어질 것만 같았다. 이제는 자신과 왕세자의 목숨도 위험했다. 고종은 두려움에 잠도 자지 못하고, 음식도 제대로 먹지 못했다. 고종의 곁을 지켜준 것은 평소 그의 인품에 감복한 외국인들이었다. 외국공사들이 매일 궁궐에 들어와 고종의 안녕을 확인했다. 미국 선교사들은 권총을 휴대하고 들어와 임금을 보호했고 음식을 따로 들여와 진상히기까지 했다.

아관파천

19세기 말, 아시아에 손을 뻗은 영국, 미국, 프랑스, 러시아 등 서구 열강들은 인도, 필리핀, 베트남, 연해주 등 큼직한 먹이를 향해 군침을 흘리고 있었다. 일본은 그 기회를 이용해 숙원인 조선병합과 대륙진출을 실현시키려 했다. 청일전쟁의 승리를 기화로 조선에 발판을 마련한 일본은 친일정권을 이용해 조선의 일본화를 꾀하면서 점차 목적을 달성해가고 있었다. 고종은 그 함정에서 벗어나기 위해 열강들에게 각종 이권을 내주면서 외교적으로 대응하고, 러시아에 기대어 돌파구를 마련하려 했지만 일본이 을미사변이라는 극단적인 방법을 동원하여 수포로 돌아가고 말았다. 급기야 정동파의 도움을 받아 미국공사관으로 탈출을 시도했지만 그마저도 실패했다.

그때부터 고종은 철저하게 일본에 고개를 숙이면서 와신상담의 세월을 보냈다. 그 와중에 친일각료들은 제멋대로 조선의 모든 것을 뜯어고치려 했다. 특히 유길준과 같은 개화의 선각자들은 미개한 조선의 근대화라는 명분에 사로잡혀 단발령처럼 조선사회의 근간을 뒤흔들 만한 초강수를 두었다.

사랑하는 중전이 세상을 떠난 뒤 궁중에는 고종이 믿을 만한 사람은 아무도 없었다. 대신은 물론 환관과 상궁 나인들까지 모두가 일본의 첩자인 것만 같았다. 수라에 독이 들어 있을까봐 식사조차 제대로 하지 못했다. 고종의 곁을 지켜준 것은 엄귀인이었다. 그녀는 명성왕후의 미움을 받아 쫓겨났다가 을미사변 직후 고종의 명으로 궁 안에 들어와 있었다. 명성왕후에 뒤지지 않는 정치감각을 갖고 있었던 엄귀인은 시중에 나도는 고종의 살해에 관련된 소문을 들려주면서 하루빨리 거처를 옮길 것을 권했다. 그리하여 고종은 러시아 공사관으로의 탈출을 결심했다.

엄귀인은 곧 엄주익 등 일가붙이들을 은밀히 만나 고종의 뜻을 이범진과 이윤용에게 전했다. 이범진은 러시아공사 베베르에게 고종의 러시아공사관 이어를 제의했다. 러시아로서는 조선에 친러정권을 출범시킬 좋은 기회였으므로 마다할 까닭이 없었다. 문제는 사방에 깔려 있는 일본의 감시망이었다. 1896년 1월 8일, 신임 러시아공사로 부임한 스피에르는 전임공사 베베르와 함께 고종 탈출계획을 모의했다. 2월 2일, 고종은 이범진을 통해 스피에르에게 정식으로 신변보호를 요청하는 친서를 보냈다. 러시아공사관에서는 본국에 긴급 전문을 보내 군대와 전함 파견을 요청했다. 며칠 뒤 러시아 군함 2척이 제물포에 들어왔고 공사관에 100여 명의 군인이 배치되었다. 고종은 엄귀인, 환관 강석호, 러시아어 통역관 김홍륙, 시위1대 대장 이학균, 궁내관 최영하, 시종 홍종우[155] 등과 은밀히 연락을 주고받으며 기회를 엿보았다.

1896년 2월 11일 새벽, 왕세자와 함께 산책하던 고종은 기다리고 있던 40여 명의 수행원과 함께 전격적으로 대궐을 빠져나갔다. 조대비와 세자빈을 비롯한 여러 궁인들도 미리 약속한 대로 재빨리 경운궁[156] 으로 거처를 옮겼다. 당시 광화문을 지키던 수문병과 순검은 궁녀가 탄 가마는 검문하지 않는 것이 관례였으므로 아무런 제지도 받지 않았다.

고종이 러시아공사관의 문턱을 넘어가자 러시아공사 스피에르를 비롯해 이범진, 이윤용, 이완용 등 여러 신하들이 박수갈채를 보냈다. 드디어 고종은 집요한 일본의 굴레에서 벗어난 것이었다. 물론 일국의 국왕이 타국 대사관에 몸을 의탁한다는 것은 수치스런 일이었다. 그러나 고종으로서는 조선에서 일본세력을 몰아내고 친일파를 응징하는 일에 우선하는 것이 없었다. 아침이 되어 등원한 친일내각의 대신들은 궁궐이 텅 빈 것을 보고 깜짝 놀랐다. 일본공사관에 문의해보니 그들도 무슨 일이 일어났는지 알지 못했다. 이리저리 수소문한 끝에 임금 일행이 러시아공사관으로 어가를 옮긴 것을 알고 그들은 한숨을 내쉬었다.

그날 고종은 러시아공사관에서 김홍집을 비롯해 김윤식, 유길준, 어윤중, 정병하 등 모조리 파면시킨 다음 김병시를 총리대신으로 임명하고 박정양, 이완용,

이윤용 등 친러파 대신들을 내각에 복귀시킨다는 조칙을 내렸다. 또 안경수를 경무사로 삼아 친일파 대신들에 대한 일대 체포령을 내렸다. 고종의 신변이 무사한 이상 조선에서 친일파들이 안주할 곳은 어디에도 없었다. 임금의 아관파천 소식이 시중에 알려지자 수많은 백성들은 광화문 앞으로 모여들어 웅성거렸다. 김홍집과 정병하 등 대신들이 궐 밖으로 모습을 드러내자 순검들이 그들을 체포하기 위해 다가섰다. 하지만 친일파에 대한 응징은 백성들이 먼저였다. 백성들은 순식간에 그들을 에워싸더니 닥치는 대로 몽둥이찜질과 발길질을 날렸다. 그리하여 오랫동안 조선의 내각을 쥐락펴락했던 김홍집과 정병하는 허무하게 목숨을 잃고 말았다. 당황한 유길준, 조희연, 이두황, 우범선 등은 일본공사관으로 도망쳤다.

그 후 고종은 러시아공사관에서 모든 정사를 관장하며 활기찬 나날을 보냈다. 러시아는 고종의 신변을 철저히 지켜주었을 뿐 일본처럼 내정을 간섭하지 않았다. 그들은 자국의 공사관에 조선의 임금이 머물러 있다는 것만으로도 엄청난 이득을 취할 수 있었던 것이다. 당시 일본군은 전국 각처에서 봉기한 농민군과 의병을 상대하느라 전력이 분산되어 러시아나 고종을 직접적으로 위협할 수 없는 처지였다. 고종은 미루어두었던 명성왕후의 국장을 추진하여 국민들의 반일감정을 부추겼다.

고종은 그해 5월 러시아 황제 니콜라이 2세의 대관식에 민영환을 특명전권공사로 임명하고 친미파인 학부협판 윤치호와 러시아 전문가인 외부주사 김도일을 수행원으로 파견했다. 민영환 일행은 4월 1일 서울을 출발해 미국과 유럽을 거쳐 50일 만에 러시아의 모스크바에 도착했다. 비슷한 시기에 일본의 고무라는 서울에서 베베르와 담판을 벌여 비밀리에 경성의정서[157]를 맺었다. 고종의 조기 환궁을 권고하는 한편 내각을 온건개화파로 구성하도록 권유하며, 양국 군대를 비슷한 숫자로 주둔시킨 다음 조선 내정이 안정되면 철수한다는 내용이었다. 그 결과 일본은 조선에 대한 독점권을 러시아와 반분하게 되었고, 고종은 내각의 임명권을 틀어쥐고 독자적인 개혁을 시도할 수 있게 되었다.

그렇듯 숨 가쁜 국제 외교전을 바탕으로 주변 정세가 안정되자 고종은 전국 23부의 관찰사제도를 13도 7부 1목 339군으로 세분하는 등 지방행정구역을 대

폭 개편했다. 9월에는 친일파가 만들어놓은 군국기무처를 해산하고 의정부 제
도로 환원시켜 국왕 친정체제로 전환했다. 그와 함께 7부 대신을 주축으로 의정
회의를 구성하고 자신이 직접 정사를 결재하는 등 전제군주제를 확립해 나갔다.

안중근 의사의 하얼빈 의거

1909년 10월, 안중근 의사가 하얼빈에서 대한제국 침탈의 원흉 이토 히로부
미를 처단했다. 안중근은 유학자 집안 출신으로 평양에서 석탄가게를 하던 중
을사조약 체결 소식을 들었다. 분개한 그는 상점을 매각한 돈으로 남포에 돈의학
교를 세웠다. 그러나 비폭력 무저항으로는 국권회복이 불가능하다는 것을 깨닫
고 무장투쟁으로 마음을 돌려 연해주로 갔다.

당시 연해주의 의병운동은 러시아공사 이범진과 간도관리사 이범윤의 주도
로 이루어지고 있었다. 이범진은 페테르부르크에서 전보와 서신을 통해 서울의
고종황제와 연락을 주고받으며 연해주 의병 결성과 활동에 깊숙이 간여했다. 이
범윤은 그런 이범진을 도와 제천의 유인석과 긴밀한 연락을 취하고 있었다. 러일
전쟁 직후 북간도에서 연해주로 건너간 이범윤은 블라디보스토크 등지에서 고
종의 밀지를 들고 최재형, 엄인섭 등과 함께 의병을 모집했다. 이때 엄인섭은 비
밀리에 서울로 잠입하여 고종을 알현하고 거액의 군자금을 받았지만, 중간에 사
기를 당하는 어처구니없는 일이 벌어졌다.

그 소식을 들은 이범진은 1908년 2월 둘째 아들 이위종과 장인 놀켄 남작에
게 1만 루블을 주어 연해주로 보내 의병 결성을 독촉했다. 그리하여 이위종과 이
범윤, 황실친위대 참령 출신의 김인수 등이 동의회라는 의병단체를 결성하고 장
차 서울로 진격할 계획을 세웠다. 당시 안중근은 민권주의자 혹은 민중주의자가
아니라 일본세력과 매국노를 타도하고 대한제국의 국권과 고종의 전제군주제을
수호하려 했던 근왕주의자였다. 그는 한때 이범진이 러시아황제의 힘을 빌려 대
한제국의 황제를 폐하려 한다고 오해하고 모반자라고 욕설을 퍼부었을 만큼 고
종에 대한 충성심이 깊었다. 그 후 안중근은 노브키에프스크에서 국민회, 일심
회 등을 조직, 애국사상을 고취하고 군사훈련을 시켰다.

1909년 3월 2일, 안중근은 김기룡, 엄인섭, 황병길, 김태훈 등 12명의 동지와

함께 단지회라는 비밀결사를 조직하고 3년 안에 조선침략의 원흉 이토와 매국노 이완용을 제거하기로 맹세했다. 그런데 기회는 뜻밖에도 빨리 찾아왔다. 9월 블라디보스토크 대동공보에 이토 히로부미가 만주 시찰 도중 러시아 재무대신 코코프체프와 회담하기 위해 하얼빈에 온다는 기사가 실린 것이다. 안중근은 우덕순, 유동하 등과 상의한 끝에 이토의 환영식이 벌어지는 하얼빈 역에서 그를 제거하기로 결정했다.

1909년 10월 26일, 안중근은 일본인으로 변장하고 환영객들 틈에 끼어 하얼빈 역 안으로 들어갔다. 이윽고 9시가 되자 한 대의 특별열차가 역 구내로 천천히 들어왔다. 잠시 후 열차에서 내린 이토는 만면에 웃음을 띤 채 환영인파에 손을 흔들었다. 순간 세 발의 총성이 울려 퍼지더니 이토 히로부미가 차가운 땅바닥에 털썩 쓰러졌다. 조선을 침탈한 원흉의 비참한 최후였다. 거사에 성공한 안중근은 러시아 경찰에 체포된 뒤 당당하게 자신의 신분을 밝혔다.

"나는 대한제국 의용병 참모중장이다. 이토는 대한제국의 독립주권을 침탈한 원흉이며 동양평화의 교란자이므로 처단했다."

그러나 러일전쟁의 패배 이후 일본의 눈치를 보고 있던 러시아는 간단한 예비심문을 마친 다음 안중근을 일본 관헌에 인계해버렸다. 뤼순 감옥에 갇힌 안중근은 일본인들에게 자신을 일반 살인범이 아니라 전쟁포로로 대우하라고 주장했지만 받아들여질 리 만무했다. 거사 이듬해인 1910년 2월 안중근은 일본의 법정에서 사형을 선고받았고, 그해 3월 26일 오전 10시 뤼순 감옥에서 처형되었다.

고종 시대의 주요인물

일본의 야욕을 꿰뚫어보았던 민영익

민영익은 명성왕후의 사촌오빠인 민태호의 아들로 구한말의 대표적인 개화사상가이다. 본관은 여흥(驪興), 자는 우홍(遇鴻)·자상(子相), 호는 운미(芸楣)·죽미(竹楣)·원정(園丁)·천심죽재(千尋竹齋), 사호(賜號)는 예정(禮庭)이다. 그는 아호와 당호를 무려 40여 개 이상 사용했다. 1860년 서울에서 태어난 그는 1875년(고종 12년) 흥선대원군 일파가 기도한 폭탄소포 사건으로 민승호와 그의 아들이 죽은 뒤 명성황후의 주선으로 민승호의 양자로 입양되면서 이른바 '죽동궁 주인'이 되었다.

1877년 정시 문과에 병과로 급제하여 이조 참의가 되었고, 개항 이후 1881년 경리통리기무아문군무사 당상, 별기군의 교련소 당상으로 윤웅렬과 함께 별기군의 실질적인 운영책임자로 활동했다. 때문에 그는 1882년 7월 임오군란이 발생하자 민씨 세도정권의 핵심요인으로 지목되어 가옥이 파괴당하는 봉변을 겪었다. 임오군란 진압 후 박영효를 정사로 사절단이 일본에 파견되자 비공식 사절로 김옥균 등과 함께 현해탄을 건너가 3개월간 일본의 개화 진행상황을 시찰했다.

1883년 5월 민영익은 주한 미국 공사 푸트가 내한하자, 그해 6월 이에 대한 친선사절 보빙사의 정사로 임명되어 미국으로 출발했다. 당시 부사는 홍영식, 서기관은 서광범, 수행원은 변수, 유길준 등 개화파 인사들이었다. 미국에 도착한 민영익은 대통령 아서를 두 차례 만나 한글로 작성된 국서를 전달하고 양국 간의 우호와 교역에 관하여 논의한 다음 세계박람회, 시범농장, 방직공장, 의약제조회사, 해군연병장, 병원, 전기회사, 철도회사, 소방서, 육군사관학교 등 공공기관을 시찰했다. 특히 워싱턴에서는 내무성 교육국 국장 이턴에게 미국의 교육제도에 대해 소개받고 교육국사와 연보를 기증받았다. 그 밖에 우편제도, 전기시설, 농업기술을 돌아보았는데 이 경험은 조선에 우정국 설치, 경복궁의 전기설비, 육영공원, 농무목축시험장 등을 실현하는 계기가 되었다. 당시 이턴과의 인연으로 민영익은 훗날 주한 미국공사 푸트를 통해 육영공원 교사 선발을 의뢰하여, 뉴욕의 유니온신학교의 신학생 헐버트, 번커, 길모어 등 3명을 대한제국으로 불러들였다.

민영익은 또 볼티모어에서 가우처여자대학 학장인 가우처를 만나 뉴욕 감리교 선교부에 조선에 대한 선교기금을 희사할 것을 요청하여 선교사 파견의 교두보를 마련하기도 했다. 이어서 스미스소니언 박물관에 조선 약용식물의 표본을 기증하여 최초로 문화교류를 이루었다.

1884년 5월 유럽을 돌면서 현지의 정세를 두루 파악하고 10개월 만에 귀국한 민영익은 개화에 대한 새로운 식견을 바탕으로 기존 개화파와 다른 길을 걷기 시작했다. 김옥균, 박영효 등이 개화파가 청으로부터의 자주를 외치면서 일본에 기대어 개화를 추진하려는 것과는 달리 그는 청나라와의 유대를 강조하며 일본을 견제했다.

그해 10월 친군영을 실시하면서 군권을 장악한 민영익은 일본식 교육을 받은 관리들을 군에서 축출하는 등 친일개화파 활동을 견제하고 나섰다. 김옥균 등은 민영익을 '함께 국사를 논의할 수 없는 인물'로 규정했다. 그 때문에 민영익은 12월 개화당이 일으킨 갑신정변에서 습격을 받아 전신에 자상을 입었지만, 정변의 주모자인 홍영식의 도움으로 살아남았다.

1885년 초 민영익은 톈진으로 가서 북양대신 이홍장과 회담하고 청나라 보정부에 유폐되어 있던 흥선대원군의 귀국을 저지했다. 그 뒤 협판내무부사로서 지리국, 군무국 총판을 겸직하고, 한성부 판윤과 병조 판서를 지냈다. 1886년 정부의 친로거청 정책을 반대하는 한편 위안스카이에게 그 사실을 밀고했다가 발각되자 1887년 내탕금을 가지고 홍콩과 상하이 등지를 전전하기도 했다. 그해 고종의 은사로 귀국하여 통위사가 되었고, 1888년 6월 연무공원관리사무로서, 학교의 운영담당위원이 되어 한규설, 이종건 등에게 실무를 맡도록 했다.

1889년 5월 관세를 담보로 외무고문 데니와 프랑스은행으로부터 200만 냥의 차관계약을 맺어 그중 130만 냥으로 종래 차관을 청산하고, 나머지 70만 냥으로 정부재정을 재건해 보려고 했으나 위안스카이의 반대로 좌절되었다. 이어 판의금부사, 1894년 선혜청당상이 되었다가 고종의 폐위음모사건에 연루되어 또다시 상하이로 망명했다.

민영익은 그 후 일시 귀국했지만 1905년 을사조약의 강제체결로 친일정권이 수립되자 상하이로 가서 망국의 울분을 달래며 살다가 1916년 현지에서 세상을 떠났다. 그는 정치적인 수완뿐만 아니라 예술감각이 뛰어난 인물로 수많은 묵화와 행서를 남겼다. 인영(印影)을 즐겨, 중국 문인화의 대가이며 전각으로 유명한 오창석과 30년의 교류하면서 중 300여 개의 인장을 선물받기도 했다.

광무개혁의 선봉장, 이용익

이용익은 대한제국기 고종을 보위하며 왕실재정을 확충하고 독립을 위한 외교활동을 벌이는 등 왕실 위주의 근대화정책을 추진한 인물이다. 본관은 전주(全州), 자는 공필(公弼), 호는 석현(石峴)이다. 1854년(철종 5년) 함북 명천에서 고산 현감을 지낸 이병효의 아들로 태어났다.

그는 젊은 날 성리학자인 초병덕에게 학문을 배웠고 이후 보부상, 물장수를 전전하다 금광에 투자해 큰 재산을 모았다. 그 후 민영익의 천거로 감역(監役)이 되어 1882년(고종 19년) 임오군란이 발생했을 때 명성황후를 장호원에 피신시키고 민영익과 황후 사이에 비밀연락을 담당했다. 후일 명성황후가 한양에 귀환한 뒤 이용익은 1883년 단천 부사, 1885년 북청 부사, 1887년 영흥 부사에 이어 함경남도병마절도사가 되었다. 1887년 광무국이 설치되었을 때 함경남도광무감리로 임명되어 지역 광산을 관리하면서 단천 및 영흥에서 채굴한 사금을 고종에게 바쳐 크게 신임을 얻었다. 1888년 그는 북청민란의 동기를 제공한 혐의로 함경남도병마절도사에서 파면되고 전라도 지도(智島)로 유배되었다. 하지만 곧 풀려나 1894년까지 함경남도병마사, 강계 부사, 함경남도병마절도사를 지내다가 1896년 평안북도관찰사 재임 시 민란이 일어나자 또다시 유배되었다.

이용익이 정계에 영향력을 크게 미치게 된 것은 1897년 대한제국의 내장원경에 발탁된 후부터였다. 그때부터 고종의 신임을 바탕으로 그는 정부의 요직을 돌면서 왕실의 재정을 확충하여 광무개혁에 소요되는 비용을 전담했다. 그해 각부각군금은동철매탄각광사무(各府各郡金銀銅鐵媒炭各鑛事務)에 임명되어 전국의 광산을 감독했고, 이듬해에는 궁내부 소속 광산감독사무가 되어 왕실 소속의 광산을 관장했다. 당시 그는 각 도에 광산 감리를 임명하여 광산을 관리하게 하고, 외국인의 채굴을 금했으며 광세를 징수했다. 그는 또 전국에 흩어져 있는 역토, 둔토 등 국가소유 토지를 내장원에 귀속시키고 봉세관을 파견해 도조징수를 강화했다. 그밖에 홍삼을 제조하는 삼정과를 증설하여 홍삼의 제조 및 판매를 관장하고 전매하여 개성의 인삼 상인들과 마찰을 빚었다.

1898년 철도사를 설립하여 감독을 맡고 서울-목포, 원산-진남포, 경흥-의주간 철도부설을 계획했으며, 궁내부에 서북철도국이 설치되자 서북철도감독을 맡아 경의선, 경원선 부설을 추진했다. 1901년 지계아문총재관이 되어 토지소유자에게 지계를 발행하여 토지의 소유권을 법인하는 지계사업과 양전사업을 담당했다. 1902년 탁지부 대신이 되어 이준, 민영환, 이상재 등과 개혁당을 조직했고, 전환국장 시절에는 백동화를 대량 발주하여 물가앙등과 화폐가치의 하락을 초래해 유통경제를 혼란시키기도 했다.

그는 무엇보다도 일본의 조선병합 야욕을 저지하기 위해 혼신의 노력을 기울였다. 국내에서 일본의 제일은행권의 통용을 저지하기 위해 1903년 「중앙은행조례」, 「태환금권조례」 등을 반포하여 독자적인 지폐발행계획을 세웠다. 그해 평북 용암포의 조차권을 러시아에 넘겨주기 위해 막후교섭을 벌였지만 독립협회의 반대로 무산되었다. 그 후 이용익에 대한 무고가 줄을 이었지만 그는 꿋꿋하게 자리를 지키면서 고종의 개혁사업을 뒷받침했다. 때문에 일본 공사는 그를 이용익 수상이라 칭하기까지 했다.

1904년 러일전쟁이 일어날 무렵 이용익은 탁지부대신 겸 육군참장으로서 조선의 국외중립을 주장하며 독립을 유지하려는 외교활동을 벌였으며, 일본이 대한제국에 한일의정서의 체결을 강요하자 이를 강력히 반대했다. 일본은 그를 도쿄로 압송하여 10개월 동안 감금했다. 1905년 을사조약 체결 이후 일본에서 600여 권의 서적을 가지고 귀국한 그는 인쇄소 보성사를 창립해 교재들을 출판하면서 학교 설립을 추진했다. 고종은 러일전쟁의 패배와 함께 비어버린 안암동의 러시아어학교 자리를 이용익에게 내주고 학교 운영자금까지 지원하여 민족사학인 보성전문학교, 오늘날의 고려대학교가 설립되었다.

그 후 이용익은 경상북도관찰사, 제실회계심사국장, 군부대신 등에 임명되어 중앙정계에 복귀했으나 일본의 공작으로 강원도관찰사로 좌천되었다. 이때 그는 임지로 가지 않고 비밀리에 출국하여 을사조약 체결의 부당성을 세계열강에 널리 알리려 했다. 1905년 8월 17일, 이용익은 프랑스로 가기 위해 인천에서 배를 타고 중간 기착지인 상하이로 향했다. 하지만 도중에 풍랑으로 중국 산둥성 옌타이에 기항했다가 현지 일본관헌에게 발각되고 말았다. 책임추궁을 두려워한 조선 정부는 그의 모든 권한을 박탈해버렸다.

이용익은 하는 수 없이 러시아로 행로를 바꾸어 천신만고 끝에 상트페테르부르크에 도착했지만 그를 기다리고 있던 것은 일본에서 파견한 세 명의 자객이었다. 이용익은 총격으로 중상을 입었지만 간신히 목숨을 건졌다. 그 후 이용익은 블라디보스토크에 머물며 일제에 항거하다 1907년 1월 20일, 세상을 떠났다. 그는 죽기 전 고종에게 나라를 구할 수 있는 방법은 교육뿐이라는 유언을 남겼다. 시호는 충숙(忠肅)이다.

이용익은 실로 구한 말 표리부동한 신하들과 열강의 침탈, 일본의 야심으로 사면초가에 처한 황제를 극력 보위하면서 민족의 앞날을 걱정했던 충신이자 우국지사였다. 이런 그를 일제는 병합 이후 명성황후의 졸개나 고종의 하수인쯤으로 격하시켜 조선의 애국 혼을 말살시켰던 것이다.

「고종실록」 편찬 경위

「고종실록」은 조선의 제26대 국왕이며 대한제국 초대 황제인 고종의 재위 43년 동안의 치세를 편년체로 기록한 역사서이다. 총 52권 52책으로 정식명칭은 「고종태황제실록(高宗太皇皇帝實錄)」이다. 편년기사는 48권 48책으로 고종 즉위년인 1863년 12월 8일부터 순종에게 양위한 1907년 7월 19일까지가 수록되었다. 목록은 4권 4책이다.

「고종실록」은 「순종실록」과 함께 일제 강점기인 1927년부터 편찬되기 시작해서 1934년에 완료, 1935년 간행되었다. 기존실록은 날짜를 모두 갑자, 을축 등 간지로 표시했지만 두 실록은 날짜를 1일, 2일 등 숫자로 표시했고 서기로 표기되었다. 또 앞부분에 목록을 작성해 날짜별로 주요기사를 요약 수록했다. 1896년(고종 36년)부터는 날짜를 양력으로 표기했다. 또 갑오경장 이후의 조약서나 조칙 등을 원문 그대로 수록해 한글이 담겨 있는 것도 역대 실록과 다르다. 두 실록은 사초와 시정기를 토대로 하지 않고 「승정원일기」를 주로 이용했으며 「일성록」과 「계제사일기」 등도 이용했다. 그밖에 「각사등록」이나 일기, 계록, 존안류를 비롯해 문집류 및 사료수집위원들이 모은 각종 자료가 동원되었다.

出山卽帆
江輕舟下
西微石磴
檢轉眼華
樹媚晚眼

세계   국내

1907 · '헤이그밀사사건
군대해산
순종, 황제 즉위

1908 · 전명운·장인환, 스티븐스 사살
최남선, 《소년》 창간

1909 · 나철, 대종교 창시
안중근, 이토 히로부미 사살
조선은행(현 한국은행) 창립

1910 · 안중근, 순국
한일합병조약

1907 제2차 헤이그 국제평화회의 개최
삼국(영·프·러)협상 성립

1908 청나라, 선통제 부의 즉위
미국과 일본, 신사협정 체결

1910 영국령 남아프리카 연방성립

제27대 순종

순종문온무녕돈인성경효황제실록
純宗文溫武寧敦仁誠敬孝皇帝實錄

순종 시대(1907.7~1910.8)의 세계정세

순종이 즉위하던 1907년 중국의 쑨원이 중국혁명동맹회를 결성하여 반청 무장봉기를 획책했고, 열강의 원조를 기대하며 유럽을 거쳐 귀국했다. 1908년 청의 광서제와 서태후가 죽자 광무제의 조카 부의가 3세의 나이로 즉위했다. 1911년 우창에서 시작되어 전국으로 확산된 신해혁명으로 청나라가 멸망하고 이듬해 중화민국이 성립되자 쑨원이 임시대총통에 추대되었지만 북부 군벌들과의 타협을 통해 위안스카이가 대총통이 되었다. 유럽에서는 삼국협상으로 영국, 프랑스, 러시아의 동맹이 구축되었다. 당시 독일의 성장에 불만을 품은 삼국은 1891년 러시아·프랑스 동맹, 1904년 영국·프랑스 협상, 1907년 영국·러시아 협상을 체결해 협력체제를 완성시켰다. 또 네덜란드 헤이그에서 제2차 만국평화회의가 열렸다.

망국의 황제, 순종

　조선의 제27대 국왕 순종, 정식으로는 대한제국 제2대 황제인 순종의 이름은 척(拓), 자는 군방(君邦), 호는 정헌(正軒)이다. 1874년 2월 8일, 창덕궁 관물헌에서 고종과 명성황후의 둘째 아들로 태어났다. 이듬해 2월에 왕세자로 책봉되었고, 1882년 민태호의 딸 민씨를 세자빈으로 맞았다. 1897년 대한제국의 수립과 함께 황태자로 책봉되었고, 1904년 부인 민씨가 세상을 떠나자 1906년 윤택영의 딸 윤씨를 황태자빈으로 맞이했다.

　1907년 5월 일본은 헤이그 밀사사건을 계기로 대한제국의 전권을 장악하기로 방침을 세우고 '대한제국처분안'을 마련했다. 여기에는 첫째, 대한제국을 러시아처럼 토멸하자. 둘째, 보호국으로 삼자. 셋째, 평화적으로 합병하자는 세 가지 안이 마련되었다. 각 안건에 대한 구체적인 방법과 대한제국을 경영할 방침도 상세히 준비되었다.

　한일합방의 모든 준비를 마친 일본은 외무대신 하야시를 대한제국에 파견했다. 일본의 '대한제국처분안'에 자극받은 이완용 내각은 고종에게 헤이그 밀사사건을 추궁하며 일본국왕에게 고종의 직접 사죄를 촉구했다. 더불어 일본의 합병요구가 있기 전에 양위를 해야 국가체계를 유지할 수 있다는 구실로 내각회의에서 고종의 폐위를 결정하기까지 했다.

그렇지만 고종이 한사코 양위를 거절하자 연일 대신들의 상소가 이어졌고, 이토 통감의 협박이 뒤따랐다. 지친 고종은 7월 19일 새벽 1시, 황태자에게 대리청정의 조칙을 내렸다. 그러자 역신들은 이를 근거로 양위 절차를 밀어붙였다. 황제의 재가 없는 을사조약에 이어 황제의 양위 조칙 없는 양위[158]가 이어진 것이다. 그렇게 해서 다음 날인 7월 20일 순종이 원구단에서 대한제국 2대 황제로 즉위했다. 그의 나이 33세 때의 일이었다. 순종은 즉위 이후 연호를 융희(隆熙)로 고쳤으며 동생 영친왕을 황태자로 책립한 다음 거처를 덕수궁에서 창덕궁으로 옮겼다.

일제는 순종을 즉위시키자마자 1907년 7월 24일, 한일신협약을 강제 체결하여 국정전반을 일본인 통감이 간섭할 수 있게 했다. 이른바 정미7조약이라고 부르는 이 조약은 일본이 대한제국을 병탄하기 위한 마지막 조치로 법령권 제정, 권리 임명권, 행정구의 위임 및 일본인 관리의 채용 등에 관한 사항이 담겨 있다. 또 각 조항의 시행에 관한 비밀협정을 맺고 군대의 해산, 사법권과 경찰권의 위임 등을 못 박았다. 이 조약에 서명한 이완용, 송병준, 이병무, 고영희, 조중응, 이재곤, 임선준을 정미칠적이라고 부른다. 그때부터 일본은 정부 각부의 차관을 일본인으로 임명하는 이른바 차관정치를 시작했다. 이어서 8월 1일 재정 부족을 구실로 군대를 해산시켜 대한제국의 마지막 자위수단을 없애버렸다.

1909년 7월 일본은 '대한제국사법 및 감옥사무 위탁에 관한 각서', 소위 기유각서를 통해 대한제국의 사법권마저 강탈한 다음, 9월 이토 히로부미를 만주에 파견해 러시아와 대한제국과 만주 문제를 협상하도록 했다. 그때 정보를 입수한 안중근 의사가 하얼빈 역에서 이토를 총살했다.

이 사건으로 일본에서는 메이지유신 이래 가장 불행한 사건이라며 대한제국을 완벽하게 통치하라는 여론이 비등해지자 일본정부는 부임 5개월밖에 되지 않은 쇼네 통감을 불러들이고 육군대신 출신의 데라우치를 신임 통감으로 임명해 한일 간에 완전한 병합을 추진하게 했다. 데라우치는 군인 출신답게 부임하자마자 의병 관련자에 대한 일대 검거령을 내리고 안중근과 친분이

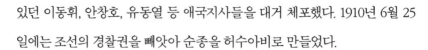

있던 이동휘, 안창호, 유동열 등 애국지사들을 대거 체포했다. 1910년 6월 25일에는 조선의 경찰권을 빼앗아 순종을 허수아비로 만들었다.

1910년 8월, 데라우치는 친일파의 대표자 이완용과 함께 대한제국 병탄을 마무리 짓기로 합의했다. 그는 서울 시내 곳곳에 무장 군인과 경찰들을 배치해 공포 분위기를 조성하여 백성들의 반발을 사전에 차단한 다음 최종적인 한일합방 절차에 착수했다. 이제 남은 것은 일제가 만들어 둔 한일합방 조약문에 대한 순종의 서명뿐이었다.

556

이미 대한제국의 상징인 어새와 국새는 정미7조약 체결 때 통감부가 순종에게 빼앗아 보관하고 있었다. 하지만 순종은 합방 조칙만은 서명할 수 없다고 버티자 데라우치의 위임을 받아 전권위원이 된 이완용은 궁내부 대신 민병석과 시종원경 윤덕영을 불러 서명 대신 위임장을 받아오라고 종용했다. 결국 이들의 압력을 견디지 못한 순종은 8월 22일 위임장에 서명하고야 말았다. 이완용은 그 위임장을 들고 통감부로 가서 준비된 한일합방조약문에 국새를 찍은 다음 대한제국 황제의 대리인으로서 서명 날인했다. 그 순간 조선왕조는 개국 519년, 27대 임금을 마지막으로 한반도에서 사라졌다. 경술국치(庚戌國恥)의 날이었다.[159]

8월 29일 일제는 칙령 319호로 「조선총독부 설치에 관한 건」을 발표했다. 그와 함께 남산 통감부 청사에 조선총독부 간판이 걸렸다. 바야흐로 한반도에 엄혹한 일제의 총독정치가 시작된 것이었다. 대한제국이 멸망하자 황현, 홍범식, 송병순, 이만도, 안숙, 이재윤, 김석진, 송주면, 김도현, 김지수, 송완명, 정동식, 조장하 등 수많은 우국지사들의 자결과 순국이 이어졌다. 당시 「매천야록」의 저자로 유림의 거두였던 황현은 다음과 같은 절명시를 남겼다.

새 짐승도 슬피 울고 강산도 찡그리니

무궁화 온 세상이 이젠 망해버렸어라.

가을 등불 아래 책 덮고 지난날 생각하니

글 아는 사람 노릇하기 어렵기도 하구나.[160]

순종 즉위 이전부터 국민들은 일제의 침략행위에 의병투쟁으로 대항하거
나 개인적인 의거로 맞섰고, 애국계몽운동도 활발히 전개했다. 그러나 민족
의 저항력을 한데 모으지 못한 상태에서 친일매국노들의 준동으로 나라를
잃고 말았다.

대한제국이 일제의 무력 앞에 종언을 고한 뒤, 순종은 황제에서 국왕으로
강등되었다. 일제는 그를 창덕궁 이왕으로 예우하고 왕위의 허호는 세습하
도록 조처했다. 그 후 순종은 창덕궁 대조전에 머물며 무심한 세월을 달래
다 1926년 3월 14일, 53세의 나이로 세상을 떠났다. 그의 인산일인 6월 10일
에 서울에서 만세운동이 일어났지만 전국으로 확산되지는 않았다. 시호는
문온무영돈인성경황제(文溫武寧敦仁誠敬皇帝), 묘호는 순종(純宗)이다.
능호는 유릉(裕陵)으로 경기도 남양주시 금곡동에 있다.

한일합방 조약문

대한제국 황제 폐하와 일본국 황제 폐하는 양국 간의 특수하고 친밀한 관
계를 고려하여 상호 행복을 증진하여 동양의 평화를 영구히 확보하고자 하
는 바, 이 목적을 달성하기 위해서는 대한제국을 일본제국에 병합함이 최
선책이라고 확신하여 이에 양국 간에 연합조약을 체결하기로 결정하고 이
를 위하여 일본국 황제 폐하는 통감 자작 데라우치를, 대한제국 황제 폐하
는 내각총리대신 이완용을 각기 전권위원으로 임명함. 이 전권위원은 일
회동 협의한 후 다음과 같이 제 조약을 협정함.

1조. 대한제국 황제 폐하는 대한제국 정부에 관한 일체의 통치권을 완전하
　　고도 영구히 일본국 황제 폐하에게 양여함.

2조. 일본국 황제 폐하는 양여를 승낙함. 또한 완전히 대한제국을 일본국
　　에 병합함을 승낙함.

3조. 일본국 황제 폐하는 대한제국 황제 폐하와 태황제 폐하와 황태자 폐

하와 그 후비 및 후예로 하여금 각기 지위에 상당한 존칭·위엄·명예
를 향유케 하며, 이를 유지하기에 충분한 세비를 공급할 것을 약속함.

4조. 일본국 황제 폐하는 3조 이외의 대한제국 황족과 그 후예에 대하여
각기 상당한 명예와 대우를 갖게 하며 또 이를 유지하기에 필요한 자
금을 공여할 것을 약속함.

5조. 일본국 황제 폐하는 공훈 있는 한인으로서 특히 표창을 행함이 적당
하다고 인정되는 자에 대하여 영작을 수여하고, 또 은급을 급여할 것.

6조. 정부는 전기 병합의 결과로서 완전히 대한제국의 시정을 담당하고 동
시에 시행하는 법규를 준수하는 한인의 신체와 재산에 대하여 충분
한 보호를 하며 또 그 복리의 증진을 도모할 것.

7조. 일본국 정부는 성의와 충실로 신제도를 존중하는 한인으로서 상당한
자격이 있는 자는 사정이 허하는 한에서 대한제국에 있는 제국 관리
로 등용할 것.

8조. 본 조약은 일본국 황제 폐하와 대한제국 황제 폐하의 재가를 받아 공
포일로부터 시행함.

위를 증서로 양 전권 위원은 본 조약에 기명을 조인한다.

융희 4년 8월 22일 내각 총리 이완용

명치 43년 8월 22일 통감 데라우치

「조선왕조실록」 최후의 기사

1910년(순종 3년) 8월 29일 일본국 황제에게 대한제국 통치권을 양도하다.
"황제는 다음과 같이 말한다. 짐이 부덕으로 간대한 업을 이어받아 임어한
이후 오늘에 이르도록 정령을 유신하는 것에 관하여 누차 도모하고 갖추어 시
험하여 힘씀이 이르지 않은 것이 아니로되, 원래 허약한 것이 쌓여서 고질이
되고 피폐가 극도에 이르러 시일 간에 만회할 시책을 행할 가망이 없으니 한밤

중에 우려함에 선후책이 망연하다. 이를 맡아서 지리함이 더욱 심해지면 끝내는 저절로 수습할 수 없는 데 이를 것이니 차라리 대임을 남에게 맡겨서 완전하게 할 방법과 혁신할 공효를 얻게 함만 못하다. 그러므로 짐이 이에 결연히 안으로 반성하고 확연히 스스로 결단을 내려 대한제국의 통치권을 종전부터 친근하게 믿고 의지하던 이웃나라 대일본 황제 폐하에게 양여하여 밖으로 동양의 평화를 공고히 하고 안으로 팔역의 민생을 보전하게 하니 대소 신민들은 국세와 시의를 깊이 살펴서 번거롭게 소란을 일으키지 말고 각각 그 직업에 안주하여 일본 제국의 문명한 새 정치에 복종하여 행복을 함께 받으라. 짐의 오늘의 이 조치는 민중을 잊음이 아니라 참으로 민중을 구원하려고 하는 지극한 뜻에서 나온 것이니 신민들은 짐의 이 뜻을 능히 헤아리라."

제27대 순종 가계도

━ 제27대 순종(純宗)
1874년 출생, 1926년 사망(53세)
재위 3년 1개월(1907. 7~1910. 8)
대한제국 순종효황제

┃ 순명효황후 윤씨

┃ 순정효황후 윤씨

순종의 가족

순종은 9살 때인 1882년 민태호의 딸 민씨를 세자빈으로 맞이했다. 그녀는 1895년 을미사변 때 명성황후를 구하기 위해 왜인 낭인들의 앞을 가로막았다가 맞아 쓰러져 한동안 깨어나지 못했다. 이때의 충격을 이기지 못하고 1904년 9월 28일 경운궁 강태실에서 33세의 나이로 세상을 떠났다. 사후 순명효황후로 추존되었다.

그 후 순종은 1906년 12월 윤택영의 딸 윤씨를 황태자비로 맞이했다. 그녀는 1907년 7월 순종이 황위에 오르자 황후가 되었다. 그해에 윤 황후는 여학에 입학하고 황후궁에 여시강을 두었다. 만년에 불교에 귀의해 대지월이라는 법명을 받은 그녀는 1966년 71세를 일기로 낙선재에서 세상을 떠났다.

「순종실록」 편찬 경위

「순종실록」은 대한제국의 제2대 황제 순종의 재위 3년 동안의 치세를 편년체로 기록한 역사서이다. 재위기간 4권 4책과 퇴위 이후의 기록 17권 3책, 목록 1권 1책을 합쳐 총 22권 8책으로 정식명칭은 「순종문온무녕돈인성경효황제실록(純宗文溫武寧敦仁誠敬孝皇帝實錄)」이다.

일제가 편찬한 「고종실록」과 「순종실록」은 다음과 같이 역대 조선왕조실록과는 다른 2단계의 과정을 보여준다.

첫째, 자료확보 단계이다. 1927년부터 1930년까지 3년 동안 자료수집과 필사가 진행되었다. 이왕직에서는 「철종실록」의 예에 따라 실록편찬을 결정하고 준비실을 설치했다. 준비실에 촉탁 2명, 임시고용원 10명, 필기생 26명이 배치되었다. 실록편찬에 필요한 사료는 경성제국대학에서 빌린 「일성록」이나 「승정원일기」 등 고종, 순종 대의 각종 기록이 담긴 2,455책에서 총 24만 5,356매를 베꼈다. 현재 한국정신문화연구원 장서각에 보관되어 있는 「일성록」과 「승정원일기」의 필사본은 모두 이때 이루어졌다.

둘째 편찬 단계이다. 1930년 창덕궁 안에 편찬실를 설치하고 편찬위원을 임명해 본격적으로 편찬 작업에 착수했다. 편찬을 주관한 기관은 이왕직이었다. 이왕직은 1910년 한일합방과 함께 황실업무를 담당하던 궁내부를 축소해 대한제국 황실에서 격하된 이왕가의 업무를 전담하기 위해 만들어졌다. 이왕가에 관한 일체사항은 이왕직과 궁내부를 거쳐 조선총독부의 감독을 받았다.

당시 실록 편찬의 총책임자는 이왕직의 차관 시노다로 경성제국대학 총장을 역임하고 1925년 조선사편수회 고문을 지낸 인물이다. 그는 1932년 이왕직 장관으로 승진한 뒤 부위원장직을 신설한 다음 이왕직의 예식과장인 이항구를 차관으로 승진시켜 부위원장에 임명했다. 하지만 실록편찬의 실제 책임자는 감수위원인 경성제국대학 교수 오다였다. 「고종실록」, 「순종실록」의 편찬에 참여한 한국인은 위원 14명과 보조위원 8명 등 총 22명으로 일본인 의원 7명, 보조위원 11명보다 많았지만 부서별 최종 책임자는 역시 일본인이었다.

주

1 개원로는 원나라 때 설치한 행정구획으로 지금의 길림성과 요녕성 남부지역이다.

2 여몽연합군의 2차 일본 정벌은 1차 정벌 때와 마찬가지로 폭풍을 만나 실패하고 만다. 전함 3,500척, 14만 명의 대군이 고기밥이 된 비극적인 사건이었다. 그 와중에 익조 이행리는 간신히 살아남았다.

3 이 기적은 훗날 「용비어천가」 4장에서 '야인 서리예 가샤 야인이 굴외어늘 덕원 올□샴도 하□ 쁘디시니'로 노래 불리게 된다.

4 조선의 사가들은 신화를 인용해 고려처럼 조선 역시 용의 가호와 활로 상징되는 고구려의 무용을 바탕으로 창업되었음을 강조하고 있다. 실록에는 도조 이춘부터 태조 이성계에 이르기까지 용과 활에 관련된 많은 신화들을 수록해놓았다.

5 이 전설은 그의 자손 중 하나가 고귀한 위치에 오를 것이라는 계시로 「용비어천가」 7장의 '□암이 가칠 므러 즘겟가재 연즈니 성손장흥(聖孫將興)에 가상(嘉祥)이 몬제시니'로 노래 불려진다.

6 고려시대에 지금의 충청도 지역에 둔 행정구역. 1314년(충숙왕 원년)에 제정하였다가 1356년(공민왕 5년)에 충청도로 고쳤다.

7 引手攀蘿上碧峯(인수반라상벽봉) / 一庵高臥白雲中(일암고와백운중) / 若將眼界爲吳土(약장안계위오토) / 楚越江南豈不容(초월강남기불용)

8 석왕(釋王)이란 '왕이 될 꿈을 풀이했다'라는 뜻이다.

9 정도전 가문의 비하는 두문동 72현의 한 사람인 차원부의 일대기가 기록되어 있는 「차문절공유사」에서 비롯되었다. 정도전의 외조부인 우연은 원래 중랑장 차공윤의 딸을 아내로 맞이했고 그 뒤에 정도전의 외할머니를 첩으로 거느렸다. 차원부는 조선 개국에 반대했으므로 그 주모자인 정도전의 외가에 관한 흠결을 기록으로 남겨 그를 깎아내린 것이다.

10 蒼茫歲月一株松(창망세월일주송) / 生長靑山幾萬重(생장청산기만중) / 好在他年相見否(호재타연상견부) / 人間府仰已陣縱(인간부앙이진종)

11 철령의 소재에 대해서는 학자들 사이에 의견이 구구하다. 현재 한국의 철령은 함경남도 안변군과 강원도 회양군 사이의 고개이다. 철령은 1258년 원에 복속되었다가 1356년(공민왕 5년)에 수복된 지역이었다.

12 西京城外火色(서경성외화색) / 安州城外煙光(안주성외연광) / 往來其間李元帥(왕래기간이

원수) / 願言救濟黔蒼(원언구제검창) _「동각잡기」

13 「용비어천가」 9장에서는 여진족의 지원을 '창의반사(唱義班師) l 실싸 천리인민(千里人民)이 몯더니 성화(聖化) l 기프샤 북적(北狄)이 쏘 모드니'라 노래하여 옛날 무왕이 주왕을 정벌할 때 천하 제후들이 합세했던 고사와 같은 경우라고 칭송하고 있다.

14 「여사제강(麗史提綱)」에는 당시 전투의 상보가 자세히 그려져 있다.

15 박위(朴葳)는 고려 말 조선 초의 무장으로 우왕 때 김해 부사가 되었고 요동 정벌 때 이성계를 따라 위화도에서 회군하여 최영을 몰아냈다. 1389년 2월, 경상도 도순문사로서 전함 100척을 거느리고 대마도를 정벌했다. 그 후 판자혜부사가 되어 이성계와 함께 창왕을 폐하고 공양왕을 추대했다. 김종연의 옥사에 관련되어 유배당했으나 곧 사면되었다. 조선 건국초기 양광도 절도사로 왜구를 물리쳤으나 이흥무의 옥사로 파직되었고, 1398년 일어난 제1차 왕자의 난으로 목숨을 잃었다.

16 종계변무(宗系辨誣)는 1394년(태조 3년)부터 선조 때까지 200여 년 동안 명나라의 「태조실록」과 「대명회전」에 잘못 기록된 태조의 세계를 시정해달라고 주청했던 사건이다. 종계문제는 조선 왕조의 합법성과 왕권확립에 관계된 중요한 문제였다. 자세한 분쟁의 내용은 「선조실록」 부분에서 다루었다.

17 화령(和寧)은 화주목으로 공민왕 대에 화령부로 개칭되었다가 국호가 조선으로 확정된 이후에는 이성계의 외조부 출생지인 영흥진의 이름을 따서 영흥으로 개칭되었다.

18 「순오지(旬伍志)」에는 계룡산에 공사가 시작되자 태조의 꿈에 한 사람이 나타나 "이곳은 전읍(奠邑, '정(鄭)' 자의 파자)이 의거할 땅으로 그대의 터가 아니다. 머무르지 말고 빨리 가라"라고 말해 태조가 공사를 중지시켰다고 한다.

19 지공화상은 인도 마가다국 출신으로 중국에 건너와 원나라 황제의 섬김을 받다가 고려에 들어왔다. 이후 중국으로 돌아갔을 때 고려의 유학생 나옹을 제자로 삼았다. 신라의 원효대사처럼 자유로운 행동과 거침없는 설법으로 불법을 전파한 인물이다.

20 1395년(태조 4년) 6월 6일, 한양부는 한성부로, 양광도는 충청도로 개칭되었다.

21 유향소는 고려의 사심관 제도에서 유래되었는데, 조선시대에는 은퇴한 지방품관들을 우두머리로 뽑아 지방의 풍기를 단속하고 향리의 악폐를 막는 민간자치기구로 활동했다. 그러나 태종 초에 유향소가 지방수령과 대립하여 중앙집권에 저해요소로 등장하자 1406년에 폐지되었다. 하지만 유향소가 사라지지 않자 1428년(세종 10년) 세종은 유향소를 다시 설치하고 이를 감독하는 경재소 제도를 강화했다. 세조 때 이시애의 난으로 다시 폐지되었지만, 그 뿌리가 깊어 근절되지 않았다.

22 시호(諡號)란 국왕이 승하하면 그의 일생을 평가하고 공덕을 기리기 위해 짓는 칭호이다. 조선의 국왕은 중국 황제의 제후를 자처했으므로 먼저 중국에서 두 글자의 시호를 받았다. 중국에서 시호를 결정해줄 때까지는 대행대왕(大行大王)이라고 불렀다. 태조의 시호 중에 강헌(康獻)은 명나라에서 내려준 시호이다.

23 묘호(廟號)란 국왕이 승하한 뒤 삼년상을 치른 다음 신주를 종묘에 모시면서 그 신주에 올린 칭호이다. 신하들이 국왕의 일생을 평가해 창업에 버금가는 중흥의 공을 세운 것으로 인정되면 조(祖)를 붙이고, 덕이 많고 수성의 공이 있다고 인정되면 종(宗)을 붙여 두 글자로 지었다. 그러나 후세에 선조와 영조, 정조처럼 종(宗)을 조(祖)로 바꾸어 추존되는 경우도 있었다.

24 滌蕩東溟知有日(척탕동명지유일) / 居民拭眼待澄淸(거민식안대징청)

25 「선원록(璿源錄)」은 조선 왕실의 족보로 「선원계보기략(璿源系譜記略)」 혹은 「선원보략(璿源譜略)」이라고도 한다. 숙종 때 처음 책으로 간행되었고 1897년(고종 34) 때 16권으로 완성했다. 당시 태종은 왕실족보에 개국 이전의 전주 이씨, 왕의 아들, 딸로 분할하여 작성하게 했다. 이러한 조치에는 태조 이성계의 이복형제인 이원계, 이화 등의 자손들이 훗날 왕위계승경쟁에 뛰어들지 못하게 하려는 뜻이었다. 그는 또 정종의 자손들을 서얼로 분리하여 자신의 직계자손들만 왕족으로 남게 했다.

26 이경(밤 10시 경)이 되면 28수의 별자리를 상징하는 28회의 종소리가 울리면 인정(人定)이 시작되고 통행이 금지된다. 오경(새벽 4시경)에는 불교의 33천을 상징하는 33회의 종소리가 울리는데 이것이 파루(罷漏)로 통금해제를 알린다. 인정이 시작되면 도성 문을 닫고 파루가 울리면 열었다. 이 제도는 한양으로 도읍을 옮긴 뒤 야간치안을 위해 시행되었고 잠시 천도한 개경에서도 계속되었다

27 공거(公擧)란 추천을 통한 관리임용제도를 말한다. 조선시대에는 특별히 외관에 대한 추천규정을 엄격하게 시행하여 관찰사는 의정부, 육조, 대간 3사 중 두 곳의 추천을, 수령과 만호는 정부 관료의 추천을 받아야만 임명될 수 있었다.

28 좌주문생제(座主門生制)란 고려 광종 때 쌍기의 제안으로 시작된 제도이다. 과거에서 시험관인 지공거는 좌주가 되고 급제자는 문생이 되어 돈독한 인맥을 형성했다. 이 제도는 귀족 중심의 유학자들에게 연대관계를 맺게 하여 행정체계의 발전을 도모한 것이다. 일례로 태종의 심복 하륜이 과거에 급제했을 때 좌주는 이색과 이인복이었다. 그 덕에 하륜은 이색의 제자들과 교류할 수 있었고, 이인복은 그를 조카사위로 삼았다.

29 「경국대전」의 이전(吏典) 한품서용(限品敍用) 조에는 문·무 2품 이상의 양첩 자손은 정3품, 천첩 자손은 정5품에 한하고, 6품 이상의 양첩자손은 정4품, 천첩 자손은 정6품에 한하며, 7품 이하의 관직이 없는 사람까지의 양첩자손은 정5품, 천첩 자손은 정7품에, 양첩 자손의 천첩 자손은 정8품에 각각 한정하여 서용한다고 규정되어 있다.

30 노비중분법(奴婢中分法)이란 조선 초기 노비에 대한 쟁송이 그치지 않자 태종이 왕명으로 소송 중에 있는 노비를 원고와 피고에게 똑같이 나누어주게 한 제도이다.

31 가별치(加別赤)의 정식명칭은 가별초(家別抄)이다. 조선 초기 귀순한 여진의 추장들이 여진족을 조선의 군민으로 편입하는 것을 막고 독단적으로 부리던 백성들이다. 태종은 가별초를 혁파해 모두 조선의 민호로 편입하여 여진의 토호세력을 억압했다. 1411년(태종 11년) 6월 17일, 실록의 기록은 다음과 같다. '동북면 가별초를 혁파했다. 이보다 앞서 동북면 함주 등처의 양민 500가가 태조의 잠저 때에 역속되어 그 수령들이 이들을 부리지 못했는데, 그를 가리켜 가별초라 했다. 임금이 즉위한 처음에 그 반을 감하여 속공시켰는데, 이때에 이르러 모두 혁파하고 말하기를 "내가 이미 이것을 혁파했으니 그 누가 감히 점유하겠는가? 아들이나 사위의 집에 만일 그 백성들이 왕래하는 자가 있으면 마땅히 고하여라" 하니, 나라 사람들이 모두 임금의 무사한 데 감복했다.'

32 세자가 책봉되면 곧 세자시강원과 세자익위사가 설치된다. 세자시강원의 교육은 영의정이 사(師), 좌·우의정 중에 한 사람이 부(傅), 종1품의 찬성이 이사(二師)로서 전체를 관장한다. 하지만 이것은 당연직일 뿐이고, 실제 교육을 담당한 관리는 보덕(輔德) 이하의 전임관료들이다. 종3품의 보덕, 정4품의 필선(弼善), 정5품 문학(文學), 정6품 사서(司書), 정7품 설서

(設書) 등 5명으로 이루어져 있다. 이들은 장래가 보장된 젊은 엘리트들로 세자에게 각종 유교경전을 강의한다. 세자익위사는 일종의 경호무사들이다. 정5품의 좌익위와 우익위, 종5품의 좌사어와 우사어, 정6품의 좌익찬과 우익찬, 종6품의 좌위솔과 우위솔, 정7품의 좌부솔과 우부솔, 정8품의 좌시직과 우시직, 정9품의 좌세마와 우세마 등 총 14명이 배속된다.

33 1413년(태종 13년) 태종은 민무구, 민무질 형제에게 사약을 내렸고, 후일 두 사람의 동생인 민무휼, 민무회 형제까지 사사하여 처가를 멸문시켜버렸다.

34 영락제는 명 태조 홍무제의 넷째 아들이다. 그는 처음에 연왕으로 북경(北京)에 분봉되었으나 홍무제가 죽은 뒤 적손인 건문제가 즉위해 삭봉책을 취하자 1399년 거병하여 3년 동안의 격전 끝에 수도 남경(南京)을 함락시키고 건문제를 죽인 다음 제위에 올랐다.

35 내선(內禪)이란 춘추시대 말기 진(晉)의 경공이 병석에 눕자 군신들이 태자 주포를 새 군주로 내세운 데서 비롯되었다. 또 전국시대 조나라의 무령왕은 내선을 통해 잠재적인 위협세력을 걸러내고 부국강병을 추진하여 조나라를 강대국으로 키워냈다.

36 아악(雅樂)은 옛날 궁정에서 연주하던 우리나라의 고전음악이다. 고려 예종 때 송나라에서 받아들여 처음에는 아악, 당악, 향악으로 나뉘어 발전했으나, 후에 음률이 맞지 않아 거의 없어지게 된 것을 세종이 박연에게 명하여 새로 완성시켰다.

37 삼포(三浦)는 왜인들에 대한 회유책으로서 개항한 웅천의 제포, 동래 부산포, 울산의 염포 등 세 포구를 말한다. 제포와 부산포는 1407년(태종 7년)에, 염포는 1426년(세종 8년)에 개항했다. 이 세 곳에는 왜관이 설치되어 왜인들의 교통, 거류, 교역의 중심지가 되었다. 1510년(중종 5년)에는 삼포에서 왜인들이 폭동을 일으키자 이를 진압하고, 삼포를 폐쇄했다가 1512년(중종 7년)에 제포 한 곳만을 개항했다.

38 항왜(降倭)는 조선에 귀화하거나 투항한 왜인들을 일컫는 말이다. 태조 6년에 '降倭望沙門, 率三人來, 各賜衣(항왜 망사문이 세 사람을 데려오니 각각 의복을 하사했다)'라는 기록이 있다. 이로 미루어 항왜라는 단어가 임진왜란 전에도 쓰였음을 알 수 있다.

39 이종무는 전라도 출신으로 1397년(태조 6년) 웅진 전투에서 공을 세워 첨절제사가 되었고, 상장군이던 1400년(정종 2년) 제2차 왕자의 난이 일어나자 정안대군의 편에 서서 이방간의 군사를 제압하여 좌명공신이 된 태종의 심복이었다.

40 엽등(獵等)이란 관직에 정해진 임기를 뛰어넘어 승진하는 것을 말한다.

41 4군 지역은 이후에도 여진족의 출몰이 잦고 방어가 어려워 문종 때부터 폐지 논의가 줄을 이었다. 결국 1455년(단종 3년)에 여연, 무창, 우예 3군이 폐지되었고 1459년(세조 5년)에는 자성군마저 폐지되었다. 그 후 이 지역은 폐4군이라 하여 오랫동안 비워졌다가 19세기 후반부터 개발되었다.

42 회회력(回回曆)은 아라비아 무치나 왕국의 무하마드가 만든 역법으로, 140년경 이집트 알렉산드리아의 천문학자 프톨레마이오스가 저술한 「알마게스트(Almagest)」를 기본으로 편찬된 것이다. 이 천체력은 몽골이 중동과 유럽을 일통하면서 중국에 들어왔다. 「칠정산외편」은 「알마게스트」에 기록된 천동설을 기본원리로 제작되었다.

43 「효행록」은 고려 때 권부·권준 부자가 만들었고, 권근이 해설을 덧붙였으며, 이제현이 찬시를 지어 넣은 책이다. 권준이 먼저 효도에 관한 24개 이야기를 뽑아 24폭 그림에 이제현의 시 12구절을 담아 아버지에게 바치자 권부는 38가지 이야기를 뽑아 이제현에게 시를 받아 넣은 책이다.

44 「동국정운(東國正韻)」은 거의 유실되다시피 하다가 1972년 강원도 강릉에서 전체 6권이 모두 발견되어 건국대학교 도서관에 소장되었다. 국보 제71호로 지정되어 있다.

45 「홍무정운 역훈」은 1455년(단종 3년)에 완성되었다. 이 책을 편찬하면서 성삼문과 신숙주는 중국어 발음을 분명히 알기 위해 여러 차례 요동을 다녀왔다. 따라서 세간에 알려진 것처럼 이들의 요동행이 훈민정음 창제를 위한 것이라는 설은 잘못된 것이다.

46 「고금운회거요」는 1292년 원나라 황공소가 편찬한 「고금운회」를 1297년에 웅충이 간략하게 다시 정리한 책으로, 한자의 해석 없이 발음만 달아놓은 것이다. 그러나 15세기 조선의 한자음은 아주 많이 변해서 순수한 한자음대로 음을 붙이는 일이 무의미했으므로 중국의 한자음까지 고려하는 방향으로 선회했다. 그리하여 세종은 두 가지를 다 참작한 「동국정운」 편찬사업으로 궤도를 수정해 1447년 9월에 완성했다. 전자가 조선의 한자음을 바로잡기 위해서라면 후자는 중국의 한자음을 바로잡기 위해서였다.

47 「훈민정음 해례본」은 1940년 경상북도 안동에서 발견되어 그동안 한글에 관한 많은 의문을 풀어주었다. 이 책은 어제문, 해례, 정인지 서문으로 구분되어 있는데 훈민정음의 제작원리를 밝힌 해례의 중요성 때문에 '훈민정음 해례본'으로 불렸다.

48 1457년(세조 3년) 6월 28일에 판서운관사 양성지는 어린 세자가 이해하기 쉽도록 「용비어천도(龍飛御天圖)」를 만들어 임금에게 바쳤다.

49 1425년(세종 7년) 4월, 세종은 시중에 저화 사용을 금하고 동전을 사용하게 한 다음 이를 어기는 사람을 엄히 벌했다. 하지만 물물교환에 익숙했던 백성들은 강제적인 동전 사용정책에 반발했다.

50 검한성(檢漢城)은 명예 한성 판윤직이다.

51 세자우정자는 세자부(世子府)에 소속된 관직으로 세자와 일상생활을 같이하며 예의범절을 가르치는 등 모범을 보이는 가정교사이다. 당시 세자부에는 정2품직 좌·우사(左右師) 등 학문을 직접 세자에게 가르치는 스승이 있었고, 우정자 아래에 정8품직 좌·우시직(左右侍直) 각 1명과 서리(書吏)가 4명 있었다.

52 상의원(尚衣院)은 임금의 의복을 만들고 대궐 안의 재물과 보물의 관리를 맡아 관리하던 관서로 태조 때 만들어졌다. 별좌(別坐)는 정5품직이다.

53 간의(簡儀)는 중국 원나라의 천문학자 곽수경이 만든 천문 의기다. 현대 천문학에서 적경에 해당하는 천체의 '적도수도(赤道宿度)'와 적위에 해당하는 '거극도(去極度)'를 측정하는 데 쓰인 관측기로, 혼천의를 구성하는 부품 가운데 적도환, 백각환, 사유환만 따로 떼어내 간략하게 만든 것이다. 혼천의가 천체의 위치뿐만 아니라 시각을 측정하고 태양이나 달의 운동을 측정할 수 있는 것에 반해, 간의는 주로 천체의 위치 측정에 쓰이도록 만든 것이다.

54 혼천의는 선기옥형(璇璣玉衡) 또는 기형(璣衡)이라고도 불리는 일종의 측각기이다. 천구의(天球儀)인 혼상(渾象, 하늘의 별을 둥근 구형에 표시한 의기)과 함께 물레바퀴를 동력으로 움직이는 시계장치와 연결되어 천체의 운행에 맞게 돌아가도록 되어 있으므로 혼천시계(渾天時計)라고도 불린다. 1437년 4월 15일의 「실록」에는 '규표의 서쪽에 작은 집을 세우고 혼의와 혼상을 놓았는데 혼의는 동쪽에 있고 혼상은 서쪽에 있다. 혼의는 물을 이용하여 기계가 움직이는 공교로움은 숨겨져서 보이지 않는다'라고 씌어 있다.

55 자격루는 보루각에 설치했다고 해서 보루각루(報漏閣漏)로 불렸고, 궁궐 안에 있다고 해서 금루(禁漏)라고도 불렸다. 그때부터 보루각의 자격루에서 시간을 알려주면 궁궐 밖 종루에

서 오정(낮 12시)나 인정(밤 10시경) 등의 시각을 북이나 종을 쳐서 백성에게 알렸다. 서울의 종로(鐘路) 거리 이름은 바로 이 종루에서 유래되었다. 안타깝게도 이 자격루는 임진왜란 때 소실되었다. 현재 전하는 것은 1536년(중종 31년) 숭례문과 흥인지문에서도 시간을 알려주기 위해 추가로 제작된 것이다.

56 一自冤禽出帝宮(일자원금출제궁) / 孤身隻影碧山中(고신척영벽산중) / 假眠夜夜眠無假(가면야야면무가) / 窮恨年年恨不窮(궁한년년한불궁) / 聲斷曉岑殘月白(성단효잠잔월백) / 血流春谷落花紅(혈류춘곡락화홍) / 天聾尙未聞哀訴(천롱상미문애소) / 胡乃愁人耳獨聰(호내수인이독총)

57 단종 복위 당시 신하들이 올린 묘호는 희종(僖宗)으로 '소심하고 공손하며 신중하다'는 뜻이었다. 하지만 숙종은 이를 거부하고 예를 지키고 의를 바로잡는다는 뜻의 단종(端宗)으로 정했다.

58 廟堂深處動哀絲(묘당심처동애사) / 萬事如今摠不知(만사여금총부지) / 柳綠東風吹細細(류록동풍취세세) / 花明春日正遲遲(화명춘일정지지) / 先王大業抽金櫃(선왕대업추금궤) / 聖主鴻恩倒玉巵(성주홍은도옥치) / 不樂何爲長不樂(불락하위장불락) / 時賡歌醉飽太平(시갱가취포태평)

59 '비해(匪懈)'는 「시경」의 '증민' 편에 나오는 '夙夜匪解 以事一人(숙야비해이사일인)'에서 두 글자를 딴 것이다.

60 현재 「몽유도원도(夢遊桃源圖)」는 일본 덴리 대학 중앙도서관에 수장되어 있다.

61 欲小欲可滿(욕소욕가만) / 事簡事可成(사간사가성) / 敬天天可保(경천천가보) / 勤民民乃寧(근민민내녕) / 小藝莫致慮(소예막치려) / 大政宜致精(대정의치정)

62 오진(伍鎭)이란 동북지역의 경원, 회령, 종성, 경흥, 온성의 다섯 고을을 말한다.

63 有亭不歸去(유정불귀거)/人間眞沐猴(인간진목후)

64 昔在己未春(석재기미춘)氣力回山岳(기력회산악) / 一騁殘十禽(일빙잔십금)仰箭透一鹿(앙전투일록) / 所獲焉能算(소획언능산)算者六十八(산자륙십팔) / 獨得天顔豫(독득천안예)將謂平生業(장위평생업) / 豈意摠六師(기의총륙사)賜申出烟樂(사신출연악)

65 昔在先王時(석재선왕시)分圍圍山岳(분위유산악) / 人人逞材力(인인령재력)紛紛逐秦鹿(분분축진록) / 聖武眞天縱(성무진천종)豈止六十八(기지륙십팔) / 天意回有屬(천의회유속)中興創大業(중흥창대업) / 顧臣是何人(고신시하인)與享太平樂(여향태평악)

66 원상제도는 세조가 죽기 전에 원만한 정사 운영을 위해 신설한 제도로 원로 중신들이 승정원에 상시 출근해 모든 국정을 상의해 서무를 의결하고 국왕은 형식적으로 결제만 하는 제도였다. 이는 과거 단종 대의 황표정사와 별다를 것이 없었다.

67 白頭山石磨刀盡(백두산석마도진) / 豆滿江波飮馬無(두만강파음마무) / 男兒二十未平國(남아이십미평국) / 後世誰稱大丈夫(후세수칭대장부)

68 이때 귀성군 이준이 무고하게 희생되었다는 것은 공공연한 사실이었다. 1687년(숙종 13년) 6월 5일, 숙종은 귀성군이 부도한 죄를 범한 일이 없었는데 권맹희 때문에 억울한 죽임을 당했다면서 복관을 주장한 김수항의 상소를 받아들여 신원하고 관작을 복구했다.

69 「경국대전」에는 매우 현실적인 내용이 많다. 왕실 여인들의 서열과 품계를 비롯해, 석빙고에 보관된 얼음은 왕실 가족과 70세가 넘은 당상관들에게만 지급하고, 땅을 매매한 사람은 100일 이내에 관청에 보고해야 하며, 남자는 15세, 여자는 14세 이상이어야 혼인할 수 있다

는 규정도 들어 있다.

70 독서당(讀書堂)은 조선시대 국가에 필요한 인재를 길러내기 위하여 건립한 전문 독서연구기관의 성격을 띤 기관, 혹은 그 건물을 가리킨다. 호당(湖堂)이라고도 한다. 세종 때 젊은 문신들에게 휴가를 주어 자기 집에서 독서에 전념할 수 있도록 하는 '사가독서제'와 이를 보완하여 당시 한성부 삼각산에 있던 진관사에 머무르면서 독서하게 하는 '상사독서제'에서 비롯되었다. 세조 때에 집현전의 폐지로 없어졌다가, 성종 때에 서거정의 건의를 받아들여 용산의 폐찰에 남호독서당을 개설했다. 독서당은 연산군 때에 일시적으로 폐쇄되었다가 1507년(중종 원년) 정업원에 다시 설치되었고, 1517년(중종 10년) 두모포의 정자를 수리하여 동호독서당이라 이름 붙였다. 그 후 정조가 규장각을 설치하면서 그 기능을 계승했다. 독서당의 비용은 국비가 원칙이었고, 선발 대상은 연소한 문신으로 제한했는데, 그 선발 인원수도 극히 적어 1426년(세종 8년)부터 1773년(영조 9년)까지 350여 년 동안 모두 48차례에 걸쳐서 320명이 뽑혔다. 홍문관의 수장인 대제학은 독서당을 거친 사람만을 임명할 수 있게 제도화하여 독서당의 권위를 높이고자 했다. 실무 이속으로는 서리 2명과 고직 2명, 사령 3명이 있었다.

71 薄劣慙非分(부열참비분) / 藩雄愧不才(번웅괴불재) / 官期何日滿(관기하일만) / 茅屋著吳衰(모옥저오쇠)

72 壽期華嶽爛(수기화악란) / 福指碧河枯(복지벽하고) / 丹慤思恩報(단각사은보) / 瑤觴倂玉壺(요상병옥호)

73 時許群賢宴畵亭(시허군현연화정) / 閑憑花酒覺昇平(한빙화주각승평) / 何徒爭喜鴻私厚(하도쟁희홍사후) / 咸欲思忠獻以誠(함욕사충헌이성)

74 폐비 윤씨의 묘소인 처음 장단에 있을 때 '윤씨지묘'란 묘지석만 있었는데, 연산군 즉위 이후 이장되어 회묘(懷墓)로 개칭되었고 1504년 회릉(懷陵)으로 격상되었다가 중종반정 이후 다시 회묘로 격하되었다. 처음에는 지금의 서울 동대문구 회기동에 있다가, 1969년 10월 25일 경희대학교에서 공사가 있을 때 경기도 고양시 소재 서삼릉으로 이전되었다.

75 1504년(연산군 10년) 비어 있는 성균관에서 소혜왕후를 위한 연회를 베풀었다. 그 일은 훗날 연산군이 흥청들과 함께 질펀하게 즐겼다는 증거로 변질된다.

76 春開梨園 閑閱芳樂(춘개리원 한열방악) / 期剪群邪 得忠如渴(기전군사 득충여갈) / 盡誅鈞名 欲取純誠(진주조명 욕취순성)

77 익명서 사건보다 더 중요한 것은 이듬해인 1505년(연산군 11년) 초에 일어난 종루벽서사건이었다. 그 벽서에서는 본격적으로 연산군을 폭군으로 규정하고 정변을 선동하고 있다. '임금을 시해하는 것은 경전에도 있다. 가엾은 백성들아, 나를 따르라.'

78 최근 소장학자들의 연구에 따르면 흥청은 태평성대를 기리기 위한 여성가무악대였다. 연산군은 호색한으로서 미녀를 탐했던 것이 아니라 낭만적인 절대군주로서 궁중의 여악을 강화했던 것이었다. 또 연산군의 여염집 부녀간통설은 백모간통설과 마찬가지로 터무니없는 모략임이 밝혀졌다.

79 1505년(연산군 11년) 9월 21일, 전교에서 연산군은 자식이 없는 궁인들을 제사지내는 법이 없어 매우 불쌍하니 예조가 선공감과 함께 빈 땅을 찾아 동서행각을 세워 죽은 궁인들의 신주를 안치하고 제사지내게 했다.

80 사학(四學)은 서울의 중앙, 동, 서, 남 네 곳에 세운 학교로 중학, 동학, 남학, 서학을 말한다. 태종 11년에 세웠다가 고종 31년에 폐쇄되었다.

81 이때 반정공신들은 다급히 진성대군의 즉위식을 경복궁 인정전에서 거행했는데 면류관을 준비하지 못해 익선관을 쓰고 식을 올렸다. 이는 사림파가 다른 인물을 옹립할 것을 염려한 때문이라 여겨진다.

82 人生如草露(인생여초로) / 會合不多時(회합부다시)

83 김종직이 쓴 「조의제문(弔義帝文)」의 내용은 다음과 같다. "정축년 10월에 내가 밀양에서 경산으로 가다가 답계역에서 하룻밤을 유숙했는데 그날 밤 꿈에 풍채 좋은 신인이 칠장복을 걸치고 와서는 '나는 초 회왕의 손자 심인데, 서초 패왕 항우에게 죽임을 당하여 빈강(彬江)에 빠져 잠겨 있다' 하고는 갑자기 보이지 않았다. 깜짝 놀라 잠을 깨어 생각하니 회왕은 남방의 초나라 사람이고, 나는 동이(東夷)의 사람이다. 땅이 서로 만 리나 떨어져 있고 시대가 또한 천여 년이나 떨어져 있는데 내 꿈에 나타나는 것은 무슨 징조일까. 또 역사를 상고해 보아도 강물에 던졌다는 말은 없는 데, 아마 항우가 사람을 시켜 비밀리에 쳐 죽여 그 시체를 물에 던졌는지는 알 수 없는 일이다. 마침내 글을 지어 그를 조문하노라. 하늘이 사물과 법칙을 마련하여 사람에게 주었으니 누가 그 사대와 오상을 높일 줄 모르리오. 중화 사람에게만 넉넉하게 주고 동이 사람에게는 부족하게 준 것이 아니며 어찌 옛적에만 있고 지금은 없어졌으리오. 나는 동이 사람이고 천 년이나 뒤에 났는데도 삼가 초의 회왕을 슬퍼하노라. 옛날에 조룡(祖龍, 진시황)이 어금니와 뿔을 휘두르니 사해의 물결이 모두 피로 물들었다. 비록 전어, 상어, 미꾸라지, 고래인들 어찌 자신을 보전할 수 있으리오. 그 물에서 빠져 나오고자 하여 바쁘게 날뛰었다. 이때 6국의 후손들은 세력이 없어지고 다른 곳으로 피란하여 겨우 평민과 같이 지냈다. 항량은 초나라 무장의 자손으로 진승의 뒤를 이어 군사를 일으켰다. 회왕을 찾아내 백성의 바람을 따랐으니 멸망했던 초나라를 다시 보존하게 되었다. 건부(乾符)를 쥐고 천자가 되었으니 세상에서 미씨(芊氏)보다 높은 이가 없었다. 유방을 함곡관에 들어가게 하니, 또한 그 인의를 볼 수 있겠다. 양처럼 패려궂고 이리처럼 탐욕스럽게 송의를 함부로 죽였는데도 어찌 그 항우를 잡아 처형시키지 않았는가. 아아, 형세가 그렇지 못했으니 나는 회왕을 위해 더욱 두렵게 여긴다. 길러 놓은 자에게 도리어 해침을 당했으니 과연 천운이 어긋났도다. 침(郴)의 산이 험하여 하늘에 닿으니 햇빛이 어둑어둑 저물려 한다. 침의 물이 밤낮으로 흐르니 물결이 넘쳐 돌아오지 않는다. 영원한 천지간에 한이 어찌 다하리오. 혼령이 지금도 정처 없이 헤매고 있구나. 나의 마음이 쇠와 돌을 뚫을 만하니 회왕이 갑자기 꿈에 나타났도다. 주자의 필법을 따르려니 생각이 불안하고 조심된다. 술잔을 들어 땅에 부으니 영령이 와서 흠향하기를 바라노라."

84 「조야기문」에 따르면 유자광은 「조의제문」에서 김종직은 항우에게 죽임을 당한 초나라 회왕을 노산군으로 상정하고, '양처럼 패려궂고 이리처럼 탐욕스럽게 관군을 함부로 죽였다'는 것은 세조가 김종서를 죽인 일, '어찌 항우를 잡아 죽이지 않았느냐' 한 것은 노산군이 세조를 죽이지 않은 일에 대한 힐난, '길러 놓은 자에게 도리어 해침을 당했다'는 것은 노산군이 세조를 벌하지 않았다가 도리어 세조에게 죽임을 당한 일을 비유했다고 공격했다.

85 세종 대부터 왕의 사위를 위(尉)라고 했지만 이전에 쓰던 부마(夫馬)도 같이 사용되었다. 가령 금릉위 박영효의 금릉은 군현명이고 위는 작위를 뜻하는 것이다. 공주의 부마는 종1품위를, 옹주의 부마는 종2품의 위를 받았다.

86 조선시대 경복궁에는 화재나 쿠데타 등 비상사태가 발생하면 궐내에 설치된 북을 쳐서 수비병력을 완전무장해 정전 앞에 모이게 하는 첩고(疊鼓), 또 큰 종을 연이어 쳐서 한양의 예비

병력과 문무백관까지 모두 비상소집하는 첩종(疊鐘)제도가 있었다. 1469년(예종 1년) 경복궁에서 첩종으로 동원된 인원은 무려 1만 2,553명이었다. 또 왕조가 전복될 만큼 큰 위기상황이 되면 각(角)을 불어 한양 내 70세 이하 모든 남자를 총동원하는 취각령(吹角令) 제도도 있었다. 쿠데타로 집권한 중종은 1520년(중종 15년) 사정문 밖으로 나아가 첩고를 발령해 군사를 점검했는데 갑주를 갖추지 않은 군사가 많아 벌을 주기도 했다.

87 사림은 반정3대장을 소인배로 여기고 군자인 자신들이 향후 정국을 운영해야 한다고 생각했다. 「중종실록」에는 다음과 같은 평이 기록되어 있다. '대저 박원종은 거친 잘못이 있었고, 유순정은 우매한 잘못이 있었으며, 성희안은 경솔한 잘못이 있어 모두 나라를 다스리는 꾀에 어두웠다. 이들은 사는 집에 극도로 사치를 부리고, 시첩은 그 곱고 아름다움을 극도로 하여 마음대로 방종하다가 생명을 잃는 데까지 이르렀다. 좁은 국량으로 큰 공을 탐한 것이 스스로 분에 넘쳐 이와 같은 낭패를 일으킨 것이 어찌 아니겠는가.'

88 중종이 조광조 등 사림을 적극 등용한 것은 연산군 말기 흐트러졌던 성리학의 이념과 제도를 되살려야 한다는 시대적 분위기에 부응한 필연적인 조치였다.

89 「여씨향약」은 송나라의 학자 여대충의 저작이다. 조선에서는 주희가 첨삭하고 주석한 「주자증손여씨향약」을 널리 유포했다. 이는 유교사상이 기반이 되는 일종의 민간자치규율이었다.

90 소격서(昭格署)는 유교 국가인 조선에서 유일하게 도교의 자취를 남긴 관청이다. 조선 전기 왕비가 아들을 출산하면 소격서의 관리들은 태상노군(노자)의 상 앞에서 백배를 올리며 왕자의 복을 빌었다. 중종은 사림의 소격서 철폐 시도를 신권이 벌인 왕권 축소 의지로 파악했을 것이다.

91 玉樓傾側粉墻空(옥루경측분장공) / 重疊靑山繞故宮(중첩청산요고궁) / 武帝去來紅袖盡(무제거래홍수진) 野花黃蝶領春風(야화황접령춘풍)

92 江沈山影魚驚遁(강심산영어경둔) / 峯帶煙光鶴危悽(봉대연광학위처) / 物寒固宜逃幻忘(물한고의술환망) / 人通何事誤東西(인통하사오동서)

93 문정왕후는 1545년(명종 원년) 8월, 윤임의 국청 때 충순당에서 처음 신하들과 만나 정사를 논의했다.

94 春山底處無芳草(춘산저처무방초) / 只愛天王近帝居(지애천왕근제거) / 白手歸來何物食(백수귀래하물식) / 銀河十里喫有餘(은하십리끽유여)

95 '內明者敬 外斷者義(내명자경 외단자의)', 곧 '마음이 밝은 것을 경(敬) 밖으로 과단성 있는 것을 의(義)이다.'

96 이익은 「성호사설」에서 조선의 3대 도둑으로 홍길동, 임꺽정, 장길산을 꼽았다.

97 차자(箚子)란 간단한 상소문을 말한다.

98 하급 관리의 인사 행정을 담당했던 이조와 병조의 정랑·좌랑을 통칭하여 전랑이라고 한다. 그런데 문관을 중시하던 조선시대에는 이조 정랑(정5품)과 좌랑(정6품) 쪽이 더 중시되었다. 특히 이조 정랑은 품계는 그리 높지 않았지만 문관의 인사와 관련하여 정승, 판서를 제재할 수 있는 권한이 있었고, 언론 3사인 사헌부, 사간원, 홍문관의 청요직을 추천하고 재야인사에 대한 추천권을 가지는 등 여러 가지 특권이 있었다. 그러므로 이조의 전랑직에 대한 파벌들의 쟁탈전은 치열할 수밖에 없었다.

99 客行南國遍(객행남국편) / 鷄岳眼初明(계악안초명) / 躍馬驚鞭勢(약마경편세) / 回龍顧祖形(회룡고조형) / 蔥蔥佳氣合(총총가기합) / 藹藹瑞雲生(애애서운생) / 戊己開亨運(무기개

형운) / 何難致太平(하난치태평)

100 '木子亡奠邑興(목자망전읍흥), 이망정흥(李亡鄭興)'을 풀어 쓴 것으로 '이씨 왕조가 끝나고
정씨 왕조가 시작된다'는 뜻이다.

101 姦渾毒澈(간휘독철)

102 1600년(선조 33년) 4월 여전히 대북이 정국을 주도하는 가운데 홍여순이 세력을 확장시키
자 이산해가 견제하고 나섰다. 그리하여 대북은 또다시 이산해를 지지하는 육북(肉北)과 홍
여순을 지지하는 골북(骨北)으로 분열되었다.

주

103 선종(宣宗)을 선조(宣祖)로 개칭한 것은 그가 왜란을 승리로 이끌어 조선의 중흥조가 되었
다는 이유 때문이었다.

104 임진왜란을 일컬어 일본에서는 '분로쿠(文祿), 케이초(慶長)의 역(役)'이라 하고, 중국에서
는 '만력(萬曆)의 역(役)'이라 한다.

571

105 권율은 훗날 행주대첩보다 이치승첩을 더욱 높이 평가했다. 당시 곡창지대인 호남을 사수하
는 것이 전쟁의 향방을 결정하는 열쇠였기 때문이다.

106 광해군은 인왕산 아래에 있던 정원군의 집터에 왕기가 서려 있다는 말을 듣고 경덕궁을 지
었다. 경복궁의 서쪽에 있다 하여 서궐로 불리기도 했다. 영조 대에 '경덕(慶德)'의 '덕(德)'
자가 원종의 시호인 '경덕(敬德)'과 겹친다는 이유로 '덕(德)'을 '희(熙)'로 바꾸어 경희궁으
로 개칭했다. 인왕산 아래 지어졌던 인경궁은 인조가 즉위하면서 철거되었다.

107 風吹飛雨過城頭(풍취비우과성두) / 瘴氣薰陰百尺樓(장기훈음백척루) / 滄海怒濤來薄暮
(창해노도래박모) / 碧山愁色帶淸秋(벽산수색대청추) / 歸心厭見王孫草(귀심염견왕손초)
/ 客夢頻驚帝子洲(객몽빈경제자주) / 故國存亡消息斷(고국존망소식단) / 烟波江上臥孤舟
(연파강상와고주)

108 당시 77세였던 노재상 이원익은 광해군 대에 대북파가 제기한 폐모론에 반대하다 홍천에서
5년 동안 귀양살이를 한 후 여주에 머물고 있었다.

109 대동법의 담당관청은 백성들에게 은혜를 베푼다는 뜻의 선혜청(宣惠廳)이었다.

110 1669년(현종 10년) 12월 29일, 보고된 조선의 인구는 516만 4,524명이었다. 그런데 경신대
기근을 겪고 난 1672년(현종 13년) 10월 30일, 한성부에서 보고한 조선의 인구는 제주도를
합쳐 472만 5,189명이었다. 그러므로 공식집계상으로는 43만 9,335명이 줄어든 것이다. 한
성부에서는 이 조사결과가 호적상 인구만 집계한 것인데, '우리나라는 여자가 많고 남자가
적은데 호적에 들어 있지 않은 여자가 매우 많으며, 그동안 기근으로 유랑하는 백성들이 또
많다'고 부기했다. 그러므로 경신대기근으로 인한 사망자는 공식집계의 몇 배에 달했으리라
능히 짐작할 수 있다.

111 기우제를 궐내에서 지낼 때는 도롱뇽을 단지에 담아놓고 아이들에게 나무로 두드리면서 비
를 내리면 풀어주겠다는 노래를 부르게 했다. 이를 석척기우제(蜥蜴祈雨祭)라고 한다. 도롱
뇽을 비바람을 일으키는 용의 일종으로 여긴 것이다.

112 好雨知時夜未已(호우지시야미이) / 乾坤惠澤物皆被(건곤혜택물개피) / 病中民事何曾切
(병중민사하증절) / 初願豊登自麥始(초원풍등자맥시)

113 유악(油幄)이란 왕실에서 쓰는 기름칠한 천막이다.

114 명부조(命不祧)란 국가에 공훈이 있는 충신이나 학식이 뛰어난 유학자에게 내리는 특전으
로 4대봉사의 원칙에 구애받지 않고 가묘인 사당에 신주를 영구히 모시고 제사를 지내게 하

572

는 조처이다. 이렇게 모셔지는 신주를 불천위(不遷位)라 하고 그 사당을 부조묘(不祧廟)라고 한다. 유교국가에서 신하가 누릴 수 있는 최고의 명예이다.

115 노론 청명당은 1770년(영조 46년)경 사도세자의 장인 홍봉한 중심의 북당(北黨)에 반대하여 노론 내에서 비밀결사의 형태로 결집되었다. 노론의 후기지수들 가운데 유언호, 윤시동, 남유용, 조돈, 심이지, 홍낙성, 김치인, 김종수 등으로 구성된 당원들은 외척의 정치관여를 배제하겠다는 입장을 견지하고 있었다.

116 1762년(영조 38년) 대사헌 남태회는 남병사 윤구연이 금주령을 어기고 술을 마셨다며 파직을 청했다. 영조는 윤구연을 체포하게 한 뒤 술냄새가 나는 항아리를 확인하고는 남대문에서 참수형에 처했다. 당시 삼정승과 사간원에서 극형을 면케 해달라고 청하자 영조는 삼정승과 사간원 관리를 파직하고 형벌의 과중을 간한 부수찬 이재간을 좌천시켰다. 이와 같은 결과는 고위 관리로서 모범을 보이지 않은 데 대한 영조의 분노가 작용했을 것이다. 그러나 영조는 스스로 너무 심한 조처였다고 생각했는지 이듬해 술의 양의 다과로 등급을 나누어 죄를 정하게 했다. 12년 뒤인 1774년에 영조는 윤구연을 복권시키고 직첩을 돌려주었다.

117 傍人莫怪秋風雨(방인막괴추풍우) / 一十塘魚變作龍(일십당어변작룡)

118 여기에서 말하는 왕손(王孫)은 사도세자의 아들 은언군 이인과 은신군 이진을 말한다. 왕손의 어미는 두 왕자의 생모인 양제 임씨를 가리킨다.

119 我有龍唇劍(아유룡진검) / 焚然三尺長(형연삼척장) / 黃金以爲鉤(황금이위구) / 綠蓮以爲鋩(록련이위망) / 光恠闖時發(광괴틈시발) / 斗牛爭頹昂(두우쟁부앙) / 駕海斬脩鯨(가해참수경) / 憑陸殪封狼(빙륙에봉랑) / 北顧風塵色(북고풍진색) / 燕山杳蒼茫(연산묘창망) / 壯士一歎息(장사일탄식) / 繡鞘凝秋霜(수초응추상) 〈「홍재전서」 춘저록〉

120 '죄인의 아들은 왕이 될 수 없다', 곧 사도세자의 아들 이산을 국왕으로 인정하지 않겠다는 뜻이다.

121 '죄인의 자손으로 대통을 잇는 것은 불가하다. 태조의 자손 중에 누군들 왕이 되지 못하겠는가.'

122 장용영(壯勇營)의 설치는 당시 오군영의 수장들이 특정 당파 출신들로 이루어져 언제라도 정변의 위협이 있었기 때문에 취했던 자구책의 일환이기도 했다.

123 김홍도는 1790년 용주사에서 간행된 「부모은중경」 삽화를 그렸다. 그는 또 정조의 명에 따라 청나라에 가서 북경의 성당에 그려진 이탈리아 화가 낭세영[G. Castigllione]의 동서양 화풍을 교묘하게 결합한 새로운 기법의 성화를 견학하고 돌아온 다음 용주사 대웅전의 후불탱화를 그렸다. 이 그림에는 중앙에 석가여래, 약사여래, 아미타여래의 삼체여래를 배치하고 후면에 가섭존자, 아란존자, 십보살, 십대제자, 사천왕, 비천동자 등으로 화면을 가득 채웠는데, 명암이 뚜렷하고 원근감이 살아 있는 서양화 기법을 볼 수 있다.

124 화인축성(華人祝聖)이란 '화(華) 지방의 제후와 요 임금이 덕을 기르는 군자의 도리를 논했다'는 뜻으로, 정조가 신도시 화성을 요 임금 같은 성인의 덕으로 다스리겠다는 뜻을 천명한 것이다.

125 을묘원행(乙卯園行), 혜경궁 홍씨는 이때 처음으로 현륭원을 찾아가 사도세자의 영전에 참배하며 회한에 찬 눈물을 흘렸다.

126 호대법(互對法)이란 각 부처에 노론, 소론, 남인을 골고루 배치하는 인사탕평책으로 모든 정파들이 묵시적으로 인정한 제도였다.

127 솔교(率敎)란 '가르침을 따른다', 곧 사부로서 학문의 경지에 이른 왕이 신하들을 앞에서 이끌어나가겠다는 뜻이다.

128 교속(矯俗)란 '나쁜 습속을 바로잡는다', 곧 당파에 얽매여 상대를 공격하는 일을 바로잡는다는 뜻으로 솔교와 함께 오희연교의 핵심단어이다.

129 如虎武夫氣蓄銳(여호무부기축예) / 升壇一鼓乃爭藝(승단일고내쟁예) / 廣庭沾賞無虛年(광정첨상무허년) / 分付渠曹愼宿衛(분부거조신숙위)

130 규장각은 숙종이 역대 임금의 글을 모아 종정사(宗正寺)에 보관하고 '규장각(奎章閣)'이란 현판을 건 데서 유래했다. 규장은 규성(奎星)으로 28숙(宿)에서 문장을 맡은 별을 뜻한다. 그 이름에 걸맞게 규장각은 궁중의 책과 유물, 역대 왕들의 초상화와 인장 등 다양한 물품을 보관하는 왕립도서관 겸 박물관이었다.

131 숙종 이후 청풍 김씨, 광산 김씨, 여흥 민씨 등이 모두 왕실과 혼사를 맺고 노론계의 주도세력이 되었다. 안동 김씨의 경우 인현왕후 민씨가 후사가 없자 집안의 딸을 궁궐에 들여보내기까지 했다.

132 身脫西南老少局(신탈서남노소국) / 名超吏禮戶兵班(명초이례호병반)

133 '금등(金縢)'이란 중국 주나라 때 무왕의 동생 주공이 조카인 성왕이 병에 걸리자 하늘에 제사를 지내며 자신을 대신 죽게 해달라 기원하고 그 내용을 금으로 봉한 궤에 보관했다는 「서기」의 글에서 비롯된 것이다. 이때 정조가 공개한 내용은 다음과 같다. '피 묻은 적삼이여, 피 묻은 적삼이여. 동(桐)이여, 동이여, 누가 영원토록 금등으로 간수하겠는가. 천추에 나의 품으로 돌아오기를 바라고 또 바라노라.' 앞 구절은 영조가 아플 때 사도세자가 대신 죽기를 바랐다는 뜻이고, 뒤 구절은 사도세자가 살아오기를 바라는 영조의 마음을 표현한 것이다.

134 이조삼재란 공재(恭齋) 윤두서, 겸재(謙齋) 정선, 현재(玄齋) 심사정을 말한다. 조선 후기 화단의 명인들이다.

135 이벽(李檗)은 1754년 생으로 젊은 시절 서학 서적을 탐독하면서 천주교 교리와 서구의 과학 문명에 깊은 지식을 쌓았다. 정약용과 매우 절친해 그의 누이와 결혼했다. 이승훈에게 세례를 받은 뒤 우리나라 최초의 교단조직인 가성직자 그룹의 지도자가 되어 포교, 강학 등 천주교의식을 거행했다. 이벽은 천주교 신앙에 대한 아버지의 격렬한 반대로 유교적 윤리관과 새로운 사상 사이에서 고민하다 1786년 페스트에 걸려 죽었다. 본관은 경주(慶州), 자는 덕조(德操), 호는 광암(曠庵), 세례명은 요한세자이다.

136 채제공의 서자인 채홍근의 부인이 정약용의 누이였다.

137 세도(世道)란 본래 세상을 바르게 다스리는 도리라는 뜻으로서 중종 대에 조광조 등의 사림들이 표방했던 통치원리였다. 그것이 정조 초기 홍국영이 조정의 대권을 위임받아 독재를 하면서 변질되어 임금의 총애를 받는 신하나 외척들이 독단으로 정권을 휘두르는 것을 일컫는 말이 되었다. 세도정권은 과거 당쟁시대처럼 상대를 견제할 세력이 전혀 없었고 국왕조차 세도가문의 입맛에 맞게 선택할 수 있다는 특징이 있다. 대표적인 예가 일자무식의 강화도령 철종이다.

138 정순왕후 김씨가 은언군 이인을 극도로 미워한 것은 정조 초기 홍국영이 그의 장자 상계군 이담을 원빈 홍씨의 양자로 들여 후사로 삼으려 한 전력 때문인 것으로 보인다. 홍국영은 그의 오라비 김귀주를 제거한 철천지원수였다.

139 那將月姥訟冥司(나장월모송명사) / 來世夫妻易地爲(내세부처역지위) / 我死君生千里外(아사군생천리외) / 使君知我此心悲(사군지아차심비)

140 동학이란 명칭은 천주교의 도래에 대항하여 동쪽 나라인 우리나라에서 도를 일으킨다는 뜻으로 지어졌다. 1905년 3대 교주 손병희가 천도교(天道教)로 개칭했다. 동학의 경전은「동경대전」,「용담유사」이다.

141 고종의 이름 '경(熙)'의 독음에 대해 '희, 경, 형'이라는 세 가지 견해가 있다.「고종실록」에서는 '경', 1972년 을유문화사의「한국학대백과사전」에서는 '희', 1980년「대한한사전」에는 '형'으로 읽고 있다. 이 책에서는 실록과「강희자전」을 좇아 '경'을 채택했다.

142 위정척사(衛正斥邪) 운동은 조선 후기 유교적인 질서를 보존하고 외국 세력 및 문물의 침투를 배척한 논리 및 운동을 말한다. 문호 개방 이후 개화사상이 고조되고 정부의 개화정책이 외세의 침투에 주체적으로 대처하지 못한다는 위기의식에서 비롯되어 이항로와 기정진 등 보수적인 유학자들이 주도했다.

143 조·미수호통상조약에서는 아편의 거래를 금하고, 미국 배가 난파되면 적극적으로 구난하며 미국인의 국내활동에 치외법권을 인정하는 등의 최혜국 대우를 규정했다. 이 조약은 여러 모로 강화도조약과 비슷했지만 다른 열강이 조선에 부당하게 강압하면 미국이 나서서 중재한다는 내용이 삽입된 것이 달랐다. 당시 조약체결을 보고받은 고종은 공사관 부지로 경운궁 서쪽에 무려 20여만 평을 불하해주었다.

144 조·러수호통상조약은 당시 대단한 외교적 사건이었다. 영국, 청, 일본 등이 러시아의 남진을 집중적으로 막고 있는 상황에서 작은 나라 조선이 러시아를 끌어들인 것도 대단했고, 주변의 견제를 뚫고 러시아가 조선에 진출한 것도 대단했다. 고종의 외교적 수완을 보여주는 대목이다.

145 1815년 빈 회의(Congress of Wien) 이후 19세기 세계 외교를 풍미한 조류는 '세력균형'이었다. 영국, 러시아가 양대 축이 되는 구도였다. 1860년 베이징 조약 이후의 동아시아에서도 영·러의 세력균형 아래 일본, 프랑스, 독일, 미국 등이 세력증강을 도모하는 형세가 조성되었다. 이러한 동아시아 및 세계 외교의 흐름을 조선의 대외정책에 적용한 인물이 있었다. 바로 고종이다.

146 「독립신문」 1896년 11월 7일 논설에서 고종의 도시개조사업을 "조선이 이제 문명 진보의 길로 들어서는 것을 보여주는 일"이라며 높이 평가했다.

147 명성황후 소생의 원자는 항문이 막힌 채 태어나 출생 4일 만에 죽었고, 그 외 2남 1녀가 태어나자마자 죽었다. 또 영보당귀인 이씨 소생의 맏아들 완친왕 이선을 비롯한 1남 2녀, 광화당귀인 이씨 소생의 황자 이육과 내안당귀인 이씨 소생의 옹주, 상궁 염씨 소생의 황녀 문용 등도 모두 일찍 죽었다.

148 1832년경 독일 목사 구츨라프가 충청도에서 선교활동을 했고, 1865년경에는 스코틀랜드 출신의 토머스 목사가 백령도에서 활동했다.

149 '민 황후께서는 여러 모로 뛰어난 여성이었다. 그녀는 지성미가 있고 학식이 높았다. 키가 작은 부군의 이익을 지키는 데 열과 성의를 다했다. 개성이 강했고 굽힐 줄 모르는 의지를 지녔으며 시대를 훨씬 앞섰고, 여성을 초월한 정치가였고, 처음부터 섭정에 강하게 반대했다. 그녀는 흥선대원군의 통제와 지시에서 벗어나 고종황제의 완전자립과 어느 외국의 지배에서도 벗어난 조선의 독립을 끈질기게 추구했다.'(미국공사관 샌즈)

150 박정양은 입각한 후 미국공사 실을 막후 지원해 막대한 이권이 담겨 있는 운산금광 채굴권을 내주었다. 이에 따라 미국은 은연중에 조선을 독점하려는 일본의 야욕을 저지하게 되었다.

151 홍계훈은 본관이 남양으로 무예청별감으로 관직을 시작했다. 장위영 영관으로 재임시 양호 초토사가 되어 동학농민군에게서 전주를 탈환해 훈련대장에 올랐다. 을미사변 때 광화문 앞에서 일본군을 저지하다 사망했다. 그는 당시 황후를 지키다 죽은 궁내부대신 이경직과 함께 1900년 장충단에 제향되었다. 일본은 1910년 장충단 제사를 중단시키고 상해사변 때 죽은 일본의 육탄3용사의 동상을 세웠으며 벚꽃을 가득 심어 시민공원으로 만든 다음 이토 히로부미를 위한 박문사란 절까지 세웠다.

152 훈련대는 1895년 5월 궁궐 수비를 위해 창설된 군대로 1·2훈련대 총 973명으로 구성되었 는데, 일본인교관이 조련을 맡아 실제로는 일본공사관의 지휘를 받았다. 당시 훈련대장은 우범선이 이두황이었는데, 고종과 명성왕후는 훈련대를 의심해 홍계훈을 훈련대 연대장에 임명했다. 1895년 8월 19일, 고종이 훈련대 해산을 명하자 우범선이 일본공사 미우라에게 알렸다. 훈련대가 해산되면 일이 성사되기 어려울 것을 염려한 미우라는 다음날인 8월 20일 새벽, 거사를 단행했다.

575

153 2001년 러시아 외무성 문서보관서에서 당시 주한 러시아 대리공사였던 이바노비치 베베르 의 「명성황후 시해보고서」가 발견되었다. 여기에는 사건 직후 고종이 발표한 성명서, 현장을 목격한 러시아인 건축기사 사바틴의 증언, 일본인들의 침투경로 등을 그린 지도 등이 첨부 되어 있다. 사바틴의 증언은 다음과 같다. '오전 5시경 궁궐 서쪽에서 총소리가 들려 급히 나 가보니 일본 낭인들이 누군가를 찾고 있었다. 그중 절반가량이 왕비의 방으로 들어갔다. 앞 을 궁내 신하들이 막아서자 칼로 베어버렸다. 왕비가 복도를 따라 도망가자 일본 낭인들이 쫓아가 발을 걸어 넘어뜨린 뒤 가슴을 세 번 짓밟고 칼로 가슴을 난자했다. 몇 분 후 시신을 소나무 숲으로 끌고 갔다. 그곳에서 연기가 피어오르는 것을 보았다.'

154 미우라의 참모이며 소설가였던 시바 시로는 중의원 의원이 되었고, 낭인들을 모으는 데 앞 장섰던 한성신보 사장 아다치 겐조는 일본 정부의 내상이 되었다.

155 홍종우는 1890년 법률공부를 위해 프랑스에 갔다가 기메 박물관 촉탁으로 한국 고전을 번 역, 소개하고 발전된 서양의 정치제도 등을 배웠다. 1893년 귀국 도중 김옥균에 관한 이야기 를 듣고 1894년 김옥균을 상해로 유인, 권총으로 처형했다. 이후 고종의 신임을 얻어 홍문 관 교리가 되었고 을미사변 때는 아관파천을 주도했다. 고종의 칭제운동 추진, 독립협회 탄 압 등 고종의 권력과 국가주권 강화를 위해 충성을 다했다. 말년에 제주목으로 좌천되어 분 루를 삼키기도 했다.

156 경운궁은 본래 성종의 형인 월산대군의 사저였다. 임진왜란 때 경복궁이 화재로 소실되자 선 조가 돌아와 임시 궁으로 사용했다. 당시에는 정릉동행궁이라 불렸다. 광해군은 이곳에서 즉위한 뒤 창덕궁이 완성되자 이어한 다음 경운궁, 혹은 서궁이라고 불렸다. 인목대비가 유 폐되었던 곳이기도 하다.

157 러시아의 베베르와 일본의 고무라 사이에 체결되어 '베베르·고무라 각서'라고도 부른다. 경 성의정서에 따르면 일본은 사울과 부산 사이에 설치된 전신선 보호를 위해 배치된 3개 중대 수비병을 철수하고 헌병으로 대치하되 대구에 50명, 가흥이 50명, 서울과 부산 사이 10개 지점에 각 10명씩 배치하며 총 인원 200명을 넘지 않는다. 일본 거류지 보호를 위해 서울에 2개 중대, 부산과 원산에 각 1개 중대를 주둔시키되 1개 중대는 200명을 넘지 않는다. 러시

아도 공사관과 영사관 보호를 위해 일본의 병력수를 넘지 않는 범위 안에서 군대를 주둔시키기로 했다.

158 상하이의 〈신보(新報)〉는 논설 제목을 '아주독립국조선망(亞洲獨立國朝鮮亡)'이라 붙였고, 〈신초일보(新抄日報)〉는 '오호고려(嗚呼高麗)'라 하여 황제권 양위로 대한제국이 멸망했다고 보도했다.

159 한일합방 당시 영국은 '일본이 대한제국에서 그 세력을 증가하는 데 대해 영국은 하등 반대할 이유가 없다'라고 발표했다. 또 미국은 '대한제국에서 일본의 행정이 매우 선의에 차 있고 대한제국민의 행복을 위해 힘쓰고 있는 흔적이 역력하다'라고 발표했다. 국제사회의 비정함이 새삼 드러나는 대목이다.

160 鳥獸哀鳴海岳嚬(조수애명해악빈) / 槿花世界已沈淪(근화세계이침륜) / 秋燈掩卷懷千古(추등엄권회천고) / 難作人間識字人(난작인간식자인)

찾아보기

577

기대승   265, 268, 274, 277, 287

기매   075, 076, 077

기묘사화 237, 241, 246, 248, 249, 250, 257,
        261, 263, 270, 287, 321

기사환국 404, 409, 414, 416, 418

기자헌   300, 334, 345, 362, 391

기철   029, 032, 033

기축옥사 295, 296, 328, 343

기해박해 502, 504, 506, 510, 511

기해예송 401

김굉필   201, 210, 229, 239, 246, 255, 341,
        389

김국광   188, 192, 195, 199, 202

김노경   496, 497, 507, 508

김대건   498, 499, 502, 509, 510, 511

김류   327, 331, 338, 346, 347, 351, 354,
        367, 374, 391, 392

김상헌   368, 372, 382, 392, 435

김시습   158, 320

김안로   240, 241, 250, 251, 255, 256, 267,
        270

김옥균   525, 529, 547, 548

김육   326, 357, 359, 377, 383, 389, 390,
        391, 396

김일경   425, 426, 427, 433, 434, 445, 496

김일손   201, 210, 211, 212, 228, 229

김자점   338, 346, 357, 361, 368, 381, 382,
        386, 387, 388, 391, 392, 403

김장생   344, 357, 403, 404, 414

김저·정득후 사건   047

김정호   513, 521, 522

김정희   485, 498, 507, 508, 509

김제남   301, 304, 330, 334, 344, 345, 350,
        355

김조순   459, 460, 462, 464, 478, 483, 487,
        488, 491, 504

김종서   102, 116, 117, 118, 135, 138, 147,
        151, 152, 154, 155, 156, 157, 158,
        160, 165, 170, 182

김종직   169, 201, 209, 210, 211, 218, 228,
        229, 230, 341

김질   166, 172, 173, 188, 189, 391

김집   357, 359, 382, 390, 392, 403

김천일   310, 314, 315, 329

김한구   436, 437, 442, 446

김홍도   460, 461

김홍집   529, 531, 532, 539, 541, 543, 544

나선 정벌 383, 388, 389

나주괘서사건 436, 445

나하추   031, 033, 041

남은   046, 053, 062, 070, 073, 084, 085,
        088, 095, 107

남이   177, 179, 187, 189, 191, 192, 193,
        194, 211, 229

남재   053, 117

내불당   103, 143

내선   101, 461

「내훈」   203, 384

노사신   177, 192, 202, 203, 216, 217, 229,
        230

노산군   150, 153, 161, 166, 174, 175, 412

노수신   271, 272, 287, 290, 292, 476

누르하치 284, 285, 313, 319, 327, 333, 335,
        336, 338, 353, 364

능창군   334, 338, 346, 354

대동법   335, 358, 383, 389, 390, 391, 396,
        411

대마도   021, 047, 088, 099, 102, 105, 106,
        242, 251, 252, 272, 273, 285, 307,
        419, 420, 421, 537, 538

도르곤   366, 368, 369, 372, 381, 382

도요토미 히데요시   284, 285, 297, 298,
        300, 306, 315, 316, 318, 325

독립협회 532, 533, 550

독서당   203

「동국정운」 124, 141

동녕부 정벌 032, 033

동학   513, 517, 519, 520, 524, 525, 530,
        531, 539

맹사성   098, 101, 113, 119

모문룡   348, 355, 356, 364, 365, 370

목호룡   426, 433, 434, 448, 496

「몽유도원도」 160, 161

무고의 옥 410, 424

편년번역서

「승정원일기」
「일성록」
「조선왕조실록」

고전번역서

남효온, 「추강냉화」
박지원, 「연암집」
신숙주, 「국조보감」
유재건, 「이향견문록」 자유문고, 1996
이건창, 「당의통략」 자유문고, 1996
이긍익, 「연려실기술」
이이, 「석담일기」
이정형, 「동각잡기」
윤국형, 「갑진만록」
정약용, 「다산시문집」
정조, 「홍재전서」
조경남, 「난중잡록」

기타 단행본

강만길, 「고쳐 쓴 한국근대사」, 창비, 2007
강호성, 이준구, 「조선의 정승」, 스타북스, 2006

곤도 시로스케 저, 이언숙 역, 「대한제국 황실비사」, 이마고, 2007

교수신문 기획·엮음, 이태진·김재호 외 9명, 「고종황제 역사청문회」, 푸른역사, 2005

김문식, 「조선의 왕세자교육」, 김영사, 2003

김범, 「사화와 반정의 시대-성종, 연산군, 중종과 그 신하들」, 역사비평사, 2007

김영수, 「건국의 정치」, 이학사, 2006

남경태, 「종횡무진 한국사」상·하, 그린비 2001

박광용, 「영조와 정조의 나라」, 푸른역사, 1998

박노자·허동현, 「열강의 소용돌이에서 살아남기」, 푸른역사, 2005

박영규, 「조선의 왕실과 외척」, 김영사, 2003

박현모, 「세종, 실록 밖으로 행차하다」, 푸른 역사, 2007

박현모, 「정치가 정조」, 푸른역사, 2001

변원림, 「조선의 왕후」, 일지사, 2006

비숍 저, 신복룡 역, 「조선과 그 이웃나라들」, 집문당, 2000

삼봉정도전선생기념사업회, 「정치가 정도전의 재조명」, 경세원, 2004

서영희, 「대한제국 정치사 연구」, 서울대학교 출판부, 2003

신동준, 「연산군을 위한 변명」, 지식산업사, 2004

신동준, 「조선의 왕과 신하 부국강병을 논하다」, 살림, 2007

신명호, 「조선왕실의 의례와 생활, 궁중문화」, 돌베개, 2002

신명호, 「조선왕실의 자녀교육법」, 시공사, 2005

신명호, 「조선의 왕」, 가람기획, 1998

신복룡, 「동학사상과 갑오농민혁명」, 선인, 2006

신복룡, 「한국사 새로 보기」, 풀빛, 2001

신용하, 「일제식민지 근대화론 비판」, 문학과 지성사, 1998

양춘, 「한국사회 계층구조와 동학」, 고려대학교출판부, 2000

유봉학, 「정조대왕의 꿈」, 신구문화사, 2001

유봉학, 「조선 후기 학계와 지식인」, 신구문화사, 1998

이영춘, 「조선의 청백리」, 가람기획, 2003

이덕일, 「당쟁으로 보는 조선 역사」, 석필, 1997

이덕일, 「사도세자의 고백」, 휴머니스트, 2004

이덕일, 「정약용과 그의 형제들」1·2, 김영사, 2004

이덕일, 「조선 왕 독살사건」, 다산초당, 2005

이상각, 「이경 고종황제」, 추수밭, 2008

이상각, 「이도 세종대왕」, 추수밭, 2007

이상각, 「이산 정조대왕」, 추수밭, 2006

이성무, 「조선 시대 당쟁사」1,2, 동방미디어, 2000

이성무, 「조선왕조사」, 동방미디어, 1998

이성무, 「조선왕조실록, 어떤 책인가」, 동방미디어, 1999

이성무 외, 「세종시대의 문화」, 태학사, 세종대왕기념사업회, 1997

이이화, 「한국사 이야기」, 한길사, 2001

이이화,「한국사 이야기 18: 민중의 함성 동학농민전쟁」, 한길사, 2003

이태진,「고종시대의 재조명」, 태학사, 2000

이태진,「조선 시대 정치사의 재조명」, 범조사, 1985

이태진,「한국병합, 성립하지 않았다」, 태학사, 2001

임용한,「조선국왕이야기」, 혜안, 1998

정약용 지음, 정해렴 옮김,「임진왜란과 병자호란」, 현대실학사, 2001

조재곤,「그래서 나는 김옥균을 쏘았다」, 푸른역사, 2005

조재곤,「근대 격변기의 상인 보부상」, 서울대학교 출판부, 2003

지두환,「인조대왕과 친인척」, 역사문화, 1999

지두환,「정종대왕과 친인척」, 역사문화, 1999

지두환,「중종대왕과 친인척」, 역사문화, 1999

지두환,「태조대왕과 친인척」, 역사문화, 1999

지두환,「효종대왕과 친인척」, 역사문화, 1999

최관,「일본과 임진왜란」, 고려대학교출판부, 2003

한국역사연구회,「조선 중기 정치와 정책」, 아카넷, 2003

한국근대사협회,「한국근대사강의」, 한울아카데미, 2007

한명기,「광해군 : 탁월한 외교정책을 펼친 군주」, 역사비평사, 2000

조선 역대 국왕의 즉위 관련 정보

국왕	출생년도	즉위년도	즉위연령	즉위장소	승하년도	승하장소	승하연령	재위기간
1대 태조	1335	1392	58세	개성 수창궁	1408	경복궁 별전	74세	6년 2개월
2대 정종	1357	1398	42세	경복궁 근정전	1419	인덕궁 정침	63세	2년 2개월
3대 태종	1367	1400	34세	개성 수창궁	1422	연화방 신궁	56세	17년 10개월
4대 세종	1397	1418	22세	경복궁 근정전	1450	동별궁 (영응대군사저)	54세	31년 6개월
5대 문종	1414	1450	37세	동별궁 빈전	1452	경복궁 천추전	39세	2년 3개월
6대 단종	1441	1452	12세	경복궁 근정문	1457	영월 청령포	17세	3년 2개월
7대 세조	1417	1455	39세	경복궁 근정전	1468	수강궁 정침	52세	13년 3개월
8대 예종	1450	1468	19세	수강궁(창경궁) 중문	1469	경복궁 자미당	20세	1년 2개월
9대 성종	1457	1469	13세	경복궁 근정문	1494	창덕궁 대조전	38세	25년 1개월
10대 연산군	1476	1494	19세	창덕궁 인정전	1506	강화 교동현	31세	11년 9개월
11대 중종	1488	1506	18세	경복궁 근정전	1544	창경궁 환경전 소침	57세	38년 2개월
12대 인종	1515	1544	30세	창경궁 명정전	1545	경복궁 청연루	31세	9개월
13대 명종	1534	1545	12세	경복궁 근정전	1567	경복궁 양심당	34세	22년
14대 선조	1552	1567	16세	경복궁 근정전	1608	정릉동 행궁	57세	40년 7개월
15대 광해군	1575	1608	34세	정릉동행궁 (창덕궁) 서청	1641	제주도	67세	15년 1개월
16대 인조	1595	1623	28세	경운궁 (현재 덕수궁)	1649	창덕궁 대조전 동침	55세	26년 2개월
17대 효종	1619	1649	31세	창덕궁 인정전	1659	창덕궁 대조전	41세	10년
18대 현종	1641	1659	19세	창덕궁 인정전	1674	창덕궁 제려	34세	15년 3개월
19대 숙종	1661	1674	14세	창덕궁 인정전	1720	경덕궁 융복전	60세	45년 10개월
20대 경종	1688	1720	33세	경덕궁 (현재 경희궁)	1724	창경궁 환취정	37세	4년 2개월
21대 영조	1694	1724	31세	창덕궁 인정전	1776	경희궁 집경당	83세	51년 7개월
22대 정조	1752	1776	25세	경희궁 숭정문	1800	창경궁 영춘헌	49세	24년 3개월
23대 순조	1790	1800	11세	창덕궁 인정전	1834	경희궁 회상전	46세	34년 3개월
24대 헌종	1827	1834	7세	경희궁 숭정문	1849	창덕궁 중희당	22세	14년 7개월
25대 철종	1831	1849	19세	창덕궁 인정전	1863	창덕궁 대조전	33세	14년 6개월
26대 고종	1852	1863	11세	창덕궁 인정전	1919	덕수궁 함녕전	67세	43년 7개월
27대 순종	1874	1907	33세	원구단	1926	창덕궁 대조전	53세	3년 1개월

조선 시대 관직 품계

구분	문반	무반	관직	지방관
정1품	대광보국숭록대부		영의정·좌의정·우의정(각1명), 영부사	
	보국숭록대부			
종1품	숭록대부		좌찬성·우찬성(각1명), 의금부(판사)	
	숭정대부			
정2품	정헌대부		좌참찬·우참찬(각1명), (육조)판서(각1명),	
	자헌대부		대제학(지사)·한성판윤,	
종2품	가정대부		참판(동지사)·대사헌·한성좌윤·우윤,	(각도)관찰사
	가선대부		(유수), 제학, 세자좌·우부빈객,	부윤
정3품	통정대부	절충장군	참의·참지·첨지사·대사간·승지·경연참찬관·보덕·부제학·수찬관·대사성	대도호부사
	통훈대부	어모장군	직제학·편수관·판교·통례·제거·찬선	목사
종3품	중직대부	건공장군	상호군·집의·전한·사간·편수관 참교·상례	도호부사
	중훈대부	보공장군	제거·보덕(후기 정3품)·사성·대호군	
정4품	봉정대부	진위장군	사인·장령·시강관·응교·편수관	
	봉열대부	소위장군	봉례·제검·진선·필선·도선·사예·호군	
종4품	조산대부	정략장군	경력·서윤·부응교·편수관·교감·부호군	군수·서윤
	조봉대부	선략장군		
정5품	통덕랑	과의교위	정랑·검상·지평·시독관·헌납·교리	
	통선랑	충의교위	기주관·찬의·문학·직강	
종5품	봉직랑	현신교위	판관·도사·부교리·기주관·승문교리	도사·판관·현령
	봉훈랑	창신교위		
정6품	승의랑	돈용교위	좌랑·감찰·검토관·정언·수찬·전적	
	승훈랑	진용교위	기사관·교검·사서	

구분	문반	무반	관직			지방관
종6품	선교랑	여절교위	부수찬·기사관·인의·교수·주부			찰방·현감·교수
	선무랑	병절교위				
정7품	무공랑	적순부위	주서·사경·박사·봉교·기사관			
종7품	계공랑	분순부위	직장·기사관·설서			
정8품	통사랑	승의부위	설경·저작·대교·학정·부직장·기사관			
종8품	승사랑	수의부위	봉사			
정9품	종사랑	효력부위	전경·정자·검열·학록·기사관·훈도			
종9품	장사랑	전력부위	학유·부정자·참봉			훈도·심약·검율 역승·진승

조선 왕실 내·외명부 품계

품계	내명부(內命婦)		외명부(外命婦)		
	왕실	세자궁	왕실	종친의 부인	문무백관의 부인
정1품	빈(嬪)		부부인(府夫人) _황후 또는 왕후의 생모	부부인(府夫人) _대군의 아내 군부인(郡夫人)	정경부인 (貞敬夫人) _종1품 포함
종1품	귀인(貴人)		봉보부인 (奉保夫人)		
정2품	소의(昭儀)		군주(郡主) _세자의 적녀	현부인(縣夫人) _종2품 포함	정부인(貞夫人) _종2품 포함
종2품	숙의(淑儀)	양제(良娣)			
정3품	소용(昭容)		현주(縣主) _세자의 서녀	신부인(愼夫人)	숙부인(淑夫人) _당상관 숙인(淑人) _당하관
종3품	숙용(淑容)	양원(良媛)		신인(愼人) _정3품 포함	숙인(淑人)
정4품	소원(昭媛)			혜인(惠人) _종4품 포함	영인(令人) _종4품 포함
종4품	숙원(淑媛)	승휘(承徽)			
정5품	상궁(尙宮) 상의(尙儀)			온인(溫人) _종5품 포함	공인(恭人) _종5품 포함
종5품	상복(尙服) 상식(尙食)	소훈(昭訓)			

품계	내명부(內命婦)		외명부(外命婦)		
	왕실	세자궁	왕실	종친의 부인	문무백관의 부인
종6품	상정(尙正) 상기(尙記)	수규(守閨) 수칙(守則) 사칙(司則)			
정7품	전빈(典賓) 전의(典衣) 전선(典膳)				안인(安人) _종7품 포함
종7품	전설(典設) 전제(典製) 전언(典言)	장찬(掌饌) 장정(掌正)			
정8품	전찬(典贊) 전식(典飾) 전약(典藥)				단인(端人) _종8품 포함
종8품	전등(典燈) 전채(典采) 전정(典正)	장서(掌書) 장봉(掌縫)			
정9품	주궁(奏宮) 주상(奏商) 주각(奏角)				유인(孺人) _종9품 포함
종9품	주변징(奏變徵) 주징(奏徵) 주우(奏羽) 주변궁(奏變宮)	장장(掌藏) 장식(掌食) 장의(掌醫)			
비고	정1품 빈(嬪)이하 종4품 숙원(淑媛) 까지를 후궁, 정5품 상궁 이하 종9품까지를 궁녀라고 한다.				정3품 품계에서부터 상관·당하관이 나뉜다.

대 문종(文宗)

년 출생, 1452년 사망(39세)
년 3개월(1450. 3~1452. 5)

빈 휘빈 김씨(폐출)

빈 순빈 봉씨(폐출)

왕후 권씨　왕세자 이홍위 (제6대 단종)
　　　　　경혜공주

홍씨

문씨

양씨　경숙옹주

권씨

윤씨

장씨　왕자(조졸)

정씨　왕자(조졸)

유씨

박씨

제6대 단종(端宗)

1441년 출생, 1457년 사망(17세)
재위 3년 2개월(1452. 5~1455. 윤6)

정순왕후 송씨

숙의 김씨

제7대 세조(世祖)

1417년 출생, 1468년 사망(52세)
재위 13년 3개월(1455. 윤6~1468. 9)

정희왕후 윤씨　의경세자 이장(덕종 추존) ─── 소혜왕후 한씨(수빈)
　　　　　　　해양대군 이황 (제8대 예종)　─ 월산대군 이정
　　　　　　　의숙공주　　　　　　　　　─ 자을산군 이혈 (제9대 성종)

근빈 박씨　덕원군 이서　창원군 이성

제8대 예종(睿宗)

1450년 출생, 1469년 사망(20세)
재위 1년 2개월(1468. 9~1469. 11)

장순왕후 한씨　인성대군 이분

안순왕후 한씨　제안대군 이현
　　　　　　　현숙공주
　　　　　　　혜순공주

상궁 기씨(尙宮 奇氏)

제9대 성종(成宗)

1457년 출생, 1494년 사망(38세)
재위 25년 1개월(1469. 11~1494. 12)

공혜왕후 한씨

폐비 윤씨(폐 제헌왕후)　왕세자 융 (제10대 연산군)

정현왕후 윤씨　진성군 이역 (제11대 중종)　신숙공주
　　　　　　　순숙공주

명빈 김씨　무산군 이종

귀인 정씨　안양군 이항　정혜옹주
　　　　　봉안군 이봉

귀인 권씨　전성군 이변

귀인 엄씨　공신옹주

숙의 하씨　계성군 이순

숙의 홍씨　건성군 이돈　경명군 이침　혜숙옹주
　　　　　완원군 이수　운천군 이인　정순옹주
　　　　　회산군 이염　양원군 이희　정숙옹주
　　　　　익양군 이회

숙의 김씨　휘숙옹주　　휘정옹주
　　　　　경숙옹주

숙용 심씨　이성군 이관　경순옹주
　　　　　영산군 이전　숙혜옹주

숙용 권씨　경휘옹주

제10대 연산군(燕山君)

1476년 출생, 1506년 사망(31세)
재위 11년 9개월(1494. 12~1506. 9)

폐비 신씨　왕세자 이황(폐세자)　공주 수억　창녕대군 이인(폐대군)

소용 장씨　양평군 이성　옹주 1명　이돈수

숙용 전씨

제11대 중종(中宗)

1488년 출생, 1544년 사망(57세)
재위 38년 2개월(1506. 9~1544. 11)

단경왕후 신씨

장경왕후 윤씨　왕세자 이호 (제12대 인종)　효혜공주 옥하

문정왕후 윤씨　경원대군 이환 (제13대 명종)　경현공주 옥현　의혜공주 옥혜
　　　　　　　인순공주(조졸)　　　　　　　효순공주 옥련

경빈 박씨　복성군 이미　혜순옹주 철환　혜정옹주 석환

희빈 홍씨　금원군 이영　봉성군 이완

창빈 안씨　영양군 이거　정신옹주 신환
　　　　　덕흥군 이초(덕흥대원군 추존) ─ 하원군 이정
　　　　　　　　　　　　　　　　　　 ─ 하릉군 이인
숙의 홍씨　해안군 이희　　　　　　　　─ 하성군 이연 (제14대 선조)

숙의 나씨

숙원 이씨　덕양군 이기

숙원 이씨　정순옹주 정환　효정옹주 순환

숙원 김씨　숙정옹주 수환

귀인 한씨

제12대 인종(仁宗)

1515년 출생, 1545년 사망(31세)
재위 9개월(1544. 11~1545. 7)

인성왕후 박씨

숙빈 윤씨

귀인 정씨

제13대 명종(明宗)

1534년 출생, 1567년 사망(34세)
재위 22년(1545. 7~1567. 6)

인순왕후 심씨   순회세자 이부(조졸)

순빈 이씨

제14대 선조(宣祖)

1552년 출생, 1608년 사망(57세)
재위 40년 7개월(1567. 7~1608. 2)

의인왕후 박씨

인목왕후 김씨   영창대군 이의   정명공주

공빈 김씨   임해군 이진   광해군 이혼 **(제15대 광해군)**

인빈 김씨   의안군 이성   정안옹주
　　　　　신성군 이후   정휘옹주
　　　　　정원군 이부(정원대원군, 원종 추존) ┬ 인헌왕후 구씨
　　　　　의창군 이광   　　　　　　　　　　├ 능양대군 이종 **(제16대 인조)**
　　　　　정신옹주   　　　　　　　　　　├ 능창대군 이전
　　　　　정혜옹주   　　　　　　　　　　├ 능원대군 이보
　　　　　정숙옹주   　　　　　　　　　　├ 김씨
　　　　　　　　　　　　　　　　　　　　└ 능풍군 이명

순빈 김씨   순화군 이보

정빈 민씨   인성군 이공   정인옹주   정근옹주
　　　　　인흥군 이영   정선옹주

정빈 홍씨   경창군 이주   정정옹주

온빈 한씨   흥안군 이제   영선군 이계   경평군 이늑   정화옹주

제15대 광해군(光海君)

1575년 출생, 1641년 사망(67세)
재위 15년 1개월(1608. 2~1623. 3)

문성군부인 유씨(폐비)   왕세자 이질(폐세자)

숙의 윤씨(폐숙의)   옹주(폐옹주)

숙의 허씨

상궁 이씨

상궁 김씨

상궁 최씨

제16대 인조(仁祖)

1595년 출생, 1649년 사망(55세)
재위 26년 2개월(1623. 3~1649. 5)

인렬왕후 한씨   소현세자 이왕 ── 세자빈 강씨(폐빈, 민회빈 추존)
　　　　　　　봉림대군 이호 **(제17대 효종)**   용성대군 이곤
　　　　　　　인평대군 이요   　　　　　　왕자(조졸)

장렬왕후 조씨

귀인 조씨(폐귀인)   숭선군 이징
　　　　　　　　　낙선군 이숙
　　　　　　　　　효명옹주

귀인 장씨

제17대 효종(孝宗)

1619년 출생, 1659년 사망(41세)
재위 10년(1649. 5~1659. 5)

인선왕후 장씨   왕세자 이연 **(제18대 현종)**   숙휘공주
　　　　　　　숙신공주   　　　　　　　　숙정공주
　　　　　　　숙안공주   　　　　　　　　숙경공주
　　　　　　　숙명공주

안빈 이씨   숙녕옹주

제18대 현종(顯宗)

1641년 출생, 1674년 사망(34세)
재위 15년 3개월(1659. 5~1674. 8)

명성왕후 김씨   왕세자 이순 **(제19대 숙종)**   명혜공주
　　　　　　　명선공주   　　　　　　　　명안공주

제19대 숙종(肅宗)

1661년 출생, 1720년 사망(60세)
재위 45년 10개월(1674. 8~1720. 6)

인경왕후 김씨   공주 2명(조졸)

인현왕후 민씨

인원왕후 김씨

옥산부대빈 장씨(장희빈)   왕세자 이윤 **(제20대 경종)**
　　　　　　　　　　　　왕자 성수(조졸)

숙빈 최씨(육상궁)   왕자 영수(조졸)
　　　　　　　　　연잉군 이금 **(제21대 영조)**
　　　　　　　　　왕자 1명(조졸)

명빈 박씨   연령군 이훤

영빈 김씨

귀인 김씨

소의 유씨

제20대 경종(景宗)

1688년 출생, 1724년 사망(37세)
재위 4년 2개월(1720. 6~1724. 8)

단의왕후 심씨

선의왕후 어씨

제21대 영

1694년 출생
재위 51년 7

정성왕후

정순왕후

정빈 이씨(

영빈 이씨(

귀인 조씨

숙의 문씨(

(英祖)
76년 사망(83세)
1724. 8~1776. 3)

궁) 경의군 이행(효장세자, 진종 추존) ┬ 효순왕후 조씨
　　　　　　　　　　　　　　　　 왕세손 이산(양자)

화순옹주　옹주(조졸)

궁) 왕세자 이선 ┬ 헌경왕후 홍씨(혜경궁)
《사도세자, 장조 추존》
　　　　　├ 의소세손(조졸)
　　　　　├ 왕세손 이산 **(제22대 정조)**
　　　　　├ 청연공주
　　　　　├ 청선공주
　　　　├ 숙빈 임씨
　　　　　├ 은언군 이인
　　　　　　├ 3남 전계군 이광(전계대원군 추존)
　　　　　　　├ 3남 덕완군 이원범 **(제25대 철종)**
　　　　　├ 은신군 이진
　　　　　├ 남연군 이구(양자, 인평대군의 6대손)
　　　　　　├ 흥선대원군 이하응
　　　　　　　├ 차남 익성군 이재황 **(제26대 고종)**
　　　├ 경빈 박씨
　　　　├ 은전군 이찬
　　　　├ 청근옹주

화평옹주　옹주 3명(조졸)
화협옹주　화완옹주

주(조졸)　화유옹주

의)　화녕옹주　화길옹주

제22대 정조(正祖)
1752년 출생, 1800년 사망(49세)
재위 24년 3개월(1776. 3~1800. 6)
정조선황제 추존

효의왕후 김씨

원빈 홍씨　양자 상계군 이담(은언군의 장남)

화빈 윤씨

의빈 성씨　왕세자 이향(문효세자)　옹주(조졸)

수빈 박씨(가순궁)　왕세자 이공 **(제23대 순조)**　숙선옹주

제23대 순조(純祖)
1790년 출생, 1834년 사망(46세)
재위 34년 4개월(1800. 7~1834. 11)
순조숙황제 추존

순원왕후 김씨　왕세자 이영(효명세자, 익종, 문조익황제 추존) ┬ 신정왕후 조씨
　　　　　　　　　　　　　　　　　　　　　　　　 왕세손 이환 **(제24대 헌종)**

　　　　　왕자(조졸)　복온공주
　　　　　명온공주　덕온공주

숙의 박씨　영온옹주

제24대 헌종(憲宗)
1827년 출생, 1849년 사망(22세)
재위 14년 7개월(1834.11~1849. 6)
헌종성황제 추존

효현왕후 김씨

효정왕후 홍씨

경빈 김씨

숙의 김씨　옹주(조졸)

제25대 철종(哲宗)
1831년 출생, 1863년 사망(33세)
재위 14년 6개월(1849. 6~1863. 12)
철종장황제 추존

철인왕후 김씨　원자(조졸)

귀인 조씨　왕자 2명(조졸)

귀인 이씨

숙의 방씨　옹주 2명(조졸)

숙의 범씨　영혜옹주

숙의 김씨　옹주(조졸)

귀인 박씨　왕자(조졸)

궁인 이씨　왕자, 옹주 각1명(조졸)

궁인 김씨

궁인 박씨　옹주(조졸)

제26대 고종(高宗)
1852년 출생, 1919년 사망(67세)
재위 43년 7개월(1863. 12~1907. 7)
대한제국 고종태황제

명성황후 민씨　원자(출생 4일 만에 졸)
　　　　　　　 황태자 이척 **(제27대 순종)**　2남 1녀(조졸)

순헌황귀비 엄씨　영친왕 이은

귀인 이씨(영보당)　완친왕 이선
　　　　　　　　 왕자 1명, 옹주 2명(조졸)

귀인 장씨　의친왕 이강
　　　　　 황자 이육(조졸)

귀인 이완흥(광화당)

귀인 정씨(보현당)　황자 이우(조졸)

귀인 양씨(복녕당)　덕혜옹주

귀인 이씨(내안당)　옹주(조졸)

상궁 김옥기(삼축당)

상궁 김씨(정화당)

상궁 염씨　황녀 문용

상궁 서씨

상궁 김충연

제27대 순종(純宗)
1874년 출생, 1926년 사망(53세)
재위 3년 1개월(1907. 7~1910. 8)
대한제국 순종효황제

순명효황후 윤씨

순정효황후 윤씨

조선왕조 가계도

묵조 이안사(고조부) —— 효공왕후 이씨
익조 이행리(증조부) —— 정숙왕후 최씨
도조 이 춘(조부) —— 경순왕후 박씨
환조 이자춘(부) —— 의혜왕후 최씨

제1대 태조(太祖)

1335년 출생, 1408년 사망(74세)
재위 6년 2개월(1392. 7~1398. 9)
태조고황제 추존

신의왕후 한씨　진안대군 이방우
　　　　　　　　영안대군 이방과 **(제2대 정종)**
　　　　　　　　익안대군 이방의
　　　　　　　　회안대군 이방간
　　　　　　　　정안대군 이방원 **(제3대 태종)**
　　　　　　　　덕안대군 이방연
　　　　　　　　경신공주
　　　　　　　　경선공주

신덕왕후 강씨　무안대군 이방번
　　　　　　　　의안대군 이방석(폐세자)
　　　　　　　　경순공주

화의옹주 김씨　숙신옹주(신숙옹주)

성비 원씨

후궁(무명)　의녕옹주

정경궁주 유씨

제2대 정종(定宗)

1357년 출생, 1419년 사망(63세)
재위 2년 2개월(1398. 9~1400. 11)

정안왕후 김씨

성빈 지씨　덕천군 이후생　도평군 이말생

숙의 지씨　의평군 이원생　임성군 이호생
　　　　　　선성군 이무생　함양옹주

숙의 기씨　순평군 이군생　무림군 이선생
　　　　　　금평군 이의생　숙신옹주
　　　　　　정석군 이융생　상원옹주

숙의 문씨　종의군 이귀생

숙의 이씨　진남군 이종생

숙의 윤씨　수도군 이덕생　장천군 이보생
　　　　　　임언군 이녹생　인천옹주
　　　　　　석보군 이복생

가의궁주 유씨　불노

후궁(무명)　덕천옹주　전산옹주
　　　　　　　고성옹주　함안옹주

시비 기매　지운

제3대 태종(太宗)

1367년 출생, 1422년 사망(56세)
재위 17년 10개월(1400. 11~1418. 8)

원경왕후 민씨　양녕대군 이제(폐세자)　성순공주
　　　　　　　　효령대군 이보　　　　경정공주
　　　　　　　　충녕대군 이도 **(제4대 세종)**　경안공주
　　　　　　　　성녕대군 이종　　　　정선공주

효빈 김씨　경녕군 이비

신빈 신씨　함녕군 이인　근녕군 이농
　　　　　　온녕군 이정　정신옹주
　　　　　　정정옹주　숙경옹주
　　　　　　숙녕옹주　숙정옹주

숙빈 안씨　익녕군 이치

의빈 권씨　정혜옹주

소빈 노씨　숙혜옹주

정빈 고씨　근녕군 이농

명빈 김씨

숙의 최씨　희령군 이타

후궁 최씨　후녕군 이간

후궁 이씨　숙순옹주

후궁 안씨　혜녕군 이지　소숙옹주　경신옹주

후궁 김씨　숙안옹주

후궁(무명)　소신옹주

제4대 세종(世宗)

1397년 출생, 1450년 사망(54세)
재위 31년 6개월(1418. 8~1450. 2)

소헌왕후 심씨　왕세자 이향 **(제5대 문종)**　금성대군 이유
　　　　　　　　수양대군 이유 **(제7대 세조)**　평원대군 이임
　　　　　　　　안평대군 이용　　　　영응대군 이염
　　　　　　　　임영대군 이구　　　　정소공주
　　　　　　　　광평대군 이어　　　　정의공주

영빈 강씨　화의군 이영

신빈 김씨　계양군 이증　영해군 이당
　　　　　　의창군 이공　담양군 이거
　　　　　　밀성군 이침　옹주
　　　　　　익현군 이관　옹주

혜빈 양씨　한남군 이어
　　　　　　수춘군 이현
　　　　　　영풍군 이전

귀인 박씨

귀인 최씨

소용 홍씨

숙원 이씨　정안옹주

상침 송씨　정현옹주

사기 차씨　옹주